田辺元と廣松渉

混濁した視差と揮発する痛覚のなかで

米村健司
Yonemura Kenji

御茶の水書房

はじめに

二〇一一年三月一一日に起きた巨大地震、津波、そして「原発＝核施設」事故による大きな惨劇と被害は経済合理性を軸として形成された日本社会に大きく再考をせまった。東京電力福島第一原子力発電所で発生した原発事故は日本人の心性を変様させることになった。原発事故によって放出された放射能物質によって国土は汚染され、避難を余儀なくされた人びとは暮らしの場と糧を同時に失った。一方で、火山噴火や群発地震が頻発している日本列島で「原発＝核施設」を再稼動させていこうとする政治的・経済的な姿勢・動向が明確になってきている。そうした過程からも「戦後」といわれた時代の「平和と繁栄」が終焉をつげたことは確かであろう。いまだ収束の時機すら明確にし得ない原発災害という負の遺産は若く幼い世代がその多くを背負うことになった。こうしたなか石巻出身の辺見庸は「死者にことばをあてがえ」という詩を書いている。

「わたしの死者ひとりびとりの肺に　ことなる　それだけの歌をあてがえ　死者の唇ひとつひとつに　他とことなる　それだけしかないことばを吸わせよ　類化しない　統べない　かれやかのじょだけのことばを　百年かけて　海とその影から掬《すく》え　砂いっぱいの死者にどうかことばをあてがえ　水いっぱいの死者はそれまでどうか眠りにおちるな　石いっぱいの死者はそれまでどうか語れ　夜ふけの浜辺にあおむいて　わたしの死者よ　どうかひとりでうたえ　浜菊はまだ咲くな　畔唐菜《アゼトウナ》はまだ悼むな　わたしの死者ひとりびとりの肺に　ことなる　それだけのふさわしいこと

ばが　あてがわれるまで[1]」。

わたしと他の者はことばを介してこころを伝えあう。ことばにかたちはなく意識するこころをあいてに手渡そうとするとき「こと」あるいは「もの」にわかれていく。「死者の唇ひとつひとつに　他とことなる」ことばを届けることができるとすれば、いまも傷みのなかに在る者たちに寄りそうことになる。とすれば、「類化しない　統べないかれやかのじょだけのことば」がわたしたちのまえに「こと」となってうちよせてくる。まえに亡くなった「かれやかのじょ」とじぶんに発せられたことばにみちびかれ手をとりあうことができる。とりあえた手が「水いっぱいの死者はそれまでどうか眠りにおちるな」ということばへと変わっていく。それらが幾重にもつみ重なったなかで共に在ろうとする「それだけのふさわしいことば」を創りだすことができる。傷ついた者たちとわたしたちはことばによって関係を象ることができる。関係の在りようが「いま」の「われわれ」の姿をうかびあがらせている。時を共に分かちもつことによって「われわれ」がかたちとなり、また死者たちや心傷ついた者たちと悼みを分かちもつことができる。わたしの在りようは他の者とのあわいにおいて成りたつ「こと」である。そのとき「こと」は関係を裏うちする「うごき」であり、その関係がものごとの成りたちの始まりであり開けでもある。わたしの在りようは他の者からの照り返しによる「遅れ」から作りだされている。それが「こと」としての関係なのであって、他からの照り返しと「遅れ」はわたしの在りようが多くの他に蚕食されていることを示している。つまり、他に巻きこまれたからこそ関係があり、関係が在るからこそわたしも象られていくことになる。亡くなった人びとの声を掬いとること、つまり声の痕跡を見いだすことは往相と環相の表裏相即的な「いま」を生きるかたちとする。

日々の暮らしは尊いものである一方で、「原発」という硬直したシステムを所与とする政治・経済構造が抑圧的なシステムとして駆動する日常とは「正しきこと」ではないだろう。そこには、生命、健康、財産、尊厳、希望、などを奪われた存在がある。そうした存在を正視することのできない社会とは民主主義社会とはいえない。福島第一原発の事故処理の現場は過酷な労働となっている。事故収束のためにどれだけの人びとがその過酷な現場を担い、最終的な処理に必要となる金額すらも確定しえていない。このような国家が原発輸出を積極的に後押しする状況は正しき姿ではない。東日本大震災とレベル七の原発事故から四年経過した「いま」を振り返ったとき、多くの人びとの無関心と無数の沈黙が社会全体を覆っている。ここには「それにしても酷い」という言葉しかないだろう。この社会はベルリンの壁のような実在物によって遮断されているわけではない。だが、少なくとも「原発＝核施設」事故による避難者たちとそうではない者たちに分割され、「暮らしの場」も二つの空間に分断されている。片野勧は「大事故を引き起こしたにもかかわらず、誰も何の責任も取らずに同じ場所に居続けていることと、戦争を継続し多くの犠牲者を出したにもかかわらず、戦後も亡霊のように生き永らえてきた軍の最高指導者の、その姿はよく似ている。／このように戦中、戦後も日本の構造的システムは何も変わっていないのである」と指摘している。(2) また、田辺元は「メメントモリ」という論考のなかで「原子力時代」という「死の時代」について言及していた。

「今日のいわゆる原子力時代は、まさに文字通り『死の時代』であって、『われらの日をかぞえる』どころではなく、極端にいえば明日一日の生存さえも期しがたいものである。改めて戒告せられるまでもなく、われわれは二六時中死に脅かされつづけて居るのだからである。しかしそれではわれわれは果して、この死の威嚇によって賢さを身につけ知慧の心を有するに至ったであろうか。否、今日の人間は死の戒告をすなおに受納れるどころではなく、反対にどうかしてこの戒告を忘れ威嚇を逃れようと狂奔する」[3]。

「今日の人間は死の戒告をすなおに受納れるどころではなく、反対にどうかしてこの戒告を忘れ威嚇を逃れようと狂奔する」という田辺の言葉がいま現実となった。人は他の人びとの間での「信頼」を糧とする存在であろう。「信頼」とは「フィクション」と表裏一体の代替し得ない「こと」でもある。人びとが織りなしてきた歴史とは「信頼」を起点とする諸価値の多元性を前提としている。だが、いまの日本社会は硬直した「一義的」思考によって拘束されている。福島第一原発の汚染水が制御されていると断言できるならば、ことばは荒み、ことばは形骸化し、腐蝕した「もの」となり続けるだろう。知的誠実さを欠落させたそうした「悪徳は、重力に従うものであり、だから、悪の中には、深みも、超越性もない[4]」のである。それは一定の対象理解に内包される価値基軸が「相対的／部分的」な領域にも存在することを一顧にしていない。原発事故をそう表現する者の言葉は「語り」ではなく「騙り」というべきであろう。だが、「人－間」での「信頼」とは薄い皮膜のような危うい均衡の上に成立している「こと」なのである。

「人間の死の戒告」など考慮することもない「騙り」のなかで「原発＝核施設」事故は作り出された。それは自然的なものではなく人為的な思考と行動の積み重ねの結果だった。原発事故は放射能によって広大な空間を汚染し、広範囲にわたる地域社会と人びとの生活と人生を奪い去った。また、メルトダウンを起こした原子炉の廃炉計画は客観的基準から立案されたわけではない。人類が始めて経験する巨大な事故の収束の見通しは立っていないのである。そして、汚染地域での「暮らし」が可能となるのかも不確定であり、関東地方の自治体で問題となっている堆積する放射能による汚染土と汚染物質の処分場すらも確定しえていない。こうしたなかで国外への「原発＝核施設」プラントの輸出と国内での「原発＝核施設」の再稼動が進められようとしている。多くの矛盾を抱え将来の方向性を確定し得ない「死の時代」のなかに日本という「国の形」がある。巨大震災後に思考の軸心を失ったいま、私たちはある種の既視感のなかにいる。つまり、関東大震災によって帝都が大きな被害を出し多数の人命を失ったとき、「日本人」がどのような行動を取り、どのように煽られ、「敗戦」というよりも国家体制の根本的な壊滅に到ったのかを想起すべきだろう。社会のなかでの多数者の側に溶け出した「個」は、少数者の側の「個」を「有標項」として確定するなかで排除し、その「人格」を否定する行動が公共圏のなかで公然とおこなわれている。日常の自明性の喪失と社会的空間や歴史的時間の亀裂を直視できなければ、少数者排除に拘泥する劣情は日本社会に広がり「理性の腐蝕」だけが進行していくことになる。こうした「現状」を捉えるためにはマックス・ウェーバーのような「醒めた目」が最低限必要となる。そのウェーバーの理念型的《構成》をカール・レヴィットは「特殊な意味で《幻想から解放された》人間をその根柢にもっている。その人間とは、客観的に無意味になり、酔からさめ、そのかぎりにおいて非常に《現実主義的》になった世界から、自分自身に投げ返され、その結果いまや対象のもつ意義と意義連関を、およそ現実に対する関係を、なによりもまず《自分のもの》としてみずから確立し、そして理論的実践的に意味を《作り出》さざるを得なくなった人間である」[5]とした。このレヴィットの視点を立脚点として「原発＝核施設」事故と避難を余儀なくされている人びとについて考えていく。

註

(1) 辺見庸『眼の海』毎日新聞社、二〇一一年、四七‐四八頁。
(2) 片野勧『八・一五戦災と三・一一震災‐なぜ悲劇は繰り返されるのか』第三文明社、二〇一四年、四四頁。
(3) 田辺元「メメント モリ」藤田正勝編『死の哲学 田辺元哲学選Ⅳ』岩波文庫、二〇一〇年、一三‐一四頁。
(4) シモーヌ・ヴェイユ『重力と恩寵』田辺保訳、ちくま学芸文庫、一九九五年、一二〇頁。
(5) カール・レヴィット『ウェーバーとマルクス』柴田治三郎／脇圭平／安藤英治訳、未來社、一九六六年、三九頁。

田辺元と廣松渉——目次

目次

田辺元と廣松渉

――混濁した視差と揮発する痛覚のなかで――

第一章　「プロメテウス的落差」と「剥き出しの生」

第一節　「安楽への隷属」から「プロメテウス的落差」のなかへ

二〇一一年三月一一日金曜日午後二時四六分、東京電力福島第一原子力発電所のはるか沖合いでは、太平洋プレートが北米プレートへ沈降し続けていた。二つのプレートの境界の広範囲にわたって激しい揺れが生じた。宮城県牡鹿半島沖の東南東一三〇キロ、深さ二四キロの地点が震源とされる巨大地震が東日本を襲った。地震の規模は、二〇〇四年のインドネシアのスマトラ沖地震（M九・一）などに次ぐものであった[1]。

経済合理性と人間の存在の根源的な在り方を問うてきた内橋克人は三〇年前に刊行した自著の一部を復刻した。その「序」のなかで巨大複合災害によって「おびただしい数の犠牲者」がでる一方で、「一瞬にして生存基盤を奪われた被災者たちの苛酷な漂白の旅は終わっていない」と記した。また、かれは「福島第一原子力発電所に発生した原発事故は、過去、私たちの国と社会が特定の意図をもつ『政治意思』によって常に〝焼結〟されてきた歴史を示す象徴である」と述べ、その「焼結」によって「人びとの魂に根づく平衡感覚、鋭敏な危険察知能力、生あるものに必須の畏怖心、それらのすべてを焼き固め、鋳型のなかにねじ伏せて突進しようとした剥き出しの権力の姿」が顕在化したと論じたのであった。つまり、国の存亡に係わる重要なエネルギー政策は原発一辺倒に激しく傾斜してきたが、この過程をどれだけ国民が認知し自覚的に同意していたのかを再考すべきなのである。[2]

同様に問わなければならないのは、巨大な自然災害が絶えず反復されてきた日本列島に五四基の「原発＝核施設」が建設され続けた精神性の在り様である。その「抑制のかけらも無い現在の『高度技術社会』を支えている精神的基礎」こそが問題なのである、と藤田省三は指摘していた。つねに「『高度化』する技術の開発」を間断なく連続させ、そこから生産される「広大な設備体系や完結的装置や最新製品」を人びとは隷属的に受容している。その基底に隠蔽されている「被害を顧みる」こともなく、自ら進んで受け容れていく「生活態度」を藤田は問い続けた。「一つの共通動機」がそうした態度の基底にあり、働き続けているのである。これは「少しでも不愉快な感情」や「苦痛の感覚」を与えるものは全て一掃したいという「絶えざる心の動き」なのである。こうした「不快の源」そのものの「一斉全面除去（根こぎ）を願う心の動き」とは、不愉快な事態との相互交渉の拒絶であり、そうした事態と関係のある物や自然現象を根底から消滅させようとする欲求なのである。[3]

いいかえれば、世界は人びとに対してただ「提供」されるだけの存在となり、人間は経験の獲得や自己意識の形成のために外部へと歩を進めなくともよくなったのである。これは昨日までは「経験」と呼ばれていたものが無価値となり、その変化は人びとが空間における「遍在」を求め、急激な変化を希求しているからでもある。さらに「（それ唯一最終的経験であるかのように）人はスピードに夢中」となり、経験獲得の機会を自ら放棄しているのである。[4]

他方で、廣松渉によれば、「一定の時代の一定の共同世界」に内属する人びとは「日常的な相互的交通《フェアケール》」というサンクショナルな場を共有している。この場を介して人びとは「同調性《コンフォーミズム》をもつ相に自己形成」するのと相即的に「言語《ラング》体系を共有する相に相互形成」している。また、「知覚の言語的被拘束性」の機制から自他間において「言語的・概念的な認識活動の在り方はおろか感性的・知覚的な認識活動の在り方をすら同型化する傾動」が生じている。[5] だが、後期近代における「再帰性」は「生の姿」の諸条件とその実存的な諸基底を大きく変様させつづけている。この絶えざる再帰性の渦動は自己像を獲得しようとする世代にとって大きな負荷となるが、その負荷による「被害を顧みる」ことなくむしろ喜々としてその変容が受容されている。この「生活態度」とはつねに増大し続ける情報の渦動によって従来の倫理的準拠枠が相対化される一方で、身体化した価値体系が無意味となって先行世代に再帰的に提示される。また、人間にとって「一般的な世界の内で認識されるものは相対的なものである」とカール・ヤスパースはいう。ヤスパースは、認識されるものは直接的にではなく、「科学」という framework による認識が世界を非直観的な抽象的に知られた一つの現実的なものに解消してしまった、と論じた。「近代」の物理学は三次元の世界をも非現実的な存在として埋没させたのである。[6] そうした「高度化」する技術に隷属する精神性とは欲望の抑制ではなく、それをつねに喚起するものであり、それはまさに「流れ」というべきものである。この「流れ」とは自然という概念自体を変様させ、人びとが有している対象把握のための理論負荷性をも相即的に再編成しながら「流れ」ている。「流れ」さる日々の生活のなかで自己意識は立脚点を失い、「今」という点の累積は線となることはなく経験は意味喪失のなかで形骸化していく。いわば、日々の観察行為は新たな解釈を加えることのない単なる集積となるのと同様に、日常的経験や情動的体験が「構造化／体系化」されることもない。

物理的世界すらも非現実化する主要因は加速化であり、この加速化による「高度技術社会」に対して人びとは「距離」を設定できずに埋没している。そうした「精神的基礎」は間主観性の内包する「美醜」「真偽」「善悪」などをつねに断片的かつ相対的なものとする。間主観性・共同主観性について廣松は「共同主観性 (intersubjectivity ＝間主体性＝共同主体性)」とした。つまり、加速化に従属し「不快の源そのものの一斉全面除去 (根こぎ) を願う心」は歪んだ共同主体性を相即的に形成する。共同主体性の変容は精神的領域と身体感覚の双方に多大な影響を与えている。共同主体性を廣松は「身体的自我」とも表現している。「身体的自我」とは次の二つの観点から把握できる。つまり、(一)構成形式はアポステリオリに言語的交通を通じて間主体的＝共同主観的に形成され[7]、(二)生理的・物理的な客体としての身体は皮膚的界面に画定されているが、「実存的」な体験的身体はごく日常的に皮膚的界面を超えて膨張する[8]。皮膚的界面で閉じた身体とは観察的に対象化された個体的所知であり、身体は「〝皮膚的界面〟を双方向に超えて膨張・収縮」する。この「身体的自我」の「膨／縮」とは「能知的所知＝所知的能知の渾然一体相」で体験される[9]。つまり、加速化は「身体的自我」を膨張させるのと同様に、「人‐間」「空‐間」を大きく変様させ生活世界を激変させるような深い影響を与えている。

広瀬隆によれば、東日本大震災が起きたとき、福島第一原発の一・二・三号機は運転中であった。四・五・六号機は定期検査のために停止し、強い揺れによって一・二・三号機は緊急自動停止した。全機停止のあと当初は緊急炉心冷却装置(ECCS)が機能し冷却を始め、装置に電気を送る非常用ディーゼル発電機も始動した。だが、巨大津波によって「原発＝核施設」の電気系統はすべて機能喪失となり、この時点で「原発＝核施設」の送電系統が破壊され外部からの交流電源はすべて喪失した。やがて福島第一原発は全電源喪失の状態となり、冷却システムは停止したのである。こうして「一・二・三号機の原子炉はメルトダウンに向かって暴走」を始め、地震発生から半日後には早くも「一号機で炉心のウラン燃料棒が露出」したのであった。さらに同時進行的に四号機でも使用済みのウラン燃料棒の貯蔵プールの水が「崩壊熱」によって沸騰し、プールの水位は下降し続けた。こうして福島に造られた「原発＝核施設」は「四基もの原子炉が同時多発的に危機的な状態に陥った」のであった[10]。

「原発＝核施設」における巨大事故の可能性を高木仁三郎はつねに主張しつづけた。核エネルギーを生産する過程では巨大なエネルギーの集中があり、不安定化した放射性物質が大量に蓄積される。一方で、「原発＝核施設」はそうした大量の物質を原子炉のなかに包摂したまま発電せざるを得ない。そのシステム機能の破綻は「内部に蓄えられた膨大で有害な放射能が大量に環境に放出される可能性」を顕在化させた。たとえば、チェルノブイリ原発事故によって現地の数百キロ圏に居住する人びとが巨大な直接的被害を受け、ヨーロッパの多くの地域にも放射能の雨が降り、食品が汚染され地表の放射能汚染が長期化した。この巨大な環境破壊をともなう原発事故を再考すれば、「原発＝核施設」は潜在的な事故の可能性があり、「原子力テクノロジー、原子力発電は、例をみない困難さを持った技術であると認識しておく必要がある」といえる。[11]

ところで、「東北」日本における原子力発電所建設と日米安全保障条約に三つの共通点を石田雄は見出している。これら三つの要素の共通点を集約する視角は福島第一原発事故を考えるうえで重要であり、本書全体の考察にも関連しているため要約していく。[12] まず第一に、安保と原発が両方ともに「国益」や「国策」に関する重大問題であり、しかも複雑な専門知識を必要とする領域として「聖域」化され、外部からの問いかけが妨げられてきた。第二に、「聖域化」によって広く公開の場で十分な検討が不可能となり既成事実への屈服が繰り返され、基地周辺の事故・犯罪や原発からの放射性物質の放出という重大な結果をまねくことになった。第三に、そのように生命を脅かしているのは基地・「原発＝核施設」の「周辺」の人びとの「暮らし」を成立させている経済構造の問題でもある。

二〇一二年五月中旬以降ジャーナリストの外岡秀俊は福島を訪れた。そこでは岩手や宮城などの被災地とは明らかに異なる「雰囲気を肌で感じた」と外岡はいう。原発事故の解決の方向性がいまだ定まらず福島では「災厄の発生時」から「原発＝核施設」事故の「怖れ」が持続されており、あたかも人びとはいまだに「見えない敵に暮らしを包囲」されていると外岡は述べている。その「怖れの正体」の把握を困難なものとし、「暮らし」を混乱させている原因は原発事故だけではなく、政府の対応それ自体にもあった。福島では、一見すると人びとは「穏やかに、災厄前の暮らしを取り戻し、なんとか日常性を保とうとしているかにみえる」が同時に、「その日常のいたるところに、綻びがあり、亀裂から非日常が顔をのぞかせ」ている。外岡が取材協力を仰いだのは南相馬市議の鈴木昌一（五六歳）であった。鈴木は外岡に「残念です。震災前に南相馬では、ようやく市民としての一体感が生まれつつあった。それが、原発事故で、またヒビが入ろうとしている」と現状を説明している。南相馬市は、鹿島町、原町市、そして小高町の旧一市二町が「平成の大合併」で二〇〇六年に誕生した。つまり、鈴木の「ヒビ」という言葉は新しい行政区域が原発事故によって再び三分割されたことを意味していたのである。[13]

こうした暫定的な法的措置であっても法システムは機能し始める。ニクラス・ルーマンによれば、あらゆる観察と記述は何らかの「区別」を必要とし、観察と記述が何かを指し示すためには「区別」が先行していなければならない。或るものが規定され（あの対概念からではなく、この対概念から）区別されたならば、指示されているのは「概念」である。したがって、諸区別の「区別」によってはじめて「概念」を構築することが可能となる。その概念構築が法理論の考察の前提となる。いわば、諸命題において多様な「区別」が使用され、それぞれ異なる「形式」が構築されているのである。[14]そうした法措定とは「区別」によって始めて可能となり、これがあたかも始源から存立していたかのような「既成事実」として受容されるのである。法措定という行為の成就は反復可能となる基底、つまり構造を形成することにあるといえる。

いいかえれば、「観察」とは「区別」を用いて一定のパースペクティヴから指示した「空間」を記述する。だが、「区別」が潜在化していくにつれて、「人と人との社会的関係（この関係には事物的契機も媒介的・被媒介的に介在している）」が「〝物と物との関係〟」あるいは「〝自立的な物象〟」の相で現象する事態となる。つまり、物象化された「空間」の在り方が常態とされていくのである。反照的関係規定態の動性は注視されず、「〝関係規定態の物象化〟」はその強度を深めていく。[15] ここでは間主観性が固定され、「内部」の指示が同時に「外部」を作り上げていることを把握しえなくなっている。「区別」の実体化によって「地」から「区別」された「図＝空間」は、表象、忘却、幻想などへと物象化されていく。いわば、本質主義的な民族概念の主張と同様に、「図＝内部」とは価値規範に付随するイデオロギーから「実在として固定化」されるのである。そうした過程を主要因として、コミュニケーション的「仮想世界」は増加している。最もわれわれの身近にある「不幸」を「見世物」へと変化させ無関心を助長し続け、すでに決定的に廃止されたと思われていた「上等人間」と「下等人間」（さらには「使い捨ての人間」）の区別を再生産しているのである。[16] 権力をもつ支配者たちから「使い捨ての人間」とされた存在によって「原発＝核施設」というシステムは稼動しているのである。

一四日に起きた三号機爆発によって、負傷者は東電、「下請け」、自衛隊を含め計十人と確認された。この爆発で二号機の注水用に準備していたホースが外れ、冷却水を補給する立て坑は瓦礫で埋没し、非常用の冷却装置も停止した。時間の経過とともに二号機の原子炉は厳しさを増した。現場からは、①一四日午後六時二二分に核燃料が全て露出し、②その後二時間で炉心溶融（メルトダウン）が始まり、③さらに二時間で圧力容器が破損する、と報告された。[17]

東京電力福島第一原発二号機では一四日夜に格納容器が突き破られ、厖大な放射能の飛散によって東日本全体を汚染する可能性もある状態となっていた。翌一五日に決定された避難区域の設定「区別」によって、半径二〇キロ圏内は「避難を指示」、半径二〇～三〇キロ圏内では「屋内退避を指示」、そして半径三〇キロ圏外は「特に指示なし」とされた。この設定「区別」が、南相馬市のほぼ旧一市二町の区域に重なったのであった。つまり、半径二〇キロ圏内は小高区、半径二〇～三〇キロ圏内は原町区、そして半径三〇キロ圏外は鹿島区となっていたのである。九月末まで継続された設定「区別」によって半径二〇キロ圏内には境界に検問所が設置され、原則として立ち入りが禁止される「警戒区域」となった。半径二〇〜三〇キロ圏内は自力で避難準備をできる人びとは職業を継続してもよいが、そうではない人びとは自主避難が望ましいとされた「緊急時避難準備区域」となった。また、半径三〇キロ圏外は一ヵ月を目安に避難する「計画的避難区域」とされた。こうして南相馬という空間は三分割され、外岡は「ここに、南相馬市が、福島原発事故全体の縮図となる理由」があると論じたのであった[18]。

空間的な政治性の問題から再考すれば、小川有美が論じているように、現実に福島原発事故が起こった日本という「空間」において、人びとが対峙しているリスクにはあまりにも大きな落差が存在している。「原発＝核施設」の安全性に信頼を寄せてきた立地地域や近隣住民は強制的もしくは自らの事情で長期避難を余儀なくされている。さらには住居、職業、郷里、生活の基盤が奪われ、各地で集団訴訟が起されている。リスクは立地地域という境界内で限定することは不可能であったが、「原発＝核施設」の立地地域は「原発＝核施設」から空間的に離れた大都市圏などと比しても圧倒的に高いリスクに曝されていたのであった[19]。東京を中心とした「空間」は「地」となり、南相馬市などは「福島原発事故全体の縮〈図〉」となった。「地」として背景に退く「空間」の帰属者は原発事故を「忘却」あるいは「隠蔽」したいという「欲望」に駆られている。「福島原発事故全体の縮〈図〉」を認識する行為は、すでに従来の社会秩序が崩壊したなかで赤裸々な「生の姿」を明確にする。そこでは「理性／感情」「寛容／利己性」などが激しく混在し、各個人の「生の姿」が如実に現われている。これは政治・経済・文化・教育・生活などの各領域が「人間の条件」にとって何が必要なのかという「問い」を顕在化させ、「地」としての空間に暮らす者たちに突きつけている。つまり、「地の上の図としては知らないが、地としては知っているのである。〔どんな〕微細な知覚〔も〕In der Welt Sein〔世界内存在〕の領野を走る一つの波〔なのである〕」と把握する必要があるといえるだろう[20]。

「このようにして、各人はその日暮しに、そしてただ独り天空に対しつつ、生きることをうべなわねばならなかった。一般のこの見捨てられた状態は、長い間には結局人々の性格を鍛えあげるべき性質のものであったが、しかし最初はまず人々をつまらぬことに動かされる浮薄な人間にした。（…）彼らも数週間前には、こんな弱点や没理性的な隷属状態に陥らないで済んでいたのであるが、それは彼らが世界に対してただひとりでなく、そして、自分と一緒に暮していた人間が、ある意味で自分の住む世界の前面に介在してくれていたためであった(21)」。

「原発＝核施設」事故の「忘却」や「隠蔽」という「欲望」は「非体系的／潜在的」に日本という国家を「国〈内〉」と「国〈外〉」に分離しようとする「願望」へと転化していく。こうした分断線は日常生活のなかでは意識の底辺に沈み込む一方で、もはや二〇一一年三月一一日以前と何ら変らない状態なのであると思念する。空間的には「東京＝中央」と「福島＝周辺」という分断線が固定化され、加速度的に進行した「原発＝核施設」事故を忘却したいという「欲望」は、時間的経過とともに日本国内に排除すべき「外部」を作りだした。こうした状況によって「内部」と「外部」とに分離された各空間で「現在＝安楽の今」が凝固化している。小出裕章は二〇一三年の時点で次のように述べている。

「現時点で私が非常に重視しているのは、三つの放射性物質です。セシウム一三七、ストロンチウム九〇、トリチウムの三つですが、これらが現在の汚染水に含まれている主な放射性物質だと思います。／そのうち、セシウム一三七は揮発性が高いため、事故直後から大量に大気中に放出され、東北地方から関東地方にかけて土地を猛烈に汚染しました(22)」。

こうした現実は東京と被災地を分断する思考ではなく、その双方を包含する思考の共有なしには、「東北地方から関東地方にかけて土地を猛烈に汚染」した原発事故の既成事実に屈服するだけであろう。なぜなら、「地」と「図」の両空間に分断されていようともそれは同じ日本という空間であり、人びとは生活世界を共有し同時代を生きているからである。そうした「問い」との対峙は「地と図」の相違性に拘泥するのか、それとも人間性に呼応するのかで大きな方向性の違いを生み出す。後者の呼応という立場であれば現状に対する「客観的」把握と将来への「可能性」という二つの視座を設定するだろう。他方で、廣松が指摘するように「法則的・統一的な〝理解・説明〟を志向する」とき、それは「汎通的・一般的な解釈図式は個々の文化共同体に内在的な解釈体系」に対して「〝外在的〟」である。(23) こうした解釈体系の外在的な有り様を客観視し、過去を対自化しながら存在被拘束性の呪縛を解き、宿命論やペシミズムを脱することが将来への「構想力」を形づくるために重要となっている。

ヤスパースは「真理とは思惟と人生との相互浸透」から生成する一方で、「真理意識の混濁は〔この相互浸透の〕崩壊から生じる」とした。そうしたとき「真理の代わりに悟性の空虚さ」が存続するのと同時に、「体験された生活の蒙昧さが存続する」ことになる。つまり、「両者の非信頼性と不安定性」が残余として残り続けるのである。framework がつねに流動化され誤謬によって対象理解が誘導され、錯誤を内包した「思想／概念」がむしろ「正当化」されていくことになる。その誤謬に充ちた「思惟と人生の相互浸透」は後期近代の一つの特質である再帰性によって絶えず強化され「確証」されている。こうした再帰性は既存の伝統的真理意識を相対化し、「体験された生活の蒙昧さ」をさらに混濁させていくのである。だが、人間とは「自己に集中しながら、また分離してゆくものを一つ‐に‐結びつけながら、真理の途上において自己自身となる」とヤスパースは述べている。一方で、「人間は自己を拡散しながら自己を喪失し、あるときは単なる悟性を、あるときには単なる本能を交互に引き合いに出す」のであるが、そのと

き「人間は決して彼自身として現存することはない」のである。(24)

いいかえれば、「安楽の今」によっては将来の「空間」「人間」という二つの「間」の姿を描き出すことはできない。というのも、稼動から四〇年前後で「原発＝核施設」が廃炉となれば、これは巨大な「負の遺産」となりそのすべての返済は将来の複数の世代にとっても返済不可能だからである。こうした環境を形成したのは「原発＝核施設」に過度に依存する心性の固定化である。また、この心性を産出したのが「政界」「産業界」「官界」「学界」「報道の場」の複合体としての「原子力ムラ」であり、原発立地地域のなかでも「原発＝核施設」に過度に「アディクティブaddictive」（＝依存的）となった立地地域（＝「原子力ムラ」）であった、と開沼博は指摘している。(25)

ミッシェル・セールはこうした「addiction」について言及していた。「最初の発話〔diction〕＝最初の語」とは方向性を示し、一定の準拠枠による発話行為を作り上げる端緒となる。この準拠枠を受容する者たちは「最初の発話者」によって「承認」され、受容することを拒む者たちは巧妙に排除される。つまり、「最初の語」が基点となり言説空間が形成されるのと同時に、その基点は連鎖し拡大していく。この言説空間は意味の専有と「利害」「情動」「欲望」の総和ともなり物象化されていくのである。つまり、「言うことを通るものも、与えることを通るものも、すべてがそこに集中し、そこに総和される」。他方で、「言語そのものが夢を取り上げる」ことになる。なぜなら、「言語」は「人-間」にある「寛容／優しさ／公正」の共有を可能とする一方で、「言語」は理想や夢を「現実性／事実性」へと代置させる。いわば、「欲望」や「利害」は「言うこと」を受け入れ、「与えること」の対象者を選択した者たちには「現実性／事実性」となる。それが「原発＝核施設」によって獲得される「利得」となり、最終的に人びとの衣食住のすべてが「原発＝核施設」に依存し、その結果としての「総和は死と麻薬」によって代置されたのである。そうして「死」だけが「言語や科学の真実性を保証し、物そのものへの科学の忠実性とその速やかな有効性を保証する」とセールはいう。こうして「ヒロシマは現代科学の基を築いた」のであり、「原発＝核施設」によって政治・経済構造が侵蝕される起点となった。[26]

今日の社会は「不快の源そのものを追放しようとする態度」が公共空間を包摂し、不快のない状態としての「一面的な『安楽』を優先的価値」として追求している、と藤田は述べていた。つまり、「安楽」とは「不快の欠如態」なのであるが、「安楽」が第一義的な追求目標となれば、「安楽への従属状態」とでもいうべき社会状況が形成される。こうした「安楽への隷属」は「焦立つ不安」を分かち難く内に含みもつ「ニヒリズム」の一つであり、「或る種の自然反応の無い状態」を追い求めて止まない「能動的ニヒリズム」なのである。[27]

しかし、法規範は「自然反応」だけから社会秩序を作り出すのではなく、法であることの記述は法自身によって可能となる。こうした構造の産出は循環性を内包し、作動は他の作動との回帰的な関係のなかで自己を規定するための構造を前提としている。オートポイエーシスの作動によって作動の産出と「作動によってなされる、構造の圧縮と再認（Kondensieren und Komfirmieren）」がなされる。つまり、作動とは構造によって「自己」を方向づけ、それによって法システムを（自己の）構造に規定されたシステムとするのである。たとえば、「東京＝中央」と「福島＝周辺」という分断線の固定化は、作動の差異の創出として記述される。作動のあとでは何かが以前とは異なり、作動を通して何かが形成される。作動による弁別を通して成立するシステムは、自己を環境との区別において指示するのである。[28]

いいかえれば、分断線が固定化されたシステムの作動の差異は「核」の「焼結」による大きな人災を引き起こし、被害の大きさを縮減した一つのアスペクトとして人びとに提示されている。それは「主観‐客観」的二元論として物象化され、「友／敵」「肯定／否定」「包摂／排除」という巨大な壁を「人‐間」と「空‐間」に作り出した。たとえば、政治的「決断」は「言語解釈」によって情緒を煽り、人びとは「現実」の直視ではなくきわめて曖昧な「幻想」へと誘引されている。

「あるいは少なくとも、沈黙が堪えがたく思われるような人々の場合など、他人が真の心の言葉を見つけ出せない以上は、彼らも初めから観念して売りものの言葉を採用し、自分もまたあり来たりの形式で、単純な叙述や雑報や、ある点で毎日の新聞記事のような形式で話すのであった。この場合にもまた、最も真実な悲しみが、会話の陳腐な語法に翻訳されてしまうことが通例となったのである[29]」。

こうした日常体験は言葉と同様に他の判断能力をも腐蝕していくことになる。「売りものの言葉」が自他間における真実性や信頼性の確信を作り出すとはいえない。誰にでも使用することができ、どのような時でも反復しうるのであれば、その発話はたんなる簡略化された「手続き」にすぎない。つまり、言葉を交わす者の個性や生活状況への考慮が払われず、対話の起点となる基準すらも混濁していく。こうした社会環境下で「人間は自己を拡散しながら自己を喪失」し、「本能を交互に引き合いに出す」ことになる。「毎日の新聞記事のような形式で話す」ことから一人ひとりの言葉は意味を失い、一般的に受容されていく「慣習的手続」となる。こうした対話の形骸化はそれに対応する思考、感情、そして行為を生み出していく。つまり、現状がどれほど客観的状態から乖離したものであったとしても、「最も真実な悲しみ」すらも「会話の陳腐な語法に翻訳」されていくのである。

すなわち、ハイデガーが指摘したように、「ひと、、が予感し感知したもの」が現実に実行されたとしても、「あいまいさ」によって、関心がすぐさま失われることになる。ただ関心も「共に予感するだけの可能性」として与えられるならば、「好奇心と空談」としてだけ成立する。共同相互存在の開示性とは「もっとも声高な空談と、俊敏な好奇心」

が「なりわい」をはじめるのであり、そこでは「根底的にはなにごとも生起していない」のである。[30] いわば「対立的契機」を内包する「現実」の多様なアスペクトは潜在化させられていくのである。このように縮減されたアスペクトから「原発＝核施設」に付随する「安全神話」は広く伝播してきたのである。「共同性／統一性」が「対立的契機」を内包するならば、それらは「主観‐客観」の両端に凝固化されることはなく、その「間」では不断の循環が生成することになる。こうした論点を田辺元は次のように論じていた。

「（…）決断的死の可能性を観念的標識として、それの媒介に依り生の存在自覚をば言語解釈において、分析論的に展開するのと対蹠的である。もとよりそれが実践の行的自覚である以上は、否定的対立者の統一というも、同時に統一の対立契機を緊張の媒介動力として保有しなければならないから、あくまで弁証法の分裂性を内含し、分裂と統一との不断の循環渦動を成すこと、分析論的存在学の同一性的組織を形成するのとは異らざるを得ない。しかし今日『死の時代』ともいうべき歴史の危機に臨んで、生の存在学が二律背反の行詰まりに陥ること避けがたき際、もし我々を救う哲学があるとするならば、それは死の弁証法でなければならぬこと否定できまい[31]」。

四基の原発施設が「同時多発的に危機的な状態」となったとき、誰が誰に「決断的死」の選択を迫ることができたのであろうか。こうした状態を既存の原子力に関する法体系は想定してはいなかった。なぜなら、「安全神話」というイデオロギーによって「危機的な状態」はありえないとされ、物象化された「絶対的前提」となっていたからである。先行的与件として「政治的・経済的」諸権力は「完全な安全」を起点とし、「原発＝核施設」の危機的な状態において人間（あるいは集団）がどのような行為選択が必要となるのかを考察することはなかった。「完全な安全」と「危機的な状態」という「主観性」と「客観性」の絶対的分離は「統一」における「対立契機を緊張の媒介動力として保有」することはなかった。事故現場に残った者たちは大量の被曝を覚悟しなければならなかったのである。「使い捨ての人間」とは価値をもたない存在ではない。むしろ自己の政治的情念から「人治」によって国家形態を変更する者たちに「使い捨て」にされる存在なのである。苛酷事故に対する法的根拠や事故処理プロセスに「無関心」な為政者たちは「原発＝核施設」事故を「安全神話」という「お伽噺」によって取り繕ってきたのであった。その曖昧な「識閾」で「上等人」が「下等人」によって「使い捨て」にされていくのである。

「原発＝核施設」が「安全」だとする「神話」は全電源喪失によるメルトダウンという限界状況を思考することはなかった。原発事故によって限界状況が生じたのではなく、人間たちの「作為の不作為」の集積によって作り出されたものであった。この状況下では予め想定された行動基準も事故内容を理解する過程も存在してはいなかった。事故内容の理解には現場における事故原因を分析し、明確な言葉へと転換することが重要であった。そうでなければ、事故原因の多面的な解釈をおこなうことはできない。現状把握には先行理解を起点とした解釈が必要であり、解釈すべき対象が規定されていなければならない。つまり、限界状況ではその有り様を適切に表現する言葉は存在しえなかったのである。そのため事故を収束させるための全体像の理解は不可能となり、全体像を把握するための理論自体も存在していなかった。「原発＝核施設」事故から一年半近くが過ぎた二〇一二年八月、東電は事故発生当時の東電本社と現地対策本部を結んだテレビ会議の映像を公開した。それは二〇一一年三月一一日夕から同一五日午前零時までの「時‐間」であった。この間に三号機が水素爆発し、二号機の状態も急速に悪化していった。東京新聞は一〇人を超える記者たちによって五〇時間分の音声を文字に起し、複数回にわたって紙面に記事として掲載したのであった。それが『ビデオは語る‐福島原発　緊迫の三日間』という標題で書籍化された。その「あとがき」で社会部記者は次のように述べている。

「しかし、これは事実のほんの一部でしかない。本当の教訓は、もっと違うところにあった。象徴的なのが最終盤。二号機の状態が悪化した時の状況だ。／現場は打つ手を失い、死を覚悟した。その後、音声が途切れているうちに、暴走が止まった。ビデオ以外のデータ、各事故調の調査をみても、止まった原因は分からない。現場にとどまった作業員は英雄的だが、二号機に振り回されただけだった。／つまり、ビデオが語る教訓は『原発が暴走したら、運を天に任すしかない』という現実だった。そして、運に恵まれて二号機は爆発せず、首都にまで及びかねない破滅的な被害は免れた」(32)。

日本という国家の存立自体すらも「『死の時代』ともいうべき歴史的危機」に直面していたのである。「死の時代」のなかで物象化された「安全」は「実体概念」となり、権力を把握した者たちの思考法すらも画一化していたのであった。いまこそどのような政治的・経済的イデオロギーと物象化された実体概念が連鎖したのかを再考すべきであろう。なぜなら、ヤスパースがいうように、人間とは「無時間的で現実を離れた思惟」すらも「同様に本質的に疎遠なもの」として経験する一方で、「人間の思惟」は「時‐間」への内属によって「生活」となるためである。こうした「人間の思惟」は「歴史的現実」と結びつくなかでのみ「真実」となりえるのである(33)。

他方で、これだけの巨大な破壊によっても惰性となった「生の存在学」が力をもっていることへの醒めた認識が求められる。だが、実体概念を背景とする権力は、思考と行動様式を実体概念が許容する枠内で「自然」に包摂していく。たとえば、「原発＝核施設」という「装置」は人間の歴史を根底から変様させ、一九四五年の日本に投下された二つの原爆による大量殺戮とそれに続く被曝者たちの困難な「戦後」における「生の姿」があった。こうした「装置」を直視した人びとのなかにギュンター・アンダースはいた。

アンダースは「常に新しいものをもたらすプロメテウス的な無限の自由」という視座から自らの思惟を展開した[34]。アンダースによれば、「プロメテウス的な無限の自由」によって「時間的存在としての人間」は「プロメテウスの自由」に供物を捧げるよう不断に強制されている。また、「時‐間」に内在する人間は自分自身を混乱させ、「自ら計画し生産したものにおくれた者」として「装置」に追随する存在となっている。人間自身が造った製品の世界と人間との繋がりは「非‐同調性」が昂進し、両者の距りが日毎に大きくなる事実をアンダースは「プロメテウス的落差」と呼ぶ。たとえば、「プロメテウス的落差」を構成するのは、「製作と想像との落差」「行為と感情との落差」「知と良心との落差」、などである。そして、何よりも「生産された装置（装置の「体」に合わせて造られていない）と人間の身体との落差」が大きな問題なのである。こうした「装置」と人間の「想像／感情／知／良心」の乖離は「原発＝核施設」事故によって限界状態を作り出した。また、「そもそも今日西欧文化の科学主義がそれの本来の限界点を超えて、科学技術の止まる所を知らぬ発達を促した結果は、本来人類の福祉のために進められた当初の目的」に反するのと同時に、「それが人類の破滅という矛盾に立到らんとしつつあること蔽うべくもない」と田辺は記していたのである[35]。

原発事故の直後から、炉心溶融が進行し水で炉心を冷却化することが絶対に必要であった。もし、冷却に失敗すれば立地地域の人びとの生命・生活・人生を奪い去る最悪の事態へと至ることもありえた。また、最悪の事態となれば首都東京の人びとも生命・生活・人生を失うことになったのである。レベル七という最悪の原発事故は従来の政治的・経済的な認識枠組ではその「事象」の全体像を把握しえず「今＝現在」に至っている。日常性が象っていたさまざまな所与が崩れ、「生の連関」にはいくつもの分断線が走ったはずである。だが、そうした「重い課題」を直視するのではなく、これまでの政治的・経済的な認識枠組に規定された社会秩序を維持しようとする趨勢のなかに日本社会はある。他方で、福島第一原発の事故収束現場では「放射能の泥沼」のなかでの「闘い」となっている。今の日本社会で多くの人びとの「生の連関」が取り返しのつかない状態へと分断されているが、レベル七という「原発＝核施設」事故の体験は「今＝現在」ではもはや存在しないかのような「態度・意識・行動・言動」が満ち溢れている。事故収束に当たるなかで数多くの困難な事例や環境汚染が報道されているにも拘らず、二〇一一年三月一一日以前の「生の連関」が現前しているかのように「暮らし」は続いている。だが、小出は事故当初の状況と事故の現状を適切に指摘している。

「(…) 炉心があった鋼鉄製の圧力容器も底に穴があいて核燃料は落ちてしまっていますし、放射能を閉じ込めるための最後の防壁として設置されていた原子炉格納容器も、おそらくいくつもの穴が開いてしまっている。したがって、水をいくら入れても格納容器から漏れ出てしまい、原子炉建屋やタービン建屋の地下に、あるいはトレンチやピット、立坑といった地下のトンネルのようなところに溢れ出てしまっているのです。(…) 事故直後から汚染水はどんどん環境中に漏れでていたはずです。／一方で、周囲の環境の方からは地下水がどんどん入り込んできます。その地下水が汚染水と渾然一体となって福島第一原発の敷地内に溢れているのです。(…) ／いま東京電力はそれらの汚染水をタンクに入れてしのいでいますが、すでにその量は約四〇万トンになっています。いずれ、これは破綻せざるをえません。／ストロンチウム九〇の法令上の基準値は一リットルあたり三〇ベクレルです。たとえばこの京都大学原子炉実験所で、廃液の中にストロンチウム九〇が混ざっているのであれば、一リットルあたり三〇ベクレル以下にしなければ、敷地外に流せません。(…) タンクから漏れ出た汚染水の八〇〇〇〇万ベクレルという濃度がいかに猛烈なものであるか、おわかりいただけるでしょうか[36]」。

放射能に汚染された川、海、そして大地を事故以前の環境に取戻すことは、大きな困難に直面している。課題は巨大な放射能汚染のなかで人びとがどのように世界把握を可能とし行動の準拠枠を形成し得るかである。放射能が生み出す汚染水は、これまでとは違う「生の連関」を事実的にも日を重ねるごとに作り出している。これらの諸問題は先行的に構制されてきた価値規範を侵蝕している。この規範の侵蝕は日本「国内」では他者への無関心となり、日本「国外」では他者の排除という傾動を生み出している。そうした無関心と排除の言説がもつ意味内容は、「美しい国」という語彙で集約される価値領域から正当化されている。つまり、それらの言明には激しく害われた自画像の自己愛的な修復作業が相即的に付随しているのである。諸行動の文脈共有を可能とする間主観的了解は大きく屈曲し、「現実」の解釈は自己愛に充ち「生の連関」を産出している。自己愛に依拠する「生の連関」では「生の姿」の母胎となる生活世界を奪い取られ漂流している人びとの存在を見つめることはできない。

「政治的／経済的」な「配慮」によって「原発＝核施設」の立地地域は支配権力がもつイデオロギーを自ら内面化したのであった。イデオロギーが経済的利害によって構造化され、地域社会に浸透することになった。だからこそ資本主義的な合理性は支配的イデオロギーと相即的に展開され、経済的搾取の基礎を出現させた。こうして社会的分割の構造を正当化し、また再生産してきたのである。それは地域社会を包摂し、「核」と「生存」することが支配層の「強制」から自ら望む「共生」へと転化する時間的経緯でもあった。「原発＝核施設」は地域にとっての「異物」ではなく、「働く場」となり「糧を得る場」ともなったのである。その原発事故を起した「核施設」を内橋は次のように描写していた。

「東京電力・福島第一原子力発電所は福島県下（双葉郡）の大熊、双葉両町にまたがる長い海沿いの台地に、六基の原子炉を配している。／窓もなければ、外壁に灯る照明ひとつない、巨大な倉庫のように閉ざされたコンクリートづくりの箱（タービン建て屋）が横一列に並び、その後ろに背高な原子炉建て屋、そして赤と白に塗り分けられた四本の集合煙突が聳立している[37]」。

原発事故による諸問題を考えるとき、「近代」、「大日本帝国」、そして「東北」が辿ってきた歴史の再考が必要となる。色川大吉は東北を一つの地域として捉え、①「主体的に自立をめざす地域」、②「日本の中央、日本の西南に対する一個の歴史的個性を持った地域」、という二つの観点から把握すべきだとした。つまり、「東北」を青森、岩手、秋田、山形、宮城、福島の六県とする理解では「東北」という空間全体の意味連関を記述することはできないのである。なぜなら、現在の「東北」を行政区域として観るだけであれば、それは「明治国家の地方統治の分割意図や旧大名支配の領国の個性」を強調するものでしかないからである[38]。

社会の近代化を目指すなかで「人々が個人を基調にしてできた市民社会に未来の可能性を感じているときは、共同体は解体すべき対象であった」と内山節は論じている。一方で、共同体への視線の変容は、「個人の社会の問題点が意識され、現代における人間の存在に迷いが生じてくると、さらに自然と人間の関係を問いなおそうという問題意識が芽生えてくる」ことで生まれたという。それは「真理意識」が「悟性の空虚さ」と「生活の蒙昧さ」に充たされるのではなく、日々の暮らしのなかで「意味」を創造することへと連続していくことなのである。このとき「真理」とは歴史的な意味関連において新たに再編され、「函数態」的柔軟性を有することになり、共同体という「歴史的・社会的協働連関」で人びとは多様な諸実践を展開しえるのである。こうして現在の共同体論は従来の封建制に呪縛された空間というイメージから解き放たれたのである。だからこそ「今日の共同体への関心は、過去への思いとしてではなく、未来への探求として展開していく」と内山は指摘したのであった。それは「自然と人間」あるいは「人間と人間」が新たな「生活形式」を作り直していく過程でもある。いわば、そうした社会のあり方を共同体として再構成する意識が広く浸透し続けている[39]。こうした共同体概念の変容過程は「里山」などの風景に対する人びとの感受性の変化にも見て取ることができる。何よりもその価値序列の変位が従来の経済合理性が立脚していた諸前提を相対化することになった。つまり、人びとは新たな価値理念の生成と既存の framework の一面性を明らかにし、硬直した文化概念を再構成する姿勢を有することになった。そのような思惟範型の対自化と再構成は「政治・経済・文化・生活」などの理論的基礎づけの多様化でもある。

他方で、「東北」と「西南」という分割線は「日本国内」における「文化的人種主義」を機能させた。この「文化的人種主義」とは生物学的「神話」の新たなヴァリアントの精緻化でもある。また「文化的人種主義」の視線が外へと向けられたとき、「個人的性向の蓄積にとっての文化的閉鎖性と伝統の決定的重要性」が強調され、「外国人嫌いと社会的攻撃性の『自然的』基礎」となる。こうした攻撃性は「虚構」であり、「虚構」への依拠はあらゆる形態の新人種主義に共通している[40]。

第二節　加速化する時間意識と超越的原理の不在

明治国家「日本」が模倣とした「近代」とは多義的な概念である。近代的「生産／生活」の特徴は「時間」の圧縮と「空間」の相対化という「時空間」の変様であった。「時空間」の分離が深く広く進行したことから「時間」と「空間」はそれぞれ独立した範疇となった。そうした過程を考察するためにジグムント・バウマンは「速度概念」に注目したのであった。この「速度概念」は空間と時間の関係の変化と相即的に変様する。もし、空間と時間の意味連関に変化がないとすれば、人間の能力や意思と速度とは無関係である。しかし、一定の時間に通過できる距離が科学技術や人工的輸送方法によって決定されるとき、「移動速度の限界」についての常識は新たなものに代置される。「近代は速度の限界への挑戦を、たちどまることなく、連続的につづけてきたのであり、限界はなくなりつつある」のが現状である。[41] だが、人びとは「自然と人間」あるいは「自己と他者」という間を捉える解釈図式と行為様式を必要とするのと相即的に、混沌を形式化しながら時空間を再構制していく。つまり、時代の推移のなかで先行する解釈図式に新たな諸要素を媒介させながら行為様式を変様させているのである。

その過程で「自然」は人びとの諸行為を媒介とした「歴史化された自然」となり、共同体における共同性と個別性が等根源的に形作られていく。こうした諸行為の媒介によって既存の価値体系が再構制されていくことになる。だが、「移動速度」の絶えざる加速化によって「直観」は綜合作用の媒介を内包しえない「直接所与」という空虚な内容となっていくのである。また、「直観」が「直接所与を単に受容することにおいて成立」すれば、それは「能動的主体的契機」を含まず、「内容的にも主体的にも複合性なき単純者として自己同一的」に現前する。だが、いかにそれが単純者であると仮定しても、内容的かつ主体的な両側面が対極的に互いを媒介しなければ、ある直観内容は意識されることはない。[42]

廣松が論じているように、現相世界の分節態（＝フェノメノン）は単層的な与件ではなく、その都度すでに「射映的所与」とは「より以上の〝或るもの〟Etwas Mehr として二肢的二重相」で覚識されている。このとき廣松は「フェノメノンにおけるこれら対象的＝所知的な二つの契機」を「現相的所与」および「意味的所識」と呼ぶ。現相的分節態とは「現相的所与」以上の「意味的所識」として二肢的二重性の構制において現前している。「射映的所与」とは「与件の固有性」による外在的な事柄ではなく、「対〝他〟的反照の〝函数〟」であり、決して「自己完結的に自存するもの」ではない。いわば、相違する所与現相の「同一性」とは「同じ〝函数〟として同一性が措定される構制」によって可能となるのである。(43)つまり、単一なる「或もの」の直観とは、「必ずそれは他に対することに依ってのみ一」でありえる。単一なる「或もの」とはすでに「内部的に分極を含む」のと同時に対外的にも、一と他とを包含した「多の一」として始めて直観されている。このように直観とはすでに「綜合的に多の一、一の多としてのみ成立する」のである。(44)

他方で、加速化する社会環境内で「ただ一つの効用を目的とする物とは一切の包含性を欠落させた『使用価値』の極限の形」となっている、と藤田はいう。「『使用価値』の極限の形」は「次々と使い捨てる単一の『享受』」の感情と相即的に、「人格形成」に不可欠な体験の一つである「享受」を一回的な「もの」とする。というのも、現状では「次の瞬間にはまた別の一回的な『享受』」が回帰するだけだからである。こうして時間は分断されてしまい何の結実も生み出すことはない。その物象化的錯認によって「射映的所与」は「対〝他〟的反照の〝函数〟」が「自己完結的に自存するもの」とされ、内容を媒介しない「体験」は空虚な実践的意識を「人‐間」に拡散させる。それがいわゆる「自然的態度」となれば混沌を整序化するのではなく、「ひと・もの・こと」に関する多様な現実感の喪失へと連鎖していくことになる。そのとき「苦しみと喜びとも結合しない享受の楽しみ」は「空しい同一感情の分断された反復」となる。この「分断された反復」は激しくなる度に「空しさも又激しい空しさとなってますます平静な落着き」から遠ざかるのである。(45)

装置の変化が余りにも急激で速すぎるために製品が法外で不可能なことを要求し、その過大な要求によって「われわれが集団的な病理学的状態に追い込まれていることが十分考えられる」とアンダースは警鐘を鳴らした。人間的「能力」の「非‐同時性」、つまり人間と生産物との乖離が「プロメテウス的落差」であった。「時間的存在」としての人間は「プロメテウス的落差」が生み出した世界を「想像や情緒や責任能力」から把握し得ていないのである。その過程による人間自身の変容は「プロメテウス的落差」のために時代の変化に対してつねに遅れた状態となっている。さらに「魂は、産物である世界の変貌した状態にはるかにおくれている」のである。[46]

こうした加速化する社会環境では「速度は空虚を生じさせ、空虚は速度を誘発する」とポール・ヴィリリオも指摘している。たとえば、ある一企業の交通網整備のためのインフラ投資は単純に「よりよいコミュニケーションや交流の改善を実現する」だけではない。それは「他者の束の間の現前という特殊な現前形態」をも産出する。いわば、「一瞬のあいだ隣りあわせになった人間が永遠に消失」し、「絶えず移動しているため同胞が突然消滅」するという事態が反復されていくことになる。これは「人‐間」での信頼形成の時間喪失を意味しており、時間と空間の交互的媒介性によって形となる価値規範の機能が喪失しつつあることでもある。そうした体験消失の習慣化は「社会との遊離という悲劇」をも招来する可能性を拡大している。つまり、「ほかの同類の肉体的現前がリアリティーをうしない、ちかくにいる人間がたんなる通行人、行きずりの人となってしまう」のである。[47]

公共圏における価値形成への参加を忌避する「圧倒的大多数」は分断され、「時間」のなかで「空虚」な感情を生み出し、それらを拡大する「回転の体系に関係する何処かに位置」づけられている。その「回転の体系」への帰属によって人びとは自己の生存を可能としている。すでにこうした社会的連関が形成されており、その秩序維持のために「分断された一回的享受の反復がいよいよめまぐるしく繰り返されていく傾向」は亢進しつづけている。この「安楽への隷属」は「何らかの意識的努力がない限り停どまる処を知らない筈である」[48]。つまり、「回転の体系」とは行為選択の時間を縮減し、社会変容を加速化させてもいる。「回転の体系」は加速化する「高度技術社会」と一体化しながら、生産における回転の時間とそれに対応する消費をも加速していく。いわば、「消費＝浪費」は商品の消費からサービスの消費へと移行していくことになる。「回転の体系」は資本の回転時間の全般的加速化による結果であり、「思考／感覚／行動」をも断片化している。

「近代」への移行期に顕著となったのが時空間の分離の無限定の進行であったのである。近代資本主義と同型的な近代的組織は時間の数値化から伝統的な時間認識を変容させた。これらの組織では従来と相違する固有な合理性が確立されていった。たとえば、その現象は工場労働、軍隊的規律、そして義務教育による「臣民」の育成、などに見出すことができる。それは「個」の確立ではなく集団内に「個」を融解させていく強い均質性の形成が目的とされた。こうした「個」と「種的基体」の連環を選択した近代日本の組織形態は経済的合理性と精神的均質性に立脚し、さらには人びとの行為選択の準拠枠を「天皇制」へと集約した。一方で、「近代」の一つの重要な特色である「時空間」の分離は「時間の客観化」（＝もの化）をもたらした。真木悠介は、「時間の客体化―対象としての時間の析出」を大きな解放であった、と指摘した。つまり、（一）限定された従来の共同体は解体され、空間枠を超えた巨大な集合態的「協働連関」が形成された。こうして拡大された空間は物質的生活水準の向上と精神的生活内容の多様性を生み出した。この結果を肯定するならば、客体化された時間観念はその必要不可欠な前提であった。（二）対象としての時間の析出を介して、諸個人は共同態の〈生きられる共時性〉から距離を作り出し、「自由な個体性」と「自立」した創造力とを発揮することになった(49)。

色川は、明治以降の日本国家は北九州、名阪神、京浜に近代産業を立地させ、東北や北陸などは大都市圏への食料供給基地と低廉な労働力の供給源として位置づけられたとし、こうした日本国内での「政治的・経済的位置づけ」が東北の人びとに貧困と犠牲を強いることになったと論じた。東北という概念の物象化は先進地域と後進地域という二極化を生み出す認識論を正当化し、そこに内在された「階層的・階級的」差別化は明治から現代にいたるまで継続されている。この過程で「薩長土肥」が人為的に作り出した歴史意識が本質論的に定着したのであった。いわば、「西南」日本を「近代・文明・都市型日本」とし、「東北」日本を「反近代・後進・自然型日本」とする短絡的な思惟を作り出してきた。その思惟では「先進／後進」という認識構図となり、西南日本と東北日本の支配層の利害の一致や両地域の民衆の苦痛の共通性や連帯への視座が見失われてしまう(50)。

ところで、近代における国家形成時に権力層は民衆の「身体」と「精神」を強制的に変様させた。なぜなら、「特定の社会構造」や「特定の形の社会的編成」が必要である一方で、対立する国内の「政治的な敵」と国外の「帝国主義的な敵」との緊張状態の解消には高度の必然性をもった特殊な変化が不可欠であったからである。この「特定の形の社会編成」（＝国民国家）への移行を理解の基点とすれば、歴史的推移を超え登場する「人間の行動の変化」や「柔軟な心理的装置のモデル化」による変容を把握しえる、とノルベルト・エリアスは論じたのであった。また、エリアスは、社会的機能の細分化の絶えざる進行と相即的に個々の人間にとっての様々な行為選択も他者の規制を受け、ますます均質的かつ安定的に規制される必要性が生じた、とも指摘する。すなわち、幼少時からより微細な次元で諸行動が規制され、その規制自体が個々の人間の自発的行為として内面化されているのである。この規制は自己自身では無意図的で「抵抗できない自己抑制」として身体化されてもいる。そうしたことが「文明化の過程」での「心理的装置」が有する特質なのである(51)。

近代という時間変容と社会空間の再生産は同時進行的であり、新たな時空間による価値規範の形成は新しい「人間類型」を必要とした。時空間の変化は国民国家が求める「経済／労働／教育／家族」政策を従来の共同態にも適用した。他方で、血縁や地縁などの多様な網目で継承されてきた「子育ての知恵」は共同体内の「文化体系」であった。こうした「文化体系」が内包していた「子育ての知恵」が次第に国家行政へと移行する事態が明治日本で進行したのである。その諸変化は人びとが慣れ親しんだ生活様式の変移、つまり時空間領域の偶有性の増大と相即的なものであった。近代化と国家形成が要求した新しい「人間類型」の形成はさまざまな領域・空間でおこなわれた。こうした「人間類型」は近代が生み出す不確実性と新たな社会秩序に対応した「身心」の祖型となり、この祖型に準拠しながら人びとを「国民」へと育成したのであった。近代とは封建的な権力構造の恒常性が喪失していくなかで、従来の封建道徳と近代化による義務教育の混合態が人びとの「身心」を包摂したのであった。そこでは権力が設定した「自由」の範囲からの逸脱や天皇制を軸とした「国家道徳」への違背に強いサンクションが与えられた。つまり、「国家道徳」への違背を予期した政治体制は近代化による法制度の確立と相即的に、逸脱と違背を包摂するための「空間＝監獄」の整備が急務となったのである。安丸良夫によれば、明治初年の刑罰体系の転換には二段階あった。第一段階として「維新政権成立直後に脱籍浮浪の徒の取締り」とも関連して、追放・所払いの刑が廃止され徒刑が導入された。第二段階として、明治五年（一八七二）四月の一一三号布告と改定律例によって笞杖が懲役刑に代替され、「死刑以外の実刑は懲役刑に一本化された」のであった。だが、「新律綱領と改定律例では贖罪と収贖による換刑」が公認されており、改定律例によっても懲役刑に一元化され得なかった。「定役に服するもの」だけを懲役刑とすることもできたが、監獄の役割という視点からは、収監という点で集約するのが妥当なのであった[52]。

他方で、封建制が次第に弱体化する過程で、徐々により安定した「肉体的暴力のより確固とした独占機構」が形成されることになる。社会的機能の進行を「文明化」による「心理的態度」の変化から再考すれば、機能分化の進行と同時に社会機構の完全な再編が生じていたことが分かる。あらゆる「文明化された」人間の行動に決定的な特徴として現われる「心理的自己抑制装置」の独特な安定性は「肉体的暴力の独占機構の形成」や「社会の中心となる機関の安定性」と密接な関係がある、とエリアスはいう。このとき物象化された全体としての社会構造への注視が必要となり、それは「身心」の変容の再認識から諸経験の多様性を捉えることになっていく。だが、安定した独占機構が形成されてはじめて「個人のなかにより安定した、大抵の場合自動的に働く、自己抑制装置が生まれる」のである。[53]

その「心理的自己抑制装置」の典型例は監獄であった。監獄をはじめとする「近代」以降に作り出された「訓育」する諸装置（学校、工場、そして軍隊など）は国民国家の秩序を支え、「正常」な「国民」の育成機能を果たした。いわば、「心理的自己抑制装置」という監獄の機能は国民国家という空間に深く浸透していったのである。近代市民社会の論理は、社会生活全体を計画的に編成する一方で、さらに積極的に時間強迫の観念によって人生という「時－間」を加速化しつづけたのであった。時間意識と「身心」の変様は相即的に進行し、その過程でのさまざまな「人間」活動の系列化によって「権力が時間の流れをすっかり攻囲する事態が生み出される」とミシェル・フーコーは論じていた。つまり、これは「詳細にわたる管理」と「時間を厳守した一刻ごとの（区別・矯正・懲罰・排除を中心とした）介入」であり、さらには個々人の特色を定め活用しようとする。いわば、時間と活動は集積化され、分散した時間は集約され活用されることになる。「権力は時間にたいして直接明確な姿をあらわし、時間の管理を確実におこない、時間の活用に責任をもつ」のである。[54] また真木によれば、こうして時間は集列する諸主体間の普遍的な媒体となり、幻想的に自存化された客体として物象化的に存立する。さらに自らをその「奴隷化された主体性」、つまり「物象化された主体性」として存立させることになる。現代社会において「普遍化されている『時間強迫』」とは、人間たちの幻想的に自由な意志による「自己疎外の位相」なのである。[55]

このような過程と相即に「義務教育制度」が確立するのであった。また、監獄の「内部」と「外部」は近代法の判断基準によって分割され、監獄の「内部」は日常性から排除される「空間」として規定された。「心理的自己抑制装置」としての監獄の「監視」は人びとの身体を介して「精神」の領域へと投射された。こうして「近代」に内包されていく人びとの「身心」は近代的時空間に沿って変様し、「意識／無意識」の領域をも貫通する「心理的自己抑制装置」は「心身」の場で機能したのであった。内田隆三はその形態を「身体の政治経済学」として、「人間の身体を把捉し、管理し、一定の社会的効果を生みだすための政治技術論」であると指摘した。それは「固有のエコノミーによって裏打ち」されており、国家装置や制度はこの微視的な政治技術論の媒介によって機能したのであった。[56]

「身心」の「詳細にわたる管理」が「時間の流れ」を包摂した「事態」は維新政府が推進した監獄政策においても見出すことができる。安丸がいうように、当時の監獄内の囚人取扱いの現場では厳しい状況がつづいていた。また、現場での「実践知」を安丸は山梨県副典獄高橋安誉の「申継追加書」から考察している。高橋の基本認識とは「秩序と規律の対極をなすものとしての遊惰と放恣と情慾の世界が明快に典型化されている」。「申継追加書」の十二箇条の具体例から、安丸は「遊惰を戒むる」「怠惰を戒むる」「情慾に克つ」などの規範性に注目した。それらの実現が効果の視点から強制手段と結合され、「体系化された強制システムが犯罪者の心身をその根底から改造してゆくと、長年の苦心の経験から確信されている」のであった。こうした「心身の改造」は「ついには新しい習慣や性格にまで馴致」されることになった。「ひとつの社会の近代化への転換はその基底部で広汎な民衆の秩序化・規律化」が必要となる一方で、その「極限的な形態が監獄のなかにあった」のである。[57]

こうして統合化のための諸要素の地層化はさまざまな制度、つまり「国家」「家族」「宗教」「道徳」などを形作ったのであった。制度が完全な本質や内部性をもつことがないのと同様に、「国家」は「実体」ではなくむしろ「国家化」という過程として存在している。したがって、歴史的な形成過程において国家形態は権力から派生するのではなく、むしろ「教育／司法／経済／家族／性」などを秩序化する「不断の国家化」によって全体的統合として産出されたのである。つまり、国家の側が「権力関係を前提とする」のであり、国家は「権力関係の源泉」なのではないのである[58]。なぜなら、世界に内属する存在である人間には思想と実践が織りなす意味の「網目」が不可欠だからである。この価値規範を内包した秩序が人間性を維持する外枠となり、「網目」とは世界内存在の日常性の基底となっている。価値規範を内包する空間の区分と相即的に意味の「網目」は形成される。つまり、どのような意味的空間が作り出されているかを再考すべきなのである。だからこそ日常の外部としての「監獄」を考察することが重要となるのである。大きな破壊が日常の暮らしのなかで常態化するにつれ、その常態化を正当化するframe of referenceが産出されていく。その視座の欠落によって、一つの排除区域が現在も存在している一方で、排除区域は政治・経済・文化の中心地にとって隠蔽すべき「空間」となっている。だが、「排除」と「包摂」とは反照的示差性から作り出されている。とすれば、「包摂」と「排除」は相互の反照的対象性を凝固化させながら国家内で固定化されている。非日常をこれまでの日常生活と連続させるframe of referenceは生活世界から遮断された「空間＝監獄」の状態を当然視させていく。だからこそ「監獄化」した「空間」形成を検討する必要性が生じているのである。

他方で、近代化された地域と「近代化の途上にある」地域は物象化された「権力関係」（支配－被支配）にあり、後者の空間では植民地化と帝国主義的「征服」が深く進行しているのである。その不可避性は「近代的な生活様式が地球上の『特権的な』地域にのみ限定される」ことに由来し、そのとき「『発展』の度合いの著しい不平等（『文化遅滞』などと婉曲的な呼ばれ方をしているが）」から権力格差が連続的に再生産されているのである[59]。

いいかえれば、「権力関係」を背景とした「資本蓄積過程－資本主義体制の総体の基本的原動力－」は利潤率に依存する、とエルネスト・ラクラウは述べている[60]。つまり、利潤率は剰余価値率と資本の有機的構成によって順次決定され、資本の有機的構成の高度化は資本主義発展の条件となる。なぜなら、技術進歩は「労働予備軍の再編成」と「低賃金水準の維持」を可能とするからである。また、総資本の有機的構成における一層の高度化は「資本主義発展には先天的なもの」といえる。資本蓄積の継続過程は体制内の各生産単位の拡大であり、そこでは低技術の労働の強制あるいは労働の過度の搾取が行なわれる。こうした平均利潤率の上昇による「植民地搾取」は「利得」という側面だけではなく、「投資」という体制拡大の発展能力を保証する「決定的事実」なのである。

別な視座から花崎皋平はこうした現状に危機意識を抱いていた。つまり、「日本の支配勢力におけるナショナリズムの動きとねじれの関係にある下からの人権と平等」を基本とした社会形成の見通しは、以前より困難なものとなっている。労働運動は社会の民主化の先導力を喪失し、諸企業は労働条件を劣化させ人員整理を続けており、勤労者の権利は縮小されている。失業者は増大し、抑圧的な社会への欲求不満は内攻している。そのはけ口が右傾化への推力となり、対外的な危機を煽っている。情報操作は政治的緊張を作り出し、有事体制を当然化していこうとしている。[61]現代社会が「個人／私」中心の「利己主義的」近代であるのと同様に、自己の行為選択から「生の姿」の範型を作り出すという重い任務は「個人／私」へと帰属させられる。つまり、「生の姿」を形作りえないとき、その失敗は「個人／私」へと集約され、そこには「協働」あるいは「社会的共通資本」という言葉は存在しない。

ジョルジョ・アガンベンは『ホモ・サケル』において「権力の法的‐制度的範型と生政治範型のあいだの隠れた交点に関わるもの」を論じた。また、この探究から特記されるべきは「二つの分析は互いに分離」しえず、「剥き出しの生」を政治の圏域に包含することが「主権権力」の中核だと明示したことである。そして、「生政治的な身体」の生産こそ「主権権力」の本来の権能となる。[62]「権力の法的‐制度的範型」は「区別」を用いて一定のパースペクティヴから「法的‐制度的範型」を描写する。その描写によって法秩序の正統性の系譜が記述され、「人と人との社会的関係」の柔軟性が硬直性へと代置されていく。「硬直性＝安定性」を背景として法秩序は「人‐間」を「物と物との関係」として人びとへ現前させる。こうして物象化された「法的‐制度的範型」は「範型」と相即的に「非‐範型」を作り出す。「非‐範型」は反照的関係規定態の渦動を抑制し、外部からの価値生成の触発を排除する。つまり、外部が排除されるとき、「関係規定態の物象化」によって自他間が内包する複数性は画一性へと集約されていくことになる。物象化された「非‐範型」に準拠する空間への排斥が「剥き出しの生」を作り出すのである。「原発＝核施設」事故によって生活世界から「根こぎ」にされた「生の姿」こそ「権力の法的‐制度的範型のあいだの隠れた交点」となっている。そうした「剥き出しの生」のなかに在る人びとは「住居／郷里／生活／職業」を失い、「漂流」することになった。

「剥き出しの生」という「生の姿」が「本来的な在り方」ではないことは明らかであろう。その「生の姿」はいわゆる「主体―客体の弁証法」が前提となり、「公的＝範型／私的＝非‐範型」という二分法的な論理空間と生活空間を形成している。そうしたなかで利害価値の激しい衝突が「政治的／経済的／社会的」諸領域で起きている。他方で、廣松が論じたように「『社会的諸関係の総体』としての人間」には「超歴史的・超階級的・超社会的な『本来的な在り方』などはない」のである。[63] むしろ「剥き出しの生」とは「社会的諸関係の総体としての人間」の一つの在りようを表わしている。なぜなら、「社会的諸関係の総体」には「排除／否定」という価値領域が必ず内包されており、そこから産出された「排除／否定」的な「意味」によって包摂されているのが「剥き出しの生」だからである。もし、「排除」を正当化する社会的諸関係のなかで「『本来的な在り方』」を回復しようとすれば、むしろ「光／影」「表／裏」「善／悪」という二項対立を物象化によって受容することになる。なぜなら、「影／裏／悪」は動かしえない所与性となり、一定の解釈枠組の内に集約された「身心」は「本来的な在り方」という社会的記号を求めて浮遊するからである。

「本来的な在り方」が自他関係の「網目」を硬直させ、さらには流出論的な内面性の重視が「剥き出しの生」の強度をむしろ高めていく。社会的諸関係のなかで「排除／否定」という分断線が走れば、世界内存在の有する多義性は縮減される。こうした前提から田辺が「種の理論」の考察をつづけた理由は二つあった[64]。第一に、暴力装置を一定の空間内で独占する「自己に対抗する存在としての国家社会」は「個」の存在に「力的に対立」しており、「観念化」することなどは不可能である。国家社会は「個」の意志に対抗しその存在を「否定する力」を有し、「力的存在」として「個」に対して「対立存在 objectum」となる。つまり、「私をして先ずその実在を肯定せしめた種は、斯かる私を脅かす存在であったのである」。そうした「種の論理」が内包する弁証法とは「権力の法的‐制度的範型と生政治範型のあいだの隠れた交点」と同義なのである。「範型」がその否定型と相即的に形成されるならば、その「範型」を「否定する力」がなくてはならない。なぜなら「種」と「個」との媒介的交点として国家社会は成立しているからである。また、「法的／制度的」統制を背景とする権力は「法的／制度的」秩序への抵抗・反抗者に対して「対立存在」として現前する。つまり、一定の「価値／理念」を起点とする諸行為の連鎖は「歴史」という実在となり、文化的制約性として人びとを拘束するのである。

第二に、「種」とは「個」があくまでも「対抗し反抗」すべき「存在」であるだけではない。むしろ、「個」の存在が「種」に規定づけられ、「個」の「生命の根源」が見出さるべき「基体」でもある。そうした「基体」とは必要に応じて「個」の存在に「犠牲」となることを要請する存在でもある。この意味では「否定せらるべきは私の存在であり、種は飽くまで肯定せらるべき存在である」といえる。すなわち、「種は私の存在を超越する実在である」だけでなく、「私が私自身を否定して自ら絶対無の媒介」へと転じる。これらを田辺は「種」の「理性的性格乃至イデヤ性」と述べ、「種」とは「real-ideal の二重存在であり、具体的なる弁証法的存在である」としたのである[65]。「real-ideal」

の二重存在とは「範型のあいだの隠れた交点」から立ち現われる「共同体」なのである。「種の論理」から記述しうる「共同体」とは「幻想」と「共同体」の両概念から把握できる。そして、廣松もこの両概念を「ドイツ・イデオロギー」についての考察のなかで言及していた。

「さらにいえば、分業と同時に、〈個々人の〔利害〕と〉個々の個人ないし個々の家族の利害と、交通しあっている諸個人全員の〈利〔害〕〉共同的利害との矛盾が存在するようになっている。しかも、この共同的利害というのは、何かしら単に表象の内に『普遍的なもの』としてあるのではなく、まずは現実の内に、労働を分掌している諸個人の相互依存性として実存するのである[66]」。

「普遍性なもの」を専有する「われわれ」としての階級は、「共同的利害」の僭称から支配・収奪・抑圧を正統化してきた。この傾向性は「共同的利害」の専有に異を唱える者たちを「共同」の場から排除してきた。そこでは「real-ideal」の二重存在としての「共同体＝われわれ」の「幻想」が「人‐間」に存在する複数性を分断する。そうして分断線は内閉し、「ideal」な側面が「われわれ」という集団性を作り出す。この集団性は複数性を物象化する一方で、「個」を「否定する力」として「real」な暴力性をもつ支配体制の多様体を維持する。このとき「種の論理」がもつ交互的媒介性は抑制され、「類／種／個」の多様な交互性は隠蔽されるのである。むしろ、「種の論理」が喚起する本質論的「血族性／民族性」によって生得的直感が実体化され、硬直した「共同体」主義が提示する「真理」が自存視される。

他方で、廣松によれば、「共同的利害」についてマルクスは「普遍なるもの」が実際には幻想的である面にアクセントをおいている。つまり、マルクスはこの「『共同的利害』〝普遍〟の体現者と称される『国家』」が「疎遠な威力」

あるいは「自存的な形象」として人びとに立ち現われることを説明しようとした[67]。

「まさしく〈各人〉諸個人がもっぱら彼らの特殊的な——彼らにとってさえ自分たちの共同的利害とは一致しない利害を、追求するからこそ、——そのものは彼らにとって『疎遠な』、彼らから（…）／そして同時に幻想的な共同性として／（…）そもそも、普遍的なものというのは共同的なものの幻想的形態なのだ[68]」。

いわば、従来「諸個人」を集約したとされる「共同社会」とは「一階級の他階級に対向しての結合」であった。それは「共同的なもの」を物象化した「幻想的形態」として被支配階級に帰属する人びとに現前する。こうして支配階級に属する「諸個人」の利益共同体に被支配層の人びとも社会成員として統一されていく。つまり、被支配階級に属する者たちにとって「共同体」とは「見掛け上の共同社会」あるいは「共同社会の代用物」というべきものなのである[69]。こうして「代用物」としての特性を隠蔽するために「幻想的形態」としての国家が導出されていくのである。「幻想的形態」が人びとを包摂する過程は特定言語の使用と相即する文化的実践によって形成されている。そうした空間は「共同的なもの」を正当化する論理空間でもある。また、論理空間は「時‐間」の共有と「空‐間」の固定化によって外部と分断されてきた。論理は「人‐間」が内包する複数性を均質化し、秩序の人為性を自然性へと代置する機能を有する。「幻想」が人為性のもつ複数性の活動を抑圧し、その抑圧は安定として錯認されてきた。支配秩序の創設行為とは権力闘争を制する暴力性の内包を消去してきたのである。こうした「共同体」がもつ権力性と暴力性に無自覚なのが一九九〇年代以降の日本社会であった。

「生活世界／生活形式」が日々変化していることを実感することは難しい。加速化し続ける環境下で長期的なパースペクティヴをもち、知覚や感覚を均衡させることは放棄されたような状況となっている。だが、世界内存在とは一定のパースペクティヴから「主観性」と「客観性」を交叉させ、「記憶／思考」を形成している。「記憶」や「思考」は生活実践のなかで具体性と抽象性を媒介しながら深められていく。行為と思考は抽象度の高い文化概念の意味内容を多様なものとし、人びとは対象化・抽象化の能力を獲得していくことになる。こうした世界内存在とは近代的な意味での Subjekt（主観・主体）と Objekt（客観・客体）の二分法からでは把握しえない。

また、ヴァイツゼッカーは「客観的なものをただ主観〔主体〕の中において、また主観的なものをただ客観〔客体〕に即してのみ有しうる」と論じていた。こうした両者は各々が独立性と恒常性を有する物や世界のように考察することはできない。つまり、「存在するのは常に、客観が主観の中に現に全く特定の仕方で含まれている」と把握しなければならない[70]。そうした秩序を構成する各「項」の一つひとつが当面の状況に対応しているのである。この一つの出来事が他のいくつもの出来事と一つの包括的な空間秩序と時間系列の中で結合し、そうした関係はさらに連鎖していく。一方で、「主観」と「客観」の固定化は時空間的秩序を惰性態とし、受動性が能動性に先行する惰性態は「主観」と「客観」の分離を当然視させることになる。それは物象化による枠組となり、「主客」を固定化する方向へと先導していくことになる。ここには空間と時間の交互的な媒介過程は存在せず、時間と空間が互いに侵食し合う「こと」が見落されている。だが、さきの「事象の進展の中で空間や時間の規定」はその都度形成され、こうした規定性は新たに再形成されていく。「空間や時間が事象の進展の中で成立していろいろな物の中あるいは物のもとで見出される」のである。世界やその中の事物は空間や時間の中にあるのではなく、「空間や時間が世界の中にあり、物のもとにあるのである」といえる[71]。

時空間の変容をもたらす「理念」は日本社会では二〇〇〇年代初頭から本格的に権力層によって導入された。日本社会はその「理念」である「新自由主義」を基点とした諸政策を大きな抵抗もなく受容してきた。マニュエル・カステルは諸国家が構造的経済危機からの脱出の方途として採用した種別的な経済政策を分析した[72]。つまり、現在の経済的リストラクチュアリング政策、新しい科学技術の普及による質的変化、そしてこれらの相互影響の検討から国際経済を記述したのであった。この視座によって経済的危機に直面した国家が経済の回復過程に乗り出す際の三つの要因が摘出された。それらは①国際市場の規律、②科学技術の将来的可能性、③インフレーションの危機を回避した上での公共投資の創出力、などの三点である。これらの三要素の作用が同時的かつ相乗的に働き、国際経済における国家間の強力な階層的秩序関係を確立しているのである。だからこそ、そうした三要素から世界経済の常識的秩序を見出すことが可能となるのである。

経済が実体経済から金融経済へと変容するなかで、時空間の「隔たり」は無化され、匿名の経済的権力性が「人‐間」における歴史的文化性を均質な「もの」とした。そのなかで世界経済の常識的秩序とは「流れ」であり、人びとが日常性の中で前提とするイメージの堆積層は断片化され、一定の認識枠組は経済的権力性によって「空‐間」で拡散し続けている。瞬間という概念すらも放棄したかのような金融資本主義の「流れ」は人間の認識能力をはるかに凌駕し、将来の「生の姿」は不透明性を昂進させながらも日々の「暮らし」の「表面的」な安定性だけは維持されている。また、国際的な秩序階層では二つの重要な要素が存在する。第一に、それは相互依存的構造である。つまり、非対称的かつ現実的な関係から形成され単なる中核と周辺との分離ではなく、高度に分化した複雑な構造が作り出されている。だからこそ、それらの正確な諸機能の種別的な構造的情況局面での解明が必要なのである。第二に、科学技術的能力による総体的構造の組織化である。科学技術革命の加速化によって技術格差は拡大し、現状の傾向に対抗する勢力の不在によって格差は不可逆的なものとなっている[73]。

デヴィッド・ハーヴェイによれば、新自由主義は制約なき「私的所有権／自由市場／自由貿易」を思想的中軸とし、個々人や各企業の諸活動を無限定に拡大しようとする。いわば、こうした思想とは無制約な経済活動によって富と利益を最大化する政治的・経済的実践を正当化する。その諸実践のために国家には制約なき経済活動を許容する制度の創出と、その維持が課せられることになる。新自由主義とは社会に存在するあらゆる「もの」を金融化する衝動でもある。資本蓄積の権力の中心が所有者とその金融機関に移行し、その他の部門が衰退する。つまり、金融機関を支援し、金融システムの統合性を維持することが、新自由主義を理念とした諸国家の中心的政治命題となっている。そのために資本移動による利潤獲得が主要命題となり、制度的枠組みが法的に整備されていくのである。一方で、雇用や社会的福祉は社会的主題となりえても「現実」の政治システムはその主題を「放置」するのである(74)。

精神と身体は「身体的自我」として把握すべきであったが、いわゆる「流れ」としての金融資本主義の経済政策は「身体的自我」を拡散させ続けている。その思想・理念たる新自由主義は従来の福祉国家の構築した教育・労働・福祉政策を破棄し、これらの「制度的枠組み」を新しく再編しようとしている。そうした思想・理念の具現化としての制度の再編は従来とは異なる「人間像」を設定することになった。つまり、金融資本主義を体現する媒体として人間は立ち現れることになったのである。現在の諸環境を見れば、時空間がつねに流動化され、媒体性としての人間にとって「瞬間」こそが重要となる。諸環境の具体的事例となる人間は「瞬間」という「時」の断片化のなかで「自己同一性」を維持しようとしている。こうした「自己同一性」は内面へと包含する諸経験の重層性をもつことはない。他方で、人びとの体験や行為の交互的媒介によって、世界は意味の深度を有する存在となる。だが、「将来」を展望する視座は「不快の欠如態」としての「今」によって拘束されている。なぜなら、世界内存在の「生ける空間」が根底的な破壊に対して無感覚であり、「安楽の今」によって巨大な破壊の影響がおよぼす「将来」を直視し得ぬためである。

生活世界から遮断された「空間＝監獄」の状態がそのまま放置され、そのなかで生きる媒体性としての人間の姿にこそ「安楽の今」に埋没した日本社会が描き出されているといえる。

だからこそ、加藤周一は「将来」よりも「現在の状況」に注意を向ける特質について論じたのであった。この特質とは「現在の強調」と「状況に対する適応能力」であるが、また同時にその特質は状況の変化に対する「超越する原理または価値の不在」をも表わしている。こうした具体的事例として、阪神淡路大震災にもよく現れていたように「未来の大地震に対しての備えは貧しい」ということが一方にあり、起こった震災に対しては市民が冷静に素早く対応するということが他方にある。つまり、戦後日本の「強い関心」とは「現在の与えられた枠組」のなかでの活動に集中され、「未来の変化の可能性」には向うことはなかったのである。(75)

一九四五年の敗戦後、こうした日本社会の歴史的背景を知的誠実さをもった研究者たちも捉えていた。そこで彼らはマックス・ウェーバーの「予定恩寵」と「人格性」の連関に注目したのであった。ウェーバーは「救済はまた最後に、その御意において」究め難く、「人間の態度に影響されることのない神の、そのまったく自由にして底知れない恩寵の賜物としても成り立ちうる」とした。この「恩寵＝予定恩寵」はまず無条件に「超世界的な創造神を前提する」ことになる。また、ウェーバーによれば、「予定恩寵」の「摂理」とは「人間から」見れば非合理的であるのと同時に、「神の側から」見れば合理的な「世界統治」としての性格を含意している。さらに、「予定恩寵」においては、「人格性の中心をなす恒常的な性質」が救済の確実性を与えているのである。こうした「予定恩寵」にはキリスト教的道徳律にしたがう清教徒たちの「倫理的厳格主義、合法性、および合理的生活方法論」などを見出すことができる。ここで『神の選び』によって永遠なる価値の力点が置かれる」のは、なんらの個別的行為ではなく、『「全人格性」』なのである。(76)

「超世界的な創造神を前提する」ならば、その認識論は「現世利益」に依拠する認識関心や「技術的利用性」による経済的合理性による「利潤」を求める論理形式とはならないだろう。垂直的な「創造神」との関係が人間存在の自己同一性の形成過程で水平的な道徳律よりも重要となる。人間が対象を認識し他者に語りかけるとき、「超世界的」な「まなざし」が行為主体の「人格性の中心をなす恒常的な性質」を創り上げている。行為主体による「政治／経済／文化」などの諸環境への批判は、「人格性」に準拠した一貫性と確実性をもたなくてはならない。そうした自省と反省は「倫理的厳格主義、合法性、および合理的生活方法論」を含意しているといえるだろう。こうして「人-間」における「価値の力点」は「全人格性」に置かれることになるのである。だとすれば、「時間」とは何かの考察とともに、日本社会における「時間」と人びとの意味連関を「問う」べきであり、現存在という視座から「時間」に内属する「われわれ」の立ち位置を考えなければならないのである。

東日本大震災のあと、「権力の法的-制度的範型のあいだの隠れた交点」が現勢化された。新自由主義を起点とする政治経済的実践の最適解とされる「制度的枠組み」が従来の政治・経済・教育・社会的制度を侵食した。また、日本社会では労働・教育・医療などの各領域で新自由主義的「改悪」が進行している。ナオミ・クラインは、壊滅的な出来事が発生した直後、災害処理をまたとない市場拡大の機会として捉え、公共領域にいっせいに群がる襲撃的行為を「惨事便乗型資本主義」と名づけた。クラインはミルトン・フリードマンの経済思想とその追随者たちに注目している。クラインによれば、フリードマンにとって「現実の、あるいはそう受けとめられた危機のみが、真の変革をもたらす」ことになる。いわば、危機発生時に採用される諸政策は短期的な思考軸から作り出されるのである。そこで重要なのは現存の政策への代案であって、「政治的に不可能」とされたことを「政治的に不可欠」とされるまで、現状を維持しながらその代案を活用することである、とフリードマンは提案していた。そうした政治・経済思想を持つ者たちにとって、一度発生した危機に備えて自由市場構想を用意するのと同様に、迅速に行動し強引に襲撃をかけて改革を強行することが重要となる、とクラインは指摘している(77)。

既存の価値体系が大きく毀損されたとき、その毀損を補おうとする権力層からの厖大な「情報」によって「存在と意味」は混濁する。あまりにも大量の情報量によって長期的な展望を立てることが困難となり、価値体系の欠落を代替しようとする資本が生活世界に流入してくる。そうした「惨事便乗型資本主義」は、生命・生活の危機に瀕している存在に配慮を払うことはない。いまの著しく流動化された経済空間は過剰流動性を背景としてバブルの生成と崩壊という循環をたどる可能性が大きく存在する。巨大震災と原発事故による象徴的価値秩序の崩壊を奇貨とし、「惨事便乗型資本主義」によって「政治的／経済的」諸政策は遂行されているが、それらの政策は安定した将来像を描き出すことのできるものではない。瞬間的に「安楽の今」を作り出すだけで、歴史的習俗や後続する世代のために重要となる真摯なグランド・デザインの提示は斥けられている。つまり、市場原理を軸とする思想はグローバリゼーションの進展から国際政治の中心的原理となっているのである。

しかし、神野直彦が論じているように、人間の生存を保障しているのは市場ではなく、社会システム全体である。それは「自由」な市場原理を信奉する人びとも気づき始めている。だからこそ新自由主義者たちも福祉国家の所得再配分や社会保障政策がむしろ「家族」や「共同体」という社会システムの機能を侵蝕していると批判してきたのである。しかし、「交換性向」に人間性を見出す新自由主義の人間観には、「個」と「種的基体」の交互媒介的な共軛性は存在しない。だとすれば、「個」と「個」が共軛的に存在する共同存在という「生の姿」を見出すこともできない。つまり、社会システムの「生」を「共」にするという共生意識は形成されえないのである。社会システムの機能を阻害しているのは政治システムによる所得再配分や社会保障ではない。その阻害要因とは市場原理を中軸とする経済活

動の無限定な拡大なのである。(78)

そこでスラヴォイ・ジジェクが言及しているように、非人間的自然にこそ意味があり調和のとれた目的のある全体性であると把握することが重要となる。なぜなら、「無意味な破壊と無目的の力の浪費の場としての人間の立場からだけになる事情を明らかにする」ことが必要となるためである。つまり、「自己中心的」倒錯が精神の根幹をなしている以上、いまの状況とは「不運な事故なのではない」ことは明確である。(79)さらに、日本的空間においては「現在の出来事の意味」は過去の歴史および未来の目標との関係において定義されるのではない。それは「歴史や目標から独立に、それ自身として決定される」のである。(80)「現在の出来事」がすべてに優先されるならば、「将来」の展望の妨げとなる客観的諸条件は隠蔽される。また、「人-間」における試行錯誤の結果として自己の同一性が「在る」ことは顧みられることはない。だからこそ、過去の錯誤の客観化とその真摯な理解によって獲得しえる「自尊感情」は歴史教育の場で考慮されることはないのである。

「人-間」における「自尊感情」についてはジョン・ロールズも論じている。ロールズによれば、人びとの「自尊」は他者が示す敬意に依存している。人間存在の「奮闘努力」とは他の人びとから尊重されてはじめてその目的価値に対する確信を獲得し、維持することが可能となる。なぜなら、「自尊」という情動が自己同定と他者承認を必要としているからである。また、自己の行為選択の根拠が他者の権利要求の否定ならば、それは大きな阻害要因に直面することになる。だが、自分自身を尊重する人びとは相互尊重を前提としており、行為選択と権利要求は均衡を作り出し相互承認への基点となる。つまり、自己と他者とは共軛的・示差的な関係規定にあり、他者肯定は自己肯定として反転し、同様に他者否定は自己否定へと連続していく。だからこそ、「自己卑下は他者の侮蔑へといたり、嫉みがそうであるように、他者の善を脅かす」ことになるのである。(81)他者への侮蔑を含意した専門知識に依拠する国策によって

「原発＝核施設」は「聖域化」された。原子核物理学者である水戸巌はスリーマイル島とチェルノブイリの原発事故から「日本でこのような事故は本当に起こらないのだろうか」と危惧の念を抱いていた。

「(…)日本でこのような事故は起こるのかということで、科学技術庁、或いは通産省の人たちは、日本では絶対起こらないだろうということを言っていました。／その代表的な意見は、チェルノブイリ原発には非常用炉心冷却装置がなかったということを言っています。日本の原子炉でこういう事故が起きた時には、非常用炉心冷却装置が直ちに作動して死の灰の発熱を冷却するので大丈夫だと言っています。ついでに申し上げますが、事故が起きた時、原子炉での核分裂連鎖反応は直ちに停止することが前提で考えています。連鎖反応の停止に失敗するとこれはもっと酷いことになるんですが、一応停止したと仮定しておきます。ところが死の灰は発熱を続けます。／(…)しかし、原子力発電所は死の灰の猛烈な発熱が続いていますから、これを冷却しなければならない。この冷却に失敗すれば、直ちに炉心溶融を引き起こします。その為に原子炉に必ず備え付けられている非常用炉心冷却装置を動かします。これを動かす電源は外部電源です。原子力発電所というのは非常に停電に弱いということは大変皮肉です。発電所が停電に弱いというのはおかしい話なのですが、非常に弱いわけです。／外部の電源が断たれると、原子力発電所はものすごいことになっていくわけです。その為に非常用ディーゼル発電機を必ず備えていて、外部からの電源が何らかの原因でストップすると直ちに非常用ディーゼル発電機が動くようになっています。この非常用発電機はしばしば故障していて、フランスでもそういう事実があったと伝えられています。(…)」[82]

二〇一一年三月一一日まで日本社会において「知的誠実さ」が「学知」を担う者たちの中で主流となることはなかっ

た。水戸が考えていた以上の過酷事故となったのが今回の原発事故であった。彼が指摘した「死の灰」と「炉心溶融」への備えとしての「非常用炉心冷却装置」の問題は現実のものとなったが、現在の日本社会は思考停止の「宙吊り」の状態にある。「犠牲のシステム」の形成の端緒は、ルーマンが指摘したように、継続を可能にするframeの設定である。いわば、任意性の制限はそれ自体が任意ではない一方で、システム自らの接続やその接続の連鎖過程で起こりうる作動を制限する。この「係留効果」によって継続されなくなる蓋然性が高まることもあり得る。こうした蓋然性に抗するにはframeの抽象化があり、それは重要問題を未解決として社会的機能へと接続する。この解決法は「二項的コード化」と特定の社会的機能に対する「特定のコードの割り当て」から可能となる[83]。

国策によって「聖域化」された原発政策は、知的な「価値自由」の偽装から「当為／事実」の二元論として定式化され続けた。偽装された想定から導出される客観的資料によって原発政策の是非は不問とされ、これまでの日本の歴史性と「津波／地震／火山噴火」などの自然現象の隠蔽が公然と科学の名においてなされてきた。原発事故後の「核分裂連鎖反応」を押さえ込むために使用される大量の水の処理は「宙吊り」のまま時間を経るだけで、最終的な処理すら目処を立てることができていない。人間の行為選択の場と社会規範の領域が「宙吊り」によって侵食され、その帰結は日々の生活のなかで再認することができる。「価値自由」を偽装した「利害関心」が形成した「学知」は権力と経済力を拡大した。その一方で、社会規範の倫理性を忘却することになったのである。いわば、物象化された「経済」の合理性と効率性が人びとの諸実践を包摂してきたのであった。

たとえば、「真理」という象徴的に一般化されたコミュニケーション・メディアが機能し、同時に「科学システム」は他の社会システムから分出される。コミュニケーション・メディアとは「科学システム」の触媒となる。真理を先行的与件の理念として科学が捉えるのは、循環的な連関を確認するに過ぎない、とルーマンは論じている。推論の交替の影響を受けない主導的差異へのコードの抽象化は科学の結果であり、その結果によって科学はシステムとしての継続可能性を保証されるのである。科学の frame は科学固有のコードであり、すべての「係留効果」は「真／非真」の区別と関係している。この区別によって、いかなる状況からでも全体と関係を作り出し、システムの歴史を再現時化できる。問題なのは、科学においてのみコード化された真理が議論され、真の命題は非真である可能性が最初から棄却されることである。(84)

しかし、もはやすべての「真／非真」の区別を「安全神話」へと縮減することは不可能となった。つまり、こうした「神話」に安住しえた「過ぎ去った浄福の状態」は一つの神話的な幻想であったのである。その「神話」によって産出された幻想に対して距離をとり、そうした自己欺瞞的な幻想を「私が思惟するとき—そして思惟なくしては私は一般に私自身にとって存在しないのであるが—」、自分自身を現状の「破砕状態」の中に見いだし、「神話」が提示していた環境と異なる全体性を求めることになる。また、この全体性とは「知識による世界定位内のみでは私にとって到達不可能なものである」といえる。しかし、新たな知識を媒介として世界定位が変容すれば、全体性は再構成されていく。こうした世界定位がなければ世界内における自己定位とはたんなる幻想に止まる。いま「安全神話」が瓦解した「破砕状態」となり、むしろ「私が前に失った」ものとは「無反省の現存在として何ら事実の全体ではなかった」と理解しなければならない。(85)

そして、無反省の「事実」を母胎とする「植民地的ステレオタイプを流通させる上で力を発揮する」のはアンビヴァレンスである。この力によって歴史や言説の局面が変様しても、ステレオタイプは反復可能となりうる。ステレオタイプが用いる個別化と周縁化の戦略もアンビヴァレンスに支えられている。こうしたアンビヴァレンスによって「主体形成のプロセス」がいかにステレオタイプ化された言説に影響されているのかを考察すべきである。凝固化したステレオタイプを変様させるためには、それが「どのようにして有効に機能しているか」を分析しなければならない。つまり、権力者が植民地において「認識主体」を構築する過程での「支配と不服従」あるいは「抑圧と抵抗」などの配置図を明らかにする必要がある。[86] ステレオタイプという認識的分断線は「民族的／伝統的」分断を実体化し、「モノ」化された認識は同様に情動性にも影響し異質性の排除へと傾斜していく。その思惟様式は一つの「制度」と「精神」を作り出すかのように機能する。

植民地化された空間における「個」とは「種的基体」の交互的媒介性を支配し権力を持つ者たちによって滞留させられている。だが、ヤスパースが語っているように、「単独に現存する私の本質の中心」にとって「状況が出発点ともなり目標ともなる」。というのも、ひとり状況のみが現実的であり、また現在的であるからである。「私」はつねに繰返し「現実的／現在的」な状況を止揚し、状況自体を把握するには繰返し自己存立的思惟から客観的な世界現存在に関する思惟を作り出さなくてはならない。世界の思惟への前進なしには私の状況を把握することはできない。また同様に、世界把握には思惟されたものの現実性の確証の内に見いだされる私の状況に絶えず還帰する必要がある。「状況は現存在が現実的となる様態として、そこから逃れ去ることはできない」ものなのである。[87]

第三節　「生の根こぎ」による風景の喪失と「剥き出しの生」

既存の社会環境の安定性が大きく毀損されたとき、欠損したシステム機能を他のシステムが代替しようとする。そのとき社会環境を維持するための中心的論点が決定され、政治的・経済的・法的な諸主題の移動と相即的に状況の地平も変動することになる。その変動は「こと＝生命」を優先するのではなく、欠損した各システムの諸機能を埋め合わせようとする。それには従来の世界像が自明性を失ったなかで表面化した多様な問題を解決しようとする行為の可能性についての了解が必要となる。こうした過程は東日本大震災の場合にも生じたと考えられるが、日本的文脈では「環境思想は本質的には環境経済に還元されてしまう」。経済学者らは自分たちの手続きがそれ以外の手続きやコンテクストから分離でき、経済学の内部でのリスク計算が可能だと主張する、とジャン＝ピエール・デュピュイは指摘している。また、その「経済学的思考」が作り出す「予防原則」は「現実離れ」している感覚にとらわれるとデュピュイはいう。なぜなら、脅威（つまり、デュピュイがリスクと呼ぶもの）について、それをとりまくコンテクストが完全に抹消されているからである。それは「あたかも、商品価値による世界の侵蝕や、あらゆる生の領域が生産と消費の問題系へと還元されている事態」が危機とは無関係であるかのように想定している[88]。

地震、津波、そして原発事故という巨大な破壊すらも全体像が曖昧となる傾向が作り出されている。こうした傾向をキャス・サンスティーンは「近視眼的思考、考えの甘さ、あるいは単なる想像力の欠如や、将来リスクにさらされると人への思いやりの欠如」が原因であり、遠い将来になってから生じるリスクについての「壊滅的損害の予防原則」が特に必要となるとした[89]。「生活形式」の許容範囲を超過する壊滅的損害は、対象理解のための準拠枠をも超え出ることになる。それは「生活」が「形式」として成立することができずに、人びとの立脚点が流動化する事態であり、状況を構成している諸要素がつぎつぎと欠落しながら、「形式」が有していた規範的内容が包摂し得ない問題となる。「原発＝核施設」の建設は現代の最先端の科学技術とマス・メディアを最大限に駆使した「宣伝／教育／利益誘導」によって正当化され、立地地域の人びとの思考や感情を包括的に変容させた。いわば、人びとの内面性の「劃一化」が起きていたのである。こうしたイデオロギーと「劃一化」による自然環境の破壊によって幾世代も継承された「生活形式」は奪われ、人びとは漂流することになった。「原発＝核施設」事故はその場で「糧」を得ていた人びとと同様に、別の手段で生活を営んでいた人びとにも大きな負の影響を与えた。今回の「原発＝核施設」事故はそうした両者をともに「原発避難民」としたのであった。また、内面性の「劃一化」の進行は思考停止の状態を作り出し、利害関心が絡まり合った経済秩序は暗いニヒリズム的性格を地域社会に与えたともいえるだろう。一方で、電力の供給を受ける場では無関心とシニシズムの心性が拡散していた。その心性は現状肯定とはならないが、現状把握とその変革を目指す姿勢に対して否定的かつ消極的な姿勢となっている。つまり、「生活世界」と原発施設との相互侵食は「生ける空間」にも関係していた。こうした状態は後に言及する双葉郡富岡町の養護老人ホーム「東風荘」の職員と利用者の人びとの姿とも重なり合う。生活世界と原発事故の関連について水戸は「人為ミス説の誤り」から論じている。

「日本の運転員は非常に優秀である、従って日本では人為ミスは起きない、ということを言ってるわけですが、私はこういう考え方は、非常に危ないんじゃないかと思う。（…）／私が先ほど申しあげましたように、原子力発電所はものすごい危険性を内蔵しているわけです。しかもそれが外へあらわれる、現実化するという可能性をもっている。それは、人の住むそのすぐ傍で、そのすぐ傍というか、まさにその中で、一〇〇万キロワットという出力を出し続けている。そして、その出力が終わったあとも死の灰自身が大変な出力をもっている。このふたつの原因によって、これが顕在化する可能性を濃厚に持っている。もし原発のような巨大な危険性を内蔵したものが社会的に許容されるとすれば、そういう高い危険性をもつものの場合には、如何なる人為ミスを行なったとしてもその危険性が顕在化しないということが求められます[90]」。

ここでは人間の生きる世界と制御し得ない技術の在り方が問題とされている。生活世界と技術の在り方とは自然科学に象徴的に表現される「主観‐客観」的認識から正当性を付与することはできない。そこではあらかじめ構制されている対象があり、これらの諸対象は生活世界が前提となっているのではなく技術変化によって拡大した領域と相即的に形成されているのである。変様する技術は以前の知識構造を再構成し、人間の生きる世界の社会規範をも変化させる。ここでは新たな「発話能力」と「行為能力」が求められていくことになり、生活世界では偶然性が「人‐間」を豊かにするが、むしろ変様し続ける技術は「想定」外の出来事や物事を排除する。こうした技術の意味理解による観察と区別が諸対象を方法的に処理し制度化するのである。それは人間存在の予測能力や自然統御の能力を超えた驚嘆する事態を受容することはしない。自然環境が生み出す驚嘆すべき事態は機能分化が進行した社会システムによって排除される。社会システムと技術変様の共軛性は時間経過による人間的成熟を妨げる一方で、成熟した思考だけが直視しうる多様な事態を日常の外部へと放逐する。だが、自然科学者は要素から積み上げ、技術的世界像を措定し妥当性を産出する。こうして合理化された世界と技術の共軛性は「模擬的＝虚構的」な空間として日本社会を「劃一化」してきたのである。

原発事故の危険性の顕在化は避難者たちの「暮らし」に存在した「風景」を奪いさった。今日の環境破壊を進行させている人間と科学技術の強大な衝動性に対して、「自然／人間／文化」の再生可能性を問う視座から「自然風景」を再考するべきである。そのとき「風景において自然の生命と心を観得する風景感情の覚醒が生ずること」が重要であり、それには「風景の他者性への転換」と「自然の原初性への復帰」が必要だと内田芳明は論じていた。また、「風景」概念の持っている本質的な契機には、「見られる対象」の生活状況を一瞬停止した「姿／形」として把握する心的契機が含まれている。こうした「風景」の有する「平和と静けさと休息」とを語る場所とは、人工的場所や生活の諸場面や文化的場面ではなく、「自然風景の隠喩として表現」されているのである。「風景」という語彙は日本語がもつ「景色／景観／光景／情景」という語彙ではなく、「暮らし」のなかで優先され使用されることによって定着してきた。つまり、日常という「暮らし」のなかで語り継がれてきた「風景」は自然の「隠喩」として代置されてきたのである。また、「風景」概念が内包する隠喩関係を可能としたのが近代の「風景画」であった。近代の「風景画」の成立によって育成された情動は近代市民社会の確立と相即的に、「風景画」を観賞する人びとを誕生させたのである。この「心象意識」が日常的場面での「風景」の成立の基底となったのであった。[91] そうした「風景」について東山魁夷は「風景」の「表情」を次のように言及している。

「川が流れていた。両岸の草のなびく堤の上は細い道になっていて、遙か遠くへと続いている。川が遠くの方で曲って消え去るあたりに、小さな橋がかかっていた。田園の向うに、ゆるやかな山なみ。（…）／私はあの川の堤に腰をおろして、ぼんやり眺めていた時のことを想い起した。流れの音がささやきかけて、古い記憶を呼びさまそうとしているかのように――親しく、生き生きとしていて、それでいて、聞いているうちに眠くなるような、安らかで、ものうい響き。／山間の小さな小学校のそばで聞えてくるあの物音――授業中の窓から、きれいな声でいっせいに読本を読んでいる声――また、遊びの時間の校庭の、まるで森の小鳥達のさえずりのような、あの、ざわめき――いや、それは、よく谷川のせせらぎの中から聞えてきた響きだ。静かな谷の石の上に腰をかけて、私はいつも耳を傾けていたものだ。しかし、あの川は田圃の中をゆるやかに流れ、諏訪湖に注いでいるはずだ。川はかすかな水音か、あるいは、むしろ無言で流れていたのではないか。／私は、いま、あの風景が私に向って語りかけていたものに気付いた。それは、故郷的なイメージとしてである」[92]。

世界とは「表情」をもつ「風景」として人びとの前に現われる。これは廣松が論じているように「情動」が認知的意識態と侵蝕し合っており、対象的知覚相は対象的刺戟の一価函数ではないためである。「情動」を表現する多様な語彙は各文化圏によって相違し、そうした文化的・社会的文脈の影響は「風景」を受容する心性にまで及んでいる。というのも、環界的情景は表情に満ち充ちており、表情性感得とは対人的な場面だけでなく「風景」に対しても生起するからである。(93) いわば、「表情としての風景」は「歴史化された自然」であって、「自然性」と「人為性」が交叉する場所であり、共同主観性の介在によって集団性と個別性をも内包している。つまり、共同主観性を包含した「歴史としての風景」は「主観性＝客観性」とでも表現すべき対象なのである。こうした「風景」とは歴史的文化性によってはじめて客観対象となり得ているのである。

さらに、メルロ＝ポンティが提示した肉という概念を介して「風景」を再考していく。肉とは「見えるものの自己自身への関係」であり、「それが私を貫き、私を見る者として構成している」とされる。肉という概念は二つの実体の結合や合成ではなく、単なる「物質／精神／実体」としては把握しえない。肉とは空間・時間的個体と観念との中間にある一般的な物、つまりそれは存在の「エレメント」というべきなのである。肉は事実の総和ではないが、「それでも場所と今とに結びついている」。だとすれば、肉とは「私がそれを作ったのではなく、むしろそれが私を作っている」ような侵食し合う「多の一」なのであるともいえる。いわば、「見えるものの見えるものへのこの巻きつき」は、自他相互の身体を貫き、活性化する。「いかにして私の中にこの伝播の波が生まれ」、「いかにしてあそこにある見えるものが同時に私の風景でもあるのかを理解すること」ができれば、見えるものがその断片の一つにからめとられている「間身体性」の次元を捉えることができる。(94) メルロ＝ポンティが表現しようとしたのは、「見えるものが、私の見る働きの反映であるとともに、その見る働きが見えるもののうちに取り込まれているということ」であり、さらには見る身体と見える世界とが侵犯し合い、踏み越し合う関係の存在である。[95]

こうした転入媒介は「種の論理」においては次のように論じることができる。[96]「直接態」もまた媒介されたものであり、それは媒介の否定として媒介の内にある否定契機を働かせることになる。こうした「統一性」の否定は、むしろ主体の統一性に対する否定という「直接態」なのである。直接態の否定を媒介として成立する「否定即肯定」の統一が主体となる。また同時に否定は直接態へと回帰し、「新なる主体の統一を媒介する」ことなのである。その否定的媒介から基体は「動即静の統一を直接態において保つが故に基体」となる。したがって、「主体の否定即肯定の統一は、基体の統一に対し即自態に対する即自かつ対自の位置に立つ」のである。その「静即動」とは分散化しながらも統一性を維持する「類／種／個」の交互的媒介性の異なる様相なのである。つまり、「風景」とは「静即動」という両側面を有し、その時々で人びとに「静」あるいは「動」の Gestalt を見せることになる。こうした交互媒介性によって主体や客体という「項」は相互作用によって「関係性」のなかで位置づけられる。

「たしかに人間は、すべての特殊的な世界から解き放されて、諸々の他の可能性の中に進んでゆくことができる。（…）しかしそこには、全く現在的なもの、私の現存在と共に根源において与えられているものが、かけ替えのないものとして残る。すなわち、この故郷の風景、この道具、この全く特定の共同生活の仕方、この特定の人間、この責務が残る。一般的なものは、各自絶対的な単独のものにまで実体化される。しかしこの単独のものはかかるものとしてもはや世界定位に対して現存するものでもなければ、また世界定位の内容として現存するものでもない。――世界定位にとっては、この単独のものは（…）現実態の意識として『死活的に重要』であり、また本来的存在の歴史的意識の中で『実存的』に存在するものなのである」[97]。

「私の現存在と共に根源」において賦与され、代替し得ぬものとして「故郷の風景／道具／特定の共同生活の仕方／特定の人間／責務」が存在する。故郷の「風景」とは「時‐間」の集積と相即的に、「現存在」の人格の根源性の基底をなしている。「現存在」が「生の姿」を象るために前提とする日常のなかの歴史的共同性の集積から自然環境は「風景」となったのである。その「風景」は人びとの行為や情動の交互的媒介性から「分散化」と「集約化」を反復することになる。その「分散‐集約」の動態性も世界定位にとって不可欠であり、媒介されながら世界定位を再秩序化してきた。再秩序化は「現実態の意識として『死活的に重要』」な共同主観性の「差異と反復」をも可能とする。「生態学的／経済的／美的／文化的」風景概念とは「歴史的意識の中で『実存的』に存在するもの」として世界内存在に共有されてきたのである。

したがって、オギュスタン・ベルクが述べているように、メタファと因果関係は二項対立的なものを分離しがたいものとして表象する。むしろ、こうしたメタファが風土の現実性を構制するのである。そうした「継起〔因果関係〕と投影〔表象〕」の結合は、線的時間性と循環的時間性を非時間化に結合させている。ベルクは風土という視角によってこれらの諸点を論じたといえる。つまり、風土を「地」として「図」となったのが「風景」であるといえるだろう。とすれば、「風景」も風土と同様に多義的時間性を含意しているのである。風土と不即不離の関係性にある「風景」とは、風土のように他の作用と並んで現実の移動（人、物、記号の移動）の交叉する場所なのである。また、共同主観性の変様によって「風景」を生成する「他」の多様な諸関係が形成され、そこでは「抽象的空間性」も内包されているのである。「具体的／抽象的」な両空間は「物質的／観念的」コミュニケーションの場や条件として「人‐間」における根源性を産出させているといえる(98)。

まさに「風景」とは「現存在」の「歴史的意識の中で『実存的』に存在する」ものなのである。「過去」と「現在」

の交互的媒介から歴史的意識は形成され、相互に「踏み越し合う」なかに「過去」と「現在」は「在る」。こうした「時―間」に刻み込まれた記憶が「現存在」の「実存的」な「生の姿」を可能とする。たとえば、戦いに敗れた者たちやその「悲劇」を知るときにこそ「現存在」は歴史的意識を「実存的」性格として獲得することができる。つまり、歴史を単なる時間的推移とするのではなく、「現存在」の複数性と世界が織りなした「歴史＝記憶」は文化的差異性を内包しながら痕跡を「風景」に残している。こうした空間に痕跡として残る「記憶」が「表情としての風景」を作り上げてきたのであった。「記憶」を有する空間（＝風景）は世界内存在の「情動」を紡ぎ上げ、人びとの「人格」を形成してきた。いわば、「人格」とは歴史内存在を包摂する「記憶としての風景」によって育成され、「記憶としての風景」は一定の「姿／形＝Gestalt」として受容されていく。たとえば、「記憶としての風景」のなかで幼児期に祖父母らと共有した「優しさ」の体験は人格や対人関係の形成過程で不可欠な「こと」である。誕生を祝う「時」の「間」で得た「ものとしての固形物」にも五感を介し、記憶の痕跡が残されていく。それらが体感から体験へと言語化されるとき歴史的テクストは「身体的精神」となり、「生の連関」を織り上げていく。だからこそ東山は「風景」と「故郷」の交互媒介による Gestalt を次のように述べたのであった。

「港や船や倉庫は、私の心の奥の引出しの中に、しまい込んでいる故郷の姿であって、追憶の中での現実の風景であり、それは、私という人間の形成過程の上で、いつも、地底の泉のように、にじみ出てくるものであるが、私はもう一つ奥にある引出しの中身に気付いたのではないだろうか。それは、汽船や赤煉瓦とはちがって、きれいな水の流れる青い山の風景である。後者はより象徴的であり、より根元的であると云えるかもしれぬ[99]」。

つまり、追憶という情動を介した歴史性を「風景は寄せ集める」ことで形成されているのである。また、セールが述べるように、「風景」は「素描や図案を寄せ集める」。なぜなら、各場所の神々が「統合化／綜合」あるいは「収集／再構成」などの整理統合の試みに抵抗するからである。たとえば、「もろもろの畑は縫い合わされ結び合わされた四肢を描いており、いくつもの支流が合流するように、一方が他方に流れ込む合流点を描いている」。それは「流動的で流れるような結び目をなしている」のだが、その「結び目は、動きに順応し、繊細で、空気のように軽やかな優雅さ」を有してもいる。[100]「風景」という「結び目」は固定化されたものではなく、「時‐間」の推移と相即的に変容していく可能性を内包している。それゆえ「風景」という「結び目」は状況の変化によってその有意義性の内容も多義的になる。一方で、「風景」とは「生活形式」の自明性と交互的に媒介されており、「追憶の中での現実の風景」となるのと同時に「人間の形成過程」でつねに「地底の泉」のように滲み出てくるものなのである。

いいかえれば、単なる「統合化／綜合」による「空間」の再構成と「風景」は相違するものなのである。「風景」は表情を内包し、その表情が「縫い合わされ結び合わされた四肢」の描写を可能としている。それは「流動的で流れるような結び目」、つまり混合体の結節点として「風景」は「在る」といえる。ヤスパースは「私は一つの風景の中に生きている」と述べていた。また一方で、「自然が単なる風景以上に何らの心をも有せず」に「全くの他者として何ものを答えず」にただ対象としてのみ現存するならば、「私は私自身を自然から引き離し、自然をその被規定性において認識する」ことになっていくのである。[101]

こうした「風景」は歴史的記憶として人びとに共有されてきた「文化」の背景図なのである。つまり、文化概念を一つの「構想力（想像力）」から捉えなければならない。なぜなら、「人間が集住する時に村や都市がどのような姿形（ゲシュタルト）」となるのかは文化の構想力によって決定されるためである。たとえば、「一つの集落が美しい風景（都市風景)」であれば、そこには「自然風景と都市風景との内的呼応関係」としての「構想力」が存在している。住民の風景印象の体験が内包する自然風景のイメージは共通の面影として都市風景にもあり、それは再生し続けており、都市風景の基礎には自然風景の印象体験という「構想力」がある。[102] 一方で、その「構想力」を根底から奪い去ったのが東日本大震災と原発事故であった。特に後者を注視した徐京植は次のように指摘していた。

「東北地方一帯でおよそ二万名の人命が失われ、福島県を中心とする広大な地域が放射能に汚染されおよそ一五万人といわれる多数の被災者がいまも『原発難民』状態にあるという大災害である。地震と津波は天災だが、原発事故は明らかな人災であった。人災とはいえ、責任を明らかにしないまま長く放置したり、反復したりすると明白な犯罪となる」[103]。

伝統的な「生活様式」を背景として作り出された「風景」は「広大な地域が放射能に汚染」されたことによって失われた。風景は人為性の媒介による重層的歴史性を有するものであったが、人災が引き起こした原発事故は人びとを包摂する風景を荒れるままに放置している。空間は世界内存在の諸行為によって多層化され、共同体内で歴史は継承された「物語」となった。世界内存在と風景は「物語」を介して「暮らし」を作り上げてきたが、原発事故は人びとが積み上げてきた風景と物語を剥奪した。こうした二つを喪失した世界内存在の「剥き出しの生」こそが「原発避難民」なのである。このレッテルは「区別」が「差別」に転化する過程でスティグマへと変様する。スティグマは避難を余儀なくされた人びとを代理表象することになり、そうしたスティグマは表層的な物象化された感情を社会のなかで醸成する。その過程で産出されたイメージこそが「区別」を「差別」へと転化させるのである。つまり、「日本国」

の外部として「特殊化」された存在として「原発避難民」を規定しているのである。

こうした「人災」の後も「犠牲のシステム」に寄生する諸集団や「指導者」の側近たちはすべてを「システム」の観点から把握しようとしている。一方で、その観点から形成される論理構成は事実と大きく乖離し、体裁だけを維持しようとしている。だが、「見通しもつかぬほど遠い未来において純粋に擬制的な世界を作り上げよう」とする反動性が惹起され、そこから「生ずるあらゆる問題を含めて理解しがたく見える」ような社会状態となっている[104]。

「生が排除を通じて包含されるべきものとして提示されるとすれば、政治と生の関係とはどのようなものなのか[105]」とアガンベンは問うている。つまり、政治は排除と包含という二律背反によって「生」を規定している。政治的権力が「生と死」の形で表象する「権利」とは「死を放置する」のか、あるいは「生きるまま捨て置く」のかを決定する。この「権利」が「政治と生の関係」の基底を成しており、権力とは何よりも「掌握の権利」なのである。たとえば、事物、時間、身体、そして「最終的には生命」に対する「掌握の権利」として権力は人びとに現前する。こうして権力とは「生命」の「掌握」を介して、生命それ自体を「抹殺」する「特権の形」をとるのである[106]。

「生が排除を通じて包含」されるその象徴が沖縄と「フクシマ」である。この両者は「政治と生の関係」を占有する「中央」から「周辺」と位置づけられ、人びとの「犠牲」は「軽微」なものとされている。政治・経済・教育などの諸政策を決定する「中央」は中心的な論題ではないとしてその「犠牲」と「痛覚」を軽視している。システムが表象する「聖域」は外部や遠部からの「悲痛な声」による「問い」を拒む。「痛覚」の「合理的」な排斥は「不快の欠如態」を実体化させ、「中央」の権力が差別し「犠牲」とした「周辺」の政治・経済的な在り方は「安保」と「原発＝核施設」に共通している。つまり、この両者の同じ構造は近代日本の発展形態から産出されてきたのである。世界内存在の生命の根源的否定と表裏をなす「原発＝核施設」とはまさに次のように表現しえるだろう。

「死者と生者の間の差異の消滅としてあらわされる。普段は分離されている二つの王国の混淆である。その証拠に、死者たちは、文化秩序が支配している時には外的、超越的な暴力を、事態が悪化して悪しき相互性が共同体の内部に再び出現する時にはまた内在的なものとなる暴力を、具現するのである。／（…）死者たちの復讐は現実のものであり、同時に仮借ないものである。それは、暴力を振う者の頭上に、暴力が回帰することにほかならない[107]」。

シモーヌ・ヴェイユは「不幸とは生の根こぎである」と述べた。「根こぎ」によって暴力は不幸を具現化し、人間性を否定する仮借のない「もの」となる。一方で、増加する情報は「多少とも軽減された死の等価物」となり、また「生の根こぎ」は「身体的自我」にも深い影響を与えている。つまり、「生の根こぎ」とは「身体的苦痛」となり、「すぐにも襲われる懸念があるなかで、不幸は抗いがたく魂のなかに現存」している。そして、「思考が身体的苦痛に侵蝕されたならば、その苦痛は「いかに軽微なもの」であっても「不幸の現存」が世界内存在に強要されていることなのである。そのときまさに「暴力的状態」が生じ、「暴力的な状態で二〇年、五〇年の歳月を生きる人びともいる」。だが、「そばを通りすぎる人がいても、彼らの異常な状態にまったく気づかない」のである[108]。いま人びとは「厖大な一連の損失」を無自覚なまま受容している。その「厖大な一連の損失」とは、「物」の概念を始め、生活の中心に関連する「安らぎ」・「楽しみ」・「享受」・「喜び」などを失ったことである。これらの「諸概念の意味内容」がことごとくニュアンスを喪失し、「熨されて」了った（グライヒシャルトゥンク）のである。そうした状況は日常生活のなかで殆ど致命的な損失なのであるが、それに慣れてしまい日々の暮らしが反復されている。その包囲網は構造的であり、そうした構造を代替すべき別種の構造を思い描くことは困難となっている[109]。

ブルーノ・ベテルハイムは人間にとっての「生の目的」の多様性に言及していた[110]。「生の目的」とは、たとえ明確に存在していたとしても懐疑を消し去ることは出来ない。「生の目的」は物事が円滑に経過しているときには顕在化しないが、人びとが苦難に直面したとき、人生の目的ないし意味は、人びとの自覚に迫ってくる。また、経験した苦難が深いほど「この問題もそれだけますますさし迫ったものになる」。そして「合理的／科学的世界観」が形成されたとき「来世への信仰」は崩壊し、「受容と諦念」が深まったのであった。他方で、新しい「理性の時代」という気分のなかで、「地上での良き生」は「社会的、経済的、科学的進歩によって保証される」と人びとには思われた。二〇世紀には「自然災害に対する人間の支配」はかつてないほど効果的になったが、同時に「科学および合理的社会組織の進歩」は「徹底的な生命の破壊」のために道具を供給することになったのである。

政府の福島復興再生基本指針や福島復興再生特別措置法では「帰ること」を「復興」としている。そのために「コミュニティの再生」が「避難指示を一刻も早く解くこと」と同義とされている。だが、想定されているように政府の帰還政策が成功し、避難している人びとが故郷に帰還したとしても「被災地の地域社会は元通りのコミュニティ」とはなり得ない。なぜなら、「時‐間」の経過と相即的に「人‐間」の変容が生じており、世代構成の大きな変化などによって崩壊した地域社会は三・一一以前の姿を取り戻すことは困難だからである。つまり、二〇一一年三月一二日に多くの人びとが「避難を始めたその日の朝に、被災地のコミュニティは崩壊した」のである。こうしたなかで「コミュニティとは何か」「その再生とは何か」を考えるためには「原発避難」の全体像を把握し、それが「いったい何を壊したのかを問い直していく」ことが必要である[11]。「不幸とは生の根こぎである」ことはすでに言及した。「原発避難民」が「根こぎ」の世界に内属する存在であるならば、「原発＝核施設」事故から激変した世界像について再考すべきである。というのも、「図」としての認識には「地」をどのように捉えているかが重要だからである。「原発＝核」事故とはその影響に「すぐにも襲われる懸念」があるなかで、「不幸は抗いがたく」被災地の人びとの「魂のなかに現存」し続けている。「魂のなかに現存」する憧れは「微細な知覚〔も〕In der Welt Sein〔世界内存在〕の領野を走る一つの波」となっていく。日常生活のなかで将来への「思考が身体的苦痛に侵蝕」されるとき、それはまさしく「暴力的状態」に人びとが置かれていることなのである。

メルロ＝ポンティは「感覚的世界の領野を内的‐外的なものとして（初めは：無限な指標や無限な運動性の動機づけへの総体的な固着として、つまりこのWelt〔世界〕への私の所属として）見いだす」という。また同様に「間‐人間的世界（monde inter-humain）および歴史の現実として、私と他者とを分かつ境界面――これがわれわれの合一の場であり、他者の生と私の生とのただ一つの〔共通の〕Erfüllung〔充実〕なのである」ことを捉える必要性をも指摘している。[112]「間‐人間的世界」は「空隙を孕んだ空間」と「間共振的律動系」によって構制された世界であり、「人‐間」での生活のなかで「多種的／多面的／多層的」な情動を生成する。その結果として多層化された自他間において「活動」を介した「共鳴／共振」が響き渡ることになる。つまり、「間共振的律動系」とは脱自性という「出来事の場」を作り出し、それは特異な強度となって「ひと・もの・こと・ことば」が相互嵌入する共軛的場を形成するのである。[113]また、ハンナ・アーレントは、なにごとかを行なうことに積極的に係わっている「人間生活」を「〈活動的生活〉」と名づけた。アーレントによれば、「この生活は必ず、人びとと人工物の世界に根ざしており、その世界を棄て去ることも超越することもない」。こうしてそれぞれの人間の活動力によって環境は形成されてきたのである。つまり、人びとが生まれてくるこの世界は人間の活動力なしには存在し得ないのである。「人間生活」は自然の荒野での隠遁生活であったとしても「直接間接」に他の人間の存在を保証する世界なしには不可能なのである。[114]だからこそ原発問題に対して「知的誠実さ」をもって対峙してきた小出裕章は次のように述べていたのである。

「人間の物理的生命、あるいは生物体としての生命に尊厳があるとは、私は露ほどにも思わない。もし人間の生命に尊厳があるとすれば、生命あるかぎりその一瞬一瞬を、他の生命と向き合って、いかに生きるかという生き方の中に、それはある[115]」。

世界内存在は誕生と終焉という「否定的対立の統一」であり、その対立契機を有しながら世界への内属によって「媒介動力」を内包していく。その過程で世界内存在は自らの「全体性＝統一性」を「誕生‐終焉」の共軛的規定性のなかで作り出し、この「時‐間」の共軛的規定性を準拠枠として諸行為の選択肢を限定することが可能となる。そうした限定とは媒介性の一つの側面でもある。「時」のなかで「分裂性を内包」しながら均衡点を見いだす存在者はもはや「物理的生命」でない。つまり、世界内存在は「分裂と統一との不断の循環渦動」という「一瞬一瞬」を生きる。その過程で「自己／他者／世界」という三重層の交互的媒介が「意味」を生成していく。このときにこそ世界内存在は「在る」だろう。つまり、ヤスパースが述べているように、社会的存在としての「私」とは多様や諸関係のなかに位置づけられているのである。「私」が意識して何らかの対象を「問う」とき、すでに諸々の特殊の制度や人間意志の相互依存関係が見渡し難く交錯している。そのなかにおいても「私自身」を見いださなければならない。また、社会を自然と区別しつつも第二の世界として私は認識し、「政治的／経済的／職業的」行動は他者の「可能的／現実的」行動に規定されている。たとえば、人びとは家族と諸々の結合の中にあり、また現存する一つの相属関係の実体性の中で生活し、慣例的となった諸結果と規則性とを前提としている。だが、世界に内属する存在者としての自己の対自化は歴史的現存在の固定した実体から自らを解き放つのである[116]。

たとえば、近代の国民国家の形成以降の「日本人」の姿はどうであっただろうか。尹健次によれば、「日本人」の歴史意識の未熟さや歴史感覚の希薄さが指摘されてきた一方で、それはこれまで歴史意識の形成の前提条件となる社会の開放形態の問題として論じられてきた。つまり、「開国の中の鎖国」という日本の近代史の基本的制約性から説明されてきたのであった。いわば、「開国」は国内を新たに「鎖国」とする矛盾を作り出した。こうして「歴史意識の本来的な要素である『個体』の意識」は真の意味で成立せず、「個体」意識はつねに国際的危機感に媒介された「国家／民族共同体」の意識に収斂される傾向をもつことになった。[117] ここに田辺が探究しつづけた近代日本における「種の論理」の可能性と陥穽がある。

「個体」が「主体性」を獲得し得ない日本という場は人間相互間の intersubjektiv な媒介を「もの」化によって抑圧する。その渦動を失った媒介性とは人間相互間における本源的に「共同主観的・相互主体的」な現象を集団性に準拠した枠組に収斂していく。こうして間主観性は「国家／民族共同体」という「内部」へ誘引され、「内部」は「日本」的本質主義へと回帰していく。そのとき「個体」に対して民族固有の内面性の確立が重視され、自他相互間における多様な価値的媒介性を押さえ込み、むしろ歪んだ近代的な「主体性」を確立する「疎外論」となる。現状で必要とされる歴史意識はあくまでも「自己」とは相違する「個／種／類」の重層的な媒介性を含意する他者性であることを知ることである。だが、自己が帰属する「国家／民族共同体」を他者性あるいは外部からの「鎖国」によって維持するとすれば、「内部」における歴史意識は多様性と寛容を失うことになる。こうして現状の社会環境のように自国の歴史的過誤とその錯認を隠蔽しつづけることになる。その過誤と錯認の隠蔽は「人間の生命」の否定である一方で、後続する世代の将来の可能性を奪い去ることと同義となっていく。

「人間の生命の尊厳」とは、「『慰安婦』ハルモニたちの語りを、完全に完結した物語として、証言として問題化するとき出てくる問題」でもある。「抜け出していく、網からずるずるっと抜け出していくリアリティ、それは、言い換えれば、まだ語れない、語ることのできない、あるいは語ってしまった場合生きていくことができなくなってしまうもの」である。「ハルモニたちの、七〇年、八〇年間の生、しかもいまなお続いている生」とは、「親戚、共同体、周辺の女たちといったつき合いが続いている人々との関係」あるいは、「自分自身の記憶との関係」である。だからこそ、「いまなお続いている生の具体性」という「間」への配慮が求められる。[118]「生の具体性」への配慮と考慮によって「一瞬一瞬を、他の生命と向き合って、いかに生きるのかという生き方」を作り出さねばならない。花崎がいうように、人間の内面の傲慢、欲望の無限定な追求、そして他者を顧みない利己主義が昂進するなかで「解決すべき課題」を外部へと送りだす「偽の解決」は「衝突／殺し合い／排除」などの「紛争」を増幅させ続ける。しかし、現代を容させるような「舵を切る」ことから「身体／生命／感性」を基底とした「精神性」を回復し、受苦あるいは共苦を共有しえる「交わり」を介した「生き方」を作り出す必要がある。それは「『所有』中心主義から『存在』中心主義」へと価値観を転換する重い課題でもあるといえる。[119]

同様に、世界内存在としての自己意識を織り上げる共同性と他者性を考えるとき次のことが前提となる。先行する存在者としての他者とは自己の誕生以前から世界に存在している。ここには「地の上の図〈として〉」把握される自他関係を媒介とした共同主観性があり、その意味連関に在る世界内存在としての「私」の経験獲得は複数の他者たちとの「間」によって可能となる。また、「微細な知覚〔も〕In der Welt Sein〔世界内存在〕の領野」を走る「波」とは「人‐間」「時‐間」「空‐間」を織り込んだ汽水なのである。つまり、共同主観性とは起源という基点から自他間において提示されるのではなく、むしろ明確な「起源＝基点」を措定しえない痕跡（波痕）なのである。このように共同主観性を理解したならば、国家が語る歴史的物語は「美しい国」なのではなく、むしろその始まりから完結しえぬ「欠如態」なのであり、暴力性を内包しているのである。こうした未完結性と暴力性を見つめる「知的誠実さ」を持ち得なければ他者の存在は隠蔽され忘却されていくことになる。

だからこそ「決定的に大切なことは、『自分のいのちが大事』であると思うときには、『他者のいのちも大事』であることを心に刻んでおくことである」と小出は述べたのである。そして、かれは「自らが蒔いた種で自らが滅びるのであれば、(…)単に自業自得のことにすぎない。問題は、自らに責任のある毒を、その毒に責任のない人々に押しつけながら自分の生命を守ったとしても、そのような生命は生きるに値するかどうかということである」と論じ、「原子力とは徹底的に他者の搾取と抑圧の上になりたつものである。その姿に私は反対しているのである」という結論を導き出したのであった[120]。

他方で、新自由主義による市場を中心とした経済思想やグローバリゼーションは「人-間」に対して深い亀裂を入れている。バウマンは世界内存在と空間=距離の在り方を「問い」つづけた[121]。人びとの暮らす世界において「距離」は重視されることがなくなり、加速化によって「距離」は無効にされるべき存在であるかのように思われている。いわば、空間はつねに「軽視、否定、拒絶されるための存在」でしかなく、空間は人びとの行動範囲を限定する機能を失ってしまった。空間の「征服」は「一秒の数分の一」でも充分なものとなっている。もはや、「自然の境界」は存在せず、明らかにそこにあるべき場所すらも存在していない。ある瞬間に私たちが偶然にどこにいようとも、他の場所にいることが可能となっている。つまり、特定の場所に滞在するという理由自体が存在しなくなっているのである。このような環境変容が深く自他関係を侵蝕していればこそ「私の個人的な歴史のもろもろの実存範疇」を重視する必要がある。つまり、「実存範疇」とは「分離するものでもあれば合一するもの」さえ含意する「境界面」である。また、「それこそが私の生と他者たちの生がたがいに入りこみ合うためにそのまわりを回転している蝶つがいであり、間主観性の骨組なのである」[122]。こうした「間主観性の骨組」を媒介とした了解を志向する諸行為によって生活世界は再編制されている。つまり、それが文化的再生産や社会統合の基点となっているのである。また、生活世界の伝統的構造の再生産には言語媒体が必要であり、言語交通が「空‐間」において「意味」の同一性を確定するのである。話者が対象について特定の言明をおこなうとき、この同定には「私の生と他者たちの生」の間における単称名辞の共通理解を不可欠な前提としている。その相互理解を可能にする「回転している蝶つがい」が規範的規則性であり、そうした「蝶つがい」と「間主観性の骨組」によって社会秩序が形成されているのである。

ところで、アーレントは土地の収用のあり方を重視していた。「土地を収用し、一定の集団から彼らが世界に占めていた場所を奪い、彼らを生命の急迫に曝すこと」によって「富の原始的蓄積が行なわれ、同時に、この富を労働によって資本に転化する可能性」が形成されたからである。これは「資本主義経済の勃興」を促す条件ともなった。つまり、「土地収用」は起点となり、その土地に経済施設が建設され、この発展が結果として「人間の生産性を大きく増大」させたのであった。この過程は産業革命の何世紀も以前から明確なことであった。文字通り「その日暮しの新しい労働者階級」は自らその犠牲のシステムとなる経済施設（＝原発）を欲し、「生命の必要が強制する急迫のもとに直接立たされた」のである。さらに「彼ら／彼女ら」は「世界にたいする配慮や世話からも遠ざけられた」のであった。なぜなら、このような「配慮や世話」は「生命過程」そのものから直接的には「誕生」しないものだからである。(123)

東北日本の民衆の行動空間としての「空‐間」は生活世界として知覚される一方で、それらは既知となった知覚・感覚領域ばかりではなく、多様な状況変化によって「語り継がれ」てきた歴史的空間である。また同様に、ガストン・バシュラールにとっても「家」とは単なる物理的空間ではなく、「思い出と記憶以前との綜合」を明らかにする場として考えられている。こうした領域では「記憶」と「想像力」を分離することはできない。いわば、前者と後者は相互作用のなかにあり、深化し合う多義的価値が交叉する世界を作り出す。そして、両者はともに「思い出とイメージの共同体」となっているのである。こうした「家」とは「歴史の糸」に紡がれ、あるいは人びとが紡ぐ歴史のなかで語り継がれ、日々の営みのなかで「生ける場」となる。つまり、「夢によって、われわれの生涯のさまざまな棲家が交錯しあい、過去の日々の富を保存する」のである。「生ける場」とは人びとの記憶を織り込んだ表情を含意し、「家」とは人間の思想や思い出や夢にとって、大きな統合力となるのである。この統合原理は「夢想」であり、また過去、現在、未来は「家」にさまざまな活力を付与する。そうした時間統合の軸となる「家」とは人間の「生の姿」に偶然性よりも連続性を与え、「家とは肉体とたましいなのである」。それは人間という存在が誕生時から「世界になげだされる」のではなく、「家の揺籃のなかにおかれている」からなのである。[124]

いいかえれば、共同体と道徳性を世界内存在としての人間から再考するべきなのである。チャールズ・テイラーは、道徳的議論やその探究とは「最も深い道徳的応答によって形づくられた世界の内部でのみ続けられるもの」と論じている。もし、人間がなぜ尊重に値する存在者なのかを詳細に識別したいのであれば、①人間の苦しみに関わる主張を感じるとはいかなることか、②不正義に嫌悪感をおぼえるとはいかなることか、③人間が生きているという事実に対して畏敬の感情を抱くとはいかなることか、などを想起しなければならない。そのためには人びとの「道徳的および精神的な直観の背後にある『背景画』を探究する」ことが求められている。つまり、「これらの直観を明確化する道徳的存在論」の記述とは、人びとの精神性とそれを取りまく状況、それを把握する視角、そして自他間での応答に意味を与える視角、などを再考することなのである。テイラーは、「『意味を与える』とは、私たちの応答がなぜ妥当なものかを明確化することを指す」と述べている。ここで明確化されているのは「正しさへのいかなる主張においても私たちが前提としかつ依拠する背景」の重要性なのである。[125]

註

（1）大鹿靖明『メルトダウン　ドキュメント福島第一原発事故』講談社文庫、二〇一三年、八頁。
（2）内橋克人『日本の原発、どこで間違えたのか』朝日新聞社、二〇一一年、一-四頁。
（3）藤田省三「『安楽』への全体主義-充実を取戻すべく」『藤田省三著作集6　全体主義の時代経験』みすず書房、一九九七年、二九-三一頁。
（4）ギュンター・アンダース『時代おくれの人間・上-第二次産業革命における人間の魂』青木隆嘉訳、法政大学出版局、一九九四年、一二〇-一二一頁。
（5）廣松渉「存在と意味　第一巻」『廣松渉著作集』第十五巻、岩波書店、一九九七年、三六四頁。
（6）カール・ヤスパース『哲学的世界定位〔哲学Ⅰ〕』武藤光朗訳、創文社、一九六四年、八八頁。
（7）前掲「存在と意味　第一巻」『廣松渉著作集』第十五巻、一七五頁。
（8）廣松渉「メルロー＝ポンティ」『廣松渉著作集』第七巻、岩波書店、一九九七年、四五八頁。
（9）前掲「存在と意味　第一巻」『廣松渉著作集』第十五巻、八九頁。
（10）広瀬隆『FUKUSHIMA　福島原発メルトダウン』朝日新書、二〇一一年、三五-三七頁。
（11）高木仁三郎『原子力神話からの解放-日本を滅ぼす九つの呪縛』講談社＋α文庫、二〇一一年、五三-五五頁。
（12）石田雄『安保と原発　命を脅かす二つの聖域を問う』唯学書房、二〇一二年、二一-三頁。
（13）外岡秀俊『震災と原発　国家の過ち-文学で読み解く「三・一一」』朝日新書、二〇一二年、三六-三八頁。
（14）ニクラス・ルーマン『社会の法1』馬場靖雄ほか訳、法政大学出版局、二〇〇三年、二一一-二一二頁。
（15）廣松渉「物象化論の構図」『廣松渉著作集』第十三巻、岩波書店、一九九六年、一〇一-一〇三頁。
（16）エティエンヌ・バリバール『市民権の哲学-民主主義における文化と政治』松葉祥一訳、青土社、二〇〇〇年、二一〇-二一一頁。
（17）東京新聞原発取材班『ビデオは語る-福島原発　緊迫の三日間』東京新聞、二〇一四年、二四八-二四九頁。
（18）前掲『震災と原発　国家の過ち-文学で読み解く「三・一一」』、三九-四三頁。
（19）小川有美「リスク社会」本田宏／堀江孝司編『脱原発の比較政治学』法政大学出版局、二〇一四年、二二三頁。
（20）M・メルロ＝ポンティ『見えるものと見えないもの』滝浦静雄／木田元訳、みすず書房、一九八九年、二七〇頁。
（21）カミュ『ペスト』宮崎嶺雄訳、新潮文庫、一九六九年、一〇八頁。
（22）小出裕章「福島第一原発はどうなっているのか」『世界』二〇一三年一〇月号、八三頁。

(23) 廣松渉「儀礼行為についての私の観方」『廣松渉著作集』第二巻、岩波書店、一九九六年、四七〇‐四七一頁。
(24) カール・ヤスパース「真理について1」『ヤスパース選集31』林田新二訳、理想社、一九七六年、一四頁。
(25) 開沼博『「フクシマ」論‐原子力ムラはなぜ生まれたのか』青土社、二〇一一年、三二一‐三三三頁。
(26) ミッシェル・セール『五感‐混合体の哲学』米山親能訳、法政大学出版局、一九九一年、一三九‐一四〇、一四四頁。
(27) 前掲「『安楽』への全体主義‐充実を取戻すべく」『藤田省三著作集6　全体主義の時代経験』、三一‐三三頁。
(28) 前掲『社会の法1』、四八‐四九頁。
(29) 前掲『ペスト』、一〇九頁。
(30) ハイデガー『存在と時間（二）』熊野純彦訳、岩波文庫、二〇一三年、三一四‐三一五、三一七頁。
(31) 田辺元「生の存在学か死の弁証法か」藤田正勝編『死の哲学 田辺元哲学選Ⅳ』岩波文庫、二〇一〇年、二二三‐二二四頁。
(32) 前掲『ビデオは語る‐福島原発緊迫の三日間』、三三六‐三三七頁。
(33) 前掲「真理について1」『ヤスパース選集31』、一四頁。
(34) 前掲『時代おくれの人間・上‐第二次産業革命における人間の魂』、一六‐一七頁。
(35) 前掲「生の存在学か死の弁証法か」藤田正勝編『死の哲学 田辺元哲学選Ⅳ』、二四一頁。
(36) 前掲「福島第一原発はどうなっているのか」『世界』二〇一三年一〇月号、八三‐八四頁。
(37) 前掲『日本の原発、どこで間違えたのか』、二二頁。
(38) 色川大吉「地域と歴史」『色川大吉著作集』第四巻、筑摩書房、一九九六年、一〇六頁。
(39) 内山節『共同体の基礎理論‐自然と人間の基層から』農文協、二〇一〇年、二八頁。
(40) エティエンヌ・バリバール「『新人種主義』は存在するか？」エティエンヌ・バリバール／イマニュエル・ウォーラーステイン『人種・国民・階級‐揺らぐアイデンティティ』若森章孝ほか訳、大村書店、一九九五年、三七頁。
(41) ジグムント・バウマン『リキッド・モダニティ』森田典正訳、大月書店、二〇〇一年、一〇‐一三頁。
(42) 田辺元「数理の歴史主義展開‐数学基礎論覚書」藤田正勝編『哲学の根本問題・数理の歴史主義展開 田辺元哲学選Ⅲ』岩波文庫、二〇一〇年、二二四頁。
(43) 前掲「存在と意味 第一巻」『廣松渉著作集』第十五巻、三九、七四‐七五頁。
(44) 前掲「数理の歴史主義展開‐数学基礎論覚書」藤田正勝編『哲学の根本問題・数理の歴史主義展開 田辺元哲学選 Ⅲ』、二二八‐二二九頁。
(45) 前掲「『安楽』への全体主義‐充実を取戻すべく」『藤田省三著作集6　全体主義の時代経験』、三四‐三五頁。

(46)前掲『時代おくれの人間・上‐第二次産業革命における人間の魂』、一八‐一九頁。
(47)ポール・ヴィリリオ『ネガティヴ・ホライズン‐速度と知覚の変容』丸岡高弘訳、産業図書、二〇〇三年、四四、五二頁。
(48)前掲「『安楽』への全体主義‐充実を取戻すべく」『藤田省三著作集6　全体主義の時代経験』、二二六頁。
(49)真木悠介『時間の比較社会学』岩波同時代ライブラリー、一九九七年、二七二頁。
(50)前掲「地域と歴史」『色川大吉著作集』第四巻、一〇七頁。
(51)ノルベルト・エリアス『文明化の過程（下）』波田節夫ほか訳、法政大学出版局、一九七八年、三三六‐三三七頁。
(52)安丸良夫「『監獄』の誕生」『安丸良夫集4　近代化日本の深層』岩波書店、二〇一三年、一六三‐一六四頁。
(53)前掲『文明化の過程（下）』、三四〇頁。
(54)ミシェル・フーコー『監獄の誕生―監視と処罰』田村俶訳、新潮社、一九七七年、一六三頁。
(55)前掲『時間の比較社会学』、一八三‐一八四頁。
(56)内田隆三『国土論』筑摩書房、二〇〇二年、五〇頁。
(57)前掲「『監獄』の誕生」『安丸良夫集4　近代化日本の深層』、一八三‐一八四頁。
(58)ジル・ドゥルーズ『フーコー』宇野邦一訳、河出文庫、二〇〇七年、一四一‐一四二頁。
(59)ジグムント・バウマン『廃棄された生‐モダニティとその追放者』中島道男訳、昭和堂、二〇〇七年、一〇頁。
(60)エルネスト・ラクラウ『資本主義・ファシズム・ポピュリズム‐マルクス主義理論における政治とイデオロギー』横越英一監訳、大村書店、一九八五年、三六‐三八頁。
(61)花崎皋平『ピープルの思想を紡ぐ』七つ森書館、二〇〇六年、五六頁。
(62)ジョルジョ・アガンベン『ホモ・サケル‐主権権力と剥き出しの生』高桑和巳訳、以文社、二〇〇三年、一四頁。
(63)廣松渉「マルクス主義の地平」『廣松渉著作集』第十巻、岩波書店、一九九六年、二二六‐二二七頁。
(64)田辺元「種の論理の弁証法」黒田寛一編『歴史的現実』こぶし文庫、二〇〇一年、八四‐八五頁。
(65)同前、八五頁。
(66)マルクス／エンゲルス『新編輯版　ドイツ・イデオロギー』廣松渉編訳／小林昌人補訳、岩波文庫、二〇〇二年、六六頁。
(67)廣松渉「唯物史観と国家論」『廣松渉著作集』第十一巻、岩波書店、一九九七年、三五〇頁。
(68)前掲『新編輯版　ドイツ・イデオロギー』、六八‐六九頁。
(69)前掲「唯物史観と国家論」『廣松渉著作集』第十一巻、三五四頁。
(70)ヴァイツゼッカー『ゲシュタルトクライス‐知覚と運動の人間学』木村敏／濱中淑彦訳、みすず書房、一九七五年、一九二頁。

(71)同前、一九二頁。
(72)マニュエル・カステル『都市・情報・グローバル経済』大澤善信訳、青木書店、一九九九年、三〇頁。
(73)同前、三一頁。
(74)デヴィッド・ハーヴェイ『ネオリベラリズムとは何か』本橋哲也訳、青土社、二〇〇七年、二八‐四〇頁。
(75)加藤周一『日本文化における時間と空間』岩波書店、二〇〇七年、二頁。
(76)マックス・ウェーバー『宗教社会学』武藤一雄ほか訳、創文社、一九七六年、二五三‐二五五、二五八頁。
(77)ナオミ・クライン『ショック・ドクトリン上‐惨事便乗型資本主義の正体を暴く』幾島幸子／村上由見子訳、岩波書店、二〇一一年、五‐七頁。
(78)神野直彦「市場を民主主義の制御のもとへ」『世界』二〇一三年一月号、一〇四‐一〇五頁。
(79)スラヴォイ・ジジェク『仮想化しきれない残余』松浦俊輔訳、青土社、一九九七年、一〇七頁。
(80)前掲『日本文化における時間と空間』、三頁。
(81)ジョン・ロールズ『正義論 改訂版』川本隆史ほか訳、紀伊國屋書店、二〇一〇年、二四二‐二四三頁。
(82)水戸巌『原発は滅びゆく恐竜である―水戸巌著作・講演集』緑風出版、二〇一四年、一三四‐一三五頁。
(83)ニクラス・ルーマン『社会の科学1』徳安彰訳、法政大学出版局、二〇〇九年、二五〇‐二五一頁。
(84)同前、二五一‐二五三頁。
(85)前掲『哲学的世界定位〈哲学Ⅰ〉』、九四頁。
(86)ホミ・K・バーバ『文化の場所‐ポストコロニアリズムの位相』本橋哲也ほか訳、法政大学出版局、二〇〇五年、一一七‐一一八頁。
(87)前掲『哲学的世界定位〈哲学Ⅰ〉』、八九頁。
(88)ジャン＝ピエール・デュピュイ『ありえないことが現実になるとき‐賢明な破局論にむけて‐』桑田光平／本田貴久訳、筑摩書房、二〇一二年、二〇‐二一頁。
(89)キャス・サンスティーン『最悪のシナリオ‐巨大リスクにどこまで備えるのか』田沢恭子訳、みすず書房、二〇一二年、一五三頁。
(90)前掲『原発は滅びゆく恐竜である―水戸巌著作・講演集』、一三七‐一三八頁。
(91)内田芳明『風景の発見』朝日選書、二〇〇一年、七‐一〇頁。
(92)東山魁夷『風景との対話』新潮選書、一九六七年、二七‐二八頁。
(93)廣松渉「共同主観性の現象学」『廣松渉著作集』第六巻、岩波書店、一九九七年、四五六‐四五八頁。

(94) 前掲『見えるものと見えないもの』、一九四‐一九五頁。
(95) 木田元『メルロ＝ポンティの思想』岩波書店、一九八四年、三三四‐三三六頁。
(96) 田辺元「種の論理と世界図式」藤田正勝編『種の論理 田辺元哲学選Ⅰ』岩波文庫、二〇一〇年、二二〇‐二二一頁。
(97) 前掲『哲学的世界定位〔哲学Ⅰ〕』、八九‐九〇頁。
(98) オギュスタン・ベルク『風土の日本―自然と文化の通態』篠田勝英訳、ちくま学芸文庫、一九九二年、一八七、一九二頁。槇文彦は別の視座から論じている。「形態と領域性という点からみたときに何が日本の都市空間を特徴づけているのであろうか。その一つに、日本の都市空間における〈すきま〉の存在があるのではなかろうか。日本の都市における〈すきま〉は、西欧の〈地と図〉における〈地〉のように、はっきりした形態的明確性はもっていないが、それは、空間の空白性につながるたんなる残余空間でもなく、むしろ都市空間に独特の緊張感を与える、一つの触体空間と見なしうるのではないかということである。／日本人は、見えないところに〈奥〉を見、また感じとってきたのと同様に、日本人の領域感覚の中で〈すきま〉は、全体構成のなかで積極的な意味がたえず賦与されてきた」。槇文彦『記憶の形象‐都市と建築との間で』上巻、ちくま学芸文庫、一九九七年、二一八頁。
(99) 前掲『風景との対話』、二八頁。
(100) 前掲『五感‐混合体の哲学』、三九〇頁。
(101) 前掲『哲学的世界定位〔哲学Ⅰ〕』、九五頁。
(102) 内田芳明『風景とは何か 構想力としての都市』朝日選書、一九九二年、一五二‐一五四頁。
(103) 徐京植「序 再生か更生か」徐京植／高橋哲哉／韓洪九『フクシマ以後の思想をもとめて‐日韓の原発・基地・歴史を歩く』平凡社、二〇一四年、六頁。
(104) ハンナ・アーレント『全体主義の起源3』大久保和郎／大島かおり訳、みすず書房、一九七四年、一八〇頁。
(105) 前掲『ホモ・サケル‐主権権力と剥き出しの生』、一五頁。
(106) ミシェル・フーコー『性の歴史Ⅰ 知への意志』渡辺守章訳、新潮社、一九八六年、一七二頁。
(107) ルネ・ジラール『暴力と聖なるもの』古田幸男訳、法政大学出版局、一九八二年、四一〇頁。
(108) シモーヌ・ヴェイユ「神の愛と不幸〔試論〕」『シモーヌ・ヴェイユ選集 Ⅲ 後期論集：霊性・文明論』冨原眞弓訳、みすず書房、二〇一三年、一一九頁。
(109) 前掲「『安楽』への全体主義‐充実を取戻すべく」『藤田省三著作集6 全体主義の時代経験』、四一頁。
(110) ブルーノ・ベテルハイム『生き残ること』高尾利数訳、法政大学出版局、一九九二年、三‐一〇頁。
(111) 山下祐介／市村高志／佐藤彰彦『人間なき復興‐原発避難と国民の『不理解』をめぐって』明石書店、二〇一三年、五三頁。

(112) 前掲『見えるものと見えないもの』、三四〇頁。
(113) 拙著『波・音・面‐廣松渉哲学の射程とその教育論』世界書院、二〇〇九年、一三五‐一三七頁。
(114) ハンナ・アーレント『人間の条件』志水速雄訳、ちくま学芸文庫、一九九四年、四三頁。
(115) 小出裕章『放射能汚染の現実を超えて』河出書房新社、二〇一一年、一五頁。
(116) 前掲『哲学的世界定位〔哲学Ⅰ〕』、九六頁。
(117) 尹健次『孤絶の歴史意識‐日本国家と日本人』岩波書店、一九九〇年、一九七頁。
(118) 李静和「つぶやきの政治思想 求められるまなざし・かなしみへの、そしてひめられたものへの」『つぶやきの政治思想』青土社、一九九八年。
(119) 前掲『ピープルの思想を紡ぐ』、七四‐七五頁。
(120) 前掲『放射能汚染の現実を超えて』、一五頁。
(121) ジグムント・バウマン『グローバリゼーション‐人間への影響』澤田眞治／中井愛子訳、法政大学出版局、二〇一〇年、一〇八頁。
(122) 前掲『見えるものと見えないもの』、三四〇頁。
(123) 前掲『人間の条件』、四一一頁。
(124) ガストン・バシュラール『空間の詩学』岩村行雄訳、ちくま学芸文庫、二〇〇二年、四七、四九頁。
(125) チャールズ・テイラー『自我の源泉 近代的アイデンティティの形成』下川潔ほか訳、名古屋大学出版会、二〇一〇年、八‐九頁。

第二章　「犠牲のシステム」による「死の渦動」と「余計者／無国籍者」

第一節　「死の渦動」の励起と「ゾーエー／ビオス」の識閾

人間的経験の現象は「〈間主観的な経験〉」の目指す対象を構成し、その対象の定義に必要か否かに依拠している。また、「道徳存在論」の探究が「状況の構造への反応を派生的なもの」と見ることができないのと同様に、「要素的興奮に依存する反応だけが客観性の特権をもつのでもない」ことを示している。[1]共同体とは「定型化」する行為の集積、つまり「人‐間」という舞台での「役柄」の同一性から維持されてきた。「役柄」が多様になるのと相即的に行為者は解釈者としての側面を深め、「人‐間」において相矛盾する諸問題を解釈しながらその妥当性を分別する。こうした分別によって「空‐間」での意味理解に安定した記述性を附与することが可能となる。廣松渉が指摘するように、人間にとっては文化的準環境が大きな比重を占め、そうした人間の舞台的・道具的な与件には人工的構築物・製作品が数多く存在している。一方で、舞台的・道具的な有意義性・価値性を帯びた有形財ばかりでなく、「無形の規範的拘束や超在的禁忌」を共同体は内包している。[2]

「無形の規範的拘束や超在的禁忌」を有する共同体は、人びとに一定の「善／悪」を起点とした「世界像」を付与する。「近代」における機能分化の進行は、「世界像」を提示する「共同体」の「無形の規範的拘束や超在的禁忌」を弱体化させてきた。そこで考察の課題となるのは、近代化の過程で奪い取られてきた「記憶」と「歴史」である。共同体内の「記憶」と「歴史」を安丸良夫は民衆史と通俗道徳の視角から提示した。安丸によれば、勤勉や倹約は「相互に補いあった一連の徳目」であり、また「忍従、正直、献身、敬虔」なども加えることができる。このような「一連の生活規範」は近代日本社会において強力な規制力を有し、多くの日本人にとってこの「網の目」の外部へと逃れることは困難であった。一方で、「通念のプリズム」を介して人びとは「現実の諸問題」に対応したのであった。そうした「通俗道徳」とは近代日本社会の諸問題を処理する重要な「メカニズム」として機能したのであった。だとすれば、「通俗道徳」のような大衆を包摂する「思想もまた一つの巨大な『物質的な力』である」ことを確認できるだろう。他方で、「通俗道徳」は「封建的な諸関係」を補完し、急速に展開した日本資本主義の「イデオロギー的上部構造」へと変移したのであった。「通俗道徳」を身体化した結果、「さまざまな困難や矛盾」は潜在化し、「生活態度＝実践倫理」を根拠とする幻想が生じ、この幻想のなかで日常の諸問題が処理されたのであった(3)。

そうした道徳性を所与とする社会像の常識的解釈が「生活態度＝実践倫理」を作り、これらの堆積は「物質的な力」となってきた。そうした「力」によって「生活態度」の負の側面を自然的態度として人びとは許容することになった。「通俗道徳」の負の側面は生活史的状況では隠蔽され、「生の連関」は新たに転換されることはなかった。時の経過が「今」を軸として展開するなかで、人びとの当面の目的決定が最重要な項目とされた。「今」の「流れ」が軸となる「生の関連」は特定の諸対象とその類型的諸相を絶対化する。そこでの「解釈」という行為は日常生活をむしろ固定化し、「今」を社会的世界の中心軸とすることで現在の社会秩序の変容を忌避する「心性」を生み出した。「解釈」が新たな社会像を提示することが可能であったとしても、社会像は歴史を切り開く推進力とはならなかった。つまり、「人間疎外」の度合を強めながら、歴史的に正統化されてきたのである。こうした正統化によってなぜ自ら「人間疎外」の在りようへと「顚倒」したのかを考えることはないのである。

大塚久雄は、社会関係の基本は「共同体」が何らかの「形」としての「共同組織」を内包し、「集団性のいわば基本的な外枠」を形づくっている、と指摘した。つまり、「共同体」という基盤の上で「社会諸関係が、何らかの形において、つねに『経済外的』な性格」を含意している。大塚は共同体の基礎的事実を三点から論じている。第一は、共同体における「共同体的土地所有」である。第二に、成員諸個人の私的活動の恣意性を抑制する「共同態規制」である。こうした「『共同態規制』も何らか非合理的、伝統主義的な性格の『経済外的強制』」として現前することになる。つまり、「『共同体』とよばれる生産関係」が自らを再生産していく基本的筋道は、一定の経済外的な「共同態規制」に媒介されながら進行するのである。第三に、再生産構造としての「共同体」は、多種多様な「『共同体』が大なり小なりの諸部分単位として、そして全社会はそれらの集合性として現われる」ことになる。[4] それは「生ける場所」としての共同体の集団表象を作り出すことになる。「生ける場所」の存立は世界内存在にとって経験共有の基盤であり、一人ひとりの経験共有の形が交錯しながら共同体全体の「記憶」として定着していく。また、それは「無形の規範的拘束や超在的禁忌」としても継承されてきた。共同体の「記憶」とは、伝統的規範性の動的変位を有しながらも構造化されているのである。つまり、伝統的規範性の歴史的変遷は間主観性の再構制からも把握し得るのである。

ところで、経済のオートポイエシスは貨幣メディアを通して経済活動を機能させている、とルーマンは論じた。いわば、経済の完全分化はその機能の「実現」だけでは成し遂げることはできない。つまり、実際の機能分化に加えてシステム形成の可能性が「実現」されうるものでなければならない。システム分化は、①システムと環境の作動の分離および区別、②境界維持、③動態的安定化、④変則的再生産への対処の可能性、などが上位システムのレベルで充たされる諸機能と重合する必要性がある。全体システムの機能的分化の形式原理とは機能分化によって高度に専門化したシステムの専有する排他性である。この排他性の極度の進行は多機能的装置のもつあらゆる冗長性を解消し、個々の全体社会的部分システムの相互依存を生じさせることになる。[5]「生ける場所」の基底となる「共同体的土地所有」は貨幣メディアを介して形成される経済システムによって次第に解体されてきた。いわば、「共同態規制」は経済合理性を優先する新たな価値規範に侵食される一方で、経済システムの共同体内への浸透にもかかわらず「共同態規制」の「非合理的／伝統主義的」な性格は維持されてきた。

文化的伝承としての「共同態規制」は形式的な法概念ではなく知情意などを含意した世界像を共同体内の構成員に附与している。それは各構成員にとって同一性を保つ客観的世界を間主観的に共有させることになる。「共同態規制」を構成するのが間主観性であり、人間集団としての「間‐主観性」は非合理性や封建性を内包してもいるのである。たとえば、そうした封建性が拘束的規制として具象化したのが、大熊町の町民が「生活の糧」を東京電力と「原発＝核施設」に依存していた事態である。吉原直樹によれば、生活全体が「原発＝核施設」とともに併存し、東電の政治的・経済的な影響下にあったのである。町民の平均的意識では「原発＝核施設」の否定は「自らの生活を否定する」ことでもあった。いわば、「原発＝核施設」への重層的依存体制が作り出されていたのである。そこから人びとの生活の「私化」、すなわち「個人主義的消費生活様式」も拡大していた。さらに時間の経過が加算され、大熊町は「原発＝核施設」に包摂されたのであった。町民のなかには「原発さまの町」からの脱却への志向性が胎動する一方で、仮設住宅に身を置いている人びとの間で東電への批判はタブー視されてもいる。そこには人びとが「原発／原発関連部門」で職を得てきた歴史が背景にあり、この重い歴史は東電への訴訟の参加者を「村」のなかで排除する「空気」を生み出している。[6]外部からの批判を受容しない封建的規範性は共同体に人びとを拘束しながらも、政治的・経済的構造の変化によって従来の拘束的規制は変容している。政治的・経済的構造が固定化され、さまざまな価値領域へと拡散するなかで伝統的規範性はその拘束力を経済合理性によって徐々に解体されてきた。

内田隆三は、戦後の政治体制と資本主義は「家」という文化装置を相対化したのと同時に、その機能を限定し成立平面自体をも流動化させた、と指摘している。つまり、「家」は戦後的な「家庭」へと変形し、戦後に作り出された「生の哲学」は大衆的な匿名性を帯び、適度に孤独な「個人」を主体とする生の欲望を喚起し続けたのであった。この欲望は「高度経済成長」のような資本の要請に同調する感受性によって肉付けされ、「超越的理想」は後退し続けたのである。こうした「平俗化するニヒリズム」は「貨幣への欲望」の関数でもあり、このとき「生の様式」は個人化するなかで「貨幣への欲望」を志向した。いわば、その「貨幣への欲望」が戦後日本社会における「人間の主体化」の基本形式となったのである。[7]そのなかで「生活感情」は時間を経過するほど「生」と「日常」に深く浸透し、その意識は「豊かさ」と「雇用」を求め、経済システム的合理性は「文化的／美的」な情動や「幸福」の感情を根底から変様させた。「生活」の「豊かさ」は敗戦のその日から多くの日本人にとっての「欲求」であった。だが、「欲求」から「欲望」へと変容した高度成長期以降の意識形態は「生活の姿」「物との関係」「対人間関係」なども大きく変化させた。そのなかで教育の場では「本当の自分（＝個性）」という言説が自明視され、「労働」や「仕事」が自己実現の発露とされたのである。「個としての人間」ではなく「企業という（法）人」に若者たちは選別され、その選別場面では「本当の自分（＝個性）」が「企業という（法）人」に益するように「自己演出」し、「自己表現」されている。

こうした日本社会とは田辺が『マラルメ』論で展開した「時」の弁証論から描写できる。[8]つまり、自信に満ちた自己意識が「一たび懐疑絶望の危機に際会する」とき、人びとの「生の平滑なる流れは渦動に捲込まれ、死の深淵に投ぜられる」ことになる。無媒介で平滑な「直接なる生の現在」は「死の渦動に没落する」ことが必然となる。その運命に導かれた行動は「主体の自由なる決断に発するもの」ではない。このとき「死」とは「自覚の自由を裏面に含むことなき運命」となり、その「表面的必然性に限局される限り」は「自然に属する」というべきだろう。だからこそ、巨大な地震と津波による破壊に付随した人災として原発事故を客観視することが「運命の束縛を脱する道」なのである。利益誘導と安全神話に埋没した七〇年代以降の日本社会にとって原発事故は「必然」であった。つまり、「運命の束縛を脱する道」は「その必然に反抗してこれに背き、誤まれる自恣的自由を主張する狂行」の完全な否定でなければならないのである。

「共同体」とは「個」の包摂と排除の二つの機能を有している。加藤周一によれば、ムラ人とムラ集団との関係は集団優先を原則とする一方で、地主・豪農は独裁者ではない。集団の決定は全会一致を原則として個人に異説があれば説得し、成功しなければ「村八分」とする。ムラ人個人に集団が加える圧力は、当該個人の私生活の細部にまで波及することになる。[9] また、廣松も「当該個人の私生活の細部」にまで浸透する集団の同調圧力を「役割行為論」から考察していた。廣松の「役割行為論」では、人間の対他的行為は役割遂行行為として営まれ、役割遂行は役割期待の察知を前提とする。たとえば、一者が他者に一定の役割期待を向けるのは、既成的事実に即する限り、当の他者を一定の役柄存在者（一定の役柄的地位の保持者）としての認知を前提としている。こうして「社会的行為の既成的現実の場」において「役柄」認知が先行し、その「役柄」認知を前提として一定の行動の遂行への期待が為され、そこで「被期待者の応対行為が発現する」のである。さらに「役柄（的地位）」を広義に考えれば、「役柄存在規定は相補共軛的である」ことを確認できる。[10] そして、加藤によれば、集団が加える圧力に対する個人の反応は「大勢順応主義（conformism）」であり、例外的にはムラからの脱出（自発的な「村八分」の先取り）であった。これは「他者を一定の役柄存在者（一定の役柄的地位の保持者）としての認知」となり、そこでは「被期待者の応対行為が発現する」

ことになる。このような集団主義の特徴は現在の日本社会にも明らかに残存しており、その諸慣習が日常の場から国家レベルにまでに拡大するとき、「『それでもお前は日本人か』ナショナリズムやおどろくべき付和雷同性」が具現化する。一方で、「日常生活の空間は明瞭な境界をもち、境界の内外で対応の原則が異なる」ことになる。[11]

その結果として「実践の変化の論理」は「その変化が現実される経済的、社会的状況によって、さまざまな形態をとる」とピエール・ブルデューは指摘した。[12] また、経済「合理性」の尺度による抽象的測定から測れる「経済的実践」は階級的条件である「経済的／社会的」状況と深く関連している。つまり、経済的行為の主体は、ホモ・エコノミカスではなく、「現実の人間」なのであるのだが、その現実は経済からの「模写」説によって形成されてきたといえる。各行為主体の多様な諸実践を貫く「根底」には当の行為主体たちの「階級状況」がある。その状況は諸主体の「客観的／集合的」な未来においても「客観的」に保持されている関係性なのである。行為主体の未来に対する関係性とは「行為主体の心性」を媒介としているが、「心性」とは多様な類型の経済的条件によって再生産されている。日常のコミュニケーションを媒介とした「心性」や慣習的実践が「経済的／社会的」状況を作り出す一方で、慣習的実践は「経済的／政治的／社会的」領域を横断しながら、支配的秩序を正当化する。

こうした日々の無意図的な反復のなかで「原発＝核施設」を中軸とした社会環境が整備されて来たことが分かる。家族、親類、そして友人という「役柄」は自他関係を非言語的に再編制しながら、「地域／職業／生活」を包摂し自然な日常となったのである。そうした環境下での「一定の役割期待」を向ける行為とは「既成事実」への屈服と紙一重であり、「当の他者を一定の役柄存在者（一定の役柄的地位の保持者）」として把握することが積分され、「原発＝核施設」へと集約されていったのである。生活世界が経済的な合理化によって従来の真理の通用性を喪失するのと相即的に、その合理化は「原発＝核施設」を中軸とした一種のシステム統合を推進したのであった。これはある種の「経済合理性」に立てば相互了解を可能とする基底となる一方で、「大勢順応主義」へと変貌することで生活世界に対する破壊的作用ともなったのである。他方で、廣松は「複数の当事者たちが一者《アイン》‐他者《アンダー》の対他者関係に立ちつつ互いに相手人物にとっての手段として機能する行為を演じ合う（演じさせ合う）行為」を共互的役割行為と呼んでいる。この共互的役割行為は「当事者たちの葛藤、矛盾・対立」を含意し、「支配‐服従の構造」すらも内包しているのである。だとすれば、「大勢順応主義」はこうした共互的役割行為が有する多義性を画一化する一方で、共同体とは実質的に「幻想的共同体」であることを忘れてはならない[13]。

　従来の「暮らし」の根底からの破壊は「道徳的／倫理的」な実践根拠を流動化させ、その都度の「真理」の通用性の欠落に人びとは直面しているのである。こうした社会システムの「統治不能」というタイプの病理から保護されるためには二つの場合があり得る、とクラウス・オッフェは論じている。（一）意味と規範に導かれた行為によってシステム自体の機能的諸条件が制御され規定されていること、（二）むしろ逆に社会的に重要なモティーフと機能の間に完全に不透過な障壁が設けられ、行為の側の妨害から機能的合法則性が確実に守られていること、などの場合である[14]。そうした経済的な問いをフーコーは次のように述べている[15]。経済的な問いは統治実践の領野内において、それがもたらす効果によって提出されるものである。そうした実践とは法権力において基礎づけられるものから提出されているのではない。つまり、提出されるのは「統治性が行使された後で現実にどのような効果がもたらされるのか」という「問い」であり、統治性を基礎づける「根源的な法権利」とは何であるのかを問われることはないのである。

　高度経済成長を経た日本社会における統治性とは生活様式と「間主観性＝相互主観性」を変化させ、「間＝相互」が欠落した「私＝主観性」を数多く作り出してきたのである。生活様式と「私」を最重要視する感受性は「豊かさ」を希求する「欲望」によって媒介されてきた。そうした私的空間を軸とした「暮らし」が反復され、「私」のパーソナリティもその反復のなかで形成されてきたのである。そうした統治性の結果こそが「私化」の社会全体への拡大であり、公共圏では中軸を欠いた空洞化がつねに進行している。こうした「私化」とは共同体から個人が析出され、その過程での影響と各個人のエートスを表わしている。そのエートスは行為選択のなかで「消費行動」が重要な機能を担い、「豊かさ」の獲得をつねに志向した。また、近代化による経済構造の変様は共同体における伝統規範や個人的態度の領域をも侵食した。いわば、「私化」とは一定の空間内に「豊かさ」への「欲望」が産出され、そうしたエートスやイデオロギーは自明視され続けてきた。これは「私」と共同体の意味連関の相対化と断片化の同時進行であった。一方で、「支配‐従属」という権力関係は近代化の進展にともなう「生活水準」の向上によって潜在化した。

資本の「欲望」を合理化する「私化」をギー・ドゥボールは次のように論じた。つまり、生のそれぞれの局面から切り離されたイメージは「一つの共通の流れ」に融解しており、そこではもはや「生の統一性」を再建することはできないのである。なぜなら、こうした「生の具体的な逆転としてのスペクタクル」は、総体としての「非‐生の自律的な運動」となっているからである。そのスペクタクルとは「イメージによって媒介された、諸個人の社会的関係」でもある。[16] スペクタクルという「非‐生の自律的な運動」は高度な科学的テクノロジー（＝原発が必要とする道具的理性）と一体化しながら、「私化」を正当化するイデオロギーとなって「人‐間」に浸透したのである。やがてそれは反作用ともなり統治性の基盤自体をも腐蝕させ、「空‐間」での科学的テクノロジーの影響力は長期にわたって「政治／経済／社会／文化」などの広汎な諸領域に波及していったのである。

また、「近代化」とは異なるグローバリゼーションは「フローの空間」において新たな辺境地帯を作り出している。つまり「世界の清算（＝流動化）」が進行し続けている一方で、「他者は（大小の差はあるにせよ）ブランドイメージの定着度によって誰それと特定される」だけとなる。つまり、社会的パートナーは社会の「正規メンバー」ではないのである。「彼ら／彼女ら」は「臨時パートナー」に格下げされ、その（政治的・文化的）役割は儚く、絶えず縮小し続けているのである。[17] そうした辺境地帯の均衡は脆く不安定であり、それゆえセキュリティの悪化に対する警告の重要性が増大することになる。これが「セキュリティへの不安」の供給源をさらに広げているのである。そして、「公的関心と個人の不安」が生み出す視線は「経済的・社会的なもの」から「個人の（身体的）安全への関心」へと問題を移行させてもいる。[18] 一方で、そうした判断を可能とするには一つの観点を必要とする。

「私たちは、自分たちが住む道徳の世界を、当の世界の内部にある『特定の観点には立たない観点』から記述したいと望んでいるのだ。私たちが住む道徳の世界についてのそうした記述は入念にデザインされており、そのままの状態ではあまりに人為的にすぎるものではある。にもかかわらず、これは現実にある何ものかを記述したものなのである。したがって、それは神の啓示よりも哲学による発見のほうに似ている[19]」。

「『特定の観点には立たない観点』から記述」する行為とは、「真理がそこに在る——真理が人間の心から独立して存在する——ということ」でもある。なぜなら、リチャード・ローティが論じたように、「文がそのような形で存在し、そこに在るということはありえないからである」。世界がそこに「在る」としても「世界の記述」となり得ない。つまり、「世界の記述」だけが「真／偽」を決定し得るのであり、「世界そのもの」だけでは「真偽」の境界線を引くことはできない。なぜなら、人間の「記述行為」によって線引きを補助しなければならないからである。[20] そうした「記述行為」は先行与件としての「観点」を必要不可欠なものとし、言語使用はすでに間主観性の含意する「考慮／配慮」を前提としている。この間主観性は自他相互間での価値判断の準拠枠となり、世界内存在の「記述行為」を可能としているのである。言語を介した自他間の視座代替こそが「直接的」に把握し得ない他者の情動を形にする。そして、自他理解の方向性を措定する「記述行為」こそが「現実にある何ものかを記述した」といえる。ここで重要なのは、廣松が述べているように、第一肢的与件である射映的所与が「それ以上の或るもの etwas Mehr、etwas Anderes として覚知」されていることである。こうした第二肢的所識の契機が「間主観的に同一でありうる」ことを把握しなければならない。つまり、指向的意味所識の「間主観的な自他的同一性・共通性・単一性という構制」が他我認識にとっては不可欠なのである。間主観性とは「射映的所与相の対自・対他的な相違性を構造的一契機」とするのと同時に、「志向的所識の対自・対他的同一性（自他的共通性・単一性）という存立性」において成立しているのである。[21]

つまり、「自由」な「共同行動／共同生活」とは射映的所与を「それ以上の或るもの etwas Mehr、etwas Anderes として覚知」することによって可能となり、「間主観的な自他同一性・共通性・単一性」を通じて連帯意識・公共意識が涵養されていくのである。いわば、内面性を象るのは間主観性による社会化なのである。一方で、日常生活の外枠となっている自然と文化の間には交互的緊張対立が存在している。だが、通俗道徳の一面である「無形の規範的拘束や超在的禁忌」は人びとに一定の「善／悪」を含意した「世界像」を付与した。近代国家の形成過程で制定されていく実定法は生活世界の「慣例／慣習法」とは相違することも多い。「近代」の実定法と「慣例／慣習法」の錯綜した過程は共同体の文化的・経済的再生産を変化させ、「近代」という時代状況で進行する「存在」と「意味」の「分離／拡散」を集約するために伝統的連続性の機能を代替するシステムが必要となった。伝統的連続性は「記憶」の継承でもあるが、「記憶」の継承には状況変化と相即に「実践倫理」として「分散／拡散」を集約しなければならない。これらの継承の連続性と状況変化への凝集性は「機能性」へと縮減されてきたのである。

藤田省三によれば、維新以来の近代「国家」の形成が自由民権運動に対抗することによって漸く完成するに至った。

同時に体制の底辺に存在する村落共同体秩序が国家支配に不可欠のものとして吸収され、その秩序原理が国家に制度化されたのである。それによって、「権力国家と共同態国家という異質な二原理」による天皇制に固有な「両極的二元的構成」が自覚的に成立した。こうして天皇制支配のダイナミックスを決定する「内部の二契機」が形成されたのであった。[22]「権力国家と共同態国家という異質な二原理」は近代的「合法性」と生活の場の「慣例」を合致させ、そこでは「合法性／伝統性」とが価値体系の混乱を集約しながら正当化規準を作り上げたが、今回の人災は既成秩序を大きく動揺させることになった。

「ヒエラルキーの秩序が危機に陥り、弱体化し、混乱し、動転し、ひっくり返ってしまえば、たちまちそれは崩壊して、まったく違った図柄が生まれ出てくる。それまでまだ整っていたさまざまな水準は混じり合うようになり、互いの類縁を露わにする。善はその『反対物』と思われていた悪を支配していたが、それがいまや、善とはむしろ自分と離れたところに身を置いて自分自身を統御していた悪であることが明らかになる。自分自身の外、上位の水準に身を置き、そんなふうに『自己外化』して善の装いを帯びていたのだ[23]」。

「原発＝核施設」を枢軸にした「ヒエラルキーの秩序」が危機に陥り、現在もまだ国家形態を崩壊させる「まったく違った図柄」が顕在化している。それにもかかわらず国策としての「原発＝核施設」の再稼動が進められようとしている。また、この「図柄」は一定のアスペクトとして人びとを包摂し、善と悪の相互置換性を不断に検証しようとする意識を抑制してきた。だが、いまのような「歴史的現在」は従来であれば善とされた対象が特殊的な状況下でのみ善であったことを明示している。既存の「社会秩序／日常性」から遠近法的認識によって「距離」を設定し、「善

／悪」を規定した価値判断を相対化しなくてはならない。その認識から「善／悪」の境界線を作り出した視座の背後にある政治的・経済的権力の錯綜を確認すべきである。これまで「善はその『反対物』と思われていた悪を支配」していたのではなかった。「自分と離れたところに身を置いて自分自身を統御していた悪」が露呈したいま、日々状況が変化する「原発＝核施設」の姿を捉える必要がある。というのも、経済合理性に依拠した「善」と「悪」とは対概念であり、具体的環境に応じて実践的な価値尺度も変転するからである。だからこそ社会、政治、経済、文化、生活という多様な領域で具体的な批判が可能なのである。

しかし、「教育／法律／生活」の各分野での諸行為がむしろ国家権力の正当性を担保するなかで、日本における国家権力が近代化とともに生活世界の規範体系の機能を代替した。その国家権力を介した「法体系」の機能代替性が間主観的に「通用性」を獲得してきたのであった。近現代社会においてシステム連関は従来からの規範的脈絡から離脱し、自立したサブシステムとなり、生活世界から次第に分離する、とユルゲン・ハーバーマスは論じた。それは脱規範的に社会領域に対して「第二の自然」として凝固化し、客観的世界は即物化した生活連関として顕現することになった。つまり、システムと生活世界の分断は、近代的世界の内では、まず即物化として現れるのである。社会システムの複雑性の高次化と相即的に、生活世界は次第にひとつのサブシステムへと収縮してきたのであった[24]。

「原発が犠牲のシステムである、ということである。そこには犠牲にする者と、犠牲にされる者がいる（原発の場合、前者は人間だが、後者は人間だけではない）。犠牲にする者とされるものとの関係は、たしかに、必ずしも単純ではない。それは他の犠牲のシステムと同じだ。しかし、だからといって、犠牲にする者と犠牲にされるものとの関係が解消されるわけではない。／犠牲のシステムでは、或る者（たち）の利益が、他のもの（たち）の生活（生命、健康、日常、財産、尊厳、希望等々）を犠牲にして生み出され、維持される。犠牲にする者の利益は、犠牲にされるものの犠牲なしには生み出されないし、維持されない。この犠牲は、通常、隠されているか、共同体（国家、国民、社会、企業等々）にとっての『尊い犠牲』として美化され、正当化されている。そして、隠蔽や正当化が困難になり、犠牲の不当性が告発されても、犠牲にする者（たち）自らの責任を否認し、責任から逃亡する」[25]。

フーコーによれば、高橋哲哉の提起した「犠牲のシステム」の権力は自分に服従するものを一様に全体として順応させる代わりに、「切離／分析／区別」し、その分解方式を必要かつ充分なさまざまの単独性へ及ぼす。「流動的で雑然として無駄な多量の身体ならびに力」を「多様性のある個別的な諸要素」として「《訓育を課す》」のである。つまり、①切離された小さい独房、②有機的な自立性、③段階的形成を中心にした同一性と持続性、④線分状の組合せ、などから「《訓育を課す》」のである。いわば、「規律・訓練」こそが「個々人を《造り出す》」のであり、「規律・訓練的権力」とは「階層秩序的な視線、規格化をおこなう制裁」なのである[26]。それは「統治術が科学的なもの」としての「認識論的閾」に到達するのではなく、むしろ「一連の実践とある種のタイプの言説との連接によってしるしづけられるようなものなのである」。その連接によって、一つのタイプの言説が理解可能な方法で結びついた総体として構成され、さらにまた一連の実践に関して「真／偽」という観点から法が制定されていく、とフーコーは述べている[27]。つまり、フーコーは刑罰制度の対象が「身体」から「精神」へと移行したことを論じたのであった。ある種の型の権力の成果とある種の知の指示関連とが有機的に結合し、「知と権力」の諸成果を強化する装置こそが「精神の姿」なのである。「心／思考／意志／素質」などに対して深く浸透する「訓練／規律」は身体というよりも「精神」を対象として機能するのである。だからこそ、フーコーは「身体の監獄たる精神」と指摘したのであった[28]。

こうした物象化されたエートスは身体と生命の根源性への介入となる。リゾームのような「犠牲のシステム＝原発」に包摂された時空間と人びとは、「今」という時代の「豊かさ」に拘束され、このシステムは「聖なるもの」となり創始的暴力を内包していることは忘却されてきた。ルネ・ジラールが述べているように、「聖なるもの」が自らの中に一切の矛盾を統合していることを思い出すことができる。矛盾と見えるものは「聖なるもの」が暴力と異なるからではなく、暴力がその暴力自体と異なっているかのように見えているためである。暴力はある時は人間たちを救い文化を構築するために、「自らのまわりに人々の満場一致を何度も作りあげ、ある時は逆に、自らが構築したものを破壊する」のである。人びとがこうした暴力を賛美することはないが、唯一つ「豊かさ」の実現のために「犠牲のシステム」を崇拝したのであった。「人間たちが非‐暴力の秩序の中でなし得る、よりましな事は、贖罪のいけにえ一人を除いて、その他全員が満場一致になること」なのである。(29)

たとえば、「犠牲のシステム」は「市場の失敗」による「外部化」を強く押し進めるシステムである。ハーヴェイは「新自由主義」の大きな争点の一つが「市場の失敗」であるという。市場での個人や企業の諸活動の失敗の責任は「外部化」される。その事例は四大公害訴訟によっても明らかなように環境汚染である。環境汚染が発生すれば個人や企業は「廃棄物処理費用」を免れようと「有害廃棄物」を自然環境のなかに投棄する。その結果として「豊かな生態系は損なわれるか破壊される」。また、職場などで危険物質や身体的危険に直面すれば人間的健康は破壊され、その職場では「健康な労働者層」が激減することになる。だが、そうした状況に対する処置は「市場メカニズム」を通じてなされるべきだとされるのである。(30)

ヴィリリオによれば、現在、時間が侵入してきたために起こりつつある都市崩壊は「移動手段の高速化による時政学的場の限界内での人間の消滅」すらもたらしている。すなわち、かつての政治的重要性は間接的にではあったとしても、一定の空間（地域、国家）内の人口集中と一致した。だが、現在それは「人間・メッセージ・富の高度な流動性に起因する（領土、空間の）過疎化」によって測られることになっている。こうした加速化されたリズムは人間と現実の距離を拡大している。空間の整備では前後が問題になるが、時間整備の経済学においては過去と未来が問題となる。つまり、「瞬間性とともに権力は仮説的時間の中心に移動する」のである。(31)

「犠牲のシステム」の典型例となる生産様式が「ある一定の発展の臨界値を越えれば、他律的生産は、自律的な能力が麻痺するほどの物理的・制度的・象徴的領域の完全な再編成をもたらす」ことになった。そのとき、「犠牲のシステム」に特徴的な「連鎖型の悪循環がはじまる」のである。「犠牲のシステム」が臨界値を越えたならば、他律的生産は目的そのものの実現のために生活の「糧」を否定する。生活を豊かにするとされた「もの」が、大きな障害となるのである。産業社会を特徴づける技術主義的設計とは、「人－間」における自他関係の多様な在りようを「ある構築物によって代置しようとする意志」である。それは隣人や世界との諸関係を生産するこれまでにない「設計方法」であり、「空間、死、意味とのある種の道具的関係性を示している」のである。そこに含まれている支配への願望こそが、その有害な効果を考察するために批判の対象とするべきである、とデュピュイは指摘している。(32)

アガンベンは「近代」とはまさに「形而上学の伝統の本質的な構造に対する自分の忠実さを表明している」という。「西洋の政治」（＝「近代日本」がその形式性だけを模倣した）の基礎をなす「範疇の対は友－敵」ではない。それは「剥き出しの生－政治的存在」、「ゾーエー－ビオス」、そして「排除－包含」である。すなわち、「政治」が存在しえるのは、人間が言語活動において自分の「剥き出しの生」を分離し、自分に対立させるからなのである。また同時に、人間とは「剥き出しの生」との関係を「包含的排除の内に維持する」存在でもある。そして、「例外がいたるところで規則になっていく過程」と並行し、元来は秩序の周縁に位置していた「剥き出しの生」の空間が次第に「政治空間」

と一致するようになるのである。(33)

こうした「ゾーエー‐ビオス」あるいは「排除‐包含」という空間的権力関係と日本的時間認識が重複するとき、「剥き出しの生」が「日本」的特性を帯びる。一方で、従来の日常性の反復が可能であれば、過去の「生」を体現した人びとの「今・ここ」という伝統継承から共軛的情動が「今・ここ」に生を受けた人びとにも共有されていく。こうした共通の歴史的地平の世代継承は共同主観性が堆積化し、重層的なネットワークを形成していく。この重層的なネットワークは媒介性を力点として、「環境」は「歴史化された自然」となり、「個人」は「行為的主体〈として〉の個」となる。「行為的主体〈として〉の個」とは生活世界における社会的統合と同時的に社会化によって形作られている。社会統合と社会化とは新たな価値の介在による状況変容に対して「行為的主体〈として〉の個」が「種的基体」への帰属によって身体化することなのである。そのためには「種的基体」がもつ「排除‐包含」という空間的権力関係の流動性が限定される必要がある。そうして「個」は現存する世界状態への係留が保証されるといえる。

第二節　「次々」の連鎖と「例外状態」における「余計者」

社会統合は正統的に規制された相互人格的関係から行為調整を配慮し、日常実践に足りうる程度に集団の同一性を維持する。この場合、行為調整と集団の同一性の安定化は、集団の各成員たちの連帯に照らして測定される。また、時空間の交叉のなかで「人‐間」としての共同体は在り、「生ける場所」としての共同体の集団表象は世界内存在の「生の姿」の象りと相即的に形成されていく。そのとき自他の諸体験は言語による媒介から「生ける場所」を維持するための経験となる。つまり、そうした経験とは試行錯誤の結果としての側面を有し、利害関心では獲得し得ない「人格」

の尊厳を知る機会でもある。一人ひとりの経験共有が「生ける場所」の継承を可能とし、経済合理性に集約されない「生の姿」の側面を提示するのである。それは「剥き出しの生」という状態が「人格」の尊厳を毀損し、到底容認しえない「人間としての在り方」だと理解することでもある。

他方で、「剥き出しの生」が「日本」的時間認識を帯びるとき、加藤が「日本」的時間認識の特徴の一つの側面として論じた「現在＝今」が決定的な重要性をもつことになる。(34) 加藤は「無限の直線という時間認識」は分割しながら構造化し得ないとする。すべての「出来事／事件」は神話の神々と同様に時間の直線上で「次々に」生まれ、各「出来事／事件」にとって「現在＝今」の継起が時間軸となる。既に「過ぎ去った事件の全体」が「今」の意味を決定するのでもなく、「来るべき事件の全体」が「今」の目標となるのでもない。時間の無限の「流れ」は捉え難く、捉え得るのは「今」だけあれば、それぞれの「今」が時間軸における「現実」の中心となる。また、「そこでは人は『今』を生きる」だけであり、どの程度の「時」の「間」を「今」とするかに一義的定義を与えることは難しい。

過ぎ去った事件の全体が当面の「今」を未決定とし、また来るべき事件の全体が「今」の目標ともなし得ないのであれば、それはまさに世界内存在を前後の分節のない「今」という「宙吊り」の状態に置くことになる。したがって、排除と包摂の間に在る「剥き出しの生」は「ゾーエー／ビオス」あるいは「外部／内部」の境界線上に位置することになる。「今」という未分節の時間認識を背景とする「政治」は、法律上の権利を明確に持ち得ない「剥き出しの生」の在り方に無関心となる。「今」は近い過去と近い未来を含意する一方で、考察対象の大枠は変化しない。つまり、「今」とは外挿法（extrapolation）の適用が可能となる範囲としか定義できないのである。「日本」的時間認識は「今」を「生きること」を強調し、歴史時間としては終始の区別の規定が存在しない。そうした時間認識では時間は単なる一方向を向く直線となり、この直線上の事件には前後関係がある一方で、直線全体の分節化はなされない。「日本」的時間認識は循環性として現前する季節の移ろいであり、時間の円周は四季によって分節化される[35]。

つまり、直線としての時間認識による歴史像が「時」を堆積化させ、その歴史像を基点とした解釈は共同体内部で循環しながら固定化される。たとえば、こうした共同体内では「移ろい行く」流動性のために法的創造が抑制され、内部矛盾を隠蔽し続けようとする。その時間認識は媒介性による新たな法秩序の形成をも抑圧することになる。つまり、内部秩序を変動させる媒介性の排除によって、「文化的／美的」精神性は変化よりも凝固化した一貫性を優先する。その価値規範と齟齬を来さないのであれば、秩序維持のためには雑種性を内包していくのである。そのとき共同主観性は連続的な直接的結節点として物象化され、均質的内部の規範基準を強固にしていく。他方で、共同主観性は「時‐間」の推移や「人‐間」の世代交代と相即的に変様する。だからこそ、モノローグ的な共同体内部であっても「距離」の設定によって、モノローグ的秩序は揺らぐことになるのである。

時間が無限の「流れ」となり、それぞれの「今」が「時間」軸における「現実の中心」となれば、「そこでは人は『今』を生きる」だけの存在となる。一方、田辺は「現在＝瞬間＝今」を連続性の切断面として捉えた[36]。「時」を現在あるいは瞬間と考えたとき、現在とは過去と未来という相互に対立し闘争する「項」を「互に喰合わせて相否定」させるのと同時に、「極＝項」の相互的位置を「交換して相浸透交徹」させる。このとき未来が過去を更新することになる。そうした「動的転換媒介」から「過去が未来に延びて未来を限定すること」が可能となり、また逆に「未来が過去を規定してその意味を新にすること」になる。「現在＝瞬間＝今」とは「交互的否定転換の媒介者」であり、それ自身「循環渦動の無的中心」でなければならない。「過去／未来」に対する切断面としての現在（瞬間）を矛盾の「渦動的統一中心」として把握したときにこそ連続体の要素となるのである。「時‐間」における自我と対象の「出会い」とは知覚を絶対的に固定化し、自己同一的な空間に組み込むことを不可能にする。つまり、歴史内存在としての人間は数学的時間を生きるのではない。そのとき生物学的運動の空間一般に対する優先性が確認される必要がある。この運動自体は空間一般の場所の（そして時間の）諸規定を介しても確認することはできない。むしろ、有機体の運動が空間的時間的なゲシュタルト形成をもたらすのである。つまり、有機体の運動が空間と時間の中で動くのではなく、「有機体が時間と共に空間を動かすのである」と認識しなければならないのである。[37]

いいかえれば、「動的転換媒介」による「渦動」が先行しながら「時間的布置（先後）／時間的延長（持続）／時間的距離（間合）」が弁別的に現識され、「過去が未来に延びて未来を限定」している。この視角から「『今』という一瞬」は感性的与件であり、先後・持続・間合などの規定性を抽出し反省的概念となることはない。つまり、視覚的・触覚的・嗅覚的・味覚的な与件の律動性とはその都度の感性的内容に充たされた知覚であり、「純粋な『今』」の継起ではない。いわば、現実知覚において与えられるのは感性的与件内容によって充たされたゲシュタルトなのであり、「布置そのもの／持続そのもの」といった規定性が自存的に抽離されて「フェノメナルに現前する」ことはない。[38] すなわち、伝統的な「日本」的時間認識から「今」を一義的に定義し得ないのであれば、その伝統文化において時間性ゲシュタルトの把握は大きな陥穽に落ちることとなる。こうした結果と相即的に「動的転換媒介」による生成も起こらない。なぜなら、「過去が未来に延びて未来を限定」し得ないためであり、重要なのは「現在＝瞬間＝今」とは「交互的否定転換の媒介者」であることの再認なのである。

丸山眞男は「日本の思想」について伝統思想が断片的性格を強め、諸々の新しい思想を内面から整序し、あるいは異質的な思想と断乎として対決するような原理として機能しなかった、と指摘した。[39] つまり、思想の摂取や外見的対決の仕方において「『前近代』と『近代』」とは連続性を維持することになったのである。そうして「当人もしくは当時代にとっては、本来無時間的にいつもどこかに在ったものを配置転換して陽の当る場所にとり出して来るだけのこと」になり、「その都度日本の『本然の姿』や自己の『本来の面目』に還るものとして意識され、誠心誠意行われている」のである。そして、日本語の特徴を加藤は「客観的時間よりも主観的時間を強調し、過去・現在・未来を鋭く区別するよりも、現在に過去および未来を収斂させる傾向を示唆する」と指摘した(40)。

同様に丸山によれば、創生の段階から天照大御神の誕生まで実質的にも中断なく連続的に展開されている。漢文体の『日本書紀』においても神々や島々の生誕がおびただしい「次有」または「次生」という形で叙述されている。むしろ「天地初判の諸一書」などが「『始有……次……』」という「漢文体で書いている」ことによって「時間的先後性をヨリ明白に露呈している」のである。そこに丸山は「世界を時間の連続的展開というタームで語る発想の根強さ」を見出したのであった(41)。この「世界を時間の連続的展開」とする対象把握は途切れのない「連続」を「同一性」と等価値として、むしろ「差異性」の側面を抑圧する。「連続」は「違いが違いを生む」という「区別」を想定することはない。地と図の確定にも「区別」が不可欠なように、差異性は同一性に先行するといえる。たとえば、「『始有……次……』」という叙述から世界像を確定するとしても、これは多様な差異性の展開によって可能となる。対象理解には「連続性」のなかに切断面が必要であり、それは高度な複雑性を縮減し可能性を限定することでもある。限定とは時間を「時」に分節化するなかで解釈を遂行し得る地平を作り上げることなのである。

しかし、「『なる』が『なりゆく』として固有の歴史範疇に発展するように、『つぎ』は『つぎつぎ』として固有の歴史範疇を形成する」、と丸山は論じている。「なる」と「つぎ」の歴史範疇への発展と相即的に、両者の間を象徴的に表現するのが「血統の連続的な増殖過程」となる。そして、「『次』もツギであり『継』もツギである」ことから、丸山の考察主題にとって「親子の継承（相続）と兄弟の順次的出生とが、ともに『ツギ』という言葉でくくられる」という論点が重要となる。「いやつぎつぎに」とは宣命のなかで「天つ日嗣高御座」の系譜的連続性を表し、それを称える定型句である。だが、その成句は親子の「継承」だけではなく、「縦横」を含意した「皇室の血統の継続性と時間的『無窮』性への讃歌」でもあるのである。[42]

他方で、歴史性を媒介する「現在」を「歴史的現実」と把握しなければならない。というのも、「いま」を生きる「我々」だけではなく、「いま」を生きる幼き世代やこれから誕生する「いのち」の未来が「原発＝核施設」事故によって拘束され閉ざされつつあるためである。つまり、「現在」とは「我々」を包摂するだけではなく、これからの後続する諸世代に対する未来をも規定しているのである。だからこそ、「現在」とは歴史的・社会的な多様な存在の基底なのである。こうして「歴史的現在」という視座から時間意識と歴史的な苛酷事故は考察されるべきなのである。

いいかえれば、歴史性を媒介する「現在」は「歴史的現実」と把握しなければならないのである。なぜなら、人びとは「歴史的現実として動かし得ない諸事実を明確に認識するとき、歴史的現実として自由を感得する」からである。未来の可能性は過去の必然性を通して働き、過去の必然性と未来の可能性の結合が「永遠の現在」なのである。「歴史は直線的に滝が落ち水が流れているようなもの」ということはできない。歴史は過去から押す力と未来からの決定する力との相反対する二つの力が結合し、交互相媒介する円環として成立する。つまり、歴史とは直線的ではなく、交互関係にあることから円環的となる。すなわち、「二つの項を含む全体が、自分で自分を決定する」。また「歴史の中の関係は交互関係」であり、「自分で自己を決定する全体の自己限定である」としなければならない。[43] いわば、それは歴史が過去と現在の交差が生み出すパースペクティヴな布置の覚識なのである。だからこそ、「歴史的現実」とは分裂性と統一性が包含されていなくてはならない。また、廣松は自己が人称的自己であるのは「自他共軛相」においてであるとした。すなわち、「『不共帰属的共帰属』の構制」における「自己分裂的自己統一性」は「自他の区別性と同時に『同一性』の契機が構造的に存立する」と考える必要がある。[44]

E・ミンコフスキーは、「流れるものの持続」の現象は二つの側面、つまり「持続するものの流れ」と「継起」という二つの現象がある、とした。また、「生きられた継起」は「二つであること」を包含しており、互いに継起する別々の二つの持続を含んでいるわけではない。それらを包含しているとすれば、すでにこの現象の本性が許す以上に分解し合理化することになる。[45] つまり、「継起」のうちには二つの出来事が内包されていたとしても、「同一性」と「差異性」の「区別」が必要なのである。なぜなら、「同一性」と「差異性」の交互的な媒介過程は「自己」と「他者」を等根源的な存在者となし、その媒介過程は「過去」と「未来」の蝶番となり、「現在」を構制するからである。一方で、「自然／文化」や「個人／社会」などを記述するには、意味論的な理解として「因果性／目的性」や「存在／当為」などの「区別」が導入されねばならない。こうして「存在」と「当為」が形をなすために時間認識が要請され、そこで「主観‐客観」的認識論が「近代」において必要とされることになる。もし、具体的出来事の時間的性格を思惟によって定着させようとすれば、具体的出来事の時間的性格は逃散し、曖昧性を増大させていくが、時間だけは「逃げる」（＝逃散）とは見えないのである。時間の要素による速さで押流されると感じるのではなく、むしろ時間が現前に展開されているのを見るのである。そして、この過程は常に新たに連続しながら、乗越え越境するのを人びとは見るのである。他方で、継起が永続化すれば、「類似性、安定性、延長、一定性」の因子が析出されてくる。[46]

重要なことは「日本」的空間では「今」が「つぎつぎ」と流れゆく実感が伝統的時間意識となることである。いわば、時空間認識はそれぞれの伝統文化の一つの象徴的側面を具現化しているといえる。「今」が軸心となって子どもたちの未来が規定されるのならば、「今」という「時」は未来の可能性よりも重要となる。「今」に傾斜した時間共有は「人‐間」での記憶とならず「流れゆく」ものとなる。つまり、「今」は「つぎつぎ」と「全体的／統一的」な側面を断片化しながら、「一時的／経過的／動的」な価値を重視していくのである。加速化され続ける日常は電脳空間と瞬時に接続可能となり、人びとが政治・経済・文化・生活などを把握する準拠枠は形を失っていく。だからこそ「今」は「つぎつぎ」と変様し続ける「流れ」となり続けているのである。こうしたなかの自己同一性の形成は、かつてなかったような困難さに直面している。また、ミンコフスキーは過去の二つの出来事の「継起」を体験時のように再生しようとすれば、人びとは二つの事実の心像を喚起すると述べている。だが、これらの事実を互いに結合する継起は同じように喚起されるわけではない。その「過ぎ去った継起の再構成」の試みは、新しい一つの「継起」を「望むだけ何回」でも「再生」することはできない。他方で、人びとは「生ける継起」をつねに手元で再現することができ、しかもそれを遊離した具体的関係ではなく「思いのままに反復することのできる関係」としても有している。このとき「時間の連続せる反復」と動く「連続性の心像」が生ずることになる。(47)

人間とは社会的存在であり歴史内存在でもあった。社会的存在は一定の空間内において他者性との共存が必要であり、歴史内存在は帰属集団での持続する反復によって共同性を身体化する。他者性と共同性が輻輳化し集団内部が摂動化すれば、過去の継起の再構成となり新しい価値規範を「共通善」から再記述することになる。つまり、社会的存在として帰属する「内部」が多様性を加算したとき、人びとは自己像の変容を迫られるのである。また、歴史内存在としての人間は「共通善」を基点としながらも、公的政治空間として「内部」を再構成し、伝統文化の累積を相対化することもできる。他方で、伝統文化の言説を受容し駆使できない者たちは伝統文化から派生する公的領域への参加が難しくなる。このとき「過去」とは思いのままに反復することのできる対象ではない。時空間では「現相的所与－意味的所識」と「能識的或者－能知的誰某」の交互的媒介から四肢的構造が形成されている。交互的媒介性は過去の断片化された諸事実を統一し、その統合過程で一定度の枠組をもつ「世界像」を作り出す。こうした「世界像」が主観性と客観性を包摂しているからこそ、「社会的／歴史的」存在者は時間継起の固定化と流動化を両立しえる。流動化へと傾斜すれば、「世界像」の政治的思惟は固定化された自己像を新たな他者像から再記述する。こうして「動く連続性の心像」とは未知性を包含する動的可変性でもあるといえる。

未知性に開かれた「心像」は多義性の媒介による「寛容」を必要としている。そのとき「時間軸」となる「先後関係」と「同時関係」を再考しなければならない。廣松は先後の覚知が先行的・直接的であり、同時関係とはさらなる「被媒介性」において対自化される間接的な所知であるという。また、廣松は「二つの与件の同時性の覚知」は「両者のあいだに先後関係の直接的覚識が認められないという否定的媒介（対他的反照区別）を経てはじめて対自的に措定される」とする。つまり、知覚的現在は「反省的に措定される〝瞬間的同時位相〟」ではなく、反省的に対自化すれば「異時にわたる間合ないし持続を懐胎している」のである。こうして「知覚的現在という時間帯（持続）の内部における限定」によって「反省的同時性（従ってまた厳密な意味での「今」）」が措定されることになる。[48] さらに、時間の「流動」による歴史現象の変遷とは「一切存在の根本構造」であると田辺はいう。この「流動」の規律がロゴスとして永遠の妥当性を要求するとしても、その実現の実在的内容とは「必然に時間的流動」である。また同時に「歴史の過去的頽落と未来的革新」とは「現在における実践的統一（即分裂的疎外）の反復」に外ならない。だからこそ、「日本」的時間意識に依拠する思想の客観的内容は「無時間的超歴史的」となる。そこで重要なことは、思想形成が「主体」に即して「時間的」かつ「歴史的」となることである。つまり、時間と歴史が包含する「両面的対立契機の弁証法的統一転換」を見定めなければならないのである。[49]

他方で、「無限の直線としての時間」認識は無構造であるがゆえに「剥き出しの生との関係を包含的排除の内に維持する」ことが可能となる。すべての包含関係は切断面を見せることなく「時間直線上で、『次々に』生まれる」。「時間の無限の流れは捉え難く、捉え得るのは『今』だけ」であるために、そこでは「排除／包含」「外部／内部」「ビオス／ゾーエー」「法権利／事実」が「還元不可能な不分明地帯に入る」ことになる。「剥き出しの生」が秩序によって排除されると同時に内包される「例外状態」は分離されることにおいて、「政治体系がまるごと依拠している隠された基礎」となる。[50] そうした不分明地帯では時間認識は循環性として現前し、「移ろいゆく」ものとなる。

ところで、廣松の提示する共同主観性とは「人-間」での実践的な「緊張／葛藤」を含意し、自他相互が多様な価値意識を媒介させながら、相互承認の起点を作り出していく。つまり、それは人間という「移ろいゆく」存在を必然的に偶然性を孕む動態性から把握しようとする視座なのである。廣松が論じたように、「人々」の共同主観的認知が「客観性」の存立と同値であれば、「人々」の共同主観性は「認識論的主観性」としての性格を有することになる。[51] いわば、「認識論的主観性」は「過去」と「未来」の統一的転換点にあるといえる。

こうした共同主観性によって「空-間」における「理にかなった信念」を「人々」は共有する。それは「意味」の共有と相即的であり、信念は獲得した知見、思考様式、そして感情の経験に準拠した「確信」となっていく。「人々」のもつ信念とは「共同性」と「個別性」の交互的媒介によって「生の姿」を形成していく。つまり、共同主観性は時空間を横断すると同時に、「いま・ここ」という時空的位置を限定してもいるのである。また、「時」を「間」に位置づけ、対象把握を可能にする諸対象の現出様式を確定するのが「意味」なのである。こうして時空間を背景として「世界像」は交互的な諸媒介を含みながらも対象の総体を分節化し構造化しているのである。だが、その分節化と構造化が困難な状況にあるのが原発事故の後の「生の姿」なのである。未来への時間軸の喪失は生活空間の喪失と相即的に生じ、「時-間」についての既存の準拠枠を大きく毀損することになった。その環境下でさらに人びとは「今」を決定的に重視する「日本」的時間意識に包摂されているのである。現状の「意味」剥奪のなかで出来事が「今」を中軸とすれば、「時-間」像の全体化は困難であろう。というのも、「今」とは「時」の流れでもあり、時間は無限の流れゆく「今」の単なる反復となるためである。こうして流れ去る幾重もの「今」が「現実」を構制しているといえる。それこそがカミュが『ペスト』で次のように表現したことである。

「ペストがわが市民にもたらした最初のものは、つまり追放の状態であった。（…）実際、まさにこの追放感こそ、われわれの心に常住宿されていたあの空虚であり、あの明確な感情の動き——過去にさかのぼり、あるいは逆に時間の歩みを早めようとする不条理な願いであり、あの突き刺すような追憶の矢であった。（…）そこでわれわれは、結局現在の囚われの境遇を再び完全に認め、過去のことだけに追い込まれてしまい、そして、かりにそのうちの二、三の人々が未来に生きたいという誘惑を感じていたとしても、想像を心の頼りにしようとするものが、結局そのためにこうむるところの傷の痛みを感じて、少なくともできうるかぎりすみやかに、それをあきらめてしまうのであった[52]」。

過去の体験を取戻そうとする「あの突き刺すような追憶の矢」とは「今」の現状と過去のよき出来事の落差を深めることになる。だが、「追憶の矢」は「今」の未決定性を隠蔽し、「今」必要とされている批判的認識を作り出そうとする意志を衰弱させていく。まさに、それは世界内存在が世界の内での帰属を客観視することの妨げとなっている。「剥き出しの生」とされた避難民たちが「現在の囚われの境遇」に埋没し、「過去のことだけに追い込まれて」いる現状を外部の者たちが知る努力が必要不可欠であろう。だからこそ、時間軸とは瞬間を連続体とした全体像から捉えねばならないのである。なぜなら、瞬間とは単に持続の短小を意味する量的概念ではなく、誰しもが瞬間を固定的な不動点として存在する対象とはしえないからである。一方で、連続体とはそうした瞬間の各現在に即して、それぞれの切断の立場から「その瞬間的動性を他の瞬間との聯関において個即全的に統一自覚」する「動的統体」なのである。このような時間軸とは「動的統体」として始めて意味をもつのである。[53]

他方で、「走行光学装置（速度が光学装置として機能する）」は「動かないものをまるで激しい動きをしている」かのようにしている。走行とともに光景が単調に展開するなかで多様な事物が視野の奥底あるいは前進する方向の彼方で知覚される。「その一つが永遠に延期される衝突の瞬間へと収斂していく」ことになる。実際に「走行光学」が作り出す幻像は走行の衝撃力を隠蔽し、その偽りの外観が「突進する操縦者に保証と安心感を与える」のである。この「走行＝追跡」は「風景」を穿孔し明るみに出す。つまり、速度の変化が「風景」を変容させ、「風景」の変容につれて「場所に関する情報の内容」が変化していくのである。「走行の抗しがたい吸引力」が事物の固定性を溶解させ流動化させ、「移動の時間・時間間隔を消滅させる」のである。「空間的距離」とは認知的可能なものとしての「明確さ」であったが、その「明確さ」も「移動能力の低かった時代の古い道路」の「思い出や名残」となりつつある。[54]「近代化」の果てに作り出された「犠牲のシステム」は、ジグムント・バウマンのいう「廃棄された人間」が存在する「社会的区画」を潜在化させる必要がある。バウマンは「生物学的生存」を苦しめる脅威がたとえ効果的に処理されたとしても、そうした「妙技」すらも社会的生存を保証するとは限らないとする。つまり、「『余分な』者」を排除した社会に再び「彼ら／彼女ら」を入場させても十分とはいえないのである。[55]

同じように、アーレントも「包含／排除」の境界線上にある人びとを注視した。[56]大衆時代となり、失業の危機が高まればどのような人間であっても「自分は〈余計者〉ではないかと恐れる」時代となった。その恐れは自分たちの仕事を奪うのは「外部」の「余計者」たちだという錯認を実体化する。また、多くの人間が「何らかのイデオロギー的口実」によって「この〈余計者〉を淘汰してくれる」〈人口政策家たち〉に欣然として賛同する可能性はつねにある。一方で、多くの人びとは現代では「人生の重荷を担い」、それに「堪える能力」が一層自分から奪われていくことをも自覚しているのである。

しかし、歴史の推移のなかで人間社会が発展する瞬間を把握しなければならない。そのためには歴史の時代精神と人間の諸行為の交互的作用を捉え、歴史自体を思惟する視座と歴史を形成する具体的な実践を基礎づけることが重要となる。そのとき人間存在とは「為すから知るへ」あるいは「知るから為すへ」という弁証法的な一つの過程の統一のなかに位置づけられる。歴史を考察するとき、①歴史認識を可能とする諸条件、②その認識を確定する限界内での諸連関の「必然性」、③弁証法的合理性、などの限界と基礎づけを再考しなければならない(57)。それらの諸考察は共同体の封建的規範を対自化することに繋がっていく。というのも、歴史の弁証的視座は歴史的・社会的「客観性」としての「法体系」を相対化し、過去と現在の間において道徳的思考の先験性を「問う」ことになるからである。また、テイラーが最も一般的な意味で道徳的思考とするのは、三つの軸から抽出される。つまり、①他者の尊重と他者への義務についての私たちの感覚、②ならびに何が充実した人生を構成するかについての私たちの理解、③尊厳（dignity）に関わる一連の思考、などである。テイラーが示す三つの軸は、「私たちが自分自身を周りの人々から尊重されるに値する（あるいは尊重されるに値しない）存在だと考える際に用いる諸特徴のこと」である。しかも、これらの感覚・理解・思考は「私たちの尊厳は私たちの振る舞いそれ自体の中にとても深く織り込まれているため、その分だけこの不可避性もより明白にならざるをえない」のである(58)。

道徳的思考とは一定の時間を共有する人びととの状況把握と行動様式を定型化し、この定型化は状況認識の変様に対しても安定性を維持する。共同体の慣習的行動様式は「近代」化によって変様を迫られたが、慣習的行動様式の相対化という「定型」の喪失は、むしろ重要な「振舞い」の「祖型」を明確にする。なぜなら、「私たちが歩き、動き、身振りをし、話をする仕方」は「私たちの意識」と相即的に形成されているためである。また、「私たちの動き」は「私たち自分自身をどう見ているかを表現する」とも述べている。[59] 日々の「振舞い」は、廣松の視座からいえば「間主体的＝共同主観的」な「形式」となり、その「形式」は「現相世界‐内‐的な動態的な相互連関」で影響を受けている。つまり、「対自然的／間人間的」な相互作用連関としての言語的交通を通じた間主体的相互影響下にあるといえる。

こうした「現相世界‐内‐的な動態的な相互連関」は言語使用あるいは発話行為の遂行的帰結として「形式」となる。その機能は共同体内で許容される行為の選択肢数を規定し、間主体的情動を含む「形式」の許容範囲内での行為連鎖を限定する。また、「人々」の共同主観的な認知が「客観性」の存立と同値であると廣松が論じるとき、それは「人々」が経験的・個別的な主観性の単なる集合体ではなく、共同主観性の「認識論的主観性」であることを示していた。[60] また、現相世界を考えれば、「フェノメノン」は「即自的に etwas Anderes、etwas Mehr として媒介的」に措定され、「として」の両極に立つ二つの契機の「媒介的統一体」である、と廣松は指摘している。さらにこれは「イデアールな契機にアクセントのある即自的な統一体である」とも表現しえる。[61]

いいかえれば、それは一つの配分原理であり、或る等価体系の軸であり、再分化された諸現象が現われるような etwas なのである。ゲシュタルトは時空間を越境する或る布置に統合されている。客観的な場や客観的時点にではなく「或る地帯、或る領域に固定されるような或る重さ」をゲシュタルトは有している。いわば、「ゲシュタルトとは超越である」と捉えねばならない。また、ゲシュタルトを捉えるのは精神だけではなく身体である。「私の身体は一つのゲシュタルトであり、それがすべてのゲシュタルトのうちにともに現前している」。そして、これこそが「すぐれて鈍重な意味作用なのであり、肉なのである」。私の身体が構成するシステムはある蝶番のまわりに、つまり「自由な可能性ではなく縛られた可能性であるような或る回転軸のまわりに秩序づけられている」。だからこそ、ゲシュタルトの肉とは「私の身体の惰性」あるいは「『世界』へのその着生」と表現できるのである。[62]

ところで、「道徳の議論の経験を理解」するためには「解釈の様態」に注目すべきだとマイケル・ウォルツァーは論じている。すなわち、「現存の道徳」が人びとの依拠すべき「権威」となるには、「権威」が「現存」していなければならない。そのとき人びとは「現にある道徳的存在として現存」することができる。こうして各自の「カテゴリー／相互関係／コミットメント／野心」などはすべて「現存の道徳」によって形となり、表現されている。つまり、「現存するもの」への批判とは「現存するもの」に内在する「原理」を起点としてこそ可能となる。[63] スラヴォイ・ジジェクは、人間が「生のみじめさ」に無関心な「エーテル」のような「精神的実存」へと変化しない条件とは、「人間の自由の実定的条件である」と論じている。つまり、ジジェクによれば、有限であることは「ものが完全にそれ自身となる」ことを妨げ、「自己同一性に達する」ことを妨げることなのである。たとえば、「それとして措定される」とき、この措定は〈言葉〉の補助線によって可能となる。「出来事／対象」とはすでに「確《リ》・認《マーク》」され、単なるそれ自身ではないものとして制限されていく。精神的な「事物の意味」とは「不足」として「かりそめの言葉の意味」、つまり現実の事物の「淡いコピー＝影として経験」されることになるのである。[64]

ところで、「フェノメノン」は「etwas Anderes、etwas Mehr として媒介的に措定」されたのであった。バシュラールが論じたように、人間という存在にとって「夢の家、真の過去のかなたの影のなかにきえうせた夢＝思い出の家が存在する」のである。また、「夢を思想」によって解くのと相即的に、「思想を夢」によって解く「相互解釈」が為される中心点を捉えなければならない。というのも、イメージと思い出の一致点を見出し、「想像力と記憶の機能」が融合した地点に人びとは立脚しているからである。たとえば、「生家のなかに休息の夢想の濃密な中心」が存在しなければ、「真の生をとりまくさまざまな環境が思い出」を曇らせてしまう。[65]「生ける場所」としての「生家」は「真の生」の歴史となり、行為選択の準拠枠となる。それは「背景図」となる象徴体系も「として」の媒介性を包含していることを明示している。一方で、東日本大震災と原発事故によって現相世界を「媒介的に措定」していた円環は形を喪失した。それは「生命の存在」の根底からの毀損であり、「主観的意味連関」もまた細分化された。

世界内存在としての人間とは「時空連続体（存在一般）のなかに、空間―時間として（客観的現実性の構成要素として）割って入りこみ、持続―延長として現象的に存在する」と今村仁司はいう。今村は、人間の現実的に（現象的に）存在する事態は「存在論的には時間的・空間的に構造化」されている、とする。[66] したがって、本来であればゲシュタルトという概念によって「外的に連合された諸項をただ並列するような哲学」と「あらゆる現象のなかに思考に固有な諸関係を見つけだそうとするもう一つの哲学」との「二者択一」からの解放がなされなければならない。つまり、ゲシュタルトという「その概念は〈両義的〉である」と理解する必要がある。いまの日本社会の諸環境では「〈状況〉と〈反応〉」の円環が截断され、「有機体固有の活動様式を表わす或る構造」が流動化し、「互いに内的に結びつくことが困難となっている。[67] 相互連関は「原因‐結果」に還元し得ない「一つの循環的過程の二契機」である一方で、今回の震災と人災は「非日常性」を顕在化し、「日常性」の基底であったゲシュタルトを断片化した。なぜなら、ゲシュタルトとはイデアールな意味的所識を「懐胎」していたからである。

全体像としてのゲシュタルトの喪失によってある種のプロパガンダが有効に機能することになる。つまり、アーレントが論じたように、大衆は目に見える世界の現実を信ぜず、自分たちのコントロール可能な経験を頼りとせず、自分の五感を信用していない。「事実」が大衆を説得する力を失えば、「偽りの事実」ですら大衆には何の印象も与えることはない。「大衆」を動員し得るのは、「彼ら／彼女ら」を「優しく」包摂するという「約束」となる。この「約束」を維持するのはファシストたちが作り上げた「統一的体系の首尾一貫性」である。というのも、単に論理的な完結性しか持たぬ体系内での空疎な言葉の反復はむしろ時間的な「不変性／首尾一貫性」を賦与するからである。[68]

つまり、世界の現実や事実とは「単層的な〝レアールな純粋所与〟ではない」ためである。だからこそ「射映的現相というゲシュタルト的分凝態は既に『所与－所識』成態と見做す必要がある」[69]。だが、まったく収束の目途が立たないレベル七の過酷事故の状態が「日常性」となり、物象化された「ゲシュタルト的分凝態＝日常性」が日々の暮しの「『所与－所識』成態」となった。同様に、ノベルト・ボルツはニーチェの「道徳以外の意味における真理と虚偽」から二つの認識論的な結論を導き出している。つまり、「意識の中に入り込んで来るのは事物ではなく、われわれが事物にどう対するかの仕方（pitanon）」なのである。それゆえに「言語が伝達するのは、知（episteme）ではなく、ただ憶見（Doxa）だけ」となるのである。[70]

人びとの「事物」に関する「仕方（pitanon）」においては、対象・事態・出来事の「命名」が重要となる。というのも、命名行為こそが社会環境内での体験の縁りを介して「現相の分節的覚識状相」を変様させていくからである。「命名的指示」についての間主体的な同調化が現相世界の覚識状相を「汎化的・分化的」に変容させていくのである。[71]だからこそ、環境汚染の問題は日本社会において「社会的コミュニケーションのテーマ」となったのである。この問題は社会の環境自体を変化させただけでなく、その結果として社会自体の存続条件さえも掘り崩しつつあり、そうした事態を人びとは認識しつつある。なぜなら、自他間のコミュニケーションを攪乱する「ノイズ」としてもはや無視できなくなるまで原発事故による放射能汚染の問題が強く意識されているためである。[72]一方では、現状を直視するのではなく、「汎化的・分化的」となる錯認的かつ逆説的な社会状況が産出されている。

しかし、デュピュイが論じているように、「この未曾有の規模の危機」から把握しなければならないのは、「悪と善には深い繋がりがあるということを、見る目をもつ人びとに示す」ことなのである。というのも、いまの環境下では「善と悪とはこの危機のなかで互いに見分けがたいもの」となっているが、どのようなパニックの場合でも「立ち向かうべき難題は、支えを得られるような外部の固定点を見出すこと」が必要不可欠なのである。[73] すなわち、「人間の性格」が「恐怖」を現実に体験し続けることに耐えられないように、恐るべき出来事や対象を客観的に思考し続けることもできないのである。[74] たとえば、世界観は世界をいかに「認識すべきか」の認識様式であるが、この認識様式は真であるとも偽であるともいえない。つまり、世界観は多様な諸要素を組織する規則体系に準拠しながら機能する。そのために規則体系を「真／偽」の観点から判定することはできない。しかし、世界観は「経験的要素と規範的要素」によっても編成されており、その二つの要素が生み出す偏差から「真／偽」を判定することが可能となる。[75] つまり、生きられた信念は人びとの社会的慣習実践に内在しているからこそ、「時間」「空間」「人間」という三つの間で生成する偏差が重要となるのである。

いいかえれば、「循環過程の二契機」による媒介性は「精神／身体」「生命／物質」「情動／思考」「自然／精神」などの二項的語彙を包含する。つまり、象徴体系とは人間活動を可能にする円環的活動態であり、人間という存在はこうした領域に内属しているのである。人間存在の理解には「として」という被媒介過程の把握が必須の課題となる。概念の実体化から誘引された「人間性＝形而上学的本質」を媒介性という過程から再把握し、「類／種／個」の相互媒介による「歴史化された自然」を明示しなければならない。「フェノメノン」が「即自的に etwas Anderes、etwas Mehr として媒介的に措定」されているのならば、世界内存在は二つの契機を媒介的統一体とする「観る構え（＝framework）」をもち、この「観る構え」から世界においてはじめて「何をか」を把握することができる。つまり、「共同主観性」によって混沌は分節化され、具象化される。こうして「観る構え」を通して「単なる現われ」が明確な「意味」を帯びるのである。その過程で共同主観性が生成し、「客観的真理」が共有され定着するなかで、人びとは自らの「形／姿／生」に輪郭を与え秩序を形成するのである。

テイラーのいう「尊厳の感覚」は道徳的見解のいくつかに基礎を置いているが、これらのどのケースにおいても「何らかの枠組は疑問視されずにそのまま存在する」。その枠組は「人々が自らの生を判定」するのと同様に、「その生の充実度や空虚さ」を「測定」する際に用いる「諸要求を確定」することにもなる。こうした枠組とは、人びとが「精神的に自分の人生に意味を与える」手段なのである。つまり、枠組の形成を促す発話行為は世界に満ちる規定不可能なほどの複雑性を縮減しているのである。発話行為とは世界を「真／偽」「正／邪」「善／悪」「美／醜」などに分節化しながら、一つの像へと集約していく。その過程で廣松が指摘したように、「人々」とは間主観的交通を通じての一所識的形相を同型化していくのである。その同型化は「生の姿」と「生の意味」を交互的な媒介によって形づくる一方で、枠組の不在とは「精神的に無意味な人生へと転落する」ことにもなる。なぜなら、「枠組の探求は常に意味の探求である」といえるためである。他方で、「意味をもち出すのはこの探求にどれほど明確化が含まれるかに私たちが気づいているから」でもある。だからこそ人びとが各自の「人生の意味を見出すのはそれを明確化することを通じてである」といえるのであるだろう[76]。

ところで、諸対象に対する「観る構え」はウィトゲンシュタインが示した「熟知性」でもある。こうした「熟知性」に黒田亘は最もはやくに着目した。黒田によれば、すべての言語ゲームは「熟知性」Wohlbekanntheit を基盤としており、意味の文法的記述も「熟知性」を最終的な基底としなければならない[77]。ウィトゲンシュタインは「『熟知しているものとは、それが何であるかを私が知っているものである。』／（…）『熟知』ということの本質は何か。ある眺めが私にとって熟知であるとはいかなることか。（…）／私としては、『私が見ているものを私は見ている』と言いたい[78]」と記している。つまり、「有機体」の運動が空間的時間的なゲシュタルト形成を促すように、「熟知性」を媒介として「有機体」は「時間と共に空間を動かす」のである。こうした精神と身体を媒介する「熟知性」は行為と相即的に形成され、「知識／理論／実践」は「熟知性」によって行為遂行的な結果として再把握されるのである。「熟知性」とは歴史のなかで継承されてきた「暗黙知」の堆積でもあるといえる。とすれば、歴史内存在としての人間は輻輳する伝統文化の価値体系に沿って、つまり「熟知性」を基底として解釈と行為の範型を獲得しているのである。その範型の一貫性が行為選択の再認の基点となり、「再認＝再認的同一視」の事態は「慣熟的同一視」となる。また、廣松が論じているように、所与現相が相違するにもかかわらず、「同じもの」として再認されるのは、両現相が「値」は異なっても一箇同一の函数のそれぞれの構制となるためである。いわば、「同じ〝函数〟」として同一性が措定される構制」となっているからなのである。[79] 身体化された「熟知性」は芸術的直感となる一方で、「熟知性」は「認識をはらんだ営為」の反復や内的「反省」という方法から行為を制御しているのではない。[80] こうした「熟知性」とは文化的規範性を「第二の自然」とし、この「第二の自然」は幾重にも「として」によって媒介されているのである。だからこそ、その「射映」は各個人には一面的であっても多義性を有し、媒介過程とは「完結性」を排除した過程であって、観察対象の「本質的規定性」とは「未規定性」といわねばならないのである。このとき生活世界内で「慣熟的同一視」されていた「熟知性」が再考すべき対象となる。近代という時間的分断線による新たな「法体系」は以前の秩序内の法概念とは断絶したものとなり、近代法秩序は自明視されていた間主観的行為連関（＝法体系）を劣位に位置づけたのである。その事態は大日本帝国の成立時期に見出すことができる。

いいかえれば、総体としての西南地域への東北地域の従属は明治維新時の東北諸藩の敗戦によって強められた、と色川は論じている。[81] たとえば、「白川以北一山百文」の言葉は東北の優れた青年たちを反発させ発憤させることになった。東北六県の民権政社を連盟させ、東北七州自由党の自治を主張した民権家たちの維新政府に対する多様な抵抗は全国の自由民権運動史に刻まれている。また、仙台の一力健治郎はあえて「白河以北」から社名を取って『河北新報』

を創刊し、盛岡出身の原敬は「一山百文」から自ら「一山」と号したのであった。健治郎のひ孫である一力雅彦は東日本大震災の直後においても河北新報社の社員の協力を得ながら報道を続けていくことになった。

巨大地震と原発事故は日本社会に「例外状態」を生み出している。アガンベンによれば、「例外状態」とは「法秩序の外部でも内部でもない」。アガンベンは「例外状態」の定義を「まさにひとつの閾にかかわっている」という。つまり、その「閾」とは内部と外部が互いに排除しあうのではなく、相互に未決定のままに放置しているかのような「未分化の領域」なのである。だが、「例外状態」とは規範の停止や規範の廃止ではなく、アノミーの領域は法秩序との関係を喪失してはいないのである。(82) このような状態下であっても権力とはさまざまな力を産出し、それらを増大させるのと同様に多種多様な力を阻止し、抑圧し、破壊するようなことはしない。いわば権力の「死に対する権利」は「生命を運営・管理する権力の要請の上に移行」するか、少なくとも「そのような要請に支え」を見出し、その「求めるところのもの」を中心に集約される傾向を内包している。(83)

巨大な破壊をもたらした震災と人災は「近代」日本社会の思考の支軸を根底から切断し、現代の日本社会の法秩序内において「例外状態」を作り出した。また、「宙吊り」の状態に世界内存在は包摂され、既存の秩序の崩壊を直視し得ない人びとはヘイト・スピーチに具現化されるように、屈曲した「イデオロギー的口実」から日本国内に「残存」する「余計者」たちを実体化している。つまり、「為すから知る」あるいは「知るから為す」という弁証法的「思考／行為」は幼児的退行に代替されているのである。

ハーバーマスによれば、マキアヴェリやモアなどの近代的思想家は、「もはや古代の思想家のように、善く優れた生活にみちびく倫理的連関を問題にしているのではなく、人間の生存維持のための事実的な条件」を考察した。いわば、「身体的生命の主張、基本的な生存維持が、直接に問題」になっていたのである。この実践的必要は技術的解決を求め「近代的社会哲学の発端」となったのであった。それは「古典的政治学における倫理的必然性」と相違し、「徳や法律を人間の本性の存在論から理論的に基礎づける」ことを要求しない。近代の思想家に実践的に課せられる出発点は「人間はどのようにして自然災悪の脅威を技術的に克服しうるか、という問い」である。この社会哲学の立脚点は「生活の倫理的完成という見地とは、原理的にことなる見地である」。近代の思惟範型とは生命の倫理的感性という視角とは異なり、あくまでも「端的な生存維持」を基本として成立したのである。また、そうした「敵や飢餓による身体的脅威という、基本的生命の危険の克服」は、適切な社会秩序の組織化を必要としている。(84)

第三節　故郷喪失と「歴史の主体（subject）」の散逸

自然災悪を科学技術で支配しようとする欲望は人間がもちえる「理性」から「支配欲」や「収奪欲」へと変転した。こうした欲望の産出は思惟範型をも同様に変様させ、資本主義と経済「合理性」によって欲望はつねに増殖し続けてきた。「理性」は「感性＝情動」の下位に位置づけられ、直截的な「感性＝情動」の発露は社会全体で許容されてきた。一方で、欲望とは従来であれば「理性」の反射鏡から相対化されていた。それは「理性」という反照を可能とする「思考の型」が機能していたからである。だが、資本の渦動は「時－間」の蝶番となる諸規範の象徴体系を混沌のなかに巻き込み、他者理解の前提となる framework は細分化され続けている。この絶えざる資本の渦動による価値規範の崩れをウェーバーは脱魔術化と呼んだのであった。

こうした脱魔術化による現代的思考とは「《理性》、《良識》、《相互利益》、《納得ずくの利害》」などに依拠し、その明確性や暗黙性はある《社会的契約》から論じることができる。またつねに社会のなかに起源を位置づけているため、現代的思考は「宗教的なもの」の本質を理解できない。だとすれば、超越的な対象がもつ現実的機能を認識することは不可能といわざるをえない。こうした認識力・価値観においては人間が内包する暴力性に無感覚となり、暴力性が人間の社会全体に波及させる深刻な脅威を誤認させることになる。なぜなら、最も粗雑な「宗教的なもの」や「《厭《ペシ》世論的《ミスト》な》もの」であっても「非‐宗教的な思考」では包摂できない「一つの真理」を保持しているためである。つまり、「宗教的なもの」は「さまざまな人間社会の在り方は自明ではないこと」や人間が「その功績を自己に帰するような確実な何ものかに基づいている」のではないことを明示しているのである。[85]「生活の倫理的完成」の前提条件は「基本的生命の危険の克服」であり、それは日本社会の大きな課題となったのである。

　ところで、巨大地震のあとも震度五程度の余震は数多く発生していた。河北新報本社の館内放送では退避指示が伝えられ、総務部員が八階建ての本社ビルの全階を巡回し、中庭の駐車場に避難するように促していた。社屋内では階段の一部が割れ、コンクリートの細かい破片が踏み面に飛散し、一階廊下の天井裏の配水管が切断され漏水が起りフロアーが水浸しとなった。本社の外に逃れた社員は百数十人となり駐車場は立錐の余地もない一方で、煉瓦調のビル壁の一部も崩れ落ちていた。本社傍の高層ビルの窓ガラスも割れ破片が道路に飛散していた。中庭に退避した者たちのなかに社長の一力雅彦（五十歳）もいた。一力は八六年に入社後、特報部長、編集局長、副社長などを経て、二〇〇五年に社長に就任した。震災後の混乱のなかにあってもかれはすぐさま役員を召集し情報交換をおこなった。だが、情報は少なく、状況が把握できるような状況ではなかった。そうしたなか新潟日報の協力で号外と朝刊が発刊できることが確認できた。その場で一力は自らを本部長とする大震災対策本部を設けたのであった。[86]

　このとき福島第一原子力発電所の一〜四号機が同時に大量の放射性物質を外部環境に拡散させる深刻な事態となっていた。「原発＝核施設」周辺では地震と津波による多数の被災者たちが存在していた。厖大な数の人びとが故郷を追われることになり仕事をも失い、放射線に被曝することになったのである。[87] 浪江町大字下津島在住であった今野秀則は原発事故から一年経った二〇一二年三月一二日の時点で次のように語っている。

「津島はかつて独立した村だったが、昭和の大合併で浪江町の一部となった。合併当時約三〇〇〇人だった人口は現在その三分の一になり、過疎、少子・高齢化が深刻な状況にある。しかし、地域の人はほとんどが顔見知りで、お互い助け合いながら暮らす、親密で穏やかな生活空間だった。決して経済的に恵まれているとはいえないが、文化、民俗、習俗・慣習、伝統芸能などを大切に伝え、独自の歴史を構築してきた。それは当然生活の場である土地と密着したものである。(…)／私は勤務の関係から地区外で長く過ごしたが、退職後は少しでも地域に役立ちたいと考え、できる範囲ではあるが地域の振興・活性化に努力してきた。もちろん、父祖・父母が愛した古い家、庭、植木、地域の人々との絆、兄弟や友人との思い出など哀惜すべきたくさんのものがそこにあることも理由であり、それは私自身の生き甲斐でもあった。しかし、今やその一切は立ち入ることも不可能な、原発事故により拡散された放射能に汚染された地域にある。生活はすべての存立基盤である愛すべき土地から隔絶されてしまったのだ。この喪失感をどうやって埋めればいいと言うのか。／高い放射線量を考慮すれば、この春に政府が新たに設定する『帰還困難地域』に区分されるのは目に見えている。かなりの長期間戻ることができないこととなろう。仮に、いつの日か戻れても、その段階ではすでに地域のコミュニティーは破壊され、二度と再び原発事故以前に立ち返ることはない[88]」。

こうした故郷喪失とは人びとの直観を明確化する「道徳的存在論」の基底の毀損なのである。だとすれば、「人‐間」で共有される「安心感」も失われていることになる。W・ブランケンブルクによれば、「《安心感》」とは「自然な安心感そのもの」ではなく、「自然な安心感」にとっても「基本的な前提」をなすものである。日常生活が日々反復されているときには「《安心感》」は「あの『何か《エトヴァス》』のこと」のようにしか表現できない。また、人間とは生活世界への帰属によって獲得する「〈間主観的な経験〉」から対象を構成している。安心感をともなう自明性とは「それが同時になにかとても大切なこと、それどころか一番大切でいちばん根本的なことだ」と捉えることが重要である。つまり、日々のなかで見落してしまう「この単純なことこそ、《生きていくためにとりもなおさず必要な》こと」なのである。それがあってはじめて「《人間的にやっていく》こと」が可能となる。[89] 故郷喪失とはこれまで「生きていくために」あるいは「人間的に」という語彙が前提としてきた多様な「間主観的な経験」を断片化することなのである。

なぜなら、「生きていくために／人間的に」という語彙はすでに「etwas Anderes、etwas Mehr として媒介的に措定」されているからである。だからこそ「《大切なこと》、《根本的なこと》」という言葉は「基底的（basal）な性格」を包含しているのである。こうした事態を捉える「論理」とは「その媒介の契機たる対立的否定的なるものの相互媒介」によって「自己を媒介」しなければならない。「『として』の両極に立つ二つの契機の媒介的統一体」は田辺が論じたように「観念的と実在的」や「主観と客観」を媒介しており、「単に主観が客観を模写する媒介ではない」のである。[90] したがって、ブランケンブルクがいう「基底的」とは二つの側面がある。[91]（一）それが習慣的な日常的意識の基盤から浮び上がらず、多くは見逃されてしまっている。（二）この日常的意識の基盤が同一のものとして（＝基底として）、「人間という世界内存在の日常性を支えている」のである。つまり、故郷喪失とは生活世界の「背景的性格と基礎的性格」とを簒奪することなのである。そうした過程で「大衆」が現実を逃れ「矛盾のない虚構の世界」を憑かれたように希求するのは、「アナーキックな偶然が壊滅的な破局の形」で支配する「世界」における「故郷喪失」のためなのである。他方で、隙間のない絶対的な首尾一貫性を求める憧れのなかには、出来事を混沌とした偶然的な出来事から救い出し、相対的に統一ある道筋を確保する能力として現れてもいる[92]。

ところで、震災当日の午後四時、河北新報本社ビル三階で一力が召集した対策本部の第一回会議において一力はオープンな場所での話合いを重視した。会議テーブルの周りでは社員たちが慌ただしく行動するなかで、一力は周囲の喧騒を抑えるように抑制された声で話し、出席者たちを冷静にさせた。そのなかで「われわれは地域の住民に支えられて百年以上、この地で新聞を出すことができた。その住民が大震災で苦しんでいる。今こそ恩に報いる時だ。わが社も計り知れない打撃を受けるだろう。だが、いかなる状況になっても新聞を発行し続ける。それが使命であり、読者への恩返しだ」と一力は述べ、会議を終えたのであった[93]。

また、国会に設置された「東京電力福島原子力発電所事故調査委員会」に事務局員として参加し、その後フリーのジャーナリストとなった相川祐里奈は、震災と原発事故直後の避難がどれほど多くの困難に直面したのかを、福島県東部双葉郡の中央に位置する富岡町の養護老人ホーム「東風荘」の姿から描写している。「東風荘」では「三月一一日の昼下がり、利用者は昼食を済ませ、テレビを見たり、うたた寝をしたりと思い思いの時間を過ごしていた。／この日、施設長の志賀昭彦（当時五九歳）は久しぶりの休みをとり、双葉町前田の自宅で確定申告の書類を書いていた。（…）午後三時過ぎ、東風荘の電話のベルが鳴った。事業部長兼主任生活相談員の横山悦子（当時四八歳）が電話をとると、志賀の低い声が耳に飛び込んだ」。母親が介護を必要としていたため志賀は東風荘へ向うことができず、横山に施設の運営を委ねることになった。巨大な揺れのためにライフ・ラインは損傷していたかあるいはその懼れがあったのである[94]。

人間とは周囲環境の自明性から諸変化を認識し環境を把握する。そのとき有意味性によって諸環境は分節化され、安定した日常性という象りが形成されている。だが、分節化をなし得ないほどの環境の激変は「同一性と差異性の差異」を混濁させ、同一性は無数の断片となり世界像に亀裂が走ることになる。自明性の喪失は「自由」を混沌へと変え、従来の生活態度を可能としていた準拠枠は実践的合理性を具現化させえなくなる。それは相反する作用の生成によってシステム統合と社会統合の不一致が顕在化したためである。他方で、現在の資本制的産業社会の特殊性は「自己の再生産の問題を対立する方向で解決しようとする」ところにある。たとえば、「生産手段の所有／市場／私的資本の価値増殖」はシステム統合の問題を「意思形成過程／集団的行為／社会的制御」から分離するのに役立つ制度的手段である。また、資本制的産業化の過程において物質的生産は「意思に媒介された（政治的、伝統的等々の）統御メカニズム」から分離され、「交換関係の合法則性に委ねられる」ことになる。[95]

実践的合理性とは、政治・経済・文化の各システムの機能の作動を背景としてはじめて「人‐間」で担保されている。経済活動および行政を担う官僚制はシステム合理性に依拠し、行政組織の成員の価値的判断からは独立している。だが、巨大災害が既存の前提を崩壊させたとき官僚機構は事態収拾のための解決策を作り出す能力を失い、多様な諸行為を調整する意思を行政組織は喪失したのであった。他方で、各システムの機能喪失は実践的合理性を無化し、人びとを混沌のなかに投げ入れることになった。そうした混沌と混乱のなかでの行為選択は、一人ひとりの「個人」の道徳的判断と自由意志に委ねられることになったのである。

たとえば、大きな混乱のなかでの東風荘が典型的にこうした事態を明示している。「大きな揺れによって東風荘は電気と水道が止まり、ガス漏れの心配があり、利用できなかった。（…）横山は職員に利用者七三名の安否確認を確認するよう指示した。／東風荘は養護老人ホームとはいえ、利用者のうち約半数は、症状が重度化して要介護認定を受けており、寝たきりの利用者が約二〇人と、県内の養護老人ホームと比較しても平均介護度が非常に高かった」。そうした環境のなかで「職員たちは利用者のケアに忙殺され、家族の安否確認や家の被災状況すらもわからないままだった。食事の後片付けが終了したころから、家族や子どもの様子を見に行きたいという職員が増えたため、横山は当日勤務していた一五人を順次、家の様子を見に帰らせることにした。／ただ、急に職員が減ると以後の業務に支障が出るため、一人施設に戻ったら次の人が家に帰るというルールを決め、職員もそれを了承した。（…）／一二日の朝、余震の続く闇が明け、母親のオムツ替えを済ませた志賀は外の喧騒《けんそう》に気付いた。／（…）慣れ親しんだ家に留まりたいという頑固な母親を、半ば強引に抱き上げて車に乗せ、（…）妻の実家のある浪江町に北上した。幹線道路は多くの避難民による大渋滞となっており、溢れかえる車列の中には不安と恐怖のためか無表情の者、小刻みに体を震わせている高齢者、渋滞にいら立つ若者、疲労のためか目を閉じている大人が目に映った」のであった[96]。こうした避難時の状況を被災地域とはならなかった場所の多くの人びとは直視してはいない。

日常の自明性が突然奪われ、自他の生命すら脅かす事態とは人間の認識力が依拠する framework の機能を消失させる。それは世界の内で対象を概念化する「ことば」を奪い去ることでもある。つまり、日常の自明性が自他間で形成する信頼感の共有を不可能とし、自明性の喪失は他者と社会への連帯感を喪失させることにも繋がっていく。信頼とはシステム機能の集積によって形成され、「事後的／演繹的」に諸行為を方向づけることになる。また、日々の自明性は身体的自我として主観性とも関連している。廣松によれば、「身体的自我＝意識主体」にとって「知覚的＝現在的意識空間」は時間的な「厚み」を有している。この時空間は内的統一性をも内包し、身体的自我を輻輳点とするパースペクティヴな構造を備え、覚知される空間的・時間的な「大きさ」がそれを充たす事象の「質・量」によって制約され、いわば相互浸透的な制約性によって時空間は規定されているのである[97]。

現代の社会秩序は「人格」を社会的諸要請の結節点としている、とルーマンはいう。すなわち、機能分化が進行したあらゆる社会では中央集権的なシステムそれ自体だけでは十分に調整することはできない。こうした社会は結節点としての「人格」に大きく依存しているのである。そうした事態のなかで人格的な行為態度の条件と寛大さへの要求に対する感受性がさらに高次化されていくことになる。たとえば、儀礼、寛容、そして心理的な洞察能力が対人関係の場で明確な重要性を獲得することになる。そうした方向性を他者に対する「表出の一般化」とルーマンは概念化した。[98]「表出の一般化」とは「知覚＝現在的意識空間」に帰属する人びとが「（…）するはずだ」あるいは「（…）するはずはない」として定式化される。この定式化は強い規範性をもつことになる。いわば、「表出の一般化」は日常のなかで自明性となり、「人－間」で継承されてきたのである。また、時空間の変化と相即的に意識空間と時間認識も変容し「表出の一般化」は流動化する。つまり、表象的世界は固有の時空的体系を含意しており、表象的与件そのものは現在的意識野に所属している。「記憶的世界」と「予期的世界」は心理的・現在的な表象的所与に還元されるものではなく、その二つの世界は「それ以上の或るもの etwas Mehr それ以外の或るもの etwas Anderes である」と廣松は論じていた。当の etwas Mehr が間主観的＝共同主観的に対妥当的と判断されるとき、「我」はそれを「我々」と「客観的に在る」ものと了解することになる。[99]この了解が「我々」の「相互尊重」ともなるのである。

そして、ロールズもまた人びとの善と間主観的な「相互尊重」を論じている。[100]こうした善は相互便益の制度枠組みのなかに含意されている。各人の真摯な努力の帰結として制度が維持され、その内部において人びとの善が公共的に「肯定／擁護」されることになる。「肯定／擁護」を介して各個人は自己肯定感の安定性を獲得しているのである。「自然本性」的な義務としての「〈相互尊重の義務〉」は「〈正義の感覚〉と〈善の構想〉」をもつ存在者の「人格」に対する尊重でもある。つまり、「相互尊重の義務」は「正義の感覚と善の構想」を内面化した人間存在の尊厳を前提としている。そうした「相互尊重」の形は複数ありえると考えねばならない。たとえば、第一に、他者の状況を彼らの観点、すなわち当人たちの善に関する構想の見地から捉えようとする「私たちの意欲」から示される。第二に、他者の利害関心に実質的な影響が及ぶ場合には、いつでも自己の選択した行為理由を示す準備が「人‐間」に存在している。これら二つの観点は道徳的人格の二つの側面に相応することになる。

他方で、当然視された「人間像」の規準が機能分化によって相対化されている。こうした機能とは顕在化した社会的諸問題に対する社会システムの解答でもある。それは行為選択の基準を異なる基準で代替する動性であるが、機能分化の進行は自己意識・他者意識・生の多義性を下支えしていた「人間像」を曖昧にしていく。その結果として自律した「個」を育成するよりも拡散する「多」ともなり、明確な権力性もまた多義的となるなかで、権力は意図した結果を導き出すことはできない。この意味で権力を「他者の意志に抵抗して自由意志を可能にする機会」あるいは「意図された行動との不一致に対して明確な価値剥奪という罰を付与する過程」とすることはできない。

ところで、所与現相は相違するにしても「同一」のものとして再認され、その較認には両現相の「値」が「一箇同一の〝函数〟のそれぞれ特定値」として認知されている。その構制は「函数〈として〉の同一性」による措定から可能となっている。このように「意味的所識」を廣松は「函数」に比して考察したのであった。それは一般に独特な感覚質と思念されることからも一種の「函数的成態」である一方で、「較認的同一視」も同様の論理構制となっている。また、「意味的所識」の存在性格をゲシュタルト性に留意しながら「函数的成態」として論じるならば、ゲシュタルト的に分節化する「図」は部分が変化しても「移調的」に自己維持性を示す。つまり、諸部分的与件という「項」の値が変化・相違しても「全体〈として〉の函数」は同一性を維持する構制を見出すことができる。こうして現相的世界の分節態は、ゲシュタルト的「恒常性」の傾動を示すといえるのである。[101]

現相的世界の分節態が混沌としたものとなったとき、河北新報に代表されるようにジャーナリズムが重要であったのは日常の「自明性」の断片の報道であっても人びとにとっては行動選択の準拠点となったからであった。準拠点を設定できるならば、社会が必要とするゲシュタルト的「恒常性」を前提とすることができる。というのも、自己の視座から捉える他者の在りようを「善に関する構想」から理解し、相互尊重が可能となるためである。そのとき自他間での反照的・示差的関係性がそうした視座交換の基底となっている。共同主観性が視座交換による「善／悪」の準拠枠となるとき、道徳的判断・価値判断の「客観性」は「人‐間」で共有されているといえる。ロールズも相互尊重の重要な側面とした視座交換とは「共同主観的＝間主観的主体性」の確立を必要としており、こうした「相互主体性」は自己意識が「非‐自己」と時空間で生じる偏差の「間」にあることを示している。いわば、相互尊重についての考察とは「人間」「時間」「空間」の重層性を捉えることなのである。

「生物学的に、またとりわけ道徳的に、私たちの子孫をもたらすのはほかならぬ私たち自身である。（…）私たち自身を未来へと投影し、私たちの現在を、自分たち自身が生み出してしまったものという観点から眺めるよう促している。自己意識のような形をとるこうした二重化を通じてこそ、私たちはおそらく、現在と未来との相互関係を確立することができるだろう。未来はあるいは私たちを必要としていないかもしれない。だが私たちは未来を必要とする。未来こそが、私たちのあらゆる行いに意味を与えるのだから[102]」。

「時‐間」の偏差と多様な年齢層を含む「人‐間」の複数性から自己意識は「同一性」と「差異性」を含意している。いわば、時空間という「二重化」から「現在と未来との相互関係」が確立しており、自然と文化の間にも「二重化」といえる交互媒介性が生成し、緊張的対立も存在している。つまり、こうした「二重化」によって「歴史化された自然」といえる「第二の自然」が成立しているのと同時に、諸行為連関の結節点としての自己意識は時間的ゲシュタルト性（＝「函数〈として〉の同一性」）を内包している。その時間性への着目は後続する世代に対する責務を明確にし、その責務の遂行が自己意識の未来を意味あるものとする。また、「函数〈として〉の同一性」の構制は一定の論理形式をもっている。また、田辺も「論理とは約言すれば絶対媒介の謂である」と述べている。[103] そして、廣松が「ゲシュタルト的に分節化する『図』は『転調的』に自己維持性を示す」と述べたのは、「部分と全体」あるいは「地と図」とが「絶対媒介の自覚態にして始めて論理的」だからである。それは「媒介の全体というも、部分に先だち自存する全体」なのではない。つまり「これと否定的に対立する部分と同時に、後者に媒介」されたもの「として存する全体」でなければならないからである。だからこそ「諸部分的与件という『項』の値」は変化・相違しても「全体〈として〉の函数」は同一性を維持する構制となるのであった。田辺のいう「絶対」とはむしろ「否定の媒介」によって「否定即肯定的」となり、「自己を維持し自己を実現する」とき「絶対」となるのである。

こうした「否定の媒介」（＝否定的媒介）の論理はエティエンヌ・バリバールがいう「ナショナリズムと人種主義」の間の「表象と実践」に「ズレ」が存在することを示している。「表象と実践」の「ズレは矛盾と強制的同一化のあいだで揺れ動く」ものであるが、否定的媒介による「ナショナリズム」の概念的「同一化」の相対化と同時に、「矛盾がもっとも先鋭化」することを捉えることができる。すなわち、否定的媒介によって「『図』は『転調的』に自己維持性を示す」のであるが、ナショナリズムの政治的目標と特定の「対象」への人種主義の結晶化のあいだに矛盾が作り出されてくる。つまり、人種主義はナショナリズムの「表現」ではなく補完であって、ナショナリズムにとって人種主義はつねに過剰なものでもあるといえる。[104]

いいかえれば、運動相などの知覚にあっても、ゲシュタルト的「恒常性」である全体性・統合性・恒一性の保持は「転調性」と同一の構制なのである。廣松が論じたように、個体的能知（能知的誰某）以上の或る者（能識的或者）

から考えたとき、人称的諸個体は能知的主体であるかぎり、「能知的誰某以上の能識的或者〈として〉レアール・イデアール」な二肢的二重態の相で現存在していた。とすれば、表象とは多面的であり、実践は多元的である。なぜなら、「自己と他者とは不共帰属という準位では互換的」であり、「自分としての他人」ともいえるためである。[105]また「レアール・イデアール」な二肢的二重態という視座は、「孤独」という概念を再考させることにもなる。

たとえば、アーレントがいうように、すべての Verlassenheit には「孤独」になる可能性がある。だが、Verlassenheit には Verlassenheit に転化する危険があるのと同様に、すべての「孤独」には Verlassenheit と孤独 Einsamkeit は同じではない。「孤独」のなかでも「実は私は決して一人」ではない。また、「私は私自身」である一方で、身体的に他のものと交換不可能の特定者には決して成り得ない「自身」は「各人」jederman でもある。まさに「孤独」とは弁証法的な動性であり、「各人」と交わっているのである。これこそが「孤独の自己分裂性」といえる重要な側面なのであり、私とは常に「自分自身」に引き戻される一方で、「決して一者として」捉えることはできない。それはアイデンティティにおいて交換不可能なもの、つまり「本当の一義的なものとして私」を感じ得ることができないためである。まさにこの「一者として、交換不可能なものとして、一義的なものとして私」を認めるのと同時に、「私に話しかけ、それを考慮してくれることで私のアイデンティティを確認」してくれるのは「他の人々との出遭い」なのである。「他の人々との出遭い」こそが私を「孤独の分裂性と多義性」から救い出すのである。[106]

つまり、歴史とは諸行為の連続性ではなく、連続即非連続、あるいは非連続即連続という両義性を包含している。だとすれば、歴史というテクストを編み上げる「行為的主体〈として〉の個」とは歴史法則的な目的性から逸脱する存在者でもある。「行為的主体〈として〉の個」が選択する行為とは目的性から演繹され歴史的に抽象化されたものではない。いわば、日常性と歴史性のなかで位置づけられた行為選択が「個」を「主体」へと作り上げてくのである。

つまり、「現在」と「過去」を媒介する「種的基体」とは「物語的時空間」であり、この「種的基体＝物語的時空間」のなかでこそ「人格」を有する「個」となりえるのである。このときアラスデア・マッキンタイアが論じているように、「人格」とは「歴史から抽象された元来は〈登場人物〉という概念」へと代置することができる。そうして自己性についての物語的概念は必要な論点となってくるのである。つまり、「〈私〉とは私の誕生から死にいたるまでを貫く一つの物語」を生き抜く過程であり、「他者」からの反照によって「何者か〈として〉在る」。「〈私〉」は私自身のもので他の誰でもなく、「それ自身の特殊な意味をもつ一つの歴史の主体（subject）」なのである。[107]

廣松の視座から「歴史の主体」を対自化すれば、「〈自分としての他人〉としての自分」という「入れ子」となり、さらに対他化されたならば「〈自分としての他人〉としての自分としての他人」という相となっている。これを一般化していえば、「誰かとしての誰か」と表記でき、原初的には具体的な他人であった他者が不定人称化され「脱肉化」されていくのである。また、「背景図」も媒介性を包含しており、象徴体系にも「として」の媒介性が折り畳まれている。したがって、「意味的所識」の存在性格のゲシュタルト性に留意した「函数的成態」とは外的に連合された諸項をただ並列するような集合体ではない。そして、思考に固有な諸関係を見つけ出し固定化されるような概念でもない。ゲシュタルトの世界とは「物理学的諸関係」と「行動の記述に含まれる諸関係」の間に派生ないし因果の関係を仮定することはできない。だからこそ、「生理的／心的」ゲシュタルトの存在を支えるための物理的モデルを要請することもない、とメルロ＝ポンティは指摘していたのである。[108]

「ゲシュタルト性＝函数的成態」とは、「中央／周辺」「勝者／敗者」「支配／被支配」の硬直した「項」的歴史像を脱物象化する。「ゲシュタルト性＝函数的成態」は多義的であるために、「関係態」的歴史像を描き出すことができる。いわば、その歴史像は「近代」以降の国民国家に簒奪された「過去性」を流動的にする。イマニュエル・ウォーラーステインは「過去性」の定義を再考する際に三要素が重要となると論じた。つまり、それらは①人種、②国民、③文化的集団（エスニック集団）という論理的カテゴリーである。それらの三要素は資本主義世界経済の歴史的かつ構造的特徴に条件づけられている。「人種」という概念は世界経済の垂直的分業（＝中核－周辺の対立）と関連している。また「国民」概念は国家間システムを形成し、そこから派生する主権国家と深く繋がっている。そして、「エスニック集団」の概念は、資本蓄積において低賃金労働の広範囲な要素の維持を可能にする世帯構造の創出と関係している。[109]

オッフェによれば、こうした資本制社会を他のすべての社会から区別するのは、二つの排除しあう方法である。つまり、それは生産の「分化／私化」およびその「社会化／政治化」に同時に係わるような仕方で処理する過程であり、こうした「二つの戦略」は相互に交錯し無効化し合う。いわば、システムは「行為の規範的規則と主体の意味連関」を捨象せざるをえないのと相即的に、「それを無視はできないというディレンマ」に直面しているのである。[110] そのディレンマはさまざまな形で変装されているといえる。たとえば、「中央－地方」、「都市部－農村部」、そして「中核－周辺」の対立は垂直的分業による空間的分業を基底とする。中核と周辺は「生産の差別的な費用構造と結びついた関係概念」なのである。他方で、空間的に離れた地域に差別的な費用構造となる生産過程の配備が、そうした関係の不可避的かつ恒常的な特徴ではない。つまり、「時の経過とともに世界の一部の地域はおもに中核的生産過程」の地帯となり、他の地域はおもに周辺的生産過程となる傾向がある。両極化の進展の相違は確かに「循環的変動（cyclical flactuations）」であるが、このギャップが拡大方向となる「長期的趨勢（secular trend）」もまた存在する。[111]

いいかえれば、「過疎化」と相即的に進行する東京への「一極集中化」は「アディクティヴ」な「中核－周辺」の空間的構図を作り出している。こうした垂直的分業は原発立地地域だけではなく、他の地方の政治・経済構造にも大きな影響を与えている。「原子力ムラ」となった農村部で廃炉となる「原発＝核施設」は巨大な「負の遺産」として将来の数世代の負担となる。だが、「次々と成りゆく今」の「豊かな生活」を享受する世代は現状の固定化を可能な限り進行させている。

ウォーラースティンが「生産の差別的な費用構造と結びついた関係概念である」と述べたのは、「中核（東京）-周辺（福島）」という空間的構図を物象化しない重要な視点であろう。物象化されたならば、中核（東京）は差別的な費用構造によって「利益」を収奪する側となり、無意図的に周辺（福島）へ「蔑視の眼差し」を向け続けるだろう。他方で、周辺（福島）は自律した経済圏の形成に失敗し、中核へ「依存」することになり「依存」の「長期的趨勢（secular trend）」は実体化する。こうした傾向を回避するためにも「関係概念」という視座が必要となるのである。植民地的蔑視の眼差しに従属しないためには原発事故を無化・忘却化させる「政治的／経済的／文化的」な「規定性」を再考しなければならない。たとえば、廣松によれば、「規定性」は「その他との機能的な関係態においてはじめて『規定性A』」であって、この機能的関係を離れては「没概念的」である。つまり、現実に存在するのは「機能的関係態」であり、「関係項が独立自存」しているのではない。一方で、伝統的な発想法では「第一次的に〝項〟」が在り、それらの項が「第二次的に関係を結ぶ」かのように捉えられている。だが、まさに「函数的な関係性においてはじめて項が存立性を得る」のである。[112]

だからこそ廣松はゲシュタルト的「恒常性」と「転調性」を同一の構制の在り方から捉えたのであった。「恒常性」と「転調性」は生活世界の「背景図」として「人-間」での共通の経験・知識的基盤となりえる。また、この二つの性質は伝統的価値規範から自明視される「真善美」と「偽悪醜」をも包含している。こうして諸環境における「〈状況〉と〈反応〉」とは共通に「その有機体固有の活動様式を表わす或る構造」と関係し、「互いに内的に結びつく」のであった。「状況」と身心の相互作用は精神性と身体性を交互的に媒介し、伝統的美意識を維持・変様させていく。そこで「状況」は一部分が変化しても「転調的」に自己維持性を示すのであった。つまり、ゲシュタルト性での相互連関は「原因‐結果」に還元し得ない「一つの循環的過程の二契機」なのである。だからこそ当然視された「日常性」の諸規準は機能分化によってつねに摂動しているのである。

日常生活における「自然な自明性の意味と有効範囲と本質特性」は、まさに正常に機能することが当然視され、注意を向けられることはない、とブランケンブルクは述べている。人びとが各自の「自然な自明性の内部」に捕囚されては自明性の「喪失を認識の枠内」に摂取することはできない。既成秩序の崩壊を捉えるためには、「日常的意識の健全な平常性」という基盤からの離脱が必要なのである。つまり、自然な自明性の外側に位置する「立脚点」を獲得しなければならない。[113] 原発禍による破局の時代に適した視座の基礎となるべき「形而上学」は、破局の後に続く時間に「みずからを投影」し、その破局の中で「必然であると同時にありそうにない」出来事を遡及的に見出すような「形而上学」である。[114] なぜなら、「フェノメノン」は「als solches に直接的な所与」であり、すでに「即自的に etwas Anderes、etwas Mehr として媒介的」に措定されているからであった。また、それは「『として』の両極に立つ二つの契機の媒介的統一体」でもあったからである。

この「媒介的統一体」は社会システムのなかで象徴記号体系を事実的関係「として」存立させている。いわば、「として」からの対象把握は解釈学的な意味理解となっており、このとき解釈学とは生活世界で獲得される「経験の形式」と象徴的記号体系を把握するための「理解の形式」なのである。「媒介的統一体」の解釈には、媒介されている諸段階の重層的意義性の脈絡にも視線を向ける必要がある。それは各文化圏の生活世界の象徴的記号体系にはそれぞれ準拠する理論的命題があり、その意味理解には各特性が存在するためである。こうして各文化圏内で継承されてきた共同主観性は「経験の形式」と「理解の形式」から意味連関として再構制されてきたのである。また「経験の形式」の身体化とは「媒介的統一体」が内包する意味連関の重層性を安定した「形式」とし、それらを「理解」するための基本的形態でもある。この基本的形態とは、言語的表現、行動、そして経験表出となるのである。言語的表現と具体的な意味連関の分離とは「媒介的統一体」の重層性を単一化することになる。現在の日本社会は複雑な「媒介的統一体」を単純な思考方法で捉えようとしている。それは権力をもつ者たちだけではなく日常生活のなかでの言語的表現にも具現化されているが、こうした日本社会が内包する問題性を安丸もすでに考察していた。

「私たちは思いもかけないような（…）凶悪な犯罪事件、奇妙なオカルト的宗教現象、宗教原理主義と結びついた暴力、戦争などに脅かされており、それらに大きな不安を感じている。日本のなかだけで考えても、さらに世界の全体を構造的に論じようとすればほとんど自明のことだが、こうした現象には重たいリアリティがある。／（…）状況全体への反省的な省察なしには、私たちの生きる社会の構造的な特徴について深く考えることはできない[115]」。

脱魔術化の進展によって「思考の枠組み」は相対化され続けているが、それはいまの日本の「政治／経済／社会／教育」を包摂している新自由主義が技術革新を構成要素としているためである。技術革新は新しい「商品開発／生産方法／組織形態」の追求に人びとを駆り立てる競争の強制力となり、企業と同様に国家機構のなかにもその思考様式が定着している。こうして技術革新の強固な自立化傾向が生じ、それは社会秩序の安定性を損ないうるだけでなく、逆効果にもなりうるのである。技術革新を専門とする部分が独立性と専門性を強化するとき、技術の発展が暴走する可能性がある。また、それは支配的な社会関係や諸制度を掘り崩す場合もありえるのである[116]。

つまり、「思考の枠組み」とは相互的自他関係を確立するための準拠点であって、準拠点とは面となることによって準拠枠となる。それは相互了解の解釈図式であり、言語を介した「人－間」という網目の結節点を伴っている。「思考の枠組み」を作り上げる言語活動は共同体内で行為連鎖となり、文化的・制度的秩序の維持・継続を可能とする。すなわち、「背景図」となる象徴体系も「として」の媒介性を包含している。他方で、日常性という「ゲシュタルト」が「異様なこと、思いがけぬこと、突発的で理解しがたい非合理的なこと」を排除し、そうした「問題群を捉える能力が欠落している」のが現代日本社会なのである。また、人びとは「理解できない非合理的なもの」を社会の外部へと排除し無意識化に抑圧しているのである。こうした「状況全体」への反省あるいは自省なしには、「生きる社会の構造的な特徴」を深く捉えることはできない[117]。ここで必要なことは「認識における自然的態度」の放棄であり、また同時に「《自然な生活姿勢の転換》」なのである[118]。

だとすれば、言語活動から形成される文化的制度と生活形式の変動に相即的な言語的創造性を再考すべきである。その再考から予見されえなかった状況を熟考された言語使用から新たな表現形式に代置していかなくてはならない。三・一一を四年後の「今」から考えるとき、日本という空間の内部では対象把握の準拠枠が大きく毀損している。さらに「高速化」によって「事物が遍在的になり移動が瞬間的」となり、「隔たりとともに空間そのものが消滅」しかかっている。走行の現在を決定するのは未来であり、加速化された方向において過去は常に乗越えられている[119]。時空間からの有意義性の剝奪となる故郷喪失と日常性の意味剝奪は「《われわれを取り囲んで、事物とのすべてのかかわりを根本的に支えているところの自明性が、疑わしいものとなる》ということが、見逃すことのできない」こととして顕在化してくるはずであろう。他方で、「自然と人間」あるいは「事物と人間」の蝶番とは間主観性であり、出来事を自明的なものとして理解させ行動期待に対する規範的な自明性ともなっている。また、願望や感情を主観性から客観性へと移行させる了解の媒体が「言語」であり、「対話」とは行為遂行的に「身体化」された文化的解釈範型を前提としているが、自明性の喪失によって「すべての個別的関心（Einzelinteresse）」の根底的な「関心」、つまり「内に在ること（Inter-esse）」が消失しているのである。そうして「外に在ること」が支配的となり、「比類のない苦しみ」を「原発避難民」となった人びとに与えているのである。(120)

いいかえれば、言語によって客観的な「現実」と「事実」が法秩序のなかで位置づけられない事態が出現しているのである。これでは「例外状態」という閾の陥穽に落ちた現在の日本社会を考えることはできない。というのも、大震災と原発事故による巨大な混乱という「客観的事実」を把握できないためである。こうした状態とは法秩序にとっての「外部的領域」が「事実的手続き」に不可欠な「法＝権利」を侵食している事態なのである。つまり、法律的諸規範が規定性を喪失し単なる事実となっているために、「例外状態」では「法＝権利」が停止され事実へと解消してしまう逆向きの運動も作動することになる。重要なことは、「事実（factum）」と「法＝権利（ius）」の相互侵蝕的な「決定不能性の閾」の産出なのである。(121)

他方で、「決定的な第一歩は人間の法的人格」を抹殺する行為である。「無国籍者」の殺害とは、「無国籍者」がすべての現行法の保護対象から排除されたとき「自動的に完了」する。(122)「無国籍者」とは「決定不能性の閾」に強制的に排除されている存在者なのである。また、法秩序からの追放は既成秩序の腐蝕過程で喚起されており、同時に安全性への不信となり強い不安が社会に拡散している。本質的に現代社会は「絶えずより恐ろしい脅威を先延ばしにする術」を獲得してきたが、無限の崩壊への巨大な恐怖は「不確定な地平へと先送りされた未来そのものへの恐怖」となっている。つまり、現在の安全性は数々の脅威を絶えず「先送り」にする思考停止によって「担保」されているだけなのである。(123)一方で、法秩序とは「客体的同一者」を同定する力でもあり、同一性の輪郭を作り出すパースペクティヴを構制している。廣松によれば、人びとは「『主観－客観』二元図式」を既定的前提としつつ、「当の同一性」の覚識には「客体的同一者」が相関的に対立していると思念する。こうした「客観性」の意識は意味の間主観的同一性の覚識に支えられている。つまり、『客体的に同一なものとしての意味』が要請されているのである。それは所与群内部的な相違性を現に覚知されており、「厳格な同一性」なのではない。いわば、「許容的差異の幅をもった〝同一性〟の覚識」は間主観的に支えられた「覚識現相態が現存する」という事態なのである。(124)

註

（1）M・メルロ＝ポンティ『行動の構造』滝浦静雄／木田元訳、みすず書房、一九六四年、一五九頁。
（2）廣松渉「表情」『廣松渉著作集』第四巻、岩波書店、一九九六年、五一五頁。
（3）安丸良夫「日本の近代化と民衆思想」『安丸良夫集1 民衆思想史の立場』岩波書店、二〇一三年、二一-三頁。
（4）大塚久雄『共同体の基礎理論』岩波現代文庫、二〇〇〇年、二七-二八、五三-五五頁。
（5）ニクラス・ルーマン『社会の経済』春日淳一訳、文眞堂、一九九一年、一二九-一三〇頁。
（6）吉原直樹『「原発さまの町」からの脱却-大熊町から考えるコミュニティの未来』岩波書店、二〇一三年、四-五頁。
（7）内田隆三『国土論』筑摩書房、二〇〇二年、一六一頁。
（8）田辺元「マラルメ覚書-『イジチュール』『双賽一擲』をめぐって-」藤田正勝編『死の哲学 田辺元哲学選Ⅳ』岩波文庫、二〇一〇年、九五-九七頁。
（9）加藤周一『日本文化における時間と空間』岩波書店、二〇〇七年、二二六頁。
（10）廣松渉「儀礼行為についての私の観方」『廣松渉著作集』第二巻、岩波書店、一九九六年、四八四-四八五頁。
（11）前掲『日本文化における時間と空間』、二二六頁。
（12）ピエール・ブルデュー『資本主義のハビトゥス-アルジェリアの矛盾』原山哲訳、藤原書店、一九九三年、一一頁。
（13）廣松渉「存在と意味 第二巻」『廣松渉著作集』第十六巻、岩波書店、一九九七年、三三一、三八三頁。
（14）クラウス・オッフェ『後期資本制社会システム-資本制的民主制の諸制度』寿福真美編訳、法政大学出版局、一九八八年、一六〇頁。
（15）ミシェル・フーコー『生政治の誕生-コレージュ・ド・フランス講義8 一九七八-一九七九年度』慎改康之訳、筑摩書房、二〇〇八年、二〇頁。
(16) ギー・ドゥボール『スペクタクルの社会』木下誠訳、ちくま学芸文庫、二〇〇三年、一四‐一五頁。
(17) ポール・ヴィリリオ『ネガティヴ・ホライズン‐速度と知覚の変容』丸岡高弘訳、産業図書、二〇〇三年、五三頁。
(18) ジグムント・バウマン『廃棄された生‐モダニティとその追放者』中島道男訳、昭和堂、二〇〇七年、一二頁。
(19) マイケル・ウォルツァー『解釈としての社会批判‐暮らしに根ざした批判の流儀‐』大川正彦／川本隆史訳、風行社、一九九六年、二〇頁。
(20) リチャード・ローティ『偶然性・アイロニー・連帯‐リベラル・ユートピアの可能性』齋藤純一ほか訳、岩波書店、二〇〇〇年、一七頁。
(21) 廣松渉「存在と意味 第一巻」『廣松渉著作集』第十五巻、岩波書店、一九九七年、一九四‐一九五頁。
(22) 藤田省三『(第二版) 天皇制国家の支配原理』未來社、一九九四年、一〇‐一一頁。
(23) ジャン＝ピエール・デュピュイ『聖なるものの刻印』西谷修ほか訳、以文社、二〇一四年、一一頁。
(24) ユルゲン・ハーバーマス『コミュニケイション的行為の理論 (下)』丸山高司ほか訳、未來社、一九八七年、九二頁。
(25) 高橋哲哉『犠牲のシステム 福島・沖縄』集英社新書、二〇一二年、二七‐二八頁。
(26) ミシェル・フーコー『監獄の誕生—監視と処罰』田村俶訳、新潮社、一九七七年、一七五頁。
(27) 前掲『生政治の誕生‐コレージュ・ド・フランス講義8 一九七八‐一九七九年度』、二三頁。
(28) 前掲『監獄の誕生—監視と処罰』、三三一‐三四頁。
(29) ルネ・ジラール『暴力と聖なるもの』古田幸男訳、法政大学出版局、一九八二年、四一六‐四一七頁。
(30) デヴィッド・ハーヴェイ『新自由主義‐その歴史的展開と現在』渡辺治監訳、作品社、二〇〇七年、九八頁。
(31) 前掲『ネガティヴ・ホライズン‐速度と知覚の変容』、八五‐八七頁。
(32) ジャン＝ピエール・デュピュイ『ありえないことが現実になるとき‐賢明な破局論にむけて‐』桑田光平／本田貴久訳、筑摩書房、二〇一二年、二六‐二七頁。
(33) ジョルジョ・アガンベン『ホモ・サケル‐主権権力と剥き出しの生』高桑和巳訳、以文社、二〇〇三年、一六‐一七頁。
(34) 前掲『日本文化における時間と空間』、三二頁。
(35) 同前、三二‐三三頁。
(36) 田辺元「数理の歴史主義展開‐数学基礎論覚書」藤田正勝編『哲学の根本問題・数理の歴史主義展開 田辺元哲学選 Ⅲ』岩波文庫、二〇一〇年、二二五‐二二六頁。

(37) ヴァイツゼッカー『ゲシュタルトクライス－知覚と運動の人間学』木村敏／濱中淑彦訳、みすず書房、一九七五年、二三五頁。
(38) 前掲「存在と意味 第一巻」『廣松渉著作集』第十五巻、四一六－四一七頁。
(39) 丸山眞男「日本の思想」『丸山眞男集』第七巻、岩波書店、一九九六年、一九八、二〇一頁。
(40) 前掲『日本文化における時間と空間』、五三頁。
(41) 丸山眞男「歴史意識の『古層』」『丸山眞男集』第十巻、岩波書店、一九九六年、二二－二三頁。
(42) 同前、二四－二五頁。
(43) 田辺元「歴史的現実」黒田寛一編『歴史的現実』こぶし文庫、二〇〇一年、一六－一八頁。
(44) 前掲「存在と意味 第一巻」『廣松渉著作集』第十五巻、一四七頁。
(45) E・ミンコフスキー『生きられる時間－現象学的・精神病理学的研究Ⅰ』中江育生／清水誠訳、みすず書房、一九七二年、三四－三六頁。
(46) 同前、三九頁。
(47) 同前、四〇頁。
(48) 前掲「存在と意味 第一巻」『廣松渉著作集』第十五巻、四一八－四一九頁。
(49) 前掲「マラルメ覚書－『イジチュール』『双賽一擲』をめぐって－」藤田正勝編『死の哲学 田辺元哲学選Ⅳ』、七二頁。
(50) 前掲『ホモ・サケル－主権権力と剥き出しの生』、一七－一八頁。
(51) 前掲「存在と意味 第一巻」『廣松渉著作集』第十五巻、三六三－三六四頁。
(52) カミュ『ペスト』宮崎嶺雄訳、新潮文庫、一九六九年、一〇二－一〇三頁。
(53) 前掲「数理の歴史主義展開－数学基礎論覚書」藤田正勝編『哲学の根本問題・数理の歴史主義展開 田辺元哲学選Ⅲ』、二三四頁。
(54) 前掲『ネガティヴ・ホライズン－速度と知覚の変容』、一三六、一四〇－一四一頁。
(55) 前掲『廃棄された生－モダニティとその追放者』、一二頁。
(56) ハンナ・アーレント『全体主義の起源 3』大久保和郎／大島かおり訳、みすず書房、一九七四年、二三〇頁。
(57) ジャン－ポール・サルトル『弁証法的理性批判 実践的総体の理論Ⅰ』第一巻、竹内芳郎／矢内原伊作訳、人文書院、一九六二年、三八頁。
(58) チャールズ・テイラー『自我の源泉 近代的アイデンティティの形成』下川潔ほか訳、名古屋大学出版会、二〇一〇年、一六－一七頁
(59) 同前、一七頁。

(60) 前掲「存在と意味 第一巻」『廣松渉著作集』第十五巻、一七六、三六三頁。
(61) 廣松渉「世界の共同主観的存在構造」『廣松渉著作集』第一巻、岩波書店、一九九六年、三七頁。
(62) M・メルロ=ポンティ『見えるものと見えないもの』滝浦静雄/木田元訳、みすず書房、一九八九年、二九四頁。
(63) 前掲『解釈としての社会批判 - 暮らしに根ざした批判の流儀 -』、二六 - 二七頁。
(64) スラヴォイ・ジジェク『仮想化しきれない残余』松浦俊輔訳、青土社、一九九七年、一〇九 - 一一〇頁。
(65) ガストン・バシュラール『空間の詩学』岩村行雄訳、ちくま学芸文庫、二〇〇二年、六二 - 六三頁。
(66) 今村仁司『抗争する人間《ホモ・ポレミクス》』講談社選書メチエ、二〇〇五年、一二七 - 一二八頁。
(67) 前掲『行動の構造』、一九一、一九五頁。
(68) 前掲『全体主義の起源 3』、八〇頁。
(69) 前掲「存在と意味 第一巻」『廣松渉著作集』第十五巻、二九頁。
(70) ノルベルト・ボルツ『仮象小史』山本尤訳、法政大学出版局、一九九九年、七三頁。
(71) 前掲「存在と意味 第一巻」『廣松渉著作集』第十五巻、一七八 - 一七九頁。
(72) ニクラス・ルーマン『エコロジーのコミュニケーション』庄司信訳、新泉社、二〇〇七年、一二頁。
(73) 前掲『聖なるものの刻印』、一四 - 一五頁。
(74) 前掲『全体主義の起源 3』、二三六頁。
(75) テリー・イーグルトン『イデオロギーとは何か』大橋洋一訳、平凡社ライブラリー、一九九九年、六六 - 六七頁。
(76) 前掲『自我の源泉 近代的アイデンティティの形成』、一七 - 二〇頁。
(77) 黒田亘『経験と言語』東京大学出版会、一九七五年、二二二頁。
(78) ルートビッヒ・ウィトゲンシュタイン「哲学的文法―1」『ウィトゲンシュタイン全集3』山本信訳、大修館書店、一九七五年、二二九頁、一一五節。
(79) 前掲「存在と意味 第一巻」『廣松渉著作集』第十五巻、七一、七五頁。
(80) ミシェル・ド・セルトー『日常的実践のポイエティーク』山田登世子訳、国文社、一九八七年、一六二 - 一六三頁。
(81) 色川大吉「地域と歴史」『色川大吉著作集』第四巻、筑摩書房、一九九六年、一〇八頁。
(82) ジョルジョ・アガンベン『例外状態』上村忠男/中村勝己訳、未來社、二〇〇七年、五〇頁。
(83) ミシェル・フーコー『性の歴史Ⅰ 知への意志』渡辺守章訳、新潮社、一九八六年、一七三頁。
(84) ユルゲン・ハーバーマス『理論と実践』細谷貞雄訳、一九七五年、未來社、二五 - 二六頁。

(85) 前掲『暴力と聖なるもの』、四一七‐四一八頁。
(86) 河北新報社『河北新報のいちばん長い日 震災下の地元紙』文春文庫、二〇一四年、二二一‐二二三頁。
(87) 石橋克彦「はじめに」石橋克彦編『原発を終わらせる』岩波新書、二〇一一年、i頁。
(88) 大和田武士／北澤拓也編『原発避難民 慟哭のノート』明石書店、二〇一三年、六五‐六六頁。
(89) W・ブランケンブルク『自明性の喪失 分裂病の現象学』木村敏ほか訳、みすず書房、一九七八年、一〇五‐一〇六頁。
(90) 田辺元「社会存在の論理」藤田正勝編『種の論理 田辺元哲学選Ⅰ』岩波文庫、二〇一〇年、六四、七六頁。
(91) 前掲『自明性の喪失 分裂病の現象学』、一〇七頁。
(92) 前掲『全体主義の起源 3』、八一頁。
(93) 前掲『河北新報のいちばん長い日 震災下の地元紙』、二五‐二六頁。
(94) 相川祐里奈『避難弱者‐あの日、福島原発間近の老人ホームで何が起きたのか?』東洋経済新報社、二〇一三年、一六‐二〇頁。
(95) 前掲『後期資本制社会システム‐資本制的民主制の諸制度』、一六〇‐一六一頁。
(96) 前掲『避難弱者‐あの日、福島原発間近の老人ホームで何が起きたのか?』、二〇‐二三頁。
(97) 前掲「存在と意味 第一巻」『廣松渉著作集』第十五巻、四二二頁。
(98) ニクラス・ルーマン『制度としての基本権』今井弘道／大野達司訳、木鐸社、一九八九年、八八頁。
(99) 前掲「存在と意味 第一巻」『廣松渉著作集』第十五巻、四二八‐四二九頁。
(100) ジョン・ロールズ『正義論 改訂版』川本隆史ほか訳、紀伊國屋書店、二〇一〇年、二四三、四四六頁。
(101) 前掲「存在と意味 第一巻」『廣松渉著作集』第十五巻、七五‐七七頁。
(102) ジャン‐ピエール・デュピュイ『ツナミの小形而上学』嶋崎正樹訳、岩波書店、二〇一一年、一一頁。
(103) 田辺元「種の論理と世界図式‐絶対媒介の哲学への途」藤田正勝編『種の論理 田辺元哲学選Ⅰ』岩波文庫、二〇一〇年、一九一‐一九二頁。
(104) エティエンヌ・バリバール「人種主義と国民主義《ナショナリズム》」エティエンヌ・バリバール／イマニュエル・ウォーラーステイン『人種・国民・階級‐揺らぐアイデンティティ』若森章孝ほか訳、大村書店、一九九五年、八〇頁。
(105) 前掲「存在と意味 第一巻」『廣松渉著作集』第十五巻、一三四頁。
(106) 前掲『全体主義の起源 3』、二九八頁。
(107) アラスデア・マッキンタイア『美徳なき時代』篠崎榮訳、みすず書房、一九九三年、二六六頁。
(108) 前掲『行動の構造』、一九九頁。

(109) イマニュエル・ウォーラーステイン「民族性の構築」エティエンヌ・バリバール／イマニュエル・ウォーラーステイン『人種・国民・階級－揺らぐアイデンティティ』、一一八－一一九頁。
(110) 前掲『後期資本制社会システム－資本制的民主制の諸制度』、一六二頁。
(111) 前掲「民族性の構築」エティエンヌ・バリバール／イマニュエル・ウォーラーステイン『人種・国民・階級－揺らぐアイデンティティ』、一二〇－一二二頁。
(112) 廣松渉「弁証法の論理」『廣松渉著作集』第二巻、岩波書店、一九九六年、一八二頁。
(113) 前掲『自明性の喪失 分裂病の現象学』、一〇八、一一〇頁。
(114) 前掲『ツナミの小形而上学』、一五頁。
(115) 安丸良夫「日本の近代化と民衆思想」『安丸良夫著作集3　宗教とコスモロジー』岩波書店、二〇一三年、三三〇－三三一頁。
(116) 前掲『新自由主義－その歴史的展開と現在』、九九頁。
(117) 前掲「日本の近代化と民衆思想」『安丸良夫著作集3　宗教とコスモロジー』、三三〇－三三一頁。
(118) 前掲『自明性の喪失 分裂病の現象学』、一一一頁。
(119) 前掲『ネガティヴ・ホライズン－速度と知覚の変容』、一四二－一四四頁。
(120) 前掲『自明性の喪失 分裂病の現象学』、一一五頁。
(121) 前掲『例外状態』、五九－六〇頁。
(122) 前掲『全体主義の起源 3』、二四六頁。
(123) 前掲『ありえないことが現実となるとき－賢明な破局論にむけて－』、四六－四七頁。
(124) 前掲「存在と意味 第一巻」『廣松渉著作集』第十五巻、二七頁。

第三章　円環的媒介としての「身体性／人称性」と「歴史的現在」

第一節　想像力の欠如と生の剥奪

故郷喪失と自明性の消失は、すべての個別的関心（Einzelinteresse）を可能とする基底の破壊であった。つまり、世界内存在から「内に在ること」（Inter-esse）を奪い去り、赤裸々な外部性へと人びとを放置することを意味した。社会生活に対する経済の支配によって、あらゆる「個人的現実は社会的なもの」となり、社会権力に直接依存することになった。いわば、「個人的現実」とは「存在しないという限りにおいてのみ姿を現す」ことが許されているのである。[1] その「個人的現実」をギュンター・アンダースは『異端の思想』のなかの「ラジオ。高級官僚が原子力発電所と放射性廃棄物について語る」において次のように書き記している。

「この男は言いようもないほど想像力を欠いていて、『過去の克服』とか『過去の克服の不可能性』という言葉を使うとともに、それと平行して『未来の克服』とか『未来の克服の不可能性』といった言葉を導入せねばならないほどだ。無数の人々がアウシュヴィッツや広島に起こった破局を想像できないように、この話し手には切迫している破局を想像することができないのだ。悲しむ力のない人々の教育と同様に、こういう無能な――そして常に『やる気のない』――人々の教育に着手しなければならない。そして、『明日に迫ったホロコースト（The Holocaust of tomorrow）』というような映画を作る必要がある」[2]。

放置する空間として措定される「例外状態」では「客観的事実」を確定しえず、価値規範の象徴的記号体系が断片化されていくのであった。こうした状況下で「切迫している破局を想像することができない」のであれば、最悪の結果を誘引する。また、「例外状態」では「法＝権利」が停止され、事実へと解消してしまう運動も生成される。注視すべきことは、「決定不能性の閾」が産出されたことでもあったが、「悲しむ力のない人々」が政治・経済領域の中心を担っているとすれば、「『主観－客観』二元図式」さえも崩れ落ちた「現実」を把握することはできない。だが、主客二元論が混濁し、「客体的に同一なものとしての意味」そのものが崩落した時空間が被災地なのである。絶えず変様する事態に対して従来の「意味＝世界観」は方向性を提示することはできず、「原発＝核施設」の事故現場で収束作業に従事した人びとや放射能汚染から逃れようとした人びとが行為選択を準拠させ得るものはなかった。また、その混沌のなかでより良い行為を求めた人びとに「政府／東電」は援助の手をさしのべることはなかった。既存の自明性の喪失は「我と汝」の「間」が内包する「動的変易性」を劇的に変容させ、このとき世界・社会の解釈図式となる「二元的図式（＝二元コード）」の機能は失われたのであった。

ルーマンによれば、コードで重要となるのは二重化規則である。それによって、「現にあるもの／生じるもの」が正負の両ヴァージョンへと二重化される。だが、そこで起っている二重化を反省することはできない。コードの統一性は形式のうちに存しているが、「ある側が指し示される、もう一方の側も視野のうちに収められている」。だからこそ、「二値性（Binalität）」が必要となるのである。こうした「二値性」によって、一方の値のうちに反対の値を、また反対の値のうちに最初の値を組み込んでおくことが可能となる。つまり、「ある値は同一性であると同時に差異でもある」。そうして、「自己を自分自身のうちで反復する」という自己言及的関係が成立するのである。(3)

こうした準拠枠が意味分節の機能を喪失したのが原発事故であった。今回の原発禍で高橋哲哉が重要視したのは、事故収束に当たる「原発内の現場作業員」の多くが「東電社員」ではなく、「子会社・孫会社」を通して集められた「非正規労働者」であったことである。「現在、福島第一・第二原発内で危険な任務にあたっている作業員の約八割は、地元出身者であるという」。いまでもまだ「原発事故の被災者自身」が事故収束のため過酷な末端労働を担わされているのである。こうした「原発＝核施設」とは「内部にも外部にも犠牲を想定せずには成り立たないシステムである」と捉えるべきであろう。「犠牲」を内在化させた「原発＝核施設」は「内部に被曝労働者の犠牲」のうえに確立しているのである。そして、大事故が起これば、立地地域とその周辺の住民と自然環境が放射性物質の拡散によって汚染され、さらに県境や国境も越えて広大な地域の人びとと自然環境が犠牲にされることになる。(4)

その「犠牲のシステム」は生活世界とのあいだで「擬似的同一化」とでもいうべき社会環境を作り出し、そうした「政治的／経済的」秩序に諸個人を包摂したのであった。各個人は価値判断に準拠した行動選択の能力を「犠牲のシステムとしての原発」に「譲渡」してきたのである。また、共同体や生活世界が恒常的かつ定常的に「犠牲のシステム」を受容すれば、その受容過程で相互の「擬似的同一化」が進行していく。つまり、スペクタクル的関係のなかで「純粋に客体化された物神崇拝的な外観」は「そこに含まれた人間どうしの間の、また階級間の関係という特徴を隠蔽する」のである。そこでは「第二の自然」が運命の法則によって、人間存在の環境を支配しているかのようであるが、スペクタクルは「自然な発展と見なされた技術的発展の必然的産物ではない」のである。むしろ「スペクタクルの社会」は「自らの技術内容を選択する形式なのである」と把握しなければならないのである。[5]

しかし、「擬似的同一化」とは「人間の生命」と「犠牲のシステム」の相互侵食的な一体化であり、「人間の生命」を腐蝕させる「犠牲のシステム」は「共同体」と「生活世界」に多義的なサンクションを含意する分断線を走らせたのであった。こうした分断線はシステム権力の暴力性を高め、生活世界を基底とする「人 - 間」と「空 - 間」を「内／外」に切断し、大きく変様させた。物象化された「内／外」の分断線から生じる「対立・軋轢・葛藤」などは伝統的共生の場としての「汝と我」の関係を深く毀損したのであった。それは「汝と我」が世界に内属することの否定であった。

「世界の内にあって」は、「実存と実存とは直接に出会う」ことはできない、とヤスパースはいう。つまり、実存としての自己と他者は「内容の媒介を通じてのみ出会うこと」が可能なのであり、「心と心が一つに合する」ためには「行動と表現との現実を必要とする」のである。なぜなら、「交わり」とは「融通無碍の永遠の明澄さとして現実にあるもの」ではなく、「現実の質料のうちにおける自己存在の運動である」ためである。[6] だからこそ、自他関係という「自己存在の運動」を田辺は「我と汝」の「動的力学的統一」であると述べたのであった。「動的力学的統一」という多次元の統一は「一次元」のように「単純に斉一に全体が完結的に存在する」のではなく、そこには陰翳的とでもいえる側面が存在しているのである。いわば、陰翳的とは全体の一部が現れているが他部が隠れ、「前景」と「背景」との間には推移がある。この「前景」と「背景」の推移が「動的変易性」であると田辺は述べている。つまり、多次元の動的統一は自己の「背景」と「裏面」という「隠れた側面」を持つのである。[7]

いいかえれば、自他関係とは「図 - 地」成態の在りように代置することができる。たとえば、「地 = 他者 = 社会全体」とできるのと同様に、「図 = 自己」としても把握できる。そこで「図 = 自己」と「地 = 他者」という視座を廣松の考察から論じていく。廣松によれば、「図」が図として明瞭に覚知されるにつれて、「地」は「無‐化」される。地は意識野から消失して「図」だけが現識され、「図」は地との「区‐別性の異」における対照性の覚識を失うことになる。それにともなって「反照的関係規定」である関係性が「自存的な規定・図の固有的規定」として、「〝内自有〟（In-sich-sein）化」される。こうして当事主体の直接的体験においては、地との反照ということは覚識されず、「図」の規定性は自己完結的で固有的であるように覚知されるようになる。[8]「図」の規定性が「反照的関係規定」であるからこそ、「世界内容」を介さなければ「実存的交わり」は「その現象の媒介」を持ち得ないのである。一方で、「交わり」がなければ、「世界内容が無意味となり、空虚となる」。こうした「世界内容」を知的誠実性から把握するとき、「可能的実存にはじめて現実存在」が附与されるのである。つまり、可能的実存の存在によってこそ、「無常性と無関心性から生ずる荒廃が、『交わり』において世界内容から取り除かれる」のである。[9]

いいかえれば、自己完結的かつ固有的に「図＝自己」が措定されるならば、subject のキアロスクーロが失われる。なぜなら、フーコーが指摘したように、subject とは「主体化＝陽」と「従属化＝陰」の両義性を持つが、固有的な「図＝自己」とは他者性という陰翳面を媒介しない「自己同一性」として自然に受容されていくためである。つまり、「自己同一性」が先行的与件として実体化され、「私」を「内自有化」する物象化的錯認を生み出すのである。「図＝自己」が「反照的関係規定」であれば、「自己同一性」とは自他間での反照光の集約というべきであろう。そうしたことは「我と汝」が「動的力学的統一」という多次元性から語るべき「こと」であると明示している。「図＝自己」が「我との「反照的関係規定」であるのは、「一次元」のように「単純に斉一に全体が完結に存在」できないからである。「図」は地との「区‐別性の異」において「前景」と「背景」を含意しており、「図＝自己」の「動的変易性」を示しているのである。また、廣松によれば、「図」たる「其れ」の規定性は「学知的反省」から「質」（Qualität）と総称することができる。だが、この「質」規定は「量」的規定として対自化される、つまり、「大・小」「長・短」「広・狭」「軽・重」なども、先ずは対他的対照による反照的規定の〝内自有化〟された「物性」の相で「一種の質」として体験される。その「物性」とは自他間の反照的関係規定からいえば「動的変易性」なのであり、自他の関係性とは「濃 - 淡」、「遅 - 速」、「温 - 冷」、「強 - 弱」、などの「度合」(内包量)に関わっている[10]。

いいかえれば、「動的変易性」とは、「生活形式」を基底として世界内存在が相互に集団を形成し、維持する「倫理的/道徳的」規範に柔軟性をもたせ、各生活文化間にある相違に対して寛容をもって臨むことを可能とする。こうして「倫理的/道徳的」規範は「濃 - 淡」、「遅 - 速」、「温 - 冷」、「強 - 弱」、などの「度合」をもつことになるのである。つまり、動的法規範は法解釈を多元化しながら、諸行為の選択やその選択が準拠する規則を変様させていくのである。「動的変易性」とは「自己同一性」による他者性の包括と「生活形式」の文化規範の修正可能性の形を現わしているのである。しかし、巨大な自然災害と人災は自他間から均衡ある「動的変易性」を消失させた。

そうしたとき複数の行為選択の前提となる社会秩序の機能は正当性を失った。規範性が自らを正当化する準拠点を失ったためにアノミー的な要素が共同体を充たすことになり、「法的 - 政治的」機軸による単純な二分法では多くの問題に対処することは不可能となったのである。こうした環境変化から、「秩序/混乱」「形式/混沌」「正/誤」「適切/不適切」「合理的/非合理的」、などの二元的図式によるカテゴリー化は、適切な機能を発揮することはできなかった[11]。図式化の機能喪失は「動的かつ統一」という両義性の前者の側面が後者を圧倒し、変容し続ける状況のなかで混沌を秩序へと象る実践は放棄されたのであった。その結果、人びとが意味喪失のなかに放置されることになったのである。ここで考察すべきは「道徳的/精神的」直観の「背景画」としての「地平」である。まず、「地平」の共有があり、間主観性という「意味」から実践的妥当性の要求もなし得る。フッサールはこの「地平」について『デカルト的省察』のなかで言及している。[12] フッサールによれば、それぞれの「我思う《コギト》」には、多様な志向性が属している。それが世界内部のものを意識するのみならず、自らを「我思う《コギト》」として内的時間意識における意識によってすでに、世界に関わっているのである。それぞれの「我思う《コギト》」には、多様な志向性が属している。こうした志向性の根本的特徴として体験はすべて「地平」をもっており、「地平」ではその意識連関が変化し、自分に固有な流れの位相が変化するなかで変移する。それは志向的な地平であって、意識の自分自身に属する潜在性への指示をともなっている。

こうした「地平」とは対象把握を可能とするパースペクティヴの「背景図」なのである。「地平」によって「我思う」という思惟を判明かつ明晰なものとして規定でき、そのパースペクティヴから日常のなかの思考や経験の触発が輪郭を獲得し概念化される。それは外部性や他者性を自己の「地平」から理解し、受容することでもある。すなわち、「地平」を基底として共有することから「人々」は「共同主観的」に一致しうるのである。こうして対象的事態とは間主観的に形成され、認識論的主観に対妥当する事象的・命題的事態となるのである。認識の「客観妥当性」とは意識内容と意識対象との直接的な照合的合致性ではない。したがって、「認識の客観的妥当性＝真理性は『質料的所与－形相的所識』『能知的誰某－能識的或者』の四肢的連関性において存立する」のである。[13]

田辺は「具体的には陰翳現象や脱自的統一は単に地平圏だけで理解」できるものではないとする。つまり、「主体的に方向の転逆的媒介、限定に対する反対限定の統一、被限定を限定の媒介とする否定的媒介」として理解する必要がある。「直接なる統一」の「自覚」と「被限定を限定の媒介とする自発性」を「自己のものと反省する」からこそ「個が個として成立する」。そうした対立的二元性の媒介の構造をもつ「種の論理」は、「自己の内に自己に対立する層を含むことにより二次元となる」。こうして「他において自を見る反省を契機」とする必要性が生じるのである。[14]

つまり、視座交換の確認には「『質料的所与－形相的所識』『能知的誰某－能識的或者』の四肢的連関性」が背景とする「意味解釈」の規則が存在しなくてはならない。「原発＝核施設」事故によって生活世界と部分システムからなる国家・行政などは日常の秩序を維持することは不可能となった。「『質料的所与‐形相的所識』」の連結が断ち切られ、「人‐間」における諸集団は「正当／不可欠」な行為を「時‐間」において選択しえなかったのである。他方で、「『能知的誰某‐能識的或者』」の二肢的二重相は「個」と「役柄」の重複なのであるが、「能識的或者」の揮発は「正／誤」という行為の選択帰属を不明瞭とし、原発事故の結果から生じたリスクの縮減には大きな困難を伴ったのであった。必然的にそこでの「意味あるもの」とは秩序と重なり、「無意味なもの」とは混沌と重なることになる。

いいかえれば、「『質料的所与‐形相的所識』『能知的誰某‐能識的或者』の四肢的連関性」という「動的変易性」が日常の「営み」の基底なのである。「動的変易性」は多様な諸記号を介して「混沌」を「秩序」へと縮減し、それによって「四肢的連関性」は成立しているのである。ここでは過剰な選択肢群の縮減によって自らのシステムの内側の複雑性を向上させ、取捨選択のなかで排除と包摂の均衡を維持することになる。そうした均衡を前提とした人びとの生活の営みを可能にするうえで必要な「欲求」をシモーヌ・ヴェイユは考察した。ヴェイユによれば、「これらの欲求のうち、あるものは飢えとおなじく身体的である」。つまり、それは「暴力からの保護、住居、衣服、暖房、衛生、病気の看護」に関するものである。また、「身体的な生ではなく精神的な生にかかわる欲求もある」。これらが充足されない場合には、「人間は多かれ少なかれ死に類する状態へと、多かれ少なかれ純然たる植物的な生に近い状態へとすこしずつ落ちこんでいく」とヴェイユは論じている。[15]

世界内存在としての人間は「精神的な生」に必要な「欲求」の媒介から世界を解釈し、「地上で生を営む」ことを可能にしている。この「精神的な生」が前提とする「欲求」もコードの形式によって「ある側」が「指示」され、もう一方の側も視野のうちに収められることによって定義されている。こうして「二値性（Binalität）」が不可欠となり、ヤスパースが述べたように、世界に匿まれている「私」の状態を明らかにしながら、客観的現実態の発見のために意識一般の行程を進むことになる。この客観的現実態は、ただ一般的なものの平面としてのみ一つであって、「自己内完結的なものとして一つのもの」であるのではない。「私は、世界を一つの全体として概念的に把握する代りに、つねに個別的な認識を通じて私自身を世界の内に定位する」のである。[16]

ところで、「私自身を世界のうちに定位」させるものは「生ける空間」であった。つまり、人間とは「自分たちの建てた家」のなかに「自分たちの選んだ価値」を投げ入れるのと相即的に、それを現実化することになる。また、「話す行為」も人間が「直接環境」に固執することを止めて、いわゆる「認識によって心的に環境を占有している」ことを表わしている。[17] そうした生活の営みに不可欠な「精神的な生」の基盤と「世界の内に定位」する場所を失った人びとが「自分は〈余計者〉ではないかと恐れる」という倒錯を現代日本は作り出している。浪江町大字下津島在住であった今野秀則は原発事故から一年経った二〇一二年三月一二日の時点で次のように語っている。

「それでも、地域社会が復活できればよいが、特に幼い子どもがいる家族は戻らないことが確実視され、老人だけが住む特異な地域となるだろう。地域社会はすでに崩壊しているというしかない。／このような責任を誰が負うというのか。誰も負いようがないだろう。事故に基づく賠償は原因者である東電が、さらには政策を推進した政府が最終的に負うのは当然としても、地域社会自体を地図上から抹消してしまったことの責任など誰も負いようがない。金銭や経済性で計れることではないのだ。（…）／希望は捨てたくないが、現実の厳しさに心が萎える。心のなかにうずまくこの葛藤、苦しみはいずれ時間の経過に伴って鈍磨し、ポッカリ空いた心の空洞をかさぶたが覆っていくだろう。新たな土地での生活にもいずれ馴染んでくる。だが、ふとした弾みにかさぶたが剥がれいいようのない悲しみが噴きだしてくる。愛すべき土地を追われた苦しみに堪えながら、根無し草の生活を生きていくしかないのだろう[18]」。

こうした地域社会の崩壊の責任を誰かに「負わせる」ことは困難な状態にある。「誰も負いようがない」とする「政治的／経済的／社会的」システムはまさしく脱中心化され、堆積する匿名性が諦念とニヒリズムを生み出している。時間の経過とともに地図上から抹消される「地域社会」に対する結果責任など「誰も負いようがない」状態となっている。人権を奪われ「無国籍者」となった「原発避難民」に対して「統治性」が「現実性／日常性」でどのように機能しているのかを再考すべきである。フーコーは「統治性」の特質の一つとして「恣意性」をあげていた。「統治性」とは「愛すべき土地を追われた苦しみ」のなかに在る人びとにとってまさに「恣意性」そのものであろう。将来への方向性を見出すことができない状態とは匿名の権力性によって「恣意的」に存在を規定されていることなのである。一方で、「統治性」とは流動的かつ多様的な個別的諸要素から対象を同定し、統治技術とは一連の諸実践とある種の言説編成との連接から「根無し草の生活」を「合理的」に産出している。

現在の政治体制は「生政治」の形式を引き受けるように徐々に形而上学的使命を遂行している、とアガンベンは論じた。かれによれば、政治は、断絶を埋めなければならないはずの、「ゾーエーとビオスのあいだの結びつき」や「声と言語活動のあいだの結びつき」の断絶を繋げることに成功してはいない。「剥き出しの生」は政治の体制内に例外という形で表象化されている。つまり、排除によってのみ包含される「何ものか」という形で捉えられているのである。そこでゾーエーのもつ多義性を把握しなければならない。その多義性とは、①ゾーエーの「自然な甘美さ」を「政治化」できるのか、②ゾーエーは政治化される必要性があるのか、③「政治的なもの」がゾーエーの内に中核として含まれているのか、などの三点である。これらの三点への「回答」は近代における「全体主義の生政治」や「大衆の消費と快楽主義の社会」が明示している[19]。

近代を構制する二つの特質は「時間」の加速化と意味の無化であった。「加速化／無化」は、既存の社会体制と法秩序が可能とした相互予期の基底性を腐蝕させてきたのである。その腐蝕と相即的に物質的生産は少しずつ「意思から媒介された（政治的、伝統的等々の）統御メカニズム」から分離され、「交換関係の合法則性」に依拠するようになった。オッフェは、こうした資本制的産業社会とは「構成員の規範と価値を自らの基礎であるシステムの機能的諸条件と調和させうるメカニズムをもっていない」とし、資本制的産業社会は「つねに『統治不能』」という「宙吊り」の状態に置かれていると指摘したのであった[20]。

「交換関係の合法則性」は相互予期と相即する行為予期の具体性を希薄化し、抽象的に固定化された社会統合の姿の一側面となっている。こうして法形成の前提を不問とする「客観的」な法的通用性が確立し、「妥当性＝効力」を提供するものとして機能する法秩序が形成される。だが、資本制的産業社会そのものは「構成員の規範と価値を自らの基盤であるシステムの機能的諸条件」として内包してはいない。そのために「交換関係の合法則性」が「再帰的＝自己回帰的」メカニズムによって「正当性」を各システムへ附与する。このとき法的通用性もまた自己準拠的に法措定を規範化していくことになる。それは資本制的産業社会の「統治不能」という特質を「調和させるメカニズム」としての代替物なのである。また、「加速化／無化」が「統治不能」を顕在化させるのと相即的に、「人‐間」は例外状態となり「余分な者／余計者」の存在を表象化する。

いいかえれば、「規範は例外に対して自らの適用を外し、例外から身を退くことによって自らを適用する」。したがって、例外状態とは秩序に先行する混沌なのではなく、「秩序の宙吊りから結果する状況」なのである。こうした視角から、例外とは「その語源 ex-capere のとおり、外に捉えられているのであって、単に排除されているのではない[21]」。「統治不能」という例外状態を埋め合わせるために人びとは国民国家へと自己を投影し、国民国家に「本質的なもの」を希求するようになる。だが、必要なのは「加速化／無化」による時空間の圧縮によって失われた「世界が存在し、自分自身が存在すること」への驚きである。つまり、「世界と自分自身へのこうした距離を止揚できない者、あるいは、こういう無力を維持しうる者だけが『哲学者』と自称することができる」のである。[22]

藤田は「政治支配の終末的形式」というべき状態を指摘したアーレントを注視していた。[23] その「終末的形式」とは「難民」(displaced persons) の生産と拡大再生産を政治体制の根本方針としたのである。だからこそアーレントは「二十世紀は難民の世紀となった」と述べたのであった。有史以来、そうした「政治支配の終末的形式」の登場まで、どのような政治体制であっても「一定地域の住民の公的側面を一つの政治的共同体」へと組織化しようとした。そこにおいても呼び名は別として「市民権」という概念の発生とその存続があった。だからこそ政治権力が自らの意思によって「難民」を「生産」するとはどのような「意味連関」なのかを検討しなければならない。「難民」とは「市民としてのすべての法的保護を剥奪されたかもしくは喪失した者」である。もちろん「生産された難民」とは「剥奪された者」であるが、「難民」が「法的保護の切れ端」でも得たいと思えば、「犯罪者となる以外に方法はない」。つまり、「監獄法の一定の保護規定」という「最小限の生存保障規定」に依拠せざるをえないのである。いかなる法の保護からも見捨てられ、社会内部で居場所を持ち得ない「存在者」が「難民」なのである。「消費と快楽主義」が満ちた社会の「全体主義の生政治」とは最高法規に規定された「基本的人権」の内容を形骸化させ続け、「無国籍者」あるいは「難民」となった「原発避難民」を例外状態のなかで「宙吊り」にしている。つまり、例外状態は「原発避難民」から日常性や相互理解の方向性を剥奪し、「宙吊り」の「真空」におくのである。

原発禍によって社会のなかで居場所を失ったばかりか、常識が機能し得る枠組である共同体的な人間関係も希薄化したが、その結果が大衆の「アトム化」なのであった。精神的にも社会的にも故郷を喪失した状況にあって、「恣意的な出来事／計画的な出来事」あるいは「偶然的な出来事／必然的な出来事」の相互間で均衡を保った全体像の洞察は困難であろう。こうしたとき「全般的崩壊の混沌の中にあっては虚構の世界へのこの逃避は、ともかくも彼らに最低限の自尊と人間としての尊厳を保証してくれる」とでも表現できる「生の姿」が存在している。[24]

他方で、テイラーは「人生をどう生きるか」という「問い」は複数あるという。つまり、何が「豊かな意味ある人生」を構成するのかが考察課題となる。これは「強い評価」の問題であるが、「善／性質／目的」の区別の明示的「定式化」は「観察者」に完全に委任されるかもしれない。一方で、質的区別である「感覚」への言及は「私たちがしばしば活動するこのレベルの不明確さ」を内包している。テイラーが重視した「枠組」によって「質的」区別は「道徳生活の三つの次元」において異なった形で織り込まれている。こうした織り込みは三つの次元の相違する重要性からの帰結である。[25] すなわち、徳的に受容しうる「思考／行動」とは「枠組」によって選別され、共同体の「歴史的／社会的／文化的」再生産を可能にし、それに応じて「思考／行動」を正統化過程のなかで位置づける。そうして行為者たちは「枠組」によって新たに生じた状況を了解し、妥当なものとして受容する。このように「枠組」が「思考」と「行動」を規定するならば、それは両義性をもっている。つまり、諸個人が独立した自由な私的生産を「営む」ためには「共同体」の外枠（＝「共同組織」）は維持されなければならない。人間存在に対する災いと恵みを含意した自然と共存してきた日本の共同体は、「多層的精神」を育んできたのである。[26]

このように「生の姿」を形作るためには一定の「枠組」を基底として、「身体的」な「欲求」と「精神的な生」の外枠となる「住居」の安定性が必要となる。そうしたヴェイユが述べた「欲求」と「住居」の在り方をエマニュエル・レヴィナスも人間の生と倫理性に深く関係するものとして論じていた。そこでまず生とは「地の糧と天の糧とを消尽すること」が前提となっている。この「糧」に依存するかのような「生の姿」は決して隷属ではない。むしろそれは享受といえるものである。つまり私たちが生きるものに私たちを隷属させるのではなく、「私たちがそれを享受するからである」。「欲求」とは単なる欠如として解釈されるべきものではなく、また同様に純粋な受動性という側面に限定されるものでもない。人間存在とは自らの「欲求」を好み、その「欲求」を「もつ」ことで幸福を得る、とレヴィナスはいう。いわば、「欲求をいだくとともに私たちは、存在のカテゴリーの外部にあるのである」。また、レヴィナスは、「欲求」という欠如はなにか「或るものの欠如」でなく、幸福という剰余を知っている一箇の存在における欠如であり、「充たされた存在」における「欠如」である、と論じている。(27)

人間存在の「生命」とは多様な意味関連を内包する価値体系のなかで位置づけられている。そこには特定の文化の規範性から正負に区分された諸対象の定型化がある一方で、「欲求」とは人びとにとって自らの「生」の維持だけではなく、多様な意味を含意した「生」を「享受」するための努力がなくてはならない。「生」の「享受」とは人間存在が社会的世界において多種多様な親密性を得ることをも意味する。だが、過剰な「糧」の消尽は「生」の「享受」の疎外態となり、歴史の趨勢に隷属することになる。人間は自らの「欲求」を好むとレヴィナスが述べたのは、「生きること」を他者たちと分け合い「糧」とすることが、人間存在の「自己形成」に不可欠なためである。だからこそ、「欲求」とは「幸福という剰余」を知っている存在者だけが知る「欠如」なのである。つまり、「糧」を得たいという「欲求」は自己同一性の維持が他者性を基因としていることと同型なのである。自己の内面に他者性を織り込み、その包含が「優しさ・誠実さ・公正さ」という多様な情動の共有を「人－間」で可能としているのである。こうした共有があるからこそ「充たされた存在」は「欠如」を知りうるのである。だからこそ一定の文化的実践による「情動」の分有は「文化」的「同一性」を作り出していくのである。

また、レヴィナスによれば、「住居」とは人間の生を包摂している諸目的の体系内で「家はある特権的な位置」を占めるとされる。家の特権的な役割は人間の活動の目的ではなく、活動の条件そのものなのである。こうした意味で「家」とは人間の生の活動の始まりとなる。つまり、自然が表象されるのと同様に自然に対して労働が加えられていくのである。そのとき自然を世界として描写するためにも人間による「集約」が必要となり、この「集約」とは「量」ではなく対他的対照の反照的規定による「質」によって規定されている。「質」の規定性とは「内自有化」された「物性」の相ではなく、「濃－淡」、「温－冷」、「強－弱」、などの「度合」（内包量）に関わる「動的変易性」であった。こうした「集約」が「家」として実現されることになる。人間は世界のうちに着の身着のまま投げだされ「遺棄」されているのではない。さらに、レヴィナスは「内部にあると同時に外部に存在するものとして人間は、親密《アンティミテ》な空間から出発して外部に向かう」とも述べている[28]。

いいかえれば、「剥き出しの生」とは世界内存在としての人間の「本来性」ではない。ある「存在者」の排除を介して国家内に包含するような「政治と生」の関係性が維持され、それがnormalとなれば「人－間」に不可欠な「活動の条件そのもの」を失うことになる。存在者には「人格＝意味」が必要であることを再認しなければならない。政治的・経済的権力が特定の存在者を「排除と包含」から規定すれば、人びとが「集約」する場を不可欠としていることを注視することはない。政治的・経済的権力が特定の集団に対して「死するように放置」することもありえる。それは「人格＝意味」を剥奪した後に、ただ「生きるまま捨て置く」ことでもある。こうした「社会的／文化的」環境内では「倫理性／道徳性」という準拠枠が「無意味」となって空転し続ける。だが、人間とは世界のうちに「死するように遺棄」される「存在者」ではない。「世界という外部」と「集約という内部」とが互いに交叉し合うなかで、人間は「親密《アンティミテ》な空間から出発して外部に向かう」のであった。そのとき「生命」の始まりには人間への信頼が重要となることを確認することができるだろう。その「親密な空間」を得るいわば「自然権」が人間の生の曳航には必要なのである。こうした諸前提から共同主観性を捉えたとき、その形成過程内での「差異性」を論じることができる。

つまり、各文化圏ごとには異なった慣習と複数の論理や合理性があり、共同主観性は先行する他者性によって「文化」の「差異性」と「同一性」を包摂している。この包摂から日常世界の構成のための共同性と親密性が可能となる。それは「客観的」認識論を指向する領域だけではなく、一定の「価値／理念」を起点とした「歴史的／文化的」制約性となり、空間認識の「エートス」でもある。「エートス」とはギリシア語で、①住み慣れた地・住居、②慣習、③性格、などを意味する。マックス・ウェーバーは『宗教社会学論集』の序言の中で「合理主義」の観点からエートスの意味を重視した。ウェーバーは経済合理主義の合理的な技術や合法的な法ばかりでなく、その成立に際しての「生活態度」の形成に注目したのであった。[29]つまり、特定の実践的・合理的な生活態度の選択は各個人の能力や素質にも大きく依存している。経済合理主義の展開が何らかの心理的障害物に妨げられたとすれば、それは経済合理的な生活態度の発展に大きな内面的抵抗が存在したことを示している。いわば、近代以前の「生活態度」の形成要因とは「呪術的及び宗教的な諸力」であり、「信仰に基づく倫理的義務の観念」であった。

特定の経済合理性に対する実践的・合理的な生活態度も「呪術的及び宗教的」な生活態度もそれぞれのエートスをもつことには違いはない。「信仰に基づく倫理的義務の観念」は一神教や多神教の区別なく「神話」的合理性に依拠している。つまり、一貫した論理体系が偶然性と流動性に満ちた世界の把握には必要なのである。

エルンスト・カッシーラーがいうように、知覚の内容と神話の形式は対立しているのではなく、むしろ両者は互いに融解し具体的な統一体を形成している。神話が機能しているとすれば、「反省」されることはなく真に知覚される現実と神話的「空想」の世界は統一されている。一方で、理論的世界像にしても厳密な因果法則によって支配されており、それによって結合された事物の総体と変化の複合体として現実が定立されている。この世界像はある別の根源的な意味での世界、つまり純粋な表情現象として表れてくる。神話的世界像も理論的世界像も同様にそれぞれの「エートス」によって規定されているのである。経験的世界像の特定の諸性格を説明し、導出するためには、現実経験を「知覚」によって単に「客観としての事物の存在」とするのではなく、「生きた主観という在り方」で人びとに向かい合う「エートス」を見出さなければならない(30)。

人間が世界に内在するとき私的領域が大切な場となる。具体的には、「住みか」は客観的な世界の内部に位置づけられるものではなく、むしろ「対象の〈客観的〉世界」が「私の住みか」との関係で位置づけられているのである。というのも、「住みか」とは、「濃‐淡」、「温‐冷」、「強‐弱」などの「動的変易性」を「生活形式」によって包摂するためである。そのとき「住みか」とは「歴史化された自然」を構制する一方で、世界内存在は環境世界を背景とする「倫理的／道徳的」規範を諸行為の反復によって身体化していく。「住みか」は世界に充ちる不確実性を縮減し、自他間の相互的な行為予期の「規則集」とでもいうべきものとなる。「規則集」は行為予期の安定性を獲得するなかで規範性を増し、範例となっていくことになる。この範例は法秩序を形成しながら次第に「制度化」されていく。「住みか」とはこうした規範性と安定性の母胎であり、自他間での相互了解を可能にする「信頼」の起点ともなっている。いわば、「住みか」という親密な空間は主客二元的な観念論では把握できない。だからこそ、レヴィナスは「観念論的な主体はじぶんの対象ばかりか、じぶんが存在している場さえもア・プリオリに構成する」という誤謬を指摘したのであった。つまり、「対象や場はア・プリオリに構成された」わけでなく、「観念論的主体」は「事後的に対象や場を構成する」のである。こうしてレヴィナスは「観念論的主体」を「具体的な存在として場のうちに住まったあとで構成する」存在であると論じたのであった(31)。

いいかえれば、ここでは概念の形成過程における事後的特質が問題となっており、「対象」や「主体」の前提となる「固有性」は再考されなければならない。たとえば、文化継承を具現化する歴史的精神作品の「固有性」とされる「特質」とは「人‐間」での相互行為から形となった事後的形成物なのである。だが、それは「観念論的主体」によって分裂や矛盾を含まない「固有性」として表象されていくことになる。むしろ、「観念論的主体」とは「表象＝代理」による「言語／権力」などの介在を明示しているのである。たとえば、唯一絶対の「真理」とはむしろ空白領域を「後景」としたものなのである。つまり、「真理」とは前景化した「図」なのであり、その「図＝真理」は「人‐間」において継承されてきた。だが、「後景＝地」の存在によって継承性よりも断絶性を、あるいは絶対性よりも相対性の余白が広範囲な領域として潜在化しているといえるだろう。

「したがって、事実は、〈一定の生産諸関係の下にある〉一定の様式で生産的に活動している一定の諸個人が、この一定の社会的・政治的諸関係に入り込むのである。〈もっぱら現実の事実を拠り所とする〉経験的観察は、どの個別事例においても、社会的・政治的編制と生産との連関を経験的に、神秘化や思弁を一切交えずに〈証明する〉提示する〈ことができるであろう〉はずである。社会的編制と国家〈が〉は、いつも一定の諸個人の生活過程から〈いかにして生じるかが、ここでわかる〉生じる。ただし、ここでいう諸個人とは、自分や他人の表象の内に任意の姿で現われるような諸個人ではなく、現実にあるがままの諸個人、すなわち、行動し、物質的に生産し、〈そして活動している〉それゆえ、一定の物質的な、彼らの恣意から独立な、諸制限・諸前提・諸条件の下で活動している、そのような諸個人である[32]」。

こうした一定の社会的・政治的諸関係という場での政治性は「主体」という範疇を一貫したものと措定し、「じぶんが存在している場さえもア・プリオリに構成するもの」として「言説／文化規範」による作動を物象化するのである。「人‐間」での空間認識も「事後的」に構成されており、諸欲求と空間認識は当事者が帰属する「総体的／全体的」意味連関での行為遂行的な有意味性から獲得されている。有意味性の身体化過程が背景に退くことによって、自己の認識行為が主観性と客観性の間に存在する独立した対象を把握するという錯認となる。いわゆる自然科学的パースペクティヴによって数量化され、反復可能性を前提とする思考像が学知の正当的準拠枠となる。他方で、人びとが各自もっているパースペクティヴは物の主観的変形として「私」に現前するのではない。むしろ、反対に物の本質的特性として現われるのである。こうしたパースペクティヴによって「〈知覚されているもの〉が、それ自身の中に、隠れた尽きることのない豊かさを持つ」ことになり、そのときまさしく一個の「物」となりえる。つまり、「〈認識のパースペクティヴ性〉ということが言われるばあい、その表現は多義的である」と把握する必要性がある[33]。

これは「主観性」と「客観性」に峻別する認識論の否定であり、認識行為の「非人格化」という精神性を要求しているのではないのである。認識行為の「非人格化」とは「近代」的実証主義がその典型例である。実証主義は自らが経験に基づいて客観的に思惟する現存在を、専一的な存在へと縮減する。そのとき時空間を媒介している現存在は構成諸要素に還元され、その構成要素を前提とした因果諸法則に沿って空間と時間もまた明確に分割されていく。この分割は時間経過によって「持続的／恒常的」に新しく秩序づけられていく。こうして実証主義とは悟性によるメカニズムとして「思惟可能なもの」を「現実的なもの」とする傾向を産出する。つまり「客観的」認識論を指向する実証主義は一定の「価値／理念」を基点とした制約性を内包しているのである。

「犠牲にされるのが個々の人間であるかぎり、犠牲が集団と個人との対立をうちに含むかぎり、犠牲には客観的に瞞着の要素がつきまとう。（…）『自己』における支配の歴史への記憶を意味するとすれば、（…）『自己』とは、身代わりの呪術的力をもはや信用しない人間に他ならない。『自己』の確立は、『自己』の犠牲がその修復を要求する、自然との間の流動的なあの連関を断ち切ってしまう。犠牲はすべての原状の回復であるが、復元がそこで進められる歴史的現実によって、その復元の虚偽が暴露される(34)」。

自己確立とは「支配の歴史」であり、「『自己』における支配の歴史」とは「身代わりの呪術的力」を無効とし、同時に「近代」が生み出した脱魔術化の過程を進展させたのであった。「『自己』の確立」とは人びとが従来の共同体内に帰属するなかで獲得した「真善美」などの認識的準拠枠を相対化し、世界像の統一性も「自己」の視座から再構成することになる。つまり、近代的精神とは「自己の確立」という新たなエートスを生み出したのであった。その結果として従来よりも「自己」は多義的な価値領域を所有することになり、「主観－客観」的認識図式は実証され正当化された。そのとき人間と「自然との間の流動的なあの連関」は切断されたのであった。人間の行動範囲は拡大しつづけ、そのなかで生活規範の価値領域は断片化され、全体性を取戻そうとすれば「その復元の虚偽が暴露される」ことになったのである。近代のエートスは人間の「生」における「絶対」的価値を措定する力を内包してはいなかった。同時に、人間にとっての自然環境とは支配する対象となり、天然資源は単に収奪する「もの」となったのである。これは「人－間」の倫理的価値体系をも侵蝕しながら社会全体に浸透し、伝統的な社会秩序の正当化過程を揺動させ続けている。そうしたエートスの下で今回の震災と人災の被害がもたらされたのであった。

この近代的精神は世界が変更可能であるという観念と同時に誕生した、とバウマンは指摘した。モダニティとは既存の世界を拒否し変様させようとする「決意」であり、存在の近代的様式は「強制的／強迫的」な変化にあるといえるだろう。また、これは「同一性」をつねに断片化しようとする衝動でもある。つまり、その衝動は「それ自身を現在とは異なったものにしようとする願望、それ自身を作り変え、そして作り変えつづける願望」でもある。それゆえに、近代は設計の歴史であり自然に対して継続的に為されてきた征服戦争と消耗戦なのである。近代史とは征服戦争と消耗戦において「試みられ／使い果たされ／拒否され／放棄され」た設計図の「博物館／墓地」なのである。設計する行為とは「自己永続的なプロセスなのである」とバウマンは主張している。いかなる設計図も完璧に「的確」とはなり得ない。つまり、見落とされたか故意にか考慮の外に置かれた現実の諸側面に不快な方法で影響を与えざるを得ないのならば、「過度の設計／設計図の過剰」が全体としての設計プロセスを補うかもしれない。だが、「失敗の余地」がまったく存在せず、「リスクも防ぐ設計図」とは「名辞矛盾」といわざるを得ない。「現実的」で実行可能と承認される設計図に必要なものは「世界の複雑性」の単純化であり、操作可能な諸断片を操作に抵抗する諸部分から分離し、「妥当」と見なしうる目標に焦点を設定する必要がある。すべての「条件が共通に充たされる」ためには、多くのことが放棄される。いわば、操作可能な諸断片は、視野、思考、そして行為の外に位置づける必要がある。[35]

田辺はルネサンス期から「西洋近代」までの科学技術の変容の問題を論じていた。西洋文明の文芸復興期に始まった「生の解放という気運」はただ「近世において絢爛たる芸術文学の花を咲かせた」だけではなかった。また、そうした気運は「生の自由なる享楽と伸張」から発達した科学技術を「奨励発展」させ、遂に今日の科学技術時代をもたらした。生成期の科学技術は「生に奉仕すべき使命」を担っていたことは明らかである。そうした関係性を「生の立場」から反省した結果が「科学の自覚」として哲学における「実用主義認識論」へと至った。他方で、科学を批判した哲学は、一般に文化をその批判の対象として「生の普遍的自覚」にまで自らを拡大したのであった。一九世紀末から二〇世紀にかけて流行したいわゆる「生の哲学」がこれに該当するものであった[36]。

第二節　「啓蒙の弁証法」の昂進と流出論の陥穽

啓蒙の精神は「自らの固有な真理と基準とを発見する」ことを確信していた、とカッシーラーは捉えていた。この確信によって、「主観」と「客観」の、「真理性」と「現実性」の間の相関関係が確立され、すべての科学技術の条件である両者の「対応」の形式も確立されたのであった。こうした「啓蒙主義は『実証的』なものと『合理的』なものの綜合と調整が単なる要請にとどまる」ことはなかった。「主観 - 客観」的認識論は客観的世界として物理的世界像を措定し、情動を欠いた理性としての主観的世界から物理的世界を捉えることになった。そのとき自然は実証的な「客体」へと代置され、人間は合理的な「主体」という無媒介的な「個」として規定されることになったのである。合理性や理性が歴史へと投射される啓蒙主義が掲げる目標は「主体的人間」の「進歩」と共に達成可能であり、その理念は完全に実現可能であるという「具体的・実証的な論証」を、近代における科学の復興以来、「科学的思考は実際に進行してきた道程から引き出した」のであった。このとき啓蒙主義の思想は自然現象の多様性を唯一の普遍的規則から統合する目的を完遂したかのように見えたのであった[37]。

政治・経済の領域における根底的な構造変化は、伝統的な象徴体系を断片化させ、そのなかで近代社会は誕生したのだった。近代世界は伝統的な象徴体系のなかに非合理的なものと恣意的なものしか見出せなかった。伝統的な象徴体系は、さまざまな限界を意味づけることで、それらの限界を人間の条件に固定した。一方で、近代世界は脱神話化の企てを拡大した。つまり、「聖なるもの」を理性や科学主義への代置によって、近代世界はあらゆる限界線であった「意味」を喪失し、そのために、「意味」自体すらも「犠牲」となったのであった。[38]「聖なるもの」の追放劇は近代特有の価値体系の形成過程で「自己の確立」を重要な立脚点とし、自己保存という「生の立場」から自然の収奪を正当化した。だが、田辺がいうように、こうした「生の立場の世界観」は、現代における価値体系の参照項となっている「科学技術」のために裏切られ、今では抜き差しならぬ「自己矛盾の窮地」に追い込まれているのである。つまり、現代の危機あるいは不安とはこうした矛盾の顕在化なのである。そうした結果として「従来価値の原理と認められて来た生が、今やその根柢をくつがえされてニヒリズムに陥り、その反対勢力たる死にわたされて居るのが現状である」と田辺は述べていたのである。[39]

冷戦終結後、東アジアでは韓国をはじめとした民主化の進行や中国の「大国化」が明確になった。日本経済も深く東アジアの経済圏に組み込まれ、対中国との経済・貿易関係は日米関係を上回るまでに拡大した。その一方で、日中関係には「靖国」参拝に象徴される「歴史認識」の問題が大きな影を落とし、小泉政権下では「政冷経熱」という事態となった。バブル経済の崩壊以降、日本社会は阪神・淡路大震災やオウムサリン事件などを経て、二〇〇〇年代へと移行した。この過程ではアジア諸国のなかで突出した経済力が次第に低下し、中国にも経済規模を凌駕されることになった。突出した経済力への「自信」から描出されてきた日本の国家としての「自画像」は急速に「自信」を喪失することになった。そして、対外関係での対立を高めたのが尖閣諸島の「国有化」であったが、領土問題は「歴史認識」の問題と直結することで、日本国とアジア諸国が二〇世紀前半から抱えていた歴史像の分断が深刻化した。J‐P・サルトルが指摘したように、植民地化とは偶発的事実の集まりでも、幾千もの個人的事業の統計的結果でもない。植民地化とは「国家理性」が介在した「それは一つの体制である」といわねばならない。[40]つまり、現状は日本国にとって日清・日露戦争以来の朝鮮半島や中国大陸への侵略という近代日本を包摂する歴史的問題すらも喚起している。

こうした歴史問題とは「戦争の記憶」をどのように捉え、後続する世代がいかなる歴史像として継承するのかという「歴史教育」の領域へと波及している。なぜなら、「植民地主義の体制からして必然的に、植民地従属民が自国の歴史を知る道を閉ざそうという試み」[41]が支配者となった日本人によって行われたからである。たとえば、靖国参拝とは朝鮮半島や中国大陸をはじめとしたアジア諸国に多大な惨禍と犠牲を強いた「戦争の記憶」を強く惹起し、靖国参拝は「死すべきではなかった日本人」を「誰」が死地へと送り出したのかを不問とする。「死すべきではなかった日本人」を死地へ強制的に向かわせたのは国家を指導していた政治家や指導的立場にあった軍人たちである。こうした指導者を「戦犯」ではなく「英霊」へと神格化しようとする心情は「戦争」を「誰」が始め、「誰」が無謀な作戦計画を立案し遂行したのかをも「不問」とする。これらの錯綜する解き難い「戦争の記憶」の問題には「従軍慰安婦」とされた人びとの存在もある。いまの情報化社会の特質である「スペクタクルの本質的運動」は人間の活動のなかに流動的な状態で存在していたものを包摂し、「生きた価値を否定的に様式化すること」から価値を独占的に体現し「モノ」と化すのである。[42] こうした「スペクタクルの本質的運動」は「歴史の過去的頽落」となり、歴史の「現在における実践的統一」は分裂し拡散している。その環境下で従来の「保守」政治家がもっていた権力行使への警戒心や抑制心は破棄され、一部の外務官僚や自称「保守」政治家たちはアジアでの日本の孤立をアメリカ合州国との見果てぬ「対等」な関係で代替しようとしている。さらには、三・一一以降、いまだに続く原発禍は国家的水準での「自信」を取り戻そうとする衝動を強めてもいるのである。

現在の日本社会は、資本主義の展開、各システムへの機能分化、そして既存のシステムが機能不全となっており、「震災／津波／原発禍」などによる数多くの人命の喪失や自明性の消失は、従前の価値体系の規範性を腐蝕している。その規範性の腐食はニヒリズムを繁茂させる腐葉土となり、こうした過程は立憲主義に依拠する憲法解釈や政治・防衛などの諸政策のなし崩し的変更などにも見出すことができる。なぜなら、「震災／津波／原発禍」は自明性や確実性の背景であった「政治／経済／生活／文化」などの準拠枠を断片化し、将来の方向性を見出しえない「宙吊り」の状態に日本社会が置かれているためである。従来の「制度」を支えていた「戦後啓蒙」という精神性が人びとと政治の場を媒介することができない一方で、そうした「制度」と精神性の媒介過程の変様は「時代精神」の反映でもある。従来の精神性とは異なる「時代精神」が制度を体現しその造形を可能とするのならば、その「時代精神」は限りなく内閉的で自足的な空間を作り出す。つまり、他者性の包摂を忌避し、排他性の強度を高次化する心性とは、過去に係留された退行的な精神性でもある。他者性の忌避と排除は負のスティグマをマイノリティの人びとに刻印する。一方で、外部との接触の過程では、歴史的認識の共有を目指す対話は重視されず、歴史的事実の忘却と隠蔽を促進しようとする劣情に誘引されている。それは国家と一体化するなかで自己の「実存」を獲得しようとする希求を生み出し、戦前回帰的な心性が右傾化と相即的な循環性を生成し始めている。力ある者への一体化に「実存」を見出す心性は大きな錯認ともなってもいる。右傾化する権力層への一体化に「個」の「実存」などはありえない。

ところで、実存主義において問われていたのはまさに、①科学や技術が世界をどのように形成しているのか、②技術に拘束された世界で芸術や精神科学がいかなる意味をもつのか、などへの「問い」であった。人間とは各自が内属する世界のさまざまな領域において「存在するもの」に多様な仕方で出会う。だが、これはいかにして可能となっているのだろうか。こうした『問い』を哲学的営みが理解し解釈しようとする」とき、同時に「自分自身の歴史をアクチュアルなもの」として把握しようとするならば、それは「実存主義」や現象学ではなく、むしろ「解釈学的」哲学となる。(43)

制度と精神が交叉する過程で「実存」を長い歴史的射程のうちで把握しなければならない。なぜなら、「犠牲のシステム」が具現化したのが原発禍であったからである。「犠牲のシステム」が作り出した放射能汚染は現在も続いており、その深刻な環境汚染を直視し得ない日本社会は内部の倫理規範を侵蝕されている。この巨大な自然破壊と人間の尊厳の剥奪が深く進行する日本社会の現状を考察し、同様に科学技術、世界、芸術、精神科学、などを再考するならば、「犠牲のシステム」による「自然／人間／世界」への負の影響は「啓蒙の弁証法」の視座が必要となっている。「啓蒙の弁証法」が生み出す「犠牲」をホルクハイマーとアドルノは複数の領域から提示していた。

「犠牲の原理はその非合理性のゆえに移ろい行くものである、ということが証明されても、（…）消滅したわけではない。（…）自己は、生けるものに対して自分を主張せんとする生けるものであってみれば、自己は抗いつつも依然として自然的なるものの連関によって拘束されている。自己保存的合理性が犠牲を少なく済まそうとすることは、犠牲が交換であったのに劣らない交換である。（…）あくまで同一性を守り続ける自己は、直接にはまたしても、牢固として堅持される厳しい犠牲の儀礼であって、人間は、自然の連関に対して自分の意識を対立させつつ、自分自身のためにその儀礼を執行する。（…）階級史においては、犠牲に対する自己の敵意は自己の犠牲をそのうちに含んでいた。なぜなら、犠牲に対する自己の敵意は、人間の外部の自然や他の人間たちを支配するために、人間の内部の自然を否定するという報復を受けたからである。文明化をおし進めるあらゆる合理性の核心たる、この自然の否定こそ、増殖する神話的非合理性の細胞をなしているものであって、つまり、人間の内なる自然を否定することによって、外なる自然を支配するという目的ばかりか、自らの生の目的すら混乱し見通せなくなってしまう(44)」。

「犠牲のシステム」が永続的な被害を自然・世界・人間に与えているが、まさに「犠牲の原理はその非合理性のゆえに移ろい行くもの」となっている。「自己保存的合理性」は自らを文明の「進歩」であるという「騙り」によって正当化されてきた。だが、その合理性に依拠する「進歩の概念」は特定の歴史的変化を理解するための視座ではなく、現代において神話化され人びとから批判性と時代を捉える論理性を奪い去った。そうしたなかで「犠牲に対する自己の敵意」は、①自己の「内部の自然」の否定、②人間の外部としての自然の支配、③他の人間たちに対する支配、などを生み出すことになった。「自己保存的合理性」は一つの「世界観＝教義体系」を維持しながら、論理的な価値判断とは異なる経験論的な領域において受容されてきた。ここでは抽象化された自己への批判的意識の介在する余地は存在しない。構成理論のレヴェルで大きな相違があり、「自己保存的合理性」が理念的支柱となって「犠牲のシステム」の歴史的展開を可能としたのであった。その過程にも多様な諸観念が包摂されており、数世代にわたって「真理」としての「通用性」を有してきた。

それらの諸観念が日常のなかで変遷しながらも機能しえたのは、「現相的所与 - 意味的所識」と「能知的誰某 - 能識的或者」という二つの二肢的二重性から構制されていたからであった。だとすれば、東日本を襲った巨大地震とそれによる津波と原発禍は「現相的所与 - 意味的所識」の連環を断ち切るに充分な力を有していた。「現相的所与 - 意味的所識」の連環の切断は、「歴史化された自然」が作り出した自然認識と世界観の蝶番であった sens（「感覚＝意味＝方向」）を根柢から変容させた。こうした「能知的誰某 - 能識的或者」の連環の弛緩は「意味的覚識」が「『実在的対象』」なるものの「直接的な現相的与件である[45]」という倒錯によってさらに強められている。「現相的所与」と「意味的所識」の連環の分断によって空隙が生まれ、「身体的自我」は大きな負の情動を「褶曲」（＝折り返し）によって内包している。つまり、「意味的所識」の変容はこれらの諸現象を歴史的尺度で見れば、「包含と展開」の過程で共同主観性をも変様させている。共同主観性が基底となる情動は共同理解や相互葛藤へと両極化され、寛容性や他者性を失っている。こうした状況は「自己同一性」の形成に「他者像」が不可欠であることを示しているが、「主体」の認識作用を凝固化する排除の対象として「他者像」が措定されている。つまり、主体と客体の間には不断の交互的媒介がある一方で、物象化した他者像から交互的媒介が抑圧されるとすれば、それは退嬰的な「国家的」自画像となるだろう。その国家像に美しさなどないことは日本国外では自明のことである。

ここで「啓蒙の弁証法」を再考するために、ハーバーマスの「啓蒙の弁証法」の考察を追っていく(46)。ハーバーマスによれば、ホルクハイマーとアドルノは「物象化された意識の構造に非常に抽象的な枠組み」を与えている。それによって物象化された意識は「同一化的思惟の理論的形式」だけではなく、目的志向的に行為する「主体」と「外的自然」との「対決一般」という形にまで拡大されている。こうした「主体」と「外的自然」の相克は人間存在の「自己保存」という理念によって惹起されていく。そこでの思惟は道具的行為の作用圏の内部で客体化された外的自然を「技術的」に処理している。また、物象化された意識構造の基礎をなしているのは、「道具的理性」である。「自然」に対する技術的処理を自明視する「自己保存」という「欲望」は時間と空間を明確に区分し、「主客」を産出する認識論によって「項」として時空間を分断したのであった。「主客」という二項的截断は近代的認識論の祖型となり、この祖型に先導された「道具的理性」は時間と空間をそれぞれ独立した実在として規定したのであった。このようにして、かれらは意識の「物象化を生み出すメカニズムの基礎を『人類史の人間学的基盤』」におき、その基礎を「類」の生存形式のなかにも見出したのであった。「道具的理性」は「主体‐客体関係の諸概念」から構想されている。そして、二人は「支配」という観点から、人間の「内的自然の抑圧」と外的自然の猛威に対する「制御」を抽出している。支配が可能とする抑圧と制御は通時的歴史像へと投射され、物象化の概念もまた「時間的／実質的」に一般化されることになったのである。

「時間的／実質的」な物象化概念が「人間の歴史」を一般化するとき、それはあたかも「人間という単一／固有の主体」があり、その単一の「主語的主体の継時的展開相」を記述するような構制となる、と廣松は指摘していた。「歴史の主体として単なる個人」を立脚点とすれば、「個人の死を以って〝歴史〟が断絶してしまう」ことになる。ここで論理を精鋭化させていけば、「普遍者としての類的存在」は「可死的な特定者とは異なって不可死的」となり、そのような「存在者」として人間が疎外態を克服する「あの循行の一貫した主体」であり続ける構図となってしまう。(47) つまり、「人間という単一・固有の主体」が疎外態を回復する歴史観は、人間存在のもつ「対話／対立」や「調和／軋轢」という生の経歴を「本来性」によって隠蔽する。だが、人びとが描き出す「生の姿」は、各人が「対話／対立」や「調和／軋轢」などの多種多様な生の経歴のなかで、事後的に確定されたものなのである。一人ひとりの「生の経歴」は誰にも代替し得ぬ生の諸関連を統合し、個別の「生の姿」を統一する。こうした過程によって各個人は共同主観性を基底とし、自他相互の価値規範の「合致／一致」を確認し合い、また相互に不可欠な存在者であることを承認することになる。だからこそ、諸個人は「対話／対立」を媒介としながら、相互の「隔たり」を維持し「自己同一性」を確定していかなくてはならないのである。

いいかえれば、こうした状況をサルトルは全体性が全体化した事態であると論じた。全体性が固定化へと傾斜するのに対して、全体化はみずからを全体化しつつある「過程」である。その意味で、「自己を全体化するとは自己を時間化する」ことなのである。もし、全体化が進行中の全体化として見出されるのであれば、それは「全体化が生成し生成する」のと同時に「全体化が生成したということ」をも意味しているのである。(48) サルトルのいう「全体化」は「合理性／客観性」を構制しているフレームを多義的な動きのなかにおき、「言語」から提示される秩序体系の諸価値の通用性を再考させることになる。こうした全体化とは「合理性／客観性」の準拠枠と同時に諸文化に「固有」な間主観性を考えることなのである。つまり、「合理性／客観性」や「固有性／独自性」を包摂する間主観性の価値序列を「問う」のである。いわゆる「普遍的合理性」とは特定の伝統的文脈を共有する共同体「内部」で通用性を得ているが、その通用性は「外部」の各共同体では自明視されたものではなく、客観化されたとき実践的な言説編成が産出する「価値規範／精神的欲求」の相違が顕在化する。各共同体はそれぞれ歴史のなかで時空間の変移を経験し、社会的・歴史的に確立された象徴的価値体系は具体的な体験的時空間の変化と相即的である。また、象徴的価値体系は、政治、経済、法、芸術などのシステムを機能させる媒介性を必要としている。とすれば、全体化とは交互的媒介性による実践知から根源的な存在を把握しようとする過程なのである。それは多様な諸対象や各領域の枠を超え出ながら拡大し、その実践知による認識獲得や対象理解の方法は、象徴的価値体系の既存の知識の「真偽」の証明過程を対自化する。つまり、どのような起点から「真偽」の証明過程が遂行されるのかを「問う」のである。また、科学的知識と経験的知性とはどのように区別されるのか、などをも対象とする認識論を作り出すことになる。

実践知は「理性」だけではなく「情動」をも含意し、何かを求める情動の一つに「欲求」がある。「欲求」とは「或るものの欠如」でなく、幸福という剰余を知っている一箇の存在における「欠如」であり、「充たされた存在」における「欠如」であった。そのとき「生が幸福である」がゆえに、「生とは人称的なものである」とレヴィナスはいう。「人-間」における「幸福」とは「数値化／数量化」し得ぬ「こと」であるのと相即的に、「もの」として得ることはできない。「幸福」といえる「こと」は「生の姿」を作り上げる過程で体験され、そのとき「生の姿」はかたちとなっていく。また、「幸福」という「こと」の始まりは「生命〈として〉あること」の前提条件なしの肯定である。その始まりから時間の経過とともに「同一性」が形成され、多様な諸体験は綜合されていくのである。そして、この「同一性」が日々の諸行為を連続性へと収斂し確立していくことになる。そうした始まりによってヒトは「人格」をもつ

「人称性」を獲得するのである。つまり、「人格の人称性」あるいは「〈私〉が私自身である」ことは、「原子と個人の特殊性以上のことがら」であり、それは「享受という幸福がそれぞれに特殊である」ことを示している[49]。つまり、それは他者が信頼するに足る存在であることを知ることでもある。これが生とは本源的に幸福であり、生に絶望することも一つの「意味」となるのであった。

「生とは人称的である」とすれば、今回の原発事故を「現在」の時点で考えるうえでそれは重要な視座となるであろう。というのも、「人称的」であるためには「間‐人格性」における情動の多様な触発をその始まりに必要とするからである。アラスデア・マッキンタイアによれば、「〈私〉は永久に、他者にとっていつの時点でもそうであったところの者である」。一方で、たとえそれは「今どれほど変化した」としても同様な存在者なのである。つまり、「〈私〉の同一性――またはその欠如――を自己の心理的連続性あるいは不連続性」から基礎づけることはできない。だからこそ「自己はある登場人物のうちに住まっていて、その統一性は登場人物の統一性として与えられている」のである[50]。

他方、ヴェイユは「祖国、家族、その他いかなるものであっても、集団には敬意を払わねばならない」とも述べている。ここでヴェイユがいう集団とは「一定数の人間の魂を養う糧」となるからこそ尊重されねばならないのである。ヴェイユは、人間の集団に払うべき敬意とは次の二点から再考することが出来るとした。（一）「いかなる集団も唯一無二であり、ひとたび破壊されるや他をもっては替えられない」のであって、「ある集団が成員である魂に与える糧は、宇宙をくまなく探してもその等価物」を見出すことはできない。（二）集団はその特殊性により「すでに未来へと入りこんでいる。いま生きている人びとの魂にとっての糧だけでなく、いまだ存在しないが来るべき諸世紀に生まれてくる人びとの魂にとっての糧をも宿している」ともされるのである[51]。

波多野清一によれば、「現在」は「主体の自己主張に基づき生の充実・存在の所有を意味するもの」として中心に位置し、「時の全体を包括する」。だが、「過去」とは「生の壊滅・存在の喪失・非存在への没入である」。こうした「両者」を成立させる「主体と他者との接触交渉」に対応するのが「将来」である。「過去」と「現在」が交叉する「将来」とは「人‐間」において決定的な重要性をもっている。いわば、「将来」とは「社会」と「個人」の「矛盾的関係」において多様な可能性の選択肢を提示する。「将来」という時制は「当為」という「形式」を内包し、価値規範は「すべきである」という「形式」への準拠から法秩序を創出する。こうした「現在／存在」と「将来／当為」は「現実性／可能性」の差異に対応するといえるだろう。つまり、「将来」とは「絶えず流れ去る現在絶えず無くなり行く存在を補給しつつ維持する役目を演ずる」のと同時に、「それの過去への絶え間なき移り行きの原因ともなる」のである。こうして波多野は「まさに来らんとするものはいつも来って現在となり」、他方で「それの向い行く現在にいつまでも出会うことなしにおわる」とする。いわば、ここには将来と現在との間に「矛盾的関係」が存在することが指し示されている。[52] だからこそ「将来／当為」は「可能性」として構想することができるのである。

　こうした「時‐間」を介した「記憶的ないし予期的な表象的世界と知覚的世界」において「身体的自我の自己分裂的自己統一が変様的移動というゲシュタルトの相」で意識されるとき、形象化の類型はいくつかに分岐している。その形象化の類型が「現在＝現実的事態」と「将来＝可能的事態」を区別することになる。現実的事態は「いま・ここ」に係留されて時空間的な規定性を有する一方で、可能的事態はこうした流動性を有しているといえるだろう。つまり、「記憶的ないし予期的に表象される世界」と「知覚的＝現在的空間世界」が「運動性ゲシュタルトの布置関係と持続性において経過の相」で関係づけられている。「運動性ゲシュタルト」とは時空間の様式化として「意味」を産出し、「時‐間」の変移によって「意味」の重複が生まれ、多様な意味の「図柄」が描き出されていく。こうして「将来」は「いま・ここ」を超出する可能性を開示するのである。そうして「表象的世界と知覚的世界」の「変様的移動」に定位し、

「記憶的世界はまさしく過ぎ去った世界（過去の世界）、予期的世界は将《まさ》に来らんとする世界（将来の世界）」として意味づけることもできるのである[53]。

ところで、集団とは人間の「魂」の「糧」となるのと同時に、集団の存在とは「唯一無二」であって、一度破壊されたならば代替されえない。また、集団は過去と将来を架橋する「固有性／持続性」を含意しており、人間の「魂」と同様に、集団もまた共通の「心性」を有しているのである。そうした視座に立つとき、集団に対して外部からの力ずくの破壊や強制的解体は断じて許されない。つまり、「種」としての集団を介して繋がる「個」と「類」が自他承認の形を作り上げているのである。また、自己が他者からの反照によって獲得する「相互の経験」が「両者の側の間主観的に共有される認識」となれば、はじめて「現実的な愛の関係」へとも発展していくのである。いわば、「各主体」とは「他者においてもまた自分を知る」という経験を介し、はじめて「主体」は「他者が……わたしにとって」の存在者であるという信頼と確信を獲得するのである[54]。

レヴィナスも論じているが、自他間での多数性が生起しうるのは、諸個人がその内面性を保持することができ、諸個人を結びあわせる関係が外部から不可視化されていなければならない。諸個人の関係性が可視的となり、外的な観点が多数性の「実在」に向けられたならば一つの陥穽へと導かれる。その過程では多数性が一箇の全体性を形成し、諸個人はその全体性に融即し、「私」から「〈他者〉に向かう関係」は単なる形式的な接合となる。つまり、自他の関係性とは、第三者の視線の「網目」にだけ包括されているのではない。一方で、多数性と異なり多元性は「他なるものの根底的な他性」を前提としており、それを私は「私に対する関係」だけで把握することはできない。〈他者〉の他性はそれだけで存在し、その存在に私が接近するのは、「私が〈他者〉ととりむすぶ社会性から出発する」からである[55]。

ここで提示されている社会性とは二つの側面を内包している。第一に、一定の共同世界に属する人びとの間で成立している同調性・同型性が社会性の基底となる。それは理念化された「人々」という間主観的な「同型性」といえるだろう。第二に、間主観的に同型的な能知者たる「能識的或者」を対象化した一つの所知の相で把えれば、いわゆる個別的な能知的誰某に対しても等しく「函数態的な或るもの」であって、「レアールな諸主観を〝超越〟しているイルレアール・イデアールな或るもの」である。この「函数態的なるもの」とは社会性が「本来」的に遊動性を含意していることを明示している。(56) 社会性をもつ「自己」とは同型性へと集約されるのと同時に、新たな遊動性を獲得し続けることもできる。だが、同型性の側面を負の領域へと誘引し、遊動性という寛容を忌避するのが全体主義であった。

「全体主義の支配者にとっては、チェスも芸術もともに全く同じ水準の活動である。双方の場合とも人間は一つの事柄に没入しきっており、まさにそれ故に完全には支配し得ない状態にある。(…)チェスをする者はチェス盤によってもう一人の人間と繋がっており、チェス盤は対局者双方の共通の世界の一部として、二人を敵味方に分けると同時に結合している。このような共通の世界が完全に破壊され、内部に何らの相互関係を持たない大衆社会、単に孤立しているばかりではなく、自分自身以外の何者にも頼れなくなった相互に異質な個人が同じ型にはめられて形成する大衆社会が成立したときはじめて、全体的支配はその全権力を揮って何ものにも阻まれずに自己を貫徹し得るようになる」(57)。

ウィトゲンシュタインは言語ゲームを探求するなかでチェスに言及していた。言語ゲームとは「生活形式」への内属から獲得された諸経験を自他間で共有する「生成的場」でもあり、ここでは自他の複数性が「認知的」かつ「倫理的」な価値として受容されている。また、ノルベルト・エリアスもカードゲームからこうした視座を論じていた。たとえば、四人の人間がテーブルを囲んで座り、カードゲームが開始されたならば、「彼らは一つの関係構造を形成する」ことになる。このとき「彼らの行為は相互依存的である」とされる。ここで明確なことは、「ゲームの経過が相互依存関係にある諸個人の集団における行為のネットワーク形成から生じている」ことである。ゲームの「経過」は「ゲーム」のイメージが暗示するように、「プレイヤーと独立の実体、存在、実在ではない」のである。[58] 他者の存在を不可欠とするゲームは「規則」の共有と相即的に、その諸規則の背景化が進行している。背景化によって「地」となったゲームの規則は自己と他者の間、つまり「チェス盤は対局者双方の共通の世界の一部として、二人を敵味方に分けると同時に結合している」のである。ゲームの規則は「遊戯」の遂行過程で主題化されることはない。

すなわち、諸経験を自他間で共有する「生成的場」は歴史がもつ規則性と遊動性を包含し展開していく。また、田辺が指摘したように、実践的に把握された歴史とは「合理性と非合理性、必然と偶然との二元の統一」を「行為的主体〈として〉の個」の行為選択によって示されなければならない。その視座は「政治史と文化史とは別々のものでなく否定的に統一」されるべきものなのである。そうして田辺は「個人と人類とは異にして同なる如く、個人の実践が行われなければならぬ」と論じたのであった。言語ゲームによって「実践の目標たる形相は同時に現実形成の原理」となり、「単なる当為でなくいわんや空想ではない」のである。こうして「歴史的現実」は行為を離れて単に生成するものではなく、生成は行為を媒介とし行為は生成を媒介とする「絶対否定の統一」が始めて歴史を形成させていくのである。[59] だからこそ、言語ゲームとは「行為を媒介として、行為は生成を媒介とする絶対否定の統一」なのである。田辺の視座からいえば、歴史把握において認識対象と認識方法を無自覚に区別する二分法は排斥される。対象と方法の分離しえぬ連関は、相互に媒介されるなかで変様しながらも維持されていく。つまり、「種の論理」は「民族精神」や「世界精神」を実在化させるような論拠を否定したのであった。

他方で、マックス・ウェーバーによれば、「歴史法学派」の「方法」は啓蒙時代の法則定立的な合理主義と対立するなかで、「民族共同体 Volksgemeinschaft のなかに発生しかつ妥当する法」は「原理的に非合理的な・一般原則」からは演繹し得ない特質であることを証明するに至った。だが、むしろこうした観点と論理構成が「真に民族的なあらゆる法の必然的に個性的な性格」を明示しようとするために、むしろ「法／言語」やその他の「民族の文化財の創造者として、『民族精神』という――必然的に非合理的・個性的な――概念」が実体化されることになった、と論じたのであった。この「『民族精神』という概念自体」は「一時的な〔概念的〕容器」ではなく、「形而上的な性格を有する統一的実在的存在」となったのである。つまり、「無数の文化作用の合成力」ではなく、反対に「民族の個々の文化表出がすべて〔そこから〕流出してくる実在根拠」と見做されたのであった[60]。

ところで、家永三郎は自身の「田辺元」論において、民族に配当せられた「種」を基体とし、「個」の実践の否定的媒介により「類」の地位に高められた国家が最も具体的な存在として規定されている、とした。また、家永によれば、田辺は単に国家の強制力を合理化したのではなく、「個」を不可欠の契機とする弁証法的関係から「個」の実践を媒介とする「類」としての国家を考察したのであった。「種の論理」は当時に流行した即自的次元に終始する「民族主義／国家主義」とまったく異なっていたのである。つまり、「民族主義／国家主義」から流出する国家像とは根底から相違する国家像を描出しようとしたのであった。そうした「民族（種）から国家（類）へという存在論の発展」は「個人に対する強制力の合理的根拠を探ろうとして導き出された」のであった。つまり、「種の論理」は消極的に個人に対する強制力の根拠を論じただけではなく、さらに積極的に個人よりも高次元に国家を位置づけ、「国家の相対的絶対性の哲学的意味づけ」をおこなったのであった[61]。

実践的な諸行為を媒介とする「種の論理」は「血と土」や「民族精神」などを自存視することはなく、論理化しえたことは重要なことである。「危機の時代」の只中で田辺は「民族精神／世界精神」を「種の論理」を導く範例とすることはなかった。その当時、ナチズムの掲げた「血と土」が学知の客観性を「国体」（＝法、言語およびその他の民族の文化財の創造者）へと吸収する構造的圧力となっていた。「日本」という「空間」を「種」だけに傾斜せずに、田辺は「論理」から「『民族精神』という――必然的に非合理的・個性的な――概念を実体化」する陥穽に落ちることはなかった。つまり、かれは「幻想的／形而上的」性格をもつ「統一的実在的存在」として「日本」を物象化することはなかったのである。それは「日本」を「流出してくる実在根拠」へと還元することを拒み、交互的媒介という渦動の「論理」を維持することができたからであった。

いいかえれば、対象と方法の概念は「絶対否定の統一」によって「人‐間」において共有されねばならない。また、「歴史的現実」を背景知とする「言語的意思疎通＝実践」において人格は形成される。いわば、身体化された実践知は言語ゲームから論じることができるのである。言語ゲームの文法規則は「時‐間」での文化伝承の過程で変化し、歴史内存在はそれを内面化する。そうした社会性は函数態的遊動性をもっており、函数態的遊動性は共同主観性が差異化していく過程でもある。廣松は、現実の動態においては、共同主観的同型性はスタティックなものでなく、その現実的・具体的な在り方は不断に流動的である、と述べている。つまり、ある階層での共同世界において、「通用する真理」や「或る個人の私念する提題」は「対話的交通」を介して複数の他者に対しても「通用する真理」となり、共同主観的な真理の体系が動態的に形成されていくのである[62]。象徴的な価値規範性でもある文法規則から「何かを理解する」ことは既に予め把握されているのである。なぜなら、チェスの指し手としての能力はチェスという遊戯によって具現化され、指し手の間での多様な渦動を生じさせるからである。このとき渦動は自他間の交互的作用の過程でもあり、その事後的な帰結として共同主観性が共有されている。

別の視角では、「チェスをする者がもはやチェスのためにチェスをするのではなくなったとき、チェス盤は共通の世界の一部としての性格をただちに失ってしまう」のである。「それは目的のための手段と化し、そしてこの手段は、恣意的に設定される変更可能な目的によっていつ何どき破壊されるかもしれぬ手段なのである」とアーレントは述べている。[63] このように集団とは両義性を有しているのである。つまり、人間に安心感を与えると同時に、人間の尊厳を根柢から破壊するという両義性である。そうした人間性に対する集団の両義性はともに正負の「規範」を必要としている。ハーバーマスによれば、規範的妥当請求とは「言語と社会的世界の間の相互依存性を媒介するもの」であり、言語と客観的世界の関係にはこの相互依存性は存在しない。他方で、規範の内にその場をもつ妥当請求や人びとが統制的言語行為によって掲げる妥当請求との交錯には一義的関係がある、とハーバーマスは論じている。また、規範が「存立していること」あるいは社会的に「妥当している」ことだけでは「人‐間」における規範が妥当性を有しているとはいえない。つまり、ある規範が社会的な既成事実と「なっている」ことと「承認すべきもの」を区別しなければならない。このように規範を考察するうえで「実施されているという事態は二重の観点」が重要となるのである。なぜなら、規範的妥当性を受容しようとする姿勢は、①確信に由来するもの、②サンクションへの顧慮、③洞察と威力が複雑に混在したもの、などによって形成されるからである。[64]

間主観的な行為である「承認」がもつ「存在／当為」の両義性を区別し、「承認」という行為過程を再構制しなければならない。こうした「承認」に関する自己省察は日常のなかでの諸実践で展開されており、「行為的主体〈として〉の個」は日常言語の使用過程でつねに変容しているのである。また、行為選択と相即的な自己省察のなかで自己了解は他者理解との間で再編成されてもいるのである。この再編成は「内面性／精神性」を構成する象徴的記号体系という媒体を介し、自己反省の領域を拡大することにもなる。こうした自己反省が「認識主体」によって遂行されたとき、

「真理の通用性」は「真理の妥当性」へと変様していくことになる。というのも、「空‐間」で一般化されている社会像の経験的通用性は自己反省の遂行と、自己と社会の間の共軛性の再考からも変化していくためである。それらの過程をサルトルも論及していた。

「彼の個別的普遍がたえずかき立てられて――私の直接的生活においても私の反省的生活においても――それの現実化されている深い過去から私の行為の鍵または規則をあたえる、まさにそのかぎりにおいて、われわれはわれわれの遡行的経験のなかで、（…）あらゆる現実的な知を利用して、（…）実践の転変を解明することが必要である[65]」。

人びとの「直接的生活」や「反省的生活」とは間主観的に確定された「承認」の規約の束を基底としている。それは相互行為による体験から「通用性」として具現化され、意味連関を作りあげている。物象化した相で映現する原事態からいえば、「それは共同主観的に向妥当する『所与‐所知』成態」であり、「判断的措定の真理性」とは「当の判断の共同主観的対妥当性」なのである[66]。これは「現実化されている深い過去から私の行為の鍵または規則」であり、自己対象化と自己反省によって客観化されねばならない。こうした客観化という「遡行的経験」によって従前から受容されている「真理」の「実践の転変」が可能となるのである。「実践の転変」とは「意味」が内包する潜在性を捉えようとする行為でもある。それは物象化された社会像や人間像を流動化させ、「顕在的なもの」を「可能的なもの」との差異において指示し、新たな可能性の領野を拓こうとする。だとすれば、一つの「主体の想定＝基部への措定」では自他関係における「模倣」の重要性を捉えることはできない。なぜなら、日常生活のなかでの「模倣」とは「人‐間」での相互触発を喚起し、自他間の相互嵌入によって情動を生み出す始まりだからである。他方で、他者を「模倣」

することは一つの「欲望」でもあり、人びとの「欲望」とは決して汲み尽くすことができない。つまり、本来性を必死で追い求めることは絶えず不満を生み出すのと同様に、各人が物を取得しようとする熱望は無限定となっていく。そのとき占有が欲望の形態となり、占有によって「模倣」は「敵対関係」に凝固化されていく。この凝固化の過程把握には近代における道徳的準拠枠の機能と「群衆」における「集合心性」を再考する必要がある。

「生の道徳的事実」なるものは、人びとの集合的な当為意識において存立する。これを脱主観化すれば慣習的な行動様式が残留するだけとなり、もはやそれは道徳的事実・道徳現象の名に値しない。一方で、テイラーがいう「枠組＝framework」は、先の道徳的志向の「三つの次元のいずれかにおける私たちの道徳的な判断や直観や反応を支える明示的あるいは暗黙の背景を提供する」。こうした「枠組を明確化する」ことは、何が私たちの道徳的応答に意味を与えるのかを解明する。すなわち、人びとが、①ある「生の形式」が真に価値があるとする判断、②ある功績や身分への尊厳の付与、③一般的な道徳的義務の定義、などを日常のなかで自明視していることが明らかとなる。(67)

他方で、「脱主観化」を施した習俗を対象とする学知は、文字通り道徳なき習俗学に堕せざるをえない。廣松は、道徳的事実の脱イデオロギー化は対象そのものを破壊することとなり、倫理現象はあくまでその本源的なイデオロギー性において対象化されねばならない、と論じていた。たとえば、「倫理的自然」を「脱主観化」とする視座から抽出されたものは、アナロジーを用いていえば、「言語現象における『文法』――事実法則とみなされた文法――になぞらえる」ことができるだろう。(68)

機能分化が道徳的事実を脱主観化させている一方で、国家による封建的道徳が「集合心性」を体現しようとしている。「集合心性」はすべての人間社会の内部において形成されており、人びとはそうした社会集団の「集合心性」を完全に捨て去ることはできない。「集合心性」が内包している多様な観念や感情は人びとの意識の背景知となっており、その背後に存在している強度によって「集合体」の姿は変様している。また、現代において歴史とは「人－間」と「空－間」の相違によってその「画一性／均質性」は流動化されている。歴史が自らを時間化する一つの全体化だとすれば、文化もまた時間化し時間化される全体化であるといえるだろう。他方で、全体性としての文化の習得とは客観的文化規範への内面的参与と見做す必要性がある。そして、このような参与が「私」を規定しているのであり、私自身とは「文化の諸可能性を規定する或る社会的原子などではない」。文化的全体化と内面性との連関の反省によって、その連関の多様性を捉えなくてはならない。つまり、この多様性の把握とは、「私」の媒介による①「〈全体〉と〈全体〉との関係」、②「〈全体〉と部分との対立」、③「〈全体〉と全体との対立」、④「諸部分と部分なるものおよび〈全体〉との対立」、などを理解することなのである。[69] ここで主観の「各私性」の問題について考えねばならない。なぜなら、廣松が指摘するように、「主観は、いわゆる近代的〝自我の自覚〟と相即的に、究竟的には意識作用として、つねに各個人の人称的《ペルゾンリッヒ》な意識、各自的な私の意識だと了解される」からである。[70]

すなわち、「私」という存在を「社会的原子」ではなく、「私」を世界に内属する存在であり共同主観性を身体化する過程から捉えなければならない。共同主観性について廣松自身は「共同主観性（intersubjectivity＝間主体性＝共同主体性）」とする。廣松は「先験的＝超越論的」な主観が存在するとはせずに、「〝先験的主観性〟とは間主観性＝共同主観性の屈折せる一投影であると見做す」と論じたのであった。[71] こうした「間主観性＝共同主観性」が基底となる「交わり」は「振舞い」の相互理解であるのと同時に、複数性を前提としている。いわば、自己とは他者を介してはじめて自己自身を了解し、先行する他者からの受容を不可欠なものとしている。この前提がエリアスがいう「関係構造」での指示同定の共有であり、共同性と個別性を相即的に作り出してもいるのである。

「関係構造」とは「プレイヤーたちがまるごとの存在として形成する、つまり知性だけでなく全人格によって、相互関係の中での全行動によって形成する、変化する人間模様のことである」。こうした「関係構造は緊張関係を形成する」ことになる。プレイヤーが特定の関係構造を形成するための相互依存関係は、味方としての相互依存関係だけでなく、敵としての相互依存関係でもある。(72)そうした「関係構造」とは「過程的構造」であり、「全体／全体」「全体／部分」「部分／部分」などが共軛的に噛み合っている状態なのである。この「噛み合い」は諸価値を含意しながら階層秩序を作り出し、「私」とは「社会的原子」ではなく「函数態的存在」であることを明示している。いわば、社会の秩序創出と人びとの人格形成は「四肢的連関態」による交互的媒介性が深い影響を与えているのである。

いいかえれば、「部分」と「全体」を交互媒介から検討すれば、この意味連関が全体化と時間化としての〈文化〉そのものに接近していくのである。そうして「私」は「人間的出来事の全体化され全体化する過去」によって「弁証法的に条件」づけられている。というのも、全体化の両義性が「私」の「実践的企て」とそれに伴う「諸規定の総体」を「理解／改変」し、「共時的全体化」のなかに「通時的発展」が「生きている」ことを表現し得るためなのである。(73)

第三節　歴史的カタストローフへの「鞘口」と「種の論理」

原発禍は「原発＝核施設」に隣接する地域の住民を「原発避難民」とした。「市民としての基本的人権」を剥奪された「避難民」とは、国家秩序が保証する「法的保護」の外部とされているかのようである。道徳的に受容しうる「思考／行動」の「枠組」は崩れ、共同体の歴史的・社会的・文化的再生産は不可能となっている。精神的にも社会的にも故郷を喪失した人びとへの帰還を妨げているのが、自然科学の学知によって正当化されてきた「犠牲のシステム」である。したがって、自然科学の客観性と専門性の依拠から物象化され続けてきた「学知」を「真理」として認めることはもはやできない。今までこの物象化が受容されてきたのは、フッサールがいうように、自然科学が「数学的なもの」を帰納的に導き出す「純粋数学に指導された学」とされ、それ自体もすでに「最高の合理性」を持つとされてきたからである。この合理性が「真正な認識すべての模範」となり、自然を対象化する認識能力こそ「真の科学」とされたのであった。つまり、「ほかの認識の領域においても、公理と演繹によって必当然的明証法を手に入れる能力がおそらくわれわれに『生得的』であるとされるかぎり、純粋数学の模範に従わねばならなかった」のである。これに対応して「世界と哲学」も「新たな相貌」を呈することになったのである。(74)

「犠牲のシステム」に絡め捕られた日本社会の「歴史的現在」は過去へと退行している。具体的な状況において近代化を実質的に推し進めていく諸権力による自然環境の破壊と生活環境の崩壊は現実的に認識されず、むしろ反対に現状は既存の社会秩序から柔軟性を奪いながら、戦前へと回帰しようとする俗情によって硬直性を高めている。こうした「歴史的現在」における具体的状況は、さまざまな政治権力、諸階級、経済集団が交錯しながら政治の方向性を決定するのではなく、復古調の政治的情念によって政治的判断を決定し、内在的かつ先天的な「真理」を体現しているかのような政治屋たちの「振る舞い」を許している。

この流出論的な真理観は同質的な親密さを伝統文化の特質の一つとし、この真理観は「和の精神」という形で表象化されていく。その視角は「見知らぬ者」を安全な社会内部へ危険をもたらす存在者とする伝統的発想が生じる、とバウマンは論じている。つまり、「見知らぬ者」の存在と「自らの自信のなさ」は無意図的に混同されていく。最初は憶測でしかなかったものが、「何重にも証明された真実」となり、ついには「自明の理」へと変移していく。こうした状況は悪循環となり、「自明の理」の正当性を強めていく。共通の利益と目標を「見知らぬ者」と分有する「技術」は失われ、他在を理解する「技術」の習得機会すらも子どもたちに与えられることはない。こういった状況のもとで、多元的な諸利益を前提とした「交渉的合意」の成立は困難さを増し、共通のアイデンティティによって安定を生み出すことが、最も効果的な「合意形成」の手法とされていくことになる。討議を通じて「共通の利益」を作り出そうとする行為は、アイデンティティへの執着とアイデンティティの汚染に対する「防衛本能によって、非現実的、空想的なもの」と扱われることになる(75)。

寛容性の喪失はサルトルのいう全体化の妨げとなる。共時的全体化から次第に物象化されてゆく通時的全体性としての「国民国家」はその内部矛盾を拡大させる一方で、性別、階級、そして民族の「三項」に共有可能な「正義＝公正」によって諸矛盾を包摂しようとしている。その「三項」を包摂する諸規準の形成は為しえない幻想であるが、全体化を介しない歴史的「騙り物」が国家の正史となり、多数のエスニック集団の「歴史像」の主張は抑制させられている。現在のような大きな破壊の後では「騙り＝虚偽」が本当の「正史」とされていく。いまでは破壊の痕跡の提示すら「主流」メディアから排除され、「騙り＝虚偽」が満ちる電脳空間においても惨状に対して無感覚となりつつある。支配権力層の自己欺瞞は経済・教育・文化・生活などの各領域に広く浸透しながら、実質的な抑圧力となって人びとを拘束している。この自己欺瞞とは「啓蒙の弁証法」に酷似しているといえるだろう。なぜなら、自己欺瞞によって自己の精神性を腐敗させ、良心を欠いた精神性は経済的打算による他者利用をも正当化しているためである。こうして利潤拡大の最適解としての経済合理性が自己・他者・世界を包括する循環性を産み出している。

自己欺瞞と硬直した思考は現前化している巨大な危険性を直視・客観視しようとする政治的・経済的・教育的提案を斥ける。というのも、それらの提案は現状の「犠牲のシステム」が自明性とする日常では「異物」とされるためである。安全地帯にいる多数者は少数者を危険地帯へと追いやり、政治的・経済的な強者たちが「社会的弱者」を作り出し、「社会的弱者」とされた者たちから整然と「搾取」することになる。この「搾取」とは生命の安全を奪い去る「搾取」でもありえる。大震災と原発事故による「例外状態」という閾の出現は客観的現実に対応した法的決定を不可能なものとした。「例外状態」の出現は「法＝義務」（＝国家が国民の生命・自由・財産を守る責務）が放棄されたことを意味した。想定し得ない状況の進行に「法＝義務」は「宙吊り」にされたのである。さらに「宙吊り」にされた「法＝義務」は数多の危険性を先送りする事態となってしまっている。東日本大震災の一ヵ月後、二〇一一年四月一一日の時点で高村薫もこの大震災の被害を描写していた。

「ある日を境に世界が変わってしまう。昨日まであったものが、今日はない。物理的な破壊と消失は人間のこころまで変形させるのか、破壊をまぬがれた日常も違ったものに見える。またさらに、自分の五体がとりあえず無事であれば、これは夢ではないのか、自分の眼がおかしいのではないかと繰り返し思う。しかし何度眼を凝らしても、目前の光景は自分一人の身に起きたことではなく、昨日まで自分が生きていた世界の全部に起きたのだと気づかされ、そうか、もう戻ることはできないのだと覚醒するが、非現実感はなおも消えない。／こうして私たちは東日本大震災に遭い、被災者も非被災者も、それが起こる前と後では決定的に変わってしまった世界を今日も生きている。変わってしまったのは土地の風景と生活と、それを見つめる人間のこころの全部である。人は、物事の大きさを基本的に自分たちの身体のサイズで捉え、理解するものであって、たとえば死者・行方不明者の数も、ただの数ではない。遺体もしくは柩が並んでいる光景としてその数を捉えるとき、死の数が初めて具体性を帯びて立ち上がってくるのだが、二万三万もの柩が並ぶ光景など、簡単に想像できるものではない。私たちがこの四週間見つめてきたのは、大きすぎて捉えられず、従って理解も及ばないような破壊と喪失なのである」[76]。

ここで考察すべきは生活世界の「自明性」と「所与性」の側面である。それは客観的学知の地平を制約する「先行理解」を可能とする思惟様式の基底でもある。規範的序列の確実性と自明性から世界内存在は世界像を整合的かつ予定調和的に把握することができるのである。また、時間経過と相即的に「もう戻ることはできないのだと覚醒するが、非現実感はなおも消えない」とする痛覚は失われていく傾向のなかに日本社会はある。メルロ＝ポンティは「それらの実存範疇は、あらゆる構造と同じように、われわれの作用とわれわれの目指しているものとのあいだにのみあるのであって、それらの背後にあるのではない[77]」と記していた。つまり、生活世界の提示する準拠枠は多様な事物や体験を整序し、理解可能なものとする海図と羅針盤でもある。こうした海図と羅針盤を失った「宙吊り」の状態がいまの日本社会で作り出されている。むしろ、「理解も及ばないような破壊と喪失」のなかだからこそ「精神の Weltlichkeit〔世界性〕や、精神が孤島ではないこと、他の精神や真理とのその結びつきをもやはり、空間‐時間的な或る構築法をもった差異化〔微分法〕として理解しなければならない[78]」のである。いわば、現状は既存の framework では「理解も及ばないような破壊と喪失」に直面しているのである。それは当然視されてきた日常性から「意味」が剥落することであり、こうした意味喪失は現代が批判の時代といわれることと相関している。田辺によれば、批判とは「文化の産物が単純なる構造を有するもの」ではなく、つねに相対立する契機を含意した「二元分裂の様相」を示す。そのために、「一方の契機に重きをおく立場が相対立して互いに争う」ことになり、「文化の拠って立つ基礎」が動揺しその妥当性に疑義が示される。この結果に対する根拠が問題とされるのと同時に、「その限界の再検討」が要請されることになる。だからこそ、「文化が歴史の産物として過去と未来とに制約」され、前者に属する「伝統理法の普遍汎通」と後者に結びつく「経験事実の個性尊重」の「両契機が相俟って二元統一的文化」を成立させている。これらの両契機は「互に相貫通し浸透して立体的力動的に入込み合う」ことになる。その結果として「二律背反」を避けることができず、「二律背反性」は歴史文化の本質的構造に固有なものとして把握しなければならないのである[79]。

物象化した「犠牲のシステム」は思考停止を生み出す無時間的なものとなり、利害関心や利害関係を「今」のフロー化によって政治・経済システムの硬直性として沈澱化させてきた。「今」のフロー化による時間認識は歴史的出来事の多様性を縮減し、単層的な理解を生み出す画一性の堆積化となった。他方で、単純な主体の一様性の固執によって「過去の必然に対立する未来の偶然」が認められないのならば、仮に「未来と名づけられるもの」があったとしても、それは過去の投影に過ぎない。こうした偶然と自由をもたない存在にとっては「時」そのものが消滅する。いわば、時計が「時」を計るというような、振子の単調なる反復となってしまう。その結果として、「すべて反対に見えるものも、同一なるものの同一なる現象が、表裏いずれの方向から見られるかの相違に帰する外ない」ことになる[80]。

こうして人間と自然の間の流動的な意味連関は切断されたのである。そのとき物象化された意識は同一化的思惟の論理的形式となっていくのであった。また、人間と自然は目的志向的に行為する「主体」と「外的自然」に明確に分離され、この分離は主体の「自己保存的合理性」によって作り出されているのであった。「自己保存的合理性」が明確に物象化された意識構造となる一方で、自己の内面性を「犠牲」にした支配欲とは他者の尊厳を否定するものであった。そして世界の多様性を犠牲にしていくのが道具的理性と呼ばれたのであった。

「しかし犠牲は、今日どうしようもなく阻害されてしまっている直接的交流を、身代りによる返済によって救い出すことはない。むしろ、犠牲の制度そのものが、人間にも自然にも等しく襲いかかる暴力行為として、歴史的カタストローフを示す徴候なのである[81]」。

「犠牲の制度」とは「原発＝核施設」を中心として形成されてきた「犠牲のシステム」でもある。「犠牲の制度」が暴力性を内包しながら増殖した結果が今回の「歴史的カタストローフ」であった。「歴史的カタストローフ」を引き起こした「犠牲のシステム」は従来から巨大なリスクを内包していたのであった。つまり、システムによる「内発」的なリスクの包括は「リスクの原因が人間の行為」であったことからの帰結でもあった。リスク要因が多義的であったとしても、生活世界において「犠牲の制度」が定着していく過程で注視されることはなかった。だが、生活世界とは「人－間」における一切の認識の意味基底なのである。いわば、歴史的準拠枠としての生活世界が「犠牲のシステム」に包摂されていく過程こそが、一九七〇年以降の日本経済の基本構造を形成したのであった。「犠牲の制度」はそれ自体が依拠する権力支配を支えるために「学知」を必要とした。いわば、客観的学問と生活世界という二つの領域に影響を与える一種の循環性が生み出され、その循環性は生活世界と「犠牲の制度」の間での相互浸透的な意味連関を産出したのであった。こうした現状に対してデュピュイは「運命の流れを上手く逸らすために、あたかも運命と交渉しているかのように行動することが重要なのである」という。そして、「不幸はわれわれの宿命」であるとしても、それは「人間がそこに自分の行為の帰結を承認しないとき」であって、「われわれ」が自分自身の意志によって「引き離す」ことのできる「選択できる宿命」でもある、とデュピュイは論じている。[82] だからこそ、「引き離す」ための視座設定には新たな認識論が求められることになるのである。

廣松はこうした事態を深く考察したのであった。[83] 廣松によれば、現相世界の分節態（＝フェノメノン）は、単層的な与件ではなく、その都度すでに射映的所与〝より以上の或るもの〟etwas Mehr として二肢的二重相で覚識されていた。また、フェノメノンにおけるこうした「対象的＝所知的」な二つの契機は「現相的所与」および「意味的所識」とされていた。つまり、現相的分節態はその都度すでに「現相的所与」以上の「意味的所識」として二肢的二重性の構制となる。これは「否定的に対立」する「種的基体」と「個」による葛藤が「両者の交互否定の極」を作り出すことでもある。その形成過程での交互的な媒介性によって「主体的全体としての国家」と「個人」が交叉する。そこにおいて「基体即主体の転換」が成立し、「全体即個体」の組織が生ずることになる。

「射映的所与」のより以上の或るもの〈として〉の「二肢的二重相」での覚識によって、人びとのパースペクティブは「二肢的二重相」を形成する媒介性を内在させている。このパースペクティブから導かれる論理構制は、非論理的な否定性を内包し、その「非合理的直接態」を介することによって「絶対媒介」となる。だが、主観性と客観性の実在視を正当化する「意識作用 - 意識内容 - 客体自体」という三項図式は「絶対媒介」の動態性を潜在化させてしまう。だからこそ、「精神」と「身体」を「身心」問題から捉え、「種的基体と個との葛藤」が「両者の交互否定の極（＝絶対否定的主体）」であることを考えなければならない。「種的基体」と「個」の葛藤がなければ、自己のパースペクティブは物象化され「射映的所与」は単純化あるいは固定化される。一方で、この単純化と固定化は人びとが共有するframeworkとなり、諸体験を言語化することになる。そのとき諸経験は一定の範囲内への縮減から概念化されるのである。「言語化＝概念化」によって複数の他者と経験を共有し「個別的」かつ「共同体的」なframeworkが維持され、日常生活での言語使用の範型や他者との対面接触における諸態度を形作る。こうした言語使用あるいは自他関係の構築は文化システムを作り出すことになり、その文化システムとは態度と信条を具現化し、「種的基体」と「個」の「交互否定の極」から世界内存在の歴史的・社会的基底層を形成するといえる。また、「情」と「理」は分離しえぬ「否定即肯定」あるいは「絶対綜合の原理」による経験様式だともいえる。それらの経験様式は能動性と受動性の間にあり、「思惟／知覚／感覚」を分割することはない。

だとすれば、人間と自然環境の意味連関は「現相的所与」と「意味的所識」との二肢的二重性の構制となり、その構制は人びとが思念する〝射映相〟それ自身の内在的構造として存立する。すなわち、人びとの思念する「現識相」と〝射映相〟との区別は相対的なものである。また、「レアールな〝現識相〟」はそれ自身一つの〝射映相〟であり、現識相自体が「所与－所識」成態となっていた。つまり、二肢的二重性と「能知的誰某－能識的或者」という二肢的二重相の重合によって、現相世界の存在構造が交互的に媒介されているのである。こうした二肢的二重性と二肢的二重相の相互媒介が現相世界の存在構造を形成しているとすれば、田辺がいうように「歴史的現実は行為を離れて単に生成するもの」ではない。「現相世界の存在構造」を可能にするためには「生成は行為を媒介とし、行為は生成を媒介とする絶対否定の統一」とならなければならない[84]。すなわち、行為の相互媒介が作り上げる日常性とは「四肢的連環態」のことなのである。というのも、廣松が指摘する「四肢的連環態」は「所知の側のレアール・イデアールな二肢的二重性」と「能知の側のレアール・イデアールな二肢的二重相」というかたちで両つの二肢的成態を成しているからである。そして、「レアールな両契機」と「イデアールな両契機」はともに相互媒介のなかにある[85]。とすれば、この「日常性」という framework の基底である「四肢的連環態」の分断が問題となるといえる。

「四肢的連環態」の「統一と分裂」とは「弁証法的に表裏相即」となっており、「分裂を裏面に含まざる統一」がないのと同様に、「統一を半面に予想せざる分裂」もない。つまり、「分裂動性」を直視しえないとき「現実の歴史」は抽象化されていく[86]。歴史過程に分裂動性をみることは「国家」「民族」「個人」をも分裂動性として把握することになる。それはヘーゲルが「有限と無限」「全体と部分」「普遍と特殊」を「単なる両項的対立の統一ではなく、対立性と統一性との対立という次元をも同時に止揚」しようとしたことであった。そこには「悟性（つまり、分析的理性）の見地、いわゆる形式論理的な視座に対して弁証法的理性の見地が対置される」ことになる。このとき「一切の規定性が、相関的で且つ流動的な相で、つまり、対他的でしかも自己否定を契機とする相で把え返される」のである[87]。そうしたヘーゲルの歴史把握は分裂動性の視座を見出すことと同値なのである。この視座の重要性は、日本社会で「空－間」を「国境線」とし自国の「領土／領海」へ囲い込もうとするナショナリズムが台頭しているからである。従来であれば政治的知恵としての「曖昧さ」のなかで空間は共有されていたが、対立の顕在化によって国際環境は劇的に変様した。その顕在化と相即的にエスノセントリズムによって民族意識が覚醒している。つまり、「主観性」と「客観性」の自存視による認識論は事物の価値判断を「固定化／画一化」し、「モノ」として確定する。世界が時間経過や空間移動によって「現実」よりも多くの諸可能性を内在させていても、政治は「可能性としての技術」の側面を失なう。そのときパースペクティヴの多義性は喪失し、「事物」や「出来事」などの反照的示差性は物象化されるのである。民族意識によって「主観的観念／情念」が政治に持ち込まれ、冷静な政治的判断は「臆病者」の思惟として排斥される。政治的な冷静さを保つためには自己と対象の間に「距離」を設定し、「主観的観念／情念」を起点とするパースペクティヴがどのような局面を捉えているのかを確認しなければならない。

その姿勢は物象化された概念としての民族意識を構成要素へと分割していくことでもある。その構成要素とは、共同体の伝統文化を背景とした「生活形式」の統一性と多様性への観点、対象把握とその階層的価値の序列づけという多元性の観点、そして「空－間」で特徴的となる観察事象のどの個別的側面を重視するのかという観点、などである。こうした三つの観点の交叉から概念の形成過程のなかで民族意識を把握するのである。その把握は民族意識が「外部性／他者性」を「排除／侵犯／否定」という負の価値領域に囲い込もうとする欲望を明らかにする。というのも、集団がもつ民族意識と同化した自己意識は「民族」という負の記号の円環性に包摂されるためである。

現代の国際環境内の国家間の諸問題は「国内」と「国外」を越境し、政治的・経済的な国力の格差から「国境線」は新たに引き直されている。「国境線」とは柔軟な「差異と反復」を抑制し、非合理的な情動によって「正当性」の価値基準が作り出されていく。だからこそ田辺は「論理は、論理を否定する非合理的直接態を媒介とすることに由って、始めて絶対媒介たることができる」と論じたのであった。また、田辺がいう「論理の一般的規定＝推論性」とは単純な「演繹的推論性」ではなく、「媒介そのものが媒介せられるという円環的媒介性」である。[88]こうした円環的媒介性が現相的所知の二肢的二重性と能知的主体の二肢的二重性が連関する「四肢的構造連環」を形成しているのである。イルレアールな「意味的所識」ならびに「能識的或者」が存立性を得るのは、こうした「四肢的相互媒介性」によってなのである。[89]この「四肢的相互媒介性」が描き出す航跡は廣松によって幾度も論じられている。たとえば、共同主観的に同型化された相での能知は「諸個人が他者の立場を〝誰かとしての私〟として扮技しながら、「直接的与件をそれとして覚知する意味的所知の共同主観的合致の私念」を介して「自己変様的に形成した過程的媒介の所産」となる。そして、機能的・函数的聯関に即せば、「能知の共同主観的同型性とは、その都度のレアールな能知がレアールな所与をそれとして覚識する『意味的所知』の同型性に照応する」のである。[90]

こうした視座を設定できなければ、既成の「正邪」「美醜」「善悪」などは人間相互の認知・了解の基盤として固定され、道徳的評価からは自明とされ物象化されることになる。そこでは「民族」という概念構制の再考などは不可能となる。だからこそ「演繹的推論」によって「媒介が自己を否定的に自己と媒介する動的円環が絶対媒介の推論性を形造る」ことが必要なのである。[91]すなわち、「種的基体」とは「関係」と「項」が多重的過程となる「媒介性＝多層的差異化」の動性として考えねばならない。こうした「種の論理」とは「個／種／類」を自存視された「項」とする概念構制を想定することはない。つまり、「個＝種」あるいは「種＝類」という連関はありえないのである。というのも、「分有の論理」は対立の論理を予想し、対立は「種としての全における個の合一に対し、個の全に対する分立を意味」するためである。こうして「分有の論理」は「種の論理」であるのと同時に、「分立の論理」が「個の論理」

となる。つまり、「自同の論理は矛盾律を以て後者の媒介となる」のである。「個の論理は分立対立」であるが、「分有の直接態」とは相違し「矛盾律による区別を含む」ともいえるのである。[92]

既述したように廣松の視座は「媒介性＝多層的差異化」を捉えていた。その側面を「個」と「種」の媒介過程から考えてみる。「媒介性＝多層的差異化」とは「項」と「項」を独立した「もの」とすることはない。だとすれば、「個」とは「階型的な多重構造」の編成によって形成されており、「個」は再編を反復する「行為的主体〈として〉の個」なのである。たとえば、「個性」は実体に附着した固定的属性ではなく、「所与のシュチュエイションのもとでの個体間関係」に応じて具体的かつ安定的に発現する機能的属性なのである。また、それは当方の行動に即応して先方に予期される「行動様態の特性」ともいえるのである。つまり、「分立の論理」でもある「個の論理」とは「まさに間主体的な自他関係」なのである。この次元で廣松は「他者の自分に対する役割期待」を了解しつつ、「その役割期待に応ずる仕方で自分の行為を協応させる事態」から「対自的対他＝対他的対自」の相での「協応関係」が成立するとした。[93]このとき必然的に「対自的対他＝対他的対自」は「矛盾律による区別を含む」ことになり、「個＝主体」とは「主体としての他者」との「対自的対他＝対他的対自」としての私の脱自的な対峙となる。私の意識において、それは「主体間」の「相互主体的な『呼応』」であるといえる。[94]ここには根源的共同化という一つの「論理」がある。

だからこそ「論理」は「論理」を否定する「非合理的直接態」の媒介によって、はじめて「絶対媒介」となることができるのであった。また、「論理の一般的規定＝推論性」は完結しえない「円環的媒介性」となり、それは弁証法の「全体化」ともなる。弁証法が「全体化」する「過程」とは自己へと反照する動性であり、「それは自分を発見し、次第に批判的反省によって媒介」されるとサルトルは論じていた。こうした批判的反省を介して「現在の実践」はそれを構成の契機とした「反省的構造」をもっているのである。一方で、サルトルは「過去の実践の方はそれが保存される（すくなくともその痕跡によって）かまたは再構成される」とした。そうした事実からも、この全体化は「媒介された状態」にあり、「反省的分裂がここでは距てとなっている」のである[95]。先行性と差異性の交互的意味連関を形成する全体化は円環的媒介性を生み出す。差異的循環性としての全体化は「個別性＝部分」と「共同性＝全体」との円環的な媒介過程なのである。「共同性＝全体」の把握は「として」の媒介性から個々の「個別性＝部分」の理解となる。また同時に、「個別性＝部分」の理解は「共同性＝全体」を先行与件とする文脈理解に依拠している。全体化によって生じる差異的循環性は、個々の命題と全体的文脈との間の交互媒介関係にほかならないのである。

所与のシュチュエイションのもとでの「個体間関係」はすでに「個体」を「媒介された状態」と位置づけている。つまり、「主体」とは行為過程を離れて「無関係に存する実体」ではない。また、「実体の基体的存在に対する関係を媒介」しない「表現的実存」はありえない。なぜなら、「基体即主体」とは「行為的存在」として初めて象られ、その結果として「実体にして同時に主体たる具体的存在」となるからである。こうして田辺は「実在は主体の否定的対立者にしてしかも後者の媒介基体たるもの」を「反省的分裂」から描写したのであった。「同時にもしこの基体の媒介を失えば、主体のいわゆる実存は、単に表現解釈の可能存在に堕し、ただ無内容なる自己の決断という解釈的行為の主体に萎縮する外無い」のである[96]。個体は諸行為を介しながら主客二元論を超える実存を獲得する。

波多野も主観性と客観性の実体化の問題について考察を加えている。「客体の分離は、その反面として、主体の分離である」。こうした「主体と客体とのこの分離この対立が『反省』である」。その反省によって「自覚＝自己意識」は客体の意識とともに表面に浮かび出ることになる。波多野によれば、客体は「客体としてもとより単純に主体に属し単純に意識の内容をなすもの」ではないが、「観念的存在者」としては「実在者と異なって遥かに主体に接近した位置」に立ち、わずかに「半ば独立性を保つもの」でもある。いわば、その存在は主体に対する存在なのである。主体が「実在者として飽くまでも隠れたる中心」を維持し自己を他者の所有に委ねることを拒む一方で、客体は「観念的存在者として隠れたる中心と奥行き」をもたない平面的な「顕わなる存在者」なのである。[97]

主観性と客観性は弁証法による全体化によって「差異と反復」を生成する。それが主客間での円環性となり、思考と実践を媒介することになる。交互的媒介が生み出す「主客」の円環性は対立する諸要素を統一するだけでなく、螺旋状の循環軌道となり「正」および「反」の次元とは異なる「合」の次元へと至る。そうした交互的媒介が作り出す「合」とは葛藤・対立する対象の無原則な合一ではない。つまり、そうした「合」とは対立し矛盾する関係性を固定化することなく、「対自的対他＝対他的対自」の交互的な媒介過程となるのである。そうした過程で理解されるべきは「個々人」を超えて、一人ひとりの尊厳を把握するための拠りどころとなる「実存範疇」である。この「実存範疇」とは「すべての有意的および無意的経験の沈殿した意味」であり、人間存在の「志向的生活の Urgemeinschaftung〔根源的共同化〕」なのである。だからこそ、「他者のわれわれのうちへの、われわれの他者のうちへの Ineinander〔相互内属〕」を把握しなければならないのである。[98]

しかし、「啓蒙の弁証法」によって強く駆動する「自己保存」の欲望は他者の我有化を押し進め、さらにその欲望は自己の内面性を抑圧することになった。このとき自他間での相互理解の根拠となる「実存範疇」は空虚化し、「対自的対他＝対他的対自」の交互的媒介性が産出する「有意的および無意的経験の沈殿した意味」が内包する「規範」は腐蝕していく。他方で、「規範」とは、ルーマンが論じていたように、「抗事実的に安定化された行動予期である」ともいえる。その抗事実的な通用性こそが「当為」の意味と等価となり、他者の行為選択を予期し得ることは「人間の共同生活を基礎づける重要な成果なのである」。こうした共同生活の基礎が先行的与件として存在しているからこそ、規範的予期様式と違背の場合における固持とに関係する「予期連関」を形成することが可能となる。[99]その予期連関の形成を「理念化された『我々』」でもある「共同主観的・共通主観的な判断主観一般とでもいうべきもの」であると廣松はいうだろう。つまり、判断活動が「当為必然性の意識に照応する普遍妥当性の意識、ひいては『客観妥当性の意識』にほかならない」のである[100]。

規範的予期様式とは「我々」としての「我／汝」の役柄を確定し、相互に呼応する安定した「予期連関」を作り出す。予期様式の共有によって「我々」は「真偽」の境界線を認識し、一般化された規範化的予期を介して「志向的生活の Urgemeinschaftung〔根源的共同化〕」を形成している。また、「真偽」の区別は「共同主観的・共通主観的な判断主観一般」を背景として、高度な複雑性を有する世界で行為選択を可能とさせている。つまり、「我々」の「根源的共同化」は行為連鎖を一定のコンテキストに位置づけ、「何が為されるべきか／何が為されるべきではないか」を分節化する基底でもある。他方で、こうした「客観妥当性の意識」が侵蝕されていけば、自他関係は互いに「排除／抑圧」し合い、本来であれば「対自的対他＝対他的対自」である存在者の尊厳が否定されていくことにもなる。そのとき相互侵食的関係性の交互媒介的な側面は隠蔽され、各主体の「純粋性」が強調されていくのである。それは「自己保存につかえる認知と本能的自然の抑圧との両者」を「支配の理論」に帰することによって一般化されていくのである。こうして自己と他者の間の非同一性は忌避され、自他を融解させる腐臭を放つ画一性が賞賛されることになる。だが、「我々」は「言語的交通を媒介とする判断の共同主観性の体験[101]」を基礎にもっており、共同主観性とは「主客」の単なる「合一」ではない。「自己意識＝主体」とは「人‐間」で生じる情動の渦動によってつねに「揺らぎ」のなかにあり、「他者のわれわれのうちへの、われわれの他者のうちへの Ineinander〔相互内属〕」という交互侵蝕的な媒介性を有している。だとすれば、自己意識から差異性を排除することができないのと相即的に、自己意識は外部に存在する対立物を不可欠な構成要素としてもいるのである。だからこそ、自他の「文化接触」は包越者のなかで新たな価値を生成する渦動となるのである。

つまり、固定化された「合」はつねに新たな「反」と接しており、その差異によって弁証法の全体化が生じることになる。全体化は「主客合一」の間に偏差を作り出し、「高／低」「強／弱」「上昇／下降」などの渦動を生じさせていく。こうした渦動を実体化によって抽出したのが「主体」と「客体」なのである。したがって、全体化とは「主客」の対立である一方で、「主客」の動的統一でもある。「対立的統一」あるいは「統一的対立」が「四肢的連環態」の成立を可能にしている。「四肢的連環態」とは「階型的な多重構造」であるのと同時に、内包的・強度的連関の形成から「対自的対他＝対他的対自」の渦動的関係性ともなっている。主体性と理性は「自己自身の保存」を維持しようとする一方で、その進展過程で社会秩序を「再生産」させるものとして機能する。つまり、事態の認識は構造的に「事態の総体としての世界への介入の可能性」に関係づけられている。実践はこの事態を乗り越えられた過去とし、「現在のわれわれの実践の通時的深さとして必然的にそれの一部となっている」とサルトルは述べたのであった[102]。

別の視角からいえば、「人‐間」で共有される世界像の形成過程は日々の実践による伝統継承（＝物語の共有）から可能となる。つまり、言明了解からさまざまな出来事や事実を物語の要素として叙述していくことになる。その叙述が「通時的深さ」をもつためには各主体間の状況変化に即して統一性を維持し、それを理解するための地平の同一性を確立しなければならない。他方で、共同主観的な「ヒト」や「我々としての我＝我々としての我々」は「協働連関の歴史的・社会的な現実態」とその広袤において規定されている。なぜなら、直接的与件の開示すらも「協働聯関の歴史的・社会的な状況に媒介されている」ためである[103]。こうした重層的な媒介過程を経て叙述が統一性と同一性を相即的に確立しえたならば、物語は生活世界を構成する諸要素の一つとなる。つまり、実践の「通時的深さ」によって各「主体」は、自己自身、他者の存在、そして内属する世界を解釈しているのである。このとき重要なのは、世界像の確立と共有が物象化されてはならない、ということであろう。というのも、物象化によって単一事象が理論的命題を規定し一部の者たちに独占的に操作され、その操作は道具的理性によって「自己／他者／世界」を専有するからである。これは「正当化」された解釈理論が表現の自由を規制するのと同時に、単一の意味連関へと集約することなのである。したがって、反省的批判は明晰判明な「反省的な認識となる」べきである、とサルトルは論じたのである。それというのも、サルトルによれば、「反省的批判がその実例とその明証とをもとめるのが〈客観的文化〉にたいしてだからである」。また、「単一の〈人間性〉への一切の信頼をきびしく排除する」ならば、あらゆる「人間関係の基礎そのものである相互性という綜合的なつながり」をより一層明確に解明することになる[104]。なぜなら、田辺も論じていたように、「伝統理法の普遍汎通」と「経験事実の個性尊重」という「両契機」が相俟って「二元統一的文化」が成立するためである。そして、これらの両契機は「互に相貫通し浸透して立体的力動的に入込み合う」のであった。

「客体は観念的存在者として、実在的存在者としての主体との関係に立つが（…）それは更に『意味』としての性格を担うに至る。意味には、内なるもの乃至隠れたるものを表わし出すということ、次に共通の中心によって統べ括られることにより互に共通性乃至聯関を保つこと、がそれの本質的特徴をなす。全く孤立したるいわば一点に尽きる客体は、他者を離れたる主体と同じく、抽象乃至空想の産物に過ぎぬであろう。（…）かくの如く客体は主体によって支えられつつ中心を有することによって意味を獲得する（…）。かくて主体は隠れたる中心に立ちその中心より生きまた働くに相違ないが、顕わなる観られ解される存在、意味ある存在を保つ限り、その存在は客体のそれに尽きる。客体及び客体的聯関、意味聯関、を離れて主体そのものを捉えようとする企てはすべて徒労に帰せねばならぬ[105]」。

たとえば、バシュラールは次の詩から「客体及び客体聯関、意味聯関」を離れることなく「主体そのものを捉えよう」としたのであった。「部屋はしぬ　蜜と煎薬／抽出は死をいたみ　ひらいた／くもった鏡のなかで／家は死ととけあう」という詩のイメージから「深い過去」を追求する姿勢は詩人が時間把握の先達となり、「永遠に失われた家がわれわれのなかにいきている」ことを詩人は力強く人びとに証明する、とバシュラールは指摘した。たとえば、「存在したものは真に存在したのか。事実ははたして記憶が付与するような価値をもっていたのか」と人びとが「問う」ならば、「はるかな記憶が事実をおもいだすのは、事実に一つの価値、幸福の後光をあたえるときにかぎられる」。その価値が抹殺されればもはやその事実はもちこたえることができない。つまり、「思い出の現実へ、非現実が滲透する」ことを理解しなくてはならないのである。(106)

また、カッシーラーは、人間の知覚空間とはシンボル的空間を分析しなければならない、と述べている。それは人間的世界と動物的世界に境界線を引くことであり、「有機的空間」あるいは「行動の空間」に関しては、人間は動物に対して劣位にあるが、この欠点の代替として人間は他の性質を補償されたのである。つまり、直接的反応ではなく、複雑で困難な思考過程から人間は抽象的空間という観念を獲得したのであった。(107)自然的態度をとっている人びとの「生活史的状況」とは「自然」的所与ではなく、「多重的」に階層化された意味連関であると考えなければならない。あらゆる所与性の自明性を疑うことはできないが、その意味関連の文化的体系を無自覚に理解し解釈してきたことを対自化する必要がある。それは生活世界が「学以前の、また学以外の生において経験する」ような、経験されたものを越えて「経験可能」となっているためである。こうした「空間時間的な事物の世界」が生活世界であり、人びとは世界地平を可能的事物経験の地平として有しているのである。(108)

註

（1）ギー・ドゥボール『スペクタクルの社会』木下誠訳、ちくま学芸文庫、二〇〇三年、二〇頁。
（2）ギュンター・アンダース『異端の思想』青木隆嘉訳、法政大学出版局、一九九七年、一四頁。
（3）ニクラス・ルーマン『社会の社会 1』馬場靖雄ほか訳、法政大学出版局、二〇〇九年、四一一‐四一二頁。
（4）高橋哲哉『犠牲のシステム 福島・沖縄』集英社新書、二〇一二年、三四‐三八頁。
（5）前掲『スペクタクルの社会』、一二三‐一二四頁。
（6）カール・ヤスパース『実存解明〔哲学Ⅱ〕』草薙正夫／信太正三訳、創文社、一九六四年、八〇頁。
（7）田辺元「社会存在の論理」藤田正勝編『種の論理 田辺元哲学選Ⅰ』岩波文庫、一〇二頁。
（8）廣松渉「存在と意味 第一巻」『廣松渉著作集』第十五巻、岩波書店、一九九七年、三八三頁。
（9）前掲『実存解明〔哲学Ⅱ〕』、八一頁。
（10）前掲「存在と意味 第一巻」『廣松渉著作集』第十五巻、三八四頁。
（11）ニクラス・ルーマン『社会システム理論（上）』佐藤勉監訳、恒星社厚生閣、一九九三年、三六九頁。
（12）エトムント・フッサール『デカルト的省察』浜渦辰二訳、岩波文庫、二〇〇一年、八七頁。
（13）前掲「存在と意味 第一巻」『廣松渉著作集』第十五巻、三五四頁。
（14）前掲「社会存在の論理」藤田正勝編『種の論理 田辺元哲学選Ⅰ』、一〇三‐一〇五頁。
（15）シモーヌ・ヴェイユ『根をもつこと（上）』冨原眞弓訳、岩波文庫、二〇一〇年、一三頁。
（16）カール・ヤスパース『哲学的世界定位〔哲学Ⅰ〕』武藤光朗訳、創文社、一九六四年、九五頁。
（17）M・メルロ＝ポンティ『行動の構造』滝浦静雄／木田元訳、みすず書房、一九六四年、二五九頁。
（18）大和田武士／北澤拓也編『原発避難民 慟哭のノート』明石書店、二〇一三年、六六頁。
（19）ジョルジョ・アガンベン『ホモ・サケル‐主権権力と剥き出しの生』高桑和巳訳、以文社、二〇〇三年、二〇頁。
（20）クラウス・オッフェ『後期資本制社会システム‐資本制的民主制の諸制度』寿福真美編訳、法政大学出版局、一九八八年、一六二頁。
（21）前掲『ホモ・サケル‐主権権力と剥き出しの生』、二九頁。
（22）前掲『異端の思想』、八八頁。
（23）藤田省三「『安楽』への全体主義‐充実を取戻すべく」『藤田省三著作集6 全体主義の時代経験』みすず書房、一九九七年、四五‐四六頁。

(24)ハンナ・アーレント『全体主義の起源3』大久保和郎／大島かおり訳、みすず書房、一九七四年、八一‐八二頁。
(25)チャールズ・テイラー『自我の源泉 近代的アイデンティティの形成』下川潔ほか訳、名古屋大学出版会、二〇一〇年、一六、二九頁。
(26)内山節『共同体の基礎理論‐自然と人間の基層から』農文協、二〇一〇年、五六‐五七頁。
(27)エマニュエル・レヴィナス『全体性と無限（上）』熊野純彦訳、岩波文庫、二〇〇五年、二二〇‐二二二頁。
(28)同前、三〇六‐三〇七頁。
(29)マックス・ヴェーバー「宗教社会学論集 序言」『宗教社会学論選』大塚久雄／生松敬三訳、みすず書房、一九七二年、二三頁。
(30)エルンスト・カッシーラー『シンボル形式の哲学［三］認識の現象学（上）』第三巻、木田元／村岡晋一訳、岩波文庫、一九九四年、一二九‐一三一頁。
(31)前掲『全体性と無限（上）』、三〇七頁。
(32)マルクス／エンゲルス『新編輯版 ドイツ・イデオロギー』廣松渉編訳／小林昌人補訳、岩波文庫、二〇〇二年、二八頁。
(33)前掲『行動の構造』、二七六頁。
(34)ホルクハイマー／アドルノ「Ⅱ オデュッセウスあるいは神話と啓蒙」『啓蒙の弁証法 哲学的断想』徳永恂訳、岩波文庫、二〇〇七年、一一四頁。
(35)ジグムント・バウマン『廃棄された生‐モダニティとその追放者』中島道男訳、昭和堂、二〇〇七年、四〇‐四三頁。
(36)田辺元「メメント モリ」藤田正勝編『死の哲学 田辺元哲学選Ⅳ』岩波文庫、二〇一〇年、一四頁。
(37)エルンスト・カッシーラー『啓蒙主義の哲学 上』中野好之訳、ちくま学芸文庫、二〇〇三年、三〇‐三二頁。
(38)ジャン＝ピエール・デュピュイ『ありえないことが現実になるとき‐賢明な破局論にむけて‐』桑田光平／本田貴久訳、筑摩書房、二〇一二年、五五‐五六頁。
(39)前掲「メメント モリ」藤田正勝編『死の哲学 田辺元哲学選Ⅳ』、一五頁。
(40)ジャン‐ポール・サルトル「植民地主義は一つの体制である」多田道太郎訳『植民地の問題』鈴木道彦ほか訳、人文書院、二〇〇〇年、三二頁。
(41)同前、四四頁。
(42)前掲『スペクタクルの社会』、三二頁。
(43)オットー・ペゲラー『ハイデガーと解釈学的哲学』伊藤徹監訳、法政大学出版局、二〇〇三年、二二五頁。
(44)前掲「Ⅱ オデュッセウスあるいは神話と啓蒙」『啓蒙の弁証法 哲学的断想』、一一七‐一一八頁。

(45) 前掲「存在と意味 第一巻」『廣松渉著作集』第十五巻、六六頁。
(46) ユルゲン・ハーバーマス『コミュニケイション的行為の論理（中）』山口節郎ほか訳、未來社、一九八六年、一四六－一四七頁。
(47) 廣松渉「物象化論の構図」『廣松渉著作集』第十三巻、岩波書店、一九九六年、三八－三九頁。
(48) ジャン－ポール・サルトル『弁証法的理性批判 実践的総体の理論Ⅰ』第一巻、竹内芳郎／矢内原伊作訳、人文書院、一九六二年、五三頁。
(49) 前掲『全体性と無限（上）』、二二二－二二三頁。
(50) アラスデア・マッキンタイア『美徳なき時代』篠崎榮訳、みすず書房、一九九三年、二六六頁。
(51) 前掲『根をもつこと（上）』、一四－一五頁。
(52) 波多野精一「時と永遠」『時と永遠 他八編』岩波文庫、二〇一二年、一三頁。
(53) 廣松渉「時間論のためのメモランダ」『廣松渉著作集』第二巻、岩波書店、一九九六年、四〇三頁。
(54) アクセル・ホネット『承認をめぐる闘争―社会的コンフリクトの道徳的文法』山本啓／直江清隆訳、法政大学出版局、二〇〇三年、五〇頁。
(55) 前掲『全体性と無限（上）』、一三五－一三六頁。
(56) 前掲「存在と意味 第一巻」『廣松渉著作集』第十五巻、三六四－三六五頁。
(57) 前掲『全体主義の起源3』、三三－三四頁。
(58) ノルベルト・エリアス『社会学と何か－関係構造・ネットワーク形成・権力』徳安彰訳、法政大学出版局、一九九四年、一五五頁。
(59) 田辺元「種の論理の意味を明にす」藤田正勝編『種の論理 田辺元哲学選Ⅰ』岩波文庫、二〇一〇年、三四四－三四五頁。
(60) マックス・ウェーバー『ロッシャーとクニース』松井秀親訳、未來社、一九八八年、一三－一四頁。
(61) 家永三郎「思想家論3 田辺元の思想史的研究－戦争と哲学者－」『家永三郎集』第七巻、岩波書店、一九九八年、五六－五七頁。
(62) 前掲「存在と意味 第一巻」『廣松渉著作集』第十五巻、三七八頁。
(63) 前掲『全体主義の起源3』、三四頁。
(64) ユルゲン・ハーバーマス『道徳意識とコミュニケーション行為』三島憲一ほか訳、岩波書店、一九九一年、一〇二－一〇三頁。
(65) 前掲『弁証法的理性批判 実践的総体の理論Ⅰ』第一巻、五五頁。訳文の一部を変更した。
(66) 廣松渉「弁証法の論理」『廣松渉著作集』第二巻、岩波書店、一九九六年、三六五頁。
(67) 前掲『自我の源泉 近代的アイデンティティの形成』、二九頁。
(68) 廣松渉「世界の共同主観的存在構造」『廣松渉著作集』第一巻、岩波書店、一九九六年、二六六－二六七頁。

(69) 前掲『弁証法的理性批判 実践的総体の理論Ⅰ』第一巻、五四頁。
(70) 前掲「世界の共同主観的存在構造」『廣松渉著作集』第一巻、一六頁。
(71) 前掲「存在と意味 第一巻」『廣松渉著作集』第十五巻、一七五頁。
(72) 前掲『社会学と何か‐関係構造・ネットワーク形成・権力』、一五六頁。
(73) 前掲『弁証法的理性批判 実践的総体の理論Ⅰ』第一巻、五四‐五五頁。
(74) エトムント・フッサール『ヨーロッパ諸学の危機と超越論的現象学』細谷恒夫／木田元訳、中公文庫、一九九五年、一〇九‐一一〇頁。
(75) ジグムント・バウマン『リキッド・モダニティ』森田典正訳、大月書店、二〇〇一年、一三九頁。
(76) 高村薫『作家的時評集 二〇〇八‐二〇一三』毎日新聞社、二〇一三年、二一七‐二一八頁。
(77) M・メルロ＝ポンティ『見えるものと見えないもの』滝浦静雄／木田元訳、みすず書房、一九八九年、三三七頁。
(78) 同前、三三八頁。
(79) 田辺元「数理の歴史主義展開‐数学基礎論覚書」藤田正勝編『哲学の根本問題・数理の歴史主義展開 田辺元哲学選Ⅲ』岩波文庫、二〇一〇年、二七八‐二七九頁。
(80) 田辺元「マラルメ覚書‐『イジチュール』『双賽一擲』をめぐって‐」藤田正勝編『死の哲学 田辺元哲学選 Ⅳ』岩波文庫、二〇一〇年、一四五頁。
(81) 前掲「Ⅱ オデュッセウスあるいは神話と啓蒙」『啓蒙の弁証法 哲学的断想』、一一五頁。
(82) 前掲『ありえないことが現実となるとき‐賢明な破局論にむけて‐』、六一‐六二頁。
(83) 前掲「存在と意味 第一巻」『廣松渉著作集』第十五巻、三九‐四二、四七頁。
(84) 前掲「種の論理の意味を明にす」藤田正勝編『種の論理 田辺元哲学選 Ⅰ』、三四四‐三四五頁
(85) 前掲「存在と意味 第一巻」『廣松渉著作集』第十五巻、一九八頁。
(86) 前掲「種の論理の意味を明にす」藤田正勝編『種の論理 田辺元哲学選 Ⅰ』、三四五頁。
(87) 廣松渉「ヘーゲルそしてマルクス」『廣松渉著作集』第七巻、岩波書店、一九九七年、一〇二‐一〇五頁。
(88) 田辺元「種の論理と世界図式‐絶対媒介の哲学への途」藤田正勝編『種の論理 田辺元哲学選Ⅰ』岩波文庫、二〇一〇年、一九八頁。
(89) 前掲「存在と意味 第一巻」『廣松渉著作集』第十五巻、一八一頁。
(90) 前掲「世界の共同主観的存在構造」『廣松渉著作集』第一巻、一九四頁。
(91) 前掲「種の論理と世界図式‐絶対媒介の哲学への途」藤田正勝編『種の論理 田辺元哲学選Ⅰ』、一九八頁。

(92)前掲「社会存在の論理」藤田正勝編『種の論理 田辺元哲学選Ⅰ』、八八－八九頁。
(93)廣松渉「自己と他己との相互的共軛性」『廣松渉著作集』第五巻、岩波書店、一九九六年、四五七頁。
(94)廣松渉「共同主観性と役割理論」山本耕一編集『廣松渉コレクション－共同主観性と構造変動』第一巻、情況出版、一九九五年、九八－九九頁。
(95)前掲『弁証法的理性批判 実践的総体の理論Ⅰ』第一巻、五六頁。
(96)前掲「種の論理の意味を明にす」藤田正勝編『種の論理 田辺元哲学選 Ⅰ』、三四七頁。
(97)前掲「時と永遠」『時と永遠 他八編』、三一一頁。
(98)前掲『見えるものと見えないもの』、二五四頁。
(99)ニクラス・ルーマン『法社会学』村上淳一／六本佳平訳、岩波書店、一九七七年、五〇、五七－五八頁。
(100)前掲「世界の共同主観的存在構造」『廣松渉著作集』第一巻、二四三－二四四頁。
(101)同前、二四六頁。
(102)前掲『弁証法的理性批判 実践的総体の理論Ⅰ』第一巻、五六頁。
(103)前掲「世界の共同主観的存在構造」『廣松渉著作集』第一巻、一九五頁。
(104)前掲『弁証法的理性批判 実践的総体の理論Ⅰ』第一巻、五七頁。
(105)前掲「時と永遠」『時と永遠 他八編』、三三三頁。
(106)ガストン・バシュラール『空間の詩学』岩村行雄訳、ちくま学芸文庫、二〇〇二年、一一九、一二三頁。
(107)エルンスト・カッシーラー『人間 シンボルを操るもの』宮城音弥訳、岩波文庫、一九九七年、一〇二、一一三頁
(108)前掲『ヨーロッパ諸学の危機と超越論的現象学』、二四六頁。

第四章　無時間性を遊動する「システム的な悪」と「メービウスの環帯」

第一節　「メービウスの環帯」と「万世一系」のプロブレマティック

集団間の在りようは遊戯を介して関係構造を捉えることができた。たとえば、「私」と「彼」の関係、あるいは「われわれ」と「彼ら」の関係について一つのヒエラルキーが存在するようなゲームとして記述することができた。こうした事態をエリアスはサッカーの事例から説明していた。諸集団の相互関係のなかで対峙する「相互依存的／敵対的」な集団が一つの関係構造を作り出すのである。一方のプレイヤーたちの流動的な集団形成は、他方のプレイヤーたちの変動的な集団形成と相関させてはじめて理解することができる。また、観客は双方の関係構造の流動性を俯瞰する必要がある。なぜなら、変化する関係構造の中心にあるのは緊張関係の均衡のゆらぎだからである。こうした権力の均衡性のゆらぎはあらゆる関係構造の特質の一部でもあるといえる。(1)

関係構造を俯瞰しえる能力は一定の文化圏での出来事を捉える意味地平を獲得したことでもある。まず、その出来事の価値序列が判断され、一定の伝統的文脈のもとで意義が確定される。そうした思考と行為の反復によって「人格」も統合され、「歴史性の意味」としての間主観性の共有ともなる。こうして一連の出来事が集約され、解釈されるためには当の出来事の「関係構造＝図柄」が提示される必要がある。つまり、「関係構造＝図柄」とは「能知的誰某－能識的或者」と「現相的所与－意味的所識」との「結節点」といえるのである。こうした四肢的連環帯における交互的媒介性から「自己同一性」は形成されている。

媒介性が生成するその事態を「役割行為論」の視座から再考すれば、交互的媒介性の渦動によって生じる外はいかなる外部的世界よりも遠く、内はあらゆる内部的世界よりも深い。廣松は用在的世界の四肢的相互媒介の基点を次のように述べている。[2] 用在的財態の二肢的二重性（「実在的所与－意義的価値」）と能為的主体の二肢的二重性（「能為者誰某－役柄者或者」）とは両々独立ではなく独特な仕方で連関し合っており、「四肢的連環帯」を作り出している。イルレアール＝イデアールな「意義的価値」と「役柄者或者」が存立するのはこの四肢的相互媒介性の構造においてである。用在的財態の間主体的価値性や能為的主体の人格的同型性が現成するのは、「意義的価値」と「役柄者或者」の対他・対自の媒介性に俟ってである。つまり、用在世界は「実在的所与」「能為者誰某」「意義的価値」「役柄者或者」という四契機からなる「四肢的連環帯」をなしている。

「四肢的連環帯」は「実在的所与」「能為者誰某」「意義的価値」「役柄者或者」という四契機の渦動である。それは「矛盾即同一・同一即矛盾」の翻転相入というべき「対立の統一」即「統一の対立」の渦動でもある。この四肢的相互媒介性は「表裏反転」の間で生成し、そこでは「表裏が分たれながら動的立体的」に、自ずから「翻転相入し合う」。それは「位相学 Topologie の初めとなったメービウスの環帯」とでもいうべき「こと」なのである。[3] 表裏が分離しながら同時に「動的立体的翻転相入」となっているのである。同様に、ジル・ドゥルーズが示したフーコーの思考も外は固定した限界ではなく「蠕動」によって、一つの内を形成する襞や褶曲によってかき立てられる。「内は外と異なるものではなく、まさに外の内である」といえるだろう。外を屈曲させ、内を構成するものは、「無限の襞（pli）」

あるいは「有限性の（replis）」である。いわば、「外の作用としての内」と表現できるのである。(4)

そうした「無限の襞（pli）」あるいは「有限性の（replis）」の渦動の象りが「自己」なのである。つまり、価値規範としての「役柄者或者」と「能為者誰某」の交互的過程として「同一性」は維持されているといえる。「能為者誰某」は「メービウスの環帯」の表面としての「自己」となり、「メービウスの環帯」の裏面としての「役柄者或者」は後景に退いていく。時間的推移によって「四肢的連環帯」の模様は変化し、多様な出来事を経ることによって「能為者誰某」は経験値を高次化する。「能為者誰某」と「役柄者或者」の「動的立体的翻転相入」の渦動は田辺が位相学と歴史主義を比論的に捉えた視座でもあったのである。

つまり、歴史主義は個人を共同体の諸環境において行為主体として定立し、社会的原子論を否定する。共同体の個人に対する自立的規定性が確認され、個人の行為に拠る社会の被限定性を相関的に認めなければならない。田辺によれば、「位相空間」とは「個体」と環境との交互否定的媒介に拠る「行為的立体的統一」として、歴史的世界と比されるものである。(5) たとえば、メルロ＝ポンティが書き記したように、「視覚と身体が互いに縺れ合っている」とすれば、「現実的・経験的・存在的な見えるもの」は「一種の折れ重なり・陥入・充填」となり、それによって「現実的なものの影ではなくむしろその原理」となる。また、「内部／外部」の両地平が「限りなく他の見えるものに開かれている」のであれば、「見えるものと見えないものとの直接的・二元論的区別」は「互いに裏と表の関係」にあるといえる。(6)つまり、「行為的立体的統一」の内部において個体が自由に動き、その位置は変換可能であり、しかもその個体の行動によって環境の自立が破れることなく保たれる。そうした「変化しながら変化しない動的統一を根拠附ける」原理が「位相学」の歴史主義的構造なのである、と田辺は論じたのであった。(7)

いいかえれば、個体と環境との「交互否定的媒介」に拠る「行為的立体的統一」とは「同一のもの」の再生産ではなく、「異なるもの」の反復なのである。それは他者性を内在性とすることでもあり、「私が、私を他者の分身として生きるのである」。また、「意義的価値」と「役柄者或者」は陥入し充填し合っており、「私」とは単に「外部で私と出会う」のではない。つまり、四肢的連環帯とは「動的立体的翻転相入」によって「私のなかに他者を見出す」のである。(8) このように「歴史主義＝位相幾何学」という「帯」は「同一性」を維持する一方で、他者性を折り込んでいく。そのとき地平の共有は共同主観性を内面化させ、共同体内の歴史像を基底とした全体的な「人格」を人びとは獲得することになる。「人格」とは世界内存在としての人間が特定の歴史像を媒介として、価値判断の中軸を獲得する過程で身体化されていく。他者の複数性を前提とするとき、舞台で演じられる「作品全体」に歴史内存在は位置づけられる。一人ひとりの生涯とは誰にも代替しえぬ航跡を描き、その航跡が「個性」として「人－間」で「関係構造＝図柄」のように浮かび上がる。いわば、演劇の台本の「作品全体」がplotとしての生涯となるのであり、plotに沿いながらも逸脱を含む行為連鎖がむしろ「人格」の一貫性と同一性の維持を可能とする。

　また、「人格」の獲得と相即的に精神性の母胎として歴史的に継承されてきた「思想」は、「時－間」の媒介によって意味地平を作り上げる。「時－間」の媒介とは「過去」「現在」「未来」の横断でもあり、こうした陥入的時間性は重層的かつ多面的な意味地平を包越している。ヤスパースはこれを包越者と呼んだのであった。(9) つまり、包越者とは、人びとにとってそのつどの知がそこで存立し、それぞれの限定された存在様相がそこで現われるような地平ではない。つまり、包越者とは「それ自身が現われるようなものである」のではなく、包越者は「すべての他者がわれわれに対して現われるところのもの」なのである。そのような包越者を人びとがその内実において開明しようとすれば包越者は諸様態に分裂することになる。つまり、包越者とは、対象的に現在しているものや諸地平のなかではつねに告知されるだけであり、「決して対象や地平にはならない」のである。包越者は「われわれに対して非閉鎖的であり続けるような存在の根拠としての全体である」。だからこそ、世界とは、すべての世界存在がそのつど特殊な対象性としてそのなかで、またそこから人びとに対して現われるような、包越者といえるのである。こうした包越者は対立や軋轢を生み出す背景となる一方で、独我論では捉えきれない倫理的な規範性の基底となる地平を顕在化させる。

「そのような強い質的区別をもった地平に囲まれてその内側で生きることが、まさに人間の主体性を構成するということである。これらの境界の外へと足を踏み出してしまえば、それはもう、統合的な人格のあり方、つまり傷ついていない人格のあり方と私たちが見なすものから、はずれてしまったということである[10]」。

「歴史的現実」とは主観的な混入物や偏差を有し、「『意味を与える』とは、私たちの応答がなぜ妥当なものかを明確化する」ことであった。自らが生まれ育った「親密な空間」への帰還とは「想起」が積み重なった場であり、それは生者たちが「過去」「現在」という時間軸に内包されている死者たちと「未来」を織り成す場でもある。そうした場への「人間の帰還は、人間の生の偉大なリズム、年をのりこえ、夢によって一切の不在とたたかうリズムにもとづいてなしとげられる」といえるだろう[11]。「統合的な人格」とは「波間」という一瞬の切断面が連続的に維持されていくことでもある。また、「波間」には「リズム＝律動性」があり生命体にはリズム周期が浸透し、リズム感の同期は微弱な媒介作用によってもしばしば生じているのである。ヤスパースは、生命とは「肉体と機能」によって生命が属する環境にそのつど順応し、「それはたえざる変化の内にあり、生み出されることと死との内にある」とした。いわば、「生命は複雑な秩序のなかで生命共同体を形成している」ことになる[12]。こうした生命とは「活動と休止」の交替、「活動と休止」の周期的変換と変形、そして季節と日周期に対する感受性、などが自然の「静かな脈動」となっている。

その概念は、同一性、一様な反復、固定した正確さ、などではなく、変異の可能性に開かれているのである。[13]
いいかえれば、有機的生命体は「時‐間」の過程的変移の内に「在る」。つまり、有機的生命体は誕生から「生と死」の間において「意味」を作り出し、「意味」を媒介として世界を解釈する。また、イルレアール＝イデアールな「意義的価値」と「役柄者或者」を含意した四肢的相互媒介性の「結節点」として「自己」を形成し、その自己同一性が「人格」として同定されているのである。そして、四肢的相互媒介性が交叉しながら、人びとは各自の人格をその背景となす歴史性を獲得していくのである。人間とは有機的生命体としての「過程」であり、「生と死」の「波間」において「意味」という係留点を作り出さなければならない。係留点としての「意味」は「過程」の構造化であり、日々の諸実践の方向性を定め「人格」として他者に自己像を提示する。つまり、「人格〈として〉の同一性」とは出来事の連続的過程で示されるものなのである。
そうした過程を生きるのと相即的に、「人格〈として〉の同一性」を自己の「個性」とするためには、これまでの航跡を描き出さなければならない。すなわち、係留点としての「意味」の再構制となるように「過去」の出来事や体験を集積し、「記憶」とする必要性があるといえるだろう。それは単なる模写でなく「過去の更生」となる「想起」ともなり得るのである。なぜなら、「想起」とは「創造的／構成的」過程を含意しているためである。人びとは過去の経験を re-collect（再集）し、それらを組織化かつ綜合化していく。また、思考を一定の焦点に集約するとき、これが「想起」と呼ばれる記憶となるのである。[14]「想起」を可能とする「実践」は「(＝のりこえられた過去としての)現在」の実践に「通時的深さ」を与えていくことになる。「過去」の対象化は「現在」を構成する諸要素への再考となり、反省的批判は批判的認識を生み出すことになる。ここで人間関係の基礎である「相互性」という綜合的な係留点が重要となるのである。「相互性」とは、いわば用在的世界における「実在的所与」「能為者誰某」「意義的価値」「役柄者或者」という四契機からなる四肢的連環帯である。すなわち、共同世界が複雑性を向上させ多様な可変性をみせるとき、「環境」と「個人」の四肢的連環帯が自明性と共同性の特質を変様させているのである。「相互性」とは共同世界における伝統・文化・習慣などの「間」での共有であり、パースペクティヴによる世界把握の自明性と確実性の蝶番となるのである。つまり、「相互性」は「メービウスの環帯」のように「時‐間」を反復し、「人‐間」を差異化するとき、そこでは相互交叉的かつ相互越境的な反照的示差性が生じている。この過程で獲得される世界把握は未来の複雑性を縮減し、現在の行為選択を多義的にする。

歴史とは「直接所与資料」に対する主観の解釈が加わってはじめて成立するのであり、「直観の客観的直接所与性と歴史の主観的解釈性」とは互に相反撥することになり両立しない、と田辺は指摘した。歴史解釈の主観性は良心的かつ客観的に「資料」を取り扱い、その資料が直接に同一で変化がないと仮定したとしても、この同一資料を解釈する主観性は「歴史的境位環境」に制約されている。[15]つまり、時代という変化相違の制約によって「解釈」もまた多義的になり、歴史的「概念」とは物質性と精神性が交叉する場で「行為的主体〈として〉の個」によって集積されていく。「或る永続的な存在についての空想ではなく、あらゆる面にわたって推進される決定的で無制限な交わりへの意思が、精神世界の理念となる[16]」。なぜなら、歴史性という基点は「交わり」によって新しい視座を形成しながら、複数の「行為的主体〈として〉の個」が共有する価値領域を拓くからである。そうした多様な経験の媒介的過程は人びとを包摂する象徴体系を固定化することはなく、つねに「歴史的境位環境」の推移によって変様する解釈的形象とする。変化相違する歴史像は過去と現在の交互的媒介性から「文化」の有意味性を生成し、その生成過程は「間＝境位」にあって未完結性をつねに含意している。「交わりの完結という思想は承認されない」ことが再認されねばならない。「交わり」はつねに「無限の闇」に直面しているのと相即的に、「それとは異なる客観的にあくまでも現在的なものに直面している」のである。[17] こうした「交わり」の内包する両義性が「直観の客観的直接所与性と歴史の主観的解釈性」なのである。つまり、田辺が論じたように、直観とは必ず主観の構成行為を含蓄する一方で、主観（むしろ主体）の行為の方向性を制約してもいる。こうして「主観の構成行為」とは「歴史に係わりなく絶対的に一定したもの」ではあり得ないことになるのである。[18]

したがって、歴史解釈を可能にする視座とは主観性と客観性を単純化するのではなく、対象を象徴化する媒介性を通じて価値判断を多義的にする。こうして事実認識はむしろ曖昧になっていくのと同時に、時代という変化相違は民主主義あるいは「象徴天皇制」という概念をも変様させる。価値判断の背後にある「時代＝変化相違」という制約を捉えなければ、民主主義や「人民主権」が絶えざる人びとの理念と行動の事後的結果として「在る」ことを忘れ、「社会的実体」としていくことになる。他方で、主観の構成行為はその「背後」に何らかの「価値」と「対象」を包含している。こうした包含の再認は「社会的実体」に対する解釈にも情動が内在していることを確認させることになる。とくに「象徴天皇制」すらも情動を過剰に含んだ価値概念であり、感情的な「語り」によって国民と国家が「物語」を作り出し続けている。というのも、人間の認識行為とは「方向性」を規定する制約とその背後でおこなわれる価値判断を含んでいるためである。

こうして考えたならば直観は一方的に理論を規定するものではなく、同時に逆に、理論の歴史的発展が直観の含む対象的意味に対する主観の解釈を制約している。したがって、「歴史的解釈」を媒介にして理論が直観を規定するとしなければならない。つまり、「理論と直観」とは交互的規定にあり、互に分離しえない「交徹滲透」となっているのである。そのような「二元対立の交互貫通的統一」は、まさに「各歴史的現在の循環的渦動」を形造ると考えねばならないのである。[19]

歴史の変様のなかでの理論形成とは自己のパースペクティヴが描写する他者像を相対化することである。だからこそ、支配的権力性に包摂されていても他者像は文化接触などから不断に変化するという緊張感が重要となるのである。つまり、間主観的同一性は不断に変容しており、間主観的同一性と相即的に形成される能知的意識の相同性も対自化されねばならない。こうした認識における不断の緊張は「個人／社会」や「人間／自然」から「非同一性」を抽出し、その「両項」の間から剥落する「非同一性」を注視することなのである。

ここではミンコフスキーにしたがって「一つの全体の要素的な一部分であること」の属性を考えていく。かれによれば、生成の上に「投ぜられる」とき、この属性は人びとを「今」(maintenant) という現象に直面させることになる。「今」とは時間的本性のひとつの現象であり、人間とはつねに時間の要素的な部分として生きているのである。「今」とは質的時間の本質的な一つの要素として与えられており、「表象／知覚／測定」が可能な「時間の最小の断片」ではない。人びとの生にとって「今」とは「直接的に、時間の要素的なひとつの部分である」。一方で、それが分割不可能なものに留まるのは、分割可能性の問題として提示し得ないからである。つまり、人びとは「今」を固定し、定着化させることはできないのである[20]。この「今」が「交互貫通」によって「歴史的現在」となれば、「社会／人間」を媒介する「意味」としても現実性に影響を与えている。こうした「意味」が空間に内属する存在者たちに対して主客を媒介した「歴史的境位環境」を措定する。「意味」という色彩の「写像」を通じて歴史内存在は輻輳化する「歴史的境位環境」に立ちながら、多様な出来事を包含した社会像を獲得する。それは無数の可能性を有する世界を限定し、社会的・歴史的に変化する「現実」を縁取ることになる。

いいかえれば、時間を媒介とする社会関係のなかで他者は自己にとって本来的な相在においては現出せずに、「として」という媒介性によって現出する。「交徹滲透」から「今」が質的時間となれば、自他関係は「として」を介するなかで形成される。つまり、共同世界においてヒトは役柄を介して社会の網の目のなかに自己を定位することができる。自己定位と相即的な他者理解とは「意味」によって可能となっており、自他間における「意味」の媒介によって諸体験の後景である世界の複雑性の縮減と保存をおこなっているのである。人びとが「今」を確定し定着化させることができないからこそ、「意味」は行為選択の準拠枠となり他者と世界を定式化するといえる。定式化とは共同主観性を基底としながら、一つのパースペクティヴを措定するのである。

ところで、丸山によれば、「いやつぎつぎ」とは親子の「継承」だけではなく、「縦横」を含んだ「拡がり」における「皇室の血統の持続性と時間的無窮性」を意味していた。「一系」の尊重とは、一族の末広がり的増殖が「つぎつぎ」と連続する意味での「無窮性」の讃歌なのであった。それは本願寺「一家衆」、江戸時代の芸能・工匠・商賈の「家元」、などにも見出し得る「価値意識」なのである。ここでは「いやつぎつぎ」という連続的系譜のいくつもの併行進行形があり、「万世一系」のイデオロギー的な強みは、こうした意味で皇室が「貴種」のなかの最高貴種という性格によって「社会的」に支えられていたことなのである。一方で、宗教的超越者と自然法的普遍者という理念を持ち難い日本文化において、「つぎつぎ」の無窮の連続性は「万世《よろずよ》」という表象と結びついたのである。そうした結合によって「永遠者」の観念に代位する機能を果たしたのであった(21)。

しかし、丸山は「鎌倉仏教」のなかに「超越者／普遍者」に準拠した宗教思想の形成を見出そうとした(22)。丸山は「道元の宗教は政治権力（王法）の庇護や統制」からほぼ完全に離脱した「自立した最初の宗教である」と論じている。「信仰の内面化と峻厳な律法（正法）主義」を統合させた道元は「一切の効果主義的・功利的動機からの修行の排除」と「座禅への純粋一心化による外面的儀礼と雑行の排除」を強く打ち出したのであった。また、こうした信仰は純粋出家主義と易行の否定ともなり、「道元の思想に著しい精神的貴族主義の色彩」を附与したのであった。そして「出家修行」の道は峻厳なものである一方で、その険しい道は「原理的に」、万人に、「社会的地位に関係なく開かれている」のであった。つまり、道元の精神的貴族主義は仏道の前では「一切の社会的・世俗的特権」を相対化させ、「平等主義」と結合する契機を含意していた。丸山によれば、こうした内面性は具体的な次のような宗教行動として現れることになる。（一）「雑信（シンクレティズム）の否定」と「雑行の排除（信仰の純粋化と宗教行動の単純化・集中化）」。つまり、「生活態度の方法的統一性」の確立と同時に、「人格的一貫性」もまた形成される。（二）「世俗価値の顛倒」。すなわち、価値顛倒を実践する場が山林修行の形で実体化され、それは世間拒否となり「世俗分離の妥当範囲の空間的実体化が〝考〟の実践」においても具現化される。さらに、閉鎖的差別愛の否定となり、慈愛の普遍性を創り出すことにもなった。（三）「権力への依存の峻厳な拒否」。つまり、「宗教の自立」が最重要視され、「仏法の王法からの完全独立」を目指すことになる。その過程は「無限な積極的実践へのダイナミズム」を生成したのであった。

歴史が展開していく「歴史的境位環境」は「つぎつぎ」という「今」の「流れ」から時空間と同様に変容していくことになる。その「流れ」とは「皇室の血統の持続性と時間的無窮性」として表象されることになる。「血統」の「持続性と時間的無窮性」という時間認識が伝統的な価値意識を構成するのであれば、時間認識は規範性を表象する諸制度の基盤となっていく。ここでは「交わりの完結という思想は承認されない」という文意が逆転し、むしろ未完結性が「日本的なるもの」を体現することになる。それは「日本的なるもの」が清明な「流れ」となり、『つぎつぎ』の無窮の連続性」はむしろ「動的立体的翻転相入」を凝固化させ、「万世一系」という政治的なプロブレマティック(problématiqe) となったのであった。プロブレマティックをルイ・アルチュセールは「理論的諸前提」という視座から論じ、プロブレマティックこそが「自己の諸問題の意味と方向」、つまり「それらの解決の意味と方向をそのなかで決定するものである」と論じたのであった。[23] こうしてアルチュセールは、「イデオロギーの場についての認識」

は「そこで組み合わされ、また対立したりするさまざまなプロブレマティックについての認識を前提にする」、としたのである。[24]「つぎつぎ」と「流れ」さる時間認識が生み出した「プロブレマティック」は「宗教的超越者と自然法的普遍者という理念」を代替する機能を果たしたのであった。「例外状態」のなかでこそ「超越者／普遍者」は人びとの前に顕在化する。それは三・一一以降の皇室が果たした政治的機能から見出すことができるだろう。あの歴史的カタストロフィーが現実化となりうる「例外状態」のなかで、日本社会に安定性を附与したのは皇室の権威と在日米軍の軍事力であったことは象徴的であった。

他方で、「時‐間」を分節するパースペクティヴとは生起した出来事をその前後関係によって位置づけ、その位置づけの確定性はパースペクティヴのなかで整序化されねばならない。起った出来事の前後関係の理解から一定の変更しえぬ方向性が生じてくる。この時間的推移によって世界全体の進行が可能となり、生じるであろう出来事に対する先行的規定性となる。この先行的規定性が人びとの獲得する経験の連なりの起点であり、そこには一定の時間的過程が存在するのである。つまり、生じたことが「空間的‐時間的」に「未来になるものを決定する」のであり、人びとが行為選択数を決定可能なときには、その決定への準拠から出来事を理解し解釈していくのである。[25]

すなわち、歴史記述の実践と言説の検討は二つの問題点を明示する。まず、「現代」の歴史記述はすでに特定のイデオロギーを内包している。また、それは解釈的実践を社会的活動に結合させる機能を果たす「史学の歴史性」の存在なのである。歴史とはある実践によって「現実」を指示するのと同時に、閉鎖的な言説編成によって閉鎖的なテクストを産出してもいるのである。[26]歴史記述を先導する「認識関心」（＝イデオロギー）を主観性と客観性のような二項対立とするのではなく、「主客」は重合する侵蝕的二重性として把握すべきなのである。一定の歴史像を記述する「学知」として歴史学は「正統／異端」などを歴史的な出来事から見出そうとする実践的関心にも導出されている。強い規範性をもつ正統性は「善悪」「正邪」の分裂の度合いを高め、歴史学という「学知」を経験的・分析的な「学知」と完全に分離し得ぬことになる。このとき規範性とは人びとの諸行為を先導する「了解」の準拠枠である共同主観性を基底として形成されているのである。

丸山によれば、日本史において統治権の正統性根拠に関する儒教的「天授」観念すらも「つぎつぎ」の連続的無窮性の表象によって変容した。こうした「徳治」と「血縁」という異質的な論理の摩擦は早くから表面化し、正統性根拠をめぐる「徳治」と「血縁」の二つの論理構制の相関と相克は日本政治思想史を貫通する一つの主題となった。だが、江戸時代の儒者たちも「継天」という表現を立国の伝統と精神を強調するものとして使用したのであった。それは「天つ神」から皇統の連続性という観念を「天命・天徳」に重ね合せることになったのである。こうして正統性根拠における「天授と神授」や「徳と血」との「相乗効果」が生じたのであった[27]。「つぎつぎ」という無限に複製される「今」は「事実」を不明確な対象とし、この時間意識は「宗教的超越者と自然法的普遍者という理念」に依拠する政治・社会体制を内包することもあり得た。また、超越者や普遍者を起源とする「神話」と価値体系を「つぎつぎ」と日本という空間内で重ね続けることも可能となった。いわば、「天つ神から皇統を連続的に『継』い」だ天皇制自体が日本内部では歴史的な「超越者」あるいは倫理的な「普遍者」という相貌を纏うことになった。近代以降はじめて天皇制がもつ伝統文化的「固有性」とされた価値対象は、純粋な伝統文化ではなく多くの異質性を内包していた。「天授と神授」あるいは「徳と血」を正統性とする準拠的価値は「国家神話」に終止符が打たれるときまで、「国体」という語彙によって各システム内の諸矛盾を潜在化させた。藤田省三によれば、この全体主義国家は「小規模な対外戦争の積重ね」によって救われていた。近代天皇制は「支配機構としての国家」と「共同体としての国家」とが未分化であり、機構化を促進する国家原理のいかなる弱点も「共同体国家」が危機に直面すれば、むしろその原理をさらに押し進めたのである。こうして「国家の『非常時』なる掛声によって政府が危機を脱して文字通りの『臨時』を積み重ねること」から「日本ナショナリズムの不断のアルトラ化と戦争醸成の傾向性が生れた」のであった[28]。近代化という歴史上の大変革は日本的共同体内での文化的「生活形式」や家族形態をも大きく変容させた。だが、近代化を志向する「上からの革命」は既存の神話や呪術を政治制度の中核に埋め込むことになった。本来であれば脱魔術化の進行によって除去されるはずの神話や呪術が「天皇制」のなかに混在することによって、政治的な秩序全体にも神話や呪術が深く浸透することになった。一方で、社会秩序を安定させるために、社会システムの自己制御の問題が生まれ、国家秩序の確立が政治的欲求の中心となった。それによって法制度の安定性とは希少な「資源」であると維新政府の指導層に自覚させたのであった。

そうした「国家／社会／法」的諸制度の正統性を担保したのが「対外戦争の『積重ね』」であり、勝利を可能とした主要な要因が「天皇制」に帰着させられ、「天皇制」は近代日本のなかで正統性を獲得したのであった。対外戦争の勝利の記憶は明治政府の支配の正当性となり、薩長土肥が先導する歴史像の枠内において日本の歴史が記述されていくことになった。つまり、「国家の『非常時』なる掛声」が国家的暴力によって政治的領域における複数性を画一化することにもなった。対外戦争という「文字通りの『臨時』を積み重ねること」が「つぎつぎ」と遂行されるなかで「日常」となったのである。「今」を軸として認識される時間意識は、t1という時点からt2という時点の推移のなかで「人‐間」に存在する多様な情動を単一の色に染め上げていく。また、行為の結果に対する事後的な確証は「流れ」るままに放置され、t3という時点では人びとの「生の姿」は画一化され、その結果として自明とされるに至った戦争遂行は無窮的な行為連鎖を「積み重ねる」ことになり、多くの人命が「つぎつぎ」と失われ国家システムが「つぎつぎ」と崩壊するなかでも、権力者たちは「国体」という準拠枠に拘泥したのであった。「つぎつぎ」と流れゆく時間意識は過去の政治・経済的な錯誤を客観的に把握しようとする認識関心を「言挙げ」として嫌う。「今」が「つぎつぎ」と流される無構造的な過去となれば、その過去の忘却を正当化する認識論的枠組が形成され、論争的な歴史的事実は内部と外部との間での共有を困難なものとする。忘却を生み出す認識関心は閉塞的な空間を作り出し、「今」に埋没する生活態度を定着させていく。「今」は人間の「まなざし」からつねに逃れてゆくものとなり、また同時に「今」は人びとの見ている前で「展開し、それと多くの類似性を有ちながら、少からざる点でそれとは異なる、ひとつの別の現象」に席を譲る。それはここで「現在（present）」と向き合うためである。「今は、現在のうちに埋没し、それによって浸される」のであるが、そうであっても現在は「非・今」とはいえない。現在とは「そのうちに今のなにものかを保存している。それは展開せる今である」といえるだろう。[29]他方で、展開しつづける「今」という時間意識による歴史認識とは連続性を強調することによって非連続性をその本質とすることになる。

その歴史認識が設定する視座とは国民と国家の一体化を自明の前提とした。「つぎつぎ」という持続性と時間的「無窮」性は、客観的思考の基本である論証手続、観察、そして仮説による論理的把握、などの検証枠組を「流れ」させていくことになる。こうした「認識論」はその準拠枠に歴史性を媒介させていくことは稀であり、それは「転向」問題に具体的な事例を見出すことができる。藤田によれば、郷土主義が「具体的生活」を強調することによって「抽象的学理」を極く素直に払い除けたのに対応して、「転向」は「抽象理論から具体的状況の直接的感覚的体験へ」という方向を辿った。それは「『レーベンへ』の復帰」であり、「その過程は『素直』であり得た」のである。いわば、「客観的認識」だけの「思想」は「具体的体験」だけの「実感」へと転換し、こうした結果、「多くの転向者」は「家族と郷土の温情の中へ純真に立返った」のであった。[30]そこでは民族性は超歴史的な実在とされ、民族性とは人びとによる有機的結合であるとする錯認を作り出した。こうした認識論的枠組みの陥穽を脱しようとしたのが「種の論理」であった。「種の論理」の理論的パラダイムは以下の二つを越え出ようとした。つまり、民族的同一性が「個」を超越するとした本質主義と、民族的同一性とは時代を超えた「伝統文化的継続性」を「持つ」とする「心情」、という二つの錯認を乗り越えようとしたのであった。だが、一時期の論理展開で次のような誤謬が内在していた。

まず、田辺は、行為が物質の対自的自覚として精神を成立させる、と述べている。決して精神の内に物質が包まれるのではないのと同様に、前者から後者が産出されるのではない。また、自己疎外とは物質において精神と否定的に対立する原理であるとされ、田辺のいう種的基体がそうした原理を体現するとされる。そして、唯物弁証法において物質は社会的生産の生産力と規定され、それに対応する社会関係が考察されている、と田辺はいう。つまり、そのことから国家も階級国家として把握され抽象化されることによって、社会関係の基体にはただ階級的分裂の素因たる生産力だけではなく、「否定的に対立相関する統一契機として血と土とに結附く直接的種的統一」として考えたのが「種的基体」であった。[31]ここで論理の誤謬となった「社会的生産と生産力」と「対立相関の統一契機としての『血と土』に結附く直接的種的統一」を再考するためにも、マックス・ウェーバーの視座を介在させていく。

「諸国民間の政治上また商業政策上の世界争奪戦が、ますます尖鋭に闘われている今日、人類学にも、同一の傾向が現れてきている。すなわち、ここにも、あらゆる歴史的出来事は、『究極において』、先天的な『人種的資源』が相互に対抗的に作用し合った結果である、という信仰が、広汎に普及している。『民族性』を無批判に、たんに記述する試みに代わって、『自然科学的』基礎の上に独自の『社会理論』を打ち立てようという、さらに無批判な企てが登場している。（…）文化事象の原因をもっぱら『人種』に求める類の因果的遡行は、たんにわれわれの無知を証するだけのことでしかないが、こうした状態は――たとえば『環境』やそれ以前には『時代状況』を引き合いに出してこと足れりとした状態と同様——、方法的に訓練された研究によって、徐々に克服されることが望ましい[32]」。

「『民族性』を無批判」に記述する代替としての「自然科学的」な「社会理論」が受容されたのは近代以降である。だが、この社会理論は伝統・文化・慣習・身体的特徴という「客観的固有性」を実体として錯認したのであった。それらの「客観的固有性」を認識論の中軸とするとき、「民族性」は共通の祖先を持ちながらも現在まで維持されてきた「主観的血縁性」として当然の前提となるといえるだろう。こうして民族的同一性は超時間的な範疇とされたのである。また、近代に誕生した「史的システムとしての資本主義」の特徴は「不等価交換を隠蔽できる方法」の確立であった、とイマニュエル・ウォーラーステインは述べていた。この不等価交換を隠蔽するメカニズムは、経済の場と政治の場とが「相互に分離しているように」見えることに依拠していた。こうして一六世紀の際立った特徴は「史的システムとしての資本主義」のもとでの商品連鎖が「国境線を越えて展開されていた」ことである[33]。廣松は、「近代世界」とは十六・七世紀ごろ西欧で確立した、と論じている[34]。つまり、大航海時代を通じて全世界を包摂する傾動を見せていた「産業資本主義」とその「変様形態」が「近代世界」を規定したのであった。「商品経済の漸次的発達・浸透が封建的旧体制を弛緩・変様・解体させるヴェクトルを〝自成的〟に作《はた》らかせることを〝内在的な要因〟」とした産業資本主義の成立を考えれば、「可能的賃労働者の創生という面」の把握が重要となるのである。なぜ、西欧が「封建制から資本制」へ移行し得たのかは、数多くの特殊的要因と一般的要因が混在している。そこで廣松が提示した特殊要因は「大航海」時代のもたらした「商品市場の大拡充」であった。

新たな世界観が作り出した「近代」とは世界了解の地平の断続的変化となった。自然科学と人間科学が明確に分離された一方で、近代特有の「認識関心」は自然科学の理念に依拠しながら、帝国主義の先触れとなったのであった。

というのも、「史的システムとしての資本主義」は一定の不平等を必要としていたからである。それは経済過程の不断の再構築を要求し、そのために特殊な一組の階層制的社会関係を保証するが、有効に作用しないこともあった。経済システムにとっては「労働力」をシステムの正統性を掘り崩すことなしに活用しなければならなかった。その過程で「エスニック集団の発生、再構築、消滅」という反復は経済システムが機能する上での柔軟性にとって「貴重な装置」となったのである。民族性は、世界システムによる主要な制度的構築物の一つであり、本質的な支柱でもある。こうした意味で民族性とは主権国家の構築過程と類似している。つまり、「主権国家も史的システムとしての資本主義の本質的支柱」として構築された事後的な政治・経済システムなのである。(35)

ハーバーマスは「社会的生産と生産力」を生産力の発展段階と社会的相互作用の一定形式、つまり生産関係から生産様式を特徴づけ、この生産力を三つの点から論じたのであった。(一)生産に従事する者、いわば生産者の労働力、(二)生産性を高める労働手段となり、生産技術に転化される技術的利用可能な知識、(三)労働力を効率的に働かせ資格を付与し、分業的労働を効果的に調整するための組織化の知識、などである。生産力は自然過程を自由に処理しうる程度を規定する。また、生産関係は生産力の既存のレベルにおいて労働力を使用可能な生産手段と組合せる様式を決定している。つまり、生産関係とは社会的権力の分配を表現しており、社会に存在する利害構造をあらかじめ決定しているのである。(36)

「対立相関の統一契機としての血と土に結附く直接的種的統一」(=種的基体)は次第に脱物象化、つまり「血と土」という流出論を否定する方向へと論理展開されていくこととなる。というのも、田辺が「唯物弁証法において物質は社会的生産の生産力と規定せられ、それに対応する社会関係(37)」を注視し、この視角から「種の論理」を考察し続けたからである。まず、田辺が社会関係の基体に「種的基体」として措定したのは、次のようなマルクス・エンゲルスの二つの論拠からであった。第一に、「抽象されたものは、(…)むしろ、〈歴史上の〉史料の考察や整理に、〈さまざまな成層の現実的・事実的な連関の要求に、着手する〉そして史料が過去の時代のものであれ現代のものであれ、現実的な叙述に着手する、その場面から初めて困難が始まる。この困難が〈解消される〉除去される条件となる諸前提は、この場面ではまだあるはずもなく、各時代の諸個人の現実的生活過程と〈実［践的］〉営為とを研究することを通して、初めて〈生［じる］〉おのずから明らかになる[38]」。第二には、「当初は、実体とか自己意識といった純粋・純正なヘーゲル的カテゴリーが取り出されたが、後には、これらのカテゴリーは、類、唯一者、人間といった、より世俗的な名前で俗化されるようになった[39]」のである。

廣松によれば、フォイエルバッハがいう現実的「人間」とは単なる自然的存在としての個体ではなく、「類的存在」である。その「類的個体」を廣松は三つの契機に即して論じている。第一に、個としての存在において同時に「類」である。第二に、「類」を対象として対自的にもつ存在である。第三に、類的共同態のうちにある存在である。それらの三点を含意した自然的かつ類的な存在としての人間把捉から、人間存在を形而下的に捉え返す途をフォイエルバッハは拓いたのであった。他方で、フォイエルバッハの類的存在が真の主体＝実体ではないことから、「類的存在」を「弁証法的自己活動の主体＝実体」として解釈することができる。ここにおいて、「類的存在」を「対象との能動的な関わり合い、客体化の主体性として解釈しつつ、弁証法的自己展開の主体＝実体とする企図（一時期、マルクスもこれを採る）が生ずる[40]」。つまり、フォイエルバッハの「類的存在」は、具体的な社会的諸関係を包含しえていなかったのである。廣松がここでいう「具体的な社会的諸関係」を詳細に記述すれば次のようになる。

「フォイエルバッハは宗教の本質を人間の本質へと解消する。しかし、人間の本質とは、個々の個人の内部に宿る抽象物なのではない。それは、その現実の在り方においては、社会的諸関係の総体なのである。／フォイエルバッハはこうした現実的本質の批判に立ち入らないので、否応なく、／（一）歴史的な行程を無視し、宗教的心情をそれだけで固定化し、抽象的な——孤立化した——人間の個体を前提とせざるをえない。／（二）したがって、本質はただ『類』として、多くの個人たちを自然的に結び付けている、内なる、物言わぬ普遍性として、捉えられうるにすぎない(41)」。

多様な媒介的動性の包含によって「人間の本質とは、個々の個人の内部に宿る抽象物」ではない。そうだからこそ、「社会的諸関係の総体」によって「個」「種」「類」は互いに共軛性を有しており、この共軛性によって「歴史的な行程」は物象化された「抽象的な人間の個体」を考察の起点とすることはできない。いわば、永続的な媒介過程としての「差異と反復」のなかに「個」「種」「類」は措定する必要がある。だとすれば、「個人」という概念規定は「社会的諸関係の総体」とは別に存立する「主体」としてはならない。外部環境とは別に独立した主体を再認する思考は、田辺が提示した永続的な媒介過程としての「差異と反復」を物象化する。この田辺の視座とは「社会的諸関係」に諸個人を位置づけ、「主体」を「幻想的／想像的」な表象とすることはない。

つまり、レヴィナスが論じていたように、「私」とは「観念論的主体」ではなく事後的に確認される「行為的主体〈として〉の個」なのである。「私」を「人‐間」において認知することは、すでに「社会的諸関係の総体」に内属している視座によって可能となっている。そうした「社会的諸関係」も意味連関を内包し、「行為的主体〈として〉の個」とは「種」と「類」の間での媒介過程の事後的結果といえる。それは受動性と能動性が微分的方向性と積分的方向性で交叉する「過程」なのである。だとすれば、「主体」は服従化と主体化とが絶えず移行する「結節点」でもあるといえる。いわば、それは「一定のもしくはある『文化』を価値ありと認めることではなくて、意識的に世界に対して態度をとりそれに意味を賦与する能力と意思をそなえた」人間なのである。重要なことは、このような人間は、決して学問論の前提に置かれるような抽象的な認識主観ではない。つまり、人間とは独我論的視角ではなく、人間と価値とのかかわりをめぐる倫理学的視角から規定する必要がある。「種の論理」とは「人間的本質」を自明視するのではなく、「人間」という概念を絶えず「個」「種」「類」の交互的媒介過程によって再定義し、「国家／権力／政治」や「個人／集団／民族」が錯綜する渦動のなかで把捉する「構え」なのである。

第二節　「双賽一擲」の廃棄・「システム的な悪」・拡散する「魂の欲求」

「人間的本質」の自明視ではなく「個／種／類」の交互的な媒介過程のなかで形成されるのが「種の論理」であった。つまり、その論理は国民と国家の両項が物象化された結果としての国民国家を単純に「実在」とはしない。国民国家という概念構制は政治・経済・文化・教育などを介し、象徴化された多様な諸要素の「総体」である。この「総体」が一定の価値判断と「事実」認識によって「実在」と錯認されていく。だが、いつしか概念構制に内包されている暴力闘争の歴史は忘却され「実在」という錯認は正しき認識となり、概念構制の背景にある多様性やその諸関係の複雑な錯合は一定の情動を喚起する政治体制へと集約された。「実在」としての国民国家は「擬制」として再考されるべきであり、概念の実体化を忌避する「種の論理」からも国民国家という「共同体的表象」は、その規模、その実質からも「擬制」となる。他方で、こうした「擬制」的性格は「国際システムの主権平等の原則」にまで遡及する。福田歓一によれば、国民国家の最盛期であっても「言語／文化」や「経済／軍事」において「国家的」な実質を備えていたのは、むしろ例外であり、「普遍的」という状態ではなかった。現代においては、複数の政治社会が存在し、多様な問題提起とその解決に努めている。たとえば、地域統合が進行するのと同時に分権運動が生起し、民族集団を政治生活の単位とした国民国家の独占的地位は相対化されつつある。それは中間集団を注視する「重層的な構造」を考察することでもあるといえる。[42]

問題は今後の世界秩序において、主権国家の危険な「膨張主義」的な衝動を抑制するのと同時に、国家という「擬制」への訴えかけから喚起された情動を別の形で代置することである。とくに後者の問題は現在の日本社会では「疼きつづける記憶」と絡み合いながら、解決の方向性が権力者によって閉ざされつつある。こうした注視の「構え」は必然的に認識行為と認識対象の連関についての再考を迫ることになる。というのも、従来から前提とされた「客観性／合理性」の対自化によって、現相世界の「統一性」と「意味」は「自然性」ではなく「人為性」から作り出されているからである。そうした過程からも「個／種／類」は多様な媒介的動性という錯綜した諸連鎖となっている。

他方で、その錯綜する諸連鎖は情念によって激しい渦動となることもある。経済的混乱、戦争、そして巨大な自然災害によって従来の継承されていた社会秩序が崩壊するとき、この渦動は人びとの「間」を画一化し「他者」とした存在者の排除を志向する閉域を作りあげる。その閉域で自足する大衆は長期的な視座から「政治／経済／教育／文化／生活」を考えることはなく、瞬間的に喚起される情動がハンナ・アーレントのいう「『時代精神』」となる。だからこそ、大衆の情念に訴えかけ、その行動を誘引するのは「もはや具体的な政治状況にではなく歴史的瞬間なるもの一般にのみ対応するきわめて概括的なスローガンだけ」なのである。[43] つまり、一瞬という「流れ」によって「人－間」に不可欠な連帯と紐帯を断ち切られた「流砂」は瞬時の刺戟に反応し、同質化した大衆は「今」の「つぎつぎ」とした「流れ」を産み出し、政治的「スローガンの虜」となる。こうした俘虜たちは低俗な情念に誘引されていく。

だからこそ、「生きる情念的な生のあり方」を「正統な世界」に引き入れることの必要性をマイケル・ウォルツァーは論じた。連帯や敵意という「概念」は多くの政治的行動に説明を与えるが、こうした対概念は「理性」を介していかなくてはならない。「理性と情念は実践においてはつねに絡み合ってきたし、この絡み合いは概念的な説明を必要としている」。また、ウォルツァーは「情念（の幾分か）を合理化し、理性に情念の息吹を与えるために、理性と情念を区別する線を曖昧」にすることの重要性を指摘している(44)。歴史上、繰り返されてきた「戦争／紛争／対立」は情念の再考なくしては把握しえない。情念に取りつかれた個々人は「流砂」となっており、大衆は瞬間的反応によって「肯定／否定」の是非を判断する以前に集団化を志向する。これは身体性の次元へと垂直的に下降していく情念の動きでもある。そして、ある種のスローガンによる感化は「間-身体性」を介して人びとを拘束する水平的な運動となる。一定の運動リズムが「個」と「個」を同期化させ、「個」の一人ひとりの諸身体が「大衆」へと集約されていくことになる。一方で、「個」が「大衆」へと「没我」しえないとなれば、それは「同期化／同調化」が不完全な状態でもあり、情念的には「個」は自らの不快感を昂進させていくことになる(45)。

平等や国民解放を求め、解放や力の強化を希求する多くの運動は、既成のヒエラルキーの下位に属する人びとと緊密に結びついている。そうした政治・経済環境によって喚起される情念とは確実に「羨望や憤懣、憎悪を含んでいる」。これらは政治的生活に宿る感情的なデーモンであり、不安を否応なく惹起するものである。つまり、「不正義に対する怒りや連帯の感覚もまた情念」であり、それは「反ヒエラルキーの政治」によって生じるのである(46)。

つまり、情念と理性を繋ぐ媒介性を国家建設の過程で把握しなければならないのである。個別性と共同性を可能にするのが「種的基体」であった。「種的基体」の輪郭が反復され、「時間」の経緯とともに差異化されるなかで「個の否定」が媒介されている。いわば、「個」の絶対否定に対する媒介の過程として「種的基体」は「在る」。田辺によれば、国家の建設とは否定的であり「ただその革新的実践」において「不断に新に」されていく一方で、「個の媒介により行的に」国家は存在する。こうして国家の存在性は「革新」において「常に新に」更新され、「不断に無化せられる否定」と「過去の伝統を維持」しようとする「肯定保守」との「動的均衡」のうえに成立している。つまり、「動的」な時間変移のなかで情念と理性の均衡の維持によって国家は「在る」。国家とは「時‐間」の経過と「人‐間」の諸行為の「間」に形成されている「衡平」なのである。(47) そこにおいて動源が微分性を喪失しない限り、「動源は『切断即連続』という『間』Zwischen の突如的緊張的弁証法を含む」ことになる。動源が「創造の原理」となるためには、過去既存の内容が未来革新の傾向と交互的否定とならなければならない。(48)

いいかえれば、「動的均衡」のうえに在る「衡平」とは函数概念的な規定態から国家を捉えることを意味する。廣松によれば、「或る〝函数〟という大枠は事前に既定的でもその〝値〟は多様であるという在り方」は、「どの〝値〟で実現するのかは未定的である」ような規定態なのである。また、廣松は「大枠として『檞に成る』を〝函数〟Aに擬し、その函数の〝特定値〟をBに擬し、AをBの可能態、BをAの現実態と呼ぶ」のである。事象系の変化相に関する「〝函数態的記述〟」は「〝確率波〟的」であり「その都度の現認において現実態に〝収束〟する」とされる。たとえば、動態的平衡系を考えるとき、「揺動《ゆらぎ》」を消去し得ないからこそ「同一の初期状態」から、一定の限界内において「一義的には予料することのできない帰結状態」が現成する。これに応じる概念装置は「可能態‐現実態」の要求に応え、「偶然性と必然性の統一態」という弁証法的な運動論・変化論の論理構制となる。(49)

こうした「運動論／変化論」を生成する弁証法とは十分に具体性を有し、「それぞれの特色たる普遍、特殊、個別の論理的立脚地」が分離せずに、「同時聯関の否定対立的緊張という動力的統一関係」を維持することが必要となる。つまり、「静止並列的ないし継時因果的関係に配置組織」であれば、弁証法に特有な「立体的転入相即」が見失われ、主観的結合の平面的配列が弁証法の動性を静止することになる。だからこそ、「内的二元を内に含む動的完結即開放的体系」に止まる弁証法とは「動揺不決断」を介し、その「動源」である「偶然」を廃棄してはならない。偶然性の必然性への代置では「廃棄して廃棄せず、廃棄せずして廃棄する『双賽一擲』」を把握することはできない[50]。偶然性とは絶え間なく流動性を内包しえるからこそ「必然性＝硬直性」の陥穽へと導かれることはない。そうした偶然性はつねに変容する概念として把握される対象や「自己同一性」を「もの」ではなく「こと」として捉えているのである。したがって、弁証法に特有な「立体的転入相即」は「こと」の柔軟性と渦動性によって集団的同一性を必然的な所与とはしない。他方で、「もの」化された集団的同一性とは自他間の複数性を否定し、同様に世界像を本質的連続性から描写する。このとき集団的同一性という物象化的錯認は「双賽一擲」を排斥する。

「双賽一擲」とは「関係態の構造的契機を独立自存視する錯認」を斥ける。廣松が論じるように、「四肢的諸〝項〟を分肢的〝単位〟に見立てる」のではなく、そのとき「当の諸〝項〟は物象化された対象相」から視れば、「錯構造的編制態の〝部位〟的な構造態」なのである。また、「四項的連環体として閉じている」わけではなく、「いずれの〝項〟もそれは〝オープン・システム〟」を成しているといえる。そして、「実在的与件項」は「総世界的な関係性の反照的結節」ということができる。さらに、意義的価値すらも「歴史的・実践的な総世界の反照的結節」として把握しえるのである[51]。「実在的与件項」とは決して「偶然を廃棄」しない「動的完結即開放的体系」から再考されるべき対象となる。つまり、「種の論理」とは動的な「開放的体系＝オープン・システム」である「関係態」から記述することができる。このとき「四肢的連環態」は「普遍／特殊／個別」を渦動的に包摂し、「否定対立的緊張」という「動力的統一関係」を形成する。「否定対立緊張」を内包する「四肢的連環態」は「総世界的な関係性の反照的結節」として「衡平」を保っている。こうした「開放的体系＝オープン・システム」は必然と偶然の「間」にあり、「自然‐人間」を媒介しながら連鎖的に「包含‐展開」しているのである。

近代的「認識論」では「複合を許容することができない」が一方で、「肯定保守」という「内的二元」を内包する「開放的体系＝オープン・システム」は「混合」を可能とし、「流体的複合を増殖させる」。セールは、そこでは非離散的な多数のものが投入され、連続的な多様体に変容する、という。この多様体はともに流れ、同時に変様し「いくつもの変数をもつ函数を形成する」のである。(52) こうした「連続的な多様体」とは「一定〝函数〟」がどの「〝値〟で実現するのかは未定的であるような規定態」なのである。視角をかえれば、廣松は「意識作用－意識内容－客体自体」という思考を批判することによって「流体的複合」を捉えようとしたといえる。この「意識作用－意識内容－客体自体」という三項図式では認識主観に現れる対象・与件は「意識に内在」する知覚心像とされ、「内／外」の明確な分立を前提とする思惟を作り出す。廣松は単純化された主観主義と客観主義を乗り越え、「近代」西洋社会に誕生した「近代」科学の変様を根底から脱物象化しようとしたのであった。

他方で、「主観－客観」的認識から「自／他」を前提とするイデオロギー的・政治的闘争の領域は、〈悪〉がそれとして個別的なものではなく、〈普遍的なもの〉とする「転倒した」事例となる。「国家／民族」の普遍的利益を体現する政治的権力者たちは、その「普遍性」に依拠した「国家／民族」像を拡大する言説空間を作り出していく。低俗な権力者たちによって「悪」は「個」と「普遍」の短絡化となり、政治屋たちは自身の発話行為が「民族／国家／文化」を体現するという過信をもつことになる。だが、このような発話行為は「私は自分が参照している〈普遍〉の次元（〈人類〉、〈民族〉、〈国家〉）を、自分の個別性におとしめている」のである。「〈人類〉の内容」を決めるのは自己の「個別的な視点」であったとしても、「私の行為を正当化するために〈普遍〉を参照すればするほど、実は私はそれを私の自己保身の手段へと引きずり下ろすことになる」のである。(53)

廣松によれば、マルクス・エンゲルスは、「作動し、物質的に生産しているところの、従って、一定の物質的な、そして彼らの恣意から独立な、もろもろの制限、前提、条件のもとで活動している諸個人」を視座としている。ここで問題となるのが、活動・労働の社会的規定性であり、社会的生産の存在論的規定となる。その生産の仕方は、本源的には社会的活動であり、「協働」としておこなわれている。こうした活動は自然的諸条件に規定される一方で、現与の自然とはすでに「歴史化された自然」であり、「産業と社会状態の所産」なのである。つまり、分業・協働としての「生産」への定位とは、人間存在が「歴史的・社会的な総体性によって規定される」ことを明示している。そのとき生産における生の発現の様式は、即自的に、既に、人間を「歴史的・社会的に協働主体化」する「類的協働」なのである。いわば、人間存在とはこうした実践的存在であるのと同時に、「プラクシスは本源的」には「共同主体的な協働」なのである[54]。

田辺は「危機の時代」のなかで種的基体の論理を修正していったのであった。田辺によれば、その修正の要点は、初め単に「個の主体に対する基体として、単に直接なる統一力とした種」が自己疎外の論理によって自己否定態として把握されたことである。自己否定は自己が統一性を前提として成立することを忘れ、その統一性を見失って自己の内部に対立が生じ分裂を生じさせることに他ならない。こうした自己に対して自己を疎外する「自己否定態」は自己の統一に対する対立的分裂性であるのと同時に、生成的分裂性を生じさせるものでなければならない。すなわち、それは「二重の対立」なのであり、この「対立の二重性」が「種的基体」の根本構造となったのである[55]。

つまり、「種的基体」は「個」との否定的媒介から差異性と同一性をあわせ持つとされることになり、「種的基体」は個人と社会との共軛的な包含・展開の論理構制となったのである。この理論的問題意識では歴史的・社会的存在が交互的連関を形成し、歴史的時間の変容と相即的に社会的・文化的領域が相互同時的に変様することになる。個人的知識は「種的」価値規範体系に準拠し、「個」が単なる「個人」ではなく「行為的主体〈として〉の個」であることを人びとに知らせることになる。つまり、「個」による知識所有とは歴史的・社会的存在から規定されており、「個」はその所有する知識体系から「時‐間」において「種的基体」の歴史的・社会的相対性と全体性を了解することができるのである。「時‐間」は過去・現在・未来として分節化されるが、この「時」の「間」の分節態は一定の認識関心によって「生活形式」での諸実践を可能としている。これらの実践は「個としての人間」の自己理解や複数の「個としての人間」の相互理解を折り込みながら継続されてきた。他方で、「個」とは「個としての人間」という存在でなく、「行為的主体〈として〉の個」という存在であった。だとすれば、「種的基体」は諸実践のなかで形成され共有される共同主観性についての認識と関心を不可欠なものとしている。つまり、時間のなかで位置づけられる「生の姿」の解明、把握、そして確認などを含む共同主観的理解を注視しなければならないのである。

時間を媒介する「私」とは「自己否定態」としての「種」を前提とする。現相的世界では時間性ゲシュタルトと呼ぶべき分節肢があり、時間的布置、時間的延長、時間的距離が直截的に覚知されている。回想的表象世界・現認的知覚世界・予期的表象世界が、それらの世界に内属する「私」の自己分裂的自己統一を介して、「区別化的統一＝統一化的区別」の相で覚識され時相化されている。[56] というのも、変移し続ける「時」によって「種的基体」は対立的分裂性と生成的分裂性を必然的に包含し、同様に「個」も対立的分裂性と生成的分裂性を「同一性」の形成過程で内包していく。つまり、人間の精神活動の所産として「種的基体」を理解し、個人と社会を実体化してはならない。歴史的・社会的総体性の形成と「行為的主体〈として〉の個」の主体性の確立は相即的な意味連関のなかでこそ可能となる。「時‐間」で多様な価値規範を身体化した諸個人は共同主観性によって「物語的同一性」を獲得している。「物語」は複雑に交叉する情動を一定の準拠枠へと包摂し、自他相互の行為規範の一致を確認し互いに承認していく。だが、諸個人は「コミュニケーション＝交わり」において、相互の「差異」と「隔たり」を維持することも重要であった。「物語」は共同性を可能にする一方で、「同一性」は諸個人の「非同一性」から把握する必要性がある。その「物語」というフィクションへの注視は人間の「自己疎外」の概念構制とも繋がってくる。廣松が指摘するように、後期マルクスのいう「物神性」や「物象化」は「個々の主体（主観）と事物のあいだに直接的に成立する客体化のVorgänge」なのではなく、「言語と同様な社会的産物」なのである。また、言語（意味）は意味作用（主観の意識作用）の凝結物として物象化された形で仮現するが、「それは社会的・共同主観的な協働関係の物象化である」。この「物象性は人間相互間のintersubjektivな媒介を経てはじめて存立するところの本源的に共同主観的・相互主体的な現象なのである」と廣松は論じていた[57]。つまり、人間相互間を媒介するフィクションへの考察がなければ「物語的同一性」は「矛盾／分裂」から「自己疎外」の情動の強度を上昇させ、人びとは「本来性」という陥穽に導かれていく。いま、多くの矛盾を抱え分裂を深める日本社会は閉塞感に包まれ、「日本的なるもの」という「本来性」を希求する「自己疎外」の陥穽へと落ちた。その直接の要因である「原発＝核施設」事故をデュピュイも論じていた。

「人間の悪意やその愚かしさの結果というよりも、むしろ思慮の欠如（thoughtlessness）の結果なのだ。もしその災禍が避けがたい運命のように見えるとしたら、それはその災禍がもとより一つの宿命としてあるからなのではない。あらゆる領域の多種多様な決定、悪意やエゴイズムよりもむしろ近視眼でもって特徴づけられる数々の決定が、自己外在化ないし自己超越のメカニズムに即して、屹立する全体を構成するからなのである。そこでの悪は道徳的でも自然的でもない。その第三種の悪を、私はシステム的な悪と呼ぼう[58]」。

「システム的な悪」は他の時代と「近代」を区分けする性質であり、「システム的な悪」は機能分化とそれにともなう権力の分散性を生み出している。つまり、全体社会の分化の形式としての機能分化は諸機能システムの不等性を強調するが、不等であることが諸機能システムにとっては等価なのである、とルーマンは論じている。それは総体的システムが機能システム間の関係についての一定の秩序（例えば、位階秩序）への優先権を放棄したことでもある。こうして均衡のメタファーを用いることはもはやできないのである。つまり、全体社会は部分システムの関係を規制することができず、それを歴史に委ねなければならないのである。[59] このような中心軸を喪失した世界を腐葉土とする「システム的な悪」は、行為の結果責任を行為主体としての人間に負わせることなく、むしろ負担を免除する。この負担免除の堆積が「思慮の欠如（thoughtlessness）」を生み出してきたのである。つまり、「思慮の欠如」は権力の在りようを変化させたのである。抑圧や法ではなく権力を「問う」とすれば、それは特定の国家内部において市民の帰属・服従を保証する制度と機関の総体としての「権力」のことなのではない、とフーコーは述べていた。いわば、権力とは暴力に対して規制の形をとる隷属の仕方ではない。それは一つの構成分子や集団によって他に及ぼされ、その作用が次々と分岐して社会集団全体を貫くような「全般的な支配体制」ではないのである。だからこそ、権力分析とはもはや国家主権・法形態・支配の総体的統一性を前提とすることはできないのである。[60]

「システム的な悪」は「犠牲の制度」を背後から支え、「客観的」学知が産出する認識関心は「生活形式」の全体を包括するようになったのである。「犠牲の制度」が価値規範の境界を作り出すようになれば、人間の自然史的生存と人間の歴史的生存を共軛的な制約下に置くことになる。また、明確な「善悪」の境界線を引く「全般的な支配体制」と「システム的な悪」は異なる。つまり、「システム的な悪」とは二元的な対立を生じさせるものではなく、善と悪が相補的に絡み合いながら「生活形式」のなかでの日常性と自明性を可能にしていく。こうした相補的二重性が「システム的な悪」の重要な特質なのである。なぜなら、各機能に対してそれぞれ一つのシステムが分出し、システムにとっては当該の機能が他の諸機能よりも上位に位置づけられ優先されるためである。いわば、全体社会という包括的システムの水準では、すべてのシステムに対して拘束力となるような機能の位階秩序などは存在しえないのである。こうした位階秩序の欠如は階層の存在性の否定性を明示している。(61)

「思慮の欠如」が「生活形式」に浸透するとき、世界像と相即的に形成される間主観性をも変容させる。「交わり」の基底となる情動と間主観性の変容は、日常生活での「好悪」の境界線や諸事象の価値序列の認識基準を変化させていく。こうした諸変化は明確な客観的基準から見出すことはできず、極めて屈曲した主情主義的な思惟に誘引されていくことになる。それは日常生活を基底としているだけに「時代精神」の体現化でもある。「思慮の欠如」による精神的領域への侵蝕は自己同一性を構制する美的判断の形態にも波及する。だからこそ、美的判断は「時代精神」を顕現するのと相即的に、同時代を生きる人びとの「自己告白」ともなるのである。人びとが「糧」を得るための不可欠なシステムとして「犠牲の制度」は「生活形式」のなかで物象化され、世界内存在の歴史的・社会的存在様態は根本から切り崩された。「犠牲の制度」を絶対的な前提とする経済社会構造は「自然史」からの明らかな逸脱であった。いつしか逸脱であることが忘却され、「原発＝核施設」の存在は日々の暮らしの日常的風景となり、「思慮の欠如」の進行過程は完結したのであった。つまり、「システム的な悪」から生じた「思慮の欠如」とは全体社会が自己完結し得ぬからこそ、日本社会全体を包摂したのである。

こうした社会・文化的環境の下で科学的実践の基底となるべき知的倫理性は腐蝕し、その腐蝕の連鎖に先導された「学知」は人間が内包する社会的存在と歴史的存在の交互連関を分断した。社会性の有する共時的認識は「つぎつぎ」と流れ去る「今」によって断片化され、その断片化によって歴史性がもつ通時的認識は構造化されるのではなくむしろ流動化させられてきた。つまり、精神、身体、そして社会との交互的な意味連関が「永遠の今」に係留され、人間の精神活動による「知の構築」という能動性は「システム的な悪」への絶対的な受動性へと代置されている。この絶対的な受動性は言語ゲームを介しても身体化されているが、「システム的な悪」は完全な立論根拠から成立しているわけでない。物質的生活の「豊かさ」への埋没から精神的生活が次第に侵蝕され、それと相即的に「人-間」での間主観性の形成過程も変様したのである。特に一九六〇年代末から本格的に始まった「原発＝核施設」の建設は、経済的「繁栄」を立地地域にもたらした。「システム的な悪」が間主観性に浸透するにつれて「教育／文化／生活」などの各システムにも影響を与えたのであった。こうして次第に人びとにとって外部として在った「原発」システムは「生活形式」と一体化するかのような存在となった。つまり、意味対象を外部の観察者は客観視しえるが、硬直した内部では意味対象の多様なアスペクトを観察者は捉えることはできない。現実と観察を多様化する交互的媒介性は固定化され、使用される言語の語彙も限定された。そのなかで表象と「現実」の間の渦動は凝固化され、虚構性の正負両面が忘れ去られてきたのである。一定の文化圏で共有される間主観性は「法／道徳／慣習」などを形象化させてきた。これらの集約が制度となり「時」の「間」を繋ぐ歴史的状況を構制する一方で、偶有的な状況の生成をも可能とする。また、諸制度は発話行為の連鎖から必然的な「もの」と化す傾動にあり、制度が内包する精神性が形骸化した。つまり、恣意的な規約が歴史的沈殿物となり「もの」化されたのである。

共同主観性を生成するのと同時に形成過程でもある言語ゲームは「役割行為」として位置づけられる。言語ゲームは発生論的にも存立構造的にも役割行動に遡及し定礎される必要がある。こうした「対話としての言語」による発話的表現や聴取的理解という共互的行為は役割行為の一形態であり、高次の役割行為は言語的伝達・了解を介して成立しているのである。「人-間」を円滑にする機能は正のサンクションであり、その齟齬が負のサンクションを生み出すことになる。その協働連関態の成員たちは相互に期待的誘導・賞罰的規則を営み、各々の自覚的努力・自己規制によって日常的な恒同性を確保し、構造的安定性を存立させている。[62] 人間の情動は歴史と社会の相互連関のなかで作り出され、それは「聴くこと」「触れること」「見ること」などの諸感覚の統一性の獲得でもある。つまり、情動とは時空間の交互的影響を受けつつ、身体性の深い次元において「歴史的情動」となり、「歴史的情動」は「魂」とも表現できるのである。「歴史的情動」が基底となり、世界を把握し理解する「歴史的理性」ともなる。無意識的なレベルにおいても世界は分節化されており、「自然的」分節化は「歴史的・社会的」分節化へと変様させられている。「自然的／歴史的／社会的」諸分節の重層化のなかで「魂」は象られていくのである。いわば、社会的・共同主観的な差異性と同一性を包含する動的均衡として「魂」は「在る」。ヴェイユは、「魂の第一の欲求にしてその永遠なる運命にもっとも近い欲求」とは「秩序である」と述べている。つまり、「義務の実践にあたって、その他の同様に厳正なる義務に違反せずにすむように、社会の諸関係で織りなされた布地というべき秩序である」。この「秩序」が不備な場合にのみ、「魂は外的状況から精神的な暴力」を被ることになる、とヴェイユは論じている。[63] それらの論点は震災から一定の時間を経たことを「今」どのように考えていくべきかを示している。

「システム的な悪」による「内部」と「外部」を穿つ空間形成は世界内存在の「身心」を強制的に変様させたのであった。だとすれば、特定の形の社会的再編は新たな「心理的自己抑制装置」を作り出す。その機能は自己自身では無意図的で「抵抗できない自己抑制」として身体化されていくことになる。また、「思慮の欠如」を生み出す「犠牲の制度」が機能を喪失するなかで、「原発避難民」の自己抑制は「震災後の今」においてすらその強度を深めているのである。むしろ、「教育／司法／経済／家族／性」を硬直させ画一化する「不断の国家化」は機能している。その「国家化」の機能不全が時空間を把握する準拠枠の崩れと相即的に進行し、新たな「心理的自己抑制装置」を産出してもいる。「心理的自己抑制装置」の典型例は「監獄」であった。その空間分割による境界線は「正常」と「異常」を範疇化することになっていた。こうした空間分割による「正常」と「異常」の産出と「心理的自己抑制」の暴力性を「仮設」という空間に見出すことは容易であろう。「仮設住宅」という場での「人‐間」の在りようは「直観の必然性」から再考しうる。田辺が論じているように、直観の必然性とは「直接所与の必然的受容」を意味するのではなく、「所与の受容」の在り方がすでに能動性と「連繫」している。つまり、「直接所与」の賦与が「必然的／一義的」であったとしても、その受容は単に「必然的強制的／反抗的」か、それとも進んで「自主的／自発的」に「自由」な態度で適応するのか、という相違が含まれている。そして、田辺はゲシュタルト心理学を重視し、原子的感覚の受容を否定し、感覚も必ず「複合的全体（いわゆる形態）」において統一された内容の抽象的要素となるとした。またかれは、その形質は全体がいかにあるかに制約されるのと同時に、更にその全体としての形態が、主観の態度に依存しそれに「相関的」であることに着目した。これはまさに重要な論点であり、このような視角は「現実の知覚意識」に限定されえず、「広く意識に一般的構造」にも適用されると田辺は指摘したのであった。[64]

「複合的全体」とは文化圏を包摂する地平形成を促すことになり、「複合的」とは多数の立場の並存を可能とし、決して閉じた「全体」となることはない。つまり、この「開閉」の両面を歴史内存在としての人間は有している。また、廣松の視角からいえば、「複合的全体」とは「概念的普遍者」として再把握されることになる。たとえば、複数個の円という図形群は同じ〈円〉という「ゲシュタルト的所識」となっている。こうした「ゲシュタルト的普遍」とは諸個体群を包摂する概念的普遍と論理構制上は等価でもある。「ゲシュタルト的所識」が「普遍」的であるのと同様に、射映的な現相的所知は「変易」するが「自己同一性」を保持する。「ゲシュタルト的『意味的所識』」とは「『非特個的＝普遍的・非変易的＝不易的・非定位的＝超場所的』」となる。つまり、「ゲシュタルト的『意味的所識』は『非特個的』『非変易的』『非定位的』」であり、「非実在的な存在性格」を含意しているのである。[65]

こうした「ゲシュタルト的意味的所識」を剥奪された場が「仮設」という空間なのである。「ゲシュタルト的意味的所識」は「現実の知覚意識」だけでなく、「広く意識に一般的構造」でもあった。「複合的全体」の喪失は歴史意識を基底とする自己意識を断片化し、「行為的主体〈として〉の個」が共有していた共同世界の喪失となる。風景という歴史性を含意しない見知らぬ空間では「ゲシュタルト」を描出する自他関係は希薄化し、将来への方向性が規定性を持ち得なくなっている。他方で、共同世界の有する価値観は思考体系としての共同主観性を作り出すが、それは行動選択の理論的連関の中軸となり、主観性と客観性の交互的媒介によって内面的世界と外部的世界を連繋させていく。こうして歴史内存在としての人間は、行為選択の反復や生活体験の獲得などから「統合的人格」を維持し変様させていく。つまり、直観においては主観の能動的契機が重要となる一方で、「客観的所与性の契機と互に自立対立」しながら「交互制約の浸透的統一」を成し、それを人びとは「身近に体験する」ことになるのである[66]。

つまり、いまの「経済／生活／文化」的状況下では、歴史内存在は「複合的全体」としての世界像を把握しえず、「複合的全体」という「ゲシュタルト的所識」を失っているといえる。時空間の「交互制約の浸透的統一」とは相違する諸文化領域を互いに侵蝕させるが、いまや歴史的文化性の多義性を展開することができない状態となっている。その状態をバウマンは次のように表現していた。つまり、見知らぬ者との「出会い」は、親戚、友人、知り合い同士が出会うのとは等価ではない。それと比較すれば、見知らぬ者同士の「出会い」は「非出会い」となる。見知らぬ者同士が出会ったとしても、ともに共有しえる過去の繋がりの感覚はなく、会わずにいた間の試練、苦悩について、あるいは、喜び、楽しさについて語らうこともなく、共有する「出会い」とはなりえない[67]。このような「出会い」の喪失は人びとを「難民」としていく要因となる。そうした「難民」を作り出すためには、今まで「市民権（住民権）」を得て居た者を法体系の中からあらためて追放しなければならない」と藤田省三は述べていた。なぜなら、「その追放を政治体制の軸とする」ことは、そうした政治体制の中心を「追放行動の運動体とする」ことが必要だからである。藤田は昔から「政治体制は国家を始めとする制度」であったという。つまり、「制度は安定性の賦与」を特徴とする一方で、運動体はその反対物であって「政治体制は制度から運動体へ、特に追放の運動体へと逆転した」ことになる。その逆転が「本質的規定に及ぶ劇的な変化である」ことを把握しなければならないのである。(68)

市民権についてエティエンヌ・バリバールは「非国家的でも反国家的でもなく、不可避に国家横断的なものとなる」という。バリバールが提起する「市民権」とは、「さまざまな象徴的指示対象の秩序（人間の自由・平等、連帯）」あるいは「社会的・経済的権利の秩序」において「『主権をもつ（至高の）』国民国家の絶対権力という神話」を訂正するものである。つまり、こうした市民権とは「主権」を設定する場を抑制するのと同時に、「人間活動の公共性の範囲を著しく拡大」することを前提とすることになる。(69) 公共空間を自己と共に形成する複数の他者たちは「もの」化されることに抵抗する「権利」と「自由」を有している。つまり、自己の生存は「権利」と「自由」を共有する他者との「間」においてはじめて可能となり、それは複数性を前提した立憲主義に基づく「政治制度」となる。また、こうした「政治制度」とは「少数者」による「多数者」に対する「支配」という矛盾概念でもある。

他方で、「統治」する者と「統治」される者という「間」には安定性と確実性が「ある」ことが必要となる。だが、「近代」以降の無限定な機能分化は「統治」機構の階層的機能分化を促し続ける一方で、階層的機能分化は政治における「統治」の概念を変転させ、その概念変容の歴史は「統治」過程への人びとの参加の拡大と「統治」権力に対する抵抗権の法的確立でもあった。つまり、さまざまの利害関心が交叉する政治的領域は多様な屈曲的過程であり、「権利」と「自由」とは「構制 - 再構制」という「間」にあって、不断の努力によってはじめて獲得できるのである。だからこそ、大震災と原発事故の混乱のなかで「権利」と「自由」の喪失に直面したマイノリティを注視しなければならないのである。こうした重要な視座を徐京植はある対談のなかで指摘していた。

「いまも避難せず南相馬市におられる佐々木孝先生は、すでに七〇代というご高齢であり、『一人の個人として、この事態による被害を申告したり、補償を要求することは、実際のところ非常に難しい』と話しておられました。（…）そのことを思うと、フィリピンからの結婚移住民、外国人労働者や中国人研修生はどれだけ苦しいことか。救済や補償の枠組みから抜け落ち、疎外されている彼らのことを、いまの時点ではほとんど誰も知らないという点を強調したいですね。／（…）政治権力や官僚の指示によって、それまで日常生活を営んできた場所から一朝にして『根こぎ』にされることを拒否する心は、ときに郷土愛や愛国心と混同されることもありますが、それらとは明確にちがうものです[70]」。

右傾化という環境下で「結婚移住民／外国人労働者／中国人研修生」たちに対する充分な配慮が為されているとはいえない。というのも、こうした人びとの存在が「国民国家」という枠組を揺動させるからである。また、「主権国家の集合から国際社会が成り立っている」という通念が維持されている現状では、「主権国家は出入国管理と外国人への差別的待遇を行う主体として存在し続けている」ことが重要な論点となっている[71]。だが、主体たる国家機構が自国民の生命・財産を放棄させ、その生命・財産を奪い去ろうとした巨大な敗北があった。また、単一民族観は維持され、単一民族観を時の首相が披瀝したのはそう遠い昔ではない。その民族観は「国体」を中軸とした有機体論的な家族国家観を背景とする物象化的錯認であるが、「国体」が継続されたという幻想によっていまでも「自然」な精神的紐帯を形成してもいる。現在のように隣国との関係が「対立・摩擦」を基調とするなかで、自民族の優秀性を誇る劣情は排外主義と反知性主義を日本社会のなかに醸成している。

他方で、自然と伝統が人びとの諸行為によって「歴史化された自然」となり、所与の存在として受容されてきた。そこで育まれた郷土愛とは時空間の共有と情動の「交わり」によって生成され、自己と他者は先行する世代から継承した時空間の歴史像を学びとり、代替しえぬ諸経験を内面へと折り畳んできた。また、一人ひとりの経験の集積としての「人格」は各自の情動を喚起し、その連なりが喜びや悲しみを輻輳化させる過程となる。それは反省的省察では把握しえず、直観的に感じ取られる「こと」でもあり、その過程が郷土愛を体現しているといえるだろう。そして、こうした自他間の成立は言語ゲームによる反照的・示差的関係を基底としている。

しかし、国家・政府は公教育を介して愛国心を幼い心へと浸透させようとしている。愛国心の涵養はあたかも無意図的な行為であるかのような相貌をもつが、権力や暴力の観念と密接な関係性をもっている。公教育とは組織化され制度化されたイデオロギー装置であり、国家体制を維持するための「隠された強制」を必然的に付随している。こうした特定の政治権力の制度的な支配の自明視は制度的集合体の存立以前から愛国心が「実在」するかのような倒錯を生み出していく。つまり、統治機構としての国家は教育的行為を介してその暴力性を「権威」へと変えていくことが可能となるのである。中央集権化による効率的な行政機構の誕生は権力の一極集中をもたらし、複数性を尊重し相互の権力均衡の制度化に失敗したのが近現代の日本社会であった。愛国心はこうしたさまざまな失敗を隠蔽する機能を果たし、愛国心と郷土愛が「自然」に融合する空間では強い同化圧力が作り出されている。また、同化主義による国民統合を前提とし、多民族・多文化の空間を均質的な国民国家内に集約しようとする政治的圧力がつねに存在してきた。だが、支配的な価値規範による同化主義に対しては「永続」的な抵抗を少数者の側は選択する。むしろ、マジョリティとマイノリティの対立の主要な原因とは同化主義に依拠した国家統合なのである。移民を受け容れようとする国家にとって、移住を選択した人びとの伝統文化、言語、そして生活習慣の尊重は公的な義務であろう。この政治的意思が存在しなければ差異性を尊重することはできない。

ところで、突然の環境変化によって有意性を喪失した人びとの「声」は「彼ら／彼女ら」が直面している主観的世界と客観的世界の意味連関の裂目から発せられている。その裂目によって予め内容を解釈することは困難であり、所与とされた状況の地平は意味を産出しえない空虚なものとなっている。だが、言葉として表現されなければ、「彼ら／彼女ら」の発語内容とその事態を認識することはできない。いまも収束する見通しが立たない「原発＝核施設」事故は、むしろ生活世界的な自明性と日々の「暮らし」が同一化し、その事態を厳密な客観性から捉えることを困難にしている。なぜなら、ガヤトリ・C・スピヴァックが論じているように、活動中のイデオロギーは「ある集団が自然で自明ととらえるもの」であり、その「歴史的堆積作用」を「集団はひとつの集団として」否定しなければならないからである。イデオロギーとは、背景と見なされる世界で自由に思考し、意識的に選択を行なう（イデオロギー）主体の構成の、条件であるとともに結果でもある。そうした状況に内属する者の一人として、状況内に誘引されているとしても「イデオロギー装置」が「主体の構成と集団の構成のあいだで変動するスペクトル」に存在していることを確認する必要がある。この「装置」もまた「『条件／結果』の揺動を共有している」のである。それは「あるイデオロギー的システムの変動する構成要素が互いを活性化する共謀関係として、関係づけられていることを示唆するもの」であることを明示しているのである。(72)

いいかえれば、自己同一性の形成過程が機能不全となるとき、「時－間」において必要となる予期連鎖の枠組はかつての「慣れ親しみ」をすでに喪失している。予期様式の反射を可能にする枠組の喪失は「空－間」への帰属性を突然失ったことを意味している。たとえば、「原発避難民」という立場が持たざるを得ない「葛藤／混乱」は将来への新たな「生の姿」の描写には過大な重荷となる。「慣れ親しみ」を内包する「生活形式」の崩れのなかでも諸行為は選択され、たとえ原発禍から四年の時間が経過したとしても行為選択は次第に「歴史的堆積作用」となっていく。その「歴史的堆積作用」が「歴史的現実」となれば、「原発＝核施設」事故の惨禍への人びとの感受性は惰性的な「もの」となる。こうしてイデオロギーが「変動するスペクトル」であることは忘却され、「歴史的現実」が内在するカタストロフィーの可能性は隠蔽され斥けられていくことになる。

アーレントが指摘するように、「原発避難民」という立場とは「市民的権利」の剝奪であって、その結果として「彼ら／彼女ら」は次第に「自分の国のなかにいながら、彼ら以外には無国籍者や祖国喪失者のみにしか見られぬほどまでに法の保護を失った存在になってしまう」ことになったのである。それをアーレントは「人間の裡にある法的人格を殺すこと」であると表現したのであった。[73]「国籍」とはさまざまな権利と義務の網の目を作り出しており、当然そのなかに「住まう」という「魂の欲求」の保障が含まれていなければならない。安全に「住まう」という欲求は自他の相互性を基点とし、日常の具体性から考察していかなければならない。つまり、「住まう」ことの在りようはその時代の「生の姿」を端的に現わし、それは時空間を「生ける場」として歴史化することであった。そうした「根づく」ことから世界内存在は「人格」を獲得し諸価値を習得してきたのであった。それらの諸行為の事後的な結果として「記憶」は作り出され、「記憶」は伝統的規範性と「今」という差異的変移性の蝶番となる。人びとは個人的な体験を拡張するなかで「二人称」と「三人称」の視座を獲得していく。また、これは自他の相互性の価値規範が時間的通用性となっているためでもある。そして、この過程は意思疎通を可能とする範囲の空間的拡大であり、他者による自己の視座の変様（＝修正）を受容する相互性の深化ともなっている。つまり、「普遍」的道徳も相互性によって反照され、「公共」的承認による正当性の提示が求められることになる。道徳的構想力が政治的かつ社会経済的な諸制度へと具現化されるならば、包括的道徳性はつねに相互性と複数性を内包することになる。

レヴィナスは「住まう」ことを、〈私〉はみずからを集約しながら現実存在するものであるがゆえに、経験的にいえば〈私〉は家のうちに避難所をもとめる、と表現している。つまり、「建てられたもの」が「住みか」となるためには「〈私〉のこの集約から出発する場合にかぎられる」。「具体的に達成される内部性」は「住みか」を介した「集約という行為――エネルゲイア〔現実活動〕――」への移行となるのである。その現実活動によって新たな諸可能性が拓かれ、「住まう」ことによって「親密さ」における「温もりと優しさ」が現勢化するのである。[74]「住まう」ことが「私」という「主体」だけによって意味連関となるのではない。「安らぎ」や「寂しさ」とは、他者と自己の交互浸透的かつ交互反転的な経験によって始めて感じ取ることができる。それは世界の開示であるのと同様に、「交互浸透的／交互反転的」に共振する「重層的／多面的」な歴史的情動が形となっていくことなのでもある。つまり、「集約」という外部の包含と「親密さ」という内部の展開を他者と共有していく場が必要となる。こうした相互性は自他関係を動的連鎖とするのと同時に、「住みか」を空間ではなく「風景」のなかに位置づける。「風景」とは自然条件や文化規範から一定の布置として提示されたものであった。また、この布置は相互性を現勢化しながら、新しい経験を集約する立脚点ともなるものであった。そのなかで人びとは「固有名詞」から「人称代名詞」への移行を果たし、相互性が自由の不可欠な前提であることを認識するのである。だからこそ、他者という絶対に我有化しえぬ存在が、「自由」とは他者の承認とその尊厳に依拠していることを、確認させるのである。

第三節　神の似姿の「驕り」と「モノクロームの全景」

「集約＝包含」とは人格の避難場所を必要とし、集約によって具体的に獲得された「内部性＝精神性」は、さまざまな情動の分有による形となる。「住まう」とは歴史的・社会的・文化的な諸条件を「空－間」で具体化し、「自己／他者」「自己／自然」「自己／世界」を媒介しながら、世界内存在と意味連関を編み上げていく。「自己／他者」とは複数性を前提としつつ、また「自己／自然」は「歴史化された自然」を自他間において共有している。こうした主客の絶えざる交叉のなかで「表情をもつ場所」が作り出され、表情は世代交替を経てもなお持続する精神性の具現化でもある。それは「魂」の「糧」となり、何らかの姿で顕わなものへと転化していく。こうした時空間への内在によって「魂」が象られ、自己という視座は時空間を分節化する一方で、現状の日本社会のなかで「全体性」に「距離」を設定する力を人びとは喪失している。なぜなら、大きな被害をもたらした結果責任を公共圏へと媒介させることができずに、原発禍によって避難を強いられた存在を忘却し、「生存／人格」の根源を否定する既成事実だけが堆積しているからである。こうした欺瞞に満ちた「現実」が人びとの「自然的態度」となり、主観性の能動的契機と「客観的所与性の契機」の「交互制約の浸透的統一」は拡散され断片化されている。「いまは戦慄すべき現実を直視し、それに耐え、否定性の十全な意識のうちによりよき世界の可能性を見失わぬ冷徹にさめた目だけが、美と慰めをもたらしてくれるのである」(75)とアドルノは書き記している。既存の伝統的秩序に依拠する慣習は、精神性と身体性の領域に権力的文化性とでもいえる痕跡を残す。他方で、この権力的文化性は一定の認識論を伴っており、世界を読解可能な文脈におく準拠枠に沿った分節様態を産出する。それは精神性と身体性の「結節点としての人格」の自己同定となり、自己理解の起点ともなっていく。自己同定とは文化的な被拘束性ともなるが、被拘束性によってこそ新たな自己理解の変化も生じてくる。ここでは新たな「自由」な認識が誘発され、拘束性と「自由」の等根源的な関係性が作り出されている。

つまり、ヴェイユが述べているように、人間の「魂」に欠くことのできない「糧」が「自由」なのである。語の具体的な意味における「自由」は選択の可能性のうちにある。そこで問題となるのが、現実的可能性であるが、どこであれ「共同体の生」が在れば「共益の課する諸規則により選択の幅が制限されることは避けられない」。一方で、ヴェイユは、「自由」は課される制限の幅に応じて伸縮するものではないとし、「よりいっそう計量化しにくい条件下にあっても、その十全性を失うことはない」と論じている。[76] 人間の「魂」の「糧」である「自由」とは「共同体の生」のなかでも維持され、人間自らの力によって受容され把握されたなかに「在る」のと同時に、それは「共益の課す諸規則」という現実性を硬直性から柔軟性へと変容させることなのである。また、「自由」の実現とはさまざまな諸行為が交叉する場での一つの過程であり、人間とは内に悪を「持つ」ことの意識化を必要としている。ヤスパースは、「悪しき意志」の選択によって、意志は「自由」によって「自由」を喪失し、「一切の存在と自己自身の否定の虜になる」とした。こうした「悪しき意志」は、絶望的な情熱によって一切の他者を憎悪するのと同様に、「自己自身を憎悪することによって、意識的に自己を捉える」ことになる。人間の意志は「どこかで自己を隠蔽し、知識欲をさまたげ、交わりを中断することによってのみ、悪をなしうる」のである。[77] そうした「善悪」の選択を人間が持たざるを得ないからこそ、自由とは「善／悪」の両極の「あわい」で作り出される「こと」なのである。自由という「こと」を計量化することはできず、「自由〈として〉のこと」はその十全性を失うことはない。

「善／悪」を包摂する「生の姿」とは、硬化した内面を解放する力としての意識をも同様に生み出す。「善き意志と悪しき意志とは、自由と同じく、ひとり可能的実存の現象的な時間的現存在にだけ、属している」。こうした場合には「それらは、見透しがたく相互に喚起しあいながら、結びあっている」のである。[78] つまり、自己が人称的自己としてあるためには「自他共軛相」においてでなければならない、と廣松は述べていた。[79] その共軛性のなかで「他者に対して」や「自分自身に対して」という汽水での「自由」から「生の姿」は拓かれていく。また、「他者／自己」あるいは「外的自己／内的自己」の反照的・示差的関係性から、自己意識は世界への帰属と世界の外部性を知ることができる。そして、自己意識内の反照によって「自己内対話」が可能となり、「主体」を「私が話す」と表現可能になるのである。それは複数の他者との「あわい」において「共鳴／共感」という情動が存在していることなのである。「対話」という相互承認でもある行為は、他者を模倣する「欲望」ともいえるであろうし、この「欲望」は存在そのものであるために、この目的は同じ立ち位置の他者の反照から形成されるのである。

　こうして存在の欲望とは「他者の欲望を模倣する」ことを意味している。また、今村仁司が論じたように、「人間の原初的存在のなかに存在の負い目」がすでに刻み込まれている。「自己保存」によって自らの「存命」も可能となる一方で、「それは同時に仮想の他者という空白のなかに現実の他者を吸引し、他者による代理死を求める（…）」ことでもあるといえる。[80] そして、「自己保存」が「主体の覚醒」に限定されたならば、それは「一切の関係の原理として、権力を承認することによって購われる」とホルクハイマーとアドルノは指摘したのであった。つまり、自然への命令者として、創造する神と秩序づける精神とは同一なのである。「人間が神の似姿であるとする神人同形説は、現存在を統率する主権、支配者のまなざし、命令権のうちに成り立つ」のである。人びとは日常のなかでそれぞれの準拠枠を有し行為の是非を選択しているが、従前の社会秩序が機能していたのであれば、その準拠枠は強固なものであろう。なぜなら、「神話は啓蒙へと移行し、自然はたんなる客体」となり、「人間は、自己の力の増大をはかるために、彼らが力を行使するものからの疎外という代価を支払う」ことになる。ホルクハイマーとアドルノは、「啓蒙の事物に対する態度」は「独裁者が人間に対する」態度と変わるところはない、と論じた。なぜなら、「独裁者が人間を識る」のは、「彼が人間を操作することができる」かぎりであり、同様に「科学者が事物を識る」のは「彼がそれらを製作することができる」かぎりに限定されているのである。[81]

「善／悪」を「自由」に選択しうる人間にはもはや純粋な「自然的衝動」は存在しない。つまり、啓蒙の光を浴びた人間は「自己保存」的合理性の背景をなす「自然的衝動」を自己認識と自由意志によって屈曲させていく。だからこそ、人間とは「本来性」を探し求めて、自己の「固有性」を「見つけ出す」ために自己の内面性へと沈降していくのである。「自然」とは「歴史化された自然」となったとしても、一定程度の循環性と秩序性を内包しながら存在している。しかし、啓蒙主義に準拠した近代人たちは「主体の覚醒」によって、人間存在の「本来あるべき姿」を「自然への命令者としての姿」から再把握したのであった。「自然」という「混沌」を「秩序づける精神」とは、自己自身と他者への「支配者のまなざし」となって反照することになる。つまり、「啓蒙の事物に対する態度」は内面性と他者の複数性を欲望充足の「手段」としたのである。こうして自己充足はつねに欠如態となり、欲望を制限する道徳的・倫理的限界域は越境されることになった。今村は「人間が現実的な歴史的世界のなかに実存する」からこそ、「真空としての『無性』を必然的にかかえ込む」ことになり、この「無的な真空」こそが「原初の自己破壊的要素である」とした。[82] 他方で、「科学者が事物を識る」行為のなかには自然と知識との交互的関係性があり、「科学者」は自らを包摂している自然環境を「制作することができる」対象とした。つまり、「事物を識る科学者」たちは、歴史的・社会的存在者の「生の姿」を自然環境との反照的・示差的な関係性から描写することはなかったのである。

また、そうした「啓蒙の弁証法」の人間への帰結をデュピュイも人間に対する複数の脅威から考えていた。まずその脅威は「自然の力」と「人間の暴力」とされる。「繁栄する町々を崩壊させる地震」と「多くの住民たちを殺し」傷つけ犯す「戦争の野蛮」である。一方で、人間は自然を学び取り深く知り、「自然の暴力」を鎮めることに「部分的」には成功した。また、人間は憎悪や復讐の心理的メカニズムをある程度は解明し、敵と和解することも学んだ。こうして文明は築かれたのである、と人びとは理解してきた。だが、それらとは異なる第三の脅威があるとデュピュイはいう。そこでの戦いは「自然の力」や「人間の暴力」よりも大きな困難さを内包している。というのも、「そこでの敵はわれわれ自身だからだ」とデュピュイは述べている。この第三の脅威から人びとを襲う「悪」とは「行為するというわれわれの能力」、つまりは「不可逆的で終わりのないプロセスの引き金を引いてしまう能力」なのである。そうしたプロセスは人間へと反転し、生存を破壊する敵対的な力の形となって人びとに現前することになる。[83]

「敵」が「われわれ自身」だとすれば、それはまさに自己・他者・世界を対象化し、欲望充足の手段とした「啓蒙の弁証法」の帰結であろう。自然科学は認識者と認識対象を区別し、事実と観察理論という二元的認識論を確立した。だが、観察者が「事実／対象」を客観視するなかでも「解釈学的循環」が必然的に生成している。こうした「解釈学的循環性」が「行為をするというわれわれの能力」によって可能となる一方で、それは「われわれ自身」をも物象化し続けているのである。これを具現化したのが生命科学における倫理的混乱と「知的誠実さ」の喪失であった。対象把握のために観察者は一定の規律・訓練を受け、研究活動の背景にある準拠枠に「強制」されながら段階的に新たな対象を把握していく。この過程には諸個人の「個性」が介在するのと同時に、科学システムの客観的「規律」に従うことが最低限必要となる。たとえば、アンダースは「強制されることだけから成り立ち、強制するものを含まない強制のシステムはありえない」という。「自然科学も『能力があるもの』を前提としている」のであるが、「自然科学は、強制する能力を有するものが『誰』または『何』であるかを問題にすることはない[84]」のが日本社会での現状である。

つまり、生命科学の領域の混乱と腐敗によって「われわれ自身」へと向う「まなざし」は理論と事実に正確に対応するのではなく、政治的・経済的・社会的な利害関心に誘引されていることが明らかになった。「不可逆的で終わりのないプロセスの引き金を引いてしまう能力」は思考過程の変容であるが、その変容のなかで「悪意」もただ単に一つの次元ではなく多次元へと「参種」されてしまった。代替し得る錯誤とは違い「参種」された「悪意」は、人びとが「根をもつこと」を不可能とし、人びとが進むべき方向性の基点となる倫理的感覚を麻痺させ続けている。つまり、「啓蒙の弁証法」が永続的な「プロセス」として「人間へと反転」し、その反転の典型的事例が「原発＝核施設」事故であったのである。宮城県石巻市出身である作家の辺見庸は「啓蒙の弁証法」の人間と自然環境への反転を的確な言葉で残していた。

「モノクロームの全景のうち、海と椿のみを選んでわざと着色したかのようであった。海はあまりにも碧く、椿は瞳に刺さるように赤いのである。わたしはぼんやりと人の骨をさがした。瓦礫の原にあっては、骨などおそらく、もはや視認できるはずもないものであるにちがいなかった。篩骨、舌骨、涙骨、指骨などはすでに砂と化しているかもしれない。人のものとも犬のものとも区別はつかないだろう。だから、わたしの眼はうんと熱心に骨をさがしたのではない。わたしはものごとを半ば以上にあきらめていた。そして、これがうまく言えないのだが、こだわりや悔いや悲しみをはるかに超えた不思議な感情の凪がそのとき、じぶんの内奥にあったことを白状しなければならない[85]」。

人びとの暮らしの記憶や多様な情動が交叉しながら紡がれた色彩をもつ場所が失われたのであった。モノクロームの全景とは「図」を欠いてしまい「地」が露呈したことなのである。さまざまな個人的経験としての「図」の重合が

「人－間」の「図柄」となり、歴史内存在としての人間と自然の繋がりの記憶を喚起する。それは「歴史化された自然」という「自然／文化」の両端を包含した有機的生活を作り上げ、一つの内部を形成する襞や褶曲によって二項分割し得ない感覚的世界と認識的世界の汽水を示すことになる。「海はあまりにも碧く、椿は瞳に刺さるように赤い」としても、色彩を失った空間とはもはや「風景」とはなりえない。「風景」とは一つの世界像として人びとに「生の姿」への方向性を附与し、「空－間」における「意味」となる錨なのである。

たとえば、否定的対立そのものが論理の媒介である、と田辺はいう。それは「論理の否定契機として論理を媒介」すると共に、それ「自ら論理に由って媒介」されている。論理の否定としての「直接態」そのものさえも「論理の契機として論理に媒介」されているのである。もし、この媒介から離脱すれば、それは論理の否定ではなく、直接態とも規定することはできない。いわゆる「直接」性とは「論理の外」に無関係に存するのではなく、むしろ、それは「論理の媒介」における「否定的契機」であることを意味している。だからこそ、「自由なる論理の可能制約」と思われるものも、単に論理と離れた全く無媒介である直接事実に止まるのではなく、それが論理に否定的に対立することからも「論理そのものの実現の媒介」なのである。[86] だからこそ、「イデアールな『意味的所識』が〝認識論的構成形式〟として認証され、「人称的主体たる誰某」が「認識論的構成主観たる能識」として確証され得るのは、「対妥当的・向妥当的、対自己的・対他己的」な「構造的連関」においてなのである。いわば、これは、メルロ＝ポンティが「見える身体と見る身体との間には、相互着生と絡み合いの関係がある」[87] と論じたことでもある。だからこそ、「射映的現相の人称的分立性や能知的主体の人称的分極性が現成する」のは「『意味的所識』『能識的或者』を媒介項とする対他・対自の媒介性」を必要としているのである。[88]

幾重にも人びとの諸行為によって媒介されてきた「風景」とは人びとの情動共有の場所となるのであった。「こだわりや悔いや悲しみをはるかに超えた不思議な感情の凪がそのとき、じぶんの内奥にあった」のは「外の作用としての内」が無化されていたからなのである。ここで「人間の『存在』は無化作用そのものである[89]」ことを基点としなければならない。つまり、「世界内／歴史内」存在が「生の姿」の輪郭を描き出すためには、時空間と人の間で「意味」を作り出さなければならない。だからこそ「自己／他者」「自己／風景」「自己／歴史」「自己／世界」などの複数の接触面において象られた「間（Zwischen）」を人びとは求めるのである。なぜなら、そうした「間」こそが人間に対する「世界への開け」を生成するからである[90]。「世界への開け」を聴き取る人びとは「生命と精神」を近代認識論の三項図式から捉えることはない。なぜなら、三体図式とは「精神的主体が用具的肉体を作動させて外在的客体に作《はた》らきかける」という了解に見合うものだからである[91]。

いいかえれば、生まれ故郷の風景を失うことは意味喪失だともいえるだろう。故郷喪失とは長期にわたって個々人とその共同体に大きな負の影響を与え続けることになる。そうした諸側面とは、まず「人間とその人間が生まれ育った場所とのあいだ」および「自己とその真の故郷とのあいだ」に「むりやり設けられた癒しがたい亀裂」を作り出す。次に、「克服されることのない根源的な悲しみ」を人びとの身体性の次元に刻み付けることになる。そして、「癒しがたい亀裂」や「根源的な悲しみ」とは「いかなることを達成しようとも、それは絶えず相殺される」。というのも、故郷喪失によって「永遠にあとに残してきたものに対する喪失感」が歴史内存在には残るからである[92]。

ところで、ウォーラーステインは、資本主義の「市場」は決して与件的ではなく「ましてや不変などではありえなかった」とした。なぜなら、それは「つねに再生され、修正されてゆく創造物」であったからである。ある時点で「市場」という制度は、①システムによって相互に結合させられた多数の国家、②この国家と不安定で不確実な関係にある複数の「民族」、③職業集団という外見をとった意識の水準も多様な諸階級、④この階級と関係する世帯、などから構成されていた。また、「資本蓄積者がある制度が特定の形態となること」を望む場合、これに対して「本来の」あり方などは存在しなかったのである。こうした「史的システムとしての資本主義」においては「資本蓄積者はいっそうの資本蓄積以上のことは望んでおらず、したがってまた、労働者は自らの生存と負担の軽減以上の目的はもちえなかった」のであった[93]。だが、二〇世紀には「労働者は自らの生存と負担の軽減」すらも全面的に否定する政治思想の登場に直面したのであった。藤田は、二〇世紀の野蛮な「全体主義」は、輝かしい西欧近代の知的革命の連続の成果の上に現れた怪物であった、と述べている。藤田によれば、「『政治的全体主義』が自らのあの奇妙な逆説体制をとり続けるために必要であった」のは、「『難民』(displaced person 居場所なき人々)創出の量的無限過程化」であった。そこに見出しえるのは「時間的・空間的エンドレスネス」であり、ここに「二〇世紀全体主義の本質的特徴」があるといえる。さらに、全世界を席巻している「市場経済全体主義」は「全体主義」と同質性を含意しているのである[94]。

そうした歴史解釈の出発点を、経過した行為結果の客観的意味連関にとるのか、それとも主観的意味連関にとるのか、などに応じて客観的意味連関の歴史と主観的意味連関の歴史が区別されることになる。ここから歴史家は予め問題設定の正当性を立論し、その問題設定がさらに問題に連関した史料選択を遂行させていくことになる[95]。解釈とは意味理解を複数の「論理」から把握する行為であり、「客体的」規範性を内包する言語ゲームから通用的解釈と解釈者の「主体的」な視座による妥当的解釈という二つの側面をもっている。それらの二つの側面は交互的媒介によって歴史解釈を遂行することになり、交互的媒介を可能とするのは「論理」であって、人びとはまず「論理」を介して「生の姿」を描き出し諸実践を選択しているのである。だからこそ、今村は、「倫理は個人の内的決断」だけで完結するものではなく、「決断自身は社会的に媒介されている」と論じたのであった[96]。したがって、こうした「論理」は人間の「生の姿」にとって必要不可欠な基底となる特質を内包し、「生の姿」の意味連関での実践的理解は「論理」に媒介されて始めて成立するのである。つまり、「存在＝人間」とは「時‐間」の過程で自己形成の端緒となる「過去」と自己の可能性の領野である「将来」を「論理」によって媒介しているともいえるのである。

そのような「論理」とは「論理を否定する非合理的直接態を媒介する」ことから、はじめて「絶対媒介」となる、と田辺は論じていた。また、非合理的な「直接態」こそ絶対媒介としての「論理」にとって不可欠な否定契機となるのであった。田辺が論理の一般的規定として重視する「推論性」も決して演繹的推論性を意味するのではなく、それは媒介自体が媒介されていく「円環的媒介性」でなければならない。演繹的推論と同様に、自ら媒介されることなく「直接的に固定せられた媒語」が「直線的なる推論式を形造る」のではない。むしろ、一々の段階が「直接的即間接的」となって「媒介が自己を否定的に自己と媒介する動的円環」が「絶対媒介」としての「推論性を形造る」のである。(97)

「非合理的直接態」をも媒介とする「種の論理」は、非合理的な「直接態」の典型的な事例となった「荒ぶる自然の相貌」や倫理性を欠如した「自然科学の暴走」を直視し得る。こうした「論理」には規範的拘束力が内在しており、「時‐間」の変様による「現実世界」の暴力性や実証科学の制約性を捉えようとする。いわば、「肯定」的な生命倫理に依拠することで展開される自然科学の理論に対して、「種の論理」は否定的契機を不可欠な媒介性としながら経験可能な諸事象を把握していくのである。「論理」の先行性によって生活世界の対象的経験は構造化され、客体化される条件となりえるのである。「論理」とは一定の論証過程を提示するのであるが、それこそが論証形成の背景知となる共同主観的な通用性なのである。田辺がいう「論理」とは概念の範疇化であり、範疇化によって「知覚的認識」が形式化され生活世界を分節化するのである。

また、「論理」の「円環的媒介性」とは論理的推論という狭義の意味だけに限定されるものではない。そこには研究対象の選択、測定基準の設定、数量化の手続、推論の方法の基準、などが含まれている。「種の論理」とは「何を為すべきか」という論理性を顕在化させながら、二項対立として自存視されるさまざまな「二項」を円環的媒介性によって「関係性」へと代置する。こうした「動的円環」が凝固化されない「共同規範」とでもいうべき「論理」となっていく。範疇化を可能にする共同主観的な通用性には世界内存在による諸経験の歴史性が介在している。これは「起点」となるべき対象を帰納的に決定するのではなく、演繹・帰納的思考という二項対立ではない「円環的媒介性」という「差異と反復」を「基点」とする。その結果は多様な領域にわたる「生の姿」としての歴史的・社会的現実の作用連関の表象となる。精神的世界は人間が主体的に作り出した人間的世界である一方で、非均質的な時間の「流れ」に内属している歴史的世界でもあり、歴史内存在の共同性によって客観化された共同世界でもあるといえるのである。つまり、個人と社会との相互連関は世界内存在による「主体的／創造的」行為を介して作り出されているのである。他方で、その相互連関は人間存在の「受動的／画一的」行為の反復の所産でもある。つまり、個人と社会とは「円環的媒介性」によって永続的な形成行為の連鎖となっており、それは知識獲得による体系化や理論化を妨げるのではなく、むしろ知識を固定化せずに新たな「概念／規範」の構成要素とする。なぜなら、「円環的媒介性」とは歴史的「可変性／差異性／多様性」を生成しながら、俯瞰する視座の設定を可能とするからなのである。

　ところで、概念は「帰納」によって成立するのであろうか。この「帰納」とは個別的諸定在ないし個別的諸表象から普遍的概念を導出・形成する手続きとなっているのだろうか、と廣松は問うている。いわゆる「帰納」とは「抽出」されるべき当の概念的普遍態の既知性を論理的な前提とする循環的先取を犯している。いわば、概念は帰納的手続きを通じて形成されるわけではなく、いわゆる帰納的抽象の手続きが先に抽出する概念内容（＝内包）を既知としているのである。或る概念を帰納的に抽象するためには一群の個別的な対象的与件を比較校合して、「共通にして且つ本質的な規定性」を抽出する作業が要件となっている。この抽象・捨象の作業から概念内容をなす本質的規定性が確定・

抽離されているのである。[98]

そうした「帰納」は諸事実を一定の体系内に位置づけ、「全体像＝Gestalt」とする。この問題の陥穽をマルクスを介した廣松の視座からも論じることができる。マルクスは諸個人を実体化する社会契約論式の発想を批判すると同時に、社会を実体化する社会有機体論式の発想をも批判し、これらの発想に対して「社会とは諸個人の関わり合いそのものの一総体である」としたのであった。社会観の場面においてマルクスは要素主義的な発想を退け全体主義をも批判する。要素主義は個々人を「項」へと実体化し、それが政治的領域に適用されたならば「項」と「項」の「対立」を「敵対」へと移行させる認識論ともなり得る。一方で、敵対する「項」はむしろ共通性を見出しうる集団への帰属を強く望み、それは「共同性／個別性」あるいは「統一性／複数性」の「汽水」の均衡を保つのではなく、画一的な統合を推し進めようとする。その「汽水」の消滅とは「円環的媒介性」の多様で複雑な作用と反作用を失うことでもある。こうして異質性を排除し寛容を忌避する心性が醸成され、全体主義の萌芽へとつながっていくのである。全体主義は自由を否定し、自己が帰属する集団外の存在者たちの「声」を聴取することはしない。

しかし、「項」は自存するのではなく「関係態」の分節項であって、「個体性を有った持続的自己同一体」とされる「実体」とは「関係規定の結節たる〝函数的同一態〟」である。[99]その視座は『関係の第一次性』に定位する世界了解の構えを示している」のである。こうして「問題の眼目は、ゲシュタルト・チェンジを見易くするためのメルクマールの設定をどうするかということ、にかかわる事柄」となるのである。[100]全体主義に対するゲシュタルト・チェンジによって「空間」は「自由が世界性を持つリアリティとなる領域」となりえるのである。つまり、そこでは「自由」は「他者に聞かれる言葉に、他者に見られる行ないに具体化され、そして語られ記憶されて物語に転換」されることになる。そして、「人間の歴史という偉大な物語の書に書き加えられる出来事に具体化される」ことになるのである。[101]

近代化は産業社会が生み出すこの負の副産物が公的な議論のテーマとなり、社会的・政治的対立の争点に浮上してくるとき、新たな段階をむかえる。富の生産の源とされてきた科学技術、たとえば原子力や遺伝子工学の予測不可能性は人間存在の根底を危機にさらすのではないかという深刻な不安を掻き立てている。脱魔術化の過程は自然を「もの」化すると同時に、宗教的拘束から人びとを解放した。だが、今の社会的課題は科学技術と経済発展がもたらす複雑な帰結なのである。近代は「反省的」な段階に入り、自己自身をテーマと問題にし、自己自身との対決に迫られるようになっている。「反省的近代」はテクノロジーの発展や応用という問題に加えて「リスク管理」という問題に直面しているのである。ウルリヒ・ベックによれば、リスク社会の危険は三重の「ない」によって他の時代の社会と区別される。第一に、それは「空間的／時間的／社会的」に影響範囲を限定することが不可能となっている。リスクを地理的・場所的な境界線内に限定することはできない。たとえば、「原発＝核施設」事故の影響は国境を越えてグローバルに拡大する。また、時間的に限定しえないために、放射能に汚染された有害物質は「身体／山林／大地／河川／海」などに長期間にわたって蓄積し、その被害は生態系にとって不可逆的なものとなる。第二に、文明がもたらすリスクの多くは明確な原因から結果への因果関係を確定することはできない。いまでは経済構造・産業組織が高度に細分化されており、その分業体制は因果責任を微分化しながら、無責任体制を作り出しているのである。第三に、リスク社会が形成されるとともに、「私的／公的」な安全保障を可能にする諸制度は重大な危機に直面している。というのも、原発災害のような放射能汚染の被害、規模、そして影響範囲は極めて巨大であり、原状回復が不可能なほどまでに環境破壊や人体への悪影響をもたらすからである。さらに、被災者・避難者に対する経済的補償をおこなう適切な時期を遅滞させてしまうのである。だからこそ、原発災害のための多くの事後処理は「加速的／累積的」な破壊の「終わりのない始まり」なのである。[102]

他方で、責任対象を確定しえないのは、機能分化が進行し全体社会が脱中心化されているためでもあった。このとき「論理」は論理自体を否定する「非合理的直接態」に侵蝕され、形骸化することになってしまう。また、媒介性を欠いた「論理」展開は論証不可能な「非合理的な直接態」による社会規範の侵蝕を促すことになっていく。「論理」は不可欠な「否定契機」による「円環的媒介性」を渦動させ得なければ欠如態となっていく。そうした「円環的媒介性」の欠如態は三つの側面を含意している。（一）客観的検証と理論的説明は不明瞭となり、状態を捉えるための事実収集も出来ずに現状把握は客観性を喪失する。（二）事実の収集と観察という媒介的行為に問題があれば、仮説演繹的な説明は「構成的」な現実を形成することはできない。それは諸事実が観察理論に依拠して再構成するときの円環性が形骸化しているためである。（三）帰納的説明が十分に現状を説明しえないのと同様に、演繹的説明によっても現状の意味連関の解明は難しい。というのも、演繹的説明とは一つの完結した法則的な規則性を有しているためである。つまり、適切な状況下であれば観察者は客観的かつ形式的に観察対象の理解・説明を成し得るのである。だが、事実と意味の対応が曖昧なものとなれば、原発禍の影響を記述し理解することはできないだろう。

だからこそ大衆には「偽りの事実」ですら何の印象も与えない、とアーレントは論じたのである。大衆を動かし得るのは「彼ら／彼女ら」を包摂していくと約束する「統一的体系の首尾一貫性」であり、あらゆる大衆プロパガンダにおいて「反復」が効果的となるのは、「単に論理的な完結性しか持たぬ体系に繰り返しが時間的な不変性、首尾一貫性を与えてくれる」[103]ためである。なぜなら、人間的存在は「自己保存と自己破壊」の相互に否定しあう汽水にあり、人間存在が二つの側面をもつというばかりでなく、「保存を否定し破壊を否定する二重否定のなかで人が保存優位において生存を続ける」からである。こうした視座は「真空なき人間はいない」という帰結を導くのである。[104]

だが、歴史内存在の抱える「真空」（＝偶然性）によって、自己準拠する「再帰的＝自己言及的」に自己同一性は形成されていくことになる。「人間の文化世界は継続する発展の内にあり、どの人間の現在の文化も、人間性の新たな世代の新たな文化創出のための地盤となっている」[105]。いわば、その形成過程は外部の規範性を内面化し自らを「形造る」という再帰的な循環性となり、この再帰性は四肢的構造連関帯を可能にする円環的媒介性でもある。そうした自己同一性の「内／外」を横断する媒介性は慣習性を合理性へと置換し、自省性と高次化していくことにもなる。だが、イデオロギーにとって偶然性の否認は好都合なのである。なぜなら、イデオロギーは予め法則を設定し、その法則の例証たり得る事実のみを事実として扱い、一切の個別的事象を包括する全能の法則を仮定することですべての偶然性を排除するからである。こうした現実から幻想への逃避は放射能汚染という「事実」を直視し得ない一方で、権力者たちが提示する歴史像を妄信する態度は「あらゆる大衆プロパガンダ」の不可欠な前提条件となっている[106]。

「全体像＝Gestalt」が「学知」的体系となって政治・経済・文化的システムのなかで確立されているとすれば、それは人びとの暮らしを包摂するひとつのイデオロギーともなりえる。個人は「間主観性」を基盤として相互の一致を確認し、また平等な主体として相互に承認し合うが、諸個人はコミュニケーションにおいては相互の隔たりを保ち、相互にそれぞれの代替しえない自我の同一性を主張する。だからこそ、「言語的記号の間主観的妥当性に基づく共同性は、これらの二つの事態――相互の同一化および一方と他方との非・同一性の確保――をともに可能にする」のである[107]。このとき共同性が「人‐間」において前者（＝相互の同一化）へと傾斜すれば、包摂が当然視されうる。たとえば、「非・同一性」の否定は物象化的錯認となり、「自然を破壊することによって自然の強制力を打破しようとする試みは、いずれもいっそう深く自然の強制力の中に落ち込んでいくだけ」となるだろう[108]。物象化されたパースペクティヴによって一つの「全体像＝Gestalt」が産出され続け、こうした「全体像＝Gestalt」は人びとの思惟様式を拘束し、複雑に構成された諸問題を画一的な「もの」へと縮減していく。そのとき凝固化した「全体像＝Gestalt」は人びとの判断力から相対性や多元性を削り取っていくことになる。

しかし、数学の直観を制約する主観性と歴史性の契機は、「歴史的偶然性」に制約された中で現実的形成行為の主観性というべきである、と田辺は論じている。それはあくまで現実と不即不離の距離にあり、現実から遊離することはない。だからこそ、歴史性とは現実が有する「原偶然的偶然性」に基因しているのである。そうした現実における「文化形成的行為」は専ら現実そのものの内容的変化に制約されているのと同時に、歴史的伝統と歴史的「分裂転換」にも規定されている。つまり、「文化形成的行為」とは行為の自覚としての主観性だけに制約されるものではない(109)。

「文化形成的行為」は「通用性」を有する客観的知識と伝統文化の重合であり、歴史性の交錯した場を形成する。こうした場の視座とは個人的・社会的な両側面から制約され、個人的・社会的な制約が「時-間」や「空-間」を異にする場合には、それと相即的に文化的規制性も異なる形となるだろう。その視座構造が規定する文化的規制性は、むしろ「歴史的偶然性」によって包摂されているのである。また、制約性と偶然性が均衡を保つなかで「歴史的現実」が作り出されてきたのである。だが、「原偶然的偶然性」という「こと」的傾動は主観性による制約性・拘束性を越境する一方で、相互理解を阻んでいた視座構造の相違を対自化させることになる。「原偶然的偶然性＝こと的傾動」は多様な文化的な形成過程を活発化させ、「文化形成的行為」が固定化しようとする認識様式の制約的諸条件を解放する。つまり、「偶然性」という空隙の産出は認識様式の多様性を拡大し、具体的な歴史的・社会的状況と知識体系を多義的にしていく。それは包括的全体性が差異的個別性という新たな動態的全体性へと変様していくのである。

他方で、自己が内属している「時-間」での新たな動態的全体性はGestaltとしての把握が困難なものともなる。吉野源三郎は「同時代のことが、今日、私たちの間で、どれだけ正確に眼に映り、どれだけその意味が理解され、どれだけ狂いのない評価を受けているといえるのだろうか(110)」と問題提起を行なっていた。たとえば、原発禍という異常事態が「今」では常態化しており、自然環境や人びとの健康がつねに放射能汚染によって脅かされている。しかも、「原発＝核施設」事故の客観的な因果関係の特定と証明は機能分化し続ける社会システムのなかで拡散したままとなっている。因果関係の立証を成し得ないために、むしろこれまでの汚染者の結果責任の免責となる一方で、被害者を蔑視する「眼差し」が社会のなかで醗酵し続けている。

「文化形成的行為」による主観性と歴史性の交錯した場は「個人の多様性にはおよそ際限がなく、人間の本性には革新と創造と自己超越の力がそなわっている」ことを示している。したがって、「偶然がこの領域で生存条件による限定」がなされなければ、「文化形成的行為」は「脈絡なき努力」となる。この「脈絡なき努力」が織りなす「網目」が人びとの人格否定を当然視する「社会組織」を生み出してもなんら不思議ではない、とヴェイユは述べていた。また、人びとを包摂している「生存条件」とは「条件に服する人びとの意識」では脱物象化されることは難しい。なぜなら、「原偶然的偶然性」という「こと」的傾動が「もの」化されたならば、人びとが強制的な抑圧から方向性を限定され、それは「禁じられた道をめざす努力をことごとく無効にするかたちで作用する」ことになるからである。[三]

既成秩序を支配層の意思に抗しその意見を改変しようとする「禁じられた道」はファシズムへと傾斜している日本社会ではほぼ完全に否定されるだろう。いまではむしろ基本的人権などの日本国憲法の法的理念を体現した方向性すらも否定されかけている。「もの」化された認識様式は高圧的な強制から人びとを服従させるだけではない。政権交代を可能とする政治的勢力が存在しない現状では、右傾化や立憲主義の否定などの抵抗の拠点となったリベラリズムの力も弱体化している。こうしたなかで支配体制に抗する人びとの小さな言葉すらも匿名の圧力と威嚇にさらされ、人びとは次第に「自粛」していくようになる。この帰結はファシズムを正統性とするイデオロギーの「生活形式」への浸透とその劃一化をもたらしている。

ヴェイユが論じたように、「生存条件」のファッショ化の過程は日々劇的な形で進行するものではない。日々の小さな「自粛」の集積がファッショ化の強度を昂進させ、「日本」という内部で物象化された異質性が捏造されていく。こうした異質性を排除しようとする「欲望」はむしろ力無き大衆を集団化へと駆り立てていく。そのなかで次第に「原偶然的偶然性」という「こと」的傾動は「ことごとく無効にするかたち」で抑圧されることになる。また、細分化された小さな「萎縮」は積分され、「もの」となった感性的認識が日常生活に密着した「思想」となっていく。不特定多数の人間による「萎縮」は「反論理」として実体化され、「反論理」であることによって「有機的」連関性を編み上げていくのである。「血と大地」を範型とする「有機的」連関性は「人格」的個別性の尊重ではなく、「非人格」的全体性を社会的な思考範型とする。こうした過程がグライヒシャルトウングなのであった。ナチによる強制的セメント化は行政権の暴走によって議院内閣制を否定し、司法権の独立や大学自治という民主主義と自由主義の重要な理念を否定したのであった。人びとが歓呼しながら「かれら＝異質性」を物象化し排除するなかに、民衆から大衆への変貌を端的に見出すことができる。ファシズムによる大衆化は立憲主義の形骸化の進行と人びとの現実逃避のなかで生まれ、幻想への一体化と連鎖していくのである。

いいかえれば、立憲主義の「手続き」の形骸化とは民主主義に依拠する言説空間を垂直的に分断する。垂直的分断は「政治的なもの」の実体化によって、「絶対的な敵」を言説空間としての政治的領域内に作り出していく。また、民主主義が必要とする言語体系が想定しえない排外主義的な語彙を「絶対的な敵」に投げ掛ける。そして、自由民主主義を受け継ぐための媒体としての「言語」はその時点で大きな危機に直面しているのである。巨大な自然災害と原発災害によって民主主義的言説空間は友と敵という「隔たり」を凝固化し、言説編成が支配体制の権力性によって再編され、そうしたなかで公共空間での「使用言語」の変化は社会の最小単位としての家庭ではじまり、学校、地域社会、そして国家・行政組織へと拡大しているといってもよいだろう。「絶対的な敵」を自明視する「言語使用」は政治的領域での「対話」を不可能とする一方で、狭隘化した「政治的／日常的」言語は「自然」な形で「禁じられた道をめざす努力」をことごとく否定することになる。

デュピュイがいうように「自然の破壊力」は人間に対する暴力を生み出し、その暴力は自然をも破壊したのであった。一方で、人間は自然を憎んで破壊するのではなく、人間が自然を破壊するのは「人間同士が憎み合い、自分たちの攻撃が通りすがりになぎ倒す第三者には注意を払わない」ためだといえるだろう。このように自然とは「排除される第三者の最前列にいる」のである。[112]「自然の破壊力」によって「暮らし」の自明性・安定性が根柢から毀損されたとき、人びとは各自の人格的同一性と社会の法秩序の回復を希求するが、その秩序へと回帰しようとする志向性がいまファシズムとでもいい得る政治環境を具現化させているのである。こうした寛容性を喪失した秩序への志向性は「歴史的偶然性」を徹底的に排除し、それは戦前回帰的な言説が公然と「政治的／公的」な支持を生み出す腐葉土となっている。これまで自然の力を抑制し得たという幻想は安全神話という言葉で騙られて来たが、その力は「道具的理性」となって人間の生存基盤を破壊する「もの」へと変転した。つまり、一九七〇年代以降の日本社会はまさに「啓蒙の弁証法」の具体的な実証事例となってしまったのである。脱魔術化された自然は「安全神話」という再魔術化によって現代日本を思考停止の状態に置いたのであった。

註

（1）ノルベルト・エリアス『社会学とは何か－関係構造・ネットワーク形成・権力』徳安彰訳、法政大学出版局、一九九四年、一五六－一五七頁。

(2)廣松渉『存在と意味 第二巻』『廣松渉著作集』第十六巻、岩波書店、一九九七年、一八一頁。
(3)田辺元「生の存在学か死の弁証法か」藤田正勝編『死の哲学 田辺元哲学選Ⅳ』岩波文庫、二〇一〇年、二三九頁。
(4)ジル・ドゥルーズ『フーコー』宇野邦一訳、河出文庫、二〇〇七年、一七八-一七九頁。
(5)田辺元「数理の歴史主義展開-数学基礎論覚書」藤田正勝編『哲学の根本問題・数理の歴史主義展開 田辺元哲学選Ⅲ』岩波文庫、二〇一〇年、三四二-三四三頁。
(6)M・メルロ＝ポンティ『見えるものと見えないもの』滝浦静雄／木田元訳、みすず書房、一九八九年、二一〇-二一一頁。
(7)前掲「数理の歴史主義展開-数学基礎論覚書」藤田正勝編『哲学の根本問題・数理の歴史主義展開 田辺元哲学選Ⅲ』、三四二頁。
(8)前掲『フーコー』、一八〇頁。
(9)カール・ヤスパース「真理について1」『ヤスパース選集31』林田新二訳、理想社、一九七六年、八六-八七頁。
(10)チャールズ・テイラー『自我の源泉 近代的アイデンティティの形成』下川潔ほか訳、名古屋大学出版会、二〇一〇年、三〇頁。
(11)ガストン・バシュラール『空間の詩学』岩村行雄訳、ちくま学芸文庫、二〇〇二年、一八四頁。
(12)前掲「真理について1」『ヤスパース選集31』、一一七頁。
(13)バーバラ・アダム『時間と社会理論』伊藤誓／磯山甚一訳、法政大学出版局、一九九七年、一二〇-一二二頁。
(14)エルンスト・カッシーラー『人間 シンボルを操るもの』宮城音弥訳、岩波文庫、一九九七年、一一七頁。
(15)前掲「数理の歴史主義展開-数学基礎論覚書」藤田正勝編『哲学の根本問題・数理の歴史主義展開 田辺元哲学選Ⅲ』、二五一-二五二頁。
(16)カール・ヤスパース『実存解明〔哲学Ⅱ〕』草薙正夫／信太正三訳、創文社、一九六八年、四四六頁。
(17)同前、四四六頁。
(18)前掲「数理の歴史主義展開-数学基礎論覚書」藤田正勝編『哲学の根本問題・数理の歴史主義展開 田辺元哲学選Ⅲ』、二五二-二五三頁。
(19)同前、二五五頁。
(20)E・ミンコフスキー『生きられる時間-現象学的・精神病理学的研究Ⅰ』中江育生／清水誠訳、みすず書房、一九七二年、四六頁。
(21)丸山眞男「歴史意識の『古層』」『丸山眞男集』第十巻、岩波書店、一九九六年、二四-二五頁。
(22)丸山眞男『丸山眞男講義録［第四冊］日本政治思想史 一九六四』東京大学出版会、一九九八年、二五三、二五五-二五九頁。
(23)ルイ・アルチュセール『マルクスのために』河野健二／田村俶／西川長夫訳、平凡社ライブラリー、一九九四年、一〇六頁。
(24)同前、一〇七頁。

(25)G・H・ミード「現在の哲学」『デューイ＝ミード著作集14 現在の哲学・過去の本性』河村望訳、人間の科学新社、二〇〇一年、二三頁。
(26)ミシェル・ド・セルトー『歴史のエクリチュール』佐藤和生訳、法政大学出版局、一九九六年、二八-二九頁。
(27)前掲「歴史意識の『古層』」『丸山眞男集』第十巻、二五-二八頁。
(28)藤田省三「天皇制とファシズム」『藤田省三著作集1 天皇制国家の支配原理』みすず書房、一九九八年、一七一頁。
(29)前掲『生きられる時間-現象学的・精神病理学的研究I』、四七-四八頁。
(30)前掲「天皇制とファシズム」『藤田省三著作集1 天皇制国家の支配原理』、一七四頁。
(31)田辺元「種の論理の意味を明にす」藤田正勝編『種の論理 田辺元哲学選 I』岩波文庫、二〇一〇年、三八〇頁。
(32)マックス・ヴェーバー『社会科学と社会政策にかかわる認識の「客観性」』富永祐治／立野保男訳、折原浩補訳、岩波文庫、一九九八年、六七頁。
(33)イマニュエル・ウォーラーステイン『史的システムとしての資本主義』川北稔訳、岩波現代選書、一九八五年、三三一-三三三頁。
(34)廣松渉「国民国家の問題構制-自由平等主義と市民社会の擬制-」『廣松渉著作集』第十四巻、岩波書店、一九九七年、三九七-三九八頁。
(35)イマニュエル・ウォーラーステイン「民族の構築」エティエンヌ・バリバール／イマニュエル・ウォーラーステイン『人種・国民・階級-揺らぐアイデンティティ』若森章孝ほか訳、大村書店、一九九五年、一二七-一二八頁。
(36)ユルゲン・ハーバーマス『コミュニケイション的行為の理論（下）』丸山高司ほか訳、未來社、一九八七年、八六頁。
(37)前掲「種の論理の意味を明にす」藤田正勝編『種の論理 田辺元哲学選 I』、三八〇頁。
(38)マルクス／エンゲルス『新編輯版 ドイツ・イデオロギー』廣松渉編訳／小林昌人補訳、岩波文庫、二〇〇二年、三三頁。
(39)同前、三八頁。
(40)廣松渉「マルクス主義の地平」『廣松渉著作集』第十巻、岩波書店、一九九六年、一〇二-一〇五頁。
(41)前掲『新編輯版 ドイツ・イデオロギー』、二三七頁。
(42)福田歓一「国民国家の諸問題」加藤節編『デモクラシーと国民国家』岩波現代文庫、二〇〇九年、一一六、一三二頁。
(43)ハンナ・アーレント『全体主義の起源 3』大久保和郎／大島かおり訳、みすず書房、一九七四年、一六-一七頁。
(44)マイケル・ウォルツァー『政治と情念-より平等なリベラリズムへ-』齋藤純一ほか訳、風行社、二〇〇六年、二〇七-二〇八頁。
(45)廣松渉「表情」『廣松渉著作集』第四巻、岩波書店、一九九六年、五五五頁。
(46)前掲『政治と情念-より平等なリベラリズムへ-』、二一四頁。

(47) 田辺元「種の論理の弁証法」黒田寛一編『歴史的現実』こぶし文庫、二〇〇一年、一一五頁。
(48) 前掲「生の存在学か死の弁証法か」藤田正勝編『死の哲学 田辺元哲学選Ⅳ』、二六八‐二六九頁。
(49) 廣松渉「存在と意味 第一巻」『廣松渉著作集』第十五巻、岩波書店、一九九七年、四八九頁。
(50) 田辺元「マラルメ覚書―『イジチュール』『双賽一擲』をめぐって‐」藤田正勝編『死の哲学 田辺現哲学選Ⅳ』岩波文庫、二〇一〇年、一九八‐一九九、二〇三頁。
(51) 前掲「存在と意味 第二巻」『廣松渉著作集』第十六巻、二〇二頁。
(52) ミッシェル・セール『五感‐混合体の哲学』米山親能訳、法政大学出版局、一九九一年、二五九‐二六〇頁。
(53) スラヴォイ・ジジェク『仮想化しきれない残余』松浦俊輔訳、青土社、一九九七年、一一七‐一一八頁。
(54) 前掲「マルクス主義の地平」『廣松渉著作集』第十巻、一一一‐一一四頁。
(55) 前掲「種の論理の意味を明にす」藤田正勝編『種の論理 田辺元哲学選Ⅰ』、三八五頁。
(56) 前掲「存在と意味 第一巻」『廣松渉著作集』第十五巻、四一四頁。
(57) 前掲「マルクス主義の地平」『廣松渉著作集』第十巻、二三四頁。
(58) ジャン‐ピエール・デュピュイ『ツナミの小形而上学』嶋崎正樹訳、岩波書店、二〇一一年、一一九頁。
(59) ニクラス・ルーマン『社会の社会 2』馬場靖雄ほか訳、法政大学出版局、二〇〇九年、一〇三四頁。
(60) ミシェル・フーコー『性の歴史Ⅰ 知への意志』渡辺守章訳、新潮社、一九八六年、一一九頁。
(61) 前掲『社会の社会 2』、一〇三五頁。
(62) 廣松渉「役割理論の再構築のために‐表情現相・対人応答・役割行動‐」『廣松渉著作集』第五巻、岩波書店、一九九六年、二二六‐二二七、二四九頁。
(63) シモーヌ・ヴェイユ『根をもつこと（上）』冨原眞弓訳、岩波文庫、二〇一〇年、一八頁。
(64) 前掲「数理の歴史主義展開‐数学基礎論覚書」藤田正勝編『哲学の根本問題・数理の歴史主義展開 田辺元哲学選 Ⅲ』、二六二‐二六三頁。
(65) 前掲「存在と意味 第一巻」『廣松渉著作集』第十五巻、七八頁。
(66) 前掲「数理の歴史主義展開‐数学基礎論覚書」藤田正勝編『哲学の根本問題・数理の歴史主義展開 田辺元哲学選 Ⅲ』、二六四頁。
(67) ジグムント・バウマン『リキッド・モダニティ』森田典正訳、大月書店、二〇〇一年、二二四‐二二五頁。
(68) 藤田省三「『安楽』への全体主義‐充実を取戻すべく」『藤田省三著作集6 全体主義の時代経験』みすず書房、一九九七年、四六‐四七頁。

(69) エティエンヌ・バリバール『市民権の哲学－民主主義における文化と政治』松葉祥一訳、青土社、二〇〇〇年、一六頁。
(70) 徐京植／高橋哲哉／韓洪九『フクシマ以後の思想をもとめて－日韓の原発・基地・歴史を歩く』平凡社、二〇一四年、三〇－三一頁。
(71) 小倉充夫「移民・移動の国際社会学」梶田孝道編『〔第二版〕国際社会学－国家を超える現象をどうとらえるか－』名古屋大学出版会、一九九六年、七二頁。
(72) ガヤトリ・C・スピヴァック『文化としての他者』鈴木聡ほか訳、紀伊國屋書店、一九九〇年、一三〇、一三五頁。
(73) 前掲『全体主義の起源 3』、二五二頁。
(74) エマニュエル・レヴィナス『全体性と無限（上）』熊野純彦訳、岩波文庫、二〇〇五年、三一〇頁。
(75) テーオドル・W・アドルノ『ミニマ・モラリア』三光長治訳、法政大学出版局、一九七九年、一八頁。
(76) 前掲『根をもつこと（上）』、二二頁。
(77) 前掲『実存解明〔哲学Ⅱ〕』、一九八－一九九頁。
(78) 同前、二〇一頁。
(79) 前掲「存在と意味 第一巻」『廣松渉著作集』第十五巻、一四七頁。
(80) 今村仁司『社会性の哲学』岩波書店、二〇〇七年、一〇五頁。
(81) ホルクハイマー／アドルノ「I啓蒙の概念」『啓蒙の弁証法 哲学的断想』徳永恂訳、岩波文庫、二〇〇七年、三三一－三三三頁。
(82) 前掲『社会性の哲学』、一〇六頁。
(83) ジャン＝ピエール・デュピュイ『聖なるものの刻印』西谷修ほか訳、以文社、二〇一四年、三六頁。
(84) ギュンター・アンダース『異端の思想』青木隆嘉訳、法政大学出版局、一九九七年、八四頁。
(85) 辺見庸『死と滅亡のパンセ』毎日新聞社、二〇一二年、一二頁。
(86) 田辺元「種の論理と世界図式－絶対媒介の哲学への途」藤田正勝編『種の論理 田辺元哲学選Ⅰ』岩波文庫、二〇一〇年、一九四－一九五頁。
(87) 前掲『見えるものと見えないもの』、一九二頁。
(88) 前掲「存在と意味 第一巻」『廣松渉著作集』第十五巻、一八一頁。
(89) 前掲『社会性の哲学』、一〇六頁。
(90) 新田義弘『現象学と解釈学』ちくま学芸文庫、二〇〇六年、三一六頁。
(91) 前掲「存在と意味 第二巻」『廣松渉著作集』第十六巻、二七六頁。

(92)エドワード・W・サイード『故国喪失についての省察 1』大橋洋一ほか訳、みすず書房、二〇〇六年、一七四頁。
(93)前掲『史的システムとしての資本主義』、八五‐八六頁。
(94)前掲「『安楽』への全体主義‐充実を取戻すべく」『藤田省三著作集6　全体主義の時代経験』、七七頁。
(95)アルフレッド・シュッツ『社会的世界の意味構成』佐藤嘉一訳、木鐸社、一九九二年、二九八頁。
(96)前掲『社会性の哲学』、一〇七頁。
(97)前掲「種の論理と世界図式‐絶対媒介の哲学への途」藤田正勝編『種の論理 田辺元哲学選Ⅰ』、一九八頁。
(98)前掲「存在と意味 第一巻」『廣松渉著作集』第十五巻、二六四頁。
(99)同前、四七九‐四八〇頁。
(100)廣松渉「マルクス主義の理路」『廣松渉著作集』第十巻、岩波書店、一九九六年、四一一頁。
(101)ハンナ・アーレント『過去と未来の間』引田隆也／齋藤純一訳、みすず書房、一九九四年、二〇九頁。
(102)ウルリヒ・ベック『危険社会』東廉／伊藤美登里訳、法政大学出版局、一九九八年、三一‐四八頁。
(103)前掲『全体主義の起源3』、八〇頁。
(104)前掲『社会性の哲学』、一〇六頁。
(105)エトムント・フッサール『間主観性の現象学 その方法』浜渦辰二／山口一郎監訳、ちくま学芸文庫、二〇一二年、四八七頁。
(106)前掲『全体主義の起源3』、八〇頁。
(107)ユルゲン・ハーバーマス『認識と関心』奥山次良ほか訳、未來社、一九八一年、一六九頁。
(108)前掲「Ｉ啓蒙の概念」『啓蒙の弁証法 哲学的断想』、三九頁。
(109)前掲「数理の歴史主義展開‐数学基礎論覚書」藤田正勝編『哲学の根本問題・数理の歴史主義展開 田辺元哲学選 Ⅲ』、二七一頁。
(110)吉野源三郎『同時代のこと‐ヴェトナム戦争を忘れるな‐』岩波新書、一九七四年、二四頁。
(111)シモーヌ・ヴェイユ『自由と社会的抑圧』冨原眞弓訳、岩波文庫、二〇〇五年、四三頁。
(112)前掲『聖なるものの刻印』、四二頁。

第五章　「包摂／排除」による「擬制的な欠缺」と「二律背反的分裂性」

第一節　「擬制的な欠缺」と「サン・パピエ」の渦動性

脱魔術化は自然、他者、そして自己自身すらも大きく変様させ、近代化と自然の「破壊力」の潜在化は相即的に進行し、「道具的理性」は「自然と自己」や「他者と自己」という関係性にまで浸透した。それは自然の対象化、他者の客体化、そして自己抑制の強度を高め続けてきた。さらに、二〇一一年三月一一日まで自然は「排除される第三者の最前列」にあったのである。ヴェイユが指摘するように、高度な生産段階となっても依然として自然の強制は弛緩せず、自然が人間に示す過酷さは変わっていなかった。だが、「道具的理性」などの影響から、自然の力が示す過酷さはより間接的外観となり、その強制はさらに弛緩し人間の「選択や自発性や決断力」は大きな可能性を獲得したかのように見えた。こうして「行動はもはや刻々の自然の要請」に拘束されない社会環境が生み出されたのであった。(1)

大きな時空間の変様は人格の形成過程を変化させ、生活世界の文化的再生産による伝統的連続性と日常実践の有意義性は分断化・分散化された。「住まう」ことは人間存在の心理的帰属性と凝集性の具現化であったが、政治的・経済的境界線の物象化は世代を越えて伝承された「知恵」という通用性を奪い去ったのである。「住まう」ことは日々の暮らしのなかでの体験獲得の基点となり、それらの諸体験は言語ゲームによって意味伝達の表現形式と理解の循環を作り出していくのであった。表現形式とその理解の噛み合わせは世界把握となり、自他の相互理解の間で生ずる共軛的循環性となる。たとえば、世界とは、私の「身体の中心から発する実在的に現前」する「地平」である、とフッサールはいう。地平において「可能な個別経験」および「共通経験」としての領域が存立し、それは「可能なコミュニケーションの中に入ってくるあらゆる人」たちに必要不可欠なものとなる。つまり、「私は直接的および間接的な、また現実的および可能的な他者との共同体の開かれた地平をもっている」のである。[2] なぜなら、「自己の在り方」は歴史的・社会的・文化的に制約されており、一定の時代の一定の「共同世界に属する人々の認識主観としての在り方」は同調化・同型化されているためである。[3] こうして「《私たち》」は「それぞれの人間性の理解にそくして同じ人間性をもつ人格」を獲得しえるのである。[4]

他方で、「時 - 間」を横断しながらも、受容されてきた知的体系が機能不全となれば、「人 - 間」での文化的再生産に大きな問題が生じる。その問題はニヒリズムを産出し統治性への不信感を醸成しながら、それに呼応するように社会システム自体の正当性が侵蝕され、統治の危機を招くことになる。機能不全と正当性への侵食は共軛的な循環性となり交互的媒介性を凝固化し、新たな意味創造を抑制することになる。だが、交互的媒介とは先行理解とその解釈の循環として様式化され、諸文化の体系軸は「円環的媒介」による「解釈学的循環」となってゆく。こうした理解と解釈は世界内かつ歴史内の存在者にとって必要不可欠な構造的契機となっているのである。人間とは「彼自身の内に閉じてはいる」が、「そのつどの人格にとって《開かれた - 果てしない地平》として意識される人間性をもつ人格」を獲得しなければならない。また、「人間は歴史的存在であり、『人間性』の内に生きており、この人間性は歴史的な歴史を創出する生成の内に存在していることである」といえる。[5] だからこそ「真理を真理として成立せしめる間主観的な共同世界は、現実には歴史的・社会的・文化的に多層的である」[6]と廣松は論じたのであった。つまり、世界像の統一性には「相互に対立する契機の分裂」が内包されているが、「分裂」に対立する「統一」は「決して統一としてはたらき全体として自覚」されているわけではない。こうした「分裂」と「統一」は人間存在の中心的な構造契機であり、だからこそ「種的基体は有ではなく非有」といえるのである。「統一」が自覚され、その意味で「統一が存在するならば、もはや種でなくして類である」。だが、「並列契機の対立」は「統一の自己疎外に因る」ものとなる。その「並列的対立」は全体と部分との対立を内包しているといえる。だからこそ、部分を抑圧する全体の強制は、同時に部分の部分に対する強制となることを常としているのである。[7]

「並列的契機」の存在は「種的基体」の社会統合に否定的媒介性を内在させている。いわば、歴史的存在として「個」は否定性を含意した「人格」を有している。また、「種的基体」が新たな状況変化に接するとき、その状況変化を解釈するために「現存」していた世界像を準拠枠とする。なぜなら、「人格としての人間は文化世界の主観」であり、「文化世界とは人格的な普遍性の相関者」だからである。そして、「共同体化した現在」にあって、一定の「固有な類型をそなえた種的な環境世界」を反復してもいるからである。[8]つまり、廣松が指摘するように、「判断主観一般＝能識的或者」の在り方は「人々の同型化が進捗する歴史的・社会的・文化的な制約諸条件」から規制されているのである。[9]こうした同型化は、世界観、道徳、「生活形式」全体を象るために不可欠なプロセスでもある。さらに、これは一定の「生の姿」を共有しようとする「合意」となり、日常の自明性を通常的かつ安定的なものとする。そうした「合意」によって「共同体化した現在」において多様な諸実践が「人‐間」において継続反復されていくことになるといえる。

だが、大きな災害による日常性の剥落と準拠枠の機能不全は人びとが世界に内在することの不可能性と相即的なのである。こうして「種的基体」は統合されるよりも分断される状況が次第に明らかになっている。つまり、正統的規範性による社会的帰属性は歴史的時間に係留されることもなく、「並列的契機」の否定面の顕在化は相互調整能力や人格的帰責能力を無化している。そうした時空間では「社会的連帯」という「資源」が枯渇しかけているのである。新自由主義と現在の市場原理を中心的理念とした金融資本主義は古典的教養による人格の形成過程を腐蝕させ、伝統文化から構制されている歴史的・社会的な時間認識を変容させている。大きな自然災害が生じなくとも経済合理性を指向する知的ディシプリンによって「社会的連帯」は断片化されている。この知的ディシプリンは実践的政治活動に対して理念を提示し市場原理を軸とした経済的イデオロギーへと繋がり、その理念と実践の間に屈曲した「解釈学循環」が生成する。このような生成は現状の「変革」を支配者の視線から正当化し、また、生活世界を経済合理性から「変革」しようとする「欲望」は、生活世界の歴史性を「今」の流れのなかで切断する。

たとえば、大惨事に襲われ人びとが大きな衝撃を受け「思考停止」となっているとき、その「宙吊り」の状態に自由市場がいかに「便乗」するのかを、ナオミ・クラインは二〇〇四年末に大津波がスリランカを襲った事態から描き出している。(10) 災害から数ヵ月後には、外国投資家と国際金融機関はパニック状況を利用し、村を再建しようとした数十万人の漁民を海岸沿いから排除した。外国投資家と国際金融機関は生活世界での生業と「暮らし」を成立させていた自然環境を「経済的価値」と捉えていた企業家たちに売却した。裕福層向けに巨大資本は村人の生活空間であった海岸線に大規模リゾート施設を建設したのであった。つまり、これが「人々が呆然自失としている間に急進的な社会的・経済的変革を進めるという手口である」。そうした「惨事便乗型」資本主義者たちは、生活世界の現状修復に関心を払うことはなかった。つまり、「復興」と呼ばれた経済復興作業は「公共施設やその地に根づいた地域社会」を一掃し、「戦争や災害の被災者たちが結束して自分たちの所有権」を主張する以前に、ほぼ全ての「復興」計画は立案され執行されたのであった。

金融資本主義は「並列的契機の対立」を市場原理によって集約し、人びとを「統一」していく過程で個人と共同体の「疎外態」を産出する。というのも、「個人／共同体」がもつ「並列的対立」は「統一」へと凝縮され、全体と対立しながらも「統一」を可能にする「諸部分」は強制的に「劃一化」されるからである。擬人化された金融資本は流砂のような大衆化を背景としており、金融資本は巨大災害によって「難民」となった人びとを「合理的」に排斥していく。その「合理的」な排斥にも価値体系が内在されており、人びとにその「合理性」を受容させるイデオロギーは重大な誤謬と危険を犯すことになる。巨大資本が追求する経済合理性が不合理であったとしても、相互矛盾した側面をもちながらも社会の公共空間の言説編成を強制的に同質化していく。つまり、藤田が論じたように、「政治支配の全体主義」は「戦争の全体主義」が生み落とした社会的結末としての無社会状況を、そのまま政治制度化しようとするものであった。その無社会状況に「遍在する不安と恐怖と怨恨」、すなわち「不安定性をそのまま『制度化』しようとする」のが「政治支配の全体主義」なのであった[11]。

ところで、田辺は否定的媒介性を内包させた論理として「種の論理」を展開し発展させていった。その論理は人びとを強制的に同質化していく全体主義に対しては、強制を課された部分を異なる全体へと傾斜させ、そのとき「対内的対立」が「対外的対立」と相即的に生じてくる。「類」はこうした対立の三重相を「否定的に統一」したものなのである。それは「内部」では対立する否定的媒介から「個の協和統一」を実現する「全体」であり、「外部」に向っては「他の全体と統一」する均衡点を作り出し、自らも「統一的個体」として絶対的全体に参与する。このような「対内的対外的二重の統一」が「類」の全体であり、それは自ら「個」にして同時に「個の統一」と考えられるのである。

つまり、「種の論理」とは、人びとの汽水における「寛容」「自由」「平等」に立脚した自発的小集団が数多く形成され、自他間の自主的意思疎通が広く行なわれることの重要性を明示している。いわば、人格尊重を前提とした「自由」なコミュニケーションが政治・経済・生活・教育などの領域で活発になされることが必要なのである。したがって、複数の対立契機を思想・言論・集会・結社の自由などに媒介しながら、「統一」とは「種の論理」の綱領となっていくのである。それは最高法規に規定された諸原則が大衆によって放棄される歴史的事実を直視することでもある。また、そうした過程は否定的媒介の契機を公共空間から排除することでもあり、安逸な同質性への志向性は「安楽の全体主義」の端緒となり、「安楽の全体主義」のなかで大衆は「自由」の権利喪失を歓呼して受け容れることにもなる。とくに現代の日本社会で進む大衆の「画一化」は戦争時の歴史的事実を否定する退行的思考を「捏造」している。だからこそ、民族の階級分裂が止揚され、「個」が「自由」に「協働＝協力」する国家の全体性は、「国家間」においても「協調」するなかで構造として論理化しなければならない。これが田辺のいう「社会存在の構造」であり、「否定契機としての種」は「非有」であるからこそ、それ自身で「実在」ではなく「過程」となるのである。[12]

いいかえれば、「種的基体」は「過程」という「非有」であればこそ、国民国家という「制度」は「擬制」と表現することができるのである。「過程＝非有」とは「最高法規＝憲法」への準拠から公共空間を作りだす諸制度を整備し、公共空間への帰属意識は多義性・寛容性・公平性などの精神性の涵養を必要としている。他者排除の歴史の反省から形成された「憲法愛国主義」こそが日本社会における差異性と同一性の両面の均衡を担保しえるだろう。それは教育を介して「行為選択／複数の価値基準」を身体化するのと同時に、「永久革命としての民主主義」は「種的基体」が「非有」であってこそ可能なのである。いわば、国家体系とは「未完の過程」であってこそ、その諸制度は「権利／個性」を確立しえるのである。つまり、民主主義を構成する諸制度とは「権利／個性」と「義務／共同性」との葛藤が有り、絶えざる検証を前提とする。「権利／義務」とはつねに制度と理念の反照的な共軛性のもとにあり、「非有」としての「種的基体」は諸制度と理念の具象化である精神性の活性化を必要不可欠なものとしている。制度とは「自然」に維持・

展開しえるものでなく、物象化されたのならば「種的基体」は「実在」として人びとに対して現前する。そうした現前とは「実在」としての国家が持つ暴力性を「義務」と「共同性」の名の下で自明視させていくことになる。この共同性を前提とした「義務」とは客観的な「学知」に先導された目的意識性を「生活形式」のなかに埋め込んでいく。それが「安全神話」となって自然成長的に一定の共同世界に分布し、政治的・経済的権力を背景とした「組織的＝体系的」理論が「人‐間」を次第に「歴史的・社会的・文化的に制約」していくのである。

こうした制約過程は「底辺」においては非合理的かつ反論理的な俗情を煽り、その反復によって人びとの行動様式となっていく。支配層から流出した政治的・経済的イデオロギーは時間の経過とともに「底辺」へと下降していくことになる。このとき真理を成立させる「間主観的な共同世界」は「歴史的・社会的・文化的」に単層的となっている。単層的となった共同世界は「人格にとって《開かれた‐果てしない地平》として意識される人間性」を抑圧することになり、客観的合理性に依拠した「学知」を欠いた共同世界は、既存の政治・経済体制を擁護するイデオロギーによって包摂され、「共同体化した現在」は既成の社会秩序における生活様式を凝固化するのである。原発禍によって惰性的な生活様式は大きな陥穽へと落ちることになったのである。たとえば、福島第一原発の原子炉などの構造物は老朽化対策を施されていたが、それは部分的なものであった。震災時には所内の道路は地割れなどによって陥没し、原子炉を制御する中央制御室からさえも電気系統の異常を告げる警報が発せられていた。また、福島第一原発に電力を供給するための鉄塔は盛り土の土砂の崩落によって倒壊した。第一原発と結ばれている新福島変電所は変圧器や遮断器が破損し、送電線を支える鉄塔は斜めに傾いた。そして、所内においても受電遮断器・断路器・ケーブルなどが損傷し、外部からの電力供給が途絶えた。こうして福島第一原発は外部電源を喪失した。つまり、「東京電力の福島第一原発はまず、地震の揺れによって壊滅的な被害を受けた」のであった。[13]

いいかえれば、自然との関係においては、人間は隷属させられた段階から自然を支配する段階へ移行したかに見えたのであった。だが、自然は次第に神的な性格を喪失し「神性はいよいよ人間的な様相をおびてくる」ことになるにつれ、「この自然からの解放は、心地よい外観にすぎない」ことが明確となった。現実にはより高度な段階においても、総体的にみれば人間の行動は「直接的必然が容赦なくつきつける刺戟への純然たる服従でありつづける」。メディアなどから間接的に人びとが感知しているのは「依然として自然の圧迫である」。つまり、人間に対して抑圧となるのは自然の力であり、その力は例外なく自然のうちにその源泉を有しているのである[14]。

法・社会規範の機能が喪失した「例外状態」は「外でも内でもないひとつの空間（規範の無化と停止に対応する空間）」を包含し捕捉する。むしろそれは社会規範の具体化である法秩序の停止と関係している。「例外状態」は「規範の欠缺」に対応するだけでなく、規範の無化と法の執行停止に対する法機能の適用性の救済目的でひとつの「擬制的な欠缺」を開示するように現前するのである。その欠缺は法律に内在しているのではなく、「法律と現実との関係」と「法律の適用可能性それ自体と関係」したものなのである。つまり、「例外状態」において「適用は停止されているが法律そのものは効力をもった状態にとどまっているようなひとつの地帯を創出する」のである[15]。

視角をかえていえば、法秩序の「閾値」におかれた存在とはバリバールが論じた「サン・パピエ」の問題でもある。つまり、「あらゆる出自、職業、性別のフランス市民は、彼らに与えられた『非合法性』を拒否して滞在権の問題を力ずくで問うた『サン・パピエ』（文字通りには『書類が無いこと』を意味する『不法』滞在者）たち」についての考察である。「サン・パピエ」らは、公共空間の「支配的な情報独占」によって産出されたステレオタイプの殻を破り、「移民の現実問題に関する事実と疑問」は異議申し立てさえ流通させたのであった。それによってマジョリティの側が「民主主義とは何か」という根源的な課題を深く理解することが可能となったのである。この過程は「共同討議の制度」に関係しており、そうした制度に必要な諸条件は支配層から附与されるものではない。こうした「共同討議の制度」、つまり「政治的／文化的」な「制度」とは人間存在の自発的行動によって維持され、再形成されていくのである。だからこそ、「サン・パピエ」たちは「状況が概して絶望的である」にもかかわらず、「静かな勇気をもって」行動している、とバリバールは述べているのである。(16)

「サン・パピエ」の不可視化とは「例外状態」の生成でもあった。「例外状態」での権力とは「主権の法的な存在ではなく、一つの国民の生物学的な存在である」。フーコーによれば、それは「古き〈殺す権利〉」への回帰ではなく、「権力というものが、生命と種と種族というレベル、人口という厖大な問題のレベルに位置し、かつ行使されるからである」。権力が自己の機能を「生命の経営・管理」とした時点から、人道主義的感情などは消失している。権力の主要な存在理由とそれを正当化する論理とは、「生命を保証し、支え、補強し、増殖させ、またそれを秩序立てることにある」。だとすれば、「死刑執行」などは、権力の限界を明確にしてしまう「大きな矛盾」となる。このとき権力は「異常」「矯正不可能」「社会の安寧」の維持などを強調せざるを得ないのである。(17)

いいかえれば、国家権力とは一定の空間内において物理的暴力の行使権利を独占し、「空‐間」の内部を正当的かつ実効的に支配する中軸となる。こうして国家が暴力行使の権利を有する唯一つの「主体」となるのである。他方で、その権力の独占過程は「制度化」される必要があり、物理的暴力を専有する「主体」の創出には必然的に「制度」という形態を整序しなければならない。また同時に、それは歴史内存在が作りあげてきた諸制度の伝統的理解ともなり、相互関係に集約しえない各制度の権力性を明示することになる。たとえば、混沌のなかでの制度化は国家権力の有する諸特性の歴史的変移を捉え、人間と制度を媒介する思惟範型や行動様式の在りようを示すことになる。いわば、フーコーの権力概念の多義性もそうした権力の制度化過程での微分的方向と積分的方向を論じたものなのである。制度化への注視は宗教的な超越性から経済的な合理性への置換をも論じることができる。ルネ・ジラールは既成秩序の崩壊による「例外状態」の生成と暴力抑制のための制度化を考察した。ジラールによれば、「宗教的なもの」は「破壊的な暴力の回帰」を回避するために人間存在が「何を為すべきか／何を為してはならないか」を語っているという。人びとが儀礼という慣習を破棄し、これまで「禁止」された「違犯」を超え出たとき人間自身が「超越的な暴力」を回帰させ、これが「再び悪魔的な誘惑者」とさせてしまう、とジラールは指摘する。それは人間にとって「恐るべき賭金」となり、「互いに肉体的にも精神的にも傷つけ合い破壊」しあうことになる。もう一度贖罪の「生贄のメカニズム」が起動し人間を救済しなければ、そうした破壊は無限定に昂進することになる。つまり、「救済をもたらす恐怖の崇敬心」を呼び覚ますために、必要な程度の距離を置くことがない限り、人間という存在は「完全な絶滅にまで行きつく」ことにもなる[18]。

「そして言うまでもなく、福島第一原発の事故が私たちの上に落としている影は途方もなく大きい。地震国にもかかわらず、常々甘すぎる『想定』で設計され、検査データを偽装しながら運転されてきたこの国の商業原発の惨状は、何よりも電力会社と政治家と官僚が国民の安全を徹底的に軽視してきたことの絶望に直結する。しかも誰にも当事者能力がなく、事故を適切に制御できなかったのだが、とまれ、ひとたび炉心溶融を起こした原子炉は後始末の道筋さえ簡単には立たないという現実が、また一つ未来への展望を奪っているのである。（…）／この東日本大震災を機にこの国が衰亡してゆく恐れを真剣に感じながら、新しい国のかたち、暮らしのかたちを求めて踏み出せるか、否か。復興を叫ぶ前に、冷静な自問自答をしよう。求めるべきは安易な希望ではなく、新しい日本をつくるというほどの大きな意思と知恵である[19]」。

こうした視座からも「生の姿」とは「時‐間」での意味連関の連続性という危うい均衡から成り立っており、そのなかで「国民の安全を徹底的に軽視してきたことの絶望」は暴力を制度化すべき国家の成立根拠への不信を生み、隣人という共同存在への倫理観を衰弱させている。この過程で積分化されるのは次世代の「一つ未来への展望を奪っている」という感覚ではなく、「人‐間」を裁断し断片化する利己主義の蔓延である。だからこそ、今の日本社会においては全体主義と「主体＝個人」を中心とする新自由主義は親和的なのである。つまり、新自由主義が利己主義を先導するからこそ、全体主義の腐葉土となる強い国家指導者や独裁者が待望されているのである。また、「この国が衰亡してゆく恐れ」を真剣に感じとることなく、寛容性は失われ独断的な政治姿勢に対する共感だけが拡がっている。「衰亡していく恐れ」は「今」の不安を喚起し、その「恐れ」によって他者排除を基調とする倒錯した俗情の円環に日本社会は包摂されている。そして、「内外」の「視差」の拡大は言葉の「強弱／高低／遅速」などをまったく異なった形としており、生の経歴の回顧的な了解から「交わり」が深化することはない。言語を媒介として「求めるべきは安易な希望」ではなく既知となった諸体験の崩壊を基点とし、新たな相互承認の形を確立することである。このとき自己とは先行与件としての「同一性」の実体化による自己理解ではなく、「同一性」を外部性という他者の存立から捉えなければならない。だからこそ、人間の「人格の個体性」や「唯一性」は「自然と意志と運命」の三者が相寄って形造られ、その無限の多様性のなかで「人間関係のきわめて自明な前提」を成している、とアーレントは述べたのであった。また、彼女は、こうした「個体性／唯一性」の破壊は「法的・政治的人格」のおぼえる怒りや「道徳的人格」が味わう絶望などよりもはるかに「深い戦慄」を人びとに与える、とも論じている。[20]

「人格の個体性」や「唯一性」は「種的基体」という社会の構造契機を介して共有されている。また、「種的基体」の直接統一も「対立に対する」ものとして、それ自身対立を包含している。「種的基体」は本来的な民族像とは大きく異なることを田辺は強調したのであった。同様に「分裂対立」とは「統一」を介して成立可能となり、後者を離れてはその意味を失うことになる。「自然と意志と運命の三者」の円環的媒介の切断は「自己疎外」となるのだが、「自然と意志と運命」とは相互的媒介によって回帰しつつ前進している。その過程で三者は自らを再構成し、再生成し、そして再展開しているのである。だが、「自己疎外」という自己否定態において「統一」は「対立に対する対立者」として含まれる。したがって、それは「統一として自覚」されずに、あくまでも「否定せられたる統一として対立契機」となる。そうして円環を連鎖させる媒介性を失い「真に対立を統一する」ことが不可能となるのである。[21]

ところで、ドゥルーズがニーチェを介して論じたように、「偶然を、〈多〉、断片、分肢、混沌」と同一視することができる。「混沌」とは「投じられる骰子」によって生じる波の連なりであって、「分裂」と「統一」の間で生成する「偶然性」は一つの肯定ということができるのである。[22]いわば「対立」の破棄とは媒介性による危うい均衡を内包する「自己」の同一性を再確定し得ないことなのである。すでに「統一」が実現されていれば、それは「自己否定でなく絶対否定」である、と田辺は論じた。なぜなら、「両者は相即する」としても同時に否定的に対立し、「行為に依って始めて媒介」されることになるからである。[23]自然、本性、そして「人間的」な諸価値は行為に媒介されてはじめて獲得しえるものなのである。だからこそ、「人間の〈自然〉〈本性〉が〈人間的〉であるのは、きわめて非自然的なもの、すなわち人間になることが人間に許されている場合のみである」とアーレントは指摘したのであった。[24]

いいかえれば、「自己意識」とは「他者の間主観的な了解という水平面」と「自己自身の内主観的な了解という垂直面」との接線において構成される。また、ハーバーマスは、垂直に時間の次元において「個的生の共同性」は、人生という全体に対する個々の体験及び生の関連の関係によって特徴づけられる、と論じたのであった。[25]こうした「間主観的な了解という水平面」と「内主観的な了解という垂直面」との接線が断たれた震災時に、事務本館の職員のなかで災害対策要員が選び出されたのであった。

「災害対策要員に選ばれたものたちが八カ月前に運用開始したばかりの免震重要棟に移動した。事務本館の機能はすでに失われていた。新潟県中越沖地震の教訓によって高台に造られ、震度七にも耐えうるように整備された免震重要棟なかりせば、福島第一原発には指揮をとる場所さえなかった。この施設がなければ、福島第一原発は、人知では手の施しようがない暴走装置となって破滅的災厄を地球上にもたらしたかもしれないのだ(26)」。

「原発＝核施設」が多くの人命を奪い、さらに広大な自然環境を放射能汚染する可能性をもつ「暴走装置」へと変貌したのであった。そのとき具現化した「例外状態」によって福島や東日本においても「死」は可視化されていたのであった。「近代的／線形的」な時間意識が「今」を「つぎつぎ」と流れさせる「日本的」時間意識と同化し、「日本的」時間意識は七〇年前に経験した国家的破局を忘却したのと同様に、巨大災害の惨禍と多数の人命が失われたことを忘れ去っている。敗戦以後、日本社会を特徴づけた流れ行き忘れ去る歴史認識は、近代的なある時点から他の時点へと流れ去る線形的時間意識によってさらに助長された。日本的時間意識は「今」の連なりによって時間を表象化し、それは量的時間となり質的時間として構造化されることは稀であった。量的時間は「流れ去る」ことの妨げとなる他者性・外部性を排除または同化する「伝統」を作り上げてきた。一方で、田辺は量的時間が抱える諸問題を「メメント　モリ」の視座から再考したのであった。「このような生の立場の世界観」は、「生の立場の文化的産物」である「科学技術のために裏切られて、今やのっぴきならぬ自己矛盾の窮地に追込まれて居る」と田辺は論じ、「現代の危機とか不安とか呼ばれるもの」の中心を読みとったのであった。

こうした「宙吊り」にされた状態にある人間、つまり「人間は果して永くニヒリズムに留まることができるであろうか」と問うているといえる。しかし、「宙吊り」にされた状態とは「生の顚覆に外ならない」のと同時に、「生が自己を保ち能う所ではない」。その状態のなかでの人間の「生はただ絶えざる不安にさいなまれ、死の威嚇に翻弄せられるのみ」なのである。[27] 虚無、冷笑、そして諦観に充ちた空間での「認識論」は変様させなければならないが、「宙吊り」はある種の「真空」を生み出し、媒介性から形成される「同一性」の多義性を抑圧する。そこではあたかも「真空」を充たすかのような「同一性」が、「主観‐客観」図式によって一般化されているのである。近代的世界観を背景とする「同一性＝国家主権」とは「実体」からではなく、「位相」として把握する必要がある。それは存在論的な考察からではなく、位相論から論じていかなくてはならない。

一方で、「同一性＝国家主権」は物象化的錯認によって脆弱な「もの」であることを隠蔽する。廣松は「近代的世界観の全面的な解体期に逢着している」とした。こうした「閉塞状況」を打開するために、廣松は近代的世界観の根本図式そのものを止揚し、その地平から超脱しなければならないとした。だからこそ「認識論的な場面」では「近代的『主観‐客観』図式そのものの超克が必要となる」と論じたのであった。[28]「主観‐客観」的認識論が物象化され孤立した「自己意識」を当然視するのと相即的に、「近代的」思惟が内包する論理形式は行為選択の結果として作り出された「現実」を規定する。いわば、その「近代的」思惟は目的合理性を軸に行為する「主体」と外的現実を包摂し、「自己意識」の「もの」化による自己保存を正当化していくのである。いわば、「近代的」思惟は新たな解釈を拓く地平を物象化し、解釈を生み出す多様なコンテクストを潜在化させていくのである。このとき解釈学的循環を生成する媒介性は抑圧され、多様な観点の立脚から具体化される「生の姿」は単一化されていくことになる。歴史内存在の一人ひとりの多様な「生の姿」を可能にするには「近代的『主観‐客観』図式」を流動化させ、「主観性／客観性」あるいは「自己／他者」などの相互間を貫通する媒介性が必要となる。そのとき「主体間」において相互「人格」的な関係が作り出され、歴史像を道具的理性から記述する陥穽を免れることができるのである。

つまり、「歴史的現実」と文化的形成行為とは、どこまでも相互貫通的循環的であって先後をつけることはできない。「公理的直観」であっても「解釈行為の主観性に基因する外来的偶然的制約としての歴史性」を内包している。いわば、行為自体に内在する必然的契機としての歴史性とは「その直観と解釈という客観的並びに主観的両契機」を「理論の歴史的発展を媒介」とし、あくまでも「交互的循環的に発展」する「内在的動的統一」から自覚される。そうした「渦動的構造」こそが主観的歴史的、つまり相対的かつ絶対的といわれるべき性格を直観に与えるのである。このように「直観の歴史的即必然的という要件」は「渦動性」によって保証されているのである。(29)

主観的かつ歴史的な性格の両義性の獲得によって人間は歴史的存在となり、歴史的世界を担うことが可能となる一方で、「近代的」思惟は「主観－客観」的図式から「公理的直観」を物象化するのであった。この「公理的直観」は幾層にも多重化された歴史像を単一化するイデオロギーを産出する。つまり、「近代的」思惟はその視点に準拠するなかシステム統合を進め、そのイデオロギーによって多数の人びとは特定の象徴的秩序を「自発的」に受容しているのである。そうして支配階級の構成員はイデオロギーが産出する象徴的秩序を介して政治的支配権を専有してきたのだった。このとき「交互的循環的に発展」する「内在的動的統一」が断片化されるのと同様に、「公私」の区別が物象化された「人－間」では相互承認の基底となるべき「交わり」は失われていく。そのなかで近代的組織は行為者の「人格」を全面的に規定し、私的領域での時間すらも継続的に拘束されることになった。こうして「近代的『主観－客観』図式」の存立構造を超克する「渦動的構造」は凝固化され抑制されたのであった。

「対話」を成立させる渦動性が抑制された空間内で人びとは孤立し、労働は社会システムを駆動させるためだけの

「糧」となり、すべての社会的再生産は日々のルーティーンとなりゆく。いわば、形骸化した「交わり」は人びとを「個人」へと縮減し、「大衆」を生み出す土壌ともなるのである。また、それは道徳的な諸実践を空虚なものとするのと同時に、人びとを「精神なき専門家／心情なき享受者」とすることになる。こうした「世界そのものの無意味性のなかで現代の大衆が味わう自己の無用性」を再考すべきなのである。「労働が何らの価値を生まなくてもいいということが時々刻々教えられる」社会は「すべての行為、すべての人間的な感動が原則的に無意味である場所、換言すれば無意味性がその場で生み出される場所なのである」。この社会環境下では、人びとが通常そのなかで行動している意味連関というものをことごとく相対化し、「〈超意味〉とでも言うべきもの」を作り出す。最も不条理なものまで含めてすべての行動・すべての制度が、この〈超意味〉によって、驚くほどの一貫した形の〈意味〉を附与されることになる。外部性や他者を排除した空間では「超意味」が「客観的」な言語に代置され、論理的体系となっていくのである。その社会環境内では「客観的」に構成された「論理」が諸領域においても必然的に展開されていく。このようなシステムの異常性は前提にあるのではなく、むしろその前提から演繹される「必然的な一貫性」と、すべての推論を現実に変えてしまう「一切の現実体験を無視した結論」にあることを理解しなければならない[30]。

つまり、システム統合とは「システム分化の諸形式の区別」へと変形して把握する必要がある。ある時点において部分システムがどのようにして相互に参照し合い、依存し合うのかをコントロールするのはこの「形式」なのである。社会統合のテーマとは「包摂／排除」の区別によって置き換えることができるのである。その際これまでと同様に〈全体社会〉というシステム言及を前提とすることになる[31]。

共同体がリスクの存在を認めるか否かは、リスクから生じる諸問題の解決方法を「想像」しうる観念に依拠している。「統治」する政治経済的権力は、現在の生活様式の根本的変化と科学技術の「進歩」の断念が「災厄」を避ける「代償」となることを認識している。だが、この「代償」が支配層にとっては「法外」なものと映っているのである。その結果、「災厄」は必然的に「隠蔽」されることになり、いま在る生活様式や政治・経済システムの「破局」を直視した客観化によって解決すべき課題を設定する意志や行為は排斥される。リスクや「災厄」が起こりうると権力者たちが認めるのは「実際に起こってしまったとき」であり、だからこそ「後の祭り」となってしまうのである。[32]

リスク社会は産業資本主義でもあるが、「金融工学」などの「技術革新」に依拠する金融資本主義によっても牽引されている。リスクを内包する空間で「災厄」が生じたとき、「包摂」と「排除」の分断線が引かれ、資本主義の根本的な矛盾が露呈することになる。分断線によって「排除」され「外部」と規定された空間は「災厄」が作り出した「非日常」が常態化する一方で、「包摂」によって「内部」となった空間は「非日常」への「順応」と政治的・経済的構造の再編成という不確実性に「順応」している。巨大な災害は既存の社会秩序内の「排除」と「包摂」の時空間的差異を一時的に抹消するが、また同時に「包摂＝内部」に帰属する者たちは「排除＝外部」に囲い込まれた人びとが直面している「非日常」を忘れ去る。そして、流動的な雇用状態が生み出す不信感や将来の不確かさは「今」の堆積に過ぎない時間意識によって強められ、個人生活の細部にまで浸透している。

空間内で「排除」と「包摂」を産出する分断線とは一つの暴力であり、従来の秩序維持のために「排除」という負の領域を規定し、その過程で「犠牲者」を生み出し続けることになる。というのも、権力による秩序維持がむしろ通常の生活様式から排除された存在者を「犠牲者」として凝固化していくからである。「犠牲者」を作り出す暴力は「秩序／法／権力」の根本的な性格ともなり、法秩序維持の暴力とは価値規範体系の崩壊を直視せずに、将来の展望を欠いた政治・経済体制の自己保存のために「犠牲」を要求しているといえる。人びとに「犠牲」を強制するのは国家主権であり、国家主権はつねに物象化による実在化の危険を内在させている。また、国家主権とは諸制度の物象化によって教条化され、次第に人びとが自発的に「従属」するものとなっていく。こうして国家主権は「秩序」と「例外」をまったく縁を接しない異なる空間のように措定するのである。

主権の構造を定義づける例外は複雑である。外にあるものの包含とは単に禁止や収容によってではなく、秩序の効力を「宙吊り」にすることである。つまり、秩序が例外を前にして身を退き、例外を遺棄することなのである。例外は規則に従うのではなく規則が自らを「宙吊り」にすることで例外に場を与え、このように規則とは例外と一対になることから自らを構成するのである。つまり、法に特有な「効力」とは「外部性」との関係を維持し続ける能力であり、「或るもの」の排除によってのみ包含することを可能にしている。[33]「統治する経済的政治的権力」によって「諸主体」は「例外状態」において「意味」を奪われた「存在」として、つまり「剥き出しの生」とされていくのである。その「生」は自分自身に向かい合うこともなく、自分自身の思考を他者へと向けることすらもできなくなっていく。その結果として、現在の生活様式の根本的な変革の断念が必然的に生まれてくるのである。

そのとき二つの本質的な構成要素を考えなければならないだろう。すなわち、「主体」が「意味」を奪われたのは人間によってか、あるいは自然によってか、の二点を区別することは重要である。というのも、前者であるならば、自己に対しておこなわれた諸行為とその結果に対して注意を払い視線を向け、再考することができる。一方、後者であれば、「剥き出しの生」から法的空間を捉えるべきである。また、「物理的世界」が大きく毀損し、「交わり」の「あわい」に寛容性や多様性が失われているとき、言葉と行為は荒み「もの」となっていく。そのとき周囲の視線が「剥き出しの生」を包摂し拘束する。つまり、こうした意味での「自己への配慮」は自他間での視線回帰を生じさせ、自己の差異化を抑制する心性を作り出す。そして、法的空間が「自然」という絶対的他性によって規範性を喪失するとき、人びとは「法外なもの」に直面させられ「法外なもの」が新たな価値を形成するのでなく、むしろ秩序から排除された「剥き出しの生」を凝固化することになる。

いいかえれば、「存在と意味」とはつねに相即的な関係性でなければならない。なぜなら、自然の「純粋な暴力」が従来の「学知」を正統的なエピステーメーを屈曲したイデオロギー的転倒であると赤裸々に示したからである。「原発＝核施設」の建設を営々と正当化し続けてきた「学知」は物象化された倒錯的学知であった。この倒錯的学知が生活世界を深く広く侵食し続けていることはすでに論じた。システムと生活世界を二項対立的に実体視することはできないが、システムの変容が相即的に生活世界をも変貌させていることは確かであろう。倒錯的学知が作り出した形而上学的世界像の根柢には巨大な暴力が包み込まれていたのである。生活が暴力に包摂されるのと同時に暴力に「順応」する心性が形成され、日々の暮らしは暴力に「馴れ親しむ」思考様式をも生み出したのであった。こうした暴力は政治経済体制内の脆弱な環から顕在化してきたといえるだろう。脆弱な環は「排除」される存在者として実体化され、曖昧で不安定な「宙吊り」の空間に内包されることになった。また、暴力の顕在化は「生活形式」を根源的な次元から破壊し、脆弱な環となった人びとを失望の奥底へと突き落としたのである。

人間存在の「失望／歓喜」への同調は「間‐身体性」での「リズム＝律動性」の共振であり、共同主観性は「リズム＝律動」が生成する歴史的・文化的律動性から形成されていく。そこには「眼差し」や「発声」を含む「身体的表情」が介在し、自他間において「表現」を内包した関係を作り出している。この「身体的表情」には「生命の律動」の拡大と深化による「相互嵌入」や「転位」が生じている。いわば、複数性の基底となる「間‐身体性」とは「皮膚的界面を超え出た大きな振動装置系の部位として組込まれた相にある」[34]といえる。つまり、「例外状態」へと変様した「人‐間」においても世界は「唯一世界の延長［世界という広がり］と外延を等しくする、世界のさまざまな場――それらのあいだで共鳴が遊動する――のあいだの裂開と外延を等しくする」[35]といえる。

しかし、「共同体／同一性」には多数の分断線が走り、「災厄は避けがたく隠蔽されることになる」。人びとの身体、自由、そして歴史という「自己同一性」を構制する「第一次的な関係性」は「項」へと縮減されてしまっている。「剥き出しの生」に対する自然の「絶対的暴力」は「静止」と「動性」の間を激しく往来し、法的空間は微粒子の原子のように絶え間なく交錯し「同一性」を細分化し続けていく。今後は、従来から共同体を維持し形成するいかなる同質性も、混乱した多様な集合から選択されなければならない。統一性は作り出されねばならず、「人工的」に形成された「合意」が統一性の唯一つの形態となり、共通の理解は人為的に獲得されるものとなる。[36] 他方で、主権による「例外化」とは過剰を制御し中和するのではなく、「法的‐政治的」な秩序を価値づける空間創造でもある。この意味で「例外化」とは基礎的な局所化（Ortung）であり、それは「内にあるもの」と「外にあるもの」や「秩序」と「混沌」などを区別するだけではない。むしろ、この帰結は両者の間に「例外状態」を設定し固定化するのである。境界線によって内部と外部は秩序化され、複雑な位相幾何学的関係へと相互嵌入し転位するのである。[37]

多様な媒介的動性の包含による「人間の本質とは、個々の個人の内部に宿る抽象物」ではない。というのも、「社会的諸関係の総体」によって「個／種／類」は互いに共軛性を有しているためである。この共軛性から「歴史的な行程」は「固定化」あるいは「抽象的な人間の個体」を考察の起点とすることはない。いわば、「種の論理」とは永続的媒介過程としての「差異と反復」のなかに「個」「種」「類」を位置づけている。だとすれば、「個人」という概念規定は、「個」を「社会的諸関係の総体」とは別に存立する「主体」とすることになる。外部環境とは別に独立した「主体」を定位する思考は、田辺が提示した永続的媒介過程としての「種の論理」を物象化することになる。つまり、「時‐間」と「人‐間」という「あわい」を介して「私」とは作り上げられているのである。

「一つには、〈私〉とは、私の誕生から死にいたるまでを貫く一つの物語を生き抜く過程で、他者によってそうであると正当に見なされているところの者である。つまり〈私〉は、私自身のもので他の誰のでもない、それ自身の特殊な意味をもつ一つの歴史の主体（subject）である(38)」。

マッキンタイアがいう「主体（subject）」とは「葛藤」を含意する「種的基体」と「個」との「交互的否定転換」による「絶対否定的主体」なのである。つまり、「絶対」とは「肯定／否定」の固定化を忌避する「こと」的傾動であり、だからこそ「全体即個体」と表現し得るのである。だとすれば、「全体即個体」とは「能知的誰某以上の能識的或者〈として〉レアール・イデアール」な二肢的二重態を集約した表現ともいえる。いわば、「絶対否定的主体」は「一つの歴史の主体（subject）」であるのと同様に、「国家権力」の抑圧的性格、つまり国家へと隷属する「臣民《サブジ》／主体《エクト》」には還元できない拮抗力を有してもいるのである。それは「国家権力」が必然的な臣民に圧力を及ぼす「身心」的な権力である一方で、臣民は「国家」権力を「完全」に内面化することはありえないからである(39)。

他方で、当為意識によって行為は「強制」されており、「強制・命令」の慣習化が秩序維持へと連接している。こうして具体的な個人であった命令者たちが「ヒト」l'On、das Manとなり、「抽象的人格」となるのである。だが、現実の命令者の発言と行動は日常のなかで一致せずに、矛盾を表すこともある。その言動不一致によって「有体的人格」の「虚勢・命令」は定言的権威を喪失するのと相即的に、「抽象的人格」は「慣い性」となった傾動が自動的内発的である限りで、「内なる声」あるいは「良心の声」として意識される。そのとき、命令者の具体的イメージが欠落した単なる「命ずる声」となれば、自己の直接的な欲求との背馳が激化する。つまり、「権威／強制力」が強烈に感じられる体験が生じ、絶対超越的な命令権者として意識されることになる。こうした二極的な当為意識への「理念化」があり、諸人格間での共同主観的に一致する当為ならびに規範の体系が成立することになるのである。[40]

フーコーは「〈私〉＝一つの歴史の主体（subject）」を『性の歴史』によって考察した。フーコーによれば、「個人としての人間」は他者による基準を求め、またその絆を顕示することで自己の存在を確認する。だが、「個人としての人間」は自分自身の行為と思考の認知としての「告白」によって形成されるようになった。[41] 一方で、「内面」からの「声」に立脚し「個」として行為選択を行い、多数派に対峙した「個人」は日本の歴史のなかにも存在したが、戦前の「天皇制」に依拠した国家体制内で「個」は「種的基体」へと融解し、全体主義の「眼差し」が私的領域の微細な部分にまでも浸透したのであった。だが、「種の倫理」は「個」と「国家」のあり方を「理性的現実としての社会存在の具体的構造である」とする。それは一般に「理性的と現実的との否定的合一」を成立させる「実践の立場」となり、実践によって現実化される「行為的主体の弁証法の具現である」ともいえるのである。[42]

「全体即個体」とは「能知的誰某以上の能識的或者〈として〉レアール・イデアールな二肢的二重態」であった。だとすれば、「歴史の主体」を「イデアール」な側面から集約するのが言説編成による「主体」の表象化なのである。一般的範疇によって思考が規定されるのと相即的に、その認識は指向対象の実在性として準拠枠のなかに縮減される。こうした「主体」の表象化は一定の基点から対象を同定し指示することから「負のスティグマ」となる。いわば、言説編成とは諸対象をどのような領域に帰属させるのかを決定する権力性を有している。それがフーコーのいう「種別化の格子」[43]なのであった。だからこそ、「歴史の主体」は、「中央／周縁」「都市／地方」「集中／過疎」などの権力装置としての「植民地言説」からも再考すべきなのである。ホミ・K・バーバによれば、こうした言説の必要不可欠な条件とは「人種的／文化的／歴史的」な差異の認識と同時に、それらを否認することで成り立つ「装置」の存在である。この「装置」の主要な目的は多様な「学知」を通じて、「従属することで主体となる人々《サブジェクト》」の空間を作り出すことにある。そうした複数の「学知」を用いて監視がおこなわれ、「身心」を貫通する心性が形成され「快／不快」を喚起する複雑なシステムとなる。また、言説は植民者と被植民者に関する知識を生産し、「植民者／支配者」の戦略を権威づけ正当化しようとするのである。[44] ここでは「国家権力」の抑圧的性格が潜在化させられている一方で、その権力は確実に深く広く人びとの生活世界を包摂している。それが時間を経る度に「自然」の相貌となって人びとに受容され、「犠牲のシステム」の「臣民《サブジ》／主体《エクト》」を産出するのである。

　つまり、「主体」とは「こと」と「もの」という両義性を有している。フーコーが指摘したように、「可視性の領域」を刻印され、その事態を承知する者は、まず自ら「権力による強制に責任」を持つのと同時に、「自発的」にその強制を自分自身へと回帰させている。しかも、そこでは「自分が同時に二役を演じる」という権力的関係を自分自身で内面化しており、自分自身が「服従強制の本源」となるのである。[45] だからこそ、自律した「主体＝subject」とは渦動を喪失した「全体即個体」なのである。つまり、「能知的誰某以上の能識的或者〈として〉レアール・イデアールな二肢的二重態」という「内在的動的統一」でもある。「全体＝能識的或者」に強く係留された「主体」は「臣下＝従属する者＝subject」ともなり、「個人」は「両方の役割を演じる」ことを強要されているのである。つまり、明確な「権力者／抑圧者」が不在であったとしても、人びとは「権力者／抑圧者」の「振舞い」を範例として身体化し、あたかも権力者の視線が現前しているかのように「振舞う」ことになるのである。

　フーコーは「新自由主義的統治」のフレームワークを次のように論じた。まず、統治の介入は別のシステムにおける介入と同様に密度が濃く、頻度が高く、能動的で連続的である。重要なことは、その統治の介入の適用地点が今どのように機能しているかを見定めることである。統治は市場の諸効果に介入する必要がないのと同様に、「新自由主義的統治」にとっては社会に対して市場が及ぼす破壊的諸効果を修正する必要もないのである。だが、「新自由主義的統治」は社会のフレームワークとその厚みへの介入が不可欠なものとなっている。つまり、「社会に介入し、競争のメカニズムが、いかなる瞬間においても社会の厚みのいかなる地点においても、調整の役割を果たすことができる」ようにしなければならないのである。いわば、それは経済的諸法則を承認し遵守する統治形態ではなく「社会の統治」なのである。(46) 他方で、「新自由主義的理念」は大きな矛盾を内包している。「魅力的だが疎外をもたらす所有的個人主義と、他方における有意義な集団生活を求める欲求との間には矛盾が存在している」。デヴィッド・ハーヴェイによれば、個人には「選択の自由」があるとされているが、各個人は「弱い自発的集団（たとえば慈善団体）」を別にしても「強力な集団的機関（たとえば労働組合）」の設立は選択しないと「想定」されているのである。こうした「想定」によって新自由主義者たちは「非民主主義的で閉鎖的」な機関に依拠し、国家とは「介入主義的ではないと想定されている世界」において、「極端な国家介入やエリートと『専門家』による統治」がなされるという「逆説」を作り出しているのである。(47)

第二節　「区別性の反照」と「包摂／排除」の確立

惨状便乗型資本主義は「災厄」のなかに「在る」人びとに経済合理性を強制し、この「強制・命令」は次第に当然視され、具体的な個人が「ヒト」l'On、das Manとなった。新自由主義に立脚する経済活動は非民主主義的手続きによって「生活形式」を人びとから収奪したのだった。新自由主義の理念は国家による市場への介入を排斥する一方で、生活の基盤を失った人びとに対する国家・政府の「援助」を限定的なものとして合理化する。そこで原発事故によって全村避難を強いられた飯舘村について考えていく。原発事故の以前から飯舘村は第五次総合振興計画にそって村の振興を進めていた。その計画に行政コンサルタントとして参加した佐藤彰彦の論考を視角とし、①人間、②空間、③伝統継承、などの意味を再考する。関東圏を中心とした都市部からの移住者にとって、飯舘村では日常的な「暮らし」、生活の糧を得る地域社会での「しごと」、そして「まつりごと（＝政治・行政）」は、密接につながった生活連関を形成していた。そこでの「暮らし」を「彼ら／彼女ら」の多くが満たされたものと感じていたのは、「暮らし／祭りごと」や「労働／仕事」との密接な関係性が存在していたからであった。つまり、こうした生活連関には「人間らしく〈生きている〉ことを強く実感」させる「こと」が内在されていたのである。[48]

「暮らし」を彩る「生きる〈こと〉」は歴史的諸制度、文化的諸価値、そして人びとの無形の信頼感などを必要としている。それらは歴史的・文化的・社会的な網状組織となって共有されてきた。一方で、特定の階級の価値評価の心性や「論理」は「統治」を介して他の価値体系を排除（疎外）してきた。つまり、支配的体制の「論理」によって「無秩序／混乱／非合理」と規定された諸対象は価値序列の高位とされた文化的・美的領域の外に排斥されていく。国家権力や法秩序は「正しき」論理を独占し、文化的・美的領域における最善を決定し、他のものに対して差別的な否定的価値を附与する。また、国家のヘゲモニーを構成する自己保存的合理性は「民族国家／祖国／共同体」という情念を惹起し、人びとの皮膚感覚に訴えかけることによって侵略的な「論理」ともなってきた。こうしたヘゲモニーとは「繋辞」を介してさまざまな領域へと拡散していくことにもなったのである。

論理的命題において、すべての「繋辞」が単なる同一を意味するのではなく、必ず否定即肯定の媒介を意味するのでなければならない、と田辺は論じた。そのとき「繋辞」の内容が展開され媒語となり、単に無媒介なる「である」は否定的に相即する対立者の統一となる。判断の本質を主語の実体性に認める「主語の論理」や特殊としての主語を包摂する一般者としての述語の機能に判断の本質を認める「述語の論理」は、共に否定的なるものの相即を十分に認めることのない「同一哲学的論理」なのである。二つの理論はいずれも「繋辞」の含む「非同一哲学的」な「対立の統一」を捉えることはできない。したがって、こうした「同一哲学的論理」がいわゆる「合理主義」に陥り、絶対媒介としての論理の本質を認め得ないのは、ある種の必然となる。(49)

つまり、「繋辞」とは複数の諸概念の媒介によって「同一哲学的論理」の「本質」を物象化的錯認として明示する。たとえば、「主語の論理」は支配体制の有する権力を実体化し、ナショナリズムを強める国家間の領土紛争は国家内の「政治／経済／教育」などの各領域の社会問題を潜在化させ、国外の他者を物理的暴力によって屈服させようとする。一方で、紛争の当事国内においても複数の政治集団間での権力闘争が存在し、国内と国外での新たな権力の均衡点を必要としている。つまり、「主語の論理」が政治的領域で展開されたならば、権力の均衡点を作り出すための「距離を持つ視点」を設定することはできない。だからこそ、田辺は「直接態」を前提として展開される「論理」を斥けたのであった。いわば、「同一哲学的論理」は、権力概念が複数の政治的・経済的アクターに影響されていることや、政治的「安定」とは諸力の均衡点であることを隠蔽する。だからこそ「同一哲学的論理」を媒介性の論理へと広げていかなくてはならないのであった。こうした権力関係の均衡点とは「項」ではなく、「関係の第一次性」として記述されなければならない。その「こと」的世界観によれば、間主観的同一相に形成される「意味的所識」と「能識的或者」は「イルレアール＝イデアールな形象」であっても、現相世界の現相在を媒介的に成立させる契機として「相即的・相関的に積極的存立性」を有している。(50)「意味的所識」と「能識的或者」の円環的媒介性の切断は現相世界における国内の政治的安定を奪い、国外では国家間の紛争の激しさを増大させることになる。こうした状況変化の祖型は価値形態の媒介過程の視角から円環的媒介性として次のように表すことができる。

「顧みれば、価値形態論の基幹的構制は、結局のところ、Aにとって対自的に（B as〔B〕の生産物たる）b as〔b〕が（対他的には A as〔A〕たる自己の生産物）a as〔a〕と等置されているという事態、b as〔b〕(als ein Produkt des B as〔B〕) gilt A für sich als etwas Identisches mit a as〔a〕(als ein Produkt des A as〔A〕) という四肢的な構造的事態に帰趨する」[51]。

つまり、四肢的な構造的事態とは「同一性」と「非同一性」が交錯する場となる。それは「種の論理」が「繋辞」を中軸とした交錯する事態であるのと等価値なのである。たとえば、「として」という媒介性から「善／悪」はつねに幾つかのアスペクトとなって人びとの前に現前するが、「善／悪」という記述行為が一度なされれば、諸価値による屈折を経て提示されることになる。「同一性」という集約された諸概念は「―は事後的／―は遡及的」に形成されているのであって、「事後的／遡及的」に構制される円環的循環性を生成している。こうした複数の媒介性を「四肢的な構造的事態」は含意している。つまり、倫理的・道徳的な価値領域に対する記述行為は「善／悪」あるいは「真／偽」を「地」から「図」へと具象化することなのである。さらに、記述という行為はコミュニケーション空間の輪郭を限定してもいるのである。ここでの「図」と「地」とは同位的ではなく、一方が図として（他方が地として）現出しているかぎり、図のほうが地よりも明識の度が強い態勢でもあるといえる。つまり、図と地とは反転する流動的状況下にあり、「非同一哲学的」な「対立の統一」として構制されているのである。

そうした事態は「真実態‐仮現相」の構制を「本質‐現象」という構制から再考することができる、と廣松は論じたともいえる。「本質＝真実在」と「現象」の関係は通常の「本質‐現象」論で思念された関係と「存在論的含意」を異にする。「本質」は「本体的実体」ではなく、また「〝模像と同型的に対応する原像〟といった自存体」でもない

「関係規定態」なのである。[52]他方で、「真実態‐仮現相」の構制、つまり「本質‐現象」という構制が所与の意味連関に実在性を与えるとすれば、象徴体系に包摂されている人びとの体験表現は「主体性」を剥奪され、その「客体化」の度合いを深めていく。「本質」が「本体的実体」であると解釈すれば、「主体性」という概念は混迷し続けることになる。物象化された「存在論的含意」の当然視は「現象」を直接的な「真実態」としていくことになる。こうした「現象」と「仮象」の二項対立的把握では権力と暴力の「実在性」を把握することはできない。

なぜなら、アーレントが指摘するように、無矛盾的な「世界像／世界観」を持ちたいという願望は「すべてのイデオロギーの真の動因」であり、さらにこの願望のなかにはある「蔑視」すらも含まれているためである。つまり、「かぎりない多様性」を有し一元的に把握し得ない「純粋な所与性としての、現実性と事実性」への「蔑視」が内在しているのである。[53]彼女がいう「純粋な所与性」とは他者や外部性とも同値なのである。この「純粋な所与性」は自己の自由意志によって変更し得るものではなく、つねに自己の在りようを反照する「絶対」に我有化しえない「こと」なのである。また、それは自己の思考・行為による介在を許容しない存在でもあるといえる。「現実性／事実性」への蔑視は、他者という存在の潜在的かつ現勢的な不確実性に耐えることができない心性に基因している。他者の有する不確実性を忌避する心性は渦動や偶然性を排除しようとする一方で、渦動が生成する偶然性と多様な可能性を否定する。「現実性／事実性」を直視し得なければ既成事実に屈服し、「懐疑絶望の危機に際会する」のであれば、「生の平滑なる流れは渦動に捲込まれ、死の深淵に投ぜられる」ことになる。だからこそ、アーレントがいう「純粋な所与」でもある「現実性／事実性」とは、「『質料的所与‐形相的所識』『能知的誰某‐能識的或者』の四肢的連関性」による多義性を含意した「同一性」なのである。

「同一性」というカテゴリーは個体的同一性と類種的同一性とに分けることができる、と廣松は指摘していた。一般的な思念では「個別的な自己同一性」こそが「規定性の根本的前提」であると了解されている。また、差異も「相違する両項それぞれの自己同一性を前提にしてはじめて成り立つ」とされている。そして、類種的同一性も「個体的自己同一性を前提にする」と思念されてきたのである。(54)その思念が産出する「一義的な世界像」という「理想」が時空間内で機能するためには、「理想」が価値として付与されなければならない。だが、この価値附与によって「個別的な自己同一性」が実体化されれば、凝固化されたゲシュタルトが形成されていく。「もの」となったゲシュタルトが「超越性」を帯びるとき、その「超越性」こそが「すべてのイデオロギーの真の動因」となるのである。「かぎりない多様性」を画一化する欲望によって「純粋な所与性」という「他者性／外部性」は「人‐間」から排除されていく。他方で、「現実性／事実性」は「価値性／通用性」という特質からも媒介性を不可欠な構成要素としている。つまり、差異性は「相違する両項それぞれの自己同一性を前提にして」は成立しえないのである。

廣松によれば、対象的自然界についての伝統的思念において「自存的な客体、実体的に自己同一的な個体として第一次的存在者とみされてきた個体的分節体」は「自存的に自己同一性をもつ実体ではない」。それは関係的規定の結節的分節態をゲシュタルト的に「図」化して措定した「或るもの」の物象化的実体化なのである。ゲシュタルト的分節の基底は「地」と「図」の分節に存する。一方で、意識にとって「地」は無化されるため、「図」だけが対象的に意識化される。さらにゲシュタルト的同一性の意識を介して、さまざまな対象のアスペクトの存在根拠として思念され、「対象」の自存的自己同一性が受け入れられてきた。だが、地と図との分節は、「地」と「図」の内在的な性質によって一義的に規定されるものではなく、あくまでも全体的布置関係の構造によって規定されている。(55)

つまり、全体的布置関係とは「住まう」ことや「暮らし」の「時」の間での集約であり、現存在としての「生の姿」を規定しているのである。木田元によれば、ハイデガーは「現存在の存在の本来性、非本来性」は何によってはかられるのかと「問う」ている。「そこに道徳的基準とか宗教的基準といった外的基準」を介在させてはならない。これは、現存在の存在構造そのものに照らしてはかられるほかはないのである。そこで、まず「さしあたって、そしてたいていのばあい」に存在しているありさまでの現存在の在り方、つまり「その平均的な『日常性』における在り方を手がかりにして、事実的な現存在の本質的な存在構造」を見極めなくてはならないのである。「この日常性に即して、どうでもよい偶然的な構造ではなく、事実的現存在のいかなる存在様相においてもその存在を規定するようなものとして一貫している本質的な諸構造が明示されねばならない」のである。[56]

ところで、佐藤が見た三・一一以前の飯舘村の「暮らし」は、①隣近所や行政区のつながり、②加工グループや直売所仲間、③三世代が同居した家族、④山や大地の恵み、⑤山間部の寒暖差と沢水がつくる米や野菜、などを介して伝統的に継承されていた。そうした「暮らし」が原発事故による深刻な放射能汚染によって奪われてしまったのである。原発禍によって失う仕事、教育問題、そして仮設住宅や県借上げ住宅の制約、などから多くの家族が分断されている。一度離散した家族が現状のまま数年を過ごせば各自の新たな生活基盤が確立され、生活様式も変容していくことになる。村人たちの「暮らし」や地域でのさまざまな「取組み」は世代を超えて継承されてきたが、今ではそれらを次世代へ伝えていくには困難さを増している。[57] つまり、世界に内属する根源性が否定されているのである。

渡邊二郎によれば、ハイデガーは現存在の「存在構成」を「世界内存在」とする。現存在は、己れ自身の存在を了解するとともに、「何か〝世界〟といったようなもの」や「世界の内部で入手される存在者の存在」をも了解している。「世界内存在」とは現存在が己れの存在に関わり行きながら、同時に或る開けた場の中で、己れならざる他の存在者ともかかわりつつ存在している、ことが含意されている。ハイデガーは「〝世界〟の存在論的構造」を問い、「世界性そのものの理念」を規定しようとする。このとき「世界内存在」の「内存在」について正しい理解をもちえなければ、維持しているのである。[58]

規定されるべき「世界性の現象」が「飛び越されて」、誤った仕方で世界が解釈されることになる。その「内存在」は現存在のもつ「実存疇」なのである。つまり、「内存在」とは「in」「an」のように「住む、居住する、滞在する、慣れている、親しんでいる、気遣う」といった意味があり、またこれは「ich bin」の「bin」と「bei」の関係性をも維持しているのである。[58]

自然環境とは「歴史化された自然」であり、また、場所は「時」を織り込みながら世代的継承の枠取りとなってきた。こうして人間を「〝歴史・内・存在〟」という象徴的な言葉で廣松は表現し、「歴史・内・存在」とは「主観－客観」的認識論とは異なる「根本的な構えGrundverfassung」と相即する、とした。つまり、「人間と自然との根底的な統一の把捉」は「近世的主客の二元的対立の了解」や「個我と他我との原理的な不可通約性の了解」とは異質な発想を必要としているのである。それは一定の「歴史的社会的条件下」において人間を「〝歴史・内・存在〟の一つの必然的な在り方」として了解しつつentfernenする。こうした点にマルクス主義的唯物論の劃時代的な思想史的意義がある、と廣松は論じている。[59] 再考すべき「近世的な世界了解」と「物在対人称的意識の地平」という発想の「イデオロギー的基盤」は、「主観」と「客観」の間の「模写」説にある。こうした「主観－客観」的認識論である「模写」説とは単純化された「肯定／否定」という二項的対立性を「自然」のなかに持ち込む。つまり、共同体内の「人－間」は二個体の「主体」という外在的関係とされるのである。だが、「歴史的社会的条件下」という存在被拘束性によって「個体」は「〝歴史・内・存在〟」となっており、数的あるいは形式論的からは記述しえない「存在」なのである。「歴史」という「時」の「内」への「存在」とは力動的統一性を内包しており、だからこそ歴史内存在とは「渦動的統一中心」という危うい均衡をつねに再構成しているのである。

渡邊は「in」と「an」の多義性に注視していたが、それは「世界／歴史」に内属する存在者たちが「住む」という親密な場所を人格を象るうえで不可欠な「こと」としているのと同時に、そうした「こと」の特性が相互尊重への配慮の基底ともなるためである。実存疇的に了解された「存在」とは、何かの許に住み、それと親しむことなのである。このように内存在の「内」in は、世界の「許に」bei 親しんで住むことに関聯づけられているのである[60]。だとすれば、仮設住宅での「暮らし」とは実存疇的に了解された親密圏を分断し、「仮設住宅とはいっても震災前のコミュニティがほぼ離散してしまった状況下で、従前のような近隣関係を再構築することすら困難な状況が起きている」のである。震災から一年後の時点の状態を佐藤は次のように論じている。除染や帰村についての捉え方も各自で大きくなり、「放射能汚染の状況や仕事」や「子どもたちの将来」に対する数多くの不安のなかに村民たちは置かれ、事故後の生活再建への道筋の選択を迫られている。その行為選択の決断のなかで人びとの対立は深まったのであった。こうした過程から政府・村などの行政の在り方についても数多くの疑念が人びとのなかで生まれている。重要な問題の一つに「放射能物質の除染をめぐる問題」がある。除染は「不可欠な作業」であったとしても、効果的除染方法が確立されず、その結果も完全な検証作業はおこなわれてはいない。当初の帰村目標は約二年であったが、「表向きの除染成功によって仮設住宅や県借上げ住宅などの支援が打ち切られ、就業・雇用問題や健康・疾病対策も解決されないまま長期的な低線量被ばくを伴う帰村を強いられること」になっているのである[61]。

そうした長期的展望をもち得ない状態では、現実を直視した「客観的／合理的」な将来像を描き出す試みを見出すことはできない。冷静な知性の現状記述ならば客観的な現状把握を忌避する空間とは反知性主義の腐葉土と映るだろう。他方で、反知性主義に依拠する集団が反知性主義を「無条件の信条とか一種の原理原則と見なして、反知性主義に必然的にコミットしている」と解するのは間違っている、とリチャード・ホーフスタッターは指摘している。また、ホーフスタッターは、実際には、反知性主義はある他の意図から生まれる偶発的な結果であり、重要なのは「特定の心的姿勢、運動、理念の歴史的傾向を測ることである」と述べている。[62] このとき注視すべきは、ウンベルト・エーコが論じていたように、「もっとも危険な不寛容は、いっさいの教義のなしに初発の刺激によって出現する」という観点である。なぜなら「教義」の欠如態は「批判」も「理性的議論による抑制」をも超え出てしまうためである。つまり、不寛容な言説が「どんな批評にも持ちこたえられるのは、野蛮な不寛容に依拠している」からなのである。[63] 他方で、知性が日本社会を「吟味し、熟考し、疑い、理論化し、批判し、想像する」[64] とすれば、反知性主義によって「原発避難民」は「異質な他者」として社会のなかで不可視化されようとしている。

「汚染」されていない「空間」に内属する者たちは「現状」への疑義の提示を自分たちに対する不穏な脅威と感じとっているといえる。反知性主義に侵蝕された「人‐間」において共同主観的な「間‐人格的」共軛性を見つめることは難しい。というのも、「汚染」された「空間」は日本国内ではすでに排除された外部として凝固化されているためである。凝固化された空間内で差異性は抑圧され、「汚染」のない空間「である」とする物象化的錯認が常態となる。この「常態」のなかで人格を否定され、「異質な他者」とされる存在者たちは「汚染」されていない「空間」から「不適格／不適合」な存在とされている。これこそが「存在の遺棄」とでもいうべき状況であり、「存在の遺棄」とは「人‐間」における排除と包摂を作り出す分断線からはじまり、一つの存在様式となったのである。その他者排除が正当化されるのと相即的に、「汚染」されていない「空間」では「日常」の連続性を当然視しているのである。それは公共的空間での複数性の否定となり、「日本人」の精神性をも腐蝕させ続けているのである。また、「異質な他者」の声が公共的空間で反響しえないのは、「今」が「つぎつぎ」と流れ去る時間意識となっているためである。こうした痛覚の喪失とは「良心＝内なる他者」への否定となり、その暴力が自分自身へと回帰する過程は「啓蒙の弁証法」と同型なのである。つまり、「空‐間」的分断は「人‐間」での優劣を決定する垂直的分断となる「存在」の序列を生み出したのである。いわば、「啓蒙の弁証法」の典型例となった日本社会は他者排除の「安楽」へと埋没した。

そこでルーマンが指摘するように、「包摂」とは一つの形式として把握することが必要となる。この内側（包摂）は人（Person）が社会的に顧慮される機会に指示され、外側は指示されないままに留まる。つまり、内側（包摂）を形成し得るのは外側（排除）が相即的に同定されているからである。「統合」され得ない人びとや集団の存在によって社会的凝集力が可視的となり、それによって「統合」の条件を特定することが可能となる。[65] つまり、「内側」の画定によってヒトが「人（Person）」となるプロセスが始動し、何らかの原因で「内／外」という分断線が引かれたとき「人（Person）」という規定性が「内側」で共有されることになる。また、「内／外」の指示によってさまざまな存在が「他者」として同定される。そうした指示こそが「我」を「我々」へと凝集する力となり、人びとに「我々」の自己同一性を疑問視させることなく形成しているのである。たとえば、「宗教的／民族的／経済的／歴史的／政治的」な多面的かつ多層的な集団が作り出されるのである。他方で、「地と図」との分節は「全体的布置関係の構造」によって規定されるのであった。つまり、自己同一性は他者と共に反照的・示差的な全体的布置関係のなかで確定されているのである。その反照・示差性は自他間で反復され、自己定立を可能としていく。こうした「定立することがすでに、反復可能性であり、自己を維持するための繰り返しに助力を求めるということである」。したがって、定立作用と維持作用との間には「差延による汚染」があるのである。[66]

したがって、「包摂」と「排除」の領域は相即的に形成され、維持されているのである。包摂条件が社会的秩序の形式として特定化される度合いに応じて、反対の事例である排除も規定されていく。つまり、排除という行為もまた対抗構造として社会的秩序の形式の意味と条件を内包しているのである。だからこそ排除された者が現前していることを確認することが必要となるのである。[67] その「包摂／排除」という領域だけでなく、「普遍／特殊」「正義／共通善」

「共同体／個人」という概念構制から形成される秩序や制度もまた「一種の交叉（chiasma）によって他者になり、また世界になるのである」[68]と理解する必要がある。

ところで、バリバールのいう「サン・パピエ」たちは排除された無国籍者たちであった。「サン・パピエ」たちは、自らの存在が「不法であるという規定」は「国家によって作り直されたのではなく、まさに国家によって創造された」、ことを証明したのであった。つまり、「サン・パピエ」たちにはこのような政治的操作から「非合法性」が創出され、民法（とくに、法の非遡及性から尊厳の尊重や身体の保全にいたる人々の安全［sûreté］）への絶えざる期待なしには尊厳の獲得は不可能なのだと提起したのだった。したがって、『排除された』人々（確かに彼らだけではない）のなかでも『排除された』人々であるサン・パピエ」は単なる犠牲者としての姿を否定し、民主主義政治の当事者となった、とバリバールは指摘したのである。そして、マジョリティの側である「われわれ」は「彼らに法と正義が回復される日まで」、より多くの人間が彼らの側に立つ必要がある、とバリバールは論じている[69]。

「統治」と「実践」の整合性を可能にするのは、諸々の理解可能なメカニズムの作動である。そのメカニズムによって、さまざまに異なる実践とその諸効果とが互いに連結しあう。その結果、実践の正否を法や道徳原則ではなく、「それ自身が真と偽との分割に従うことになる諸命題にもとづいて判断する」ことになる。したがって、それは統治活動のある一面が全面的に新たな真理の体制へ移行することを意味している。問題は「狂気、病、非行性、セクシュアリティ」の諸対象が「理性」に照明され消し去られるべき醜悪な錯認ではないことなのである。多種多様な干渉作用から「一つの真理の体制」と連携し、なぜ「一連の実践」が「存在しない」を「何ものか」にしたのか、とフーコーは「問う」たのであった。つまり、「一連の実践」と「真理の体制」が連結し実際に現実のなかで「存在していないもの」を印づけ、それを真と偽の分割に従わせる「知と権力の装置」がどのように形成されるのかが重要であった[70]。

そうした「知と権力の装置」が産出した歴史像とは現実的存在の生成変化と主体的行為との交互制約・媒介的浸透として成立し、「単純なる存在」や「その変化として対象化」することはできない。すなわち、それは「客観的生成即主体的行為として解釈」される「外転換的統一」なのである。[71]

「統治」と「実践」の整合性には「肯定／否定」「合理性／非合理性」などの均衡をいかにして作り出すかが重要となっている。実体化された二つの「項」の間には多様な価値領域、つまり、「それ自身が真と偽との分割に従うことになる諸命題」が交錯している。こうした「項」の自存視によって「統治」と「実践」の整合性は維持されているのである。その認識図式は「道徳」を「疎外」という視角によって照射し、その準拠基準を形成することになる。そうした認識図式による境界線が「正常／異常」の「差別」を作り出しているのである。というのも、「正常」からの「疎外」という視線が「一つの真理の体制と連携」しながら「真偽」の領域を措定するからである。

ジョック・ヤングは、包摂と排除の分断線を捉えることから社会変容を論じた。ヤングによれば、包摂型社会とは、「他者が『われわれ』と同じ人間になるまで、かれらの社会化・更生・治療に励むような社会」である。いわば、「近代主義の視線」は「他者の存在を、まったくのよそ者と捉えるのではなく、近代主義的な属性を欠いた人々と捉える」のである。包摂から排除への社会形態の移行は一九八〇年代から九〇年代が第二の転換期となった。この時期に社会的排除は深く進行し、またそうした時期の排除とは二つの過程から成立している。第一に、「労働市場が再編され、分割されて、構造的失業者が大量に生まれていく過程」である。第二に、「このような状況の変化から犯罪が起こり、その犯罪を制御することから排除が起こり、しかも反社会的な行為が排除的な性格を帯びていく過程」である。だからこそ「近代から後期近代への移行」は「包摂型社会から排除型社会への移行」として表現することができるのである。すなわち、「同化と結合を基調とする社会」から「分離と排除を基調とする社会」への移行である。まず、包摂さらに指導層と被指導層が絡み合いながらそれらの過程を進行させたのであった[72]。

既存の労働条件が崩壊する過程（労働市場の変容）」である。この二つの崩壊過程は市場の力から必然的に作り出され、型の世界は二つの過程によって侵蝕されていった。いわば、「コミュニティが解体される過程（個人主義の台頭）と、

「他者」を「われわれ」へと包摂する社会とは「寛容／公正」などを重視するが、他者を排除する社会は外部へと「他者」を「異者」として遺棄することはすでに述べた。支配的な多数派集団にとって中軸的価値基準に準拠し得ない人間集団の「存在」は「真／偽」という硬質な分断線を支配層の「人－間」に産出することになる。分断線が凝固化した排除型社会ではすでにコミュニティの解体が不可逆的に進行している。こうした排除型社会では「種の論理」が内包している「論理」的展開はありえないだろう。「否定的契機として論理」を媒介することもできず、「排除」の情動が硬直化するために「排除」が当然視され正当化されていくことになる。したがって、「排除」には「それ自ら論理に由って媒介」されるときの「多／他」を物象化するのである。このように「排除」とは媒介なき「直接態」であり、他者性や外部性を否定し分離しようとする病理的衝動なのである。

いいかえれば、「真／偽」あるいは「正常／異常」という範疇の形成と相即的に「包摂＝保護」と「排除＝遺棄」の空間も同定されていく。人びとの「間」を分断する「包摂＝内包／排除＝遺棄」という二元性は「支配者／被支配者」、「植民者／被植民者」、「白い肌をもつ者／有色の肌をもつ者」などの物象化された範疇をも産出する。この正義を欠落させた共軛的示差性は一定の価値準拠枠を有しながら、物象化された「人－間」や「空－間」を作り出すことになる。こうした「包摂＝保護」と「排除＝遺棄」を同定する分断線が走った空間が飯舘村であった。相川祐里奈が「例外状態」にあった飯舘村の特別養護老人ホームの苛酷な姿を報告している。

相川によれば、特別養護老人ホーム「いいたてホーム」の施設長で福島県老人福祉施設協議会会長でもある三瓶政

美（当時六二歳）は、施設の経営状態やスタッフの充実ぶりに満足していた。だが、原発事故によって「いいたてホーム」の将来は大きく変様した。三瓶は多様な角度から事故後の避難のための方法を選び出そうとした。たとえば、埼玉県であれば二九ヶ所の特別養護老人ホームに利用者を分けて避難させることが可能であったが、二八〇キロメートルにおよぶ移動と環境の変化で利用者が体調を崩すことを心配した。そして、三瓶は「飯舘村に残る」ことを決定し、こうした苦しい選択のなかで職員やその家族たちの多様な「生の姿」が交錯した。その過程で「このまま飯舘村で継続しても、県外に避難しても、メリットとデメリットがつきまとうのであれば、マスコミや世間から非難を浴びるのを覚悟で飯舘村に残ろう」とある職員が発言した。これまでと変わらない日常生活を利用者たちに送ってもらうことが職員全体の総意となった。一方で、福島第一原発の度重なる水素爆発によって「職員は徐々にいいたてホームを去っていた」のであった(73)。

現代日本という社会において既存の法秩序は「一種の無人支配《ノーマン・ルール》」に変貌したのであった。この「無人支配の状態」のもとで経済システムから「社会全体の利害はただ一つであると仮定」されている、とアーレントは述べている。だが、この「無人支配」は「人格的要素」の喪失によっても支配することを放棄することはない。また、アーレントは「統治」の最も社会的な形式とは「官僚制」であるとした。「官僚制」は最後の統治段階でもある一方で、「無人支配」は必ずしも「無支配《ノー・ルール》」ではなく、「最も無慈悲で、最も暴君的な支配の一つ」となる(74)。それが今回の原発事故で露呈された中央政府および東電本店という巨大組織を支えていた「官僚制」であった。既存の政治的・経済的・法的秩序が消失した「無人支配」のなかで「存在の遺棄」が進行した。社会システムの各機能が停止した「宙吊り」の状態で国家・政府・行政による的確な避難指示はなされなかった。国家を支えるべき「官僚制」はまさしく匿名性と無道徳性によって守るべき人びとの姿を思い定めることすらできなかったのである。そうした「最も無慈悲で、最も暴君的な支配」が「存在の遺棄」を常態化したのであった。そして、国家・行政への過度の依存はシステムの機能不全によって法的秩序の混乱を生み出し、そのなかで政治屋と官僚たちは「思考停止」に陥ったのである。こうして基本的な人格を維持する複数性は失われ、「戦後」日本が抱えていた多くの矛盾が露呈したのであった。矛盾は矛盾のまま放置され、今でも放射能汚染の恐怖を日々のなかで感じ暮らす数多くの人びとが存在しているのである。だが、「彼ら／彼女ら」の精神的態度は「正常」とされる「規範性」を尺度として測られることになる。

「いいたてホーム」では、五感で感じ得ない放射線に対する漠然とした恐怖が大きな影響を与えていた。相川によれば、放射線の影響を考慮して避難を決めた職員は未婚の若い職員と幼い子どもがいる職員だった。前者は親に説得されて去るという者が多く、後者は自分だけ福島に残れば子どもの養育が困難となる者たちであった。こうした「いいたてホーム」の苦渋の選択に対して東京から来た記者たちの思慮に欠けた行動があった。また、「さらに追い打ちをかけたのは、ツイッターなどインターネットに投稿された罵詈雑言だった。（…）／中には利用者の子息と偽り、『私の母を避難させて』と匿名で訴える悪質な投稿もあった」という。他方で、当時の「いいたてホーム」の決断は「世間」から理解を得ることはできなかったが、利用者に放射線の影響がでることなく、原発事故の以前と同じように日常を送っている。だが、職員は長距離の通勤、家族とはなれて暮らすストレス、そして「いいたてホーム」への誹謗中傷に耐えねばならなかった。二年半たった時点でも「いいたてホーム」の利用者は事故前と変わらぬ日常を過ごしている、と相川は報告している。[75]

活動の可能性を排除するために社会は各成員にある種の行動を期待し、無数の多様な規則を押しつけている、とアーレントは論じた。また、これらの規則はすべての成員を「正常化」する一方で、彼らを行動させ自発的な活動や優れた成果を排除する傾向を内包しているのである。[76]「無人支配」の空間での「正常化」とは「規律／訓練」を精神と身体の両面において刻印された存在者たちの行動選択に依拠しているのである。それは多様な形を取り得る「人間という生」に対して「線分状の組合せ―として《訓育を課す》」事後的な結果なのである。つまり、暴力が具現化する支配とは異なり「無人支配」の権力性は「一連の実践とのある種のタイプの言説との連接」によって形成されているといえるだろう。「無人支配」という単一色の空間に人間存在の複数性を許容する「余白」はなく、単一色の「空間＝図」は「同一体」の相で持続的に人びとに覚知され続ける。だが、廣松によれば、この相にある「或るもの」とは「図そのものの内在的規定の自己同一性の認知にもとづくというよりも、『地』との区別性の反照（Reflexion）」であり、体験する当の意識においては、地が「無化」される傾動に伴って、「それは当該『図』の自己同一性という相」で体験されているのである。[77]「無人支配」が産出する「同一性／画一性／均一性」は、複数性をむしろ倒錯した錯認であるとする。こうした「区別性の反照（Reflexion）」を前提としない空間認識は、「同一性」という凝固化した思考を内在させながら形成・維持されていく。「同一性」を基点とする思惟範型は「差別化／階層化」を作り出し、複数性と他者性を排除すべき「外部」へ集約しようとするのである。

こうした閉塞的な領域を正当化する「同一性の哲学」を田辺は否定した。「同一性の哲学」とは「他者としての自然」を実在視するなかで「同一性」を自明の「もの」とする。そこでは自他についての関係性は「個」として実体化されていくことになる。つまり、孤立した「自己としての主観性」に対して「他者としての主観性」を必然的に前提とするのである。だが、間主観性を介した「主客」の共軛性は「精神／身体」や「自然／文化」を交互に媒介したゲシュタルトとして提示される。いわば、概念把握は「肯定／否定」が共軛的な「統一性」として包摂され、「精神／身体」や「自然／文化」の均衡は諸契機に媒介された「絶対的綜合」として「在る」。

「主体」と「産業」が作り出す「統一」は「自然」の独立性と事実性を「もの」化し縮減してきた一方で、「自然」

の廃棄不可能な異質性を抹消することはできなかったのである。行為主体による否定的媒介を含意した「自然」は客体化に抗する独立性と外在性を包含し、自然の物質性は各行為主体が受容し得るよりも広大であり、必然的に「行為的主体〈として〉の個」が形成した価値体系を越え出ていく「こと」なのである。つまり、「行為的主体〈として〉の個」が自身の行為集積から獲得する諸経験は自然の独立性の単純な「受容」ではなく、自然の諸秩序に自分自身が包摂されていることの再確認となる必要がある。また、自然の外在性は恒常的かつ偶発的な側面を「行為的主体〈として〉の個」に示すのと同時に、どのような価値体系も「自然」との侵蝕的連関性を内包しながらも「自然」を忘却していく傾動を有している。

「行為的主体〈として〉の個」とは「人格は事物ではなく、実体ではなく、対象でもない」といわなければならない。ハイデガーは「人格の本質には、それが志向的作用の遂行のうちでのみ現実存在することがぞくしており、人格はしたがって、本質からしていかなる対象でもない」という。また、「作用を心理的に客観化すること、したがってまた作用をなにか心理的なものととらえることは、いずれも、それを非人格化することにほかならない」と指摘した。そして、「人格」とは「志向的な諸作用の遂行者として」人びとに付与されており、その「諸作用」はなんらかの意味的統一によって連結されており、「心理的な存在」とは「人格存在とはすこしも関係」を有しないのである。つまり、「作用は遂行され、人格はその作用の遂行者」なのである。(78)

「志向的な諸作用の遂行者〈として〉の個」によって「歴史化された自然」は、行為主体によって作り出された歴史的・社会的場とその次元が包摂しえぬ領域を内包している。また、「人間」的形態をとる自然は、歴史的・社会的世界の基盤と環境を形成する「客体的」自然の一部を媒介している。「種の論理」は行為主体の自己産出の歴史的過程を考察し、その過程をもまた行為主体の批判的理性によって「際立たせる」のである。これは必然的に認識批判的な自己反省を含意しているといえるだろう。つまり、自然の対象化は、「個」と自然との根源的連関から生まれ、さらに生産力として歴史的・社会的労働システムに内在化され、社会認識となって自己展開していく。そうした対象化と省察的認識は共同体における自己形成から複雑に高次化し、自他関係に至るまで行為主体の自己意識を拘束するのである。

アーレントは「現われ（アピアランス）」を「公に現われるものはすべて、万人によって見られ、聞かれ、可能な限り最も広く公示されるということを意味する」と論じていた。というのも、「現われ」こそが「リアリティ」を形成し、「現われ」は「他人によっても私たちによっても、見られ、聞かれるなにものか」だからである。また、「見られ、聞かれる」ものから生じる「リアリティ」と「内奥の生活の最も大きな力」を比較し、「魂の情熱、精神の思想、感覚の喜び」さえも「公的な現われ」に適合するように「一つの形に転形」される必要がある。なぜなら、個人的経験は「物語」としてはじめて「語る」ことができるからである。[79]

こうした「現われ」が「階層秩序的な視線、規格化をおこなう制裁」となってはならない。だが、「現われ」には「役割的行動」による「相手側の役割期待という意識的契機」が存在し、「期待に対する即応性」は「遂行者当人はそのことに無自覚であるごとき行動をも含みうる」と廣松は論じていた。そうした「行動」は「共鳴的同調行動に属する或る種の位層から逸早く『役割的行動』に算入され得る」のである。[80]「役割的行動」という「共-互」的（mit-ein-ander）な規定態は「主体としての他者との、対自的対他＝対他的対自としての私の脱自的な対峙」なのである。つまり、「私の意識」とは「主体と主体との相互主体的な『呼応』である」と考えなければならないのである。[81]ここに自他関係の「始まり」と「あわい」の生成があるといえるだろう。

たとえば、自他関係の「始まり」となって「語り」出される「内容」とは、「その内容がどれほど激しいものであろうと、語られるまでは、いかなるリアリティももたない」のである。だが、対面する者たちに「今それを口に出して語るたびに、私たちは、それをいわばリアリティを帯びる領域の中にもち出していることになる」。つまり、「私たちが見るものを、やはり同じように見、私たちが聞くものを、やはり同じように聞く他人が存在するおかげで、私たちは世界と私たち自身のリアリティを確信する」ことが可能となるのである。[82] いわば、「人－間」を前景とした世界における諸組織内の「地位」は独立に自存するものではなく、それは特個的な役割行動からの相対的な自立性を有するにすぎないのである。さらに、それは他の者による（ないし他の折における当人自身の可能的な）役割行動実行が地位・部署の存立を支えているのである。

「地位・部署というのは、役割行動の単なる束ではないが、相補的・共軛的な役割配備の函数態とも謂うべきものであって、〝役割行為〟の具体的な〝演者〟は入れ替わりうるにせよ、〝役割行動〟の遂行が端的に存在しなければ、地位・部署なるものは存立すべくもない。地位・部署とは〝役割行為〟の独自成類的な函数態的一綜合 une fonctionnelle synthèse sui generis なのである[83]」。

人びとが帰属する組織・集団における地位が「函数態的一綜合 une fonctionnelle synthèse sui generis」であるとすれば、その地位を実体化し拘泥するのは物象化の所産であり、いわば「自己疎外」の源泉なのである。田辺は「自己疎外としての自己否定」とは「二重の対立性に由って生起する」という。そのとき「対立を具体的に統一する」ことができなければ、それは「疎外」された「統一」なのである。この「疎外」された「統一」とは役割行為が孕む「対立」と「自己否定」の継起を排斥した結果なのである。つまり、媒介されざる「直接統一として」それ自身が対立したまま自存視され続けることになる。[84]だからこそ、「行為者の統一性や首尾一貫性は、既成のものではない」とデーナ・リチャード・ヴィラはアーレントを介して述べたのである。「行為者の統一性や首尾一貫性」とは「むしろ達成される事実である」と理解しなければならない。「統一性／首尾一貫性」とは「行為とともに生まれる」のであって、「新しいことの自発的な創始としての自由」となる。また、公的領域において「欲望や心理」を乗り越えるとき「『独特の特徴』を有する自己」が「発見」されることになるのである。[85]

だが、飯舘村では「『独特の特徴』を有する自己」を見出すための公的空間を失い、住民たちの間にはある種の亀裂が生じている。佐藤によれば、現在の避難生活や将来的な復興に向けて「予算のない村としては国政の判断に従わざるを得ない部分が大きい」。また、国政批判の声が高まりを見せていても、村は単純に「民意だけを後ろ楯に政治交渉」を進めるわけにもいかない。「村民の間には国政にとって不利益とも思える言動をする一部の人たちが、(…)『村役場や国に対する反逆行為を扇動している』かのごとく」広く噂され、周囲から「村八分的な扱い」を強いられる事態が形成されている。そして、「原発事故とその後の国や村の対応は、これまで村には存在し得なかったさまざまな問題や衝突、一部の村民や村外からの支援協力者への差別や蔑視さえも生み出している」のである。[86]

時空間の統合性に走る亀裂は共同体の「生の歴史」の連続性を切断するものであった。「生の歴史」という人びとの自己同一性を作り上げる経歴の拡散は共同体の象徴的文化体系の断片と等価であった。つまり、「生の歴史」の連続性を維持しえないとき、人びとが人格的統一性の均衡を保つことは困難となるのである。こうした困難さは時空間の自明性が喪失した危機的な状態のときに際立ってくる。また、それは自己理解と相互承認を可能にする「背景図＝準拠枠」が拘束性・規範性を失ったことでもある。「背景図＝準拠枠」が機能不全となるのは人びとが「共同体／社会」への帰属性を突発的に剥奪されたことを意味し、間主観的了解を喪失した準拠枠としての「種的基体」は「個的生」

に共同性を提示し得ない。たとえば、今回の巨大な破局とは「生の歴史」を途切れさせ、新たな人生を踏み出すにはあまりにも過大な重荷を被災者たちに背負わせている。いわば、こうした現状とは「役割行為の独自成類的な函数態的一綜合 une fonctionnelle synthèse sui generis」という「網の目」を細部にまで解体したことなのである。

つまり、諸部分的与件という「項」の値は変化・相違しても「全体〈として〉の函数」は同一を維持する構制を見出さなくてはならない。また、現相的世界の分節態は「ゲシュタルト的『恒常性』」の傾動を示すのであった。たとえば、運動相などの知覚であっても、「ゲシュタルト的『恒常性』という全体性・統合性・恒一性の保持」は「転調性」と同一の構制となっていた。これを「個体的能知（能知的誰某）以上の或る者（能識的或者）」からいえば、「人称的諸個体は能知的主体であるかぎり「能知的誰某以上の能識的或者〈として〉レアール・イデアール」な二肢的二重態の相で現存在」していることになる。

「能知的誰某以上の能識的或者〈として〉レアール・イデアールな二肢的二重態」とは現実が行為と対立的に統一された現相において、「基体と主体との否定的転換」が「レアール・イデアールな二肢的二重態」の統一を成立させている。こうした「レアール」と「イデアール」の媒介的な渦動を田辺も考察していたのであった。つまり、その渦動とは、行為と現実との「絶対否定的に媒介」され「存在と概念との対立的統一」となり、「必然的に弁証法的論理の実現」となる。そうした弁証法的論理は「否定的に存在と対立しながら絶対否定的に存在と統一」される「論理」となる。[87]この「論理」は「主観‐客観」的認識を背後から支える近代認識論の「論理」ではない。一方で、近代認識論の基本的構図は典型的な客観性を中軸とした「科学的論理」に基礎づけられているのである。

その思考過程は「理性」を前提とするのと同時に、「思惟／知覚／感覚」を「客観的」に裁断しようとしたのであった。こうした思考過程は準拠枠によって拘束されているが、ウルリヒ・ベックはその「科学」のプロブレマティックを注視したのであった。ベックによれば、当初、科学は「現実と真理」の把握を意図していたが、次第に「いかようにも変わりうる、断定的認識、規則化された認識、形式化された認識」が現れ、脱魔術化の進行はその基盤すらも変容させることになる。また、科学的研究が認識的準拠枠の変更を拒否するタブー的性格を強めていくこともある。その過程では、認識の追求という「科学の使命」は、むしろ逆の方向性を生み出すことになる。つまり、社会における科学化が一層進行すれば「政治的行動」を求める圧力は高まり、それと比例するかたちで「科学技術文明」が「タブー社会」へと変貌する可能性も増大するのである。いわば、「システムの必然性」や物象化によって「範囲／順序／条件」が固定化されてしまうのである。他方で、「人間によってなされるものはすべて人間によって変化させることができる」。まさにこれは「自己内省的な科学化」の進行であって、「明らかに科学の合理性自体がタブー化」するのと同時に、それに対しても疑問が提示されることになる。重要なことは「いわゆる予測できない副作用（危険）を予測」するために、いかなる科学的研究が推進されているかなのである[88]。

ところで、田辺が媒介性への準拠から提示した「論理」は「情動」と「理性」を結びつけ、多様な構成的要素を包含しながら展開されていた。「否定」と「肯定」の転換が行為を介して為され、行為が形成する現実の存在は「論理の実現」となりえた。この意味において「論理は行為的存在の原理」である、と田辺は論じたのであった。つまり、そうした存在は行為の媒介によって形成され、「主体化」された「現実の存在」となり、「弁証法は現実の論理なのである」といえるのであった。いわば、「論理は行為的現実の論理として同時に実践の倫理に外ならない」。だからこそ「現実の歴史と論理と倫理とは交互的に否定媒介し合う」のである[89]。この現実において交錯する「歴史」・「論理」・「倫理」は「歴史的弁証法」となる運動態であり、それは歴史が作り出してきた「われわれ／彼ら」を分割する境界線の価値基準を「揺らぎ」のなかに置く動態性でもある。というのも、田辺のいう「論理」は「情動」と「理性」を媒介しつつ、概念の二元性を越境しようとするものだからである。そうした論理的動態性が他者性を「包摂／止揚／留保」という反復と差異化のなかで捉えるのと同様に、「種の論理」による他者性の「包摂／止揚／留保」とは自他関係での共軛性の多義性を明らかにする。つまり、人間とは、他者、自然、そして歴史から分離された状態で存在することはできない。それは自然環境がすでに「歴史化された自然」であって、「歴史化された自然」への内在によって人間は「歴史的／社会的」な存在となり得ているからである。

第三節　反知性主義の繁茂と自助に還元される故郷喪失

歴史内存在は帰属する生態系の時空間的両義性の持続性を重視しなければならない。つまり、空間的「現在」から世界秩序を維持する一方で、時間的「場所」から「人‐間」の歴史的時系列を考える必要がある。いわば、過去と未来が生態系を介して歴史内存在としての「生の姿」を可能とし、「時‐間」を横断し包含するなかで〈活動的生活〉が形となるのである。アーレントの考えでは、「なにごとかを行なうことに積極的に係わっている場合の人間生活」が〈活動的生活〉である。この生活は必然的に「人びとと人工物の世界に根ざしており」、その世界を破棄することも超越することもありえない。「物と人とは、それぞれの人間の活動力の環境を形成しており、このような場所がなければ人間の活動力は無意味である」といえるだろう。人間生活は「自然の荒野における隠遁生活」であったとしても、「直接間接に他の人間の存在を保証する世界なしには不可能」なのである。(90)

ヴィラが捉えたアーレントの視座では、「仕事によって作り出される世界」と「行為によって『照らし出される』世界」は同じ世界である。アーレントにとって人間存在の世界性は仕事という活動において明示される。(91)「物と人」

が交互的媒介によって形成した世界が「歴史化された自然」となり、人びとの「暮らし」の背景あるいは基底となってきたのである。「歴史化された自然」を舞台として歴史内存在は各自の体験から意味連関を構成し、そのなかで歴史内存在は「物語＝自己同一性」を語ることができるのである。その「語り」という「交わり」は歴史内存在が将来のために新しい地平を開く基点となり、〈活動的生活〉は一人ひとりの「物語＝自己同一性」によって複数性を尊重しなければならない。歴史内存在はこうした生活世界への準拠から共同主観性を身体化させ、特有の世界観を共有してきたのである。共同主観性は歴史のなかで日々の営みを包含しながら、自然のなかに文化と歴史を刻み込んできたのであった。その自然と伝統文化のキアスム的な在りようを辺見庸は根源的な人間性の視座から描写した。

「津波にさらわれたのは、無数のひとと住み処だけではないのだ。人間は最強、征服できぬ自然なし、人智は万能、テクノロジーの千年王国といった信仰にも、すなわち、さしも長きにわたった『近代の倨傲』にも、大きな地割れがはしった。とすれば、資本の力にささえられて徒な繁栄を謳歌してきたわたしたちの日常は、ここでいったん崩壊せざるをえない。わたしたちは新しい命や価値をもとめてしばらく荒れ野をさまようだろう。時は、しかし、この広漠とした廃墟から、『新しい日常』と『新しい秩序』とを、じょじょにつくりだすことだろう。新しいそれらが大震災前の日常と秩序とどのようにことなるのか、いまはしかと見えない。ただはっきりとわかっていることがいくつかある。われわれはこれから、ひととして生きるための倫理の根源を問われるだろう。逆にいえば、非倫理的な実相が意外にもむきだされるかもしれない。つまり、愛や誠実、やさしさ、勇気といった、いまあるべき徳目の真価が問われている[92]」。

「歴史的現在」とは過去と未来との間を表しているが、「『近代の倨傲』にも、大きな地割れがはしった」という認識が「現在」を規定しているはずであった。元来、歴史とは「非常に急激深刻なる様相」を呈するのと同時に、「緩慢平滑に推移」する「二律背反的分裂性」を内包している。「緩慢平滑」な日常では「二律背反的分裂性」を顕著に感知することはできないが、歴史が孕む「二律背反的分裂性」によって非常時と平時の汽水に本質的差異はない。たとえば、歴史の抽象的形式に相当する時間構造とは「静平なる均衡的推移」のときもあれば、「急激躍動的なる変易」の相を呈することもある。いわば、「旧来の日常」が「新しい日常」へと変易する可能性を時間構造は含意している。だからこそ、旧来の秩序の均衡が崩れたときこそ「ひととして生きるための倫理の根源を問われる」ことになるのである。他方で、本質的には「静平なる均衡的推移」である日常も実は歴史的内容の「分裂対立と変革反動の緩急」と接触しているが、現状は巨大な破壊をもたらした震災と人災による「急激躍動的なる変易」が隠蔽されようとしている。つまり、事実を隠蔽するために作為的に「静平なる均衡的推移」が維持され、激しく渦動する歴史の「二律背反的分裂性」が潜在化し、「非倫理的な実相」が露呈している。だが、歴史が「二律背反的矛盾」を含み、時間は「分裂的危機的」であることを「今」の日本社会は捉えることはできないでいる[93]。

大きく時間意識を分断した自然災害と「原発＝核施設」事故は「近代の倨傲」でもあった。日常が「宙吊り」となった人間の時間意識は「緩慢平滑」に推移するのではなく、「二律背反的分裂性」によって「過去」の欺瞞と擬制を顕在化させるはずである。だが、歴史が孕む「二律背反的分裂性」は虚偽に満ちた「平時」によって凝固化され続けている。他方で、伝統継承とは媒介性によって人びとが新しい知的体系性を作り上げる過程であり、それは従来の文化的枠組への他者性の介在によって伝統の再認は「既知」と「未知」を横断することになる。また、その過程では「既知」と「未知」が同時に反響することにもなる。歴史を具象化する伝統形象としての「静平なる均衡的推移」と将来へ向けた新たな歴史意識としての「急激躍動的なる変易」とは、いわば「差異と反復」なのである。こうした「反復」と「差異」のあわいに「自由」という領域が存在しているのである。歴史解釈とは自己が内属する共同世界を対象化し、自他の距離を作り出す「意味」の確定でもある。

共同世界と他者に対しての真理的な妥当性を認識する行為が「自由」の領域を作り出す。たとえば、日本社会という対象を認識し理解するときすでに客観的意味性の相違があり、統一された自由像とはもはや微分化された集積となっている。なぜなら、客観的意味性とは「分裂対立」と「変革反動」の「緩急」を有しているからである。また、事実上は「分裂対立」である「現実」が「変革反動」を「緩」とすれば、客観性と主観性の断絶は深まる。だからこそ、いま可能となっている「自由」は意味剥奪の後の混沌とした社会像を対自化できていないのである。先行的に媒介性を内包する認識行為とは「あるがままの自由」から客観的原理を見出し、「自由」の論理を形成するのではない。「真の自由を規定する」のは願望と充足の関係ではなく、「思考と行為の関係である」とヴェイユは述べている。選びとる行為が目的と目的達成に見合う手段の連鎖の先行判断から生ずるのであれば、その行為者は「完全に自由」であり、問題は成功で飾られるか否かではない。つまり、行為の事後的結果としての「苦痛と失敗」は、行為の意味を判断し掌握している行為者を辱めることはない。また、自己の行為を自在に操作した恣意的行為は「判断」に準拠しているとはいえない。というのも、それは厳密な意味での自由な行為ではなく、全ての「判断」を下す前提となる客観的状況を対象とするからである。したがって、「自由」とは「必然の網目」を対象とするのである。「必然の網目」とは歴史内存在を「必然に四方から圧迫」する一方で、歴史に内属する「人間は思考する」存在者なのである。だからこそ、①「必然が押しつけてくる外的刺激」に屈するか、②「みずから練りあげた必然の内的表象」に自身を適合させるか、という二つの選択肢のなかにこそ「隷属と自由」の対立が存在しているのである。[94]

思考する自由をもつ人間は複数性の前提となる「不同意」の除去を望むことはない。むしろ、価値共有の困難さが生み出す「不同意」を自由主義社会のシステム内で「抑制」する危さを認識しているだろう。「思考と行為」のなかに「真の自由」があるとすれば、「自由」を可能にする諸条件を物象化させる「他者排除」を注視すべきである。自己と異なる視座をもつ他者との共在には、①「彼ら／彼女ら」の観点からどのような対象理解となるのか、②自己と他者の間で「不同意」を共有しえる範囲はどこまでか、などの論点を詰めることが必要である。というのも、そうでなければ、行為の事後的結果としての「苦痛と失敗」が連続していくことになるからである。立脚する視座が異なれば、相互承認を受容しえる「合意」へと接近する過程もまた相違する。「合意」という「判断」を下すとき、いかなる客観的状況に内属しているのかを再認すべきなのである。こうした立脚点の違いが意識化されないならば、紛争や争乱の因果関係を適切に見出し解決していくことはできない。そこでは「平和」か「積極的平和主義（＝戦争という選択肢）」という極端な二者択一のなかで思考することになる。後者を選択することは「必然の網目」によって視座の遊動性を失い、「必然に四方から圧迫」されただけの存在者へと退行することでもある。つまり、「二律背反的分裂性」のなかで「自由」よりも「隷属」を自ら進んで選び取ることになるのである。だからこそ、現存の社会像と自己像を理解する準拠枠を再考しなければならないのである。

「客体は主体の表現ではあるが同時にそれに対して他者の位置に立つ。他者である限り客体は主体に対して単に可能に可能的自己であるに止まる。それは、それにおいて主体の自己が実現さるべきものとしての、換言すれば、その自己実現に対する質料としての意義を担うものである。しかしながら純粋の可能性に尽きるとしたならば、顕わなる自己は全く姿を消し従って客体も存立を失うであろう。それ故客体はあくまでも形相及び現実性の性格をあわせ保たねばならぬ[95]」。

「純粋の可能性」に極限化された「自己表現」によって「顕わなる自己は全く姿を消し従って客体も存立を失う」のであった。四肢的連環は「所知の側のレアール・イデアールな二肢的二重性」と「能知の側のレアール・イデアールな二肢的二重相」というかたちで両つの二肢的成態が形成され、レアール・イデアールな契機もリンケージを形成している。こうした四肢的連環とは、田辺が描写したような「直観と論理との媒介統一としての理論の進展」と同時に、「不断の統一即分裂／分裂即統一」として振動し「渦」が重合し無限に深化している、といえるだろう。さらにその「渦」は「時と共に過去から未来の方向」に向い、「循環即進行」になる。これを田辺は「渦流」と言い表したのであった[96]。「自己」とは「思考／行動／身体／生活」様式を「歴史的現在」において獲得するなかで形成されている。四肢的連環は「二律背反的分裂性」を内包しながら、「自己」を作り上げている。また、「二律背反的分裂性」は不確実性と流動性を生み出し、「社会的／文化的」渦動が不確実性を昂進させ、「急激躍動的なる変易」を四肢的連環にもたらす。一方で、危機の深化によって社会では「自己内省的」な近代化過程が進展し、その枠組みが「分裂的危機的」に変容する。なぜなら、「自己は、生けるものに対して自分を主張せんとする生けるものであってみれば、自己は抗いつつも依然として自然的なるものの連関によって拘束されている」ためである[97]。

波多野が論じた「顕わなる自己」とは「主客」の錯綜するなかで他者へと提示される存在である。つまり、「所知の側のレアール・イデアールな二肢的二重性」と「能知の側のレアール・イデアールな二肢的二重相」は時空間を交互的に媒介しており、その四肢的連環は「間-人格」を生成し、複数性を最も基底的な価値規準とする公的空間を形成するためである。不断の「統一即分裂／分裂即統一」という渦動こそが「自己同一性」だとすれば、「顕わなる自己」

とは「時‐間」での偏差による「自己内‐差異性」、「空‐間」の違いによる「自他‐共軛性」、そして「人‐間」での「自他‐複数性」、などを含意している。「時‐間」での偏差による「自己内‐差異性」とは、一人ひとりの「人格」の形成過程の多様性を表わしてもいるだろう。しかし、「人格」の間主観的複数性を尊重されるべき領域とする視座が欠落しているのが「今」という時間である。

「かくして客体の成立従って文化的主体の成立のためには、一方において自己性と現実性と形相と、他方において他者性と可能性と質料と、の両者は欠くべからざる本質的契機としていつも共に具わって居らねばならぬ。一方のみの徹底は結局一切の壊滅を意味するであろう。今他者性を徹底させるならば、それは実在的他者性に逆転し、文化は自然的生及びそれの自滅の墓に葬られるであろう。これに反して自己性を徹底させるならば、自己を実現し尽して全く表面化した主体は、働きの向う先の他者と同時に働きの発する中心をも失い、実質なき夢の如く幻の如く消え失せるであろう。他者を失うことは主体にとっては等しく死を意味するであろう[98]」。

だからこそ「客体」には「形相及び現実性の性格」が重複していることを認識しなければならないのである。「客体」と「主体」とは「現識相」自体が「所与‐所識」成態という二肢的二重性を分有している。さらに「能知的誰某」と「能識的或者」という二肢的二重相によっても現相世界の存在構造は媒介的に支えられている。いわば、その存在構造とは「自己性と現実性と形相」や「他方において他者性と可能性と質料」の「両者」によって媒介されているのである。「一方のみの徹底は結局一切の破滅を意味する」のは人類史のなかで全体主義やレイシズムが明示している。他方で、自他の「間」は多義的であり、「間」とは範型化された諸制度や認識を開放的なものとする可能性の母胎である。だが、その「間」における媒介性が喪失するとき、「私の諸行為の交叉点や私の行為と他人たちの行為の交叉点」が消失し、「感覚的世界と歴史的世界」を内包する「間世界（intermondes）」は感性と歴史性を失うことになる。執着や固着へと傾斜しない「間」への立脚とは諸「空 - 間」で各制度が作り出す内部と外部を峻別する問題をも注視する。というのも「内／外」の相互「間」において不断に価値体系は変様しているからである。そして、「感覚的／歴史的」世界と「身体的生の〈非人称的主体としての〉ひとや人間的生の〈非人称的主体としての〉ひと」が重層的に媒介されており、「何ものも単に直線的に与えられ前提」となることはないのである。さらに、人間的生とは「現在と過去」に絶えず「包まれている」。つまり、身体と精神の混在した全体の「間」には把握し得ない凝集力が働いているのである。[99]「行為的主体〈として〉の個」が有する「人格は事物ではなく、実体ではなく、対象でもない」といわなければならない。「否定的媒介」によって「世界への人間の内含」や「人間間の交叉」は「現実的なものの空間的・時間的多様性に対しては横断的な関係」となる。そうした「間」を横断する「否定的媒介」から「権力」構造を「過程」となし、「行為的主体〈として〉の個」が不断に変様するダイナミズムを描出しなくてはならない。

すなわち、「絶対否定」は自己自身すらも否定的媒介とし、そのとき世界での「自由」が自由意志によって媒介されなければならない。いわば、「他／外」を媒介しない「自己」などは想定することはできないのである。[100]つまり、媒介性を捉えきれない「ア・プリオリな条件の体系」を自明視してはならないのである。サイードは「故郷喪失」の時代背景を「わたしたちの時代——近代戦、帝国主義、そして全体主義的支配者たちのなかば神学的な野望からなる時代——は、まさに難民の時代、居場所を追われた民の大移住時代」であるという。こうした大掛かりな非個人的な時代を含意している「故郷喪失」は「人間主義＝人文主義の諸概念」には適しない。なぜなら、二十世紀的規模における「故郷喪失状態」は「芸術的にも人文主義的にも」把握しえないためである。つまり、「芸術的／自文主義的」

思考では「ほとんどの人たちが直接経験することのない苦悩や窮状」を描写しえないのである。一方で、「故郷喪失」を人間的理解の範疇とすることは、断絶感、喪失感、沈黙の不同意、の深刻さを陳腐なものにしてしまう。[101]

　他者性の包摂によって「断絶感／喪失感」を一つの「項」とすることを弁証法は拒否する。その弁証法こそが「芸術的／人文主義的」思考が把握し得なかった「故郷喪失」の別の在りようを描き出す基点となる。たとえば、メルロ＝ポンティが提示する弁証法とはさまざまな変化を貫く「関係の逆転と、その逆転による諸関係の連帯性」であり、「上空飛行的思考」を拒否するのである。[102]たとえば、世界内存在が懐く場所へのトポフィリアは「上空飛行的思考」では捉えることはできないだろう。というのも、客観的な俯瞰的視座からは多様な記憶や体験を媒介した空間が場所へと変容する過程を捉えることができないからである。記憶や体験を媒介した「故郷＝場所」は論証過程と経験知という二つの領域が交互転入的に媒介されているのである。

　いいかえれば、弁証法的「思考」は「〈措定された存在〉(Être-posé)でもなく、自己形成の途上にある〈自己顕現〉、露呈であるような〈存在〉の思考」なのである。「状況の思考」や「存在に接触しながらの思考」という両面を有する弁証法とは「にせの明証」を振るい落とす。つまり、弁証法にとっては「自己批判的であることが本質的」なのである。[103]たとえば、「故郷喪失」が常態化したとき、歴史性を媒介しない空虚な画一的「自己」が形成されるだろう。それは「自己」であって「自己」ではない存在者というべきなのであり、この「自己」とは「自己」を見失い、「自己」から「疎外」された「自己疎外」の状態なのである。[104]「故郷喪失」とは「取り返しのつかないほど世俗的で、耐えがたいほど歴史的な事件」である、とサイードはいう。それは「特定の人間」が自己の帰属集団とは異なる他の集団に内属する「人間たちに対して生み出したもの」なのである。つまり、「根をもつこと」を奪われた人びとは「死のごとく、だが死にともなう最終的な安堵のない」状態にされ、「何百万という人々」に対して「伝統と家族と地理からなる温もり」を強制的に簒奪するのである。[105] だからこそ「関係の複数性や一般に両義性と呼ばれてきたものを限りなく考慮するが故に、真理に到達しうるような思考」としての弁証法が必要となるのである。[106]

「他者を失うことは主体にとって等しく死を意味する」とは、「〝他者的〟存在を〝この自己自身〟として認知するアイデンティフィケイションが一体どのようにして可能なのか」という考察へと代置しうる。自他が共軛的に分極化し、同型的・類同的な対象的個体として分立的に覚識されるには「他者鏡」が必要である、と廣松は指摘している。廣松は「身体以上的な身体」として人びとが間身体的に呼応し合う構制を「役割扮技」（role-playing）から論じ、「他者鏡」への「鏡映」という協応的動作はすでに「役割扮技」という概念の下にあるという。この意識的・有意的な役割行動によって「人－間」における「役割期待」（role-expectation）の対他・対自的な了解とそれに基づいた役割遂行を把握することができる。それが当方の行動に即応して先方に予期される行動様態の特性であれば、「まさに間主体的な自他関係」と認めなければならない。こうした次元での役割行動が「対自的対他＝対他的対自の相」での協応関係を成立させているのである。[107]

自己像の確定に不可欠な「他者鏡」による協応的動作は、人間の「内部」が「他者／自然」という「外部」に侵蝕されていることを表している。つまり、外部の自然や人びとの複数性を否定しようとする支配欲が自らの「内部」を否定するという「報復」を描写したのが「啓蒙の弁証法」であった。人間存在を拘束していた「自然」が管理可能となったと思われたとき、必然的拘束性として受容されてきた生活様式と常識から人びとは解き放たれた。客観的認識から「啓蒙」された「科学」は観察・実験・検証によって科学的精密性を要求されてきた。当初は事実と一致する認識が「真理」とされたが、「真理」とは規則化され形式化された認識によって構成されるようになる。絶え間ない「文明化」を可能にする「合理性の核心」とは「自然の否定」であり、「神話的合理性の細胞」を増殖させることになった。

だからこそ、「内なる自然」の否定による「外なる自然」に対する支配は「自らの生の目的」を混乱させ、見通せないものとするのである。(108)「啓蒙の弁証法」の結末は「行動／思考／労働」などの歴史的規定性を喪失させ、伝統的道徳性が包摂していた「結婚／家族／世代」などの年齢を重ね獲得してきた「役柄」を不安定なものとした。つまり、「人－間」を媒介した「役柄」の不確実性の克服は個々人の自己責任とされることになったのである。こうした諸条件に対して波多野は「自己性を徹底させるならば、自己を実現し尽くして全く表面化した主体は、働きの向う先の他者と同時に働きの中心をも失い、実質なき夢の如く幻の如く消え失せる」と述べたのであった。

自他間を介する「働き」としての伝達可能性とは意味形態という「面」を「層」として累積させる過程でもある。つまり、廣松によれば、「一定の音声知覚が表象的秩序空間内に一定の記憶的・想像的な対象的表象」と「一定の現相態の知覚ないし表象が言語的音韻表象」を「泛かばせる」のである。その表現について廣松は「知覚的／表象的であれ、「言語的『音声形象』と『被示対象』との〝結合〟態」が成立するという。「意味的所識」の「覚知」があれば、副現象である「レアールな現相的所与」は現前しなくともよいのである。その場合には「言語的音声というレアールな所与が『現相的所与』の位置」に立脚し、この「所与（能記）がそれ以上の或るもの＝『所識』（所記）」として覚識されるのである。「音」とは「聴く」ことであるとすれば「生」が内在する生活世界に制約される一方で、「レアールな〝副現象〟を伴うと否とに拘りなく『言語的能記－意味的所記』成態が存立する」のである。(109)

いいかえれば、自他間の蝶番となる言語的交通を「働いている状態」で人びとは習得していく。ハーバーマスが論じたように、語り手が日常のコンテクストで言語を使用するときに、当人は客観的世界に内属している「なにものか」と自己を関連づけるのと同時に、正当に規則づけられた「間＝人格的関係の総体としての社会的世界」に内属する「なにものか」にも自己を関連づけているのである。また、語り手自身の主観的世界、つまり自己自身が表明しうる「体験総体としての主観的世界」においても同様に自己を定位しているのである。このように語り手のパースペクティヴからいえば、言語とは次の三つの機能を有しているのである。つまり、①文化的再生産の機能、②社会統合の機能、③社会化の機能、などである。(110)

こうした言語的交通を論じるうえで廣松はデュルケームの考察に注目している。廣松によれば、デュルケームはlangue の次元の法則それ自身ではなく、「ランガージュ language の場面」での「合則的規制」を問題にしている。また、実践場面において道徳が含意する通用性は「ランガージュの場面」から検討することが不可欠となる。こうしてデュルケームの問題意識から「道徳的事実」を捉え、「社会的事実」の存在性格を注視しなければならないのである。デュルケームは「社会的事実」を「物」、「思惟と行為の様式」、そして「集団表象」から把握しようとした。この「物」には「人間の思惟と行動様式」という第二の規定が与えられているが、さらに「特種的綜合」を明示するために「集団表象」という規定が立てられることにもなったのである。(111)

その「集団表象」とは一定の「世界像」となり、「一連の生活規範」といえる「通俗道徳」と等価な機能を果たすようになる。そうした「通念のプリズム」は行為選択を円滑にする複雑性の縮減を果たしても来たのである。この「通俗道徳」は社会構成の「所与」となり、一般化された解釈によって「生活態度＝実践倫理」を堆積させ「物質的な力」ともなったのであった。「物質的な力」とは言語を介して「人－間」に浸透し、歴史を「もの」としてきたのであった。つまり、歴史と「物質的な力」を再考するとき問題となるのが「言葉のうえでのコギト」であり、「私は言語の媒体をつうじてのみ、私の思惟と私の存在」を可能としていることなのである。また、言語は「自覚の運動が完全となるためには、記号と意味作用とがはじめて姿をあらわしてくる表現的統一体」なのである。(112)この論点は「非人格的でありしかも明確な論理的形態」をもたないが、一定限度をこえて論理的に抽出し合理化するとき、その本質自体が失われるような思想を捉える基点ともなる。たとえば、「声」は「強／弱」「高／低」「速／遅」によって色彩性を帯び理解することが可能となり、ある「声＝音」を聴く位置によって客観性と同様に多義性が附与されてくる。こうした「『言語的能記－意味的所記』成態は、人々の日常的思念においては、とかく〝自存化〟されがちであり、その都度の音源的発話者から謂わば抽離されて、脱帰属化・没帰属化された相で表象される[113]」。

他方で、他者と「主体」の自存視とは身体と精神の二つの属性を措定したとき「身心」問題が錯認されるとの同系の問題を作り出す。「自己性」への傾斜は「本来性」の隠語が含む二つの欲望、つまり「あるがままの姿」から表象されるか、あるいは「あるべき姿」から表象されるか、という欲望を喚起する。このように「一方のみの徹底は結局一切の破滅を意味する」こととなり、「それは実在的他者性に逆転し、文化は自然的生及びそれの自滅」となるのである。なぜなら、「自他の共軛的人称分立」の態勢では「対他的対自＝対自的対他」という輻輳する諸関係が共軛的に覚識され、現相的世界に共属的に存在する者たちは共軛相で人称的に分極化しているからである[114]。その共軛相とは自他の存在を互いに承認し尊重する重要性を明示している。これは共属的に内在する人間存在にとって「絶対的」な前提条件であり、「人間の自分自身に対する支配」は「人間の自己支配がそのもののために行われる当の主体の抹殺である」となってゆく。つまり、「自己保存」によって解体される「実体」とは「自己保存」の遂行を「本質的機能」としている生命体」自身なのである[115]。

ところで、対話の過程に参加する者は、常に行為遂行的態度を要する。行為遂行的態度とは、第三人称もしくは客観化的態度、第二人称もしくは規範適合的態度、そして第一人称もしくは自己表出的態度、などの間を移動することである。また、この行為遂行的態度は言語的交通による三つの妥当性要求、いわば①真理、②規範的正当性、③真実性、などに準拠している。「そのつどの妥当請求の間主観的承認が合理的に動機づけられた合意の基盤として働かねばならないのである」。その重合した事後的結果から人びとは「共通の生活世界の再生産にとって果たす諸機能にともに参与しているのである」とハーバーマスは述べている[116]。つまり、行為遂行的に時空間を越境する「函数的連関態」において絶対的な固定項は存在せず、渦動的な「場」が形成されている。揺らぎ続ける「函数」的描写線は、①客観的な厳密性や緻密性による現相世界についての理解、②「主観性」を実体化するなかでの「観察対象」の記述、③対自化されない視座による自他関係の描写、などを斥ける。こうしたモティーフを内包する「函数」的描写線は「現相世界」を力動的な表現様式から象り、細微な無数の粒子間における緊張的律動と弛緩的律動の閾値で揺れ動き、無限の多様性を産出する。その「函数的連関態」を廣松は次のように述べていた。

「われわれとしては、茲において、いわゆる原因といわゆる結果とを包括する事象系（…）を〝函数的連関態〟として定式化し、事象系の変化相を時間的函数として記述する。ここには、擬実体化された原因なるものも擬実体化された結果なるものも存在せず、擬人化された原因が結果を惹き起こすという想念も介在しない。変化的事象系における先行位相と後続位相との継時的遷移が存立するのみである。この遷移系を表わす〝函数〟（…）は時間値に応じて必然的な展相を示すが、その必然性はさしあたり数学的な論理必然性であり、この必然性は、しかも、函数が〝確率変項〟を含みうるかぎりでは、必ずしも一価函数的な決定論的必然性ではなく、むしろ『偶然性と必然性との統一』である[117]」。

つまり、自他間には継時的遷移があり、「偶然性と必然性」という「二律背反的分裂性」が内包されている。こうした事態の認識による考察は構造的に世界把握へと連続し、その自他という汽水での諸行為は自らが対峙している他者との複雑な「政治／経済／文化／権力」の諸連関についての知識を必要とする。そのとき認識と行為の意味連関は「自然主義的主体」像から捉えられてはならない。というのも、世界内存在は「自然／社会／他者」と「意味」を介して関係性を作り上げ、現相世界とは「主体」と「客体」を自存視する世界ではなかったからである。そこには多様なパースペクティヴによって単色ではない多彩な「世界」が描き出されている。これは共同主観性から現象と思想が媒介され現実と理念が合致するのと同時に、「主体」と「客体」が「共軛的生」を織り上げているためである。「共軛的生」とは「思想／文化」を生成しながらも固定化しているのである。この分離しえぬ「生成‐固化」という循環は「共軛的生」の成り立つ前提条件であり、また「共軛的生」は環境の有する「混沌」と「形象」の均衡を必要ともしているのである。こうした「共軛的生」とは諸環境を均衡させようとする絶えざる試みなのである。

木田によれば、ハイデガーは次のように世界と現存在をとらえている。「道具のような世界内部的存在者」の個々のたたずまいは人びとに対して「世界がまったく無意味だという性格を帯びる」ようになるが、それは「世界内部的存在者がそれ自体においてまったく重要さを失い、世界内部的なもののこの無意味性を地にして、ただひとり世界だけがその世界性においてなおも迫ってくる」ためである。[118] 一方で、この事態は「風景が私と触れ合い、私の心を動かせばこそ、風景が私のもっとも独自的な存在」に達していることの裏面でもある。だからこそ「普遍性と世界」は「個別性と主観の深部に見いだされるもの」なのである。こうしてメルロ＝ポンティは「世界とはわれわれの経験の領野であり、われわれとは世界についての或る視方以外の何ものでもない」と述べたのである。つまり、「われわれの精神＝肉体的存在のもっともひそやかな顫え」でさえもすでに「世界を告知するもの」だからである。そして「私の自己経験および私の相互主観的経験」の多様な照合から世界は「開かれた統一性」を現わすことになる。[119]

他方で、抑圧や差別などの歴史的な負の遺制と情動をも含意しながら「経験の領野」は形作られてきた。「精神＝

「肉体的存在」としての「われわれ」は民族集団による「集団表象」であるが、そうした先行的所与性を「過去」と「現在」の間で再考し、「実存的自由」となる「思想的／倫理的」意味を「問う」ことが求められている。また、「相互主観的経験」の共有を基点としながらも、一人ひとりの人格的独立性による自己省察と行為選択が重要となるのである。つまり、「自己」が包含している歴史的・社会的諸関係を客観化し、「現実」を構制している「制度／法／文化」から「距離」を設定しなければならないのである。というのも、世界に内属し歴史を身体化した存在者だからこそ世界の「開かれた統一性」の渦動性を把握する必要性があるためである。

世界とは歴史の統一性という「時」の集積である一方で、複数性の包含を契機とした新たな倫理性を必要としている。たとえば、文化接触によって開示される倫理性は新しい制度を形成し、諸実践の交叉から新たな場を作り出す。こうして世界とは伝統的知識体系という垂直軸と実践的知識の集積という水平軸の結節点でもある。世界は歴史の統一性と新たな多様性を内包し展開するなかで存在しており、そのことから時間性が重要な一つの基点となる。人びとは過去を振り返りながら現在を確定し、将来を予見する。だからこそ、人間を現存在とハイデガーは呼んだのである。人とは時間に内属しているのと同時に、既知となった「時」を将来へと展開していく。つまり、過去とは人間に対する所与性という側面だけではなく、新たな倫理性を拓く根源的偶然性の起点となるのである。根源的偶然性が新たな価値形成への端緒となれば複数性を担保する空間が成立してくる。なぜなら、過去とは単なる過ぎ去った「今」ではなくつねに時空間の双方と接触しており、将来へと展開する時空間の連続と非連続の両面を包含しているためである。つまり、時空間とは物理的実在を前提とする次のような「主観‐客観」的認識論では把握し得ない。

「何らかの空間・時間的経過の実験的決定はいつでも、すべての測定を関連づける固定した枠（たとえば観測者が静止する座標系）を前提しているからである。この枠が『固定的』であると仮定することによって初めからその運動量を知ることを断念しているのである。なぜなら『固定的』とは実はこれへの何らかの運動量の転移は少しも目立った効果を起こすことがあってはならないということを意味しているからである。このところで原則的に必然的な不確定性がこの場合に原子的な出来事のなかに測定装置を通して伝わってくるわけである」[120]。

廣松は、世界とは決して認識論者や科学者が想定するような自体的存在ではなく、人間の抱く観念の物象化された定在である、とした。こうした事態は現象的には事実であり、人間の観念の物象化だとしても、各個人にとって世界は決して観念の物象化ではない。人間「活動」の物象化とは「世代から世代へと続く類としての人間」、つまり「人類」に関してもいえることなのである[121]。ここで重要なのは時空間が交互的媒介による共軛的関係性に「在る」ことだろう。交互的媒介は「空間・時間的経過の実験的決定」を「観測者が静止する座標系」に凝固化することはないが、「原則的に必然的な不確定性」は観念の物象化によって「定在」とされる。人間「活動」の物象化は「時－間」を固定化し、媒介性を潜在化させた世界は「観念の物象化」に満ち、「物質的な力」に「自由」は抑制される。

田辺によれば、絶対媒介の弁証法的論理は非合理性を合理化するのでなく、非合理性を維持しながらもこれを包含する。つまり、非合理性と合理性の汽水を作り出し、そうした相即的統一を発展させるのが弁証法的論理なのである。非合理性を合理性へと置換するのではなく、合理性の「否定即肯定的」な成立を契機として非合理性を「否定しながら肯定して止揚保存するのが弁証法的論理」なのである。もし、非合理的な「生内容」を論理的媒介のないまま維持すれば、その非合理主義は哲学の否定となる[122]。たとえば、「日本民族」という「自己意識」はアジア・太平洋地域の諸民族に対して非合理的かつ情緒的な「民族差別」を正当化することになった。自己選択の余地の少ない諸条件から

「我」も「日本民族」を構制する「我々」となった。そうした「民族」という「自己意識＝我々」は「社会／国家／文化」の過去からの連続性と累積性によって「現在」をも拘束している。だからこそ、「否定しながら肯定して止揚保存」する「弁証法的論理」が重要となってくるのである。つまり、歴史的拘束性を「開かれた統一性」が生成する渦動のなかにおくのである。

現状の日本社会を記述するならば、多様な諸価値が文化接触によって寛容性を生むのではなく、むしろ非寛容性を強めている。そこでは自他の複数性を不可欠な規範性とするのではなく、画一性を維持するための実践的・政治的価値評価が「好／嫌」によって言説化されている。いわば、討議によって確定される目的、それを達成するための必要な手段の明確化、そして選択した行為の評価と結果責任の有り様、などの実践的討議を構成する諸要素は「好／嫌」の分断線によって押し流されている。だとすれば、今の日本社会では、他在としての他者を理解する認識論は存在せず、事実と価値が混在した不明瞭なまま討議が進行することになる。つまり、問題を設定する観察者が一義的な最適解を造りだせないとき、「好／嫌」の分断線が少数者の声を抑圧し否定していくのである。

「好／嫌」の分断線とは自らが帰属する「民族の伝統」や「文化の伝統」などの特殊性を称揚する一方で、さまざまな「交わり」によって形成された「世界文化の伝統」という「普遍性」を忌避する。こうした非合理的情動を丸山眞男は「国学の主要思想家から聞きうる直接の言葉は悉く是れ現存秩序の無条件的肯定乃至は礼讃に終っている」と論じた。本居宣長は封建的階級統制を正統化したのであったが、宣長は「洪水・旱魃・飢餓が目を蔽うばかりの悲惨さ」を露呈し、全国では「一揆・打毀し」が未曾有の規模にまで高揚した「安永・天明年間の世相」を問題視することはなかった。また、丸山によれば、国学は上代文学のなかに「後世の理知的反省や倫理的強制を伴わない人間心情の赤裸々な姿態」を見出し、そうした「自然的性情の自由な発露を楽しんだ上代の生活への熱烈な憧憬」を生んだのであった。こうして国学はその自然主義を「動くこそ人のまごころ」（玉鉾百首）という人間性情の本来的な姿態を包みこむ「和歌的精神（歌のこころ）」をその核心としていた。[123] そして、村岡典嗣は「物のあわれ」の思想は文明的意識の一面を的確に捉えていたとする一方で、宣長は「古事記の記事その他によつて代表的に言及された、古代人の意識の再現として見れば、固より、そのまゝに文献学上の立派な成績である」。つまり、村岡は「宣長学の本質的意義は、文献学であるとなす」としたのであった。[124] こうした「文献学的思想」としての宣長学には「文献学並びに古代主義の二つとして、並び存してゐた」のである。その両者の並存は「彼の学問的意義に於いて、同様なる確実性を有してゐた」のである。[125]

だが、こうした確実性を含意する宣長の「古代主義」は自然のなかへと人間の「個」が融解し、「個」がその輪郭を失い言語を媒介とした相互理解の論理性は排斥されることになる。つまり、論理性の排除は個体と環境の「相互限定的相関」を固定化した「実在」へと縮減し、むしろ循環性や偶然性を抑制することになる。[126] それは「個」と「種的基体」が無媒介的に「多即一／一即多」という直接態となり、渦動性を喪失することでもある。いわば、加藤が論じたように、宣長はカミと人とが生まれ出る世界、つまり「漢意《カラゴコロ》」の影響が及ぶ以前の「自然状態」を捉えようとしたのであった。そうした無媒介的な「世界＝自然状態」において宣長は「人の情《こころ》のありのまま（＝大和心）」（『源氏物語玉の小櫛』）を見出したのであった。[127]

このような「彼の古代主義が、彼の意識に於いて主張として、思想として確実性を有してゐた所以は、けだし、他に心理的に（而して半ば論理的に）その根拠をなすものがあつたからである」と村岡は論じていた。[128] 同様に、加藤もまた「情のありのまま」に迫るために宣長は文献学や技術的に実証的な方法を用いると同時に、自分自身の「想像力」を働かせ「直感」を活用した、と指摘している。こうした「直感」を「動く」ようにするために、予め「漢心」が排斥されたのであり、このためにも歌が重要となるのが必然であった。なぜなら、宣長にとって歌とは「人の情がものの事にふれて動く感情」、つまり「もののあわれ」の表現だったからである。そのようにして「情のありのまま」、「人の情」、そして「もののあわれ」を表現する「歌や物語の評価」は「政治的価値や道徳的価値からの独立へみちびかれる」ことになったのである。(129)この歴史意識が後代に至って「真心」が「漢意《カラゴコロ》」によって蔽われ、「神の道」が種々の規範によって「その純粋な発現が妨げられる様になった」と宣長は解釈したのであった。(130)

「真心」を規範とする歴史意識は言葉による非合理性や合理性の媒介を抑制し、既成態となった「生内容」へと退行する。だが、「時‐間」が織り成す伝統主義だけが自己確証を可能とするのではない。「既知」の相対化が「交わり」による自由と寛容を創出することに視線を向けなければならない。「交わり」や討議は問題設定による一定の「解答／応答」を導き出し、多様な「解答／応答」の伝達可能性によって、意味連関の理解と相互批判を重視する。事実と価値を「完全」に分離することなどは前提にし得ないが、その二つが混同され心情的「価値」が前面に迫り出すとき、討議の目的、手段、そして結果の再検討は大きく妨げられることになる。その結果、「好／嫌」の分断線が作り出すのは「反知性主義」によって充たされた空間なのである。理知的反省や倫理的抑制を伴わない人間心情を最高の道徳性とする伝統が暗渠に流れる空間では国家に自己を投影し、同化しようとする衝動が高まる。個々人の自己同一性が日本という「空間」と一体化すれば、形式的規制性よりも心情的な帰属性が重視されていく。そこで形成される「集団」的自己同一性は「自然的性情の自由な発露」という反知性主義から「画一性／均質性」を強めていくことになる。

「反知性の立場はある架空の、まったく抽象的な敵意にもとづいている。知性は感情と対峙させられる。知性が温かい情緒とはどこか相容れないという理由からである。知性は人格と対峙させられる。知性はたんなる利発さのことであり、簡単に狡猾さや魔性に変わる、と広く信じられているからである。知性は実用性と対峙させられる。理論は実用と反対のものだと考えられ、『純粋に』理論的な精神の持ち主はひどく軽蔑されるからである。知性は民主主義と対峙させられる。それが平等主義を無視する一種の差別だと感じられるからである。こうした敵意の妥当性がいったん認められると、知性を、ひいては知識人を弁護する立場は失われる。だれがわざわざ、情緒の温かみ、堅固な人格、実践能力、民主的感情を犠牲にする危険を冒してまで、せいぜい単に利口なだけ、最悪の場合は危険ですらあるタイプの人間に敵意を払うだろうか」[131]。

いまの日本社会では反知性主義による理性や知性の排撃が続けられており、人間的な徳性を「愛国心」へと政治的権力は集約し、複数性の受容を示す寛容性は特殊な悪徳へ貶められているといってもよい。そうした状況で理性は感情と対峙させられ知性と「温かい情緒」が相反するとされたならば、「動くこそ人のまごころ」を人間性情の本来的な姿態とする道徳観は強められていくだろう。また、日本社会での「愛国心」という言葉は従来の日本の自画像に走った亀裂を繋ぎとめる機能を果たしている。一方で、政治権力に先導された「愛国心」教育は「自然」的な感情の発露としての「愛情」ではなく、為政者たちが望む「人為」的な形で幼い世代を「訓育」しようとしている。知性が単なる利発さとされるならば、国家組織の崩壊にまで至った敗戦を理性的に討議することは不可能となる。国民国家は「国民」を教育によって育成し、教育的行為は自国の輝かしい歴史や伝統などを児童・生徒たちに「注入」する。日本社会では国歌や国旗の法制化から始まり、郷土愛と愛国心は混同されながら教育的領域で児童・生徒たちに教え込まれている。「真心」から「漢意」を排除しようとする衝動は、知的討議を「賢しらな行為」とする心情と等価である。それは日本国の歴史的表象としての国歌に表れており、「愛国心」という空虚性を充たす機能を果たしているのが靖国神社となっている。抽象性を持つ国家を身近に感じ取るために靖国が顕彰する「英霊」たちは一種の政治的象徴となり、愛国心を惹起するものとなっている。

そうした「空‐間」では非合理性を維持しながら社会秩序が構制される一方で、自他間の渦動を生み出す弁証法的論理は排斥され、非合理性による他者排除を「抽象化／合理化」する政治秩序が大勢を占めることになる。そうした日常のなかで人びとの諸行為は「顕微鏡として機能する取締装置」によって集約され、精密で分析的な「区分」が作り出されることになる。この「区分」が人間存在の周囲を「観察・記録・訓育の仕掛」によって包摂することになる。また、非合理性が常態化した社会秩序の維持には「いかにして視線相互のあいだに中継や伝達を設けるべきか」あるいは「視線」によって「同質的かつ連続的な権力」をどのように産出しえるのかが重要となる。[132] そうした「同質的／連続的」な空間秩序は「異端者／逸脱者」を合理的に排除していくことになる。視角をかえれば、「国家を形成している集団の性質は、そのなかの余計者たちによって」規定されているのである。[133] ここで熟考すべきは、エーコが指摘したように「恐るべきは、差別の最初の犠牲者となる貧しい人びとの不寛容である」。富裕層は人種主義を政治的領域に持ち込むことがないとしても人種主義の「教義」を生み出し、貧困層はその「教義」を現実の「人‐間」で具現化するという「危険極まりない実践」を自ら担おうとするのである。このとき「不寛容が教養となってしまってはそれを倒すには遅すぎるし、打倒を試みる人びとが最初の犠牲者となる」ことは絶対に避けねばならない。[134]

つまり、「余計者」は公共圏に「われわれ」と「かれら」という二つの「空間」を作り出し、こうした「空間」に「内部」と「外部」を形成する分断線は「内＝包摂」と「外＝排除」を固定化する。なぜなら、「余計者たち」とは負のスティグマを背負った存在者となり、「国家」に「包摂」された空間領域が確定されるためである。だからこそ、「近代」に誕生した国民国家は空間的区分によって法的秩序の維持を可能としたのであった。国家は「国内＝包摂」の平和と秩序を維持するが、「国外＝排除」とした空間は法的保護からは排斥されることになる。「余計者たち」として排除された存在者の凝固化から「国家」の法秩序は形づくられたのであり、そのとき「余計者たち」は安定した秩序内で暮らす人びとの視線からは「合理的」に排除される。このような「包摂／排除」の形式は歴史的・文化的な文脈の中でさまざまに制度化され、制度化された後には通常的な「もの」として受容されることになる、とルーマンは指摘している。「異常」が常態化した社会環境に対する「慣れ」についての考察にも「作動上閉じられたシステムという我々の理論」が前提となる。「包摂／排除」という変数は全体社会のシステム分化の形式と密接に関連しているのである。そのように考えれば、分化形式とは「包摂と排除の差異が全体社会内部において反復されるための規則」といえるのである。また同時にこの形式において自分自身も「分化形式」の「包摂規則に関与している」のであり、「そこから排除されてはいないという点が前提とされてもいる」のである[135]。

たとえば、放射能汚染が避難民の生命と生活の維持・再生産に及ぼす影響は未だに確定することはできない。大熊町は区域設定が見直され、二〇一二年四月から行政区ごとに順次、年間積算量にしたがって避難指示解除準備区域・居住制限区域・帰還困難区域に再編された。だが、避難民たちの「国＝自治体」および科学への信頼は失われている。吉原によれば、「国＝自治体」に対する不信感が醸成され、この不信感は町指定地（「仮の町」）という問題についても避難民たちの間に分断を作り出している。また、帰還の是非による避難民の分断は「財物賠償、除染、避難指示区域の見直し」とも連動している。なぜなら、それらは町指定地に関する議論と相即的であり、帰還の是非の選択が人びとの対立を生み出す過程となっているからである。こうした状態は「多分に政策的に誘われた住民間の『分断』として」顕在化し続けているのである[136]。

住民間の分断線は「包摂／排除」を作り出すのと同時に、排除された「余計者たち」に対する「蔑視」を産出することになり、それは一定の文化的価値から規定された「空間」で一定の人間集団を同定し、「日常」からの分離によって確定しようとする。こうした状況下に置かれた人びとは抽象的な存在者とされ、現存在と密接につながりうる倫理学的視座からは不可視化されていくことになる。これが「人‐間」を分断する一つの様相であり、いま人びとが包摂されている倫理的状況を照らし出しているのである。そのなかで「余計者たち」は人格をもつ者ではなく、意味の網の目に位置づけられることはない。震災や人災による被害を無化する倒錯した認識によって人間存在が物象化され「もの＝余計者」とされたとき、「彼ら／彼女ら」の人生のなかで得た過去の知識や経験は「時‐間」を媒介する蝶番となることはない。その結果、これまで獲得してきた知識や諸経験から構成された認識枠組は大きく変容し、混乱している現状の複雑性を縮減することはできない。つまり、既存の思考様式は認識枠組によって状況・対象を理解し、それを解釈する機能を失っている。だが、そうした枠組は社会生活における問題解決のための試行錯誤から獲得したものであって、行為選択の成功・失敗の体験から自ら導き出した重要な行為規範でもあった。いわば、行為規範とは世界像と自己同一性の相即的な形成過程で獲得されているのである。一人ひとりの自己同一性とは世界像を背景図とし、集約された意味連関から「主観的」社会像と「客観的」歴史像を交互的に媒介しているといえる。

「私のアイデンティティは、枠あるいは地平を提供するコミットメントと帰属によって定義される。その地平の境界の内側で、私はさまざまな場合に、何が善いのか、何が価値あるものか、何をなすべきか、私は何を承認し何に反対するかといったことを決定しようと試みることができる。言い換えれば、私はその境界線の内側で、一つの明確な位置をとることができるのである。（…）むしろ彼らが言おうとしているのは、これが枠を提供するということであり、その内側でこそ、何が善くて、内在的に価値があり、称賛すべきであり、価値を生み出すかといった問いに関して、自分たちがどのような立場をとるかを決定することができるということである」[137]。

テイラーは「アイデンティティ」の形成と獲得にとって地平への帰属が不可欠であると述べている。こうした帰属によって象徴的規範体系としての「記号の秩序」に人間存在は内属することができるのである。いわば、重層的な歴史的時間を媒介し抽象化したものが「現実性」となる。共同体は人びとの経歴の多層化でもある意味の諸連関を紡ぎあげているが、こうした集団への帰属が不確実性に充たされているならば、その「空間」ではアノミー化が進行していく。共同体の人びとを拘束する力の弱体化は一人ひとりの自己同一性を脆弱なものとするのである。なぜなら、「その地平の境界の内側で、私はさまざまな場合に、何が善いのか、何が価値あるものか、何をなすべきか、私は何を承認し何に反対するか」を決定しようと試みているからである。もし、この「内側」が解体すれば、子どもたちの社会化にも深い負の影響を及ぼすことになる。世界内存在は「境界線の内側」で「一つの明確な位置をとる」ことができなければ、アノミー化の進行は共同体の周辺部分に限定されず、中核部分にまで波及することになる。その過程で他者への応答が含む「義務感／責任感／愛情／コミットメント」などの倫理性が腐蝕していく。

人びとが「根をもつこと」の重要性をヴェイユは論じていた。それは「人間の魂」の最も重要な「欲求」であるのと同時に、もっとも捉えきれていない「欲求」であった。また、「根をもつこと」は「過去のある種の富や未来へのある種の予感を生き生きといだいて存続する集団」に「自然なかたちで参与する」ことでもある。この「根をもつこと」は「時 - 間」の変移のなかでも「個人／共同体」の規範的共軛性となり、人びとは「過去／現在／将来」を媒介する「同一性」を作り上げることができるのである。それは通時態としての歴史性と共時態としての生活史の交叉から形成され、「根をもつこと」の感覚は歴史的・社会的諸関係の網目を織り上げ、「いま・ここ」に在ることを確証するものとなる。それはヒトの社会化と個性化を等根源的な次元で形成し、共同主観性を介して「社会化した個の同一性」を安定させていく。こうしてヴェイユがいう「根」とは自他間での了解を成立させる「触媒」であり、「倫理」的な相互承認を共同性と個別性の「間」で創造する起点なのである。「自然」な「人-間」への参与とは「場所、出生、職業、人間関係を介しておのずと実現される参与を意味する」。だからこそ、「人間は複数の根をもつことを欲する」ことへの注視が必要なのである。[138]「根をもつこと」は「その境界線の内側で、一つの明確な位置をとる」ことを可能とする一方で、多面的・多層的な「意味」の喪失が今この日本社会で進行しているのである。

たとえば、一九九〇年代に入り「自己責任」という語彙が社会のなかに拡散していった。市場経済による共同体的連帯の侵蝕は時を経る都度に進行し、連帯感や公共心の欠如は利己主義の跋扈を許す「反知性主義」となって現れているといえるだろう。重要なことは「人-間」での連帯や共同体的紐帯の断片化がアパシー化を進行させたことなのである。地域共同体の衰退によって、人びとは国家へと自己投影し政治的無力感を埋め合わせようとしている。また、自由が市場経済の理念に縮減されたのと同様に、大衆社会化によって民主主義の形骸化は絶え間なく進んでいる。そのなかで「自立自助」あるいは「自助努力」という語彙は人びとに「無意識」的に受容されてきたのである。現状ではすでに社会政策の多くが社会全体で「個々人」をリスクから保護しようとするものではなくなっている。たとえば、フーコーが指摘するように、諸個人が個人的リスクや集団的リスクからの保護を「国家/社会」に要求することは不当なこととなったのである。ただ単なる「個人」が「存在するリスクに対して、生存のリスクに対し、老いや死といった生存の宿命に対して、あらゆる個人が自分自身の私的な蓄えから出発して身を守ること」を「義務」とされるようになったのである。つまり、社会政策が道具とするのは「あらゆる社会階級に対して可能な限り一般化された資本化」であり、「私的所有」なのである。こうしたリスクを完全な個人の帰責とするような「社会政策の個人化」は「個々人に一種の経済空間を割り当てて、その内部において個々人がリスクを引き受けそれに立ち向かうことができるようにすること」なのである。(139)

これは波多野が指摘していたように、「純粋の可能性に尽きるとしたならば、顕わなる自己は全く姿を消し従って客体も存立を失う」ことを意味しているといえるだろう。同様にアーレントにとっても、オブスキュリティとは「無名性」ではなく、現われの喪失にともなう生のリアリティの喪失を指す言葉であった。アーレントが「政治的なもの」を思考するのは、他者からの注意を奪われ、現われが閉ざされることを不正義として受けとめる感覚からであった。(140)それらの感覚の喪失は政治空間内で「余計者」を同定するが、その存在者たちは、バウマンが提示した「余分な存在」である。この「余分な存在」とは、「正常／病理」、「健康／病気」、「公認／拒否」あるいは「必要なものと必要でないもの」の「内外」の境界線を顕在化させる。だが、そうした境界線は決して「自然の境界線」ではない。「人間」的な境界線とは、「正常／病理」、「健康／病気」、「公認／拒否」の「あいだの差異――許可されたものと拒否されたもの、包摂されたものと排除されたものとのあいだの差異――を見抜き、思い出させるものこそ、境界線にほかならない」のである。そうした「境界線の唯一つの存在様式は分離という絶え間ない活動」ともいえるだろう。あらゆる境界線はアンビヴァレンスを生み出すが、このアンビヴァレンスだけは例外的に力強いものとなっているのである。(141)

つまり、「生きさせるか死の中へ廃棄するという権力が現われた」のである。「死をうまくかわすためにする努力」は「権力の手続きがひたすら死から目を外らそうとしてきたこと」に深く関係している。こうした「〈生‐権力〉」は資本主義の発展に不可欠な要素となり、資本主義が要求する人間存在の適応能力と生を増大させながら、その存在の隷属を容易にするのが権力の存在意義となったのである。また、〈解剖学的で生に基づく政治学〉は経済的プロセスの展開で実現され、それを支えている力のレベルで機能することになったのである。こうした「政治学」は「社会的差別と階層化の要因」としても作動し、各階層の力に働きかけ「支配の関係と覇権の作用」とを保証したのであった。[142]

註

(1) シモーヌ・ヴェイユ『自由と社会的抑圧』冨原眞弓訳、岩波文庫、二〇〇五年、四八頁。
(2) エトムント・フッサール『間主観性の現象学 その方法』浜渦辰二/山口一郎監訳、ちくま学芸文庫、二〇一二年、四七六-四七七頁。
(3) 廣松渉「存在と意味 第一巻」『廣松渉著作集』第十五巻、岩波書店、一九九七年、三六七頁。
(4) 前掲『間主観性の現象学 その方法』、四七九頁。
(5) 同前、四八〇、四八六頁。
(6) 前掲「存在と意味 第一巻」『廣松渉著作集』第十五巻、三七七頁。
(7) 田辺元「種の論理の意味を明にす」藤田正勝編『種の論理 田辺元哲学選 I』岩波文庫、二〇一〇年、三八六-三八七頁。
(8) 前掲『間主観性の現象学 その方法』、四八六-四八七頁。
(9) 前掲「存在と意味 第一巻」『廣松渉著作集』第十五巻、三六七頁。
(10) ナオミ・クライン『ショック・ドクトリン上-惨事便乗型資本主義の正体を暴く』幾島幸子/村上由見子訳、岩波書店、二〇一一年、九-一〇頁。
(11) 藤田省三「『安楽』への全体主義-充実を取戻すべく」『藤田省三著作集6 全体主義の時代経験』みすず書房、一九九七年、五九頁。
(12) 前掲「種の論理の意味を明にす」藤田正勝編『種の論理 田辺元哲学選 I』、三八七頁。
(13) 大鹿靖明『メルトダウン ドキュメント福島第一原発事故』講談社文庫、二〇一三年、一〇頁。
(14) 前掲『自由と社会的抑圧』、四九頁。
(15) ジョルジョ・アガンベン『例外状態』上村忠男/中村勝己訳、未來社、二〇〇七年、六四頁。
(16) エティエンヌ・バリバール『市民権の哲学-民主主義における文化と政治』松葉洋一訳、青土社、二〇〇〇年、三一-三二頁。
(17) ミシェル・フーコー『性の歴史I 知への意志』渡辺守章訳、新潮社、一九八六年、一七四-一七五頁。
(18) ルネ・ジラール『暴力と聖なるもの』古田幸男訳、法政大学出版局、一九八二年、四一八頁。
(19) 高村薫『作家的時評集二〇〇八-二〇一三』毎日新聞社、二〇一三年、二一八-二一九頁。

(20)ハンナ・アーレント『全体主義の起源3』大久保和郎／大島かおり訳、みすず書房、一九七四年、二五七－二五八頁。
(21)前掲「種の論理の意味を明にす」藤田正勝編『種の論理 田辺元哲学選Ⅰ』、三八七－三八八頁。
(22)ジル・ドゥルーズ『ニーチェと哲学』江川隆男訳、河出文庫、二〇〇八年、六六頁。
(23)前掲「種の論理の意味を明にす」藤田正勝編『種の論理 田辺元哲学選Ⅰ』、三八八頁。
(24)前掲『全体主義の起源3』、二五八頁。
(25)ユルゲン・ハーバーマス『認識と関心』奥山次良ほか訳、未來社、一九八一年、一六九－一七〇頁。
(26)前掲『メルトダウン ドキュメント福島第一原発事故』、一一頁。
(27)田辺元「メメント モリ」藤田正勝編『死の哲学 田辺元哲学選Ⅳ』岩波文庫、二〇一〇年、一五－一六頁。
(28)廣松渉『世界の共同主観的存在構造』『廣松渉著作集』第一巻、岩波書店、一九九六年、一四頁。
(29)田辺元「数理の歴史主義展開－数学基礎論覚書」藤田正勝編『哲学の根本問題・数理の歴史主義展開 田辺元哲学選Ⅲ』岩波文庫、二〇一〇年、二七二－二七三頁。
(30)前掲『全体主義の起源3』、二六二－二六三頁。
(31)ニクラス・ルーマン『社会の社会2』馬場靖雄ほか訳、法政大学出版局、二〇〇九年、九一四頁。
(32)ジャン＝ピエール・デュピュイ『聖なるものの刻印』西谷修ほか訳、以文社、二〇一四年、四三頁。
(33)ジョルジョ・アガンベン『ホモ・サケル－主権権力と剝き出しの生』高桑和巳訳、以文社、二〇〇三年、三〇頁。
(34)廣松渉「表情」『廣松渉著作集』第四巻、岩波書店、一九九六年、五五八頁。
(35)ジャン＝リュック・ナンシー『世界の創造 あるいは世界化』大西雅一郎／松下彩子／吉田はるみ訳、現代企画室、二〇〇三年、二七頁。
(36)ジグムント・バウマン『コミュニティ－安全と自由の戦場』奥井智之訳、筑摩書房、二〇〇八年、二三頁。
(37)前掲『ホモ・サケル－主権権力と剝き出しの生』、三〇－三一頁。
(38)アラスデア・マッキンタイア『美徳なき時代』篠崎榮訳、みすず書房、一九九三年、二六六頁。
(39)スラヴォイ・ジジェク『仮想化しきれない残余』松浦俊輔訳、青土社、一九九七年、七七頁。
(40)前掲「世界の共同主観的存在構造」『廣松渉著作集』第一巻、二七五－二七六頁。
(41)前掲『性の歴史Ⅰ 知への意志』、七六頁。
(42)前掲「種の論理の意味を明にす」藤田正勝編『種の論理 田辺元哲学選Ⅰ』、三四二頁。
(43)ミシェル・フーコー『知の考古学』慎改康之訳、河出文庫、二〇一二年、八四頁。

(44) ホミ・K・バーバ『文化の場所‐ポストコロニアリズムの位相』本橋哲也ほか訳、法政大学出版局、二〇〇五年、一二三‐一二四頁。
(45) ミシェル・フーコー『監獄の誕生—監視と処罰』田村俶訳、新潮社、一九七七年、二〇四‐二〇五頁。
(46) ミシェル・フーコー『生政治の誕生‐コレージュ・ド・フランス講義8 一九七八‐一九七九年度』慎改康之訳、筑摩書房、二〇〇八年、一七九‐一八〇頁。
(47) デヴィッド・ハーヴェイ『新自由主義‐その歴史的展開と現在』渡辺治監訳、作品社、二〇〇七年、一〇〇頁。
(48) 佐藤彰彦「全村避難を余儀なくされた村に〈生きる〉時間と風景の盛衰」赤坂憲雄／小熊英二編『「辺境」からはじまる—東京／東北論』、明石書店、二〇一二年、四四‐四五、五八‐五九頁。
(49) 田辺元「種の論理と世界図式‐絶対媒介の哲学への途」藤田正勝編『種の論理 田辺元哲学選Ⅰ』岩波文庫、二〇一〇年、一九九‐二〇〇頁。
(50) 前掲「存在と意味 第一巻」『廣松渉著作集』第十五巻、一九七‐一九八頁。
(51) 廣松渉「資本論の哲学」『廣松渉著作集』第十二巻、岩波書店、一九九六年、一五二頁。
(52) 廣松渉「物象化論の構図」『廣松渉著作集』第十三巻、岩波書店、一九九六年、一〇四頁。
(53) 前掲『全体主義の起源3』、二六三頁。
(54) 廣松渉「物的世界像の問題論的構制」『廣松渉著作集』第三巻、岩波書店、一九九七年、三〇六頁。
(55) 同前、三二二‐三二三頁。
(56) 木田元『ハイデガー』岩波現代文庫、二〇〇一年、四七頁。
(57) 前掲「全村避難を余儀なくされた村に〈生きる〉時間と風景の盛衰」赤坂憲雄／小熊英二編『「辺境」からはじまる—東京／東北論』、七三‐七四頁。
(58) 渡邊二郎「ハイデガーⅠ」千田義光／榊原哲也ほか編『渡邊二郎著作集』第一巻、筑摩書房、二〇一〇年、三四六‐三四七頁。
(59) 廣松渉「マルクス主義の地平」『廣松渉著作集』第十巻、岩波書店、一九九六年、五一‐五二頁。
(60) 前掲「ハイデガーⅠ」千田義光／榊原哲也ほか編『渡邊二郎著作集』第一巻、三四七頁。
(61) 前掲「全村避難を余儀なくされた村に〈生きる〉時間と風景の盛衰」赤坂憲雄／小熊英二編『「辺境」からはじまる—東京／東北論』、七六‐七八頁。
(62) リチャード・ホーフスタッター『アメリカの反知性主義』田村哲夫訳、みすず書房、二〇〇三年、一九‐二〇頁。
(63) ウンベルト・エーコ『永遠のファシズム』和田忠彦訳、岩波書店、一九九八年、一五五頁。

(64)前掲『アメリカの反知性主義』、二二一頁。
(65)前掲『社会の社会2』、九一五-九一六頁。
(66)ジャック・デリダ『法の正義』堅田研一訳、法政大学出版局、一九九九年、一二〇頁。
(67)前掲『社会の社会2』、九一六頁。
(68)M・メルロ＝ポンティ『見えるものと見えないもの』滝浦静雄／木田元訳、みすず書房、一九八九年、二二五頁。
(69)前掲『市民権の哲学-民主主義における文化と政治』、三三一-三三四頁。
(70)前掲『生政治の誕生-コレージュ・ド・フランス講義8 一九七八-一九七九年度』、二四-二五頁。
(71)前掲「数理の歴史主義展開-数学基礎論覚書」藤田正勝編『哲学の根本問題・数理の歴史主義展開 田辺元哲学選 Ⅲ』、二七七頁。
(72)ジョック・ヤング『排除型社会-後期近代における犯罪・雇用・差異』青木秀男ほか訳、洛北出版、二〇〇七年、二六-二七、二九-三〇頁。
(73)相川祐里奈『避難弱者-あの日、福島原発間近の老人ホームで何が起きたのか?』東洋経済新報社、二〇一三年、一一五-一二五頁。
(74)ハンナ・アーレント『人間の条件』志水速雄訳、ちくま学芸文庫、一九九四年、六三頁。
(75)前掲『避難弱者-あの日、福島原発間近の老人ホームで何が起きたのか?』、一二五-一三二頁。
(76)前掲『人間の条件』、六四頁。
(77)廣松渉『もの・こと・ことば』勁草書房、一九七九年、五〇-五一頁。
(78)ハイデガー『存在と時間（一）』熊野純彦訳、岩波文庫、二〇一三年、二四七-二四八頁。
(79)前掲『人間の条件』、七五頁。ここで提示されている「現われ（アピアランス）」については、フランツ・ファノンの視座から後に考察していく。
(80)廣松渉「役割理論の再構築のために-表情現相・対人応答・役割行動-」『廣松渉著作集』第五巻、岩波書店、一九九六年、一四〇頁。
(81)廣松渉「共同主観性と役割理論」山本耕一編集『廣松渉コレクション』第一巻、情況出版、一九九五年、九九頁。
(82)前掲『人間の条件』、七五-七六頁。
(83)前掲「役割理論の再構築のために-表情現相・対人応答・役割行動-」『廣松渉著作集』第五巻、一七四頁。
(84)前掲「種の論理の意味を明にす」藤田正勝編『種の論理 田辺元哲学選Ⅰ』、三八五頁。
(85)デーナ・リチャード・ヴィラ『アレントとハイデガー 政治的なものの運命』青木隆嘉訳、法政大学出版局、二〇〇四年、一五三頁。

(86) 前掲「全村避難を余儀なくされた村に〈生きる〉時間と風景の盛衰」赤坂憲雄/小熊英二編『「辺境」からはじまる――東京/東北論』、七八-七九頁。
(87) 前掲「種の論理の意味を明にす」藤田正勝編『種の論理 田辺元哲学選Ⅰ』、三四九頁。
(88) ウルリヒ・ベック『危機社会-新しい近代への道』東廉/伊藤美登里訳、法政大学出版局、一九九八年、三二〇-三二二頁。
(89) 前掲「種の論理の意味を明にす」藤田正勝編『種の論理 田辺元哲学選Ⅰ』、三四九-三五〇頁。
(90) 前掲『人間の条件』、四三頁。
(91) 前掲『アレントとハイデガー 政治的なものの運命』、二二八頁。
(92) 辺見庸『死と滅亡のパンセ』毎日新聞社、二〇一二年、一四六頁。
(93) 前掲「数理の歴史主義展開-数学基礎論覚書」藤田正勝編『哲学の根本問題・数理の歴史主義展開 田辺元哲学選Ⅲ』、二七九頁。
(94) 前掲『自由と社会的抑圧』、八四頁。
(95) 波多野精一「時と永遠」『時と永遠 他八編』岩波文庫、二〇一二年、三四頁。
(96) 前掲「数理の歴史主義展開-数学基礎論覚書」藤田正勝編『哲学の根本問題・数理の歴史主義展開 田辺元哲学選Ⅲ』、二八九頁。
(97) ホルクハイマー/アドルノ「Ⅱ オデュッセウスあるいは神話と啓蒙」『啓蒙の弁証法 哲学的断想』徳永恂訳、岩波文庫、二〇〇七年、一一七頁。
(98) 前掲「時と永遠」『時と永遠 他八編』、三四頁。
(99) M・メルロ=ポンティ『見えるものと見えないもの』滝浦静雄/木田元訳、みすず書房、一九八九年、一二〇頁。
(100) 前掲「種の論理の意味を明にす」藤田正勝編『種の論理 田辺元哲学選Ⅰ』、三七四-三七五頁。
(101) エドワード・W・サイード『故国喪失についての省察 1』大橋洋一ほか訳、みすず書房、二〇〇六年、一七五-一七六頁。
(102) 前掲『見えるものと見えないもの』、一二八-一二九頁。
(103) 同前、一二九-一三〇頁。
(104) 前掲「種の論理の意味を明にす」藤田正勝編『種の論理 田辺元哲学選 Ⅰ』、三七五頁。
(105) 前掲『故国喪失についての省察 1』、一七六頁。
(106) 前掲『見えるものと見えないもの』、一三三頁。
(107) 前掲「存在と意味 第一巻」『廣松渉著作集』第十五巻、一二二-一二五頁。
(108) 前掲「Ⅱ オデュッセウスあるいは神話と啓蒙」『啓蒙の弁証法 哲学的断想』、一一八頁。
(109) 前掲「存在と意味 第一巻」『廣松渉著作集』第十五巻、一一九頁。

(110)ユルゲン・ハーバーマス『道徳意識とコミュニケーション行為』三島憲一ほか訳、岩波書店、一九九一年、四三-四四頁。
(111)前掲「世界の共同主観的存在構造」『廣松渉著作集』第一巻、二六八、二七〇頁。
(112)M・メルロー=ポンティ『知覚の現象学2』竹内芳郎ほか訳、みすず書房、一九七四年、二九二頁。
(113)前掲「存在と意味 第一巻」『廣松渉著作集』第十五巻、一一九頁。
(114)同前、一三一-一三二頁。
(115)前掲「Ⅱ オデュッセウスあるいは神話と啓蒙」『啓蒙の弁証法 哲学的断想』、一一九頁。
(116)前掲『道徳意識とコミュニケーション行為』、四五頁。
(117)前掲「存在と意味 第一巻」『廣松渉著作集』第十五巻、四八四頁。
(118)前掲『ハイデガー』、七五頁。
(119)前掲『知覚の現象学2』、三〇〇-三〇一頁。
(120)ウェルナー・ハイゼンベルク『自然科学的世界像 第二版』田村松平訳、みすず書房、一九七九年、一七八頁。
(121)前掲「マルクス主義の地平」『廣松渉著作集』第十巻、三一頁。
(122)前掲「種の論理と世界図式-絶対媒介の哲学への途」『種の論理 田辺元哲学選Ⅰ』、二〇五-二〇六頁。
(123)丸山眞男「近世日本政治思想における『自然』と『作為』」『丸山眞男集』第二巻、岩波書店、一九九六年、七五-七八頁。
(124)村岡典嗣『増補 本居宣長 二』、東洋文庫、二〇〇六年、三二一-三三三頁。
(125)同前、四一頁。
(126)前掲「数理の歴史主義展開-数学基礎論覚書」藤田正勝編『哲学の根本問題・数理の歴史主義展開 田辺元哲学選 Ⅲ』、三四五頁。
(127)加藤周一『日本文学史序説 下』ちくま学芸文庫、一九九九年、一〇七頁。
(128)前掲『増補 本居宣長 二』、四一頁。
(129)前掲『日本文学史序説 下』、一〇八-一〇九頁。
(130)前掲「近世日本政治思想における『自然』と『作為』」『丸山眞男集』第二巻、七九頁。
(131)前掲『アメリカの反知性主義』、四一-四二頁。
(132)前掲『監獄の誕生—監視と処罰』、一七八頁。
(133)ジャン-ポール・サルトル『弁証法的理性批判 実践的総体の理論Ⅰ』第一巻、竹内芳郎／矢内原伊作訳、人文書院、一九六二年、一四九頁。
(134)前掲『永遠のファシズム』、一五六-一五七頁。

(135) 前掲『社会の社会2』、九一六‐九一七頁。
(136) 吉原直樹『「原発さまの町」からの脱却‐大熊町から考えるコミュニティの未来』岩波書店、二〇一三年、二八‐三三頁。
(137) チャールズ・テイラー『自我の源泉 近代的アイデンティティの形成』下川潔ほか訳、名古屋大学出版会、二〇一〇年、三〇‐三一頁。
(138) シモーヌ・ヴェイユ『根をもつこと(上)』冨原眞弓訳、岩波文庫、二〇一〇年、六四頁。
(139) 前掲『生政治の誕生‐コレージュ・ド・フランス講義8 一九七八‐一九七九年度』、一七七‐一七八頁。
(140) 齋藤純一『政治と複数性』岩波書店、二〇〇八年、六八‐六九頁。
(141) ジグムント・バウマン『廃棄された生‐モダニティとその追放者』中島道男訳、昭和堂、二〇〇七年、四八‐四九頁。
(142) 前掲『性の歴史Ⅰ 知への意志』、一七五、一七八頁。

第六章　「犠牲のシステム」による歴史的惨禍と「生の連関」

第一節　混濁する機能的合理化と擬似リゾーム

放射能被害（リスク）が顕在化するなかで人びとの「強制移動」が始まり、将来への展望は「宙吊り」となっている。この政治・経済・生活環境は次第に避難民たちの間に存在した「災害の共有（shared disaster）」[1]という意識を減退させ、「空‐間」と「人‐間」という二つの間が多層的・多面的に分断されている。たとえば、①家族、②異なる世代、③性別、④地域共同体、などに分断線が無数に走っているのである。放射能の空間線量の高低で地域共同体は「空間」的に分断され、賠償額などが複雑に絡み合う中で人びとが分断されていく。こうした分断線が多層的に重合し分断が輻輳化され続け復旧は遅滞し、避難民の生活基盤を「根こぎ」にしながら時間だけが経過している。

いいかえれば、同じ時空間への内属によって継承されてきた間主観性が断片化し、共有し得ない生活環境の変化によって寛容性・複数性などが失われている。経済的な財へと代置しえない「こと」が、社会・文化・生活の諸領域から「もの」化し、「生の姿」を象る「道徳／倫理」性や責任感が失われている。つまり、共同体の伝統的な慣習法的秩序は、空間変容によって法としての規範性を相対化させせられているのである。また、道徳性は自己と他者の間での自己省察を深めるが、「宙吊り」にされた居住空間（＝仮設住宅）における「道徳／倫理」という価値意識は大きな困難さに直面している。不安定な住環境での「暮らし」は政治的・行政的管理への過度の依拠となり、自治的要素を含んだ慣習法的秩序はその規範性を喪失しつつある。

三・一一の災害後も、従来の住環境を維持することができた存在者たちは「災害の共有」を放棄したかのような日常を過ごしている。だが、「同一の社会経済システムの管理」のための「権力間の闘争」は「公式の矛盾として展開」されており、「実際は統一的な現実に属している」のである。(2) 一方で、法秩序が崩壊し「生の姿」を物象化させる住環境は「否定的なもの」が滞留する領域となっていく。日常の自明性が維持されている領域と非日常が常態化した領域の分断は「肯定」と「否定」という価値意識を生み出すことになった。「肯定」は「否定」による反照的・示差的関係によって可視化され、政治的・経済的・文化的な区別を作り出すことになる。「災害の共有」あるいは被災者への「柔らかなまなざし」の欠如は、日本史の大きな転換点となった原発禍に対する無関心へと連動し、「否定的なもの」が滞留する居住空間は固定化されかけている。「暮らし」のなかで傷つき「根こぎ」とされた人びとと痛覚を共有することは難しくなっていく。

公共圏で痛覚が「知覚」される契機は他者との共生や「共苦」からであるが、経済的補償、多額の除染費用、未解決な廃炉への道筋、などが「共に在る」という意識の「限界」を作り出す。また、ヴェイユは「限界があって、そのむこう側には不幸があるが、こちら側に不幸はない。この限界に純粋な客観性はなく、種々の個人的な要因が入りこむ」(3) と述べている。「こちら側」として自己規定しえるならば、「否定的なもの」の限界を凝固化しながら痛覚を忘れ、災害の「怖れ」の体験を潜在的な意識下に押し留めることもできる。「空間」分割は自他の「隔たり」を拡大し、優位に立つ者と劣位に置かれた者が明確に分かれた「世界」が現前することになる。痛覚が常態化したなかの存在者を遠方に「限定」し、三・一一に含まれる「原発＝核施設」事故のなかで解明すべき多種多様な出来事と責任の所在は隠蔽されていく。こうした痛覚と「怖れ」の希薄化は事故の忘却と重合し、三・一一の諸経験の言語化を妨げながら退行的な感受性を生み出している。つまり、それは分断によって「肯定／否定」の中間域を物象化し、無自覚のなかで「余計者たち」を「追放」する感受性である。

現状を捉えるには「原発＝核施設」建設の歴史過程の理解が重要となる。つまり、電源開発以降の戦後日本の開発主義体制のありようが明確に影響しているのである。「原発＝核施設」の建設は国家・政府と受け入れた自治体との相互利益の合致した結果であった。大熊町と双葉町の町民の間にも「原発＝核施設」が生み出す雇用・税収の増大に対する期待や願望も大きかった。また、外洋に面した臨海部である「過疎地域」が注目されたのは「人口密度」の問題であった。立地地域の選定は政府・東電と「地域振興」を謳う福島県・地元自治体の共同作業としておこなわれた。そして、一九六一年九月には大熊町と双葉町の町議会で誘致が決定され、立地予定地の買収交渉は「部落組織が担保してきた強固な集落意識が風化」していたこともあり、極めて短期間で成立した[4]。日本国のような「官僚制国家」による「経済の全体主義的管理」や「植民地あるいは準植民地圏内」とされた地域の経済的諸条件は「生産様態と権力の様態における著しい特殊性によって定義される」。だが、「個々の部門」が実質的に産み出す「全体の現実」に準拠すれば、それらの「特殊性の真理」は産業化した「普遍的システム＝資本主義」に含意されているのである[5]。

こうした産業化の進行と相即的に、「その分業と組織」が発展するとき「人間活動のますます多くの領域が機能的に合理的なもの」へと移行する、とカール・マンハイムは指摘していた。また、マンハイムは、現代社会では、より一層多くの生活領域において機能的かつ合理的に行為せざるを得なくなり、行為機構の機能的合理化と最も密接なもう一つの「合理化」の考察が重要となる、とも論じていた。それは「個人がその諸衝動を組織的に統制」する「自己合理化」であるともいえる。[6] 産業化による「自己合理化」は、従来の思惟範型と行為様式を同時に変容させることになった。この「身心」の変様過程のなかで「原発＝核施設」を中軸とした政治経済体制は、「安全神話」などの錯認からも地元自治体を包摂し、地域の権力構造に深く浸透したのであった。そして、福島原発の建設過程は沿岸部過疎地での原発誘致・立地の「範型」となったのである。[7]

たとえば、大熊町を含む双葉郡は西の阿武隈山系によって中通りと分断されている。東の太平洋沿岸は約三〇メートルの絶壁であり、港に利用できる場所は限定されていた。西からの風が強く、霜害と水稲結実期の長雨などにも悩まされてきた。こうした背景から昭和三五年一二月の福島県議会において当時の佐藤善一郎知事は原発誘致が大きな課題であると述べ、昭和三八年に東京電力は原子力発電所建設の土木調査を目的とした仮事務所を大熊町に設けた。原発の建設が始まると東電や関係企業の社員が町内で増加し、それに伴って新しい飲食店や商店ができ商業活動も活発になった。[8] ここでは「何のため」を説き目標を掲げることがない「機能的意味」が「真空」を充たしたのであった。つまり「われわれの社会は、高次の意味を問うことがないからこそ、抵抗なく機能する」のである。[9]

このように共同体を包摂する権力構造は「人‐間」に深く浸透し、個々人の「暮らし」を貫通する経済的諸原理を具現化させたのである。だが、産業化の進行は「客観的目的に関する社会成員の行為様式の組織化」を昂進させる一方で、それは状況変化に即して諸事件の相関関係を洞察し、知的に行為する能力を育成するものではなかった。[10] そして、自己同一性が共同体による包括的行為規範から形成されるとすれば、地域社会での「一般的」精神性が一人ひとりの「自己同一性」を作り出す力となる。社会の法秩序と個人の自己形成は交互的な媒介性によって確立する一方で、画一化されつつある時空間においても固定性と流動性は内包されている。「機能的合理化は正にその性質上必ずや平均的個人から思考し洞察し責任をとる作用」を収奪したのであった。[11]「人‐間」「空‐間」「時‐間」を横断する「原発＝核施設」を中軸とした政治・経済構造は、ドゥルーズとガタリ（D＝G）が論じた「樹木状システム」というべきものである。D＝Gは樹木とリゾームを対比させていた。つまり、リゾームの特質から反照・示差的に樹木の概念構制を明確にすることができるだろう。

「設定すべき多様体から一なるものを引くこと、nマイナス1で書く」システムをD＝Gは「リゾーム（根茎）」と呼ぶ。地下の茎としてのリゾームは根や側根から区別され、リゾームは四方八方に分岐した表面の拡張から、球根や塊茎としての凝結に至るまで多様な形を成している。「リゾームのどんな一点も他のどんな一点とでも接合されうるし、接合されるべきものである」。こうしたリゾームの特質は「一つの点、一つの秩序を固定する樹木ないし根」とは大きく相違することになる。[12]だが、「樹木状システム」はさまざまな経済的アクターによって構成されている一方で、硬直化した序列的階層制のような相貌を呈する。つまり、「樹木状システム」は「主観‐客観」図式による対象構制のように「各項」（経済的アクター）を実体化し、支配と被支配を明確な序列のなかで作り上げている。

他方で、こうした樹木とリゾームの交叉が〈生‐権力〉を渦動させていく。「原発＝核施設」という「樹木状システム」を政治・経済構造の中軸とする資本主義は人びとを訓育しながら、体制への順応性に依存した生を増大させた。この〈生‐権力〉は人間が「自発的」に隷属するような暴力性を潜在化させ、権力行使を可能とする。つまり、二つの切片性は「高低」「強弱」「遠近」などから「社会秩序」や「法的主体」を形作っているのである。こうした複合的過程には「政治／経済／文化／教育」などの「諸力」の渦動が生成しており、差異性という渦動を捉えることができれば政治経済体制の「実在」を脱物象化することができる。この「実在」とは既存の政治体制、経済構造、および官僚制を含む多義的な「もの」となっている。また、社会が「実在」となるのと相即に個人は「実体」とされてきたが、社会と個人は交互的な媒介性によって相互に浸透し合っている。つまり、社会と個人の重合から「政治／経済／文化

／教育」を内包する「樹木状システム」に対抗する権力創出が可能となるのである。

「樹木状システム」を構制する「技術化」は人びとの「省察なしに遂行される」ものであって、そうした過程は「もはや根拠づける必要なしに円滑に遂行」され続けることが自明視されていく。これこそが「技術的仕組みの魅力」なのである。[13]また、政治・経済権力による新たな生活秩序の形成は、時間の経過とともに倒錯した「暗黙知」ともいうべき行為規範を作り出した。その身体化された行為規範は自己が帰属する集団を近隣の他集団から「区分」する「心性」を産出する。この「心性」によって分断線は「人‐間」を「空間〈内〉」の存在者と「空間〈外〉」の存在者とに「分割」してきたのである。こうして「内／外」を形成する分断線が引かれ、実体化されてきたといえるだろう。

たとえば、植民地の「権威／自己領有権」という神話を守るには頑迷さという「虚構」を必要とする。その惰性的幻想によって「支配／被支配」の分割から成立している利害関係は潜在化し、支配者集団の「道徳的判断」や「政治的判断」を被支配者が把握し客観的に考慮することは難しくなる。他方で、惰性的幻想はつねに「脱‐権力化／無力化」の渦動性と接しており、ポスト・コロニアリズムの言説は極めて複合的な状況を産出している。ポスト・コロニアリズムとは権力を構造化するのと同時にその拡散化を生じさせる媒介性をも内包しているのである。それは社会的環境と人間の活動が相互に規定し合っているからである。したがって、サルトルが述べているように、自己の活動が自己自身へと反射することになり、また同様に社会的環境を介して〈他者〉を含意しながら自己は同一性を維持している。「社会化された物質」と「惰性的統一性としての物質的否定」によって「人間は自分を人間とは別のもの〈他者〉として構成する」のである。このとき自明視されていた〈私〉とは「異種類のもの」として「実存」することになる。この過程が「人間的自然性（nature humaine）なるものは存在しない」ことを明示しているのである。[14]

同様に廣松は近代的認識論に依拠した「人間性」の問題点をつねに考察していた。廣松によれば、（α）個人としての人間に定位すれば、世界は即自的な存在である。また（β）類としての人間に定位すれば、世界は自己の活動の物象化されたものである。この似而非アンチノミーは、次第に（α）と（β）との二極性が問題として意識されるようになった、と廣松は論じている。（α）における個人としての人間は「一定の精神能力と身体を具えた純粋な個人」あるいは「一切の歴史的・社会的な規定性を捨象した抽象的な個人」となる。これらの代数和をいくらとってみても「決して（β）の事態とは連接できない」のである。他方で、「（β）の類としての人間は、hypostasieren〔実体化〕され、主体＝実体、実体＝主体に転化」されている。[15]

いいかえれば、人間の「非人間性」は人間の「自然性」から招来するものではなく、むしろ「非人間性」とは「人間性」によってはじめて了解され得るものなのである。つまり、「稀少性の支配がおわりをつげぬかぎりは各人および万人のなかに非人間性なる惰性的な一構造が存在しつづける」のであり、この構造は「内面化されたかぎりでの物質的否定以外のなにものでもない」ことを同時に理解しなければならない。[16]「人間的自然性」とは「一定の精神能力と身体を具えた純粋な個人」や「一切の歴史的・社会的な規定性を捨象した抽象的な個人」という観念によって作り出された物象化的錯認なのである。「人間的自然性」とはその本質的に符合する「現実」を不可欠な先行的所与とし、文化や歴史のなかで当然のように「実在」してきたとする錯認ともなる。こうして一定の人間像は「hypostasieren〔実体化〕され、主体＝実体、実体＝主体に転化」したのである。

つまり、田辺が論じているように、個的要素と種的環境との相互自立と交互限定という相関関係を考えなければならない。この相関関係とは「交互的循環的」に発展し、「メービウスの環体」とも相即することになり、そうした関係とは「表面即裏面、裏面即表面という運動行為の連続的統一」となって、歴史は「過去即未来、未来即過去の渦環」と表現することができるのである。こうした矛盾的逆説は、個体と環境との相互限定的な相関に由来し循環性と不確定性にも由来しているのである。[17]「人間的自然性」という言説は強力な「政治的／経済的／文化的」諸制度と重合し、この観念形態は理論と諸実践によって「主体＝実体」や「実体＝主体」とされたのであった。こうした考察から政治経済体制が、社会的環境、人間の活動、そして諸観念が輻輳し合いながら維持されていることを再認することができる。いわば、物象化された自然な「もの」として受容されてきたシステムもさまざまな諸力が交叉した一つの複合体なのである。つまり、歴史的・現実的実在としての「原発＝核施設」システムを脱物象化した視座から再考することもできるのである。

高橋哲哉は「犠牲のシステム」という視座から「原発＝核施設」事故を捉えていた。福島原発事故から明確になった構図は東北電力管内である福島県浜通り地方に、東京電力の二つの原子力発電所が集中立地され、この原発リスクは福島県民が背負わされてきた一方で、そこで発電された電力は大消費地である関東地方に送られ消費されてきたことであった。これは柏崎刈羽原発が新潟県に立地され、関西電力の三つの原発が福井県若狭湾沿岸に立地されている構図と同型なのである。その構図は首都圏（中央）をはじめとする都市部と地方との間に一種の植民地的な支配関係があることを示している。そこには法的・制度的な意味での植民地は存在しないが、事実上の植民地主義による政治経済構造が存在している。[18]さらにその支配構造の存立には権力の「監視」が前提となってきた。

こうした連続的で機能的な階層秩序化された監視によって「規律・訓練的権力は、それが行使される装置および経済に内側から結びつく、《統合された》一つの組織となる。またその権力は、多様で自立的で匿名の権力としても組立てられている」。つまり、「監視」は「上部から下部へ、しかも或る程度までは下部から上部へ」と動き、その動きと相即的に「係り合いの網目」が形成されていく。この「網目がその総体を《保持》させ、相互に支えあう権力的な影響」を総体の細部にまで波及させている。こうして「規律・訓練の階層秩序化された『監視』における権力」は「一つの機械仕掛として機能する」のである。この装置全体が権力を産出し、永続的で連続した領域のなかに個々人を配分する。その結果として、規律・訓練的権力は一面では「完全に公然たるものでありうる」のである。[19]

規律・訓練的権力は正しい行いを身体化させるのと同様に、ある集団を規則正しく排除する行いをも身体化させることになる。「原発＝核施設」事故による避難者の姿がこれを典型的に表わしている。二〇一一年九月の時点で次のような状況をジャーナリストの岩本太郎は報告している。それは震災や原発事故による未曾有の被害を受けた人びとに対する「差別」感情の形成である。たとえば、単に福島県民であることだけで県外への避難民たちは「差別」と直面することになった。岩本によれば、差別は蔑視という視線となり子どもたちにも伝達されたのであった。つまり、二〇一一年三月に他県に避難していた小学生が避難先の子どもたちから「放射線がうつる」と言われ、「いじめ」を受ける事例が存在した。また、インターネット上でもさまざまな誹謗中傷が行なわれ、行政支援を受ける被災者たちを「税金泥棒」呼ばわりする書き込みが横行した。こうした事例は氷山の一角であるとも岩本は述べている。そして、岩本は「こうした偏見や差別は憲法が保障する個人の尊厳と法の下の平等という観点からも大いに問題を孕んでいる。今回の震災によって甚大なる被害を受けた被災者たちへの謂れなき二次被害をなくすよう、早急な対策が求められているところだ」と論じている。[20]

二〇一一年七月に鎌田遵は「福島原発避難民」となった人びとの声とその現状を報告している。双葉町の町民（約六九〇〇人）のなかで約一四〇〇人が避難した埼玉県加須市旧騎西高校（現在は廃校）を鎌田は訪れている。そこは複数の市町村から避難した人たちが生活する調布市の味の素スタジアムとは異なり、「『原発の町』の一部がそのまま移動していた」のであった。避難した多くの人びとは、三月一九日に双葉町が用意したマイクロバスに分乗し、埼玉スーパーアリーナに移動した。そして、二〇日に避難所と町役場は旧騎西高校に移ることになった。双葉町は「原発誘致と引き換えに膨大な額の『電源三法交付金』を受けながらも、ハコものづくりで資金を使い果たして財政難に陥っている」状態にあった。そうした自治体での生活環境から旧騎西高校へ避難してきた人びとから鎌田は「原発を責めたくない」という「声」を聴くことになったのである。(21)

今回のように被害総額を算定し得ない状態は「樹木状システム」による生活世界の包摂と関係している。たとえば、大熊町では原発建設によって生活世界とシステムが交錯するなかで「空間」と「人間」の関係性が形成されてきた。出稼ぎを余儀なくされていた住民の「暮らし」も原発建設によって変様した。福島第一原発から数キロはなれた地区に住むある男性は出稼ぎをやめて農業の合間に原発の建設現場で働いた。日当は毎年上昇し、一号機の建屋建設時には残業込みで二〇〇〇円にも増えたのであった。彼は「仕事が面白いなんてもんじゃない。みんな寝ないで働いた」と話し、事故後は会津若松市の仮設住宅で避難生活を強いられているが、「原発には世話になった。恨みなんてない」とも述べているのである。(22)

そうした感想の吐露は不自然なことではない。というのも、「犠牲のシステム」(=「樹木状システム」)とは多数の人びとを包摂し、生活の「糧」を与える構造を作り出していたからである。この「樹木状システム」は多種多様な経済的アクターの重合という相貌を呈している一方で、リゾームと表面的には類似したその相貌は「各項」(経済的アクター)が固定化された硬直した権力構造によって可能となっていた。そのように考えたとき「生活形式」を奪われたなかで、「犠牲のシステム」を受容する「心性」は「権力」とつねに「表面即裏面/裏面即表面」という「連続的統一」となり、「心性」は「権力」を円滑に機能させるための触媒となっている。その「心性」こそが日常でのさまざまな「規律・訓練」の反復によって育成されてきたのであった。「規律・訓練は係り合いを中心とした権力を《働か》せていて、その権力は自身の機構によって自身を支えている」。権力性が人びとに対して現前したときには「計算のゆきとどいた視線の、中断されざる作用」がすでに円滑に機能しているといえる。監視技術によって「権力の《物理学《フィジック》》」と「身体の支配」は「光学と力学の諸法則」や「空間・線・幕・束・度合などの作用全体」に準拠し、「原則的には、過度の力や暴力に訴えずに営まれている」のである[23]。

物象化された既存の権力構造や社会・文化制度を支えるイデオロギーは民主主義や自由主義のような多様な行為選択を正当化することはない。むしろ、社会のマイノリティのなかに犠牲を作り出す権力構造とはファシズムと見紛うような強制的な同質化を人びとに強いている。「樹木状システム」がリゾームのような相貌となるのは「権力の《物理学》」が機能しているためなのである。「空間・線・幕・束・度合」などの含意する「権力の《物理学》」はマス・メディアを介し、「安全神話」という幻想によって大衆を包摂し続けたのであった。多様な意見提示や討議を忌避するファシズムは「国家」資本主義の下部構造からの制約を受けるのと同時に、上部構造的な形態をも産出している。「権力の《物理学》」が政治的・経済的・文化的な諸領域で具現化するとき、それは諸領域での複雑な諸因子が結合・分散し合いながら、ファシズムの政治力学を構制する。D＝Gが論じたように、こうしたファシズムがミクロ・ファシズムとなれば物象化への危険の度合をさらに深めることになる。というのも、繊細な切片化もまた最大限に硬直した切片に劣らず「有害」なものとなるからである。いわば、分子状態は細部に作用しながら小規模な集団を経由する一方で、それが社会領域全体と共通の外延をもつことはモル状組織と相似形をなしているのである[24]。そうした擬似リゾームは「巨大な海綿のようなもの」であるといえる。これは辺見庸が武田泰淳の書いた「滅亡について」という文章から見出した言葉である。武田自身は次のように書き記している。

「あらゆる悲惨、あらゆる地獄を想像し、想起する。すべての倫理、すべての正義を手軽に吸収し、音もなく存在している巨大な海綿のようなもの。すべての人間の生死を、まるで無神経に眺めている神の皮肉な笑いのようなもの。それら私の現在の屈辱、衰弱を忘れ去らしめるほど強烈な滅亡の形式を、むりやり考え出してはそれを味わった。そうすると、少しは気がしずまるのであった[25]」。

「巨大な海綿のようなもの」は「すべての倫理、すべての正義を手軽に吸収し、音もなく存在している」のと同時に、「すべての人間の生死を、まるで無神経に眺めている神の皮肉な笑いのようなもの」でもある[26]。いま、原発災害に直面し将来を描ききれない避難者・被災者たちはこうした擬似リゾーム（＝「巨大な海綿のようなもの」）に緩慢に包み込まれているといえるだろう。それはスペクタクルと同様に、「不幸の揺るがぬ中心にあって悲嘆と不安に取り囲まれた幸福な統合のイメージにほかならない」のである[27]。

原発とともに歩んできた町の歴史は否定され、原発事故は人びとの心に大きな傷跡を残した。鎌田は「国家による切り捨てと放置、そして差別という道を、日本政府が原発被災者に歩かせるのならば、これから何世代にもわたって、根深い禍根を残すことになる」と指摘し、「今回の福島第一原発事故で、たくさんの人たちにとっての大切な土地、精神の風土が奪われた。海で生計をたててきた漁民、大地とともに生きてきた農民、そして故郷福島に根付いて生きてきた人たちが、今、エコサイドの悲惨を体験している」と述べている[28]。

「犠牲のシステム」はD＝Gが論じた「樹木状システム」というべきものであった。樹木状システムは序列的システムであり、意味性と主体化の中心、組織された記憶、そして中心的自動装置を内包している。他方で、現代日本の政治・経済・生活・文化・教育などの各領域を侵食している「犠牲のシステム」はまるでリゾームのような相貌を見せている。D＝Gによれば、樹木やその根とは違って、リゾームは任意の一点を他の任意の一点に連結する。その特徴の一つひとつは必ずしも同じ性質をもつのではなく、それぞれが実に異なった「記号の体制」や「非・記号の状態」を起動させるのである。リゾームは「統一性〔単位〕からなっているのではなく、さまざまな次元から、あるいはむしろ変動する方向からなっている」のである。この多様体はそれ自身性質を変化させながら、諸次元を変化させていくことになる。つまり、①多様な点や位置の総体、②そうした点の間の二次元的関係、③その位置の間の一対一対応関係の総体、などから定義される構造ではない。だからこそ、リゾームとは「切片性線、地層化線といった線」なのである。いわば、リゾームとは序列的ではなく意味形成的でない「非中心化システム」であり、ただ「諸状態の交通によってのみ定義される」のである。[29]

リゾームとは権力の集中ではなく拡散性を中心的「価値」としているが、擬似リゾームは生活世界や各システムの双方に浸透しながら環境問題を未解決のまま放置していく。たとえば、環境汚染の問題に直面した生活世界は擬似リゾームに侵蝕され「歴史化された自然」として維持されてきた均衡は崩され続けてきたのである。さらにアンソニー・ギデンズがいう「モダニティの示すダイナミズム」は、近代的な諸制度を絶えず変化させる側面と疑似リゾームのように「世界を包み込む」側面を有している。このダイナミズムとは、①《時間と空間の分離》、②社会生活を時空間面で正確に「帯状区分」するかたちでの時空間の再結合、③社会システムの《脱埋め込み》、④「知識の絶え間ない投入が個人や集団の行為に影響を及ぼすという意味での社会関係の《再帰的秩序化と再秩序化》」、などに由来している。[30] そうした再帰性は曖昧な汽水域を残しながらも「正常」と「異常」という二つの空間を形成し、「正常／異常」の分断線が「異常＝外部」に対して物象化された負のイメージを累積させていく。つまり、二つに分断された世界は完全な秩序性を確立しているのではなく、「正常」と「異常」の汽水域は再帰性から流動的かつ多義的なものとなっている。二つの世界の境界は物理的障壁ではなく負の心的隔壁によって成立している。負の心的隔壁は「異常＝病」

に罹患した人びとを「正常＝健康」の外へと封じ込め、擬似リゾームは徐々に排除を合理化させたのである。擬似リゾームは「人－間」における信頼を侵蝕し「球根や塊茎」のように凝結し、「空－間」に内在する「差別感」を醗酵させ人びとの連帯を腐蝕させることになった。すなわち、擬似リゾームが多方面に分岐し拡張するなかで、不信感の醸成と連帯感の腐蝕は「時－間」を超えて波紋状に拡大し、伝統文化の拘束性・規範性を維持していた共同体内を深く侵蝕したのであった。これは人びとの内面性が負の心性を中軸として作り出されたことを意味しており、「正常＝健康」と「異常＝疾病」は相互侵蝕するなかで共軛的な並存関係となっているのである。日本の近現代史のなかで負の心性が「外部」（「異常＝疾病」）を作り出し、複数性を画一性へと代置するなかで共同体内の共通善が放棄されたのが水俣病の歴史であった。

一九六〇年から水俣病患者の救済に尽力した原田正純は「水俣病事件発生のもっとも根本的な、大なる原因は〝人を人と思わない状況〟いいかえれば人間疎外、人権無視、差別といった言葉でいいあらわされる状況の存在である」と主張している。また、こうした「人権無視、差別の構造を明らかにすることなしに、これらの裁判に完全に勝利することはないであろう」とも論じていた。そして、水俣病事件全体の再度の検討から主な三つの責任を提示している。第一は「〝水俣病を発生させた責任〟」である。チッソと行政には水俣病の発生を阻止する責任が存在していたことは明確であった。チッソは危険な化学物質を多量に使用し海に廃棄した責任があり、そうした企業活動を行政は監視・管理する責任があった。化学物質が廃棄された海には多様な生命が生存し、その海に依拠する数十万の人びとの「暮らし」が存在していたが、それらに考慮が払われることはなかった。第二は「もしその発生が阻止できなかったときには、〝その被害を最小限にくいとめる責任、被害拡大防止責任〟」があった。しかし、正式発見の数ヶ月後には工場廃水と水俣湾内の魚介類の汚染の因果関係が疑われた一方で、社会生活を再結合させる経済システムの機能によって有効な手段は選択されなかった。この経済システムによる「合理化」は人間の存在よりも経済的利潤を優先させたのである。第三は「〝救済の責任〟」である。水俣病の発生と拡大は阻止することができなかったが、そのなかで残されたことは「即時全面的な救済、完全な償い」を為すことである。だが、「その責任も、いまなお果たされていない」のであった。[31]

さらに、渡辺京二は「水俣病闘争」を次のように論じている。[32]「水俣病闘争」は有機水銀汚染の被害補償という枠組をとるのと同時に、「水俣漁村地区住民が試行錯誤」によって獲得した実体験によって、本当に求めるべきものの「表現」に到達した長い過程であった。「それはこの世の抑圧の根源に迫る闘いでもある」とされるべきものであった。こうした過程となったのは、擬似リゾームが「包摂／排除」という「物理的障害／心的隔壁」を「権力」の円滑な機能のために作り上げ、「生活形式」の根源まで微分化しながら浸透していたからであった。

ところで、ジジェクはフーコーの権力論に言及し、「権力のミクロ物理学」の要点は「権力は存在しない」ことであると述べている。[33]「権力」の不在とは「中央の全体化する行為主体への参照を欠いた局所的」なものであり、「複数のすべてではない網目」となる。この権力観においては、参照軸を欠いた網目は権力の不在を示すために起動される概念装置となる。それは偶然的で一貫しない手順の、「すべてではない」複合的な網目を定めることになる。つまり、「それぞれの項が他の項との否定的な関係を通じて定義されるような項をもつ構造ではなく、偶然的な特異性の集合、その発現と消滅の規則の集合なのだ」といえるだろう。「権力のミクロ物理学」は、いまだ法則化されていない「特異な事象の発現の規則」を把握しようとするものである。

いいかえれば、「政治／経済／文化／教育」などの諸力を凝固化する強制力として「権力」を捉えることはできない。フーコーの権力観は人間が「疎外態」から脱し、「本然の姿」として「人間的自然性」を再獲得するようなものではない。「本然の姿」へと回帰する思考祖型を廣松は「キリスト教的な構図」から論じていた[34]。「『神』↓『人』↓『神』というキリスト教的な構図」が一般化され、「『本来の姿』↓『変身による異貌化』↓『回復による本然化』という変身譚の構図」が前提となった。そこでは、変身は偶有的であるにしても「復身は必当然的である」と思念されている。この限りで「疎外態だと指摘すれば、本来態と称されるものへの復帰が当然至極」とされ、その「必然性ないし当為性」の論述は不必要とされていく。

つまり、「権力」を「疎外態」から捉えるならば、中心軸を欠いた「網目」は一つのアスペクトに集約されていくことになる。だが、「網目」とは諸々の事物や現相の布置的関係態として現存している。廣松は「布置的関係態こそが第一次的で在って、この布置的関係態の〝結節〟として位置が存立する」とし、「位置」とは「布置的関係という反照規定が〝物性化〟され〝内自化〟されたもの」と指摘していた[35]。複雑な諸価値・諸力の屈曲した高度情報化社会の把握には「概念装置」としての権力を多義的な社会像から記述しなければならない。「種の論理」とは多義的な「論理」となることによって、さまざまな種類の「矛盾」を包含していた。また、そこでは「否定的対立の統一」と「統一の対立契機」を「緊張の媒介動力」としていた。「否定／肯定」あるいは「対立／統一」の緊張を保つ媒介性は「権力」を「偶然的な特異性の集合」とし、「発現と消滅の規則の集合」として描写するだろう。つまり、「社会／個人」は「布置的関係態の〝結節〟として位置」づけられることになるのである。こうした「実践的統一即分裂的疎外」としての概念把握は実体化を回避し、「存在」と「意味」の複数性を担保しながら諸力の複合体として「権力」を捉える。

分散し拡散する権力は「個」と「種的基体」を分断し、「個／種／類」という包括性を排他性に代置する。「種的基体」が他者排除を自明視すれば、「基体」を構成する「項」が実体化されていくことになる。また、必然性と画一性が支配的基調となる「基体」として物象化されていく。他方で、物質的利害の共有関係は擬似リゾームの相貌をもつことになる。それは一個人に集約されるのではなく、個人間のレベルでは「対立／排除」が中軸となっている。多重的な対人関係のレベルでは複雑な「実利の体制」と「異なった記号の体制」を包摂することになり、そこには物質的暴力を含意する「非・記号の状態」が起動している。そうした包摂と排除の混在が「基体」となるとき、「差異の束としての同一性」は無差異だからこそ同一性を維持するという錯認となる。リゾームは「〈一〉にも〈多〉にも還元されない」のと同時に、「さまざまな次元から変動」する。だとすれば、「基体」はリゾームの多義的な相貌を呈し、一つの様相として排除が「固有の本性」として「種」に内属しているかのようになる。他方で、「実利の体制」が生活世界を包摂し侵蝕するとき、「個」は他者との「共生」を放棄し内的動性を喪失した「種的基体」と同一化する。このとき「行為的主体〈として〉の個」が担うべき倫理的責任は「種的基体」における匿名性へと融解していく。つまり、他者排除を可能にする諸原因についての「明晰・判明」な認識をもつことを人びとは自らの「意志」で放棄する。その結果として「今」だけが優先され、将来に対する「明晰・判明」な考察さえも忌避しているのである。非日常と日常が切れ目なく連続する「今」が流れ去るなかで、「個」は「種的基体」へ融解してきた。「今」が「つぎつぎ」と流れ去る歴史的連続性が日本という空間の諧調を産出してきたのであった。そこには「行為的主体〈として〉の個」が存在しない一方で、「万世一系＝皇統」のプロブレマティックが際立つことになる。

たとえば、水俣で見出された「心性」は「個」を物象化しながら、「種的基体」の内的倫理性を腐蝕させていた。そのとき経済的合理性は「生態学的／伝統的／社会的」合理性を否定し、他の合理性よりも優先されたのであった。生活世界を維持し継承するための人間的行動が経済領域の機能を妨げるとされたために、「人‐間」における諸行動は「合理的」に負の価値領域へと排斥されていったのである。だからこそ、原田は「かくもみごとにこれらの責任を放棄したその姿勢にこそ、水俣病最大の原因がある」とし、「それこそ〝人を人と思わない人間疎外〟にほかならない」

と述べたのであった。また、原田は「会社に盾つくものは市民に盾つくものであり、会社に不利益をもたらすものは水俣の市民社会にたいする反社会的行為であるという風潮が定着した」とさえ論じている。[36]

こうした「人間疎外」とは政治的・経済的権力による排除の精神的高揚から産出され、封建的共同体の拘束力が残存する「空間」では政治的・文化的圧力となる。封建性を持つ観念が排除する対象を一度規定すれば急速に「空間」内で多数派が形成され、その結果は排除と包摂の分断線の深度を急激に深めていくことになる。「人間的自然性」はサルトルと廣松の視座から考察したが、ここでは「人間」と「疎外」という二つの概念構制を再考しなければならない。つまり、他者の人格や尊厳を否定し、その「生の姿」すらも排斥しようとする人間存在を「歴史化された自然」のなかで捉えなければならない。たとえば、自他間での認識共有を促す契機となるのは出来事や対象の「客観性」を把握し理解しようとすることである。

「認識／観察力／概念把握」と「客観性」の関連をウェーバーの視座から安藤英治は論じた。その視座に定礎するとき、「いかにして激烈な情熱と冷静な観察力とは、同一の人間の内部に一緒に押し込められるかということこそ問題」となる。たとえば、ウェーバーの理想とした政治的指導者像は「情熱と観察力（いいかえれば実践と認識）を統一」させ、それらから作り出される責任感をもった「人間像」であった。他方で、学問に要求されるものは「情熱と仕事」の結合と「〝明晰性〟」であり、明晰性は極限においては自己に対する明晰な認識すらも包含することになる。そして、この点において学問とは「自己の行為の究極の意味についてみずから責任を負うことを強制」することになる。そうした「自己責任をとることを強制」する点において学問は「道徳的な力に仕えている」のである。認識の知的訓練によって人びとが明晰性と責任感を獲得するという点に学問のモラルがある。一方で、そうした学問のモラルとは、学問に「特定」の道徳性を介在させることとは全く別の事柄なのである。[37]

いいかえれば、「人間疎外」という視座は「激烈な情熱と冷静な観察力」に導かれた明晰性によってこそ対象化されていく。また、その視座は時代的背景と観察者のパーソナリティの交互的媒介による価値決定に依拠している。したがって、観察者の生活態度や行為選択が反映されている一方で、先行与件をできうる限り対自化しながら、対象把握する姿勢にこそ学問のモラルがあるといえるだろう。「人間」や「疎外」という概念構制にも変様があり、「人間は波打ちぎわの砂の表情のように消滅するであろうと[38]」というフーコーの言葉は、「近代」が生み出した新たな「人間疎外」を描写するために必要なものであった。近代化による「人間疎外」の在りようを示したのが「水俣病事件」であった。二〇世紀においても「排除／包摂」という領域が形成され、「水俣病事件」とは経済合理性が生み出した近代的病弊の極北であった。つまり、「二〇世紀の経験」が示しているのは、ひとつの社会が恐れを抱き、その存在と再生産が脅威にさらされていると感受したとき、「秩序をカオスから、文明を野蛮から隔てている薄皮」がさまざまな場所で容易に綻びてしまうことであった[39]。そして、近代化の負の側面の極限値でもある「水俣病事件」は封建性が内包する他者排除にも先導されるという矛盾した状況を形成することにもなった。「合理性」が「人間疎外」という「非合理性」を作り出し、「時」が瞬間という「今」となって持続的な思考力は疲弊し麻痺したのであった。

文明と野蛮が薄い皮膜一枚でつながっていることは「自己保存的合理性」から論じた。「自己保存」の肥大化は感覚的経験を合理化し、「価値形成的‐規範形成的」能力は他者支配の「暴力的‐権力的」手段となった。いわば、功利主義的思考様式と市場メカニズムの機能がほぼすべての価値領域を侵蝕し、「経済的」人間が人として在るべき「本然の姿」とされていた。それは経済システムが「本来的」に社会全体を先導すべき領域だとする錯認を定着させることになった。伝統的文化体系の枠組では「自己保存」の衝動を抑制することはできずに、その衝動を増殖させる媒体となった。一方で、「人‐間」における共同主観性の身体化は、自他相互の行為能力、行為予期、そして行為選択のなかでの自律性、などの獲得を含意している。こうした共同主観性の獲得とは「布置的関係態の〝結節〟として人間」の在りようを明示している。また、伝統文化の継承過程で「言語＝象徴的規範性」は習得され、自他間での相互了解行為が高次化していく。多種多様な相互行為が媒介され、道徳的判断と倫理的行為の汽水域での「対立／葛藤／軋轢」を「対立的統一」のなかで均衡させ維持する能力を得るのである。

第二節　歴史的惨禍（水俣／福島）と「歴史的な生の連関」

色川大吉によれば、共同体には「人民の生存の権利」として言語化されえない「基本意識」が存在してきた。その「基本認識」とは、人民が「一つの緊密な生活共同体、地縁性・血縁性を含んだ運命共同体」を結成し、何百年間にもわたって「生き続けてきた所産」であった。その「生活共同体」では「生活」の維持のために構成員の一人ひとりの労働が重要であり、「共同労働」に不可欠な「めいめいの生活や経営が崩れそうになる」ぎりぎりの「最小単位の結束体」が「生活共同体」なのであった。こうした「生活共同体」は、一九六〇年代になって全面的に崩壊しはじめたが、少なくとも一九五〇年代までは「日本における山村、農村、漁村に生きていた」のであった。そうした小地域共同体は長い歴史のなかでの自立した生活単位であったのと相即的に、「民衆は知恵をしぼり、肩を寄せあって生きてきた」のであった。そのなかで継承されてきた権利観は「共同体」と「個」とを明確に分離することはなかった。重要なのは共同体内の人びとに承認されてきた「法、掟、定め」が「基本法」となっていたことである。(40)

一つの緊密な「地縁性・血縁性」を含んだ「運命共同体」は伝統的な政治経済構造となり、それはまさしく「実在」として人びとに現前していたのである。個人は「人-間」における交互的な媒介性によってむしろ集団へと埋没していった。また、「生活共同体」は「共同労働」によって維持された「最小単位の結束体」であった。一方で、「運命共同体」は全面的な画一性に満ちた場ではなく、民衆が歴史的知恵を媒介とした自律性をもつ「生活単位」でもあった。つまり、「共同体」と「個」は相互共軛的な関係性にあり、その中で人びとの「生の姿」があった。歴史・伝統・文化の各領域では「共同体」と「個」は相互に媒介されながら「持続性／継続性／連続性」を継承していたのであった。そして、近代化は「運命共同体」とは異なる擬似リゾームとなり生活世界を包括する一方で、この擬似リゾームは「地縁性・血縁性」と慣習法的な秩序（＝「法、掟、定め」）すらも包含し、「包摂／排除」の境界線を引いたのであった。慣習法的な権利観は「近代」を介することによって「私の『共にある存在』を、独自な一つの人格と他のひとしく独自なもろもろの人格との関係」とすることはなかった。つまり、「前近代」と「近代」が融解した権利観は「《何ものにもましてかけがえのない存在同志》の相互的な結びつき」ではなく、むしろ「関係のいずれの項をどう入れかえてもいい一つの全面的な交換可能性」の基点となったのである。(41)

慣習法的な権利観が準拠する「法、掟、定め」を廣松は、デュルケームが道徳的諸事実の構成的契機とした「obligation、attachement」であるというだろう。「法、掟、定め」とは「思惟と行動の共同主観的な存在構造」の契機となり、共同主観的・集団的心態の「在り方」ともいえる。いわゆる価値や規範を考察する視座は「cogito.facio が本源的に cogitamus.facimus であるという人間の意識と行為の共同主観的＝相互主体的な存在構造」に定礎する必要がある。(42)「個」は歴史的・文化的・経済的な諸制度に編み込まれており、「共同労働」によって経済構造は安定化し、「最小単位の結束体」の維持を可能としてきた。そのとき「共同労働」とは制度化され、労働過程は統一性と安定性を「生活共同体」に与えてきた。慣習的基本法は共同体内の明確な葛藤を潜在化させ、道徳意識は「個」の意識的葛藤を共同主観的・集団的心態の「在り方」へと集約してきたといえる。また、それは「命令／掟」に従わせようとする一般的規範性の安定性を計る重要な指標となる。「統一性／安定性」の確定と構造が確立され円滑に機能すれば、人間の経済活動は一つの制度化された過程となる。共同体内で慣習的基本法が機能していれば、政治・経済構造を伝統的文化体系の「持続性／継続性／連続性」が一定程度の幅で固定化されていたといえる。

人間存在を「全面的な交換可能性」へと代置する「近代」に対して色川は安丸が提起した「通俗道徳」を重視した。色川の視座は客観性を正当基準とする社会批判でなく、共同体内における内在的な批判であった。「民衆史」は現実から徹底して離脱する態度が「社会批判の前提条件」となるとは考えていない。一方で、「民衆史」は「近代的認識論」が前提としたような「学知」ではなく、「根をもつこと」を重視したラディカルな「歴史的理性批判」であろうとした。この「歴史的理性批判」を遂行しうる者たちをマイケル・ウォルツアーは「地域に根ざした判事（the local judge）」、〔当該社会との〕繋がりを維持する批判者〔the connected critic〕」と呼んだ。ウォルツアーによれば、これらの判事や批判者は、「時にはかなりの身の危険を冒しつつ、異議を申し立て、抵抗し、抗議する」のである。また、その批判者たちは「地域に根ざした、あるいは地域の特性を背負わされた諸原理（local or localized principles）」に立脚している。もし、新たなアスペクトを拓く準拠枠を獲得したならば、彼らは身体化した知識に基づいて新たなアスペクトを共同体内の文化体系に接続しようとする。つまり、「彼は知性の面で〔当該社会に対して〕超然たる態度を保つ」のではなく、「感情面のつながり」を不可欠な「こと」として共有しているといえる。そうした人びとによってはじめて「社会批判は内部から企てられる議論」となりえる。社会批判的な視座は「自覚的な努力」によって帰属集団内に位置づけられ、「想像力」によって「地域の実践や制度に入り込む」とき可能となるのである。(43)

そうした視座を存立させるのが「地域の実践や制度」への帰属であり、廣松が指摘するように、「人間の存在とは現実的生活過程」において「存在が意識を決定する」ことでもあるといえるだろう。他方で、この意識とは「社会的な生産物」であって、身体感覚すらも「共同主観化・社会化」されているのである。つまり、人びとが意識的な「対象的活動・生産的実践」によって、先行世代から継承した「生産諸力、諸資本、諸環境の或る総量」を基盤とし、それらに変様を加えることを意味しているのである。「歴史的に継承されてきた諸対象」に対して後続世代は「一定の発展、或る特殊な性格を賦与する」のである。こうして「人間が環境をつくるのと同様、環境が人間をつくる」といえるのである。(44) 環境と人間のあわいには生活世界の文化的確実性とその確実性以上の不確実性が存在しており、生活世界を背景として環境変化に応じるために人間は暗黙知を身体化してきた。暗黙知によって人びとは「包括的存在(comprehensive entity)を理解すること」が可能となる。他の行動規範としての共同体的知恵や客観的学知なども「その存在を包括＝理解」できる一方で、それは「個々の諸要素が合同してできた意味に注目しようとして、その諸要素を感知し、その感覚に依拠する」からなのである。(45)

「包括的存在」の理解から人びとは「生の姿」を解釈し、その解釈は「時－間」という時系列と交互的に媒介されている。また、そうした解釈を「動的転換媒介」として歴史内存在は自らを「再構制＝再解釈」しているのである。人びとは「時－間」の集約によって自分自身を象り、「生の姿」を特定の「意味」によって限定するといえる。「意味」による限定は将来への意志決定の起点となり、「過去」を連続するframeworkによって時系列のなかに位置づけることになる。一方で、反省によって「知的図式に還元された世界」においては精神と世界は二項対立的に裁断された関係へと縮減される。つまり、「主観－客観」図式によって精神と世界の分立が自存視されたならば、精神と世界の「相互の蚕食も混同も移行も思いつかれることはありえない」。だが、精神と世界の関係は「所産的自然の能産的自然への関係」なのである。(46) 世界と人間は行為を介して一つの円環的媒介性を作り出し、その媒介的過程のなかで自己は「共同性」と「個別性」を獲得する。だからこそ、「人間は能産的な主体である前に所産的な主体」なのである。(47) すなわち、人間はさまざまな「過去」を介して自己像を「いま・ここ」に確定するのである。また、自己像の確定とは自分自身を理解することでもあり、その理解は自分自身の「生の航跡」が描き出す歴史的・社会的関係性を把握することになる。いわば、理解とは「生の姿」の可能性を拓く実践過程での行為遂行的理解なのである。こうして人間とは伝統や文化を有する共同体内に被投されている一方で、引責可能な行為を「創始」する立場にもある。廣松は、人間は歴史的に送られてくる世界に対して、「その関わり方をすら共同主観的・社会的に『存在によって決定』」されている、と論じた。つまり、「用在的な歴史的世界に被投的に内・存在」となって人びとは対象的活動を営んでいるのである。こうした「歴史・内・存在とでもいうべき根本的な構え」に展ける世界とは「歴史的自然／自然的歴史」といえる。人びとが「本源的に共同主観的な在り方で『自然を歴史化』していく対象的な営み」は「歴史的存在被拘束性」となってきたといえる。[48] いわば、「生まな世界（monde brut）」が存在するのではなく、「『世界』という意味だけが存在する」のである。[49]

いいかえれば、「生活形式」（Lebensform）への内属によって人は歴史のなかに存在する。「生活」の「形式」とはそれまで受け継がれてきた「伝統文化＝内容」を維持する外枠である。行為遂行的に「形式」を人びとが学び取るのと相即的に、「内容＝価値／規範」は「社会的事実」として人びとに現前することになる。いわば、「生活」という「営み」を可能とする「内容」とその「形式」は「共同主観的＝相互主体的な存在構造」へと代置することができる。これまで「人－間」において継承された言語活動を介して人間は歴史に内属し、「世界と生とはひとつである」[50] ことを体現してきたのであった。世界と生の根源的一元性は人間が歴史内存在であることを意味し、人間とは時空間の変容と相即的に変化せざるを得ない歴史的な存在であることをも明示している。つまり、「生活形式」の「内容」とは政治・経済・社会構造の変化と同時的であり、生活の形式化によって伝統的規範性の幅は一定程度に収斂していた。だが、「近代」と資本主義は形式化の外枠を突き崩し、経済活動の変化と拡大は歴史内存在が「生活形式」に「根をもつこと」をつねに揺さぶり続けた。それは「世界と生」の根源的一元性を変様させたのと同時に、「世界と生」の「共同主観的＝相互主体的な存在構造」の奥底を侵蝕したのであった。

こうした「生活形式」の侵蝕を原田は深く見つめていた。たとえば、九州地方では、人類史上の最大規模の環境汚染による中毒事件「水俣病」（一九五六年）、戦後最大の炭鉱事故「三池炭塵爆発事件」（一九六三年）、世界初のPCB混入による食品中毒事件「カネミ油症事件」（一九六三年）、廃鉱山による環境汚染「土呂久鉱毒事件」（一九七一年）、旧廃鉱山労働者の埋もれた労災事件「松尾鉱毒事件」（一九七一年）、などの事件や事故が集中した。また、日本初の「慢性二硫化炭素中毒事件」や西日本一帯におこった「森永砒素ミルク中毒事件（一九五五年）」などの悲惨な事例もあった。そして、全国的規模でみられた「振動病」や「じん肺」などの職業病、「スモン」、「大腿四頭筋萎縮症」、「サリドマイド児」、などの薬害も九州地方に多発したのであった。こうした「公害／労災／薬害」がこの地方に象徴的に集中したのは偶然といえない、と原田は論じている。なぜなら、一九四五年の敗戦を契機とした大日本帝国の崩壊と植民地の喪失は、九州地方を植民地の代替地とする必要性を生み出していたからであった。たとえば、チッソや三井鉱山の歴史は、植民地進出、敗戦による撤退、経済構造の合理化の結果なのである[51]。

明治維新政府による中央集権化は地方の「生活形式」を画一化させ、東京を中心とした大都市圏へヒト・モノ・カネを集中させることになった。そうした集中は政治・経済的中心地として東京を拡大しただけでなく、東京の「方言」が「標準語」となったように、東京を中軸とした文化的階層化も進行したのであった。だが、メルロ＝ポンティが論じたように、「作動する〈言語〉」とは、そこから「制度化された光が生まれてくる暗い領域」といわねばならない。つまり、明暗を作り出す「意味」とは「話し手の物理的・生理的・言語学的な多様な手段に封印をし、閉じ、糾合し、それらをただ一つの作用に集約しようとする」権力性と等価値なのである。[52] たとえば、言語教育とは「権力と知」の合作であり、知の管理、知の政治、権力の諸関係、などを構成する基底となるのである。だからこそ、発話行為自体が支配層の「最善」とした価値体系を積極的に具現化しているといえるだろう。こうした「人‐間」における言語交通の「中央集権化」は「多様な手段を封印し、閉じ、糾合し、それらをただ一つの作用に集約」することなのである。その集約から言語は「政治的／文化的／社会的」な優劣を決定する権力的な機能性を果たしてきた。つまり、「文化」的権力は暴力的な力ではなく匿名性と柔軟性によって人びとを序列化し、「人‐間」の分断を深めたのであった。東京を中心とした近代化と文化帝国主義は言説編成とその実践によって九州や東北を文化的な劣位に位置づけたのである。こうした文化的劣位の固定化は日本の近現代を貫通する問題であった。

ところで、水俣病の四つの多発部落（湯堂、茂道、月浦、出月）を中心として、他の地域も含めて鶴見和子は一九七六年三月から五年間にわたり人びとの「個人史」を聴き、それを書き取っていった。その一つの解答は水俣病とは西欧をモデルとした近代化の弊害の極限状況であるというものであった。他方で、鶴見は次のような歴史内存在の脱物象化の過程を見出したのであった。つまり、水俣病によって身体を蝕まれ生活を破壊されながらも「自力によって身体の機能を回復する人々が立ち現れた」のだった。そうした人びとはいわゆる「近代化」とは異なる「生活の形」と「人間関係」を創出するために「さまざまな小さい集団」を作り始めたのであった。人びとの一つひとつの「創出的行為」が明治維新以来の中央集権化への抵抗となり、それらは「地域の水と土と歴史」とに根ざした試みとなったのであった。これらの「創出的行為」を鶴見は「内発的発展」と呼んだのである。[53] それは共同体の客観化からはじまる「歴史的理性批判」の起点であり、諸個人は「空‐間」内での「常識」を他の思惟様式と比較考量し、「常識」が内包する封建的排他性の陥穽を明らかにしたのである。

「近代化」は人びとに必ずしも「福音」をもたらしたわけではなかった。従来からの「生活形式」が内包していた「形式性＝規範性」の相対化を進行させ、西欧近代が作り出した価値規範の「日本」への移植は価値「内容」を問わない形骸化したものであった。そのとき国家システムは西欧近代が獲得した基本的人権を空疎なものとし、継承された文化的記憶を得る「教育」の場は「国民」育成の場と変容した。一方で、国家的綜合とは集約性と分散性の両端の「間」を往来する渦動を生成する。その国家的綜合は「直接の自由意志」のように「共同体相互の闘争」によって「自己の統一」を破るのと同時に、「生命」に害を与える「類の統一」をも理念として含んでいる。いわば、「種の分有理論」と「個の分立論理」から「類の摂取論理綜合」をおこなう必要があるといえるだろう。こうした「種」と「個」は相互に否定的対立にあり、「種」が「個」を完全に否定するとき「種」の存在すらも否定される「相互予想」に立脚している。「対立と予想との反対が緊張の動的統一」をなし、その消長の上に相互媒介し合う動的均衡が「社会的安定」といえる。こうした均衡の崩壊は相互否定へと移行する「対抗動揺」を生成させることにもなるのである。[54]

ウェーバーは「ある事象の『社会－経済的』現象としての性質は、その事象それ自体に『客観的』に付着している、といったものではない」という。そうした性質は認識関心の方向性に制約され、個々の事例の場合には「当該の事象にいかなる文化意義を付与するのかによって決まる」とされる。「人間生活の諸事象を、その文化意義という観点から考察する」ならば、社会科学は「この〔文化科学〕範疇〔カテゴリー〕に属している」のである。この「範疇」によって「人間生活の諸事象」を一つのアスペクトから捉えることができ、社会科学とは「そうした一面性こそ、目指すところなのである」。この目的からいえば、「『社会的なもの』つまり人間間の関係という観点は、なにか特殊な内容上の述語を与えられたばあいにのみ、科学的問題を区分するに足る」のであって、そうではない「なんらかの規定性をもつ」とする論述は「誤謬」なのである。[55]

向井守によれば、ウェーバーは「価値自由」に依拠し、科学から人生の処方箋を導出するという幻想を棄却したのであった。つまり、「科学において価値判断を克己・禁欲」すると同時に、「一切の幻想をもつことなく事実を凝視する」ことを説いたのであった。「価値自由」という「知的誠実さ」は、唯一の世界観が正義を専有することを、経験科学によって証明されえないことを明示する。したがって、「価値自由」とは「『理論的』には価値からの自由」と「『実践的』には価値への自由」という二つの側面を含意しているのである。[56]また、カール・レーヴィットがいうように、ウェーバーが示そうとしたのは「《創造的》な自由は特に人間のもの」ではなく、「客観的に存在しかつすぐそれと判る人間の特徴」ではない。つまり、「創造的な自由」は一種の《価値判断》を必要としており、「《それ自身》何らの意味をもたない事実にたいする〔人間の〕主観的な態度決定」にのみ準拠しているのである。[57]

「人間生活の諸事象」、「社会的なもの」、そして「科学的問題」、などの客観性と認識問題について廣松も考察している。そうした考察で廣松が重視したのは「相対性理論」であった。廣松によれば、古典力学や「日常的対象〝確知〟」での「〝変換的〟〝統一的〟把握」は暫定的なものである。なぜなら、認識論的には「終局的に〝絶対的な〟あの〝真の〟〝客観的事実〟を想定するかたち」となっているためである。他方で、「相対性理論」では「対自的認識相と対他的認識相とを一定の方式で〝変換的〟〝統一的〟に把握」した「所知態」が「〝真の〟〝客観的事実〟」として定位されている。[58]つまり、対象把握についての「尺度」の考察についても、それが真摯になされないのならば、「物理学の真理をみな『主観的なもの』の側に押しやる」ことになり、「それはとりも直さず、不可知な『客観性』という観念に権利を認める」ことになる。むしろ、「主観と客観との分裂の原理自体」を否認し、「『実在』の定義の中に観察者と被観察体との接触という事態を取りこむようなもの」でなければならない。[59]

廣松は、対自的観測記述と対他的観測記述の両観測者は、自己にとって直接的な対自的現相と対他的現相とを与件としつつ、両与件を「間主観的＝共同主観的」に同一の意味的所知において措定し、両現相態を「間主観的に単一な所与」の「観測系（観測者）に応ずる〝射映〟相」として了解する、と論じた。このとき「間主観的に同一な意味的所知」に照応するのが形式の「変換式」であり、これがその都度の観測的定式の場で具体的な対象性に〝肉化〟されたものが「間主観的に単一な所与成態」となる。それは両観測系との相対的関係を内自的契機に含意した一種の函数態的成態であり、「純然たる客観的相在」なのではない(60)。

また、こうした思考過程を解釈学的循環から再考することができるだろう。解釈学的理解は「諸意義の伝承された脈絡」に向けられており、理論的命題が必要とする「独白的意味理解」から区別されることになる。また、人びとは伝承された意味連関を否定的に再構成するような規則を駆使するのではない。というのも、この連関は「記号的関係を事実的関係〈として〉捉える解釈学的な意味理解」を必要とするからである。そして、解釈学とは「経験の形式であると同時に文法的分析の形式」である、とハーバーマスはいう。そこには「言語的表現、行動、体験の表現」という「理解の基本的形態」が存在しているのである。言語的表現を「具体的生連関」から完全に分離することはできないからである。もし、言語的表現を「具体的生連関」から切り離せば、そのとき言語的表現に由来する「生の特殊性に対する思考」を何ら含意していないことになる(61)。

たとえば、「具体的な対象性」が「間主観的に単一な所与成態」であるのは、パースペクティヴ性から思考や経験が「形式化」されるのと同時に、「具体的な対象性」は〈容認〉されているからである。したがって、パースペクティヴ性が知覚のなかへの主観性の係数の導入ではないように、「間主観的に単一な所与成態」とは「実在的世界との交通を、知覚に保証してくれるもの」なのである。つまり、実在と知覚が交叉する場としての世界が「函数態的成態」として現れるのである。したがって、「物についての直接的経験の権利」の回復には、「一方の経験主義に対しては物は感覚的顕現の彼岸にある」と把握し、「主知主義に対しては物は判断の秩序に属する統一体ではなく、〈現われ〉そのものにおいてすでに〈受肉〉している」と理解しなければならない[62]。

歴史についての記述、つまり一般的な解釈行為とは「観察主体」と対象となる客体との間で独特な媒介項を内包している。主観的な意味形成の端緒は行為者の「生活形式」によって規定されている一方で、主観的意味の科学的把握は科学的知識体系としての意味連関からの考察を必要としている。いわば、「主観‐客観」的認識論と科学的知識体系は多様な価値領域との「交わり」のなかで再考されなければならないのである。こうして主観的意味とは意味連関の網目と相即的に形成される歴史的理性による認識からも検討していくことができる。歴史的理性とは単なる感覚的知覚でなく情動を包摂しながら展開されてきた精神的活動である。それは歴史的・社会的・人間的事象を「冷静であろうとする感情」によって客観的に考察を進めることであって、個別的考察と全体的考察を媒介させながら、歴史における人間的形成物と人格形成を捉えることを意味している。

しかし、一つの権力体系のなかで「観察主体」と「観察対象」が分離されずに、権力の言説に沿った準拠枠から「客観性」が提示されるとき、そこには「醒めた認識」はない。たとえば、他者への「信頼」と安定性した世界把握は一定の信念体系に準拠している。そこでは「複雑性の縮減」が行われている一方、縮減しえない混沌した状況下では「二者択一」という形の行為選択へと傾斜していく。つまり、流動性と可変性に充ちた世界を歴史内存在は「として」による媒介から世界像を同定しなくてはならないのである。混沌とした時空間的認識からでは「無意味／無根拠」である世界で「意味」を確定することができず、それは歴史に内属する自己の「生」を同定できないのであって、「連続的／道徳的／理論的」な媒介性を内包することによって世界像の複雑性をむしろ縮減するのである。いわば、多様な諸価値を媒介する「成育」過程で習得される「倫理性」は「基底的」準拠枠から「創造的」準拠枠へと変様していくのである。つまり、人びとは共同世界内で「として」に媒介された「意味」によって「主体＝彼ら／彼女ら」、世界、そして「自己の生」を了解しているのである。このとき「として」に媒介された「意味」が相互承認の基点を作り出し、言葉が「交わり」を生み出しているのである。

他方で、現在の生活維持のために「不透明性と隠蔽と虚偽がその安全のために必要な条件」となっているのであれば、「エネルギー的かつ環境的な方程式」には「人類が物質的発展とは別の自己実現のモードを選ぶ自由を行使するという以外の解法」はない、とデュピュイはいう。つまり「人類の未来にのしかかる主要な脅威は傲慢の誘惑」なのである。こうした「致命的な思い上がり」を招来した要因は「技術が象徴システムの果たしていた役割を担いうると思い込むこと」なのである。他方で、「いつ起きてもおかしくない行為の逸脱を限界内に含み抑えてきたのは象徴システム」であった。それを毀損してきたのは科学技術であったが、「自然ではなくもっぱら人間関係についての行為能力」が問われるならば、科学技術は「象徴システム」の代替とはなりえない。というのも、技術自体が「不可逆的なプロセスを発動させる例の能力に関与している」からである。(63)

「象徴システム」は機能分化が進行するなかで細分化され、機能分化した科学システムは「象徴システム」とは異なる「自律性」を有している。つまり、その方法やテーマ選択の「自律性」とは「システム自体のなかで獲得されたのではない与件」を潜在化させることでもあるといえる。したがって、認識は「循環的にしか基礎づけられない」のであり、科学システムの循環性は「象徴システム」とは異なる自己展開となる。このとき科学システムの外部で重要視されている諸問題（放射能汚染や生命医療の倫理性からの逸脱など）とは相違する「区別」が作動している。だからこそ「科学以外の評価に対するテーマの近さ」は重要とならず、科学技術が参照できる観点も限定されているのである。また、その観点は科学システム自体のなかで構成され、証明されねばならないのである。つまり、「システムの自己のコード、自己の主導的差異」による定義によって、はじめて「固有のオートポイエーシス」が始動しはじめるのである。また同時に、「システム内部の連関を創出する形式として循環性」を受け入れ、「自己観察はシステムの自己言及的閉鎖性」に準拠しえるのである。[64]

しかし、科学「技術」と人間の「精神」は相互に媒介されており、「技術」と「精神」の交互的媒介は「技術文化」と「時代精神」となって重合している。この重合は「技術文化」の変様と相即的に歴史内存在の価値判断にも影響を与え、歴史内存在がもつ「時代精神」の「表現／提示」を変容させる。「時代精神」は「過去」と「現在」を技術の媒介によって関連させる必要性がある一方で、「技術」は人間と自然環境の「時‐間」的な繋がりを屈折させる。たとえば、それは野家啓一が論じたように、「理論」が多種多様な「出来事を整合的に説明するための装置」であることに由来している。それゆえ「広い意味での『理論』は『物語』」と考えることも可能となる。つまり、「一つの『理論』を受け容れることは一つの『物の観方』を獲得すること、あるいは一つの『生活形式』(Lebensform)を選び取る」ことなのである。[65] ここで野家が述べた「物の観方」とは「《……として見る》(seeing as)」でもある。「《……として見る》(seeing as)」という行為は「として」による渦動を生み「象る」という両義性を内包している。たとえば、廣松は「『現相的所与』がそれ以上の『意味的所識』として覚知される此の『として』関係を『等値化的統一』」と呼び、また、「所与が『能知』に対して《フュア》所識的意味として妥当する構制を能知的主体の側に定位して把え返すさいには、当の『として』を所識的形相契機の所与的質料契機への向妥当化《ヒンゲルテン・ラッセン》と呼び換える」と論じた。「等値化的統一」は、「知覚の存立条件」と「記号的意味表現を成立せしめる可能性の条件」となる。つまり、「『向妥当化』は判断的主述結合を成立せしめる原基的構制」としなければならない。こうした「『として』関係は論理学に所謂『自同律』を弁証法的に把え返すさいの鍵鑰をなす」といえるのである。[66]

すなわち、「技術」と「精神」は根源的共軛性から交互的変様を遂げており、自己言及的閉鎖性は不可逆的に変化する科学システムのオートポイエーシスと相即的に機能している。だが、無限定に進行する「不可逆的なプロセス」であっても「事実」に基づく「客観性」に依拠しており、自然と人間の限定を超え出ながら拡大する「欲望」は先行する歴史的経験や従来の自他間での「信頼」の基盤を根底から覆すことになる。日本社会では歴史内存在の「自己保存」という「欲望」が「人 - 間」の背景知である価値規範を断片化させ、他者への「寛容」と「信頼」を侵蝕している。というのも、「自己保存」とはつねに伝統や文化体系から規範性を剥奪する「技術的変様」によって可能となるためである。一方で、世界把握や相互了解には共同主観性を介した言語活動の「一般化」が必要となっている。なぜなら、共同主観性は「正邪」「善悪」「美醜」などの判断基準であり、過去から継承された伝統的経験を「一般化」しているからである。こうした「一般化」は「技術的変様」による「行為の逸脱を限界内に含み抑えてきた」のであり、共同主観性によって存立する「象徴システム」が世界把握や他者理解の「客観性」を支えているのである。

安藤は「〝客観性〟は、何よりもまず自己の立脚している前提」、すなわち「価値理念を自覚することを基盤とする」と指摘している。また、自他間における「客観性」の共有は、①認識の一面性を自覚して鋭い一義的な概念の構成、②その構成による概念の妥当性の限界の自覚、③現実による自己の検証、などの態度を必要とする。そうしたすべてが「意味」を内包した自己認識に立脚していることは明らかであろう。およそ「妥当な自己認識」とは、「自己を対象化――すなわち客観化――することなしには獲得しえない」。つまり、認識の客観性を担保するものとは「自分自身の客観化」なのである。安藤は「これが、『客観性』の論理構造の示している〝客観性〟である」と述べている。[67]

いいかえれば、「客観性」には言語ゲームという実践過程で言語体系が内包する諸規則の習得が前提となる。つまり、「生活形式」を構制する諸概念は「として」に媒介され、非人格的な一般性と規範性を有している。世界とは主観性や客観性に分離された濾過物ではなく、歴史内存在の意志や行為などが「内在的動的統一」となった歴史像なのである。また、その「内在的動的統一」がさまざまな規則の新しい拓かれた解釈を生成するのである。自他は言語交通において「距離＝対象化」を維持し、その「距離＝対象化」がさらなる新たな対人関係の基点となっていく。だからこそ、言語理解という行為の「客観性」の基底となる共同主観性が相互了解を成立させているのである。共同主観性による相互了解を田辺は次のようにいう[68]。つまり、全体と個体とを相即的に繋留するものは「両者の裏面に自己否定的に分裂対立する種の基体である」。「種的基体」の自己否定による絶対否定的転換が「類の統一」であり、その転換復帰の還帰性が「個」となるのである。そうした否定的転換と転換復帰が「個の動性に対し類は自家止住の動即静を意味する」ことになるのである。

「動即静」を内包する行動が両義性を必然的な先行条件とするかぎり、「一連の物質的出来事」のように客観的な時空間で展開されることはない。また、メルロ＝ポンティは、「行動の各契機」とは「時間のただ一点を占める」のではなく、多くの「今」の系列を脱する特殊な値を獲得している、という。「今」は行動の未来をまき込み先取しながら、過去の多様な模索を要約する一方で、経験の特殊な状況を「類型的状況」と論じている「実際的反応」を「一つの傾性」とするのである。行動はその瞬間から「即自の秩序」を離れて、有機体が外部に対して行なう「内的可能性の企投」となる。そして、世界とは多様な生物を含意しており「並列された部分で充填された物質」などではない。つまり、世界とは「行動」によって「出現するその地点まで掘り下げられる」ようになるのである[69]。

「個」と「種的基体」の間に否定的媒介という動性があった。また、「類の即自かつ対自なるに対し、対自態が個の主体性であるといってもよい」、と田辺はいう。田辺は「個体が種の限定の極限と考えられ、種の統一が否定的に実現」されるのと同時に、「種の分立性が極限において個に到る」と考えたのであった。「統一実現の媒介としての種を否定的に統一的全体の内に保つものとして、始めて個の正確なる意味」が理解可能となるのである。[70]「個」と「種的基体」の実践を介した統一とは必然的に「相互的越境」となり、「個」が「種的基体」を侵蝕するのと相即的に「種的基体」も「個」に深く浸透しているのである。その相互侵蝕が「個」と「種的基体」をつなぐ否定的媒介性となって「個」と「種的基体」は「機能的・函数的な聯関態」を作り出すことになる。この「機能的・函数的な聯関態」とは歴史的・社会的諸行為から形成され、ある種の多様性を内包しているのである。こうした多様性とは、ミッシェル・セールが述べていた複雑で渾沌とした「白い大きな多様性がある」といえるだろう。[71]「白い」という「色彩」は広大な開かれた領野を意味しているが、歴史内存在は「政治的／法的／道徳的」な正当性に依拠しており、一定の文化的様式化と諸価値の序列体系のなかに位置づけられている。他方で、「社会／日常」、「集合／個人」、「意識／無意識」、などの多様な次元こそが「白い」とセールは表現した「こと」なのである。「白い」という「色彩」を「統一実現の媒介」とし、統一実現のための協働的実践から新たな多様体が生成している。つまり、「個」は全体に対立する対立性において「種性」を継承し、これを全体の内に止揚する絶対否定性において「全体の発動点であり転換点」となりえている。[72]そうした否定対立性が交互的に否定し合い、自由行為として「基体的内容」をむしろ「自己の主体的内容」に転じていく。すなわち、「個」とは全体の内にあっても自主性を保ち、自己の否定から全体を成立させる「矛盾的存在」なのである。このように「種的基体」の分立性の極点として「個」が存在するからこそ、道徳的諸事実の構成的契機は「思惟と行動の共同主観的な存在構造」の契機ともなるのである。つまり、「種の論理」の媒介性による定立とは「共同主観的・集団的心態の在り方」の描写と成り得ている。

ところで、価値規範は「人間の意識と行為の共同主観的＝相互主体的な存在構造」に立脚していた。すなわち、和辻哲郎がいうように、「人間関係」は「空間的な物と物との関係」のような「主観の統一」から成立する「客観的関係」

ではない。それは主体的に相互に関わり合うところの「交わり」、「交通」、つまり「人と人との間の行為的連関」となる。和辻によれば、「人は主体的に行為することなしにはいかなる間、仲にも存在」しえないのと同様に、「何らかの間、仲においてでなければ行為することと」もできないのである。したがって、「間、仲は主体的行為的連関としての生ける動的な間」となる。「知る主体、騒ぐ主体としての世間」とは「人と人との間の行為的連関」であり、「この連関における個別的主体を超えた共同的な主体」、すなわち「主体的共同存在」にほかならない。(73)

鶴見は水俣病患者と同行者たちの個人史を通し、「社会構造と人間像とのあいだ」から「『定住』と『漂泊』というカギ」を見出し主体的共同存在を考察したのであった。鶴見は「定住者」と「漂泊者」の「交わり」という「出会いと結合」を視座として「内発的発展の担い手が立ち現れる過程」を描写しようとした。たとえば、「じごろ」と「ながれ」という地元では差別を含意する「土着の言葉」を再定義したのであった。なぜなら、「土着の言葉」は「水俣病の初発の時期に患者に対する激しい差別と隔離として作用」した一方で、水俣裁判闘争とその後の「再生の時期」には、「じごろ＝定住者」と「ながれ＝漂泊者」の間で「相互になくてはならない仲間として力をあわせるような動きが現われた」からであった。つまり、「差別」の言葉が「連帯」の言葉へと変様したのであった。(74)

この視点からいえば、「交わり」による相互了解とは歴史内存在の実践と相即的に形成されている。つまり、自他間における相互行為の累積は「差別」の相対化と「連帯」を深める可能性が包含されていたのである。それは自己の内面性から他者性という外部へ開かれていく共同主観性の変様となり、この意思疎通は「共通の意思世界」のなかで実際に出会う「通訳者同士」で行なわれたのであった。そうした言語理解とは「一種の生の遂行なのである」とハンス＝ゲオルク・ガダマーは論じた。いわば、「人－間」での言語理解は「その言語のなかで生きている」とも表現できるのである。(75) 言語を介しての「交わり」とはヒトを意味の網目のなかに位置づけ、「役柄」の遂行から人びとを共同存在へと象っていく過程でもある。また、一種の記号的機能で触発される「役割的行為」は意識的・有意的な役割行動と相即である、と廣松はいう。役割的行為の構成要件を成す「能期待者」は、①一人の対向的相手、②協演を求めている複数の仲間や敵方、③期待的に見守っている環視者、④非人称的な世人、などを考えることができる。こうした「能期待者」の「期待」を知るためには「意味」の理解が要件となり、自己の行為選択に必要な行為予期は「〝舞台〟上」に登場する「他者たち各々の〝行為の意味〟の理解」を不断に必要とするのである[76]。

　ガダマーは、すべての理解は解釈であり、すべての解釈は言語という媒体のなかで展開される、とした。また、解釈は対話と同様に、問いと答えの弁証法のなかに閉じ込められた循環となっている。それは言語という媒体のなかで遂行され、「真に〔生起といった意味での〕歴史的な（geschichtlich）生の連関である」といえるのである[77]。

「歴史的な生の連関」を背景とするなかで、行為の説明理解は行為（遂行的／所業的な行為）の事象的諸現相を認知し、「目的性動機または／および理由性動機に則って、理解（説明）がおこなわれる」。このとき目的や動因は「所与の行為事象を手掛かりにして類推」され、「言語という媒体」によって確信となり限定されていく。また、一般的には「企投の場面」へと遡って、企投の「目的／動因」が思い描かれることになる。そして、企投の「目的／動因の〝確定的〟意識化＝認識」が成立し、所与的行為事象がそれと「反照的に関連づけ」られているのである。つまり、ここには間主体的な倫理の拡大と共有の形が「歴史的な生の連関」として存在している。この時点での役割行動（役割期待と役割遂行）では「対自的対他＝対他的対自の相」における「協応関係」が成立し、自他はその共軛性を深めていく過程となる。つまり、「われわれ自身が語ったり、語ろうとしている実践の場で生じうる見解の全体に関係づけなければならないのである」[78]。こうして自他という汽水域では協応的実践から「対他的対自＝対自的対他」となり、相互に不可欠な存在者として認識されていくのである[79]。

「個」の集約体としての「種」とは複数の「他者〈として〉の個」と多数の「自己〈として〉の個」による相補性によって成立している。そこでは「両面的対立契機の弁証法的統一転換」という渦動的思惟が生み出され、人びとは他の存在による反照から新たな思惟と行動予期を共有しているのである。つまり､伝統的文化体系が内包していた「差別」感情による人間の序列を対自化し、同時に共同体内での人格性が多様化されたのである。これは文化が規範的かつ一般化された行動予期であったことを示しており、その意味において社会科学は「この〔文化科学〕範疇〔カテゴリー〕に属している」といえた。こうした範疇から「人間生活の諸事象」のひとつのアスペクトを捉えることが重要であった。考察対象の一側面に限定するからこそ、「醒めた認識」は可能となるのであった。つまり、この「醒めた認識」を可能とする「人間の関係という観点」とは、一定の準拠枠を有するからこそ「科学的問題」と区別しえるのであった。いわば、「個人」の存在とは「思惟する存在」として自己を再認するのではなく、「人間の関係」に介された行為選択によって「明晰・判明」な意識となるのである。

対人関係を規定し行為選択の準拠枠となる「ゲシュタルト的所識」は「普遍性」と「同一性」を包含している。こうした「ゲシュタルト的所識」の変様と相即的に「個」と「種的基体」の媒介環が崩れたとき、「個」と「種的基体」の交互性は転機（＝「危機」）を迎えることになる。つまり、「行為的主体〈として〉の個」は「種的基体」という環界と身体性の次元でも密接な媒介環を交互的に形成しているのである。「個」とは「社会的存在」として言語的権力体系に包摂され、「種」との渦動的な媒介過程で「共振＝相互浸透」し合っており、「行為的主体〈として〉の個」は「種的基体」とのあわいで速度の異なる無数の微粒子が行き交う触発性を共有するのである。人びとは確立された内面的存在ではなく、「個」と「種」が「共振＝相互浸透」し合う世界内存在なのである。だからこそ、「世界」に対して開示された存在者として「主体」はありえる。

たとえば、転機（＝「危機」）の諸現象という視角からヴァイツゼッカーは「対他的対自＝対自的対他」を捉えた。つまり、主体が転機において危機に直面すれば「主体性」とは確実な所有物ではなく、それを獲得するためには試行錯誤という行為選択の必要性を再認することになる。なぜなら、主体の統一性と対象の統一性とは対をなしており、多様な対象や出来事が知覚や動作における統一性の構制には不可欠だからである。そうして主体の統一性は非恒常性と転機とを乗越え、不断に繰返される回復において存立する。世界の統一性が疑問視されたとしても「主体」はつねに自己自身の環界を維持し、多種多様な対象を「モナド的統一性」である小宇宙へと集約するのである(80)。こうした視座は伝統的二元論の枠組とそれを相乗する価値体系の基本構造を相対化することになる。

すなわち、認識行為とは他者との共同主観性の共有であって、結果的に多義性を有する共同主観性が「客観性」を可能にするのであった。「自然環境＝客観性」と「人間＝主観性」という二分法は「思惟する存在」を無自覚に前提とし、「個／種／類」の交互的媒介性を把握することができなくなる。だからこそ、「思惟者」という「主体」をある性質から一元的に導出することはできないのである。つまり、「個／種／類」には「両面的対立契機の弁証法的統一転換」があり、「人間＝主観性」とは「純粋」に作り出される存在なのではない。「種の論理」に準拠するならば「自然環境＝客観性」と「人間＝主観性」とは「混合」する「多様体」なのである。そこで「自然環境＝客観性」と「人間＝主観性」を自明視する認識論の問題点を廣松の論述から再考する。

「（一）主観の『各私性』(Satz der Jemeinigkeit od. Persönlichkeit)。主観は、いわゆる近代的〝自我の自覚〟と相即的に、究竟的には意識作用として、つねに各個人の人称的《ペルゾンリッヒ》な意識、各自的な私の意識だと了解される。（或る種の学派では超人称的・超個人的な認識論的主観が立てられるとはいえ、その場合でも、『現実的諸個人』の意識は人称的であるとされる)。そして、一般には、近代的〝個我の人格的平等性〟と照応的に、この人格的《ペルゼンリッヒ》意識主体として、認識主観は本源的に『同型的』isomorph であると見做される[81]」。

つまり、「主観の『各私性』」とは自己同一性の形成過程における「一般化された他者」の包含を忘却する思惟様式である。こうした思惟様式は「近代」という特定の「時代精神」であり、「近代的〝自我の自覚〟」を基点としている。また同時に、「自我の内面性」への回帰を重視する「教育観」をも生み出したが、その「教育観」は社会化を可能にする言語の媒介性を深く考察することはない。なぜなら、「一般化された他者」としての言語習得が自他間における相互了解の「媒体」であることを忘却するからである。四肢的構造論の視座からいえば、自己同一性の形成過程は「現相的所与」と「意味的所識」との関連および「能知的誰某」と「能識的或者」との交叉的関連の交互的媒介性によって可能となる。「能識的或者」を「一般化された他者」として「能知的誰某」は日常のなかで媒介し続けているといえる。「能識的或者」の身体化は他者の反照による「模倣」を反復するなかで作り出されているのである。というのも、「他者鏡」からの反照と相即的に行為選択の価値体系を「内面化」しているからである。こうした「能識的或者」という多面的「役柄」を「客観的世界＝舞台」で遂行すれば、各個人の「主観的世界」をも重層化していくことになる。つまり、媒介性への注視は共同主観性を中軸とした思惟様式となるだろう。身体と精神の間で記号体系を媒介する相互了解が「主観の『各私性』」の基底なのである。だが、機能分化の進行による生活世界の崩れは「各個人の人称的《ペルゼンリッヒ》な意識」をむしろ覚醒させており、「近代的〝個我の人格的平等性〟」を先行与件として社会秩序を構制とする観念形態となっている。

いいかえれば、「個人」とは「行為的連関としての主体的な共同存在」であり、しかも「その連関において行為」

する存在者でもあるといえる。その「主体的動的な構造」は「人間を一つの『もの』あるいは『実体』と解することを拒む」ことになる。いわば、「人間は絶えず動き行く行為的連関なしには人間でない」のである。それは「絶えず個人を生産しつつその個人を全体の中に没せしめる」ことをも意味しているといえるだろう。[82] こうした「人間」理解は、「認識主観に対して直接的に与えられている『意識内容』が客体そのものから区別され、対象認識は『意識作用 - 意識内容 - 客体自体』という三項図式で了解される[83]」ことを否定するのである。

第三節　通俗道徳の両義性と歴史内存在

和辻の「倫理学」は「個人」を「行為的連関」のなかで位置づけ、近代的人間像の陥穽から脱しようとした。だが、人びとを「実体」としての「臣民／国民」へと訓育する「倫理学」となった。すなわち、政治的な「公の場」から「私的な場」である日々の暮らしをも包摂する「天皇制」の暴力性や抑圧性を捉えきれなかったのである。「日本人」という自己意識が「行為的連関」のなかで形成されるのと同時に、その意識は「時 - 間」の経過によって強められていくことになった。つまり、「行為的連関」が物象化された「実在」となり、「日本的精神」という道徳性が寛容性や多様性に優越したのであった。こうして人びとの「生の姿」は天皇制に集約され、「生の姿」は「日本的精神」という円環的構造のなかに埋没した。

渡辺は近代日本の権力とは「下層民を国民的統合にもたらすための特別なメカニズムを必要とした」と述べている。近代天皇制を頂点とする近代日本の政治権力は「日本帝国」を単純な「資本制市民社会」へと変容させることを志向したのではなかった。近代天皇制を背景として支配層は「資本制社会」を「心情的共同社会」という「擬制」とした。

つまり、近代天皇制は「下層民が部落共同体的後進性」のもとに沈潜していたから成立したのではない。「下層民」が「その共同体的な低エネルギーの準位から励起」され「資本制的市民社会の体系」に帰属すると同時に、「訓育」されたからこそ「日本帝国」は成立したのであった。(84)

近代的な「常識」によって「社会経済現象の次元と精神文化現象の次元」が実体的に区別されている、と廣松はいう。つまり、直接的な経済活動から遊離した精神的形象を「文化」とする傾向がある一方で、発生論的に考えたならば、「経済と文化とが元来は不可分の一体」をなしていた。(85) また、カール・ポランニーによれば、経済過程の制度化は「社会内に明確な機能をもつ構造」を形成し、社会における「経済過程の位置」を変化させつつ歴史に新たな意味を加算していく。また、そうした制度化をポランニーは「価値、動機、政策に関心を集中させる」ものとし、「統一性と安定性」、「構造と機能」、「歴史と政策」、などから「人間の経済は一つの制度化された過程」を辿るとしたのである。いわば、「人間の経済」は「経済的な制度と非経済的な制度」に編入され、その制度化には「非経済的な制度を含める」ことが重要となる。(86) この「非経済的な制度」とは「精神文化現象の次元」であり、共互的な共同現存在が内属する世界は過去現在間の対立かつ並列的な歴史的「精神文化」を含意している。それは経済と文化が相互浸透する場となって通底しているからなのである。廣松は社会経済史的現象と精神文化的現象との区別は「二つの射影」というのが実態であるとする。また、「人間の意識的・無意識的な協働的営為」が形成する「現実に存在する歴史的与件」は「有機的・函数的な総体」であって、社会経済現象や精神文化現象は「歴史的与件」の射映を「反省概念(Reflexionsbegriff)の対象」として成立したものなのである。(87)

しかし、「心情的共同社会」という「擬制」を「実在」とするなかで「精神」は凝固化されていく。フーコーによれば、「精神」は「身体のまわりで、その表面で、その内部で、権力の作用によって生み出される」。そうした権力とは、①監視され訓練され矯正される人びと、②狂人・幼児・小学生・被植民者、③生産装置にしばりつけられて生存中ずっと監督される人びと、などに行使されるのである。[88] 権力に貫通された「身心」は「監視／訓練／矯正」されることによって、国民は「自己規律」を身体化させてきたのであった。「資本制市民社会」の形成過程は「教育」を介して児童・生徒を「矯正」した一方で、欧米列強に対抗するための中央集権国家の確立に向けて明治政府は「官僚制」を必要とした。この過程で世界像のゲシュタルトチェンジがあり、世界に対する主観的な「構え」は大きく変容した。新たな権力層は徳川幕藩体制の含意していた封建制とその道徳性の「西欧化」を目指し、それは伝統的に承認されてきた行動規範や思惟様式の変様を必然とした。いわば、共同世界内での状況解釈のための範疇を根底から再編制するためにも「西欧化」は進められたのであった。

「どのヨーロッパ人の注目をも引かずにおかない西欧化のこの表面性にもかかわらず、しかし西欧化の強烈さも誤認されえない。ヨーロッパ文明は、必要に応じて着たり、また脱いだりできるような衣裳ではなく、それを纏う人の身体を、またその魂をさえ自分に合わせて作りあげる無気味な力を有している。確かに、日本における西洋文明をヨーロッパの生え抜きのものと比較すれば、西洋の設備の受容は外面的である（それゆえ見かけは危険がない）。（…）同時に、この外面性はしかし、見かけよりも内面的でもある。というのは、西洋文明の近代的偉業は任意の目的のための単なる手段では決してなく、人間たちと諸民族の全生活を、また社会生活を規定しているのだから[89]」。

ウェーバーは「合理主義と合理化はあらゆる文化圏に存在した」だけではなく、各文化圏においては極めてさまざまな生活領域が合理化され、多様な観点と目標設定が存在した、と論じたとW・シュルフターはいう。また、シュルフターによれば、ウェーバーは、行為の合理性が秩序の合理性に移行し、「秩序の合理性が行為の合理性に作用する過程」や「文化内部的および文化間的に作用する過程」にも注視していた。すなわち、それは「行為の合理性と秩序の合理性の関係」と「文化内部的および文化間的にそのつど変わる合理性」についての考察でもあった。ヨーロッパ文明が作り出した近代合理化の過程とは「ヨーロッパ文明」においては「必要に応じて着たり、また脱いだりできるような衣裳」ではなく、「それを纏う人の身体を、またその魂をさえ自分に合わせて作りあげる無気味な力」でもあった。こうした西洋文化を構成する諸要素が歴史的個性となり、その限りで固有の特質を有してきたのである。その西洋の合理主義は「世界宗教」についての考察が解釈上の出発点となる。重要なことは、「世界宗教」の諸倫理を文化と関係づけ対質させることである。なぜなら、西洋文明による近代化とは「人間たちと諸民族の全生活を、また社会生活を規定している」からなのである。つまり、各文明が持つ倫理性の多面的な対質から「歴史的真理」を捉え、「西洋の合理主義」を把握し理解する必要がある。(90)

西欧文明圏の合理主義とそれが生み出した生産物の日本帝国における受容過程は「単なる生産物を、完成した成果のように受け入れた」のであった。だが、「全生活を、また社会生活を規定」していた「世界宗教＝キリスト教」の歴史性と倫理性を日本帝国は正確に捉えることはできなかった。それは近代資本主義の合理性と人間の根源的な自然権思想の大きな差異を見落すことなのであった。公教育が国家へと集約されていったのはそのためである。公教育とは「訓練／矯正」によって人びとを「国民」へと「育成」する生産装置であったが、こうした「知‐権力」の生産装置は「正常化＝規範化」の技術の行使でもある。だからこそ、「法的に責任のある個人」から「正常化＝規範化」の技術に相関的な要素への代置や変形が「身心」に深い影響を与えた、とフーコーは述べたのであった。フーコーによれば、「正常化＝規範化」の技術と、それに結合した「正常化＝規範化」の権力は医学的知や司法的権力との結合に限定されるだけではなく、「近代社会全体を貫いてあるタイプの権力」が形成されたのであった。[91] たとえば、セクシュアリティを「正常化＝規範化」するための「一般的な技術が数多くのさまざまな制度や機構に転移可能なもの」として整備されてきた。この技術は「代表制の法的かつ政治的な諸構造の裏面を構成し、国家機構が機能し有効性を持つための条件」となっている。そうした「統治」には規律的組織という「範型」としての装置も含まれ、この「範型」の目的こそが「正常化＝規範化」なのである。つまり、「訓練／規律」を遂行する諸機構が目的とする諸効果が「正常化＝規範化」として表現されているのである。[92]

いいかえれば、歴史内存在はさまざまな過去を「記憶」へと代置し、自分自身を理解する。だが、細微な権力性による「正常化＝規範化」は明確な物理的強制力の行使ではなく、自然に「記憶」が国家の正統とされた正史と同一化させられていく。それは国境を越えた「交わり」の可能性を削ぎ落とし、一人ひとりの人格に依拠した繋がりではなく民族・国家という大きな集団間の対立へと移行している。自己理解は「他者鏡」による反照を必要としたが、公教育による「訓練／矯正」の諸実践は「他者鏡」を自己理解にとっての外在的なものとした。いまそれは歴史内存在が「生の姿」を確立するうえで必要な存在基底を根本から毀損することになっている。こうした「近代」あるいは「西欧化」を民衆史の立場から考察し続けた安丸良夫は「通俗道徳」という概念に立脚していた。「通俗道徳」は「勤勉・倹約・正直・孝行などからなる一連の徳目」や「そこに体現されている生活態度が近代化過程において新しく形成された広範な民衆の自己規律・自己鍛錬の形態」である。そうした「生活態度」が内包する諸徳目は封建的権力の教化政策とほぼ重なり、既存の支配体制を下から支える機能を果たしてきた。だが、「通俗道徳」には近代主義的理念とは相違する「個」の「主体性」が内在している、と安丸は論じてもいる。[93]

「『近代的日本』は（ヨーロッパ人にとっては）実在する内部矛盾である。というのは、西欧風に近代的なものは、日本的（日本精神）ではなく、生粋の日本的なものは太古のものであるのだから。（…）／われわれには結合しがたく思われる物事をこのように結び合わせる問題性に対する一般にありふれた反応は、しかしながら日本においてはかなり楽観的に見られている[94]」。

ウェーバーは、「神の存在証明」が「世界の魔術からの解放」の第一波によってその基点を侵食されたのと同様に、その第二波とともに学問にたいする超越的な根拠づけも意味を喪失した、とする。こうした認識からいえば「『近代的日本』は（ヨーロッパ人にとっては）実在する内部矛盾」となるだろう。ウェーバーの学問論は、客観的な意味附与が存立基盤を失った「絶対的多神論」によって世界観や道徳感を異にする価値基準が衝突するなかで、論理的な競争のルールに沿って一致点や対立点を確認するには対話的理性が唯一つの方法である、とするものであった。諸価値の間には相対化も妥協も一切存在し得ないのが「いま」の世界である。だが、西欧の合理化過程と合理主義はこの避け難い「神々」の闘争を「ルール化」する学問的な理性をも作り上げてきた。そうした対話的理性とは「意味ではなく方法」の確立と「自己の論拠にたいする明晰な自覚」を必要とするものであった[95]。

しかし、宗教的諸規範の相対化する過程が「日本においてはかなり楽観的に見られている」ことによって、「近代」と「前近代」の深い分断による有意味な体験処理の大きな変様は自覚されることはなかった。この結果として「政治／経済／文化／生活」の各領域が混乱する一方、「天皇制」は日常の秩序化のための「意味」として権力体系の道徳性を体現することになったのである。そこでは「近代化」によって微分化された権力が「身体」と「精神」の両面を大きく変化させていた。こうした錯綜する歴史過程の必然性によって「下層民」が「利害の体系」に編入されていくことになった。その編入過程で「伝統的心性」による「利害の体系」への反撥と憎悪を抑制し、それらを中和し無化するために「天皇制社会主義の神話」は作り出されたのである。したがって、「利害の体系」への下層民の編入が制度化され確立するのに比例して、「天皇制共同体の幻想」は「昂進の極限」に近接したのであった[96]。ここには国民国家の形成だけではなく、「近代」という人類史を大きく変容させた潮流が存在していたのである。つまり、「近代化」とは「家父長制的な家を単位とする広範な人びとの自立・自律過程」として再規定されるのと同時に、人びとの「自立・自律」を可能にした「通俗道徳」は国家形成の過程で「醸成された厖大な人間的活力」を解き放つことにもなったのである[97]。

「近代化」とは「民衆の自己規律・自己鍛錬の形態」の共有化から「国内」においては「個」が能動的に「臣民」へと育成され、「国外」では「日本人」としての自己意識を内面化することになった。「通俗道徳」によって「個」が確立されたとすれば、それは否定的媒介性を失い「種的基体」によって匿名化された「個々人」である。フーコーは、「正常化＝規範化」とはノルムの産出と相即的な権力行使である、という。また、権力への志向が備わっているノルムは決して自然法によって規定されるのではなく、それが適用される諸範囲・諸領域に対して行使しうる要請や強制の機能によって規定される。「正常化＝規範化」とは「ポジティヴで技術的かつ政治的なもの」を産出しているのである[98]。そして、「種的基体」への内属から集約された「生活態度」は必然的に封建的権力による規範体系へ準拠することになった。こうした国民国家の誕生には「身体」と「精神」という二つの領域を「臣民化」あるいは「皇民化」する必要があり、「家父長制的な家」を単位とする「広範な人びとの自立・自律過程」とは多くの矛盾を孕んでいた。「家父長制的な家」とは「種」に対する否定的媒介からの「個」の析出を許さず、封建制的な価値体系を維持する最小の人間集団なのであった。そこから醸成された「厖大な人間的活力」が国外へと解き放たれ、日本は日清戦争の勝利によって台湾を自国領土とした。この結果として三〇〇万人の漢民族や台湾の先住民族を「大日本帝国」は内包し、「アジアの盟主」という自惚れた自己意識を肥大化させた。それはいまもなお残存し万能感的な自己意識となり、後続する世代はその将来の可能性を失い続けている。

支配層と下層民を近代天皇制によって媒介した「心情的共同社会＝擬制」は相即的に「大和民族」という表象を産出し続けたのであった。その表象によって「われわれ／彼ら」という分断線が「国内」と「国外」に引かれ、「日本帝国」は「国民国家」として成立したのであった。この内外を形づくる分断線は既にルーマンの視座に準拠しながら「包摂」と「排除」の問題として論じた。また、ルーマンはパーソンズが「価値の普遍化を補足するエクスクルージョンの概念」を提示していたとも述べている。それは分化の進行と同時に「意味論的な説明手段が普遍化する」だけでなく、「連帯」を要求し形成するシステムの必要性を定式化するものであった。ルーマンはインクルージョンの概念を正負両面から考察し、パーソンズの論理的補完を試みようとしたのである。(99)

いいかえれば、「日本帝国」という国家形成は「領土／領空／領海」の画定によって「日本人」という枠組を作り出し、「日本人」を「自然な姿」とした過程で他者排除の俗情を生み出したのであった。国境線によって物理的空間が「領土／領空／領海」へと画定され、物理的空間は「表情」をもった場所となった。「表情」とは「日本らしさ／本来性／純粋性」という錯認を産出し、それらはいかなる国民国家においても「内／外」の「区別」の物象化によって「実在」として受け入れられてきたのである。ここには反照的・示差的関係性が「内／外」を形成していることへの注視は存在しない。その注視が欠如すれば、廣松が論じたように、「対象認識は『意識作用‐意識内容‐客体自体』という三項図式で了解される」ことになる。この三項図式は「外界」と「内界」との二元化的截断という錯認や所知的契機と能知的契機とを存在論的に截断する謬見に基づいている。これが「主観‐客観」図式とも相即している、と廣松は論じたのであった。(100)こうした認識論とは自己像の象りに不可欠な「他者鏡」の否定ともなり、宗教・経済・政治などの各領域での多様な「対他的対自＝対自的対他」という相互共軛性を隠蔽し続けることになる。一方で、「主体」とは諸環境との相互作用によって形成され、また諸環境も「主体」によって再構制されていく。Aという「主体」が内・存在する諸環境にはBという「主体」も内・存在している。他方で、AとBが内・存在する諸環境はそれぞれに重複しながら、「歴史」を織り上げている。したがって、各領域の「対他的対自＝対自的対他」という相互共軛性とは一つの領域へと集約して捉えることはできない。すべての「主体」と諸環境は相互共軛性によって部分的重合を生み出しながら「全体」を構制している。ある「主体」の活動は、他の「主体」の活動と「対他的対自＝対自的対他」という形で影響を与え合うと同時に、自他関係は「他者鏡」を介した「区別」によって成立する。

つまり、「区別」とは自他を絶対的な截断とするのではなく、「外界」と「内界」との二元化的截断が作り出す「純粋性／本来性」という内部への無限遡及という陥穽に落ちないために必要なのである。たとえば、「絶対／相対」、「普遍／特殊」、「社会／個人」などは「区別」によって構制されており、「実在」とされる対象も他の「実在」との較認のなかで把握されているのである。他方で、「区別」という対他的反照性の忘却は国際社会のなかでエスノセントリズムを拡大させ、「宗教」や「民族」という価値領域が排外主義の腐臭を放っている。また、日本社会では伝統文化の封建的な負の価値領域がアイデンティティの本質主義化と実体化を促している。つまり、対他的反照性が「同一性」と「差異性」を存立させていることが考慮されずに、「同一性」への傾斜が社会的マイノリティへの差別と蔑視を助長しているのである。なぜなら「同一性」が「人‐間」の「内／外」「種／個」の分断線となっているからである。

「規律による正常化＝規範化」のシステムの確立は「空‐間」での差別と蔑視を際立たせ、社会全体が「巨大な海綿のようなもの」によって包摂されファシズムへと滑落していく。いわば、「規律による正常化＝規範化」のシステムとは「排除／包摂」を「製造し、創造し、生産するメカニズム」を機能させているのである[101]。こうして政治・経済・文化・教育・生活などの諸領域で「差別と蔑視」を助長する情動が拡大し拡散していくのである。日本国では過去の「戦勝の記憶」が湿地帯の暗渠を流れ続け東アジアのなかで対立を深め、公共圏における複数性は「売国奴／非国民」などの言葉によって画一性へと代置されつつある。政治的・経済的覇権を競う国家意識の肥大化は多様な意見表明を抑圧し、国家権力に迎合した一部マス・メディアがイデオロギー的表象の生産と消費を管理している。その結果として多様な領域や価値観から構制されている諸事象が単純化され、国家権力によって流用されている。

しかし、論理技術（「地」と「図」の反照的認識論）という観点からいえば、概念とはその対立概念の明示によってはじめて作り出される。そのためにルーマンは「形式」という概念を使用したのであった。この「形式」とは作動論的なシステム理論の文脈に属し、システム理論の最終的要素は多様な作動から出発することになる。つまり、「形式」という概念では作動が観察となり、つねに「区別」が一方の側を指定し起動させる。「形式（空間）という概念（変数概念とは違って）理論形成」は、或る作動がなされれば常に何かが「排除」されるという公準に立脚している。その公準から作動の「一体性（統一性）」が害われることはない一方で、それは「陰の概念」によって補完されているのである[102]。

つまり、「内／外」という分断線は「外」に対する他者排除と同時的に「心情的共同社会」という同胞意識を育成することになる。また、「大日本帝国」の領土拡大にともなって「大和民族」という同胞意識が強化され、その「純粋性」が「日本人」を規定することになったのである。「日本人」という民族概念が強調されたのは帝国という空間的膨張と相即的に、同朋意識に準拠した「純粋性」が曖昧になり揺らぎ続けたためである。このとき通俗道徳は日常生活の次元で機能し「自己規律・自己鍛錬」から「主体」を作り出し、「自己抑制とその内面化」から臣民という意識を育て上げたのであった。こうした通俗道徳の一つの側面は「近代的主体」の育成過程で「抑圧と支配」の母胎ともなったのである。「抑圧」の側面は「社会史的には若者組や祭礼などの伝統的民俗文化への抑圧」となり、地域社会の支配秩序の編成替えへと連鎖していった。また、通俗道徳の規範性と近代化が生み出した「欲求主体」は自己意識内の分裂と葛藤を深化させ、個人と家族は「自己責任」において分裂と葛藤の相克を生きねばならなかったといえる。つまり、通俗道徳によって「個々人」が内面化した規範性とは、家族、村、そして地域社会の生活への一体化によって獲得されたものであった。こうして「近代日本の権力秩序」や「地域や企業の支配秩序」とは、規範性の「一般化・通念化」から存立可能となったのである。[103]

いいかえれば、通俗道徳は封建体制の道徳性と近代化が産出した諸価値との間での「葛藤対立」を内包していたのである。近代化によって生じた「葛藤対立」は生活世界の文化的全体性を断片化し、その規範的拘束力を相対化させ喪失する過程でもあった。また、そうした過程が「下層民」を「臣民化」する「自己規律・自己鍛錬による主体形成」でもあり、明治維新政府の「抑圧と支配」の前提となったのである。神武創業の古に回帰する性向は内発と外発という二分法を喚起し、通俗道徳を構制してきた「若者組や祭礼などの伝統的民俗文化」への抑圧へと反転した。「伝統的民俗文化」とは継承されてきた「記憶」である一方で、「時 - 間」を経て集積された「記憶」は共同体における「信仰態度」や「礼儀作法」の具現化ともなる。この「記憶」はイデオロギーとしての封建性を含意しているが、また同時に伝承された倫理としての「歴史的理性」でもある。

ポール・リクールは人びとの行為選択の領域を捉えるために「イデオロギー現象が及ぼす効果」に応じて三つの操作的レベルに区別した。その「効果」は表層から深層へと移るにつれて、現実の歪曲によって権力体系が正当化され、「行動に内在する象徴体系による共通世界の統合」がある、とリクールは論じたのであった。また、最も底辺のイデオロギー現象を産出する構造は象徴性の媒介による「人間行動の動機づけ」に依拠している。そうした基底的レベルでは「象徴的綜合と記号論的体系」との間に相関関係が確立されている。こうした深層のレベルで捉えられたイデオロギー現象は「文化の記号論」の圏内で記入される。[104]「文化」とイデオロギーは人びとの世界像と自己像を確定し、イデオロギーが表象する「善悪」の境界線に位置づけられる「自己同一性」は「脆さ」をつねに内在させている。こうした「自己同一性」は「象徴による媒介」から記憶を同定していくことになる。つまり、回顧的出来事は「象徴的綜合と記号論的体系」による「意味」の強度から選択され、人びとの「内面」に定着する。だが、回顧的出来事は歴史的「事実」として「客観的」に共有されているのと同時に、新たな倫理的領野を拓くための未来への対話の基点とならなければならない。

廣松はこうした「倫理学的省察」を展開するうえでの必要となる論点をあげていた。一定の歴史的・社会的な圏内においては（歴史的相対性が存在するなかで）、「価値判断の共同主観的一致」が認められる。こうして問題は「価値判断の共同主観的一致」が「一定の主観・客観的な根拠」となることを究明し、「cogito がよってもって cogitamus である所以の、意識の本源的な構造を解明すること」になる。また、当為意識についての説明には「拘束的規制 contrainte」に言及しなければならない。いわば、「実践学としての倫理学の権原」に関する「倫理的事実法則と規範法則との関係」と「事実と当為との乖離の問題」から倫理学を考えていくのであった。[105]この「価値判断の共同主観的一致」の物象化は国家と国民の関係性を「清明」な一致へと先導していく。そこには国家権力と国民生活の一義的な「合致」があり、国民と国家の交互的な媒介性（＝自由と義務の交叉）は潜在化させられている。国家権力による「拘束的規制 contrainte」は国歌や国旗に対する「愛着」と「矜持」を強制するが、いまでは上からの強制ではなく自発的な服従を欲しているかのような状況となっている。「倫理的事実法則と規範法則との関係」は無媒介に混同され、矜持を反射鏡とした国家が「護るべき共同体」として「実在」すれば、「回顧的／事後的」幻想は凝固化する。そうして国家成立のイデオロギーが「事実と当為との乖離」を隠蔽することになるのである。ここにはイデオロギーの形成を必要とした国家組織という「特定の条件の創出」がある。階級社会では多数の成員が「特定の象徴的秩序」を全面的に受容することはないが、支配集団や支配階級の成員たちは「特定の象徴的秩序」の受容を介して「政治的支配権」を構制することになる。[106] イデオロギーと権威を産出するシステムを合法化する過程は行動の「象徴的媒介」と「修辞的媒介」による共同体的統合という現象を中心軸としている。すなわち、それらを産出するメカニズムはイデオロギーと合法化の現象を結合させ、人間の行動が乗り越えることのできない「象徴的媒介」に決定的な影響を与えている。[107]

つまり、廣松が論じていたように、「道徳規範なるもの」が抽象的な単なる「図式」に形骸化されたとき、道徳律は「集団表象」を越えることはできない。「集団表象」とは形而上学的な不易な「実体」ではなく、「諸個人の共同主観的な営みの特殊的綜合」において成立する。「この有機体的全体は各グリードの動力学的な対抗均衡を内包する」のであった。ハーバーマスによれば、デュルケムが注目したのは、「国家以前の規範という原初的な事例」であった。この規範の侵犯が罰せられるのは、規範が道徳的権威の故に妥当性を要求するからである。道徳的権威とは「物質的な権威」あるいは「物理的な支配権」と対立する。道徳的規則の妥当性に関して説明を必要とするのは、そうした規則が義務づけの強制力をもち、この強制力が規則侵犯のときはじめて制裁の基礎づけとなるためである。だからこそ、デュルケムは、①道徳的権威に付随する「非人格的なもの」という特徴、②道徳的権威が行為者に引き起こすアンビヴァレントな感情、などの二点を考察したのであった。①に関しては、道徳的命法が個人の利害関心と緊張関係に立っている、という局面において受容される。つまり、自分に関係づけられた功利主義的な行為の方向だけでは、道徳の要求とは調和しえない。むしろ、道徳的要求とは行為者がこの種の行為の方向づけを克服することを求めている。②に関しては、道徳の命法が個人に独特の強制力を行使するという局面でも、義務と傾向性との区別を継承している。道徳的に行為する主体は権威に服し、ある意味で自分の本性に暴力を加えなければならない。さらに、行為者自身が義務を引き受け、「道徳的要求をわがものとする」ことが必要となる。こうした道徳的行為を選択する者は「外から押しつけられる力」に従うのではなく、命令的な権威への畏敬に従うのである。つまり、道徳的強制は「自己超克という性格」をもっていることになる。(108)

たとえば、民族という「集団表象」は対象となる「伝統／文化」の堆積（＝過去）から「倫理的価値判断の一応の『普遍妥当性』」として現在の「政治／社会／経済／文化」の場へと再投影される。「集団表象」は Gestalt となり、「一定の社会圏内においては価値判断の共同主観的一致秩序」を形成する。「民族＝集団表象」が「通俗」な場にまで浸透していくとき、諸行為の選択の方向性を基礎づける「道徳」となり、行為選択の確実性の再認によって秩序は再形成され、表象を可能にする frame of reference も新たに設定される。こうして「一定の主観・客観的な根拠」が措定されていくのである。象徴システムは「時‐間」の推移による媒介性を内包しているが、「共同主観的な一致の成立するメカニズム」が再考されなければ、「民族」という「集団表象」は実体化される。

しかし、「集団表象」は諸個人の同型的共通性としての抽象的一般者ではなく、共同主観的な営みの特権的綜合において成立する、と廣松は指摘していた。こうした「道徳」とは「当為意識というその基底的な契機の成立場面」からも対抗的要因の上に立つ「動力学的な形象」であり、「ich ＝ wir, cogito ＝ cogitamus」は「動力学的な震動」において成立しているのであった。また、「諸個人とその意識」も「動力学的総体の一項として、動かされ動かすものとして存立」しており、現実の道徳意識体系（＝倫理学）は不可拒的な個性的に彩られた主張としてしか存立しえないのである[109]。つまり、「実体化」された形而上学的本質から「人間性」を定義づけることはできないのである。一方で、神話、宗教、芸術、科学などの言説編成によって「人間性＝本質」は定義されてきた。だからこそ、「規律による正常化＝規範化」のシステムによる「犯罪」という概念構制をフーコーは注視したのであった。フーコーによれば、問題となるのは犯罪的行動に内在的な合理性、つまり犯罪的行動の本性における理解可能性であった。犯罪を支え、犯罪に正確に適合した処罰の決定を可能にするような、「本性における理解可能性」が考察されたのであった。したがって、犯罪とはただ単に法規範を侵犯し、「そこから場合によっては自然《ナチュール》の掟を犯したりするようなもの」ではなく、犯罪は「一つの本性《ナチュール》を持つ」ものとなったのである。すなわち、犯罪は処罰権力の新しい経済作用によって「一つの本性を持つ」ことになったのである。こうして「犯罪者は、その本性そのもののレヴェルにおいて、自らが犯した犯罪によって特徴づけられる自然の存在である」とされることになった[110]。

近代的「常識」では社会経済現象の次元と精神文化現象の次元は実態的に区別され、経済と文化とが元来は不可分の一体をなしているのであったが、社会経済現象の次元と精神文化現象の次元は相互媒介によって「歴史化された自然」を作り出していた。それは人間に対する自然環境という「事実」が単に再生産されるのではなく、「統治」が内包する「範型」としての装置が「正常化＝規範化」を規定している。そうした「正常化＝規範化」は「肯定／否定」の分断線を生み出す規範性を有していた。つまり、「正常」と「異常」という概念構制が物象化され、「訓練・規律」を遂行する諸機構が目的とする諸現象が産出されていくのである。

ここで重要なのは、①「正常化＝規範化」による「犯罪」、②「自然《ナチュール》＝本性《ナチュール》」、という二点である。まず、①については概念構制から再考しなければならない。廣松によれば、概念は自存化して形象化すれば「詞‐被表的意味」成態であり、そこでの「被表的意味＝内包」は「ゲシュタルト的函数態」である。また、廣松は「概念的内包」はその都度すでに変項値を与えられた「函数的成態」なのであると論じた。つまり、充当された「函数的成態」としての概念は「一種の判断的構造成態」ともなるのである。(111) そして、概念が「一種の判断的構造成態」であれば、「思考／行為」「自然／文化」「精神／身体」は「多様性／凝集性」を媒介しており、「表情性／連続性」を造り出している。廣松のいう「人間性」とは人びとの「生」に輪郭を与え、さらには秩序形成と相即的である。それらは「排除／包摂」という分断線が「製造し、創造し、生産するメカニズム」によって「空間」に亀裂を入れることでもある。この「排除／包摂」は「肯定／否定」という道徳性を産出し、新たな「真理体系」をも作り出している。そうした一定の「真理体系」を含意した「空間」の再編成が「国家」の存立となるのである。そのとき「国家」を縁取る「分断線＝国境線」は「自然的空間」を表情をもった「国土」へと変容させてきたのである。

次に、「自然《ナチュール》＝本性《ナチュール》」であるが、廣松は「人間の本質＝自然」を『ドイツ・イデオロギー』の視座から「歴史的諸関係に〝内存在〟している人々」、つまり「人々の対自然的並びに相互的諸関係」を中軸として議論を再構築し、そこでは「諸関係」が「生産諸関係」を軸として構造的に規定し返されている。

「人間たちが生活手段を生産する様式は、さしあたりは、すでにそこにあって再生産されなければならない生活手段そのものの特質に依存する。／この生産の様式は、それが諸個人の肉体的生存の再生産であるという側面だけから考察されてはならない。それはむしろ、すでに、これら諸個人の活動の一定の方式なのであり、自分たちの生を発現する一定の方式、諸個人の一定の生活様式である。諸個人がいかにして〈自己を発現する〉自分の生を発現するか、それが、彼らの存在の在り方である。彼らが何であるかということは、〈それゆえ、彼らの生産様式の内に示される〉それゆえ、彼らの生産と合致する」(112)。

「人間諸個人が『何であるか〔Was＝本質〕ということ』」が諸個人の「生産に帰一する」ことを廣松は注視した。なぜなら、「諸個人がいかにして〈自己を発現する〉自分の生〔Leben〕を発現するのか、それらが、彼らの存在の在り方である」ためだからである。こうした「諸個人が自分の生を発現する一定の方式」が「生産の様式」なのである。「生産の場に定位した対自然的かつ間人間的な諸関係」が、人間存在論的な脈絡だけでなく歴史存在論的な脈絡においても大きな意義と射程を有しているのである。[113]「生産の場に定位した対自然的かつ間人間的な諸関係」の視座は、固定的な「本性＝自然」を持つとする人間像を脱物象化する。

そうした脱物象化は「自然／歴史」の間に立脚することになり、汽水域に立つことによって人間を理性と情動の二つに裁断せずに、「本来＝自然」を「歴史化された自然」のなかで把握するのである。この「人間存在論的／歴史存在論的」な視座は一定のノルムをもつ「自然＝本性」が政治的イデオロギー性を強く帯び、「非本質／反本質」を作り出す優生学的思想へと傾斜する問題点を明確にする。たとえば、日本社会内での戦前回帰への欲望は選民思想と一体化し、「大和民族」というイデオロギーを喚起している。歴史上の大きな過誤の正視を避けた政治思想と道徳思想は、他者性を根本から毀損した過去に自覚的に向き合うことなく、無意識下にその錯誤を沈降させ忘却してきた。こうした「政治／道徳」思想の「価値体系」を「伝統」と呼ぶならば、「伝統」への準拠は「歴史的理性」を自己愛へと融解させることになる。物象化的錯認とでもいうべき「伝統」への憧憬は、その「伝統」が産出するframeworkを絶対視していくことになり、そこでは「醒めた認識」はあり得ず、「歴史的理性」の待つ潜在力を呼び覚まし理性的な「交わり」を作り出すこともない。

ところで、「対自然的かつ間人間的な諸関係」は「自然／文化」「精神／身体」「自己／他者」などの結節点を形成している。「歴史的理性」を結節点に据えることができれば、「自然＝本性」に回帰する政治的・道徳的イデオロギー性を相対化し、多様な「生の姿」を描写することができるだろう。「歴史的理性」とは「自然＝本性」が内包する「人間疎外」を生み出す土壌を客観視するものなのである。「人間疎外」とは「自然」な「本然の姿」を「取戻す」とされるが、それは「諸個人がいかにして〈自己を発現する〉自分の生〔Leben〕を発現するのか」という視座を不問とすることなのである。つまり、「人間」を「主体」とする物神崇拝を作り出し、「自分の生〔Leben〕」が無数の媒介性を経て後に象られたことを隠蔽する。こうした「人間疎外」とは「自然＝本性」という錯認から「対自然的かつ間人間的な諸関係」を捉えることはできない。諸個人は「間主体的な協働連関のうちに内存在する」のであり、決して「実体的に自存する」のではない。廣松によれば、この「協働連関」は算術的な総和ではなく、「独自成類的な綜合（synthèse sui generis）」と把握しなければならない。一方で、「独自成類的な綜合」が「社会的・文化的形象となって物象化」され、いわゆる「時代の内実」を僭称することもある。だが、この「時代」は本源的には「協働的役柄の機能的・函数的な一総体」として存在しているのである。つまり、「諸個人はこの『函数』的な機能的連関の『項』としてpart-take-inしている」のである。[114]

他方で、「『函数』的な機能的連関の『項』としてpart-take-in」という媒介過程の隠蔽は「自然＝本性」をもつ人間像を措定し、「本質」と「非本質」などの価値領域を産出することになる。こうして形成された暴力的な「価値」領域は「本質」に反するとされる存在者を「非本質」と規定する価値領域へと排除していく。そのとき間主観性は「本質」を「項」として実在化させ、「肯定／否定」という分割線を「人‐間」に走らせることになる。分断線が「項」を固定化すれば、「本質」と「非本質」という物象化された二つの価値領域が「自然」な「もの」として人びとに受容されていく。そうした二つの領域形成は「主観‐客観」的二分法の産出の事後的結果でもあるが、分断線によって「本質／非本質」という二項対立は「実在」とされていくことになる。こうして「『函数』的な機能的連関」が内包する多様な意味連関が物象化されてしまうのである。

いいかえれば、「間主観性＝分断線」が「本質／非本質」を凝固化させ、「本質／非本質」の二元的截断は「人－間」を「包摂／排除」へと変容させていくのである。こうした「包摂／排除」の二元的截断は「道徳的」分断線となり、「対象的規定態をゲシュタルト的に較認・同定しつつ函数態的にイデアリジーレンする過程」[115]を「もの」化するのである。つまり、「『函数』的な機能的連関」の物象化は権力現象がもつ物理的暴力という相貌を見せることになるのである。権力現象が個人や人間集団に対して物理的暴力として具現化するのは、政治的・経済的支配層が他の制裁力を喪失したときである。「排除」と「包摂」の均衡が崩れ、政治的・経済的紛争の混乱が要因であると政治権力が認識すれば、最終的な暴力行使となるだろう。

ルーマンは、システムとは「システムが何かを排除して自己の環境とみなす限りで、（観察者にとって）一つの形式である」、と論じた。それは「作動に接続して作動が生じ、同時に、引き続いてどんな作動の接続が可能であるか」を定めるとき「必然的に成立する形式である」とされる。こうした理論によれば、機能分化とは各システムそれぞれのシステム形成となる。つまり、「分化の形式」とはさまざまの部分システムにおける「それぞれの特定の仕方によるあらゆる結合」や「他の仕方の結合を排除するあらゆる結合」となるのである。一方で、「排除」する行為は社会において「承認」されていないというのではない。なぜなら、そうした意味で「成層化も分化の一形式」であり、「機能的分化」もそれと相違することはないからである[116]。

つまり、一つの形式がパラダイムとなり「事実」を確定し、「現実」を作り上げているのである。こうした「形式」が次第に後景に退いていき、「真理」とされる価値領域が「認識」されることになる。多様に世界を「区別」することによって一定の準拠点から概念的範囲を確定しえるのである。いわば、「我々」とアウトサイダーとの境界をまさに越えた地点に、「所属せぬ者たちの危険な領域が広がっている」のである。また、現代においても「この領域に、膨大な数の集団が、難民として、強制移住させられた民として追いやられる」。こうしたエグザイルとは「そのきわめて痛ましい意味において、集団の外における孤独の経験である」とサイードは述べていた。それは「仲間たちと共同体を形成して居住することができないときに覚える喪失感である」とも表現できるのである。[117]

「故国喪失」とは幼少時から学び取った意味理解と解釈する能力の剥奪であり、批判的意識による現状への象徴的意味連関の再構成が困難となる。というのも、意味連関への内属とは間主観性の身体化であり、それは身体を媒体とした規範体系の承認を意味しているからなのである。つまり、自他間の行動期待を規範性の媒介によって共有し得るのは「間主観性＝相互主体性」が「在る」ためなのである。歴史内存在にとっての「故郷喪失」とは、これまで獲得し形成してきた諸体験や自己像を断片化させることでもある。また、それは自己像を描き出すための背景となる社会的事情がすべて捨象された状態でもあるといえるだろう。「生の姿」を象る歴史内存在とは「価値判断の共同主観的一致」から「主観・客観的な根拠」を得ており、このとき人びとは相互に「人格」を共有しているとも表現できるだろう。「人格」は「実践学としての倫理学の権原」であり、「倫理的事実法則と規範法則」を架橋するのである。他方で、廣松が論じたように、諸個人の在り方自体が「存在被拘束的」であって、「人格（person）」とは「part-taking, personating」を実体化して表象したものでもある。こうした実体化によって「有体の諸個人を以って歴史の主体とみる一方の見解」が生じ、「機能的協働連関の総体」の物象化から「超個人的な歴史的主体」を措定する見解ともなる。だが、こうした二つの実体化を斥け、「間主体的協働の構造」に定位しなければならないのである。[118]

「間主体的協働の構造」は既存の社会秩序を対自化し、「人格」の共有がもたらす「排除／包摂」という価値領域の形成を再考させることになる。この視座から「人格」とは「人‐間」での差異と反復から変容する概念となる。そうした「人格」の再解釈は社会秩序の含意する「包摂／排除」を再考させることになり、複数のイデオロギーが交叉する過程に秩序が「在る」ことを再認させるだろう。この視座とは異なる論理構制から「包摂」という形式概念を論じていくこともできるのである。つまり、「包摂」が形式の内側を指すのに対して、「排除」は外側として指示される。だからこそ、「包摂」についての言及が意味をなすのは「排除」という対立項が存在するからである。「包摂／排除」とは、「人間がコミュニケーションの関連」において指定される仕方、つまり人間を「人格」として把握することから「規定」されるのであるといえる。(119)

註

(1) 吉原直樹『「原発さまの町」からの脱却－大熊町から考えるコミュニティの未来』岩波書店、二〇一三年、四三－四五頁。
(2) ギー・ドゥボール『スペクタクルの社会』木下誠訳、ちくま学芸文庫、二〇〇三年、四六頁。
(3) シモーヌ・ヴェイユ「神の愛と不幸［試論］」『シモーヌ・ヴェイユ選集Ⅲ 後期論集：霊性・文明論』冨原眞弓訳、みすず書房、二〇一三年、一二〇頁。
(4) 前掲『「原発さまの町」からの脱却－大熊町から考えるコミュニティの未来』、五四－五七頁。
(5) 前掲『スペクタクルの社会』、四七頁。
(6) カール・マンハイム『変革期における人間と社会－現代社会構造の研究』福武直訳、みすず書房、一九六二年、六五頁。
(7) 前掲『「原発さまの町」からの脱却－大熊町から考えるコミュニティの未来』、五八頁。
(8) 福島民報社編集局『福島と原発―誘致から大震災への五十年』早稲田大学出版部、二〇一三年、一四一－一四五頁。
(9) ノルベルト・ボルツ『意味に餓える社会』村上淳一訳、東京大学出版会、一九九八年、四六頁。
(10) 前掲『変革期における人間と社会－現代社会構造の研究』、六九頁。
(11) 同前、七〇頁。
(12) ジル・ドゥルーズ／フェリックス・ガタリ『千のプラトー 資本主義と分裂症（上）』宇野邦一ほか訳、河出文庫、二〇一〇年、二二一－二二三頁。

(13) 前掲『意味に餓える社会』、五三頁。
(14) ジャン-ポール・サルトル『弁証法的理性批判 実践的総体の理論Ⅰ』第一巻、竹内芳郎／矢内原伊作訳、人文書院、一九六二年、一五〇-一五一頁。
(15) 廣松渉「マルクス主義の地平」『廣松渉著作集』第十巻、岩波書店、一九九六年、三三一頁。
(16) 前掲『弁証法的理性批判 実践的総体の理論Ⅰ』第一巻、一五一頁。
(17) 田辺元「数理の歴史主義展開-数学基礎論覚書」藤田正勝編『哲学の根本問題・数理の歴史主義展開 田辺元哲学選Ⅲ』岩波文庫、二〇一〇年、三四四-三四五頁。
(18) 高橋哲哉『犠牲のシステム 福島・沖縄』集英社新書、二〇一二年、一九四-一九六頁。
(19) ミシェル・フーコー『監獄の誕生―監視と処罰』田村俶訳、新潮社、一九七七年、一八一頁。
(20) 岩本太郎「偏見に苦しむ福島県民」『週刊金曜日 原発と差別』、二〇一一年九月九日、八六二号、二九頁。
(21) 鎌田遵「福島原発避難民を訪ねて」石橋克彦編『原発を終わらせる』岩波新書、二〇一一年、五四-六一頁。鎌田が述べている「エコサイド」とは、「アメリカ先住民社会を襲った『エコサイド』、つまり生態系、人びとの暮らし、健康、さらには伝統文化までを根本から破壊しつくす、文明の暴力」を明示する概念として提示されている。
(22) 前掲『福島と原発―誘致から大震災への五十年』、一四四-一四六頁。
(23) 前掲『監獄の誕生―監視と処罰』、一八一頁。
(24) ジル・ドゥルーズ／フェリックス・ガタリ『千のプラトー 資本主義と分裂症（中）』宇野邦一ほか訳、河出文庫、二〇一〇年、一一一頁。
(25) 武田泰淳「滅亡について」川西政明編『評論集 滅亡について 他三十篇』岩波文庫、一九九二年、二二一-二二二頁。
(26) 辺見庸『明日なき今日 眩《くるめ》く視界のなかで』毎日新聞社、二〇一二年、四六頁。
(27) 前掲『スペクタクルの社会』、五二頁。
(28) 前掲「福島原発避難民を訪ねて」石橋克彦編『原発を終わらせる』、六五-六六頁。
(29) 前掲『千のプラトー 資本主義と分裂症（上）』、四二、五一-五三頁。
(30) アンソニー・ギデンズ『近代とはいかなる時代か？-モダニティの帰結-』松尾精文／小幡正敏訳、而立書房、一九九三年、三〇-三一頁。
(31) 原田正純『水俣が映す世界』日本評論社、一九八九年、七-八頁。
(32) 渡辺京二「現実と幻のはざまで」小川哲生編『民衆という幻像-渡辺京二コレクション2 民衆論』ちくま学芸文庫、二〇一一年、六五頁。
(33)スラヴォイ・ジジェク『仮想化しきれない残余』松浦俊輔訳、青土社、一九九七年、一六八－一六九頁。
(34)廣松渉「物象化論の構図」『廣松渉著作集』第十三巻、岩波書店、一九九六年、六一－六二頁。
(35)廣松渉「存在と意味 第一巻」『廣松渉著作集』第十五巻、岩波書店、一九九七年、四一一頁。
(36)前掲『水俣が映す世界』、八、一三頁。
(37)安藤英治『〔新装版〕マックス・ウェーバー研究－エートス問題としての方法論研究－』未來社、一九九四年、一二一頁。
(38)ミシェル・フーコー『言葉と物－人文科学の考古学』渡辺一民／佐々木明訳、新潮社、一九七四年、四〇九頁。
(39)ジャン＝ピエール・デュピュイ『聖なるものの刻印』西谷修ほか訳、以文社、二〇一四年、四五頁。
(40)色川大吉「近代の思想」『色川大吉著作集』第二巻、筑摩書房、一九九五年、四五〇－四五二頁。
(41)ジャン－ポール・サルトル『存在と無－現象学的存在論の試み』上巻、松浪信三郎訳、人文書院、一九九九年、四三六頁。
(42)廣松渉「世界の共同主観的存在構造」『廣松渉著作集』第一巻、岩波書店、一九九六年、一七一頁。
(43)マイケル・ウォルツァー『解釈としての社会批判』大川正彦／川本隆史訳、風行社、一九九六年、四八－四九頁。
(44)前掲「マルクス主義の地平」『廣松渉著作集』第十巻、三四頁。
(45)マイケル・ポランニー『暗黙知の次元』高橋勇夫訳、ちくま学芸文庫、二〇〇三年、三三頁。
(46)M・メルロ＝ポンティ『見えるものと見えないもの』滝浦静雄／木田元訳、みすず書房、一九八九年、七〇－七一頁。
(47)前掲「マルクス主義の地平」『廣松渉著作集』第十巻、三四頁。
(48)同前、三四－三五頁。
(49)前掲『見えるものと見えないもの』、七二頁。
(50)ルートヴィヒ・ウィトゲンシュタイン『論理哲学論考』野矢茂樹訳、岩波文庫、二〇〇三年、一一五頁、〔五・六二一〕。
(51)前掲『水俣が映す世界』、一〇七－一〇八頁。
(52)前掲『見えるものと見えないもの』、二一三頁。
(53)鶴見和子「多発部落の構造変化と人間群像－自然破壊から内発的発展へ－」『コレクション 鶴見和子曼荼羅 Ⅵ 魂の巻－水俣・アニミズム・エコロジー』藤原書店、一九九八年、一五二－一五三頁。
(54)田辺元「社会存在の論理－哲学的社会学試論」藤田正勝編『種の論理 田辺元哲学選 Ⅰ』岩波文庫、二〇一〇年、一四二－一四三頁。
(55)マックス・ヴェーバー『社会科学と社会政策にかかわる認識の「客観性」』富永祐治／立野保男訳、折原浩補訳、岩波文庫、一九九八年、五六、六三―六四頁。
(56)向井守『マックス・ウェーバーの科学論―ディルタイからウェーバーへの精神史的考察―』ミネルヴァ書房、一九九七年、二二三頁。
(57)カール・レヴィット『ウェーバーとマルクス』柴田治三郎／脇圭平／安藤英治訳、未來社、一九六六年、四七頁。
(58)廣松渉「相対性理論の哲学」『廣松渉著作集』第三巻、岩波書店、一九九七年、四〇二―四〇三頁。
(59)前掲『見えるものと見えないもの』、二九頁。
(60)前掲「相対性理論の哲学」『廣松渉著作集』第三巻、四〇三頁。
(61)ユルゲン・ハーバーマス『認識と関心』渡辺祐邦ほか訳、一九八一年、未來社、一七二―一七五頁。
(62)M・メルロ＝ポンティ『行動の構造』滝浦静雄／木田元訳、みすず書房、一九六四年、二七七―二七八頁。
(63)前掲『聖なるものの刻印』、四六頁。
(64)ニクラス・ルーマン『社会の科学 1』徳安彰訳、法政大学出版局、二〇〇九年、二七〇―二七三頁。
(65)野家啓一『物語の哲学』岩波現代文庫、二〇〇五年、二二六頁。
(66)前掲「存在と意味 第一巻」『廣松渉著作集』第十五巻、三〇―三一頁。
(67)前掲『［新装版］マックス・ウェーバー研究―エートス問題としての方法論研究―』、一五一頁。
(68)田辺元「種の論理の意味を明にす」藤田正勝編『種の論理 田辺元哲学選 I』岩波文庫、二〇一〇年、三九九頁。
(69)前掲『行動の構造』、一八八頁。
(70)前掲「種の論理の意味を明にす」藤田正勝編『種の論理 田辺元哲学選 I』、三九九―四〇〇頁。
(71)ミッシェル・セール『生成―概念をこえる試み―』及川馥訳、法政大学出版局、一九八三年、六二頁。
(72)前掲「種の論理の意味を明にす」藤田正勝編『種の論理 田辺元哲学選 I』、四〇〇頁。
(73)和辻哲郎『倫理学（一）』岩波文庫、二〇〇七年、三三一―三三三頁。
(74)前掲「多発部落の構造変化と人間群像―自然破壊から内発的発展へ―」『コレクション 鶴見和子曼荼羅 VI 魂の巻―水俣・アニミズム・エコロジー』、一五三―一五四頁。
(75)ハンス＝ゲオルク・ガダマー『真理と方法 III』轡田收／三浦國泰／巻田悦郎訳、法政大学出版局、二〇一二年、六八一頁。
(76)廣松渉「存在と意味 第二巻」『廣松渉著作集』第十六巻、岩波書店、一九九七年、一〇七頁。
(77)前掲『真理と方法 III』、六八七頁。
(78)同前、六九八頁。

(79) 前掲「存在と意味 第二巻」『廣松渉著作集』第十六巻、一一五頁。
(80) ヴァイツゼッカー『ゲシュタルトクライス－知覚と運動の人間学』木村敏／濱中淑彦訳、みすず書房、一九七五年、二七七－二七九頁。
(81) 前掲「世界の共同主観的存在構造」『廣松渉著作集』第一巻、一六頁。
(82) 前掲『倫理学（一）』、三四－三五頁。
(83) 前掲「世界の共同主観的存在構造」『廣松渉著作集』第一巻、一六頁。
(84) 渡辺京二「近代天皇制の神話」小川哲生編『維新の夢－渡辺京二コレクション1 史論』ちくま学芸文庫、二〇一一年、三一頁。
(85) 廣松渉「歴史法則論の問題論的構制」『廣松渉著作集』第十一巻、岩波書店、一九九七年、五四二頁。
(86) カール・ポランニー『経済の文明史』玉野井芳郎／平野健一郎編訳、ちくま学芸文庫、二〇〇三年、三七三頁。
(87) 前掲「歴史法則論の問題論的構制」『廣松渉著作集』第十一巻、五四三頁。
(88) 前掲『監獄の誕生―監視と処罰』、三三三頁。
(89) カール・レーヴィット「ヨーロッパのニヒリズム」ベルント・ルッツ編『ある反時代的考察―人間・世界・歴史を見つめて』中村啓ほか訳、法政大学出版局、一九九二年、一二三頁。
(90) W・シュルフター『近代合理主義の成立』嘉目克彦訳、未來社、一九八七年、二五－二六、二八頁。
(91) ミシェル・フーコー「異常者たち」『ミシェル・フーコー講義集成5 コレージュ・ド・フランス講義 一九七四－一九七五年度』慎改康之訳、筑摩書房、二〇〇二年、二八－二九頁。
(92) 同前、五三－五四頁。
(93) 安丸良夫「民衆思想史の立場」『安丸良夫集1 民衆思想史の立場』岩波書店、二〇一三年、三〇三頁。
(94) 前掲「ヨーロッパのニヒリズム」ベルント・ルッツ編『ある反時代的考察―人間・世界・歴史を見つめて』、一二三－一二四頁。
(95) デートレフ・ポイカート『ウェーバー 近代への診断』雀部幸隆／小野清美訳、名古屋大学出版会、一九九四年、二五－二六頁。
(96) 前掲「近代天皇制の神話」小川哲生編『維新の夢－渡辺京二コレクション1 史論』、三一頁。
(97) 前掲「民衆思想史の立場」『安丸良夫集1 民衆思想史の立場』、三〇四頁。
(98) 前掲「異常者たち」『ミシェル・フーコー講義集成5 コレージュ・ド・フランス講義 一九七四－一九七五年度』、五四－五五頁。
(99) ニクラス・ルーマン『ポストヒューマンの人間論』村上淳一編訳、東京大学出版会、二〇〇七年、二〇五頁。
(100) 前掲「存在と意味 第一巻」『廣松渉著作集』第十五巻、二二五頁。
(101) 前掲「異常者たち」『ミシェル・フーコー講義集成5 コレージュ・ド・フランス講義 一九七四－一九七五年度』、五六頁。

(102) 前掲『ポストヒューマンの人間論』、二〇六－二〇七頁。
(103) 前掲「民衆思想史の立場」『安丸良夫集1 民衆思想史の立場』、三〇四－三〇五頁。
(104) ポール・リクール『記憶・歴史・忘却〈上〉』久米博訳、新曜社、二〇〇四年、一四〇頁。
(105) 前掲「世界の共同主観的存在構造」『廣松渉著作集』第一巻、二七四－二七六頁。
(106) アンソニー・ギデンズ『国民国家と暴力』松尾精文／小幡正敏訳　而立書房、一九九九年、二六頁。
(107) 前掲『記憶・歴史・忘却〈上〉』、一四一－一四二頁。
(108) ユルゲン・ハーバーマス『コミュニケイション的行為の理論（中）』岩倉正博ほか訳、未來社、一九八六年、二五五－二五六頁。
(109) 前掲「世界の共同主観的存在構造」『廣松渉著作集』第一巻、二七九－二八〇頁。
(110) 前掲「異常者たち」『ミシェル・フーコー講義集成5 コレージュ・ド・フランス講義 一九七四－一九七五年度』、九八頁。
(111) 前掲「存在と意味 第一巻」『廣松渉著作集』第十五巻、二八〇－二八一頁。
(112) マルクス／エンゲルス『新編輯版 ドイツ・イデオロギー』廣松渉編訳、小林昌人補訳、岩波文庫、二〇〇二年、二六－二七頁。
(113) 前掲「物象化論の構図」『廣松渉著作集』第十三巻、四七頁。
(114) 前掲「歴史法則論の問題論的構制」『廣松渉著作集』第十一巻、五五六－五五七頁。
(115) 前掲「存在と意味 第一巻」『廣松渉著作集』第十五巻、二六七－二六八頁。
(116) 前掲『ポストヒューマンの人間論』、二〇七－二〇八頁。
(117) エドワード・W・サイード『故国喪失についての省察 1』大橋洋一ほか訳、みすず書房、二〇〇六年、一七九頁。
(118) 前掲「歴史法則論の問題論的構制」『廣松渉著作集』第十一巻、五五七頁。
(119) 前掲『ポストヒューマンの人間論』、二〇八頁。

第七章 「繫辞」の物象化・「フローのシステム」・「主体化＝褶曲」

第一節 「反照的関係規定の内自有化」と「限界状況」

「機能的協働連関の総体」の物象化ではなく、「諸個人」の「存在被拘束的」な在り方としての「人格（person）」を考える必要がある。「個人」の実体化を退けるのと同時に、「間主体的協働の構造そのものに定位」しなければならない。[1]「間主体的協働の構造」への定位は「個人／主体／実践」などの諸概念の再考を迫ることになる。一方で、「事実／現実／歴史」を包含した世界像を表現する諸概念は「個人／主体」の形成過程と相即的に作り出されていく。「生活形式」においては、歴史的時間、社会的時間、そして歴史内存在の「実時間」が「交互的循環的」な円環性となり世界像を同定している。「生活形式」を基底とした言語活動は「人‐間」において「文法的話法」として確定され、「文法的話法」は行為遂行的な過程のなかで「間‐人格」的関係の図式となる「物語」を成立させる。「物語」は多様な情動を交叉する場へと集約し相互承認という重要な課題を成立させる端緒となり、自他間における多様な「交わり」は、「諸個人」を柔らかな「差異」と「隔たり」のあわいで捉えることができる。したがって、「機能的協働連関の総体」を基点として「人格（person）」を「人間疎外」という論理ではなく、「人‐間」に不可欠な概念としての「役柄」から再考すべきなのである。というのも、「役柄」とは媒介による諸要素を包含し、流動性という特性をも有しているからである。

こうして「役柄」は「人格（person）」という概念構制の論理へも敷衍することができる。つまり、ルーマンが論じていた「包摂」という形式概念をこの視座から論じることができるのである。なぜなら、「包摂」が形式の内側を指し示すのに対して、「排除」は外側を指し示すためである。[2] 先に言及したように「包摂」とは「排除」という対立項の存在を前提としているのである。「人格」を介したコミュニケーションこそが「包摂／排除」を可能とし、意味論的な「包摂／排除」という共軛性は相即的に形成され、「間‐人格」的関係において歴史と自然が交叉した世界像が存立している。その世界像が「人格」を有する人びとに受容されるとき、「包摂／排除」に分断された社会的空間ではさまざまな価値序列が凝固化していくのである。その結果として、自他間に優越的な「区別」を作る分断線が走り、属性の固定化によって「排除／包摂」は正当化されることになる。他方で、時空間の変様と相即的に自然の拘束から脱した人びとは「歴史化された自然」を作り出し、生活世界を維持し継承してきた。その継承過程で歴史的規範性は一種の法則性を帯び、「一般化された他者」を歴史内存在は身体化してきたのであった。

「歴史においてはどの段階にあっても、ある物質的な成果、各世代に先行世代から伝授される生産諸力の一総体、歴史的に創造された対自然ならびに諸個人相互間の一関係が見出される。生産諸力・諸資本・環境の一総和、これは、なるほど一面では新しい世代によって変容させられるが、他面では当の世代に対してそれ固有の生活諸条件を指定し、この世代に一定の発展、特殊な一性格を付与する[3]」。

マルクス・エンゲルスが「歴史」を観るにあたって、「歴史」は人間的主体と自然的環境の生態系的な相互規定態を表象していたことが重要である、と廣松は指摘している。マルクス・エンゲルスは「世界に〝内・存在〟する〝人間〟の在り方」を生態系的な「対自然ならびに諸個人相互間の関係」の次元で捉えており、「生産関係」という「唯物史観の基幹的カテゴリー」もこの基礎場面に定位されている。[4] すなわち、「歴史」の解釈には一定の論述を可能にするパースペクティヴが先行与件としてあり、「事実／現実」を説明するための語彙すらもイメージという前述語的な理論負荷性を内包している。R・D・レインによれば、前述語的な理論負荷性によって歴史内存在は、思想、省察、判断、直感、などを全体性のなかに位置づけることを可能としている。「ひとが他者について〈感じ〉〈知覚し〉〈直観する〉」ことのすべてが「他者についての彼自身の経験から自己についての他者の経験への推論をもたらす」のである。これは「私が自分の場合はそうであることを知っているように、他者の行動は、なんらかの形でその他者の経験の函数であるということを前提としている」ためである。[5] たとえば、廣松は「〝専一的な内自的固有性〟」とは「〝対他的反照の函数〟」であって、「自己完結的に自存するものではない」という。廣松によれば、所与現相の相違があっても同一態として再認されるのは両現相が「同じ函数として同一性が措定される構制」だからなのである。つまり、「他者の行動」とは、ゲシュタルト的に分節化した「図」として把握されており、その「図」の「部分」が変化しても「移調的」に自己維持性を示すのである。[6]

また、ポール・リクールは、人間という存在は「真の生き方の目標のもとにおかれるため」に「物語」を必要としている、と指摘していた。[7]「私の人生」の「区切り」とは「役柄」の獲得による時空間の媒介から可能となる。だとすれば、レインが指摘したように、「自己のアイデンティティとは、自分が何者であるかを、自己に語って聞かせる説話《ストーリー》である」[8] という陥穽へ導かれることにもなる。つまり、「他者の経験の函数」でもある「役柄」の交互的媒介の動性は人びとの「物語」が「共軛的な縛り」であることを再認させることになる。その「共軛的な縛り」とは「作者概念の曖昧さ／人生の『物語としての』未完了／人生物語の相互的絡みあい／人生物語の想起と予測の弁証法への挿入」などによって編成されている。[9] つまり、「対自然ならびに諸個人相互間の関係」に編み込まれた歴史内存在は共同主観性を日常的諸行動によって身体化する。この日常的諸実践は「時‐間」を介することによって「個人相互間」を再構制し、その連鎖として「時」も再構築された「意味＝時間」となる。こうした再構制と再構築は歴史内存在の共同主観的な諸実践によって可能となり、主観性と客観性もまた複雑化した相互作用から把握されなければならない。いわば、その過程とは自他間における相互的「推論」を共有することなのである。だからこそ、歴史内存在は「空間的＝遠近法的表象」を基点として「状況」に「関心」を払い、「或る主観」に対する現実（この現実は「制限」もしくは「活動圏」）としての「状況」に内属しているのである。また、「状況」とは「或る意味連関的な現実」であり、「普遍的かつ類型的な状況として」あるいは「歴史的に規定された一回限りの状況として存在する」とヤスパースは論じている。こうした「状況」には「変化の可能性」が包含されており、「私は状況的関連のもとに服している」のである。[10]

歴史内存在は「他者について〈感じ〉〈知覚し〉〈直観する〉」という「働き」を集積させ、他者配慮という推論を可能としていた。これらの「働き」は自他が共に内属している「現在」を形成する多様な出来事と相即的である。また、「或る意味連関的な現実」を背景とした「推論」とは、「過去と現在」の意味連関、「現在と未来」の意味関連、そして「行為の選択とその帰責」、などの媒介の端緒となっていく。そして、「普遍的／類型的／歴史的」な「状況」において歴史内存在は時空間を「理解／解釈」するパースペクティヴを有することになる。そのとき現在の行為が基点となり「過去」や「将来」を「時‐間」として分節化し、「時間」を構制するのである。「他者について〈感じ〉〈知覚し〉〈直観する〉」という「働き」がパースペクティヴへと代置されたならば、知覚と対象把握が媒介されていくことになる。こうして歴史内存在のパースペクティヴは知覚領域と概念構制の領域を介して、物的対象や他者との相互行為を成立させているのである。

歴史内存在はそのパースペクティヴと伝統文化によって、「我々」という内部の集団意識と「彼ら」という外部の集団意識の「区別」を産出する。伝統文化によって「現在」の「状況」は「過去」と共に「自ら変化しつつ、存立している」といえるだろう。他方で、カッシーラーによれば、「あらゆる区分は区分の基礎となる枠（fundamentum divisionis）を前提している」と理解する必要がある。この根本的原理は「事物の本性」からの附与ではなく、人びとの「理論的および実践的な関心」に依存しているといえる。そこで問題となるのは「分類の内容」ではなくその「形式」であり、こうした「形式」は完全に「論理的」なものとして把握しなければならない[11]。つまり、「区分の基礎となる枠」とは出来事を条件づけ、この規定性によって「過去」の意味は確定されていくのである。また、そうした「過去」が「空間」へと投射されたとき、「人－間」を分断する「包摂」と「排除」を作りだす準拠枠ともなるといえる。こうした「内／外」を産出する「区分の基礎となる枠」が「包摂／排除」の分断線を引くことになる。そのような空間的分割を廣松は認識論的な視座から捉えていた。

「そもそも地と図との分節は、『地』および『図』の内在的な性質によって一義的に規定されるものではなく、あくまで全体的布置関係の構造によって規定されるものである。／（…）『地』と『図』との『反転』や分節相の錯分子的編制構造は、（…）歴史的・社会的な文化的諸条件によっても被媒介的に規制される[12]」。

さらに廣松は「同一性」よりも「区別性」を重視し、「存在的《オンティッシュ》には区別性という関係規定こそが第一次的」であり、「自己同一性なるものはたかだか第二次的な反省規定」であると述べていた[13]。こうした、「『地』および『図』の内在的な性質」を否定する認識論は、「項」として自存視される原子論的孤立主義や「本来性」を志向することはない。また、「区別性という関係規定」の視座は「包摂／排除」を必然的な固定化した「もの」とはせずに、偶然的な流動化された「こと」として記述する。そして、自他関係も「全体的布置関係の構造」から捉え返され、布置関係を共に形成する自他との共存を志向することになっていく。つまり、部外者が立ち入るべきではない価値領域を承認する一方で、差異に対して真摯に向かい合うことが重要となる。

「『地』と『図』との『反転』や分節相の錯分子的編制構造」が諸条件によって「被媒介的に規制」されているとすれば、「主観‐客観」的認識論が確定する因果論や諸行為の物象化は斥けられる。この被媒介的規制は「として」を内在しており、行為選択の準拠枠をも作り出している。また同時に、そうした準拠枠によって人びとは生活規範「として」の慣習・習俗を多層的に形成してきたのである。カール・レーヴィットは「他者たちが出会われる、この『と《ア》して《ルス》』が意味しているのは、他者たちがみななんらかの有意義性において、これこれの者として出会われることである」と論じた。人間的な「現存在」はすでに「共同存在」であり、「或る者をそれ自身で特徴づける『として《アルス》』」は同時に「他者たちを顧慮した『として』」でもあるといえる。つまり、それらは「『とは《アルス》‐ことなる』」ことを意味しているのである[14]。他方で、廣松は「現相的所知の二肢的二重性」と「能知的主体の二肢的二重性」は相互に連関し合う「四肢的構造連環」の動態性から「として」について考察していた。現相世界の存在構造を被媒介的に支える四つの契機、つまり「所知の側」と「能知の側」は「レアール・イデアール」な形で「四肢的連環」をなしている[15]。このように社会と自己の同定は交互的な媒介過程にある一方で、自己は他者からの反照的・示差的な規定態となっている。

また、レーヴィットが述べるように、「一定の他者に対して或る関係」とは、自分自身に即して規定されることでもある。つまり、「共に在る」人間たちは共同世界に対して或る「役割」をもち、「さまざまなペルソナ」として出会っている。こうした「共に在る」人間とは共同世界から出発し、「それ自身も人格的に規定される」のである。[16]

同じように、ルーマンも「人格」から共同存在の姿を考察していた。ルーマンは「人格」を基点として「排除／包摂」を捉え、人間がコミュニケーションの関連において「人格」として認識されている以上、その「排除」のためには「事柄の性質上」からも「排除」の「正統化」が必要とされるとした。[17]「所知の側」と「能知の側」が相互に「レアール・イデアール」な特性をもつことから、「排除」の領域維持には複数の論理構制が重要となる。そのなかで二つの論理構制が「正統化」のために必要となる、とルーマンは述べている。すなわち、「排除」された存在者は「包摂」された存在者とは「異質」であり、「排除」された存在者は「規範に対する重大な違背」をおこなったとされなければならない。「包摂／排除」という二つの選択肢から一方が選択され、他方の選択は潜在化したまま保持されていく。また、こうした分析は参照先のシステムとして社会システムを基礎に置いており、社会が第一次的な「区別」の構造化に用いる分化形式によって、「包摂」と「排除」が形成される端緒は相違することになる。その視角から人びとは経験的に検証できる仮説の領域に立ち入ることになる。他方で、「四肢的連環態」から日常の共在と歴史内存在をつなぐ「政治的／経済的」概念を示すことが不可欠となる。なぜなら、歴史内存在による「生の姿」の創出には「政治的／経済的／文化的」な「対立／連帯」を包含した場所が必要となるためである。この場所において「私はつねに状況のうちにあること、私は闘争や悩みなくしては生きえないこと、私は不可避的に負目を引受けること、私は死なねばならないこと」を人びとは体験し、そうした諸状況をヤスパースは「限界状況（Grenzsituationen）」と名づけたのであった。[18]だが、この「限界状況」は日常的な生活様式を再生産するだけではなく、「包摂」されるべき存在者と「排除」されるべき存在者の範疇をも産出することになる。

「対立／連帯」の「動的均衡」のなかで「生の姿」が維持されている一方で、共同世界には多種多様な文化的価値観が包含された重層的な「生の姿」が作り出されてきた。この過程で伝統文化とは観念性と物質性を媒介しながら世界像の安定性と永続性を人びとに附与してきたのである。つまり、人間としての生命は永続性と耐久性を必要としており、その生命に生存手段を保証する消費財は耐久性のある物の世界の内部にある。いわば、消費されるために存在する「物」であっても、消費される「物」から「使用」される「物」となり、この使用過程で人びとは「物」に「馴れ親しむ」ようになる。そのとき「物」は環境のなかに現れ、世界への親しみやすさの起点となる。こうした「人間と人間の間」や「人間と物の間」の「交わり」が習慣を作り出すのである[19]。他方で、習慣が成立するのは用在的財態が「実在的所与」と「意義的価値」という二肢的契機から構制されているためでもある。この二肢的契機が「として」を介して連関態となっているのと相即的に、「個体」とは「共軛的な役柄他者に対しての役柄存在者である」[20]。だからこそ、人間関係や人間事象の網の目を構成するのは、「活動と言論」という「生産物」であり、「活動と言論」のリアリティは、人間の多数性に依存している。したがって、「活動や言論を見聞きし、したがってそれについて証言できる他人が常にいなければならない」。つまり、「活動と言論」とは「人間生活を外部に明示することにほかならない」のである[21]。このような世界の永続性と耐久性の存在や「活動と言論」を証言しうる他者性を剥奪されたのが今回の原発禍であった。

『世界』臨時増刊の二〇一四年一月号に掲載された論考のなかで辻内琢也は二〇一三年に実施した二つの大規模アンケート調査の結果を検討し、「帰還をめぐる予測と気持ちが、どのようにストレス度に影響を与えているか」について分析した。それらの調査は「どのような属性の人々が『帰れない』と予測し『帰りたくない』と考えている」かについての調査データの分析が必要である一方で、「帰れないという圧倒的な無力感」や「帰ることを拒否したくなるようなトラウマ的体験」が「在る」ことを示していた[22]。

共同世界が根柢から毀損された「限界状況」では既存の慣習・社会規範が「客観的」な世界像を提示することは大きな困難を孕む。真実態において現相世界の現前という事態は、つねに「現相的所与‐意味的所識」と「能知的誰某‐能識的或者」という四肢的連関態の一総体によって媒介的に支えられている[23]。つまり、自存視された「項」ではなく流動化しえる「関係性」であれば、そこには「対立的統一というべき立体的動的複合性が成立[24]」しているのである。また、「立体的動態的複合性」は必然的に「渦動」を包含しており、それは「もの」と「こと」の汽水域で拮抗する円環的媒介態でもある。円環的媒介態とは「揺らぎ」に曝されており、「もの」へと強く傾けば円環的均衡が崩れることにもなり、こうした均衡の崩れが物象化され倒錯した世界像を産出することになる。すなわち、市村弘正が述べているように、「既製の体系的な理論や解釈」が崩壊し、「社会そのものが病んでいる」ならば、その「社会によって『病い』とされている事態」を正視しなくてはならない。その方法は「間違いなく病理学的な考察にもとづくもの」となる。市村は、人間の「思考と感情」が何よりも「物事をすべて自己の統制のもとに置こうとする志向によって支配されている」とすれば、そうした社会とは「『予定外』の出来事の回避、つまり驚きや疑いをもたらす『混乱』を消滅させる」ことへと傾斜している、と論じている[25]。これらの過程では『地』と『図』との錯分子的編制構造」は物象化されており、「区別」が生み出す「差異性」と「共同性」が「差別」へと縮減されている。そのとき自他間で「差異」が強調されたならば、「権力」層からの「差別」の視線を正当化し「排除」を自存化することになる。だが、用在的財態の二肢的契機である「実在的所与」と「意義的価値」とは関係態の「項」であり、前者が後者を「として」を介した能為的主体に対妥当する関係性となっている[26]。

しかし、「限界状況」のなかで人びとに現前する「物理的／心理的」分断線の物象化は、むしろ「秩序」を形成する端緒となる。つまり、それは「権力」が「物理的／心理的」な分断線の形成を正当化し、地域、移動、そして転移を政治的権力が知的分析を背景として人びとに課すからである。この知と権力が混合しながら多様な諸効果を産出する過程を生成する。また、「客観性」に依拠するとされる学知が「安全性／合理性」を提示するのと相即的に、その学知は権力の「知」となり共同世界を支える場所の支配形態を変様させる。その変様過程のなかで「平均的な普通人」は機能的合理化による行為選択の先導に順応し、新しい変化がある度に「平均的な普通人」は自らの「文化的個性」を徐々に放棄していくことになる。こうして人びとは「ますます他人に指導されることに慣れる」ようになり、「漸次独自の見解」を捨てさり外部から附与される「もの」を受容することになる。(27)

なぜなら、近代日本の歴史を再考したならば、「思想」とは全体性（＝国民国家）により演繹され、共同体秩序を国家体制が包摂しながら各構成部分を有機的に連関させ、一定の「論理的整合性」を作り出してきたからである。「論理的整合性」は人びとの「助けを求める声」を抑圧し、そうした暴力的な抑圧を正当化する機能を果たした。政治体制は文化体系の全体を天皇制によって包摂し、人びとの「暮らし」においては「公的」視線が「私的」領域をつねに侵蝕したのであった。「公的」領域と「私的」領域の分断はアジア・太平洋戦争の敗戦まで継続し、「暮らし」と「政治」を媒介する実践意識は天皇制を自明とする「自然的態度」によって成熟することはなかった。天皇制を正当化する「論理的整合性」の自壊は日々の行為や言説に内在していた矛盾を赤裸々に顕在化させ、「現実感」の喪失となっていった。その限りで「論理的整合性」は権力者たちの論理を正統化し、少数者たちの「声」を聴き取る論理とはなり得なかった。「論理的整合性」は抽象化を介して「同一性」を維持し、その自己完結性ゆえに差異性と多様性を消去する「論理」となった。他方で、廣松が指摘していたように、「区別性」は同一性に存在論的にも先行するのであるが、「論理的整合性」が同一性を先行させたとき「内／外」は「同／異」となり、さらには「正／邪」への変様過程をたどることになる。これと同様の視座を今村仁司は次のように述べている。

「線を引くというふるまいは、いわば形なき空間に一本の線を引く、あるいは切断線を刻むことである。線引きは分割し区別することである。一本の線を引くとき、形なき真空のなかにひとつの像を描くことでもある。線引きは分割であり、分割は無形から有形を産出する。原初の線引きすなわち根源分割があり、そこから形と姿をもつ『世界』が現れる」[28]。

「一本の線」を引く「分割＝分断」は自他関係や共同体における「内／外」を作り出し、「分割＝分断線」とは「自己」と「異者」を「二項」として物象化する。だが、その「分割＝分断線」は人びとの日常の行為連鎖によって意味連関の「網の目」となる。意味連関は共同体に帰属していた人びとの準拠枠となる一方で、物象化された異なる「空間」を措定することになる。そうした硬質な線による記述様式は従来の共同体を分断し、「意義的価値性」から「社会的秩序」と「人格的秩序」を相即的に形成する。このとき「現存在」はすでに「共同存在」ではなく、また共同体は多様な諸価値を受容しうる「四肢的連関態」ではない。というのも、それは分断線によって「排除＝外部」と「包摂＝内部」を「人‐間」と「空‐間」に作り出すからである。そのように現実的な諸価値は「主観‐客観」的認識論が確定する諸条件に被媒介的に規制された「排除」という領域に収斂していくのである。

たとえば、二〇一二年四月からの避難区域の再編問題が、こうした考察を必要としていたといえる。福島第一原発二〇キロメートル圏とその北西に隣接する計画的避難区域には国・政府の避難指示が出された。この分断線は生活世界による状態や出来事の確定のための諸前提を断片化し、地域社会の成員たちは社会的空間や歴史的時間の媒介性を失い、相互行為の理解は齟齬を生み続けている。つまり、この分断線から「生活形式」は、①「避難指示解除準備区域」、②「居住制限区域」、③「帰還困難区域」、という三区域に再編されつつある。除本理史によれば、その結果として、五つの区域が併存する複雑な空間となる一方で、その基本的方向性は避難した住民の「帰還」を促すことにある。三区域という再編計画は住民の「帰還」に要する時間が異なるためでもあるが、避難指示の解除によって避難に対する「補償打ち切り」の問題が前景化してくる。それは「ある程度まとまった額をいわば『手切れ金』のように支払い、補償を終わらせていく」ことにもなりえる。こうした区域再編と「補償打ち切り」の動きは、二〇一一年一二月一六日の政府による「事故収束」宣言を起点としている。だが、原発の現状は「事故収束」に疑問を投げかけており、議論の前提となる客観的な諸条件が大きく変容しているのである。[29]

従来の「生活形式」を変える物理的分断線は「人 - 間」における精神的分断線ともなっている。精神的分断線は「四肢的連関態」を断片化するのと同時に、歴史的文化性をも細分化していく。それは「個人」にとっては価値対象を位置づける準拠枠の相対化の進行であって、円環的意味連関の脆弱な部分を断ち切ることでもある。そうして意味連関の再構成が生じ、行為を方向づける自己了解を不明瞭な「宙吊り」の状態にしているのである。今村によれば、人間的現存在が「『そこに』存在する」ならば、「『そこに』とは特定の空間として客観的現実の一部」であり、その「延長として現れる」。これは「空間一般（際限のない広がり）」に特定の「分割＝分断」線を引きながら、特定の空間を確定し占拠することでもある。つまり、「線を引くこと」は空間の「分割＝分断」であり、分割し切断することが「人間的現存在」の根源的な「在り方」なのである。こうした現存在とは「線を引く行為」であり、「『与えられて—ある』のなかへの暴力的な介入」なのである。[30] つまり、「区別」する行為によって「地」から「図」が前景化し、それを端緒として「人生物語の相互的絡みあい」が生まれ、「人生物語の想起と予測の弁証法への挿入」が複合的な統一性へと形づくられていくのである。

ところで、辻内は調査の自由記述欄の「声」から「怒り、悲しみ、苦しみ、嘆き、悔しさ、侘しさ」といった「痛み」を「抽出」していた。こうした被災者たちの「声」は、「いっこうに問題解決が進まない現実」がある一方で、「世間が震災や原発事故の問題を過去のもの」とする社会的趨勢に対して「無念の思い」を抱く人びとの存在を浮かび上がらせた。それらの「声」の記述が具現化しているのは、「『放射能汚染・除染・帰還』といった将来の人生設計」や「いわゆる自主避難の問題を含めた『安定した住宅環境の確保・賠償と補償』という問題」などの深刻さである。この調査結果の分析から、①賠償・補償の問題、②新しい居住地と帰還をめぐる問題、③原発事故と国・東電・行政への批判、④コミュニティの問題、⑤家族離散の問題、などの諸問題を捉えることができた。これらの諸条件の輻輳化が避難者たちに対して「『先がみえない』状況」を作り出し、「それがさまざまな『苦悩』」を引き起す構造ともなっているのである。[31] 被災した地域以外で「原発＝核施設」事故が日常的「惰性」となるなかで、避難者・被災者以外として括られる「余計者たち」は「『排他的な安楽』のための自己防衛機制として、単一の世界」へと内閉するかのように見える。つまり、ここには「宙吊り状態を重力からの解放ととり違えるような、転倒した『安楽』感覚が貫いている」のである。それは「生を形づくる物事を、繰り返し喪失し、忘却を積み重ね、抑圧は隠蔽から消去へと変態した時空間の産出でもある。だが、「その終焉は反復されつつ先送りされ或いは途絶するという事態」に対して「この時代への認識を促し、同時に変形する」意志が求められている。[32]

「帰還」の是非は「人‐間」における分割線となり、その分割線は「空間」に「自空間」と「他空間」を産出しながら倒錯した「生の姿」として現前している。たとえば、「種の二重対立性」のなかで「個」は形成され、全体の成員となり「全体の主体的統一性」を担いこれを代表する。そうした意味から「個」は全体に包摂される一方で、否定的独立性を獲得している。つまり、「種」と「個」とは相即的な媒介過程にあり、「両者は相即する」ことになる。だとすれば、「個」とは「種の絶対的対立自身に含まれた即自的統一の対自的実現」という全体統一の「回復の動性」であり、「復帰の過程」ともなる。[33] すなわち、「個/種/類」とは「それらはお互いに入れ子になった部分的図柄と部分的過程のヒエラルヒーから構成され、その構成部分はきわめて高度に相互依存である」。「帰納的方法」や「演繹的方法」という思考操作は「孤立した全称命題」(＝一般概念、法則、仮説)などの特定の出来事と思考の「上下運動」と密接に結合している。つまり、「個人」と「社会」の関係とは「高度に組織化され自分で自分を操縦する図柄に特徴的な他の部分単位‐全体単位の関係」として把握しなければならない。なぜなら、多様な水準の下位の図柄の「規則性/属性/動性」や上位にある図柄自体の「規則性/属性/動性」は、各部分単位だけに適合した概念では記述し得ないからである。同様に「それを構成している部分がその原因で、その結果がその組み合わされた形成物である」とも説明することはできないのである。[34]

だからこそ、「個人」あるいは「社会」という概念の規定性は「内自有」として物性化され表象されたとしても、「他の概念との反照的規定性(対比的関係)において存立する『質』的な規定性」にほかならない、と廣松は論じたのであった。また同様に、種の二重対立性などから「類/個/種」は「項」として実体化される「もの」ではない。関係に先立って「自存」すると受容されている「項(〃項〃を「項」たらしめる規定性)」は物象化された視角から規定されている。そこで、最後には、(一)「一切の性質的規定の基底にある実体的存在そのものが『関係』に先立って自存するのか」、それとも、そのような(二)「〃実体〃なるものは自存せず、関係に立つと称される或るものは必ずその都度の或る準位における関係と相即的にしか存在しないのか」、などの論点の判定に帰向するのである。[35] だからこそ、

「個人間」や「社会内」における「排除／包摂」という領域は「として」という媒介性を含意していることを再認すべきなのである。この媒介性の喪失が「個人間」において属性を固定化し、「社会内」では歴史的・文化的な封建制を凝固化するのである。つまり、「自存」する「自然的な秩序」という表象は「項」の実体化であり「自然」の自明視と相即的に、「排除」を前提とした法秩序が必然的な実在として錯認されることにもなる。すなわち、「この二者択一は、『である』（So-sein 相在 これはいずれにせよ、反照的関係規定の内自有化されたものである）に先立って『がある』（Da-dein 定在）が在るのか、それとも、『がある』と『である』とは根源的な場面では帰一するのか、という形にパラフレイズ」しうる。いわば、「『項』（『項』としての『項』）に先立つ『関係の第一次性』」とは、反照的関係規定という渦動なのである。こうした視座を廣松は「物という実体的な自存的定在を unterstellen する『物的世界像』の前提的了解に対して対蹠的である」と論じたのである。[36] その「内自有化」された前提的了解は物的価値規範となる。

たとえば、「無形の規範的拘束や超在的禁忌」と規範体系を共同体は持っていた。それは framework となり、一定の「善／悪」の規準となる境界線を作り出し世界像を象っていた。世界像は「権威」を体現し人びとに「通念」として共有される一方で、世界像とは近代化の過程で奪い取られてきた自己の「記憶」と「歴史」でもある。それこそが安丸のいう「通俗道徳」であった。「通俗道徳」は「相互に補いあった一連の徳目」の網目であり、無数の規範的拘束が「実体的存在」となり「一連の生活規範」として機能したのであった。つまり、「通俗道徳」は近代日本社会においては実体的拘束力となり、人びとの日常を形づくる「強力な規制力」となったのである。他者排除を典型的に体現した「戦時」では「通俗道徳」が内包する規範性と拘束性は「多くの個人たちを自然的に結び付けている、内なる、物言わぬ普遍性」として物象化された。だからこそ安丸は「思想もまた一つの巨大な『物質的な力』」であると述べたのであった。「物質的な力」となった「通俗道徳」は、「否定対立性が交互的」に否定し合う「自由行為」を抑圧する「共同主観的・集団的心態」となり得る。たとえば、天皇制を中軸とした歴史像が「宗教／芸術／科学」などを包摂したとき、その暴力的権力を正当化する「道徳」ともなったのである。そうした「通俗道徳」の一つの特質は「有機的全体」が「各グリートの動力学的な対抗均衡」であることを隠蔽したのであった。

しかし、「思想」は歴史的・社会的な文化的諸条件によって被媒介的に規定されている。いわば、「物質的な力」とは「ゲシュタルト的分節体」の物象化であり、「示差」的な反照的体系性の倒錯によって具現化した「もの」なのである。だからこそ、廣松は「存在的には区別性という関係規定こそが第一次的であって、自己同一性なるものはたかだか第二次的な反省規定だ」と述べたのであった。[37] 他方で、「物質的な力＝思想」とは「実在と思惟との同一を内容とするのではない」と田辺は論じていた。なぜなら、それは次のような二つの論点を有しているからである。

すなわち、①「概念に対する否定態としての存在の、概念との否定即肯定的なる統一」、②「論理に対する否定としての現実の非合理性を媒介とする論理の絶対否定的統一」、などを可能にする「繫辞」の機能が重要となるのである。「繫辞」への注視によって「存在／思惟」や「実体／概念」を「否定的対立の統一」とする視座を獲得することができる。一方で、そのとき「繫辞の含む非同一哲学的」である「対立の統一を無視する」ものとなってはならない。[38] 廣松は「である」という相在を「反照的関係規定の内自有化」されたものであるとした。[39] とすれば、「非同一哲学」とは「繫辞の表わす絶対媒介の本質」を必要とすることになり、こうして「思惟は存在の思惟であり、論理は現実の論理である」ことが可能となる。つまり、「区別性」が存在論的に「同一性」に先行するように、「絶対媒介を本質とする論理」は未だ推論に展開しえない判断の段階であっても、「媒介の所在としての繫辞の論理」となる。だからこそ田辺は「繫辞『である』は決して主語の存在と述語の概念との同一を意味するものではない」と論じたのであった。[40]

ところで、「通俗道徳」は「時代精神」を体現することによって歴史を叙述する基軸となった。特定の時代の「政治／経済／社会／文化／芸術」などの多領域を相互関連的に編成した。「通俗道徳」とは正統性の継承となる背景知であり、人びとの行為選択の枠組みとなる「精神性」を構造化する暗黙知であった。田辺がいうように、「論理」をこのように把握すれば、「非合理性と合理性との否定即肯定的なる統一」と解することができる。他方で、「両者の部分的ないし全体的なる同一性の定立」による「論理」は反動性を帯び、「直接なる生内容の非合理性を論理に対抗させる「生哲学の傾向」は「論理の本質を誤認するもの」となる。つまり、「非合理的直接態」は「生の内容」から論理的に「演繹」されたものではなく、「論理の制限をなすものとして論理に否定的に対立するもの」なのである。だが、「生の直接内容が非合理的である」としても、それは「論理との媒介を絶することを意味しない」のである。[41]

他方で、「生の直接内容が非合理的である」からこそ伝統的規範性が「善／悪」「正／負」「聖／俗」の拘束力を未だに有しているのである。また、それは個人および集団が伝統的規範性によって同一性を作り上げ維持してきたことでもある。たとえば、宗教的儀式が「空‐間」において「善／悪」「正／負」「聖／俗」などを「区別」し、「個」は安定的に「種的基体」に内属しながら一体感を獲得することができる。だが、そうした過程で「個」が「種」に融解していくのであれば、封建的な「法／掟」の強制力によって集団は凝固化していくことになる。産業社会が「生活形式」を侵蝕するのと相即的に、近代化の進行過程は伝統的規範性（＝通俗道徳）を解体しながら、資本主義に依拠した行動様式を生み出した。また、それは社会的基盤が揺らぐことでもあり、「思考／生活／労働」様式が変容することになった。つまり、その結果が共同体の解体となり、「歴史的／文化的」に継承されてきた集団意識の喪失だったのである。こうした喪失は社会道徳を曖昧なものとし、流動化がつねに高まる「人‐間」では多くの「個」は不安や怖れをつのらせた。「社会的／文化的」動揺の拡大と不確実性の昂進は、政治の場で倒錯した情動を産出することにもなっている。その環境下で「全体的テロル」は流砂となった「個」を集約し、「全体的テロル」の運動による「論理的演繹」を強制する。いわば、全体主義運動は絶えず「運動状態」でなければならず、互いに呼応する「個」を「種的基体」へと融解させる必要がある。こうした「テロルの外的強制」は「自由の空間」を破壊し、「人間のあいだの一切の関係」をも無化していくのである。この過程に包摂された「個」は「経験の対象となる世界の現実とそのなかでのみ遭遇し得るあの静止」を決して与えられることはないのである[42]。

「自由の空間」では「精神／世界」「主体／客体」「方法／対象」の越境と横断が多様な連続的相互作用の産出となるが、無数の「包摂／排除」の過程は従来の「善／悪」を越境する場を作り出す。そうした場とは安定性を失った不確定性に充ちた状況となり、統一性の喪失過程は人びとの経験の再構成を困難なものにすることになる。その状態は「過去」と「現在」を介在させる媒介項の消失が主要な要因となっており、既存の意味体系を起点として状況を再把握し、新たな意味生成の過程へと向かうことは極めて難しくなっている。他方で、人びとの日々の実践とは「過去」を内包した「現在」の通時的深度を前提としており、反省的批判はその実例と明証を「客観的文化」（＝「時」の「間」の通時的深度）に準拠している。反省的批判によって「単一」の「人間性」という錯認を再考できれば、人間関係の基礎である「相互性」という「綜合的な繋がり」の正当性が一層明確に解明されることになる[43]。つまり、人びとが帰属する「世界」とはすでに「第一次的に『共に在る世界』」である[44]。だとすれば、「相互性」とは自他間における根源的な構成要因であり、自己指示の契機によって自己への自己省察を可能としているのである。自他の間には弁証法的関係性が作り出されおり、「再認＝承認」の空間が成立している。つまり、「相互性」とは「協調／妥協」などを含意し、多様な社会的利害関係をも意味しているのである。

原発禍によるこの「相互性」の否定は辻内による調査の自由記述からも把握することができる。すなわち、「今まで描いていた人生を過ごせない悔しさ、辛さ」、「震災後の身内の死」、「親を介護施設に預けている苦しみ」、「子どもの学校・心の問題」、などの記述を見出すことができる。また、将来の不可視性は「被災者・避難者」たちに対して「仕事の喪失」、「経済的な不安」、「賠償問題」、「近隣関係の希薄化」といった諸問題の解決の困難さも浮彫りにする一方で、故郷への「帰還」についての「家族」や「地域社会」での軋轢や葛藤をも読み取ることができる。そして、「PTSDの発症率は自然災害よりも人為災害の方が高く、しかも社会的解決が遅れた事件はPTSDを遷延化させること」も指摘されている。このように、①賠償・補償の問題、②新しい居住地と帰還をめぐる問題、③コミュニティの問題、④家族離散の問題、⑤住宅環境の問題、⑥自主避難の問題、などの諸問題の複雑な重合が明示されたのである。[45]それらの諸問題によって「暮らし」のなかの「相互性」が希薄化し元来は基準となる法の解釈や適用の「手続き」も「宙吊り」となっている。こうした現状とはまさしく「限界状況」といえるだろう。

「私は、その苦悩についての明確な理解とともに、この苦悩との理性的で活発な闘いをも放棄する。あるいは、私は他者に深入りしないで、たとえば或る人の悲惨さが救治しがたくなるときには、適当な時機にその人から身を引くことによって、他者から離れて苦悩を回避する。こうして人間は、かたくなと沈黙によって、幸福な者と苦悩する者との間に生ずる間隙を、おしひろげる。人間は無関心となり、思いやりがなくなる。実のところ人間は、多くの獣が病める仲間を苛め殺すように、苦悩者を軽蔑し結局かれを憎悪するのである」。[46]

法執行の一時的「停止」が常態化するなかで権利と義務の均衡が崩れ、従来の「Figur（図、図柄）」（＝既存の政治・経済的秩序）を保持しようとする「反動」が生じ、既存の「Figur（図、図柄）」を優先しようとする劣情から擬似的安定という錯認が生み出されている。他方で、複雑な機能分化の進行のなかで現代民主制は危うい均衡のうえで存立しているのであるが、そうした「或るものが現前する」というフェノメナルな事態は「Grund（地、背景）から Figur（図、図柄）が分化・現出している事態」なのである。だからこそ、「地」と「図」との関係は幾つかの準位に応じてフェノメナルな状相を「区別」する必要がある、と廣松は指摘したのであった[47]。そうした「地」と「図」の概念構制を考えるとき、共同主観性の差異化と「反照＝反省」という二つの側面を把握しなければならない。前者の差異化は「現実」の間に齟齬を作り出し、むしろ法の限界とその「識閾」を照射することにもなる。

たとえば、山下祐介らが論じているように、「原発＝核施設」事故は法の「識閾」を顕在化し、安全だと受容していた「システム」が危険性を露呈したなかで、人びとは「安心を求めて頼れる先へと必死になって逃亡する」ことになったのである。それは「避難の背後にある恐怖と、安心を求めた逃避行」であった。二〇一三年の時点で「約一五万人もの人々が今なお元の地に戻れず広域避難をしている」という「事実の重み」を再認しなければならない[48]。なぜなら、こうした再認という行為が差異性と同一性の均衡点を作り出し、新たな「生の姿」の意味連関を形成する可能性を含意しているからである。他方で、その再認すらもできない「被災者／避難者」たちを「放置」し続けるならば、それは現代の日本社会のなかで「剥き出しの生」として「放置」することであろう。不確定性をともなう「個体と環境との相互自立即交互限定という相関性」は「個体の位置と環境の形相との間」にも見出すことができる。このとき「環境が個体を含むという高次性」を注視しなければならない[49]。その注視によって「立脚点」が流動化され、「剥き出しの生／ゾーエー‐ビオス／排除‐包含」の一部であっても捉えることができるのである。

第二節　「繋辞」の両義性と疾駆する「フローのシステム」

人間とは「図柄」のなかに位置づけられた歴史内存在であった。それは歴史という時間性への内属から、一定の世界像を把握しうるパースペクティヴを獲得することでもある。つまり、伝統文化による日常体験の包摂はframeworkとしての時間に人びとが帰属していることなのである。歴史内存在として自己を認識するとき、それは「図柄」の外部に視座を設定している。というのも、これは歴史に内在する意識が時間に対して距離を設定することであり、歴史的時間の外在化なのである。それは歴史内存在として自らを意識するなかで「時間」を外在化し、世界への内属と相即的に「時間」から自立する主観性を獲得する。一定の時間枠への内在による時間把握とは各文化圏で多様な形態を示していたが、「近代」という時代は過去を相対化しながら未来が現在の「意味」を確定する。歴史内存在としての「自己」とは間主観的な「同型性」の獲得過程の特徴を表わし、歴史の共有は「想像的／創造的」未来の広がりを制限する形で「時間」を秩序化する。また、伝統的な文化規範は「時‐間」（過去・現在・未来）の区別を可能とし、想像しえる未来像を人びとに附与する。過去は広範な「認証された実践」を未来に導入し、時間は空虚なものではなく一貫した「生の姿」となり、未来と過去との意味連関を形成する。こうした「時‐間」では廣松が指摘するように、「同調性・同型性に定位しつつ、それを理念化して『人々』の間主観的な『同型性』を立論する」ことができる。そして、『人々』という複数的表現」が「間主観的な『同型者』『単一者』を表わす」なかで「『ヒト』という表現」が用いられることになる。「ヒト」とは「特定の誰でもない〝函数態〟的な〝ゲシュタルト的〟存在である」とされる。[50]「ヒト」が「特定の誰でもない〝函数態〟的な〝ゲシュタルト的〟存在」であれば、「主観‐客観」的認識論から描写され自明視される確固とした「主体」なのではない。「函数態的なゲシュタルト的存在」は共同主観性が「差異的／反復的」な両義性をもつことを明示するのと同時に、「ゲシュタルト的存在」は流動性を内包する「身心」でもあり、日々の実践で「精神＝意識」と「身体」は連続的な文化変容を続けていくことになる。

アンソニー・ギデンズは「実践的意識」という観点から「主観‐客観」的な二項対立を斥けた。ギデンズは、「実践的意識」は「すべての文化における広範囲な人間の活動を特徴づける、存在論的安心という感覚の認知面や情緒面」で重要となる、とする。かれのいう「存在論的安心」とは「実践的意識の非明示的特徴に密接に結びついている」。日々の行為や言説の微細なものの裏側にも混沌があり、この混沌の拡大は単なる無秩序ではなく「事物や他者についての現実感そのものの喪失である」とギデンズはいう。この観点は「ヒト」が「特定の誰でもない〝函数態〟的な〝ゲシュタルト的〟存在」であることの帰結でもある。なぜなら、所与の反応は現実についての枠組みがあってはじめて「適切」あるいは「容認できる」のかを人びとは判断しているからである[51]。

他方で、存在する「こと」の「意味」がつねに後続する「今」の「流れ」によって外化されるならば、歴史内存在は「つぎつぎ」と流れ去る「今」に埋没し現在を「時‐間」において把握することはできずに、細分化された時間意識から規定されることになる。このとき人間存在とはまさに「今」へと溶解した「現‐存在」となってしまっている。丸山眞男は「つぎ／つぎつぎ」という時間的継起性の表象が一種の「固定観念《イデー・フィクス》」となって、芸術的形式にまで高められたことに注目した。丸山によれば、その代表的な例として日本の絵巻物、とくに説話絵巻に表現されるような連続式絵巻を挙げることができる。絵巻という形式が日本に輸入されたとき、巻子を右から左へ順次繰り広げて行くという一方的な方向性であったが、「それによって、時間の時間的継起を鑑賞者にいわば共有させるところの、美術史家のいわゆる『異時同図』の手法を見事に開花させた」のであった。「本質的に空間芸術である造形美術」において「時間的継起性の契機」をごく「自然」に日本は受容したのであった。絵巻物に見られる「線的な《リニアー》継起性」は「花道をふくむ歌舞伎の舞台や『道行』あるいは役者の台辞の『つぎつぎ』の受け渡し」にも現われている。[52]「つぎつぎ」という「時間的継起性」は「今」もつねに「加速」している。だが、「時間的継起性」が「固定観念」となっているとすれば、「つぎつぎ」と流れ去る「今」が日本社会にとっては「日常」なのである。つまり、「日常」であることはそれが「常態」であることをも含意しているといえる。こうした「線的な継起性」という「常態」においては「世界内／歴史内」存在が得た諸体験やその基底をなす「生活形式」が形骸化し続けることが正しい在り方となる。つまり、「線的な継起性」が軸となる時間意識とは、「過去」の歴史的事実や出来事を「記録」し、「記憶」に留めようとする「意思」を欠落させる傾向性をもつ。だとすれば、相違する価値体系を準拠枠とする他者との相互理解は努力することなく捨て去られ、「他者／歴史／差異」などは認証されることなく否認され「言語化」されることもない。だからこそ辺見庸は次のように記しているのである。

「時が逝く。身も蓋もなく。きょうび、〈いま〉とは即刻〈過去〉である。さっき眼間《まなかい》をかすめたばかりのあの風景は気がつけばもう遠い〈過去〉である。それは忌むべき〈過去〉とそしられ、年表からも記憶からもきれいさっぱりと消去されてしまうのである。時が疾駆する。あてもなく。情味もなく。時がまた逝く。涙はとうに涸れた。はなからなにもなかったように。（…）一瞬の〈いま〉だけがいよいよ栄え、〈過去〉はその証《あかし》も時系列も奪われて、ひとり、いとどに堆積し、墓守のない墓場のすすきのように黙々と繁茂している。（…）淫らに光る、見るからに贋金のような時と言葉。褻《け》もない、おそらく仮諦もない、贋の晴だけの〈いま〉。ここで可能なことはただひとつ、意思して黙《もだ》すことだ[53]」。

グローバリゼーションによって「加速化」の度を増す時空間の変様は、歴史内存在の「知覚／知性／知恵」を細分化し、文化的象徴体系としての記号性の意味連関を分断している。歴史内存在としての人間が「時‐間」で作り上げた文化的構築物は絶えず「ゆらぎ」に曝され、相対化され解体されていくかのような状態となっている。その過程で「真理」は通用性を失い、客観性と合理性は経済システムが必要とする「もの」だけの付属物となってしまっている。また、市場経済が産出する言説によって「真理」は「騙り」だされ、他領域が求める他者性を「合理的」に排除している。その過程で歴史像は静止することはなく、つねに揺れ動き「一貫性／統合性」を欠くものとなっている。マニュエル・カステルは時間認識から高度情報化社会を考察し、「今」の「生ける空間」が政治・経済・社会の諸過程や科学技術的変化を通して規定され、「フロー」によって特徴づけられた時空間として描き出した。「メッセージのフロー／イメージのフロー／資本のフロー／情報のフロー／労働のフロー」という従来の「人間性」を解体する深刻な「文明形態」に歴史内存在は「到達」してしまったのである。また、各分野に影響を与える「フロー」の作動に対する制御は喪失しており、「フロー」のメカニズムの作動と科学技術の変容が連動しているのである。そうした相互依存的な「フローのシステム」の抽象的権力は誰も何によっても完全に把握することはできない[54]。

「つぎつぎ」と流れ去る「フローのシステム」は「『人々』の間主観的な『同型性』」が語り継いできた「物語」を断片化し、時間的出来事の集約としての「物語」の展開を不透明で不安定なものとしていく。物語展開の不透明さは行為選択の舞台的空間での理解を困難なものとし、これは「時‐間」の諸契機を一つのテクストとすることができないことでもある。だとすれば、それは「実践的意識」が「再生産する日々のルーティーン」を不確実なものとし、「不安を括弧に入れること」ができない事態を生み出すことになる。その理由は「実存的問題に関する『かのように』の環境 an as if environment を編成するという構成的な役割を果たす」ことができないためである。なぜなら、「実践的意識とルーティーンは様々な方向付けの様式を与え、その様式が実践レベルでは存在の枠組みについて提起されうる諸問題に『答えている』」ためである。[55]

政治・社会・文化の各領域が経済活動の拡大や過剰な資本の流動性によって不安定化し、「時間」「空間」「人間」を媒介した「生活形式」の確実生と自明性は揺らぎ、他者排斥の暗い俗情を喚起している。藤田は「擬制商品」としての「労働力」と「土地」は近代初期から売買市場に登場したが、「『貨幣』の売買の一般化・全体化・大衆化」は主に「現代的現象」であるとした。現代の「市場経済社会」の特徴とは「自己存立」にとって必要不可欠な諸制度を「利益を生む流動（通）物」と見做すところにある、と藤田は論じたのであった。[56] そうした現代的現象を可能としたのが「貨幣の抽象的、事実的な本質の非人格性と普遍妥当性[57]」であった。「非人格性と普遍妥当性」を含意した貨幣による商品の交換過程はマルクスによって「W–G–W」として表記された。熊野純彦は「産業資本の流通過程としてあらわれる商品流通W′–G–Wにあっては、流通は、一定量の貨幣が二度その持ち手を替えることで媒介される」という。また、リンネルを取りあつかう商業資本はリンネルを買い、リンネルを売る。ここでは、「貨幣ではなく商品が『二ど場所を転換する』。あるいは商品が『二かい売られる』。この場所転換によって、貨幣が（増殖して）回収され、還流するのである」。このとき「商品資本の貨幣資本への転化」である過程が「商業資本にあってはG–W–G′」となる。つまり、「おなじ商品の買いと売りを介した、『貨幣資本の還流 Rückfluß des Geldkapitals』としてあらわれる」ことになるのである。[58]

こうした「貨幣資本の還流」が「フローのシステム」を産出することになったといえる。そのなかで「価値の貨幣形式への翻訳」のみが「利害関係者の空間的距離をもはやまったく問題にしない」のである。[59] また、カステルによれば、「フローのシステム」の抽象的権力性は人間存在の根源性にまで影響を与えていた。「時間は歴史」であり、「歴史的分析」は「時期区分、歴史的軌道、歴史的局面情況」といった「時間枠組み的パースペクティヴ」を介在させることで「過去／現在／未来」を繫げることができる。また、社会認知においては「同時性、起源、連続性、歴史的地平」を人びとは各自の思考の一部として、「知覚に導入している」といえる。このように歴史内存在は「あらゆる社会形態におけるあらゆる空間的顕現」を包含する空間的社会理論を必要としている。同様に、歴史は「種別的な時代、時期、局面、連続性といった時間次元」で社会を位置づけなければならない。つまり、社会的構造や社会的過程を種別的かつ空間的配列のなかで措定する必要性があるといえる。(60)

ここでは歴史意識との関連に問題を限定しながら考察していく。丸山によれば、日本の価値意識を特徴的に示すのは「いきほひ＝徳」という用法である。また、『紀』での「徳＝いきほひ」という用法はけっして神代に限定されたものではない。「欽明紀」の場合でもその「徳」の実質的意味は前後の関係からも「倫理的・規範的な観念」よりは「威・勢」に近いといえる。ここでは「徳」があるから「いきほひ」があるのではなく、「いきほひ」があるものに対する讃辞が「徳」となる。そうした「いきほひ」の観念は「みたまのふゆ」（神霊・霊威・恩頼）という「生長・増殖・活動のタマあるいはヒ（霊力）への信仰を媒介として『なる』カテゴリーと連動し、一層その価値序列を高める」ことになる。他方で、摂理史観や規範主義的史観の確立にとって必要な「超越者／永遠者」の「欠如」が「いきほひ」の歴史的オプティミズムを支えてきたのである。それは「生成のエネルギー自体が原初点になっている（…）という特殊な『論理』の楯の半面にすぎない」。したがって、神武創業説話において、ムスヒの霊が呼び起こされ、また、歴史的劃期においては、いつも「初発」の「いきほひ」が未来への行動の源泉となる傾向が見られるのである。(61)

つまり、「いきほひ」とは「時‐間」の切断面となる思考的な媒介性を排斥する。「つぎつぎ」と「勢い」を増す時間の「加速化」は媒介性の渦動を凝固化させ続ける。だが、「時‐間」の先後を交互的に媒介されているからこそ「瞬間」が新たな「現在」となり、未来の「現在」への移行と古い「現在」の過去への後退が生じるのである。時間の先後関係を作り出す交互的媒介性の動性から時間は拡がりを形成するが、「瞬間」は継起的存在ではなく発現と消失の移行「時」というべきなのである。そこには「主観即客観」の「行為的転換的統一」が成立している。各瞬間における過去の把握とは「流れ去る」ものではなく、過去から未来へと「時」が重合的堆積となる過程を捉えることを意味する。つまり、自由行為による「切断的自己否定」から「主観即客観」や「客観即主観」の「行為的転換的統一」が歴史として成立するのである。そこでは「切断的非連続的行為」が「自己否定的行為主体」を「過去的環境から未来的環境へ転換的に媒介」し、「現在の瞬間を非連続即連続として緊張的連帯的」な「連続的統一」の成立契機とする。このような「時」の「瞬間的動的現在」を媒介とした「過去と未来とを転換的行為的に統一」する歴史の構造は一般的形相として自覚され、歴史内存在はその形相の内部に位置する行為主体として自己を歴史的に限定し、自ら歴史を自由の所産として限定する。この「位置と形相との相関、すなわち主体と環境との交互性」こそ「正に位相学の対象」なのである。[62] だからこそ、四肢的構造連環態も「表裏反転」する「メービウスの環帯」と表現できるのである。

「行為的転換的統一」には歴史像が内包する「正／負」「肯定／否定」などの一対の概念を成立させる反照的・示差的関係性の介在がある。つまり、歴史内存在にとって「自己」の「眼差し」が「他者」の「眼差し」という転換点から「反照」され、「自己」へと屈折してくる共軛的な相互性が必要なのである。レーヴィットは、この「相互性」とは「一者‐他者《アイン・アンダー》のそれである」という。「互いに対する両者の関係は相互《アイン・アンダー》の統一的な『互いに』において遂行される」。共通する「互いにsich」の統一性によって、「各人それぞれの再帰的なありかたが相互再帰的なしかたでかたちづくられる」ことになる。[63] こうした「相互再帰性＝反照＝屈折」が「空‐間」における意味生成を可能とする一方で、「現在」を「時‐間」の「非連続即連続」として「緊張的連帯的」な「連続的統一」の成立契機とするのである。いわば、

「統一的な互いに＝共軛性」とは屈折し反転する「非連続即連続」となり、「位置と形相との相関」が「位相学」のような「表裏相即」的「捩れ」となる。だからこそ、「差異と反復の円環は、捩れた円環なのであって、それは、〔先行的な〕異なっているものについてしか《同じ》を言わないのである」[64]。

　このとき「《同じ》＝同一性」とは「ゲシュタルト的かつ函数的な存在」として描写することができる。たとえば、「或るもの」（〃図〃）が「〃無＝地〃から分出して〃項〃となるごとき原基的な態勢である」が、行動選択には「ゲシュタルト」を必要とする。だとすれば、行為選択とは「内的条件だけに依存するもの」あるいは「外的条件だけに依存するもの」という二分法から遂行することはできない。行為選択の準拠枠を構制する諸条件の変化は「全体的で不可分な結果となって現われる」。また、「刺戟と反応」の間での一義的対応を設定した物理的作用の連鎖では歴史内存在を捉えることはできない。つまり、行動が「生理的・心的諸関係によって媒介」されるとき「前の出来事と後の出来事」とに限定され、「空間の一区域と時間の一区分」のなかに「実在的に包まれている〈世界の一出来事〉」を考えるだけでは問題を残す。このとき、「生命および精神による媒介」は単なる「実在の一平面から他の平面への移行」とされ、「生命と意識」は「不十分な物理的決定因子をおぎなう付帯条件として導入される」ことになる[65]。

　しかし、「生命と意識」の相互浸透し錯綜した事態とは、「『現相的所与』がそれ以上の『意味的所識』として覚知される此の『として』関係を『等値化的統一』と呼び、また、所与が『能知』に対して《フュア》所識的意味として妥当する構制を能知的主体の側に定位して把え返すさいには、当の『として』を所識的形相契機の所与的質料契機への向《ヒンゲ》妥当化《ルテン・ラッセン》と呼び換える」[66]ことができるだろう。「差異と反復」の「捩れた円環」は歴史像を多元化し、権力者たちの退行した一元的な歴史像とはなりえない。たとえば、歴史には非常に「急激深刻な様相」と「緩慢平滑な様相」という「二律背反的分裂性」が内包されていた。この「二律背反的分裂性」とは「差異と反復」の「捩れた円環」であり、それによって意味地平と歴史像の歴史的変異が可能となる。こうした歴史的交互変換を田辺は「メービウスの（表裏連続）環帯」から論じたといえるだろう。[67] たとえば、「メービウスの（表裏連続）環帯」の面は「表裏相通ずる連続的統一」であり、この事態はどこかに立脚点を固定して直観される無媒介的な無形相的な連続態ではない。固定点の位置は必ず表裏両面のどちらかに存在し、表面あるいは裏面のいずれの面上でも環帯に沿って運動すれば、反対面と繫がり互に相通ずる連続態としてその運動行為に即して自覚される。つまり、「捩れの境界線上にある点は、連続即非連続、非連続即連続という転換的二重性」を有し、こうした曲線上の位置変換が曲線そのものの形相的変換と相関媒介されて、「位相学的二重不変性」を形造ることになる。そのとき「過去」の現在化とは意味生成となり、「意味」による新たな「論理」への形成過程としても把握することができる。

　これは「論理の根本原則である自同律（同一性原理）」が必然的に「矛盾律と表裏相通ずるもの」とした田辺の論述と等価であろう。自同律と矛盾律は「肯否相対立」するのと同時に、「表裏相通ずる」のである。なぜなら、自同律の必然がむしろその表面を自ら否定し、裏面である矛盾律に潜入する偶然を自らに認容するためである。つまり、「既に etwas として把えられているところのものが更に etwas Anderes として把えられるという多重的な過程を生じうる」[68] からである。これは「振動的渦流螺旋」によって「多重的な過程・構造」である四肢的構造へと差異化していく。このとき「重なり合ったパースペクティヴ、（相互）連絡している距離と発散と齟齬《ディスパリテ》」[69]を内包する媒体としての「種的基体」が蝶番となるのである。

　いいかえれば、資本の流動的な動態性は「振動的渦流螺旋」となり膨張し続ける。この「振動的渦流螺旋」の動性とは「『として』の両極に立つ二つの契機の媒介的統一体」なのであり、「イデアールな契機にアクセントのある即自的な統一体」でもあった。また「位相学」のような「表裏相即」的「捩れ」は「関係性」のなかで「他項」に媒介され、「始点‐中間‐終点」という「肯否相対立」的時間軸となる。それが空間軸へと代置されたならば「そこ‐ここ‐〈そこ〉」と位置づけられ、推論形式は〈ここ〉と〈いま〉を媒介する「他項」を包含する。つまり、「種の論理」とは「個／種／類」の「律動的形成行為」によって「振動的渦流螺旋」として展開することになる。(70)「個／種／類」は「肯否相対立」するのと同時に、「表裏相通ずる」ことになり、「種の論理」とは「多重的な過程」から「多重的な構造」を形成しているのである。また、「現相的所与‐意味的所識」と「能識的或者‐能知的誰某」という関係性もまた、「振動的渦流螺旋」の「過程」に「在る」。とすれば、「純然たる現前は、『齟齬をきたす』ものを測定単位とし、したがって必然的に、差異の差異を直接的なエレメントとしている(71)」といえる。

たとえば、生成する貨幣の「流れ」は「振動的渦流螺旋」となり「齟齬」を生じさせ、「齟齬」を包含する新たな「渦流螺旋」を描きながら外部を作り出すことになる。この「渦流螺旋」は「齟齬」を内包する基点となり、それは必然的に「他性」を孕む差異化となっていくのである。つまり、「運命の必然」が「偶然に裏附けられ自由を容れる」ことになる。こうして「理論の根本原則が肯定的表面と否定的裏面とを表裏相統一し、自同矛盾の両原理の二即なる二重性」を含意し、それは「矛盾の自同的統一という弁証法」によって成立する。したがって、弁証法は「自同性論理に対する高次の根柢」として捉えなければならないのである。(72)すなわち、財態の現前様態と主体が「雙関的／相互的」に媒介されているのと同様に、「内即外」という両面的対立契機による「動的転換」が弁証法なのである。そこでは「しなやかさは意識にとって本質なもの」であり、「偶然そなわる特質ではない」のである。だからこそ、「認識における弁証法的運動を触発する力は体系に楯つく力である」とアドルノは述べたのであった。(73)

「個／種／類」は絶えざる媒介性から「振動的渦流螺旋」となっていたが、その「渦動螺旋」によって「反省を経ていない通俗的な思考は、虚偽の生活の複製でしかなく、それがなお真であるということはありえない(74)」といわねばならない。他方で、今の日本社会では等価交換の関係が「個」の主体性と自立性を融解させ、公共圏では非合理的な俗情が満ち溢れている。その俗情は過剰流動性のような激流となるのと相即的に、全体主義の教義体系やイデオロギーは流動的であり確立されたものではない。教義の欠落という欠如態こそが全体主義の政治思想を産出するのであり、全体主義という欠如態は自立的理性は排除すべき対象とし「現実の生活過程」は不安定化され、ただ「流動」だけが「在る」。つまり、藤田が指摘したように、「流動そのもの」が「あらゆる価値物・あらゆる富を代表すること」が全体主義の特質なのである。いわば、全体主義は「運動」という「不安定」さを「主義」の基礎としたのであった。そして、藤田は「流動の模様」は「自然な形の痕など些かも留めない『記号』の抽象的操作の中にだけある」とした。この「見えざる操作による間断無き無限流通」とは「空虚な無窮動」というべきものなのである。[75]そうした「空虚な無窮動」は交換社会において生み出されたものであり、「交換社会における主体は主体でなく、実際は社会の客体にすぎぬという事実[76]」を端的に表している。

いいかえれば、その過程は極端な「時間 - 空間の圧縮」であり、時空間の圧縮によって空間は統合されている一方で、「社会的アイデンティティ」は断片化され続けている。また、グローバリゼーションは「資本」の「流れ」から諸空間を画一化し、「場所」が内包していた歴史文化的な多様性を奪い去った。他方で、空間の縮減は「場所のアイデンティティ」と伝統を取り戻そうとする「心性」をも生み出している。[77]そうした「資本」の「流れ」とは、形をなさないがゆえに想像を絶する非差異化ともなっていくのである。[78]それは利子生み資本の自己増殖過程が「貨幣として還流するかぎり、貨幣が貨幣を生む」ことと等価でもある。この過程とは「資本の『じぶん自身に対する関係 Verhältnis zu sich selbst』であり、あるいは自己関係としての資本そのものである[79]」と熊野は指摘している。このとき資本の一般的な定式は「G–W–G'」として示されることになる。いわば、「間断無き無限流通」においても「貨幣」

は累積し、その自己増殖過程は存在論的地平の普遍的同一性を斥ける。そして、「空虚な無窮動」は「生内容が出現し後退するリズム」を変容させ、貨幣の固有運動はそうした生のリズム性にも深く関与し、生の周期のもつ「隆盛もしくは下降」にすら影響を与えているのである。[80]

カステルによれば、空間は時間分有的な社会的諸実践の「物質的支持基体」である。ここではいかなる「物質的支持基体」もつねに象徴的意味を帯びており、時間的に同時生起する諸実践は空間を一つに結び合わせてもいる。また、カステルは「フローの空間」は三層から存立していると論じている。(一)「フローの空間」の第一の層は「情報科学技術装置」による相互作用ネットワークから産出されている。こうしたコミュニケーション・ネットワークは「創建的な空間的布置」であり、場所の「論理や意味」はネットワークに吸収されていく。(二)「フローの空間」の第二の層は、その「結節点および中心点(nodes and hubs)」によって構成されている。「フローの空間」は電子工学的ネットワークに依拠しているが、このネットワークは「複数の特定の場所」を「明確な社会的/文化的/物理的/機能的」特徴を内包したものとして連結する。結節点と中心点は「ネットワークにおける相対的比重に従って階層的に組織化されている」のである。(三)「フロー空間」の第三層は、支配エリートが目指す「空間的組織化」に依拠している。なぜなら、支配エリートによる「指令的機能の行使」によって空間が分節化されているからである。現代社会において「支配的な利害関心・機能」を起点とした論理で構制された「フローの空間」が「支配的な空間論理」となっているのである。[81]

つまり、「各現在が有の焦点」でありながら「非連続の連続」を形作るのではなく、無媒介に連続態へと溶融してしまい「混沌不定態」を成している。これは「現在の各個が、それぞれ特殊の環境すなわち種族の伝統を媒介」することではない。いわば、「歴史的交互転換」が「一挙無媒介なる不確定的同一態」へと「直接に同一化」することになる。それでは「論理の類、種、個なる三範疇が、交互に否定媒介」されずに「直接推移」することになってしまう。[82]

細谷昌志は、「である」という「繫辞」の直接的統一が絶対否定の統一にまで具体化されたとき、弁証法的判断が成立し、そのとき「種的基体」が媒介として機能する、と論じている。細谷によれば、こうした自己否定の媒介を自覚するのが弁証法の推論性となる。この「繫辞の論理」は必然的に推論を形成する一方で、推論の媒介となるのが媒語であった。推論による媒介性が重要となるからこそ、田辺は「類（A）・種（B）・個（E）の三契機」から「種の論理」を展開したのである。第一の基本的推論形式は「A－B－E」であり、第二の推論形式は「B－E－A」となり、第三の推論形式は「E－A－B」となる。それぞれの中間に位置するB、E、Aが推論を媒介することになる。こうして三つの推論形式が相互媒介の関係を作り上げ、「種の論理」の骨格を成しているのである。[83]

第一の基本的推論形式である「A－B－E」は「類／種／個」を相互に連結し「距離／発散／齟齬」を生み出している。また、廣松は「類／種／個」を弁証法的動性から捉えるためにフォイエルバッハとマルクス・エンゲルスの視座の違いについて言及していた。つまり、フォイエルバッハの「類的存在が真の主体＝実体」ではないと批判しながらも、「類的存在」を「弁証法的自己活動の主体＝実体」として改解する方向性も存在しているのである。フォイエルバッハは「神」や「国家」が人間の本質の自己疎外態であることを主張したが、それらがいかにして歴史的に成立したのかを説明することができなかった。つまり、国家やその他の歴史的形象の現実的疎外について解明することができなかったのである。フォイエルバッハの「類的存在」に「具体的な社会的諸関係」を包含させる必要があったのである。[84] そうした「具体的な社会的諸関係」とは「類／種／個」をその特有な流動性の間に措定し、媒介性から駆動する論理形式によって「類／種／個」の社会存在論的性格を実体化することなく、部分的かつ全体的な「非連続即連続という転換的二重性」を表現しているのである。

「具体的な社会的諸関係」を「批判的経験」から捉えようとすれば、「相互の相剋によって規定されるさまざまな総体」を内部にもつ「歴史的運動の可知性を再構成する」ことになる、とサルトルは指摘していた。つまり、「批判的経験」とは「共時的な構造とその諸矛盾」から出発し、「歴史的転形の通時的可知性、その条件づけの順序、歴史の不可逆性」などの歴史の「方向づけ」の可知的な理性を探究する。こうした「綜合的前進」はその過程を介して「諸瞬間を再構成」することによって、「個別化」によってしか存立し得ない「絶対的な具体（この歴史のこの日時におけるこの事件）」ではなくとも、「一つの歴史の事実に〈具体的事実〉という規定を適用することを可能にする諸条件の絶対的体系」へと進むことができる。こうした批判的経験が「構造的・歴史的人間学」を基礎づけることになるのである。[85] 同様に、「繫辞」の考察は歴史的・政治的・社会的な権力の規定性を対自化することでもある。辺見庸は詩集『眼の海』に収められた「眼のおくの海－きたるべきことば」で「繫辞」を次のように表現した。

「ひとしずくの涙に　莢蒾《ガマズミ》の赤い実を映したまま　ずっと網膜のうちにひそみ　このたびは　いきなりわたしの眼からふきでて　こんなにも海となった　あなた　眼のおくの海　／わたしの眼からふきでて　世界にさしだされたあなた　眼のおくの海　／矯めなおしにきたのではないだろう　試しにきたのでもないだろう　罰しにきたのでもないだろう　莢蒾の赤い実のほかは　一個の浮標《ブイ》もない　あなた　眼のおくの海　／あなたはきたるべきことば　繫辞のない　きたるべきことば　もう集束しはしない　ばらけた莢蒾の赤い実のようなことばよ　／わたしはずっと暮れていくだろう　／繫辞のない　切れた数珠のような　きたるべきことばを　ぽろぽろともちい　わたしの死者たちが棲まう　あなた 眼のおくの海にむかって　とぎれなく　終わっていくだろう[86]」。

立脚すべき歴史的文化体系が動揺するなか、既存の認識論を形づくっていた準拠枠は崩壊し続け、世界内存在は意識的に世界に対して「距離」を設定し意味賦与する能力が失われている。つまり、「繋辞」がその係留する力を奪われたこうした事態は、世界に内在する存在者たちの「認識論的／倫理学的」視角が押し流されたことでもある。だが、巨大な自然の変動は世界にとっては「試しにきた」のでもなく「罰しにきた」のでもない。他方で、大きな惨状が現前しているにもかかわらず、人間存在は「倫理／道徳」そのものを自らが選択し、新たに創造するような意味賦与的な「主体」とはなり得ていない。つまり、対象認識という行為は「一個の浮標《ブイ》もない、眼のおくの海」では無定形な「現実」のなかを漂流し、同様に「生活」は「形式」を失い続け「内容」は空虚となり流れ去っている。これまでの「生活」の「形式」と「内容」の背景的確信が不信へと変わり、自他の「交わり」を成立させる脈絡がそのつど流れ去り、「暮らし」のなかで再認されてきた状況定義が浮遊してしまっているのである。このような「生活形式」における指示連関とは円環的媒介性が断たれているために、時空的距離や社会的距離の把握が不明瞭となってしまっている。他方で、自己意識は先行与件として他者意識を内在化し構制されている。その先行与件が実在性を喪失したとすれば、「自分の自分に対する循環的」な「自己－意識」は拠って立つ場を失っており、それは「対他関係としての自己」という存在様式の崩れをも意味しているのである。こうした規定性の喪失が自然という外部によってもたらされたとしても、むしろ今の日本社会は既成の権力体系を存立させるために凝固化した「繋辞」に繋留され、硬直した準拠枠に拘泥している。本来であれば現状の客観的認識が不可欠なはずであるが、「現状／現実」を正視することなく巨大災害と原発災害が起こらなかったかのように「日常」が反復されている。

いいかえれば、共同世界での意味連関の一般的定立が失われ、人びとの位置連関を指し示すことができずに、共同存在の「共観＝共感」は希薄化し続けているのである。つまり、「我々」を形づくる共同主観性による行為選択の方向性と共同体験が分割され分散化しているのと相即的に、「人-間」を支える社会統合は弱体化し、個々人の共同的帰属感や倫理観は現状を秩序化する意志と能力とは成り得てはいない。「政治的／社会的／文化的」な確実性は個人的な処理能力にとっての「背景知＝暗黙知」であるが、その有意味性を内包していた生活世界すらも自明性を喪失しているのである。いわば、こうした状態とは「繋辞」の物象化に起因しているといえるのである。だからこそ「位相学の二肢的二重的構造」に立脚し、「繋辞」を「不確定性を必然に伴う」ような「個体と環境との相互自立即交互限定という相関性が成立する」なかに位置づける必要があるといえる。そのなかで「連続即非連続、非連続即連続という転換的媒介関係を設定し得る」ことが重要となっている。[87]

他方で、「具体的な社会的諸関係」が物象化されたならば、諸関係を構制する諸要素は実体視され「項」が固定化されていく。つまり、「A-B-E」、「B-E-A」、そして「E-A-B」の推論形式は凝固化されていくことになる。たとえば、法秩序は推論形式の固定によって法体系の「普遍性／正当性／規範性」を獲得する。他方で、「普遍性」が「万民の法」を僭称し「正当性」を独占するならば、「人-間」「時-間」「空-間」を横断しながら新たな「意味」を形成する媒介性は「規範性」から排除されていく。だが、法理論は準拠する価値体系が「時-間」の推移によって変様し、「肯定／否定」が「表裏相統一」されていく「二重性」を包含している。つまり、法解釈は「時-間」の変容によって引き起こされる既存の予期と更新される予期の円環的媒介によってつねに多層化しているのである。だとすれば、差異と反復を作り出す推論形式によって法解釈とは「矛盾の自同的統一という弁証法」として再把握されねばならない。また、視角をかえれば、「自己とは自己を媒介にするもの」であり、媒介されない「自己とは、自己にして自己ならざるもの」となる。つまり、「自己」とは「自己を見失い、自己から疎外」された存在となってしまう。だからこそ、「自己疎外」となったのが「自己にして自己ならざるもの」なのである。[88]

エドワード・W・サイードは歴史内存在が継承すべき「伝統文化＝価値体系」を奪われ、「自己疎外」とされている「生の姿」を捉えようとした。こうして提起されたのがオリエンタリズムという概念であった。オリエンタリズムは植民地権力が作り出す表象システムから産出された「真理の体制」を再考させるものとなった。植民地的言説の内部には言語、思想、そして形象などが編成されており、「ある根源的なリアリズムの一形式」となるのである。オリエンタリズムとはオリエンタルと認定された問題や対象、特質や地域、などを集約しながら表象体系に包摂していくのである。また、オリエンタリズムに依拠した一連の発話行為が実体化され、発話を規定する「繋辞」が象徴的文化体系を専有することになる。この「繋辞」による専有は「混沌」での命名行為が「秩序」へと代置することに関連している。そうした発話行為と言説の集積体が「軍事的／外交的／法律的」諸領域を横断し、表象体系を産出し正当化してきたのであった。つまり、支配者と被支配者にある間隙は「行政的記号」によって規定され、言説編成によって被支配者がもつ文化的多様性は包摂され縮減されてきた。このとき人間存在を序列化する「間主観的な同調性」が「支配者／被支配者」の間で形成され、倒錯した「間主観的真理＝真理の体制」が確立することになる。

「オリエント――その異質性、遠隔性、エキゾチックな官能性など――と結びつけられた比喩的表現をひとつひとつ列挙してみるまでもなく、我々は、ルネッサンスを通じて伝達されてきたそれらの表現の特徴を一般化してやることが可能である。それらはすべて、断定的で自明のものである。用いられる時制は、時間を超越した永遠である。それらは反復と強調を印象づける。それらはつねに、ヨーロッパにおける特定ないし不特定の対応物とシンメトリカルな関係にあるが、同時にそれよりも劣っている。こうした機能すべてを発揮させるためには、たいていの場合、『〜である』という単純きわまりない繋辞《カプラ》を用いれば十分である[89]」。

フランツ・ファノンはその「繋辞」の暴力性を的確に把握していた。ファノンは「『ニグロ野郎！』あるいは単に『ほらニグロだ！』」という言葉によって「私は他の数多くのもののうちのひとつにすぎぬ自分を発見した」という。この「繋辞」の暴力性は「圧倒的なものとしての性質」へと人間存在を拘束していくのと同様に、「他者の眼差しは私を世界から不在ならしめることによって世界を私に返す」。つまり、その過程のなかで「他者は身振りや態度や眼差しで私を着色（fixer）する」のである[90]。そうした「繋辞」は歴史的・社会的諸関係に「区別」を挿入し、現実的・想像的な「蔑視」を作り出し「差別」を「人間」の「本性」とする。「蔑視＝差別」は、人種、性別、そして障がい者、などの存在論的な次元にまで広げて考察すべきであるといえるだろう。ファノンが指摘しているように、「他者」自身が「眼差し＝視線」の「権力性／暴力性」に無自覚であっても、「差別」意識とは「本質的／必然的」な「もの」とされることになる。すなわち、間主観的な同型化を経て個々人は、習俗、道徳、そして教育からも「自然」と「差別＝蔑視」の「心性」を身体化している。間主観性が負の価値へと物象化される過程は「国家意思」が介在していることを忘れてはならない。つまり、「差別＝階級支配の意識」という単純化は複雑な「蔑視＝差別」が歴史的な封建的遺性であることを忘却させてしまうことになる。「種の論理」が「繋辞」を軸として展開されたのはこうした暴力性・権力性の解明を目指したからであった。だからこそ「社会的弱者」の内実、つまり「差別」の思想と政治・経済構造を「問う」ことにもつながっていったのである。

　こうした相互的な媒介過程の考察の重要性は「福島原発事故」からも明らかになる。「福島原発事故」はきわめて広範囲かつ多領域にわたり、大量の放射性物質による環境汚染が深刻化し、多くの人びとが被曝した。除本によれば、主要な被害の一つは人びとの「避難」によって作り出された。というのも、「避難」とは被曝を避ける行為であったが、行政組織の全体が避難した「地域」では社会経済的機能が麻痺し、人びとに甚大な被害をもたらした。原発事故による避難は政府によって指定された「区別」が分断線となり、そうした「線」が「空‐間」を物理的に分断する一方で、「被害補償」の問題は「人‐間」に亀裂を生み出す「線」を走らせた。また、「自主避難」を選択した人びとの多くは、子どもや妊婦とその家族であった。東日本大震災で被災した各県のなかでも原発事故によって福島県内の「政治／経済／生活」などの現状は困難さを深め続けている。「原発避難民」の数は正確に把握されていないが、復興庁によれば、二〇一二年一二月の時点で福島県の避難者数は約一六万人に及ぶとされる。避難先での「区別」では県内の避難者数が約一〇万人となり、県外の避難者数は約六万人とされる。除本によれば、地域社会の混乱や亀裂といった現象の背後にあるのは、原発事故によって地域を構成する諸要素が分断・解体され、住民が理不尽な選択を強要されていることである。福島の被害地では、生活世界は限定された範囲ではなく、乗用車での移動によって複数の自治体を横断するものとなっていた。「避難」が示したのは原発事故以前の「暮らし」の「中心に福島原発があった」ということなのである。「原発＝核施設」の周囲には、生活的・経済的・文化的な諸施設が存在していた。原発禍によって原発立地によって保たれていた地域の諸要素の一体性が、その中枢部から崩壊したのである。(91)

首都東京の権力中枢部と原発立地県の間には「植民地統治体験」と相似した「人種／文化／歴史」の「差別」があり、一連の「政治的／文化的」イデオロギーを内包する「統治／被統治」によって「政治／経済／文化／教育／生活」の多様な領域が「秩序化／制度化」されてきたのである。それらのイデオロギーは「偏見と差別と過去の痕跡をひきずり、時代遅れの『神話性』を特徴とするが、重要なのはそのことがすでに了解ずみである」ことなのである。こうした「神話性」がシステムの正当性を担保し、「神話性」を基点として「解釈の円環」が連鎖し「被植民者」たちを包摂したのであった。それは経済的「豊かさ」という言葉で代置され、「犠牲のシステム」に準拠した植民地権力による「誤認」が維持され続けてきたのである。つまり、「近代的な統治のシステムや学問、進歩的な『西洋の』社会的経済的組織形態が共存」しており、それらが「植民地事業」としての「犠牲のシステム」を存立させていたのであった。[92]さらに「犠牲のシステム」は公然と人びとの生活空間と合致するようになり、「イデオロギー」的空間は「自然／日常」的場所となったのであった。

「イデオロギー」的空間は「真空」を埋めるために「偏見と差別と過去の痕跡」を必要としているが、「空間」の秩序維持に最も重要なのが「時代遅れの『神話性』」であることが明確になった。つまり、「安全神話」に依拠した「犠牲のシステム」は「人－間」における諸個人を包摂しながら、「彼ら／彼女ら」を相互監視の「網目」へと内属させてきたのである。この相互監視によって空間内の諸矛盾は隠蔽され、「網目」からの逸脱には厳罰が与えられ画一性が強制されたのであった。だからこそフレドリック・ジェイムソンは、社会的矛盾を内包した二律背反的なシステムを弁証法などから再考すべきだとしたのである。なぜなら、この視座が「イデオロギー的閉止＝完結性をモデル化し、二項対立の作用を分節化するのにとりわけすぐれた適性を発揮するためである」。いわば、イデオロギーの機能とは「同一性」と「非同一性」との間に深い分断線を走らせ、「主観性」を「善」へと、そして「客観性」を「悪」へと代置していくのである。こうしたイデオロギーが産出する二元論が「現実」となり、一般化されることになるのである。[93]「善悪」の二元論は「主観性」と「客観性」の区分を実体化し、さらには「内部」の「肯定性」を厳守しながら「否定性」を排斥する。こうして「肯定性」は「内部」の存在者らにとって「具体的／実質的」な「もの」として物象化されていくのである。

しかし、サルトルによれば、「否定」は統一性によって規定されており、否定がその力を行使しえるのは「統一性によって」かまたは「統一性のなか」においてなのである。ここを準拠点とすることによって、「内的諸構造相互間の関係」、「内的諸構造と完了した全体性」、そして「進行中の全体化における全体との関係」としての「否定の弁証法的論理学」を確立することができる、とサルトルは論じている。つまり、全体によって規定された存在分野および緊張分野において、「あらゆる個別性(particularité)」が一つの根本的な矛盾の統一のなかで生成してくる。いわば、「諸力と緊張との分野の抽象的統一」としての「全体性」のなかでこそ「否定の否定は肯定となる」のである。[94]

だとすれば、「普遍性」とは「否定対立性が交互に否定」し合いながら、「基体の内容が無に帰すると同時に、これに束縛せられた否定作用」が「完全に解放せられた自由行為」を可能にするのである。その自由行為は「基体的内容をかえって自己の主体的内容」へと転じ「働く」ことになる。これが「個的主体に外ならない」と田辺は論じたのである。つまり、「それは種の否定的対立に相応する対立を、我と汝の対立的統一において止揚する」ことになる。その内容はむしろ「種性」を否定する統一と同様に「類の全体」に属するのである。[95] 弁証法の進行を誘発するのは支配関係の相対化への希求であって、それは支配関係が作り出す不当な「生存競争」を正当化する過程をも対自化することになる。このように自他関係の「間」を形成する弁証法的な言語交通は「自由」な行為的転換を活発化するのと同様に、位置変換的な視座が「自然史」の凝集力を捉え、「自然史」の歴史性との「対話」を可能とすることができるのである。つまり、「自然史」の歴史性とは「我と汝の対立的統一」を包含しているといえる。

そうした「否定対立性」が交互に否定するなかで偏差や差異化が生じ、そうした差異化する「関係性」においては「区別」が重要な視座となっていた。たとえば、「真偽」や「善悪」などは「枠組／観点」から変様するが、それは共同主観性が複数の様相を有しているからである。つまり、共同主観性は相互共軛的連関を作り出すのと同様に、新たな他者性を包摂し次の相互共軛性を生成する。また、自他の「情動／思考／知識」が交錯し相互に「内在化／複数化」され、「他者＝行為者」よって受容され共有されていく。いわば、媒介性の介入によって暴力を秩序へと変容させ、流動化された間隙を包含する空間へと代置しなくてはならない。つまり、共同世界を受容するために必要な frame of reference は複数性を前提としつつ共軛性からも形成されているのである。他方で、廣松がいう共同主観性は物象化論と不即不離の関係にある。そして、物象化によって共同主観性は再帰性という側面において相対性と絶対性の反転がある。先行的与件として二つの自存する「項」があり、その二つの「項」の区別性が存在するのではなかった。まず、端的に「或るもの」が「無＝地」から分岐し「図」となる原基的な態勢である「異‐化」の忘却は、「繋辞」の暴力性の陥穽へと導かれていくのである。

「私にはいかなるチャンスも認められない。私は外部から多元的に決定されているのだ。私は他人が私について抱く《観念》の奴隷ではない、私のみかけ（apparaître）の奴隷なのだ。／私はゆっくりと世界に登場する、躍り出ることは諦め切って。私は這って進む。すでに白人のまなざしが、それだけが真のまなざしである白人のまなざしが私を解剖する。私は凝視・染色（fixre）される。ミクロトームを調節して、白人のまなざしは私の実在の切断を客観的に行う。私は裏切られる。これら白人のまなざしのうちに私は感じとり、見てとる」[96]。

いま日本社会の内部では「眼差し＝視線」の暴力性は「剥き出しの生」に在る者たちへ向けられている。だが、日本の歴史を再考すれば、人間存在は潜勢的には皆すべて「ホモ・サケル」となる可能性は十分にあるといわねばならない。歴史内存在は「規範（ノモス）」や「本性（ピュウシス）」などを自らを象る根源性とすることはできない。というのも、歴史内存在は自然的秩序と法的秩序の間、つまり「歴史化された自然」に内属しているからである。「繋辞」の暴力性が「意味」の framework を作り出すのと相即的に、その「意味」は人びとを価値序列を明示する「網目」

のなかに位置づける。また、既存の framework から「対象／事象／存在」を同定し、固定化された意味理解では「対象／事象／存在」の即物的な把握となる。いわば、「眼差し＝視線」が物理的暴力性を内包しているからこそ、「私は他人が私について抱く《観念》の奴隷ではない」といわなければならないのである。こうして、廣松が述べているように、「人と人との実践的な間主体的関係が物象化された存立態」、つまり「文化的・社会的形象・形成態」とは「感性的・感覚的なレアリテートに担われて定在」しており、それ自身の存在性格を規定すれば「超感性的・超自然的な或るもの」と呼ぶべき相貌を捉える必要があるといえる。[97] また、廣松は「社会的諸形象の物象化的映現ということは日常的事実であり、現に人々はこの物象化された〝環境世界〟に内存在しつつ日常的活動を営み、（…）不断に物象化的現実を再生産している」と論じている。つまり、「〝現実の〟環境的世界が物象化された所産であるという被媒介的存立性」に無自覚な視点では、「私のみかけ（apparaître）の奴隷」だという悲痛な声を聴き取ることはできないのである。なぜなら、「社会的行為〝舞台〟の物象化された所産性」と間主観的「場」の意識下にある動機付けや拘束性を誤って理解する可能性があるからである。[98] もし、物象化の権力性を誤認すれば、「凝視・染色（fixre）」される「痛み」を「自然」に受け入れていくことになる。

ところで、「異-化」が次の段階として「図」という「区-別」を可能としていた。そのとき必要となる「精神性」を安丸は「生活態度＝実践倫理」から適切に描写していた。つまり、一つの論理体系である道徳は「人-間」において汎通性を有し、そのとき「論理体系」に対して否定的対立となる「非合理的なるもの」を把握しなければ、「論理」を形成する媒介性を捉え損なうことになる。また、「生内容」は「具体的に意志行為の生産する内容」である限り、「所与的なるものの受容的体験内容を意味する」のではない。すなわち、「生内容」は知性に導出されなければならず、「論理の推論に由って予料」された「行為的生産内容」となる必要があるといえる。したがって、「論理的媒介の構造」

とはむしろ「非合理的なる直接態をその媒介契機」とするのである。[99]

フーコーならば、「生存の政治的ないし経済的条件」を介して「認識の諸主体」が「真理の諸関係」と相即的に形成されることを「問う」であろう。複数の認識主体の様式があるのと同様に、多数の「真理」の秩序が存在する。これらの基盤となる「政治的諸条件」に複数の知の領域は準拠しているのである。もちろん、フーコーは「認識主体」を「基体＝主観性」とし、科学主義的な Objektivismus の典型的な定在形態を前提とはしない。それは廣松の探究が「Subjektivismus ／ Objektivismus」の分離を斥けたことと等価なのである。その分離を前提としないならば、「真理の諸関係」も「純粋」な「客観性」という frame of reference によって縮減されることになる。つまり、「真理の諸関係」は人間という歴史内存在の多義性を考察対象としなければならないのである。

第三節　「一つの〈記憶〉」の褶曲と「商品性格の純粋原理」

歴史内存在とは「統合性／統一性」を包含する間人格的関係から諸行為を選択し、「暮らし」のなかでの「集団性／個別性」を獲得する。こうした行為選択の反復と「集団性／個別性」という両義性の獲得過程は歴史内存在としての各個人に共同体への帰属意識を与える。また、共同世界での文化規範の伝承は「人格」の祖型を人びとに附与し、「個人」を歴史的意味連関のなかに位置づけることになる。その意味連関は「Subjektivismus ／ Objektivismus」の分離によって再構制されるような価値規範ではなく、この連関は「として」という交互的媒介性から諸事実を記号的象徴体系として確定しているのである。そうした事実性と象徴性が交互的に媒介され、意味理解は「生活形式」となる。そこには「時‐間」での自己の立脚点となる「生に対する基本的態度」が内在されている。こうした「基本的態度」

が「言語的表現／行為選択／経験獲得」などの具体的生連関を形成し、「場所」は多様な言語表現によって歴史的伝承に由来する「生に対する思考」と将来の方向性の基底となる。これらの観点から原発事故の「今」とその事故が現在進行形の問題であることを再考していく。

「最近、仮設などで自殺が多くないですか？」という会話を渋井哲也は被災地の取材で聴いたという。渋井によれば、実際に自殺者の数が震災前に比べて増加しているが、仮設住宅での「暮らし」では「震災後に亡くなった人の死因が話題」となり、「震災前よりも情報に敏感という面もある」という。それらが重複するなかで被災地では「自殺が増えている」という「実感」が作り出されている。また、内閣府の東日本大震災に関する「震災関連自殺」の調査でも「【福島県】一一年－一〇人→一二年－一三人→一三年－二一人」とされている。渋井は「福島県で震災関連自殺が増加傾向」となったのは、「原発事故の影響で避難者が多い事や長引く避難生活が影響している」ためであると指摘している。[100]

つまり、世界に内属する存在者たちは、相互承認を「生の姿」の不可欠な構成要因としている。その源泉となるのは「生活形式」に依拠した「伝統的／文化的」な「形式」の再生産であり、共同体への帰属と自己像の確定である。つまり、「生命」とは「抽象的なもの」や「具体的なもの」との緊張のあわいに「在る」ことが不可欠なのである。[101]人びとは歴史像の共有から相互理解を連鎖させ、共同世界の多様な出来事を把握している。また、この相互理解を基点として社会的集団への帰属性の獲得と相即的に、自己同一性を形成することになる。いわば、自己の在りようとは共同性と個別性の身体化であり再認なのである。

フーコーはデメトリオスが知るべき事柄としたいくつかの論点を示したが、そのなかで歴史内存在という視座から重要となる論点は二つある。第一に「ひとは共同体のために生まれた社会的存在として考えるべきこと」、第二に「世界は共通の居住空間であり、そこではあらゆる人間が集まってまさにこの共同体を構成するものであるということ」、などである。[102]人びとを包摂していた「暮らし」には歴史的時間の次元が存在し、「生活形式」での「実時間＝固有時」へと歴史内存在を係留し安定感を与えていた。つまり、当然視されていた共同体内での「暮らし」とは共同主観性の無意図的な身体化があるのと同時に、共同主観性が「善悪」の境界線を形成するなかで「社会的存在」となる。その過程で行為選択の能力が育成され、個人の「生活史」が「世界は共通の居住空間」であることから維持され、「生活形式」を先行与件として個々の「生活史」から各個人は世界像を獲得する。すなわち、共同主観性を共有する「社会的存在」は、主観的世界、客観的世界、そして「社会的」世界を一定の準拠枠から集約する。共同体は新たな生命の誕生を必要としており、そこには「のため」から「にとって」への必要性の移動が生じることになる。「のため」とは諸状況を間主観的に縮減し維持することであるが、「にとって」とは各自の能動性によって間主観的規範性が継承され、多義的な状況のなかで人は「社会的存在＝歴史内存在」へと再形成されていくのである。厳密な「定義」という観点から諸状況が「定義」されることはなく、諸状況はつねに「地平」を有し、その「地平」は主題とともに変容・変位することになる。いわば、諸状況とは生活世界的指示連関の一つのアスペクトである。こうして客観性とは「認識関心」の範疇を形成する多様な「関心」によって規定され確定されている。技術的な「認識関心」は「認証」を主導し、その「関心＝として」によって媒介されている。また、「思考は自己自身を放棄することなしに、自己自身に反して思考することができる」[103]。こうした媒介性が生み出す非同一性に注視しなければ、単なる客観主義へと傾斜していくだろう。[104]

では、震災と原発事故から四年経過した「現在」の「関心」はどのように「定義」されているのかを再考すべきである。たとえば、内閣府によって「震災関連自殺」はいくつかに分類されて定義されているが、[105]「生活史」のなかで形作られる「人格」は「役柄存在規定性」に限定されえない「個々人的特性」を有している。また、「個々人的特性」は「役柄存在規定を身に纏う内自的各主体」ではなく、「生活史＝人生劇場」において人は「多重的な役柄存在規定性を纏っている」のであり、一人ひとりの「人格」とはだれも代替し得ぬ存在者の具現化なのである。また同時に、「人格」とは「一箇同一の人物の諸行動を通じて〝普遍的〟〝恒常的〟に見出されるたぐいの傾向性・特性」でもある。(106)このように「人格」は「恒常的／流動的」な側面と「普遍的／特殊的」な側面という両義性を内包しているといえる。だが、人びとが「内自的各主体」となっている「現在」で求められることは、「私たちの生に不可欠の物事が見失われ、その生を営む場が決定的に変質してしまったという意識」である。その意識こそが「立ち戻りのもう一つの仕方を方向づける」のである。(107)たとえば、渋井は「実際には『震災関連自殺』と思われるケースでも、この定義に従うと、それとして扱われないケースも出てくる」と指摘している。また、「自殺者が内陸部に住んでいて、とくに避難所で生活をしていなかった場合、震災によって精神的な不安を得ていても、遺族がその人の動揺を認識していなければ、『震災関連自殺』ではなくなる」ことに注意を促している。そして、「福島では収束の見えない原発事故の影響で、生活再建に目処が立たず、地元に戻れないまま避難生活を続けている人たちも多い。福島ではとくに五〇代の自殺者が多い。先行きの不安定さが、自殺者の増加につながっている」とも論じている。(108)

根源的に「いのち」の「在りよう」を縁どる「欲求」もまた「真と偽との集積である」。「欲求」を文化的水準に即して論じるとき、アドルノは「この水準のうちには、社会的生産の諸関係もその悪しき非合理性もろともふくまれている」と述べていた。(109)社会的生産の諸関係と「法的／政治的／経済的」制度による枠組みが崩壊し、現実の日常生活での人間関係は従来の「真と偽の集積」を前提とすることが不可能となっている。つまり、「原発＝核施設」事故によって作り出された「避難」は、流動化する社会的生産の諸関係と相即的に、伝統的な生活態度を解体する過程に直面している。従来であれば「生活形式」が包摂していた社会層や各世代間の価値意識の相違が顕在化し、残っていた伝統的な家族形態すらも分断されている。「政治的／経済的」な「目的意識」によって選択された「犠牲のシステム」は「悪しき非合理性」によって「原発避難民」の軛となり桎梏となっている。いま「原発避難民」の在りようを単発的に取り上げるマス・メディアの報道はあるが、「生活形式」を奪われた存在という「痛覚」による注視は減少している。既存の社会体系の論理構造が正当性を提示できない状況では、「痛覚」を保つよりも現状への「慣れ」が「安楽」を生み出している。だが、この環境下で「考える」こととは「病理学的視座」から現状の日本社会を描写することになる。

そうした事態は共同体についての再考を必要としているといえるだろう。モーリス・ブランショは「共同体は、合一（…）に通じうるということを、多種多様な例が示している」という。また、ブランショは、「他人の死を、自分に関わりのある唯一の死でもあるかのようにおのれの身に担いとること」が「私を自己の外に投げ出すもの」となり、「共同体の不可能性のさなかにあって共同体を開示しつつ、その開口部に向けて私を開くことのできる唯一の別離なのである」と論じた[110]。「他人の死を、自分に関わりのある唯一の死」とする「生の姿」は困難な課題であったとしても、その地点にできうる限り近接しようとしなければならない。「いのち」とは「もの」ではなく「こと」であり、「こと＝いのち」とは思惟や諸行為の連鎖的集積の航跡として「在る」。つまり、「こと＝いのち」に経済的合理性が介在する余地はありえないはずであろう。存在それ自体が「こと＝いのち」であり、それは抽象的思惟による「善／悪」「是／非」の判断基準の外部なのである。また、人は人の間で獲得した共同主観性を前提として「暮らし」を営み、そのなかで「生活形式」が作り上げられている。だとすれば、「生活形式」の根底的な破壊は人びとの「人格」に準拠した「引責能力」を奪い去ることなのである。こうした「引責能力」が時空的距離や社会的距離の増大によって匿名的かつ不明瞭となり、「引責能力」の喪失は次第に「人間疎外」の現象として発現する。そのとき共有されてきた行為状況の毀損によって共同主観性は規範性としての機能を失っていく。つまり、その思惟的連鎖は思考する自己が「過程」に「在る」ことを示しているのである。

ところで、フーコーはデメトリオスが示した「知のもう一つの様態」に言及し、重要なことは「世界、他者、そして自己を取り巻く環境」であり、それをフーコーは「関係的な知の様式」と呼んだのであった。「あらゆる関係の回帰的かつ恒常的な項」を現出させ、「世界の事物」、「神々」、そして「人間」に視線を向けなくてはならない。このとき「あらゆる事物と自己自身との間に結ばれる関係の領野」において、知が展開されまた展開されるべきなのである。(111) 他方で、「関係的な知」でありながら、「世界の事物」や「人間」は恒常的な「項」とされている。だが、「神々／世界／人間」は「項」として実在するのではなく、多様な要素から媒介されている。もし、こうした概念構制を把握できないならば、「項」の実体視は複雑な世界を画一化することになり、「主観的理性」は物象化していく。

いいかえれば、アドルノが論じたように、「主観的理性に型どってつくり上げられた存在構造の無形式性」として現前するのは「商品性格の純粋原理」なのである。また、それは「普遍的な等価性と比較可能性」であることによって、さまざまな場で「質的な規定を蔑視し、平均化する傾向をもつ」のである。(112) 他方で、廣松は「項」の自存視を斥け「関係の第一次性」の視座を設定し、恒常的な「項」として「世界の事物」、「神々」、「人間」などを物象化することはなかった。たとえば、廣松は「意識対象」「意識内容」「意識作用」の三項図式を詳細に論じていた。廣松によれば、三項図式における第一項（意識対象）と第二項（意識内容）とは、「原物 - 写像」の関係にあると一般的に思念されており、第二項（意識内容）と第三項（意識作用）も「能知 - 所知」の関係にあるとされている。また、「意識作用」は直接的な所知的与件である第二項（＝「意識内容」）を介した間接的に「意識対象」と関わるにすぎない、と考えられている。こうした「意識対象」と「意識作用」の直接的な関係の遮断が「三項図式」の特質とされる。[113] カント以後の観念論もまた「主観的に媒介された真理を主観そのもの」と同一視し、あたかも主観の純粋概念が存在そのものであるかのように振る舞った。この点でそれは「またもや偽りだったのである」とアドルノは述べている。[114] つまり、こうした認識論の陥穽から脱することが必要となっているのである。

そこで「関係的な知の様式」と深く関係する「倫理」的省察について考えていく。まず、倫理的価値判断の「普遍」的な通用性についてである。一定の「歴史的相対性の埒内」において倫理的価値判断の通用性は成立しており、その一定の社会圏内においては価値判断の「共同主観的な一致」を認めることができる、と廣松は論じていた。つまり、価値判断の「共同主観的な一致」がいわゆる「客観的妥当性の存在根拠」であると反定立すべきなのであった。こうした一致には「一定の主観・客観的な根拠」があり、共同主観的な一致の成立する構造が存在しているのである。共同主観性の形成過程の解明は「知の様態に関わる区別」や「主体の本性に対して」、つまり「主体のエートス」への波及効果を明らかにする。フーコーによれば、êthopoieinとは「エートスをなす、エートスを作り出す、エートスを、つまり個人の有り様を、生存様式を変化させ、変形させること」を意味する。この知の領野に導入された「区別」が知の「エートス制作的なêthopoétique」性格を特徴づけているのである。[115]

こうした知の「エートス制作的なêthopoétique」性格を可能とする「意識の本源的な構造」を解明することが重要となる。そこで「当為意識」や「拘束的規制contrainte」に対する考察が必要となるのである。廣松は「当為意識」とは共同主観性を介して「行為は強制される」と論じている。この強制・命令された行為が慣習化し、「元来は具体的な個人であった命令者たちが『ヒト』l'On, das Man」となり、「抽象的な人格に昇華していく」のである。[116] だからこそ、「主体はどうなっているのか」あるいは「主体は自分自身をどうすべきか」という「問い」を法（＝掟）との関係のなかで「提起する」べきである、とフーコーは指摘したのであった。つまり、それは「主体はどの点において、どの程度に、どのような根拠に基づいて、どのような限界の中で法に従うべきなのか」という「問い」ともなる。だからこそ、「主体性の装置 dispositif」を再考しなくてはならないのである。(117)

「主体性の装置」とは「主体性」と「従属性」という「主体化」が内包する表裏両面を個体の「身心」に刻み込む。「主体性」とは「未だ来ない自己像」の獲得であり、「従属性」とは「能為者誰某‐役柄者或者」という二肢的二重性を過ぎ去った「時」のなかでの身体化である。つまり、個体とは「主‐従」と「時‐間」の中間点に位置しているのである。つまり、個体的点は連続的な環境内に含まれ規定されるのと同時に、連続的な環境内での非連続的な変形（例えば捩れ）の起る境界にも位置している。こうした個体的点とは環境の対立的部分を媒介する役割を担っているといえるだろう。だとすれば、「主体＝個体」そのものが社会的環境の過去的伝統と未来的革新の「中間点＝現在」を現前しているともいえるのである。(118)田辺が思考した「種の論理」とはこうした「時間的／歴史的」を包含する「両面的対立契機の弁証法的統一転換」を捉えようとしたのであった。つまり、アドルノがいうように、弁証法とは矛盾性という「反省のカテゴリー」であり、思考しながら概念と事物とを対峙させる力でもある。「もし矛盾が現実の中にあれば、弁証法はこの現実に対する異論となる」のである。(119)同様に、ドゥルーズのフーコー解釈も「現実に対する異論となる」ような「動的立体的翻転相入」を軸として展開されている。フーコーによる「自己との関係」の「一般的定式」とは「自己の自己による情動あるいは折り畳まれた情動である」とドゥルーズは指摘した。つまり、「主体化」という行為は「褶曲によって行なわれる」と捉えることができる。また、褶曲には四つの「主体化の襞」としての渦動が含意されており、それらは、①「私たち自身の物質的な部分に関するもの」、②「厳密な意味での力関係の襞」、③「知の襞あるいは真理の襞」、④「外の襞そのもの、最終的な襞」、などである。これらの襞は無数の律動から変容し、「知と権力に新たに結びつくことになっても、そのときはまた別の折り目が生じる」のである。[120] そうした渦動が交錯するなかで「相互に浸透し合っている主観と客観の布置関係としての真理[121]」を見出さなくてはならない。多様な「主体化の襞」と文化体系が存在しており、複数の「人格形成」の過程を把握する必要がある。

だが、「主体性の装置」が汎通化されたならば、「主体」の在り方も画一化・均質化されていく。たとえば、植民地的言説は人種的起源説を用いて被植民者を「下等民」と規定し、そこから征服を正当化してきた。また、行政と教育のシステムを創設することで植民地的言説のなかには権力性が遊動し、「従属的主体」が日常生活の反復のなかで形成され、「人種的起源」の下位に位置づけられることによって「従属」していく。そして、支配者たちは「諸領域を領有し、指導し、支配するような体系」を背景として劣位にある集団を作り続けることになる。このとき植民地的言説は「被植民者をある社会的実体」、つまり『他者』であると同時に、知ることもできる」対象として可視化するのである。そこでは「構造的にリアリズムに似通った表象システム」と「真理の体制」が利用されている。[122] このように「主体性の装置」が産出する「当為意識」や「拘束的規制」は函数的概念ではなく実体概念として物象化されてきた。それは「主体性」という人間像と権力性をあたかも自然な規範体系のように受容することなのである。この過程による「威力」と「暴力」の持続性から「主体性の装置」は、人びとの唯一性と共同性を集約し得たのであった。そうした「当為意識」や「拘束的規制」についてアーレントは次のように論じた。

「非全体主義的な見方に従う場合にもすべての実定法を成立たせる権威の源泉としての自然もしくは歴史が、人間のうちに――自然法の lumen naturale（自然の光）としてであれ、あるいはまた歴史および宗教に基づくすべての法に言う良心の声としてであれ――あらわれているということは正しい。人間の内部におけるこの権威のあらわれは、人間に何かを為すことを命ずるが、しかし人間を刻々と変る法律の化身にするわけではない。まさに lumen naturale が洞察を、あるいはまた良心の声が服従を要求するからこそ、これらの洞察や声は洞察しもしくは服従する人間からはっきりと分離されて、彼の裡にある権威となるのだ[123]」。

さまざまな行為状況において行為者は「法にいう良心の声」でもある伝統的権威に準拠している。また、行為状況は「生活形式」の多様性を明示しており、可動的な地平の在りようを示唆してもいる。「生の姿」を象る「生活形式」は強固な規範性を内包する一方で、現実の「命令者」の発言と行動は日常のなかで一致せず、矛盾することは数多くある。こうした諸矛盾の堆積から現実の「有体的人格の命令」は定言的な権威を喪失する。だが、「抽象的人格」は「慣い性」となった傾動でもあって、「自動的内発的」であれば人びとは「内なる声／良心の声」として意識されるのであった。こうして命令者の具体的イメージを欠落した「命ずる声」となり、その「権威・強制力」が強烈に感じとれる体験を重ねたならば、「命令する声」は「絶対超越的な命令権者」として意識される[124]。函数的思考から間主観性の形成過程を再考すれば、ひとつの概念は必然的に「肯定／否定」による多義性を内包している。たとえば、①「威力」は行動規範の指針となり、②「権力」は秩序形成を可能にする機能であり、そして③「教育」は抽象的人格を身体化させ「内なる声／良心の声」とする、などの多義性を介して人びとは「絶対的超越的」な規範を習得する。

これらの諸過程が人間の画一化（＝「従属性」）へと強く傾斜すれば、全体主義を誘引してしまうこともありえるだろう。だが、能為的主体の二肢的二重性（＝「能為者誰某‐役柄者或者」）の翻転相入が創発し、社会的規範の時空間的制約を超えることができれば、用在的財態の二肢的二重性（「実在的所与‐意義的価値」）の具体的内容も変様する。共同世界への内属から「生の姿」を象る諸個人は、日々の「暮らし」のために複数の既成化された「役柄」を身につけその職務を遂行する。他方で、人格の形成過程で「威力／権力」は子どもたちに安心感を付与し、新たな価値形成の基点ともなる。この基点から次世代の存在者たちは将来を切り拓く能力を獲得するのである。つまり、「表裏が分たれながら動的立体的」となる過程で子どもたちは「規定（＝共同性）」される一方で、新たな可能性としての「再規定＝個別性」をも得ているのである。また、廣松によれば、動物の生体的機構は、一定の「入力刺戟の時間的布置や強度などの微妙な差異」に応じて反応の在り方は異なり、求心的過程がある程度まで進行すれば、中枢へ向かう求心的過程が継続され「外部へ向う遠心的過程」も開始される。そうした「求心‐遠心」過程は単線的ではない「網様のネットワーク」を形成し、「時差や減衰・増幅を伴う複雑な状相を呈する」のである。認知的意識態は、受容された刺戟の質・量・布置が重要な契機をなしているが、また認知的意識態は「求心‐遠心」過程を含めた「生体機構の機能的状態相全体の函数というべき相にある」と把握しなければならない(125)。

つまり、人間存在は「実体概念態」ではなく「函数的概念態」として把握することが必要なのである。アルノルト・ゲーレンの思惟も人間の実体化を斥けていた。たとえば、人間を「問う」場合、生物学的考察も、身体的要素だけでは限定された考察となってしまう。そこでゲーレンは「人間」を捉えるときの要諦を次のように述べている。「それは人間の生存条件を問うことにあると言いたい。他の動物にそなわる生活条件をことごとく欠く、この風変わりな、比較を絶する生物を眼前にして問うてみればよい。いったいこのような生物が丸腰で命を全うし、生きながらえよう、その丸裸の生存を持ちこたえようとすれば、いかなる課題に直面するかと(126)」。

人間という存在は「未確定動物であってどのようにも『固定』されていない」のであって、人間は「自分のなかに課題を見いだす生物であり、それゆえ自己を解釈する必要がある」ことになる(127)。「求心‐遠心」過程のフィードバックとは皮膚的界面の内部で閉じてはいない。また、「感覚‐運動」機能系としてみれば、この系は生体内部で閉じてもいない。こうした機制によって「中枢から筋系を介して進行する遠心過程とフィードバック求心過程のループが生体外部にまでせり出している」ことが重要なのである。[128] だからこそ、生体機構の「機能的状相全体の函数というべき相」は「固定」され得ないのである。つまり、「固定」されえない存在者である人間が「背景画」を喪失する事態となれば、「背景画」の重要な構成要素である教育の在り方は現在の日本社会を反照することになる。

こうした事例をジャーナリストの白石草の南相馬市のルポルタージュを参照しながら再考する。白石によれば、原発事故の発生から桜井勝延市長は希望者が避難できるように市でバスを用意し、南相馬市に残ることになった子どもたちは僅かであった。市の教育委員会から二八日には避難生活を送る教師たちに「出勤命令」が出されたが、文房具や教材は一切なく使用できたのは教室だけであった。そのとき、再開されたのは事故を起こした原発から三二キロ離れた鹿島中学であった。[129] 十代前半の子どもたちの成長過程は、共同主観性の身体化が深く進行する「時」でもある。いわば、人間にとっての「生の姿」とはどのような輪郭線によって描写されるのかを把握する時機なのである。この輪郭線は、運命、境遇、社会悪、などの人間が持たざるをえない「矛盾即同一／同一即矛盾」を子どもたちに明示する。それは「自分自身」も有している精神性の「矛盾」であり、相反する情動をもつ人間とは、「理性／情熱」、「論理性／衝動性」、「秩序／混乱」、という「矛盾即同一／同一即矛盾」的な存在となる。

他方で、共同主観性は「人間の人格に固有な、絶対的・先天的な innere orientierende Aktualität、命令の自己意識」あるいは「超個人的な人格に発する絶対的な命令の覚識」へと理念化され、子どもたちの「精神／身体」を横断しつつ「生の姿」の祖型となる。いわば、「具体的な諸人格相互間の強制・強圧」を介して「共同主観的に一致する当為ならびに規範の体系」が存立する。「矛盾即同一／同一即矛盾」が渦動となる時期の子どもたちには「当為／規範」体系は不可欠なものなのである。なぜなら、人間とは「自分のなかに課題を見いだす生物であり、それゆえ自己を解釈する」存在だからである。「当為」は「図」として子どもたちに提示されるが、次第に「地」として背景化していくことになる。「教育」とは実践学としての倫理学と不即不離の関係にあり、こうした観点によって「倫理的事実法則と規範法則との関係」や「事実と当為との乖離の問題」から倫理学の本質的性格を検討する必要がある。

また、白石によれば、授業が再開された直後、生徒たちは落ち着いた学校生活を送っていた。それは手厚い支援態勢の下で生徒に教員が接することが可能となっていたからである。だが、五月初旬、福島県教育委員会は相馬と双葉両地区内の教職員に対して「兼務命令」を出した。それは一万五千人の子どもが県外へ避難した結果としての教員数の削減であった。この発表は離任式の前に周知が徹底されずに、生徒たちは大きく動揺することになった。福島県の行なった震災後の教員配置は、生徒と教師に大きな痛みの痕跡を残した。とくに高校受験を控えた三年生たちの授業は難しさを増したのであった。現状変更は「ただでさえ、心身のバランスがとれず、難しい思春期。原発事故は、多感な子どもたちの心を直撃した」のであった[130]。こうした「時」とは人格形成へ向けての渦動ともいえるだろう。「自己」とは両極の価値の「並列契機の対立」を内包しているが、それは子どもたちがすでに「〈多〉、断片、分肢、混沌」に直面した「投じられる骰子」となっているためである。「自己」とは多様な諸関係との間において「翻転相入」しながら、Gestaltとしての社会像を獲得している。このとき「自己」は人間が内包する遅延性によって将来を新たな「時」とすることができる。つまり、「身心」とは自然に内属しながらも、「動的均衡を保ちつつ自己組織化する固有のシステムとして自然のうちに生起する」。いわば、「身心」は相対的に「〈閉ざされ〉、まとまりをもったシステム」である一方で、「自己組織化」としての「身心」は絶えざる「〈外〉との相互作用」によって存立している。そうした意味で「身心」とは「〈開かれた〉システム」でもあるといえるだろう。つまり、「外」と「内」は「連続即非連続」という「転換的二重性」によって互いに侵食し合っており、こうした自己組織化によって世界は分節化され意味と価値を包含する「有意味的環境」が生成されている。いわば、「有意味的環境」は「身心」の自己組織化を介しながら「歴史化された自然」として記述されることになるのである。(131)

このように人間という概念が「実体概念」ではないとする視点は、ゲーレンが人間を「欠陥（欠如）動物」とした観点と等価でもある。ゲーレンによれば、形態学的に人間を他の高等哺乳類と比較したとき、まさに人間は「欠陥（欠如）」として規定されることになる。他方で、この「欠陥（欠如）」が人間を「自然」に限定されない存在としたのである。つまり、「欠陥（欠如）」を抱え込む人間は「環境」へ嵌入せず、その枠組を乗り越えていくことになる。こうして人間とは環境の限定を超えた「世界開放性」をもつ存在でもあるといえるのである。(132) そのような「世界開放性」を「本来的」に内包している「個別性」と「全体性」の動的関係を和辻は次のように捉えていた。

「個人は多数であり、その多数の個人が個別性を捨てて一となるところに共同存在としての全体が成り立つのである。しかし、いかなる全体においても個別性が消滅し尽くすということはない。否定された個人はすぐにまた全体を否定して個人となり、そうしてまた新しく否定の運動をくり返す。この運動においてのみ全体は存するのである。そうしてみれば多数の個人への分裂とその共同という動的な構造が全体性を成り立たせていることになる。人間存在はただに個と全との間の否定の運動たるにとどまらず、さらに自他分裂において対立する無数の個人を通じての全体性の回復でなくてはならない(133)」。

道徳規範が個人と全体を往還する媒介性を失えば、その拘束力は形骸化する。そうしたとき道徳規範と相即的に集団表象も流動化することになる。廣松が指摘したように、「集団表象」とは形而上学的な不易な「実体」ではなく、それは「与えられた歴史的社会の内部」において「広汎な共同主観的に一致する心態」として「在る」。つまり、「集団表象」は諸個人の「同型的共通性としての抽象的一般者」ではなく、「共同主観的な営み」の「特権的綜合」においては成立している。このような「有機体的全体」は「各グリートの動力学的な対抗均衡」を内包している。[134]その「動力学的な対抗均衡」とは、「種」の自己否定的な二重対立的構造をもつ「種の論理」からも再考することもできるだろう。「有機体的全体」とは「個／種／類」の交互的な弁証法的過程の交叉から「全体」となりえている。和辻も論じたように、個人は「全体を否定して個人」となり、全体によって否定されるという運動を反復する。分裂と共同を包含する全体性とは「共同主観的な営み」の「特権的綜合」なのである。また、「種の論理」においても「種」と「個」は互いに否定的対立にありながら、その対立の昂進は「種／個」の存立を根底から毀損するものとなる。こうした関係は「対立と予想」が相違する「緊張の動的統一」を成しており、相互媒介し合っている。そして、「個」は二重性を有し「種」との対立性の否定によって全として成立する一方で、それは「種」との対立性の保存肯定でもある。つまり、「個」は「種」の対立性の否定から「類」の「統一」へと向上する方向性と「類」の統一が「種」との対立によって降下する方向性の交錯する点が「個」の成立なのである。こうした過程が「正に往相と観相との交叉点に外ならない」のである。[135]だとすれば、「国家」の「全的統一」は、「個」という帰属者たちの「自由」を拡大し、その活動性によって「国家」の独立性が確立されていくことになる。その独立とはまさしく「動力学的な対抗均衡」での「統一」だといえるだろう。また、人間存在は「個と全との間の否定の運動」であるとすれば、すべての「個と全との間」には絶えまない生成変化が生じており、「間」はつねに「多面化＝重層化」し続けていることになる。こうして「運動」とは「肯定／否定」の「往相と観相との交叉点」であり、多様な諸力の布置的関係を作り出している。

廣松は先行的与件として「位置」なる「もの」があって、第二次的に布置的関係が成立するのではないとした。布置的関係態というゲシュタルト的な一総体が第一次的であり、この布置的関係態の「結節点」として「位置」が存立する。つまり、「位置」とは布置的関係という反照規定が物性化され、「内自有化」されたものである。(136)「布置的関係態」とはいくつもの「多面化＝重層化」を作り出す作動であり、「位置」を固定化された与件とするのではなく、多義的な「質」が演じる偶然的な「こと」の変移によって象られていく。能動性と受動性が混淆した作用と反作用の諸力の混在が「布置的関係態」なのである。「個／種／類」とは自存した「項＝同一性」ではなく、絶えず固定化を排する「脱-物性化」された「布置的関係態」から記述されるのである。すなわち、「個」と「種」はともに「内自有化」された定まった「同一性」ではない。「種」は「自他分裂」において対立する「無数の個人」を必要とし、こうした「自他分裂」とは「自己」と「他者」が共に「項」ではなく「布置的関係態」に「在る」ことを明示している。つまり、「同一性」と化す「項」という錯認は、「個」が「種」の媒介によって「主体化」されることを隠蔽する。

ところで、ドゥルーズは「主体化」について、「主体化＝褶曲」とは二重化なのであって、その二重化は「一つの〈記憶〉」である、と述べていた。その「〈記憶〉」とは「自己との関係、あるいは自己の自己による情動の、ほんとうの名前である」。しかし、「主体あるいは主体化としての時間は、記憶と名づけられる」のである。それは後の忘却に抵抗する「短い記憶」ではなく、「現在を二つにし、外を二重化し、忘却と一体になっている『絶対的記憶』である」。そうした襞とはまさに「広げられた襞と一体である」といえるだろう。なぜなら、「広げられた襞」とは「襞のなかに折り畳まれていたものとして現前し続ける」ためである。(137)つまり、個体が全体と対立するなかで「種性」を継承し、これを全体の内部で止揚する絶対否定性が全体の発動点となり転換点となる。個体は全体性に内属しながらも自立性を確保し、自らの高次化によって全体を変様させる「矛盾的存在」であった。すなわち、人間と諸環境が相互に媒介されたのが「歴史」なのであった。田辺は、歴史過程は直線的ではなく、反復が進行であり、進行が反復である螺旋状でなければならないとした。したがって、螺旋的な形態による歴史の「発展」は一つの円環となる。また、円環が量から質へと変化するには「質的転換の飛躍の媒介」として人びとの行為がなければならない。つまり、人間の自由な行為によって「現実」を更新できるのは、現実の地盤に拠って支えられ媒介されているからである。この視角からも自然と人間行為を裁断してはならないことは明確である。人間の行為とは「分極的に対立した契機」（＝矛盾）であり、この矛盾こそが「動的発展」を可能とするのである。したがって、こうした「動的発展」が生ずるには「自己矛盾的な統一」が不可欠なのである。[138]

「自己矛盾的な統一」とは人間と自然環境の関係を表したものでもある。人間と自然の間の「翻転相入」する媒介過程こそが自然を歴史化し、自然環境を「風景／景観」としたのであった。「風景／景観」は季節ごとの祭事や「人－間」の世代交代も含意しながら継承されてきた。鶴見和子は、これらの変様を柳田国男は「自然の推移」や「自然の変わり目」という表現から考察した、と論じた。また、鶴見は柳田の視座を次のような三点に区分しながら検討したのであった。第一に、「自然の推移は、四季の移り変わりである」。これは人間が変更することはできない自然のリズムである。つまり、人間の労働は、自然の時間の法則に従う必要がある。第二に、「景観としての自然の変化である」。すなわち、人間が住むところでは、人間が手を加えて変形していない自然は存在しない。したがって、自然の景観の変化の中に、人間の歴史の変化が刻み込まれているのである。そうした意味で「人間社会の変動と、自然景観の変化は、対応する」。第三に、「人が手を加えるという時に、柳田は生産者の立場で農民が田畑に手を加えることと、行政機構や大企業が『開発』という名目で手を加えることのあいだに、はっきりとした区別をしている」。柳田は農業労働が人間の自然への接近の仕方のなかで基本的な形であるとした。この農業労働を介して把握される自然のカテゴリーを「ハレとケのリズムという枠組でとらえた」のであった。そして、柳田は「ハレとケとの人間生活の循環のリズム」が「自然の四季の移り変わりのリズム」に対応していることを明示したのであった[139]。

他方で、廣松は「儀礼」に「『晴《ハレ》』のもの（聖事）」と「『褻《ケ》』のもの（俗事）」も包摂されるとした。また、廣松は儀礼行為を「人間の対他的行為の汎通的構制である役割論的構制」に即して「役柄認知・役柄期待・感謝（怨恨）表出の格別な定在形態」として位置づけた。こうした視座は、近代西欧的学知の「パラダイム」を相対化することになる。なぜなら、西欧的学知は「事実的と価値的」、「即事的と象徴的」、「経験的（実在的）と経験的（超存的）」、「技術的と呪術的」、「因果必然的と当為必然的」、などを二分法的に区分するからである。さらに、科学主義的・実証主義的立場は「事実的・実在的・技術的・因果的なものこそは客観的実在性」をもつとする一方で、「価値的・超在的・呪術的・当為必然的なもの」は主観的観念性しかもたないとする[140]。「儀礼」は歴史内存在の「身心」に深い影響を与え、新たな「生の姿」を作り出す「形式」ともなる。そのとき文化体系が内包する「意味」によって「生の姿」を記述的かつ規範的に捉えなければならない。だとすれば、「事実的と価値的」、「即事的と象徴的」、「経験的（実在的）と経験的（超存的）」、などの二項対立的な観点ではなく、生活世界に依拠した歴史的・社会的な意味連関から人間存在を再把握しなければならない。なぜなら、「生の姿」とは、行為、生活、そして諸体験、などによって各個人に応じた「人‐間」において変様するからである。「生の姿」とは、生まれ育った場所、その場所を作り上げているさまざまな構成要素、そして、人びとがともにある共同存在の在りよう、などを描き出すのである。

こうした事態をバシュラールは「野のひろがりと森のひろがりの弁証法」を体験することであると述べていた。つまり、「非我の宏大な世界では、野の非我は森の非我と異なる」。また、「野や牧場」は「夢や思い出」のなかで「耕作や収穫」と深く結びついている。そして、「自我と非我の弁証法」のしなやかな動きから、「わたくしたちは牧場や野がわたくしと共存し、わたくしとの共存のなかにあり、われわれとの共存のなかにあることを感じる」ことになる[141]。

野と森の広がりは文化を基礎づけ、自然と文化はそれぞれに浸透し合うことになる。この相互浸透は自我だけではなく、非我というすべてを把握し得ない領域にも影響を与えている。自我と「野の非我」や自我と「森の非我」は一定の「生活形式」を保ち、それぞれの文化圏において「野や牧場」は生活様式（Lebensstil）を確定していくことになる。生活が形式化されるとき、様式は「夢や思い出」とともに身体化されていく。生活様式の身体化とは各文化圏が有する「形相」を折り畳むことでもある。つまり、それは「間主観的に同型的な能知者たる『能識的或者』」が能知的誰某と不即不離の二肢的二重相となることであって、個別的な能知的誰某に対して斉しく「〝函数態的〟な或るもの」が「形相」なのである。いわば、能知の「イデアールな契機（能識的或者＝『ヒト』）」は所知の「イデアールな契機（意味的所識＝形相的契機）」と「雙関的」なのである。[142]「雙関的」な関係規定は「野や牧場」と「私たち」を媒介し、生の遂行を可能とする「様式」を織り上げている。それは「誕生」から「死」へと至る「いのち」の円環を作りあげてもいる。「いのち」の円環は生活様式（Lebensstil）によって描き出され、一人ひとりの代替し得ぬ「生の姿」を完結させてきた。ここには近代的な単線的時間意識ではなく、主体化と「動的立体的」に「時間」は「記憶」となる。人びとの「記憶」と「暮らし」を包摂するトポフィリアとは、廣松がいうように、幕場情景、制約条件、出演役者、環視観衆、などを構造内的契機とする舞台的世界であり、たんなる「知覚的空間界」ではない。そうした「表情価（情動興起価・行動誘発価）の籠った財態的用在界」は「実践即応的態度性・関心性」と雙関的に展らけているといえる。また、「知覚的意識にのぼる情景」は実践即応的な情景把握関心態勢と相即的なのである。このようにして「知覚的意識的な情景世界」には「記憶や想像」や「情意的なもの」が「混入」しているのである。[143]

いいかえれば、「空間」と「自然」とは人びとの諸行為の痕跡と記憶を包含しながら交錯し、「歴史化された自然」となる。そこには人為的行為が介在しており、「時‐間」を横断する歴史的「風景／景観」に包摂された「種的基体」

が存在している。そのような「風景／景観」を媒介する「種的基体」は「個」と「類」を現実世界において意味連関として位置づけることになる。そうして「個」は「種的基体」を媒介としながら、「個」と「個」は「回想の喚起に内在する身体的、環境的空間性」を獲得し得るのである。これは「主観‐客観」的認識論と根源的に相違する「記憶の世界性」を有している。リクールによれば、生まれ育った家々や街について歴史内存在の回想は、「とりわけ雄弁であり」貴重なものとなる。なぜなら、それらの回想は「私的な記憶」と同時に「身近な人たちと共有する記憶」を織り上げているからである。こうした型の「回想」は「身体的空間は住むことのできる大地の一部である周囲の空間」と結びついており、「実践にも知覚にも開かれている空間とのわれわれの関係である」と把握すべきなのである[144]。個体と環境との交互的媒介性は歴史に固有な「過去未来の否定的転換を媒介する現在の革新的行為」において成立する。だからこそ、個体的点が連続的な環境に包含され規定されるのと同時に、連続的な環境の内部において非連続的な変形の起る境界に位置するのであった[145]。

他方で、交互的媒介性と非連続的な変形は同一性の原理によって集約されることもある。アドルノによれば、ヘーゲルにおいては同一性と「実定性」とは一つであり、非同一的なものと客観的なものとを「精神」へと拡大された主観性のなかに封印した。だが、すべての個別的規定の内で働いている全体の力は「それ自身が否定的なもの、真ではないもの」といえる。飽くことを知らない「同一性の原理」とは「異論を唱える者を弾圧することによって敵対関係を永遠化している当のもの」なのである。「同一性の原理」は逸脱する者たちを一切容認することはなく、そのすべてを同一性へと集約する暴挙はむしろ「自分が除去するところの異論を再生産している」のである[146]。

たとえば、「民族的同一性／共同体的同一性」の形成過程は、個体と社会的環境の交互的媒介性の凝固化でもある。民族性や共同体が継承してきた歴史像は時間に制約されており、その時間的制約が一つの神話あるいは物語を枠取ることになる。このとき自明視された政治的・経済的な社会構造が揺らいでいれば、その時間意識は歴史像の理解と解釈を排外性の帯びたものとすることもありえる。また、排外性が前面にせり上がった歴史像は、「人‐間」での時間意識と歴史的（物語的）認識を負の交互的循環論とする。そうした交互的循環論から産出される特殊性は外部の価値規範を排斥し、共同体内部の伝統的規則体系を顕在化させる。こうして「国家／民族」は外的環境を遮断した後に残る「本質性」となる。それは「個」と「種的基体」の交互的媒介性を物象化的錯認のなかで失っていく過程でもある。

そうした関係の物象化とは「当事者の日常的意識において直接に現識される過程」ではなく、「学知的反省の見地において省察的に認定される」事柄である。つまり、「当事者の日常的意識においては物的な関係・物性・成態の相で現前する」が、学理的反省を介するとき「人と人との関係の屈折した映現、仮現的現象であること、実在的に存在するのはひとまずこの共時的・構造的事態」となる。いわば、「当事者の日常的意識」は「種的基体」での諸体験の集積となって「個」を規定し、そうした集積は前後の行為的媒介性によって新たな「個」を形成する基点となる。というのも、「種的基体」を「人と人の関係」に位置づけるとき、「種的基体」を「普遍的範疇」としてはならないためである。だからこそ、「真実態であるところの関係規定態が、当事者の直接的意識に対しては、物象的な相に変貌・変化して現前している」という機制を認める必要があるといえる。[147]

「回想の喚起」が包摂する「身体的／環境的空間性」という「関係規定態」が「物象的な相に変貌・変化」すれば、幼い子どもたちはどのような「記憶の世界性」と「身体的空間＝実践にも知覚にも開かれている空間」を獲得することになるのか。小高中学校の生徒たちは、震災時にはまだ小学生であった。「彼ら／彼女ら」は、校歌に歌われた「群青の海」という言葉をどのように受け止めていたのだろうか。二〇一三年の暮れ、南相馬市は二〇一六年四月に小高区の避難指示を解除することを発表した。白石はこれから必要とされる論点を次のように指摘している。

「低線量被曝への心配や自宅が住める状況ではないなど、様々な課題があり、避難が解除された後も、小高に戻る子どもは、必ずしも多くないという。（…）／このまま、あと二年間は、この鹿島で、仮校舎での生活が続く。事故当時の小高中を知る教師もわずかとなり、今年四月には、震災当時小学校三年生だった子どもたちが入学してくる。（…）／厳しい環境を乗り越えようとする子どもたち、そして学校。しかし、その現場の奮闘だけに頼っていてよいのか。震災三年目を迎え、国が、そして私たち社会が、子どもたちとどう向き合うのか。その姿勢が問われている(148)」。

「人間」の「尊厳」とは、法規範の通用性が維持された社会環境のなかで辛うじて維持される「こと」である。「尊厳」という通念が規範性を失った「限界状況」では、既存の法的パースペクティヴでは把握し得ない「外部としての他者性」が顕在化している。「生の姿」の基準を喪失した「子どもたち」の在りようは、本来であれば個別具体的に捉えられなければならないが、子どもたちの日常は三・一一の「今」に係留されたままである。また、「原発＝核施設」事故による大きな混乱のなかで授業を再開した経験を持つ教師の減少は、子どもたちの「生の姿」をさらに不透明なものとするだろう。そこで問題となることは国家・中央行政府の動きが「現場」の人びとに大きく依存しすぎていることである。そして、「マイノリティ／マジョリティ」を作り出す分断線が明確となり、容易にその分断を識別できる現状を放置する国家とは民主主義に立脚しているとはいえない。

他方で、法的パースペクティヴは「正否」の規準となるが、「道徳」は「当為意識」という基底的な契機の成立場面から、すでに対抗的要因が拮抗する「動力学的な形象」であった。つまり、「ich ＝ wir, cogito ＝ cogitamus」は「動力学的な震動」における危うい均衡のうえで可能になっている。「諸個人とその意識は、動力学的総体の一項として、動かされ動かすものとして存立」している。現実の「道徳意識体系」とは「不可拒的に個性的に彩られた（…）主張としてしか存立しえない」のである。[149] こうした均衡が崩れ一定の法命題の理解とその解釈が切断されたなかでは、法の通用性は規範性を失い「善悪」の境界線も不確実なものとなっていく。いわば、「意味的所識」と「能識的或者」が抽象的に内在させていた価値体系が空洞化するのである。このとき「歴史的／社会的／文化的」な思惟様式を内包する「生活形式」は、諸状況の諸要素を媒介し解釈する「言葉」をすでに喪失しているのである。

必要なことは「今」を適切に記述しえる「言葉」を作り出すことであろう。栗原彬は民衆の日常生活から「倫理＝宗教性」が形成され、新しい政治の在り方を示す事態を考察した。その「倫理＝宗教性」とは日々の「暮らし」の「生き方」から「規範化されていない生存に固有の領域に源泉」を求め、その「生き方」が広い社会的文脈に代置され、「政治」へと変換される「生れつつある意識」である。こうした「倫理＝宗教性」を栗原は三つの観点からとらえようとした。つまり、「日常生活に内在的な自己超越性」、「異議申し立てに固有の精神性・共同性の形成」、そして「個人のなかの社会的なものの発生という契機」、などから「倫理＝宗教性」を把握しようとしたのであった。そのような把握から栗原は「既存の社会体制への統合機能」を脱し、「マージナルな領界で統合圧力に抗しながら形成された自己秩序としての共同性」を作り得ると論じている。[150]「倫理＝宗教性」も人びとが協演する舞台的空間において可能となり、そうした協演は交錯しながらも「一体化」されている。ここでは「単一的協働態勢の分属的随伴意識」が「自他的共通性・〝同一性〟」として認められる。また、「真理体系・価値体系・規範体系」を含意する共同主観性は「間共同体的・隔時代的に相異」する一方で、「内共同体的」においても「相違性」を示す。そこには「揺動／軋轢／拮抗」といった事態も胚胎されており、「正義」は実現さるべき「より高い」実践目的、さらには実現さるべき「最高の」実践目的、などを志向する思想・活動となる。つまり、「協演的・協働的な社会編制態の基底的構造の変革」というかたちでの「〝正義〟（大義たる実現目的）の実現」となるのである。[151]

また、色川によれば、「民衆思想」とは「通俗道徳あるいは民衆道徳という自分自身の原理」を最大限に拡張解釈し、その「枠組」を乗り越えるとき「単なる内的規律というレベルから対立者を打倒する外的志向性を持った思想に転換する」という。他方で、「通俗道徳が逆の内縛の論理に変化」するのは、「個人＝私」と対立する「国家ないし権力」の構成する外的状況が強烈に「個人＝私」を拘束し、「個人＝私」としての自覚が「共同体のメンバー多数の間で共感と承認を得られなかった」ときである。(152) だとすれば、道徳と権力は法規範を介して人びとの行為選択の「正誤」を提示する一方で、「正誤」の境界線が通用性を明示しえないとき、法秩序は「外部としての他者性（＝漂泊者）」に準拠した新たな妥当性としての「正義」と「尊厳」を人びとに指示することになる。

鶴見は「ハレとケのサイクル」を「自然の推移の構造と併存する農業労働の循環構造をあらわしたものだ」と解釈した。この解釈から鶴見は「生涯漂泊－一時漂泊－定住という、社会的カテゴリーの脈絡」を捉え、「社会運動の分析の枠組」として再提示したのであった。その視座は定住によって「具体的生連関」が固定化され、次第に「外部性／他者性」が排斥される過程を明らかにした。これが精神性の枯渇となり易い（ケガレ）を生み出したことからも、精神性の活性化には二つ要因があることになる。それは、①自ら旅に出ること、②外部からの漂泊者を迎え入れ新たな価値体系を獲得すること、などである。こうした「内」と「外」との相互作用から共同体内部と外部世界との価値体系を比較考量し得る視座を設定することが可能となった。定住者にとって漂泊者との出会いは「自己覚醒の作用」をもたらし、「マツリ（ハレ）の場」での出会いは「定住者」に強い衝撃を与えることになった。それらの出会いが定住者を揺さぶり、「社会的な活動ないし運動へかりたてる原動力」となりえたのである。(153)

そうした差異性や流動性を田辺は「種と個とは飽くまで否定的に対立」するとき「交互転換」が現成するなかで捉えた。それは「自同律矛盾」を原理とする同一性の論理を表現するものではなく、「ハレとケのサイクル」からの視座となり「主観‐客観」的認識論からの「同一性的表現」とはならない。つまり、「存在と同一性論理とは同一性的に対応するものではなく、二律背反的に相矛盾し交互否定するもの」として把握しなければならないのである。というのも、「弁証法の論理」とは「同一性の論理の否定」であり、弁証法は「同一性的包括の論理的関係」の否定転換と転換帰還の間に成立するからである。こうして否定転換を基底として存在と論理との絡み合う場が「種的基体」となる。[154]これは「特殊」によって自己が媒介されなければ「普遍の具体性は成立しない」と田辺が述べていた視角でもある。「普遍」を媒介とする「特殊」とは、「普遍」の直接的な自己限定として「普遍」の内部に集約されてはならない。つまり、媒介性が動性となるためには「対立」が必要となるからである。したがって、「特殊」は単に「普遍」の直接である自己限定に止まるだけでなく、「普遍の内にあると同時にそれの外に出て、これと対立すると同時にそれの統一に属するものであること」が必要とされるのである。[155]

註

(1) 廣松渉「歴史法則論の問題論的構制」『廣松渉著作集』第十一巻、岩波書店、一九九七年、五五六‐五五七頁。
(2) ニクラス・ルーマン『ポストヒューマンの人間論』村上淳一編訳、東京大学出版会、二〇〇七年、二〇八頁。
(3) マルクス/エンゲルス『新編輯版 ドイツ・イデオロギー』廣松渉編訳、小林昌人補訳、岩波文庫、二〇〇二年、八八頁。
(4) 廣松渉「物象化論の構図」『廣松渉著作集』第十三巻、岩波書店、一九九六年、四九頁。
(5) R・D・レイン『自己と他者』志貴春彦/笠原嘉訳、みすず書房、一九七五年、二七頁。
(6) 廣松渉「存在と意味 第一巻」『廣松渉著作集』第十五巻、岩波書店、一九九七年、七四‐七六頁。
(7) ポール・リクール『他者のような自己自身』久米博訳、法政大学出版局、一九九六年、二〇七頁。
(8) 前掲『自己と他者』、一一〇頁。
(9) 前掲『他者のような自己自身』、二〇八頁。
(10) カール・ヤスパース『実存解明〔哲学Ⅱ〕』草薙正夫/信太正三訳、一九六四年、創文社、二三一‐二三二頁。

(11) エルンスト・カッシーラー『国家の神話』宮田光雄訳、創文社、一九六〇年、一六頁。
(12) 廣松渉『事的世界観への前哨—物象化論の認識論的≈存在論的位相』勁草書房、一九七五年、二一〇‐二一一頁。
(13) 同前、二一一頁。
(14) カール・レーヴィット『共同存在の現象学』熊野純彦訳、岩波文庫、二〇〇八年、一三二‐一三三頁。
(15) 前掲「存在と意味 第一巻」『廣松渉著作集』第十五巻、一八一、一九八頁。
(16) 前掲『共同存在の現象学』、一三五‐一三六頁。
(17) 前掲『ポストヒューマンの人間論』、二〇八‐二〇九頁。
(18) 前掲『実存解明〔哲学Ⅱ〕』、二三三頁。
(19) ハンナ・アーレント『人間の条件』志水速雄訳、ちくま学芸文庫、一九九四年、一四八頁。
(20) 廣松渉「存在と意味 第二巻」『廣松渉著作集』第十六巻、岩波書店、一九九七年、一六一頁。
(21) 前掲『人間の条件』一四九頁。
(22) 辻内琢也「深刻さつづく原発被災者の精神的苦痛‐帰還をめぐる苦悩とストレス」『世界 イチエフ・クライシス』臨時増刊、二〇一四年一月、一〇四、一〇八‐一〇九頁。
(23) 前掲「存在と意味 第一巻」『廣松渉著作集』第十五巻、一九八頁。
(24) 田辺元「数理の歴史主義展開‐数学基礎論覚書」藤田正勝編『哲学の根本問題・数理の歴史主義展開 田辺元哲学選Ⅲ』岩波文庫、二〇一〇年、二六三頁。
(25) 市村弘正『〔増補〕「名づけ」の精神史』平凡社ライブラリー、一九九六年、六九、七七頁。
(26) 前掲「存在と意味 第二巻」『廣松渉著作集』第十六巻、一四四頁。
(27) カール・マンハイム『変革期における人間と社会‐現代社会構造の研究』福武直訳、みすず書房、一九六二年、七〇頁。
(28) 今村仁司『社会性の哲学』岩波書店、二〇〇七年、一六頁。
(29) 除本理史『原発補償を問う‐曖昧な責任、翻弄される避難者』岩波ブックレット八六六、二〇一三年、二三‐二五頁。
(30) 今村仁司『抗争する人間《ホモ・ポレミクス》』講談社選書メチエ、二〇〇五年、一二八頁。
(31) 前掲「深刻さつづく原発被災者の精神的苦痛‐帰還をめぐる苦悩とストレス」『世界 イチエフ・クライシス』臨時増刊、一〇九‐一一二頁。
(32) 前掲『〔増補〕「名づけ」の精神史』、七九、一六〇頁。
(33) 田辺元「種の論理の意味を明にす」藤田正勝編『種の論理 田辺元哲学選Ⅰ』岩波文庫、二〇一〇年、三九一頁。

(34) ノルベルト・エリアス『参加と距離化 - 知識社会学論考』波田節夫／道籏泰三訳、法政大学出版局、一九九一年、三六-三八、四八頁。
(35) 廣松渉「もの・こと・ことば」『廣松渉著作集』第一巻、岩波書店、一九九六年、三四五-三四六頁。
(36) 同前、三四六頁。
(37) 廣松渉「物的世界像の問題論的構制」『廣松渉著作集』第三巻、岩波書店、一九九七年、三〇六、三二三-三二四頁。
(38) 田辺元「種の論理と世界図式 - 絶対媒介の哲学への途」藤田正勝編『種の論理 田辺元哲学選Ⅰ』岩波文庫、二〇一〇年、二〇〇頁。
(39) 前掲「もの・こと・ことば」『廣松渉著作集』第一巻、三四六頁。
(40) 前掲「種の論理と世界図式 - 絶対媒介の哲学への途」藤田正勝編『種の論理 田辺元哲学選Ⅰ』、一九九-二〇〇頁。
(41) 同前、二〇一頁。
(42) ハンナ・アーレント『全体主義の起源 3』大久保和郎／大島かおり訳、みすず書房、一九七四年、二九二頁。
(43) ジャン - ポール・サルトル『弁証法的理性批判 実践的総体の理論Ⅰ』第一巻、竹内芳郎／矢内原伊作訳、人文書院、一九六二年、五六-五七頁。
(44) 前掲『共同存在の現象学』、一七頁。
(45) 前掲「深刻さつづく原発被災者の精神的苦痛 - 帰還をめぐる苦悩とストレス」『世界 イチエフ・クライシス』臨時増刊、一一三頁。
(46) 前掲『実存解明〔哲学Ⅱ〕』、二六四頁。
(47) 前掲「もの・こと・ことば」『廣松渉著作集』第一巻、三二八頁。
(48) 山下祐介／市村高志／佐藤彰彦『人間なき復興 - 原発避難の『不理解』をめぐって』明石書店、二〇一三年、一一二頁。
(49) 前掲「数理の歴史主義展開 - 数学基礎論覚書」藤田正勝編『哲学の根本問題・数理の歴史主義展開 田辺元哲学選 Ⅲ』、三四六頁。
(50) 前掲『存在と意味 第一巻』『廣松渉著作集』第十五巻、三六四-三六五頁。
(51) アンソニー・ギデンズ『モダニティと自己アイデンティティ - 後期近代における自己と社会』秋吉美都ほか訳、ハーベスト社、二〇〇五年、三九頁。
(52) 丸山眞男「歴史意識の『古層』」『丸山眞男集』第十巻、岩波書店、一九九六年、二九-三〇頁。
(53) 辺見庸「記憶と沈黙 - 最終次元としての言葉へ」『記憶と沈黙 - 辺見庸コレクション1』毎日新聞社、二〇〇七年、六七-六八頁。
(54) マニュエル・カステル『都市・情報・グローバル経済』大澤善信訳、青木書店、一九九九年、二五三-二五四頁。
(55) 前掲『モダニティと自己アイデンティティ - 後期近代における自己と社会』、四一頁。
(56) 藤田省三「『安楽』への全体主義 - 充実を取戻すべく」『藤田省三著作集6 全体主義の時代経験』みすず書房、一九九七年、八二頁。
(57) ゲオルク・ジンメル「貨幣の哲学（下）綜合篇」『ジンメル著作集3』居安正訳、白水社、二〇〇四年、二六一頁。
(58) 熊野純彦『マルクス　資本論の思考』せりか書房、二〇一三年、五九五 - 五九六頁。
(59) 前掲「貨幣の哲学（下）綜合篇」『ジンメル著作集3』、三二〇頁。
(60) 前掲『都市・情報・グローバル経済』、二五五頁。
(61) 前掲「歴史意識の『古層』」『丸山眞男集』第十巻、三一 - 三八頁。
(62) 前掲「数理の歴史主義展開 - 数学基礎論覚書」藤田正勝編『哲学の根本問題・数理の歴史主義展開 田辺元哲学選Ⅲ』、三二六頁。
(63) 前掲『共同存在の現象学』、一五九頁。
(64) ジル・ドゥルーズ『差異と反復（上）』財津理訳、河出文庫、二〇〇七年、一六六頁。
(65) M・メルロ＝ポンティ『行動の構造』滝浦静雄／木田元訳、みすず書房、一九六四年、一九五、一九八頁。
(66) 前掲「存在と意味 第一巻」『廣松渉著作集』第十五巻、三〇頁。
(67) 前掲「数理の歴史主義展開 - 数学基礎論覚書」藤田正勝編『哲学の根本問題・数理の歴史主義展開 田辺元哲学選Ⅲ』、三四七 - 三四八頁。
(68) 廣松渉「世界の共同主観的存在構造」『廣松渉著作集』第一巻、岩波書店、一九九六年、四五頁。
(69) 前掲『差異と反復（上）』一四七頁。
(70) 田辺元「マラルメ覚書―『イジチュール』『双賽一擲』をめぐって -」藤田正勝編『死の哲学 田辺元哲学選 Ⅳ』岩波文庫、二〇一〇年、七〇頁。
(71) 前掲『差異と反復（上）』、一九六頁。
(72) 前掲「マラルメ覚書―『イジチュール』『双賽一擲』をめぐって -」藤田正勝編『死の哲学 田辺元哲学選 Ⅳ』、九一 - 九二頁。
(73) テオドール・W・アドルノ『否定弁証法』木田元ほか訳、作品社、一九九六年、四二頁。
(74) 同前、四七頁。
(75) 前掲「『安楽』への全体主義 - 充実を取戻すべく -」『藤田省三著作集6　全体主義の時代経験』、八三頁。
(76) テーオドル・W・アドルノ『ミニマ・モラリア 傷ついた生活裡の省察』三光長治訳、法政大学出版局、一九七九年、八二頁。
(77) デヴィッド・ハーヴェイ『ポストモダニティの条件』吉原直樹監訳、青木書店、一九九九年、三四七頁。
(78) ミシェル・アグリエッタ／アンドレ・オルレアン『貨幣の暴力』井上泰夫／斉藤日出治訳、法政大学出版局、一九九一年、四一頁。
(79) 前掲『マルクス　資本論の思考』、六三四頁。

(80) 前掲「貨幣の哲学（下）綜合篇」『ジンメル著作集3』、三三三 - 三三四頁。
(81) 前掲『都市・情報・グローバル経済』、二五六 - 二五八、二六一頁。
(82) 前掲「マラルメ覚書―『イジチュール』『双賽一擲』をめぐって -」藤田正勝編『死の哲学 田辺元哲学選 Ⅳ』、一〇二 - 一〇三頁。
(83) 細谷昌志『田辺哲学と京都学派―認識と生』昭和堂、二〇〇八年、九一 - 九三頁。
(84) 廣松渉「マルクス主義の地平」『廣松渉著作集』第十巻、岩波書店、一九九六年、一〇五頁。
(85) 前掲『弁証法的理性批判 実践的総体の理論Ⅰ』第一巻、七二頁。
(86) 辺見庸『眼の海』毎日新聞社、二〇一一年、一六 - 一八頁。
(87) 前掲「数理の歴史主義展開 - 数学基礎論覚書」藤田正勝編『哲学の根本問題・数理の歴史主義展開 田辺元哲学選 Ⅲ』、三四六 - 三四七頁。
(88) 前掲「種の論理の意味を明にす」藤田正勝編『種の論理 田辺元哲学選 Ⅰ』、三七五頁。
(89) エドワード・W・サイード『オリエンタリズム 上』板垣雄三／杉田英明監修、今沢紀子訳、平凡社ライブラリー、一九九三年、一六六 - 一六七頁。
(90) フランツ・ファノン『黒い皮膚・白い仮面』海老坂武／加藤晴久訳、みすず書房、一九七〇年、七七頁。
(91) 前掲『原発補償を問う - 曖昧な責任、翻弄される避難者』、二七 - 三一頁。
(92) ホミ・K・バーバ『文化の場所 - ポストコロニアリズムの位相』本橋哲也ほか訳、法政大学出版局、二〇〇五年、一四四 - 一四五頁。
(93) フレドリック・ジェイムソン『政治的無意識 - 社会的象徴行為としての物語 -』大橋洋一ほか訳、平凡社ライブラリー、二〇一〇年、一四一 - 一四二頁。
(94) 前掲『弁証法的理性批判 実践的総体の理論Ⅰ』第一巻、九五 - 九六頁。
(95) 前掲「種の論理の意味を明にす」藤田正勝編『種の論理 田辺元哲学選 Ⅰ』、四〇〇頁。
(96) 前掲『黒い皮膚・白い仮面』、八一頁。
(97) 前掲「物象化論の構図」『廣松渉著作集』第十三巻、一〇六 - 一〇七頁。
(98) 同前、一〇九頁。
(99) 前掲「種の論理と世界図式 - 絶対媒介の哲学への途」藤田正勝編『種の論理 田辺元哲学選Ⅰ』、二〇一頁。
(100) 渋井哲也「震災で助かった命が失われていく～震災数年後に起きる自殺者数の上昇傾向」渋井哲也ほか編『震災以降　終わらない三・一一 - 三年目の報告』三一書房、二〇一四年、二四 - 二五頁。

(101) 前掲『否定弁証法』、一一三-一一四頁。
(102) ミシェル・フーコー『主体の解釈学 コレージュ・ド・フランス講義11 一九八一－一九八二年度』廣瀬浩司／原和之訳、筑摩書房、二〇〇四年、二七六頁。
(103) 前掲『否定弁証法』、一七一頁。
(104) ユルゲン・ハーバーマス『認識と関心』渡辺祐邦ほか訳、一九八一年、未來社、二〇八頁。
(105) 前掲「震災で助かった命が失われていく～震災数年後に起きる自殺者数の上昇傾向」渋井哲也ほか編『震災以降　終わらない三・一一－三年目の報告』、二五－二六頁。内閣府による「震災関連自殺」は次のように定義されている。それは「（A）遺体の発見地が、避難所、仮設住宅または遺体安置所であるもの（B）自殺者が避難所又は仮設住宅に居住していた者である事が遺族等の供述その他により判明したもの（C）自殺者が被災地（東京電力福島第一原子力発電所事故の避難区域、計画的避難区域又は緊急時避難準備区域を含む）から避難してきた者である事が遺族等の供述その他により判明したもの（D）自殺者の住居（居住地域）、職場等が地震又は津波により甚大な被害を受けた事が遺族等の供述その他により判明したもの（E）その他、自殺の「原因・動機」が、東日本大震災の直接の影響によるものである事が遺族等の供述その他により判明したもの例えば、（a）遺書等に東日本大震災があったために自殺するとの記述があった場合、（b）生前、遺族等に対し、東日本大震災があったため自殺したい旨の発言があった場合」とされている。
(106) 前掲『存在と意味 第二巻』『廣松渉著作集』第十六巻、一四〇頁。
(107) 前掲『〔増補〕「名づけ」の精神史』、一六一頁。
(108) 前掲「震災で助かった命が失われていく～震災数年後に起きる自殺者数の上昇傾向」渋井哲也ほか編『震災以降　終わらない三・一一－三年目の報告』、二六－二七頁。
(109) 前掲『否定弁証法』、一一六頁。
(110) モーリス・ブランショ『明かしえぬ共同体』西谷修訳、ちくま学芸文庫、一九九七年、二一、二五－二六頁。
(111) 前掲『主体の解釈学 コレージュ・ド・フランス講義11 一九八一－一九八二年度』、二七六－二七七頁。
(112) 前掲『否定弁証法』、一一七頁。
(113) 前掲「存在と意味 第一巻」『廣松渉著作集』第十五巻、二三六頁。
(114) 前掲『否定弁証法』、一七一頁。
(115) 前掲『主体の解釈学 コレージュ・ド・フランス講義11 一九八一－一九八二年度』、二七八－二七九頁。
(116) 前掲「世界の共同主観的存在構造」『廣松渉著作集』第一巻、二七四－二七六頁。

(117) 前掲『主体の解釈学 コレージュ・ド・フランス講義11 一九八一 - 一九八二年度』、三六三 - 三六四頁。
(118) 前掲「数理の歴史主義展開 - 数学基礎論覚書」藤田正勝編『哲学の根本問題・数理の歴史主義展開 田辺元哲学選 Ⅲ』、三五二頁。
(119) 前掲『否定弁証法』、一七六 - 一七七頁。
(120) ジル・ドゥルーズ『フーコー』宇野邦一訳、河出文庫、二〇〇七年、一九三 - 一九五頁。
(121) 前掲『否定弁証法』、一五八頁。
(122) 前掲『文化の場所 - ポストコロニアリズムの位相』、一二四頁。
(123) 前掲『全体主義の起源 3』、二七二 - 二七三頁。
(124) 前掲「世界の共同主観的存在構造」『廣松渉著作集』第一巻、二七六頁。
(125) 廣松渉「役割理論の再構築のために - 表情現相・対人応答・役割行動 -」『廣松渉著作集』第五巻、岩波書店、一九九六年、二四 - 二五頁。
(126) アルノルト・ゲーレン『人間 - その本性および世界における位置』平野具男訳、法政大学出版局、一九八五年、一一頁。
(127) 同前、一一頁。
(128) 前掲「役割理論の再構築のために - 表情現相・対人応答・役割行動 -」『廣松渉著作集』第五巻、二七頁。
(129) 白石草「『復興』は子どもたちに向き合っているか - 南相馬市立小高中学校・仮設校舎の教室から」『世界』第八五五号、岩波書店、二〇一四年四月、一〇五 - 一〇八頁。
(130) 同前、一〇八 - 一〇九頁。
(131) 市川浩「身体の現象論」中村雄二郎編『身体論集成』岩波現代文庫、二〇〇一年、九頁。
(132) 前掲『人間 - その本性および世界における位置』、三一 - 三四頁。
(133) 和辻哲郎『倫理学(一)』岩波文庫、二〇〇七年、四一 - 四二頁。和辻倫理学は「文化」と「日本」的空間における「人 - 間」に対する深い洞察を含む一方で、現実の政治・権力に対して適切な距離感を設定し得なかった。
(134) 前掲「世界の共同主観的存在構造」『廣松渉著作集』第一巻、二七九 - 二八〇頁。
(135) 前掲「種の論理の意味を明にす」藤田正勝編『種の論理 田辺元哲学選 Ⅰ』、四〇一頁。
(136) 前掲「存在と意味 第一巻」『廣松渉著作集』第十五巻、四〇一頁。
(137) 前掲『フーコー』、二〇〇 - 二〇一頁。
(138) 田辺元「哲学の根本問題」藤田正勝編『死の哲学 田辺元哲学選 Ⅳ』岩波文庫、二〇一〇年、一一三、一一五 - 一一六頁。
(139) 鶴見和子「土の巻 - 柳田国男論」『コレクション 鶴見和子曼荼羅 Ⅳ』藤原書店、一九九八年、二五八 - 二五九頁。

(140) 廣松渉「儀礼行為についての私の観方」『廣松渉著作集』第二巻、岩波書店、一九九六年、四八二、四八七－四八八、五〇〇頁。
(141) ガストン・バシュラール『空間の詩学』岩村行雄訳、ちくま学芸文庫、二〇〇二年、三三一頁。
(142) 前掲「存在と意味 第一巻」『廣松渉著作集』第十五巻、三六四－三六五頁。
(143) 前掲「存在と意味 第二巻」『廣松渉著作集』第十六巻、二二四－二二六、二二八－二二九頁。
(144) ポール・リクール『記憶・歴史・忘却〈上〉』久米博訳、新曜社、二〇〇四年、二三四頁。
(145) 前掲「数理の歴史主義展開－数学基礎論覚書」藤田正勝編『哲学の根本問題・数理の歴史主義展開 田辺元哲学選 Ⅲ』、三五二頁。
(146) 前掲『否定弁証法』、一七二－一七三頁。
(147) 前掲「物象化論の構図」『廣松渉著作集』第十三巻、一〇四頁。
(148) 前掲「『復興』は子どもたちに向き合っているか－南相馬市立小高中学校・仮設校舎の教室から」『世界』第八五五号、一一四－一一五頁。
(149) 前掲「世界の共同主観的存在構造」『廣松渉著作集』第一巻、二七九－二八〇頁。
(150) 栗原彬『歴史とアイデンティティ 近代日本の心理＝歴史研究』新曜社、一九八二年、一一五－一一六頁。
(151) 廣松渉『新哲学入門』岩波新書、一九八八年、二一三－二一七頁。
(152) 色川大吉「近代の思想」『色川大吉著作集』第二巻、筑摩書房、一九九五年、四五八－四五九頁。
(153) 前掲「土の巻－柳田国男論」『コレクション 鶴見和子曼荼羅 Ⅳ』、二六二頁。
(154) 田辺元「種の論理の弁証法」黒田寛一編『歴史的現実』こぶし文庫、二〇〇一年、八六－八七頁。
(155) 前掲「種の論理の意味を明にす」藤田正勝編『種の論理 田辺元哲学選 Ⅰ』、四〇一－四〇二頁。

第八章　「トポロジックな空間」の渦動性と「匿名性／スティグマ」という腐蝕

第一節　「トポロジックな空間」と「国体」の残照

共同体の秩序は他者性という外部との「文化接触」によって影響を受ける。共同体内を横断する「他者」によって価値規範は流動化し、共同主観性に準拠した内部の「歴史＝物語」は多義的にならざるを得ない。「同一性」は他者との接触によって揺り動かされ、中心的な権力階層は一つの準拠枠へ偏差を集約しようとする。だが、共同体内の「同一性」とは諸価値による侵蝕によって「一から多へというに対して、多から一へ」という渦動を生み出さざるを得なくなるのである。複数の共同体間による相互承認を成り立たせ、意味連関を基底とする「交わり」は諸個人間の「差異」と「隔たり」を必要としている。「差異」と「隔たり」が交錯する渦動は「個」と「種」の「相互的絡みあい」となり、「物語の想起と予測」の弁証法を生成することになる。そうした過程から個体と環境は交互的な媒介性によって「歴史的現実」を作り出し、過去と未来の否定的転換から「現在」での行為選択を可能としている。それが「位相学の歴史主義的構造」であった。この「位相学の歴史主義的構造」では否定的媒介によって渦動が生まれ、生成変異する「構造」であるといえる。また、それには「個／種／類」の媒介過程を一定の範囲に限定する必要があり、媒介性による「差異と反復」は抑制されねばならない[1]。

つまり、廣松が指摘するように、「図」と「地」との分化とは学知の立場（für uns）にとって存立するにすぎない。「図の現前と称しても、〝図〟はまだ即自的である」。この事態を以って端的な「或るもの」（etwas schlechthin）の現前となる、と廣松は述べている。また、「或るものの現出」とは「異‐化」（verschieden）」であり、「異‐化」とは先行的に「二つの項」があって、それら両者を区別する「意識態」なのではない。むしろ、「異‐化」とは「はじめて『或るもの』（図）」が「無＝地」から分出し「項」となる「原基的な態勢」なのである[2]。もし、「項」が実在とされたならば、それは共同的枠組によって形づくられた「もの」となる。このとき自己と他者の相互承認は物象化された「制度」へと集約されていくだろう。だとすれば、自明視されている「もの」は事後的に作り出された「もの」であることを再認しなければならない。

「まず最初に意味作用、翻訳、解釈があるのではない。存在するのはこうした限界、縁、輪郭、辺縁性、露呈面、場所的な色‐主体であり、これらは収縮し集中し、一つの点、自己‐の‐中心の非延長性へと向かうことがあると同時に、弛緩し延長され、諸々の通過、分割＝共有によって横断されることもある[3]」。

「意味作用」や「解釈」には先行的与件があり、「論理」とは「存在被拘束性」から再考されなければならない。この「存在被拘束性」は純粋な感覚与件などは存在せず、必ず一定の「限界／縁／輪郭」を「視座」が内包していることを示している。だからこそ、「存在するもの」とは「辺縁性」となり、「辺縁性」は「存在被拘束性」を「文化接触」によって変様させる契機となる。いわば、自他が交互的媒介性によって「論理」を自主的に選択し、解釈することが重要となるのである。そこには「分割＝共有によって横断される」ことになる解釈学的循環が生成している。つまり、共同体秩序の「内＝図」と「外＝地」は相即的に形成され、「共通」の「道徳」規範が共同体の構成員に内面化されていくのである。「内＝図」とは準拠枠に沿った概念規定であり、「外＝地」との共軛的関係性によって複雑かつ多義的に構制されている。既述したように一つの価値領域が実在性を帯びるとき「肯定／否定」の分断線が引かれ、「内＝図」は「外＝地」からの限定によって輪郭を描き出すのであった。この「内＝図」と「外＝地」の共軛的関係性が物象化され「内＝図」が基点とされるとき、「法的／制度的」正当性は「外＝地」が客観的な法的「通用性」を可能としていることを隠蔽する。

フーコーは「内」と「外」の規定性の流動化によって「主体化」と「世界像」の在りようを根底から再検討したといえる。フーコーは、「どんな外部よりも遠くにある一つの〈外〉が、『ねじれ』、『折り畳まれ』、どんな内部よりも深い〈内〉によって『二重化され』、この〈外〉だけが、内部と外部の派生的な関係を可能にする」、という。「身体そのものとその様々な対象を超えて、『肉』を定義するのも、まさにこのようなねじれ」とされる。だからこそ「志向性は、別の『トポロジックな』空間にむかって乗り超えられなくてはならない。この『トポロジックな』空間は、〈外〉と〈内〉、最も遠いものと最も深いものとを接触させる」のである。[4]すなわち、自己とは「対他的対自＝対自的対他」という「相互反転（＝ねじれ）」する重層的な「運動体」であり、「対他的対自＝対自的対他」は「実体的／固定的」な「主体」を学知の判断基準とすることはない。自己（＝内部的同一性）と非自己（＝外部的分散性）を均衡させ、非対称性を保ちながら自己が差異化の「主体」となるためには、自己は絶えず「こと」的傾動を含意する「同一の自己」として繰り返し現勢化される必要がある。そうした「こと」的傾動が「差異と反復」の均衡点を作り出しながら差異化を連鎖させていくのである。ここから「ねじれ」や「二重化」が生まれ、自他の非対称性の逆転といった事態も生成してくる。それが「トポロジー的な場の転位」と表現できる場の反転のことであり、自己とは新たに現勢化される度に以前の自己の主体性と固有性を継承し、自己の同一性を保持しているのである。[5]

他方で、「外」と「内」の実体化とは「或る機能的・函数的な関係態（funktonale Verhaltnisee）の結節項の物象化的錯認」であり、その「聯関態の物象化的錯認」に基づいている。こうした「聯関態の物象化的錯認」は「外」と「内」を凝固化させ、「個体と環境交互否定的媒介に拠る行為的立体的統一」を固定化する。固定化された視角によって世界像はつねに差異性と流動性を排除することになる。そのとき、「トポロジック」な空間の多様性・複数性は縮減され、「メービウスの環帯」の表裏相即的な多面性をも忘却されるのである。つまり、批判的知性を欠いた視角は過去を隠蔽する「美しい国」あるいは「新しい国」という語彙に集約されていく。

しかし、個体の動的位置は環境の内部における変換的不変性に即してのみ成立する。境界が環境の「有限的非連続的限界」として固定されても、その限界を超えて環境の連続的不確定的動性は内部と外部に縁を接する境界を折り畳み、境界自体も「境界の内部に限定されながら環境と共に動く」ことになる。また、個体や環境も動的境界から「交互転換的に媒介」され、「動的に自立しつつ交互限定」することになる。[6]他方で、個体と環境の交互転換的な媒介性が喪失すれば、帝国主義や全体主義を生み出した悪しき官僚制を新たに形成することになる。貨幣経済の発達と共に官僚制に大きな意義が付与され近代の資本主義的経営が拡大し複雑になるほど、それに比例して官僚制も拡大したのだった。[7]また、ハンナ・アーレントによれば、植民地統治の官僚制による支配の技術上の特徴は、そのとき限りの適用を目的として次々に乱発される政令にあった。[8]こうした統治技法は恣意的な専制とは異なり、被支配者に対する無関心と隔絶を特色とした。つまり、それは被支配者を純然たる管理対象として扱う非人間的統治形式であった。

この「非人間的」統治形態とは「人－間」における微細で欠くことのできない人間存在への配慮や尊重を否定する。

虐げられた人びとへの「無関心と隔絶」によって「民族意識」や「愛国心」が公共圏を均質化し、多元性や寛容性に対する挑発的な言動が「一般化」するという悪循環が定着しているのである。こうしたとき「矛盾の同一（同時に同一の矛盾）という動的転換」の自覚に立脚すれば、思考は「内外表裏」を行為的に「緊張転換」させることになる。そこでは「絶対／相対」「超越／内在」「永遠／時間」「自／他」、などの対立は不断に存在の分裂として発現する一方で、矛盾的に統一されているのである[9]。いわば、この自己への影響や「遠近」の転換は一つの内を空間に構成しその重要性を増し、内の空間は襞の線上で外の空間と全面的に共通のものとして現前する。求められるのは「思考すること」が外を内包することであり、それが外の共通の広がりをもつ内によって「外を二重化する」ことである[10]。

「外を二重化する」ためには、廣松が論じたように、財態の現前様態と主体の雙関的・相互媒介的な在りようが重要となる。雙関的・相互的媒介性によって「矛盾の同一（同時に同一の矛盾）という動的転換」が生成し、財態の「実在的所与－意義的価値」の現前様態は主体「能為者誰某－役柄者或者」の形成相在に応じて変様し、主体の「生の姿」は財態の現前仕方に応じて変貌することになる。つまり、「これは単なる認知的変化ではなく、雙関的・相互媒介的な実有的変化である」といえる[11]。このとき「矛盾の同一（同時に同一の矛盾）」という「雙関的・相互媒介的な実有的変化」は歴史像を連続と非連続の「時」の汽水域に位置づけることができる。歴史が「トポロジック」な時間であるとすれば、「伝統／文化／思想」などの歴史像を構成する諸要素には「外」が折り畳まれていることを再認できる。また、過去の意味地平に立つ認識は「外」から接触・触発され、これらと相即的に歴史像は絶えない変様過程となるのである。それは共同主観性が独我論の陥穽を逃れているのと同時に、独我論の誤謬をも明らかにすることなのである。廣松が提示した共同主観性は「社会的／心的」な領域を横断するものであり、その横断は社会の内部と外部、あるいは自己の心的な内部と外部、などを交互的な媒介過程に置くことになる。独我論が未知なる者に対する怯えだとすれば、共同主観性に依拠する視座は「自己」と「他者」との相互承認の前提となり、「愛国心」という惰性による肥大化した自画像を拒否する。

いいかえれば、自己とは恒常的な「実体」もしくは持続的な「状態」としての同一性を保っているのではない。自己は絶えず繰り返し自己へと回帰し、その回帰によってのみ自己自身として存在しえる。いわば、「自己は反復においてのみ自己の同一性を保っている」ことを認識しなければならない。したがって、自己の反復は、それまでの自己同一性の惰性的な延長でなく、「自己ならざるものとの出会いを通じての絶えざる変化と展開における自己同一性の反復を意味している」のである。[12] つまり、「外」を二重化する自己の「差異と反復」とは「外」と「内」の「変換的不変性」であり、それは過去的意味地平と現在的意味地平との「交わり」から生じる歴史的生連関の活性化である。

田辺が指摘したように、それこそが「あたかも歴史の環境的基体の変転と、個体の行為的主体性とが、このような交互性即自立性として相関媒介」されることに比されるのである。また、田辺は「位相学の歴史主義的構造」を「動的境界」の「現在瞬間的転換行為」の比論から展開していた。つまり、「歴史の現在中心的行為性」と「その動的転換的媒介性」は歴史を「全個相即の媒介的動的統一」として成立させる一方で、時間は一般的秩序として空間に展開されるものではなく、どこまでも特殊内容として「過去未来的に対立抗争する力」の「内面的特殊動性」に媒介されているのである。[13]

他方で、「時」の推移によって「通俗化」された道徳規範は準拠基準の正統性がもつ暴力性を隠蔽しながら、「肯定／否定」の価値判断の枠組を提示する。価値判断と密接に関連しながら「内部」の伝統文化は「家族」、「郷土」、そして「領土」へ拡大的に投射され、「近代」的な「国民国家」へと連続していくことになる。このように安定性を得た秩序は「内部」を規定し、外部との価値領域の分断性を正当化する。安丸も指摘したように、「通俗道徳」とは「抵抗／服従」あるいは「包摂／排除」などの両面をもつ「道徳」であった。もし、「服従／排除」の領域へと傾斜する構図となれば、「近代的自我主義・利己主義の風潮とも相即するかたちでの構制」となり、人びとの日常的行為観の基調を生み出すことになる。そのなかで外面的には「複数の諸個人の営為から成る社会的行為なるものも、右の構制での単位的行為の集合」として把握されてしまう。一方で、それは単なる「並存」ではなく「対立・衝突・葛藤」を内包する全体としての「調和的統一性」となる「集合現象」であるが、廣松が斥けたはずの「『実現目標 - 配備的手段 - 能為的自分』を単位的行為態とする個人主義的パラダイムが鞏固に確立している」のである。(14)

「近代的自我主義／利己主義」と「経済合理性」の否定的渦動は世界像を相対化し続け、「自然」を完全な収奪の対象とした。その過程が「人間の名」の下に「現世」を支配する近代合理主義を確立するなかで、経済システムの自己展開と相即的に「主体」の欲望は際限なく膨張し、利潤獲得を無限定に増殖させようとする衝動が時空間を充たすことになった。経済システムが生活世界を浸食する過程は物質的再生産の拡大でもあり、伝統的な家族関係はシステムによって近代化された階級へと変様した。システムの視座では、拡大された物質的再生産による社会統合となる一方で、それは「社会的不平等の増大」である「大規模な経済的搾取」と「法によって隠蔽された従属階級に対する抑圧」を意味していた。社会構造の観点からいえば、「搾取と抑圧という機能」は「支配者や支配階級の保持する公職権威が物質的再生産のシステム連関」を可能な限り隠蔽したなかで維持されねばならない。だからこそ、「世界像」とは「イデオロギーとして有効にならねばならない」のである。(15)欧米諸国を支える社会制度、つまり「政治／経済／法／芸術」などの各システムは伝統的価値から解き放たれ、高度な機能分化によって抽象的な新しい価値を軸として自己展開している。他方で、宗教などの伝統的諸価値は社会的機能分化を疎外しない限りで、その価値を市民社会のなかで存続させてきたのであった。マックス・ウェーバーが指摘したように、現代の国民国家と資本主義社会を支えているのは抽象的性格の価値規範と形式的な法体系である。それらの論点を明確にするためにも「日本」という「共同体」を和辻倫理学における「地域共同体」の描写から再確認しておく。

「親族は家族を超えた共同体ではあるが、なお血縁関係を地盤としている。それを媒介する兄弟関係は、本来開放的な間柄であるから、親族的存在共同において家族の閉鎖性を超えしめはするが、しかもなお文字通りに兄弟関係である。しかし兄弟の友愛が広く人間的な愛の意味に転用され得るごとく、兄弟的な関係は血縁の地盤なきところにおいても形成され得る。それはいわば家族関係を超えた兄弟関係である。かかる関係を成立せしめる地盤として血縁関係に代わるものは、一方では土地の共同であり、他方では文化の共同もしくは精神の共同である。地縁共同体はこの前者に基づいたものにほかならない[16]」。

「兄弟関係」が「本来開放的な間柄」であり、その「友愛」が「広く人間的な愛」へと「転用」されるならば、「疎外論」の陥穽へと誘引されていく。なぜなら、「本来開放的な間柄」や「友愛」という「人間性」の把握は「精神」や「自己意識」と同型の論理構造に依存しているためである。そうした前提は包摂し得ない他者や外部を「本来的」に疎ましい存在と規定し、自己に対して「疎外」すべき対象とする。また、血縁関係の代替となる「土地の共同」が「文化の共同」もしくは「精神の共同」となるのであれば、疎外論から導かれた形而上学によって世界を捉えることになる。そして、「文化」と「精神」の共有の自明視はシステム化された大衆社会の成立過程を「問う」ことはない。そうした視角は日本的文脈における国民国家の把握理解に大きな問題を生じさせる。というのも、日本の歴史では「国家」と「国民」はつねに未確定なまま「政治／経済／教育／文化」の諸領域で使用され続けてきたからである。つまり、「国家」とは「共通意識」によって人びとを結合している「幻想的共同体」であり、時の経過と「心性」の固定化によって「もの」化され「幻想」が「実体」となったといえる。

こうした「社会的実体」には「人‐間」での多種多様な情動が内包されている。田辺が論じたように、「生の自覚」とは論理の絶対媒介である一方で、「生と論理」との相即が「生の自覚」でもあった。つまり、論理と生は弁証法的意味において相即し、表裏相媒介されている。論理は決して「非合理主義」が思惟するように無媒介に生に対立するものではない。その直接対象としての物質的自然もまた「生の外」で生と対立とするのではなく、むしろ「生の自覚」の媒介契機となるのである。(17) こうした表裏相媒介する渦動を見失うならば、濁りをもたぬ「清明」な「固有性＝本質性」を根源にしようとする衝動が生まれてくる。それは西谷啓二が「『近代の超克』私論」で次のように「清明」な「固有性＝本質性」と道徳性を述べていたことでもある。

「一言でいへば、わが国の国家生命の本源である清明心が、世界歴史的現実のうちに働くものとなつて来たのである。従つて、各個人がその職域に於て私を滅して公に奉ずるといふことにより国家の道徳的エネルギーを発現せしめるといふ時、個人はその職域に於ける錬達と滅私とに努める行に於て清明の心を自得するにつれて、国家の歴史を貫く国家生命の本源に合し、同時に世界歴史の底に潜む世界倫理（古人の所謂天の道）、に触れることが出来る(18)」。

「日本」の哲学や倫理学において「清明心」が国家的イデオロギーとなり、公教育などを介して構造化されてきた。たしかに日本の「国家生命の根源」が一時的に「世界歴史的現実」に影響を与えたが、「封建的／家父長的」イデオロギーによって、自由、平等、博愛に基づく近代的な「連帯意識」は成熟することはなかった。つまり、封建主義的な忠誠感情が残存し続け、国民的統一のための準拠枠となったのであった。また、家父長的イデオロギーの「国民」への浸透は、世継ぎ（＝男子）の誕生を望む封建的心性を今に至るまで強く残存させている。「個人」が「滅私に努める行に於て清明の心」を受容することで、「生活形式」の内に根強く残る封建的心性は「近代」を介し、むしろ強化されたのであった。その心性は忠君愛国という「清明の心」を自明視し、封建的な価値規範は近代日本において「国家の歴史を貫く国家生命の本源」として鼓舞されたのであった。

しかし、「位相学の歴史主義的構造」の一つの徴表に「個体の位相学的位置」の「現在瞬間的動的転換行為性」がある。そうした「現在瞬間的動的転換行為性」は概念構成の物象化を斥ける。つまり、「わが国の国家生命の本源である清明心」という「透明性＝純真無垢性」を「散種」された「内／外」の「転換的二重性」へと代置するのである。メアリ・ダグラスによれば、「清浄」を求めるとき「最終的逆説」が生じる。というのも、「清浄」は「矛盾なき論理的範疇」のなかに諸経験を集約しようとするからである。他方で、「経験」とは単純に集約し得るものではなく、「清浄」を希求する「その種の試みをする者」はいつしか矛盾のなかへと誘引されていくことになる。(19) また、「清明心」が「世界歴史的現実のうちに働くもの」であれば、むしろ「清明心」は他文化との交互的媒介性から「異種混淆性」による歴史的地平を形づくるだろう。「外部という他者性」の包含がなければ「清明心」（＝「国家生命の本源」）の概念規定は成立しない。テクストとしての歴史は「散種」によって根源的に差異化されており、「透明性＝純真無垢性」とはむしろ「異種混淆性」の欠如態として認識すべきなのである。

なぜなら、田辺が論じていたように、連続的な環境の「内部」において非連続的な「捩れ＝相互侵蝕性」が生じ、「連続即非連続／非連続即連続」という「捩れ」の境界線上に「自己」は在り、「自己」とは「転換的二重性」を包含しているからである。つまり、「国家の歴史を貫く国家生命の本源」などは物象化的錯認の典型的事例といえるだろう。

また、「故郷」や「愛国心」が「根源性／本来性」として思念されたとしても、「国民国家」（＝「幻想的共同体」）が独占的に僭称した宗教性が抑圧的な「もの」となってきたのである。ヤーコプ・ブルクハルトは単純化された「愛国心」がもたらす弊害について述べていた。

「じつはこの愛国心なるものは他の諸民族にたいする思いあがりにすぎず、またこの理由からも真実へ向かう道を踏みはずしていることがしばしばあるが、また祖国での自身の活動範囲内における一種の党派根性にすぎないこともたびたびある。それればかりか、この愛国心はじつは他者に苦痛を与えるものでしかないことさえしばしばある[20]」。

「愛国心」が諸民族に対する驕り昂りとなるとすれば、それは人びとが帰属する「国家」という政治組織に自らを同一化するためである。国家への自発的一体化が生み出す感情や態度は「国家」主権への侵害に対して鋭敏となっていく。そこにあるのは諸個人と国家による政治的行動との同化であり、他民族や他集団に対する根深い「優越意識」と「差別感情」の顕在化でもある。なぜなら、これは「国家」へと融解した「弱い自我」が傷つけられることの「怖れ」と相即しているからである。そこに「自然的」な俗情としての「郷土愛」が重複すれば、「国家理性」は「真実へ向かう道」から逸脱していく。たとえば、ナショナリズムとエスノセントリズムの混合によって「国家理性」は政治行動の「客観性」と「合理性」を喪失することになる。また、「郷土愛」と「愛国心」が混濁すれば、「愛国心」は「祖国」での「一種の党派根性にすぎない」ものとなる。そして、自然な「もの」として受容されてきた「郷土愛」と相即的に「愛国心」はその非合理的な劣情を昂進させていくのである。

こうした劣情が激情となり国外へと投射されたとき、「愛国心はじつは他者に苦痛を与えるもの」でしかなくなる。

つまり、それは空間的な「隔たり」や文化的な「違い」の無化なのである。だからこそ、「国民国家」への「清明心＝愛国心」を「臣民／皇民」たちは「自得」させられてきたのである。そうした物象化的錯認を脱するには「非本質主義」に準拠する自己像と歴史像を作り出すことが必要となる。なぜなら、「テクストとしての歴史」での「捩れ＝相互侵蝕性」を捉えることが重要だからである。「捩れ」という「固定性」の不在こそが「外部」と「他者性」を注視させることになるのである。だが、歴史文化の「捩れ＝相互侵食性」を隠蔽した「日本像」は他国に対して「独自性」と「優越性」を主張したのであった。

「天皇は国祖神の裔孫として人格たると同時に神格とせられる。神は人間に対して超越的な聖である。そこには日本民族の宗教的な崇敬の念が基礎に存している。天皇を神として仰ぐ情操は万葉集の歌にも見られる所である。君臣の明瞭な名分は日本においては、倫理的合理性を越えた宗教的信仰に基づくのであって、いかに人臣の栄をきわめてもこの名分に乱れることのなかったことは、国史の明らかに示しているところである。／わが国において政体の変遷にもかかわらず国体は永遠に持続すると言われるのは、この意味である。この国体の観念は日本の政治および文化の宗教的基体をなすものということができる。日本においてはかかる意味の宗教的契機を離れた政治の観念は存しない。単なる権力や単なる倫理では日本の政治の特徴は理解できない(21)」。

「天皇」という「超越的な聖」に依拠した「日本民族」観は「内部」と「外部」を激しく分断した。「内部」の多数者たちは「超越的な聖」を受容しない少数者の排除や周縁化の陥穽を考えることはない。また、「君臣の明瞭な名分」は「内部」で進行する階級対立や社会規範の崩壊といった現象を潜在化させ続ける。記号のコード化によって存立する「倫理的合理性を越えた宗教的信仰」とは「外部」を排斥し、その排斥によって「内部」の純粋性を強める円環を描き出すことになった。このとき歴史は「日本史」、「中国史」、「韓国史」、などという範疇ではなく、「世界史」すらも包摂する「国史」となり、「国体」の観念が「世界」を記述することになったのである。すなわち、「国史」とは倒錯した「通俗道徳」であって、共同主観性からの視角からいえば、「先験的＝超越論的」な「主観＝国祖神の裔孫」は存在しえないのである。というのも、「構成形式」はアポステリオリに言語活動という交互的媒介から「間主体的＝共同主観的」に作り出されているからである。(22) 他方で、個物の限定にはその否定的媒介である「種的基体」が連続の契機となり、「それの否定即肯定が連続と非連続との相即として、真に具体的なる連続を成立」させてもいる。(23) こうした「種的基体」を「民族」とすれば、「民族」という「構成形式」は媒介性という渦動による多義性を包含することになる。つまり、「先験的＝超越論的」な「主観＝国祖神の裔孫」は共同主観性の概念から再考されねばならない。なぜなら、「現相世界‐内‐的な動態的な相互連関」と「言語的交通を通じた間主体的相互影響」から共同主観性が形成され、「人‐間」において共有されているからである。(24)

「動態的な相互連関」の物象化である「統治機構＝官僚制」を中軸として国家は維持されている。一方で、「暴力装置」を独占する国民国家と生活世界を截断して論じることはできない。「国家」とは「教育的行為」によって身体的次元を介して人びとの「精神的次元」へも浸透し、生活世界における歴史内存在の諸行為を変様させてきた。こうした歴史内存在の「身心」の変様と相即的に、歴史的時空間は「近代」という楔を打ち込まれたのであった。その楔は儀礼的行為などの行為領域を包含していた象徴的文化体系にも亀裂を入れたのであった。つまり、歴史的時空間の変化と同時に伝統的文化領域も「近代化」の過程で崩壊しながらも多義性を増大させざるを得なかったのである。

たとえば、和辻倫理学の観点では、地縁共同体の心情が資本の論理によって截断され、共同体内での対立が深化することを捉えることは困難である。いわば、この倫理学は形而上学的な視線から地縁共同体を「善／悪」「正／邪」「肯定／否定」などの前「項」により強く傾斜させたのであった。近代化から形成された日本的「心情」を実体化する倫理学は政治権力や統治技術に対する懐疑を浅薄なものとする一方で、権力によって駆使される統治技術は思想・良心の自由を抑圧した。なぜなら、日本的心情と一体化した統治技術は思考の「自由」や行動の「自由」を「臣民／皇民」の枠内に縮減させたからである。その過程で統治権力が価値基準を設定し、権力が賦与する諸価値を人びとが「能動的」に欲する倒錯が産出され、能動的倒錯から自己へと回帰する意識態が馴育された。

この意識態は近代化において絶えず問われてきた主題であった。また、「権力の問題／政治権力の問題」を統治性という一般的な問題から再考したのが「主体の解釈学」であった。権力や統治性を政治的領域から解放し、「権力の諸関係の流動的で、変更可能で、逆転可能な側面」に注目すれば、統治性の視点から「主体概念」を論理的かつ実践的にも深く考察することができる。このとき「主体」は「自己の自己への関係」として定義される一方で、人びとの基底としての「間柄」は「自己の自己への関係」が輻輳化し、他者を包摂かつ排除しながら形成されたものに他ならない。つまり、「権力」、「統治性」、「自己と他者たちの統治」、「自己の自己への関係」、などは複雑に連鎖しながら、「網目」のように連続しているのである。[25] フーコーが提起した「自己に立ち返る」とは超越神の伝統規範を持ち得なかった「日本的空間」にこそふさわしい権力論となる。なぜなら、「自己」への回帰は「視線、注意、精神」の尖端が他者や世界の事物から自分自身に「部分的ないしは全体的に移動」することだからである。根本的に「自己に立ち返ること」は自分自身を対象として、認識の領域として構成することも含意している。[26]

この視座を和辻倫理学における「個別性」と「全体性」から再考しておく。その倫理学によれば、人間関係は単なる主体的なひろがりではなく、「過去と未来との現前における統一として、時間的構造を持つのである」。既存の「間柄」は現在の行動の方向を規定するものとして可能的な「間柄」である。「時‐間」には無数の動きが既定の「間柄」に規定されながら、新しい「間柄」を作り出そうとしている。こうした無数の動きは「すべて人間関係の動的な構造」を表現している。[27]つまり、共同体とは過去の「間柄」が「現在／未来」の「間柄」を限定し、起こるべき「現在」の人びとの関係を規定する。人びとは「間柄」への内属によって未来と過去を統一化し、時間構造をもつことになる。それは人間を一つの「実体」とすることを拒み、人間とは動き行く「行為連関」となる。こうした人間と共同体の考察は文化の集積としての歴史性を必要とする。共同体の内的運行を支える祭儀の共有は既存の「間柄」を維持し、現前の行動において可能な「間柄」を再形成することになる。この「間柄」の連鎖を基盤として共同存在は「隣人の道」としての微妙な「振舞い方」を自覚していくことになる。こうした「役割り」を介して地縁的共同体のなかで人びとは「一人前」として処遇されていく。そのとき地縁的存在共同の本質的要素は家族および親族が有している私的性格を止揚し、土地や労働を媒介としてより高次の共同存在を実現することにある。[28]

他方で、現代の日本社会において人びとは「地域を拠点として、集団的なエネルギーをひきだし、自律的な運動をつくりだすことによって行政を本来の自治体につくりかえることもはじめた」と色川は述べている。たとえば、それは「反公害や消費者運動や反核・反原発や自然保護運動、総じて生活上の自衛運動の拠点としての共同体の再生・創出である」。色川が「共同体研究の一例として水俣」を選択したのは「水俣病事件を解明する」ためだけではなかった。むしろ、封建的な「水俣におけるムラ空間の差別的構造とその意識が、水俣病をいっそう深刻にし、拡大した」と考えたからであった。[29]高度経済成長期に水俣地域においても職業の分散と多様化が進行した一方で、ムラの差別意識を顕在化させたのが水俣病であった。そうした過程の「人‐間」の変様を鶴見和子は三つの視座から捉えたのであった。[30]第一に、漁民の人間関係において生じた二つの変化である。つまり、（一）一九三〇年代に漁協に加入した世代の代替わりによって団結心が希薄化し、（二）不知火海の汚染のために漁業補償や認定水俣病の補償がなければ、漁民は生活を維持することができなくなった。第二に、安賃闘争の影響である。一九六二年（昭和三七年）二月一日にチッソの労働組合が賃上げ要求書を提出したが、四月一七日には会社側が同業各社の妥結額よりも低い「賃金安定方式」によって回答した。また、二一日からストライキに突入するなかでチッソ労働組合は第一組合と第二組合に分裂させられ、その分断線は部落共同体をも二分する深い亀裂を作り出した。第三に、水俣病の発生に基因する多種多様な反目と対立である。つまり、一九五八年（昭和三三年）に水俣病患者互助会が成立したが、一九六八年（昭和四三年）には補償問題をめぐって分裂した。水俣病の発生は部落共同体を「差別」の「眼差し」によって分断し、その蔑視による「差別」に抗して裁判闘争は団結心を高揚させたが、補償金獲得の問題はむしろ「人－間」を腐食させることになった。

他方で、水俣地域における生活世界も人びとの諸経験と伝統的社会規範の基底となり、いわば日々の実践の背景図として「人－間」を包摂する「集団表象」を産出してきた。だが、経済システムに深く浸透された生活世界は経済合理性によって「正当化」されねば存立し得ない「もの」ともなってきていたのである。チッソという企業組織が部落共同体を包摂し「暮らし」を根底から支え、「主体＝企業組織」と「客体＝漁村民」という形が固定化されてきたのであった。共同世界の有意味的構成や行為の妥当性要求は「支配的体制」によって分断されたが、この分断を受容する「心性」もまた間主観性に依拠している。だからこそ、加害者側の視線は企業組織に帰属する人びとの「眼差し」と同化し、「主体」の外部に帰属する人びとを「差別」の「眼差し」によって包括したのであった。被害者たちは「主体＝企業組織」によって「生の糧」を奪われ、生命の維持すらも危険な状態に置かれたのであった。その「主体＝企業組織」は地域共同体内で水俣病に関する多数の情報を収集し諸対象の「観察」を「報告」するのと同時に、統計学的データーまでも提示したのであった。これこそが「眼差す主体」の「権力性」の特色だといえるだろう。こうして「客体＝漁村民」は世界内存在として必要不可欠な他者との共生を簒奪されたのであった。他者を「もの」化する視線は「関係の第一次性」を物象化することになる。「関係の第一次性」の「もの」化は硬直した政治・経済システムとなり、生命よりも経済的利潤を優先する経済システムとして受容されたのであった。

和辻のいう「間柄」とは視線がもつ権力性による自他関係の相互限定であった。また、その視線は「正／負」「善／悪」「美／醜」などの価値序列を内包しており、「我れが汝をおずおず見る」ときですら、「見方」によって「汝」から「我」は限定され「威圧する汝の性格が了解」されるのであった。[31] その「視線」は「規制」となって人びとの「身心」を包摂し、歴史的時空間での累積によって「規制」は一つの「制度」となってきた。そうした「制度」は「意識／無意識」の二つの領域を横断し、人びとにとっては「客観的」な政治・社会構造を形成してきた。また、サルトルによれば、「主観‐他者と私との根本的な結びつき」とは「『他者によって見られる』という私の不断の可能性に帰着」する。一方で、「私が他者の主観‐存在の現前」を把握するのは「他者にとっての私の対象‐存在の顕示」によってである。[32] こうした視線の交叉は支配関係を凝固化する「もの」となり、現実社会でも広汎に見出しうる「支配‐従属」の序列関係を作り出している。元来「人‐間」には支配という権力性が内包されており、自他の「主体性」とは「『他者によって見られる』」という交互的媒介性による噛み合いから形成されている。その交互的媒介が「もの」化するとき、自他のどちらか一方の側に政治的・文化的・精神的価値の傾斜が生じる。この立場の序列化に明確な権力性を見出すことが困難でもあるとしても、序列の確定は一定の義務の履行を命じ行動を促すような「声」ともなる。つまり、義務履行の拒否という「声」の違背にはサンクションが加えられることになる。

しかし、このサンクションの常態化は、支配関係の正統性が動揺していることを意味している。というのも、視線の交叉のなかに暴力性がア・プリオリに内在しているのではなく、日々の行動選択の堆積によって支配関係が次第に埋め込まれていくのである。現実社会における従属関係とはリゾームのように絡み合っており、複雑で錯綜した広大な領域は明確な暴力性を不可視化し、「支配‐従属」という共軛的関係性は「巨大な海綿のようなもの」によって「隷属」する者たちに沈黙を強制する。そうした沈黙の強制は日本社会を構成する次世代にも顕著に見出すことのできる「心性」である。「日本的」道徳空間での「沈黙」は自発的隷属を公共圏へと積分化する腐葉土であり、「沈黙」とは暗黙裡の「同意」の提示となって支配層を支える価値体系へと投射される。そこで必要となるのは共同体と「個人」の間の再考である。共同生活が文化的構造体として「もの」(=「安定性/確実性」)となれば、「沈黙」は無秩序を秩序化する権力性を有していることにもなる。なぜなら、文化的規範とは人びとの「暮らし」の「範型」を提示し、この「範型」は「近代」においても「空‐間」内で継承されてきた行為選択の準拠枠となるからである。

こうした「近代」を通過した共同体についてテイラーは詳細に論じている[33]。人びとは「自分が何者であるかを知ること」を確認するために、「道徳空間において位置づけられる」ことが重要である。なぜなら、その「空間」においてこそ「何が善くて何が悪いのか」、「何が行う価値があって何がそうでないのか」、「何が自分にとって意味があって重要であるか」、などを再認し得るためである。つまり、「人間精神の深部」は「空間的な定位」と相互に影響し合い、そうした「兆候」はいくつも確認することができる。だが、自己同一性を育成する「道徳空間」においても従属関係が内在している。これは「主人」と「奴隷」という暴力性を具現化した支配関係ではないとしても、「主人」が「奴隷」の「全人格」を「隷属」させることはある。「奴隷」の「主人」に対する「隷属」には限定がなく、ただ「奴隷」からの「搾取」を不可能にしないという上限があるだけなのである。つまり、「主人」は「奴隷」にとって「模範」となることはなく、「奴隷」を物理的強制力によって服属させるだけなのである。

他方で、近代化の過程は客観的思惟に準拠した合理主義と伝統的諸価値が相互作用し、共同体の機能を変様させてきた。日本での近代化は「政治／経済／習俗」などの各領域に大きな影響を与え、その影響に基因する多様な変化は既存の諸階層が担っていたさまざまな機能を喪失させ、各階層の共同体への「認識／関心」「利害／参与」の在り方も大きく変容した。こうした近代の基本的な「構え」は資本主義に依拠した物質的再生産のシステムを生活世界のなかに移植したことにある。それは主観的人間と客観的自然の二分法を前提としており、「認識主体」は知覚可能な自然資源を暴力的に簒奪することになった。そうした政治・経済的支配は伝統的共同体の封建的階級秩序を利用する一方で、近代の経済的「合理性／効率性」を共同体に楔として打ち込んだのであった。その支配形態は共同体の慣習的支配の衣裳を纏うことによって、伝統的サンクションを近代化のために「再利用」したのであった。いわば、「慣習／習俗」を纏った近代的抑圧は「自発」的に受容され、諸階級は既存の思惟範型による「再解釈」から近代化による激変に順応し、近代的合理主義の諸価値を受け容れてきたのであった。

その近代化された「日本」的共同体の「国民宗教」についてアントニオ・グラムシは言及していた。日本では一九世紀になり「国民宗教の名」のもとに「宗教混淆」への反動が現れたが、それは一八六八年の近代日本の誕生とともに頂点に達した、とグラムシはいう。このとき「神道」が「国家宗教」として人びとに現前化し、短期間ではあったが廃仏毀釈が進められ一八七二年になってようやく仏教も公式に国家的な承認を獲得した。だが、「神道の地位」は「愛国的かつ国民的な機関」へと急上昇し、むしろその「宗教的性格」を公的に放棄することで国家的権威を獲得したのであった。こうして日本人は「いかなる宗教にも帰依する」ことが可能となった一方で、「天皇の聖像」には必ず「敬意」を示さなければならなかった。この過程で次第に「国家神道」が諸宗教から分離されていくことになった。[34]

安丸は近代日本の宗教体系の全体的な複合体として把握した。[35] その複合体は神道的コスモロジーと結合した宗教性を帯びたが、かならずしも宗教的である必然性がなく「世俗的な世界観・社会観」ともなった。近代化は不可避的に現世化と相互に侵蝕し合い、近代日本も基本的には世俗社会であったが、その社会には一定程度の「生活規範・社会規範」と「国体論的ナショナリズム」に依拠した「国民国家的公共圏」が成立していた。むしろ、「国民国家的公共圏」は「人びとを動機づけて主体形成を促す媒介環」となり、広範な人びとの日々の活動性が国民国家へと集約されたのであった。世代や社会階層の偏差を内在しながらも、「個人」と「国家」は家族的国家観によって秩序を作り得たのであった。国民国家的な規模で「生活規範・社会規範の一般的受容」、「宗教観念・コスモロジーの均質化」、そして「時間・空間観念の均一化」、「民俗信仰的祭礼」と「行事・風俗」などは国家権力によって大きな変容を余儀なくされたのであった。こうした「通俗道徳」が多面性を含意していたように、封建的価値体系も多義的であったのである。

つまり、封建的遺制の解釈が新たな民主主義的価値規範を生成することはありえる。そこでガダマーとハーバーマスの倫理学理論の論争について言及しておく。倫理的反省の歴史性と条件性についてガダマーは強調しているが、また同時に歴史的な倫理的反省は道徳法則の無条件性と自由の原理を擁護できるとする。一方で、ハーバーマスはコミュニケーション的行為の形で理性は普遍的な倫理規範を正当化すると主張する。それはすべての個人間での相互尊重の普遍的原理となる。いわば、両者の共通点は歴史的諸条件を含意する実践理性が新たな倫理学的原理と法則を形成する能力を内包しているとすることである。[36]他方で、近代日本の歴史を再考すれば、維新以前から存在していた倫理的反省の歴史性と条件性は新たな解釈を作り出すことはできなかった。むしろ「封建的遺制」としての「生活規範／社会規範」や「民俗宗教的な神観念」が政治的・経済的変様と相即的に、「排除」と「包摂」という権力形象を正当化したのであった。近代化による資本主義体制の確立は従来の「生活規範／社会規範」と資本主義的合理性の混合した権力的「論理」を必要とした。渡辺によれば、「水俣漁民のこの世の人間的道理」が対立したのは「チッソ資本」の悪逆ではなく、近代資本制社会を組織している「論理」であった。その「論理」に準拠した「眼差し」は「水俣漁民のこの世の人間的道理」を近代市民社会の「組織法則」から取り残された「封建的遺民の世迷い言」としたのであった。ここには近代市民社会によって「生活民／下層民」を統合できなかった「歴史的事実」が明確に存在している。渡辺は「非力を補って生活民を国家に統合」したのが「天皇制」であったとした。また、水俣病患者と家族の「人間的道理」とは「近代市民社会の論理」では包摂しえない「前近代的」生活意識の表現であったのである。[37]

明治憲法の制定があり内閣制度や議会制度などの整備が行われた一八九〇年以降の宗教的世界の全体像を安丸は考察している。[38]まず第一に、「国家神道＝神社神道」と「皇室神道」は「国家的儀礼装置」となった。近代日本の国家的儀礼の多くは神道化され、その枠組みは僅かな修正を経ながらも一九四五年以降も継承された。第二に、一八七五年の「信教ノ自由」通達によって仏教各宗の大部分は「公認教」となった。つまり、宗教活動の自由は認められ、民衆宗教系の講社の多くも「教派神道として公認教」となったのであった。第三に、民俗信仰としての、「神社の祭礼／山岳信仰／さまざまの治病や厄払い／仏教的な葬祭儀礼」などは「民衆生活に即した宗教活動」として残存することになった。第四に、近代日本は「国体論的ナショナリズム」を正統性原理とする社会であった。大部分の日本人は「国体論的ナショナリズム」と「国民道徳」に依存しながら「生の姿」を作り上げてきたのである。

「国家神道＝神社神道」と「皇室神道」の神学論が「宗教的システムの反省」を担った。そうした「反省」はまず日本という「自己同一性」へ回帰する関係を作り出しこの「反省」は宗教そのものに対し同時に構成的であり、その「基本的な自己準拠」によってのみ可能となる。同じように、「近代日本」における「国体論的ナショナリズム」への依拠は「自己準拠」によってそのまま可能となるのではなく、むしろ「反省」による自己準拠が現実化した一つの特別なケースというべきであろう。なぜなら、「反省」はシステムの選択がシステムの同一性に対応することを要求するからである。こうした意味で「反省」は「システムを一つの原理」あるいは「原理の代わりとして作動することのできる何かあるもの」へと歴史の縮減を要求するのである。[39] たとえば、「大部分の日本人」は超国家主義と「混淆」した「国民道徳を自明の生活規範」とした。国家が「国体」への準拠によって「真／善／美」の内容的価値を占有すれば、「学問も芸術もそうした価値的実体への依存」によってしか存立しえなくなる、と丸山眞男は論じていた。[40] 丸山によれば、「国家のための芸術」あるいは「国家のための学問」という主張は外部的依存ではなく、むしろ「内面的な依存」なのであった。国法は絶対価値としての「国体」から流出しその内容的正当性を基礎づけ、いかなる精神領域にも「国体」は自在に浸透することになった。全国家秩序は絶対的価値としての天皇を中心として連鎖的に構成され、上から下への支配の根拠が天皇からの距離に比例したのであった。

つまり、「国家的儀礼装置」は人びとに一定の視角を与えたが、日常生活のさまざまな出来事を位置づけ理解しようとすれば、「国家的儀礼装置」は強烈なイデオロギーの磁場となったのである。一方で、複合的価値の混在状態の集約には参照できる価値規範が必要であった。そのための「唯一の完全な共同体的秩序」は「伝統的一系性と家父長制的一体性を構成原理とする前近代的『家』においてのみ存在する」と藤田は指摘したのであった。つねに変化し続ける国際情勢の圧力に挟撃されながら、急速に近代国家を形成するという行為は、権力的絶対者を必要としながらも、絶対主義としての多様な特性を生み出した。その特質を四つの論点から藤田は要約した。[41] それらは、①statesmen の多元性、②権力集中の対極としての水平化ではなく、水平化促進の機能的結果としての集中への期待、③絶対権力者の成立に媒介されることなき機構支配原理の早熟、④国家観念における対外共同態の契機の不均衡な高昇、などであった。こうした諸特性によって「大日本帝国」は国家としての形態を整備したのであった。「前近代的『家』」に依拠しながらも効率的に推し進められた近代化は多くの矛盾を抱えながらも、科学・軍事技術の効率的な摂取は可能となった。だが、西洋の歴史的文脈を削ぎ落とした恣意的な価値選択は、民主主義・自由主義・帝国主義などの歴史性を熟考することなく遂行されてきた。価値体系が暗黙裡に含意している理念と制度の循環性は注視されず、西洋から日本に新たな価値を移植する度に理念と制度は歪な偏差を抱えることになったのであった。

第二節 「定住／漂泊」の文化接触と腐葉土としての「匿名性」

近代日本において歴史内存在は「国家」と「村落共同体」の「分裂対立」を経験し、「国家」には垂直的に「臣民」として統合され、「村落共同体」には水平的な「国民」として集約された。「絶対権力者」の姿が不明瞭なまま官僚機構が急速に整備され普及し、政治権力は固有名をもつ権力者と匿名性を規準とする官僚機構に物象化された。このとき「臣民」にとっての封建的セクショナリズムは従来のまま存続することになり、近代国家の形成に必要な「個／種／類」の媒介性は欠落することになった。他方で、田辺が論じていたように、「個」の主体的行為は「種」の絶対否定である「類」への転換点において成立する。そうして「個」と「種」は自己否定に媒介された絶対否定によって成立する。また、「種」の「絶対分裂対立」が即自的に予想する統一が「類」として実現される「対自的転換」の媒介が、「個」となる。「個」は「類」の全体において成立する全体の成員であり、また全体は同時に個体である。こうして両者は相即するものでなければならない。いわば、「個」と「種」は共軛的媒介によって可能となり、「個」は「種」に対する「全体統一の回復の動性」であるのと同時に、「復帰の過程」ともなる。視角をかえれば、非連続である「個」の系列に媒介されたものが「真の連続」となり、それが「類的全体」となる。そこにおいては直観の連続は非連続に転じ、系列の非連続は同時にその絶対否定的な主体化によって連続へと転じることになる。このような連続と非連続とが否定的に媒介統一されることになる。「個」が「行為的主体」であるとすれば、「種的基体」の自己否定を媒介として「個」は新たな「自己矛盾的系列の生成の主体的作用」から形成される。だからこそ、連続の統一は「個」と全との「否定的相即」であり、その否定的媒介としての「種」の自己否定が絶対対立の基体となるのである。自己疎外の統一に対し対立差違であった契機が「全の主要素発動点として個」となり、全において全と対立し、同時に全と対立しながら全の内にあるものとなる。[42]

しかし、渦動的媒介性を喪失した「個／種／類」は凝固化した国家観へと縮減されていく。この過程を藤田は「主体的自覚」の契機が伝統的価値へと傾倒し埋没したと論じた。つまり、そこには主観によって構制された「価値的／主体的」な自己の世界は存在することはなく、むしろ逆に、「伝統世界への自己の投入」となる帰結となったのである。また、「社会底辺」では計画性をもつ政治は消滅し、「伝統的秩序は却って『主体的』に強化」されることになった。近代日本の「模範的人格」を構成した「忠節」とは「封建的忠誠」であり、国家権力が措定した「人格的模範」の「本源的性質」とは、「伝統的生活の中に培養された同質的原型（Vorbild）として全面的な連続性をもつ」ものとなった。したがって、既成秩序の解体を経験した共同体の再建には「『家』が範型とされなければならない」のであった。こうして明治三〇年代以来、共同体原理は家族主義の基礎づけを必要としたのであった。[43]

つまり、「同質的原型（Vorbild）」としての「全面的な連続性」は「人‐間」で模倣（Vorbild）され続け、日本の「自然」に根ざした「固有」の文化形態として物象化された。その「同質的原型（Vorbild）」は「第二の自然」として世代間を横断しながら「伝承／継承」された。しかし、「個」と「種」の共軛的媒介は後景に退き、「個」の「種」に対する「全体統一の回復の動性」と「復帰の過程」は凝固化することになったのである。その環境内では自他間における自然と文化の包括的緊張対立が強制的に潜在化させられ、「個」と「種」の共軛的連続性は分断されていくことになった。日本は「人格的模範」というイデオロギーを介して「天皇‐臣民」という紐帯を作りあげ、「国民‐国家」という距離を消去し同一化を可能にしたのである。また、「現人神としての天皇」と「赤子としての臣民」という錯認は多くの矛盾を内包していたが、正統化された法的秩序を形成し維持したのであった。そして、「現人神」という宗教的側面が中央集権化を容易にした一方で、「真偽」「善悪」「美醜」「聖俗」などは天皇制への依存によって序列化された。宗教性が政治的・法的秩序を正統化する国家構造が「臣民／皇民／国民」を育成し、社会的諸条件の整備を押し進めたのであった。

ルーマンによれば、宗教システムの「反省を作動させるためには、システムの同一性が問題とならねばならない」。いわば、否定可能なものとして現れることができねばならない。そのための契機は三つの次元が必要となる。つまり、①事物的次元、②社会的次元、そして③時間的次元、などである。事物的次元では現実の宗教的諸目的の破綻が問題となる。こうした反省のアプローチは宗教的重要性を規範的に、あるいは反事実的に保護するように迫る。社会的次元では同じ機能を果たそうとする別の宗教システムが出現する場合に「反省の契機」が生まれることになる。そこで「反省」にとって問題となるのは「自己自身の限定および『混淆』の制御」となるのである。(44) つまり、政治・経済・教育などの領域で出来事の意味を確定しようとすれば、「国家的儀礼装置」の「自己自身の限定および『混淆』の制御」がおこなわれる。こうした「国家的儀礼装置」の自己限定と「混淆の制御」に沿って出来事が意味づけられていく。その事後的結果として「国家的歴史」のなかに人びとの「誕生‐死」が集約され、国家による歴史意識の独占は人びとの日常と国家との関係を「日本」と「天皇」へと代置したのであった。

既成秩序を正統化する歴史意識と宗教性の混合は政治的領域においては「排除」と「包含」から「生の姿」を規定

することになった。その規定から国体に依拠した政治的権力が臣民たちの「生と死」の形を専有することになった。また、一五年戦争では臣民たちの「死を放置」する不当な権利を行使し、戦場では飢餓という状態で「生きるまま捨て置く」ことが可能となったのである。靖国参拝やそれを正当化する言説の重大な過誤はここにある。勝利なき戦争が開始されたとき臣民たちに徴兵拒否などの「選択の自由」は当然あり得なかった。つまり、戦場に立つ以外に選択肢がない者たちに国家はあたかも臣民たちが自発的に希求したかのような体裁を取り、不可避的に戦場に送り出した。一度、戦争を開始した国家は生命を犠牲にせざるを得ない者たちを「自由」に「利用」したのである。徹底的な自由意志の破壊がここには在る。他方で、田辺によれば、自由意志は限定され媒介されることが必要であり、「自由の選択」とは「種」を媒介とする「対立的両方向の動的統一」からの決定でなければならない。その決定は「種の限定に制限されず」に、むしろ逆にこれを媒介とした遂行によって「自由選択」となるのである。自由という概念規定は限定を前提としており、選択意志とは対立を含む全体の動的統一の自発的内面的決定である必要がある。つまり、「個」の自由意志は「種」を媒介し限定を逆転させ、これを自己の統轄に帰し「自己実現」の媒介によって成立するのである。こうした媒介を無視すれば、自由選択は「無内容の空虚な観念的構成」に帰着する。(45)

近代の日本社会において「種の限定を翻転」すると同時に「排他的に独占する構造」が形成されていた。安丸は「国民国家的公共圏」が成立し「人びとを動機づけて主体形成を促す媒介環」となったとした。一方で、田辺は「否定的対立」によって「国民」と「国家」が「論理の媒介」を経ることが必要であるとした。「それは論理の否定契機として論理を媒介すると共に、それ自ら論理に由って媒介」されていくことになる。だが、「国民国家的公共圏」は「論理の否定としての直接態そのものさえも、論理の契機」とすることを抑圧するのであった。(46)こうして「論理の媒介性」が形成する「自由」という多義性は空虚なものとなり、「国民」と「国家」は「国体論的ナショナリズム」によって同一化することになったのである。「国体論的ナショナリズム」が「主体形成を促す媒介環」となったが、国体論の内容とは明確な概念規定によって精緻に構制されたものではなく、政治的正統性を民衆に示すための倫理的体系性を欠落させており、論理的にも多くの矛盾を内包していた。治安維持法によって法的概念が確立するまで「それは論理の否定ともいわれず、直接態とも規定」することもできないものであった。「国体＝天皇制」は幾度か続いた戦勝によって民衆に浸透したのであって、必ずしも日本社会の底辺からの直接的かつ自発的な意思によって支持され正当化されたわけではなかった。対外戦争の勝利から次第に天皇制は「国家」の機軸として機能し、統一的な「生活／行動」様式を介して「臣民」を育成しえる権威をもつことになった。それは大衆が一時獲得した自由と権利を喪失していく歴史でもあった。また、国体論に依拠した統治体制は「論理の媒介における否定的契機」を排除する「論理空間」へと画一化されていくことになった。そうした結果によって、「広範な人びとの活動性がこの国民国家的公共圏のなかへ注ぎ込まれた」と安丸は述べていた。「国民国家的公共圏」も「区別」の導入によって社会と国家を分立し指示されているのである。つまり、社会もまた有意味な「世界‐内‐存在」の重要な社会的構成条件であり、人びとがこの構成をシステム理論的に理解するようになると、社会をもまた理解する。このシステム概念によって内と外の差異、周囲世界とシステムとの差異、などが構成分析のなかに導入されるのである[47]。

こうして「民俗宗教的な神観念と時間・空間観念」は抑圧され続け、「否定的対立＝論理の媒介」は廃棄された。その結果として「民俗信仰的祭礼や行事・風俗などは大きな変容を余儀なくされた」のであった[48]。ここに「包摂」という直接態の情動が存在したとしても、「論理の必然に媒介」された「自由」はむしろ抑制されることになる。他方で、世界内存在としての人間は一定の「道徳的位置づけ」を必要としており、歴史的文化形態への内属から思考の「範型」を獲得している。その「範型」は「感覚／知覚／記憶」などの規定性となり、「匿名の『ヒト』と呼びうる存在」から日常での言語活動を介して「道徳的」に位置づけられていく。たとえば、被表的意味は間主体的な事態の体験を通じて形成される、と廣松はいう。つまり、廣松が指摘するように、被表的意味の既成化は自他間の「言語的交通の場」において生成し、「不断に変容・形成」する過程にある。人びとは意味的所識を認知形式として与件に向妥当するのである。こうして能知者としての在り方を「間主体的に自己形成」していくのである[49]。その過程で諸行為は規範的に標準化される一方で、「肯定／否定」にはじまる「表裏相即的多面性」を包含した言語活動の場は「交互的循環的」に「人格」に浸透する。また、所与の文化圏という枠組のなかで価値規範は「脱人称化」され、価値規範が拘束性を帯びていく。そこでこれらの問題点を踏まえ、コミュニタリズムについて再考していく。

> 「この基本的な道徳的位置づけを、自分で答えることのできる人間的対話者であるための不可欠の条件だと考えるのである。しかし、位置づけについて語るということは、空間との類似があり、その空間の内部で人は自分の進む道を見つけることを前提としている。空間における位置づけの発見や喪失によって私たちの状況を理解することは、自らの枠組が規定しようとする空間を、存在論的に基礎的なものと私たちが見なしていることを意味する[50]」。

自他の「距離感」は共同体内で各自の立ち位置を設定する。その立ち位置は行為選択の準拠枠となり、日々の諸実践を文化的に許容された範囲内に縮減する。つまり、空間内で立脚点を定めることは「人格」の承認と密接に関係しており、「人格」という概念は日々の適切な諸行為を選択しようとする自己意識と深く繋がっている。だとすれば、水俣病の広がりによる「人‐間」の崩壊や原発禍による「原発事故避難民」の在りようは、自明視された「認識／行為」の時空間の「根拠」の喪失なのである。だからこそ、コミュニタリアンは自己が既に共同体的慣習のなかに「埋め込まれている」あるいは「状況づけられている」という事態を注視したのであった。また、共同体内で取得される「役柄」や関係性は個人が熟慮を行なう際に所与のものとする必要がある。どのように「生の姿」を選択するかは特定のパーソナリティという「役柄」の担い手と連関しており、「役柄としての自己」は帰属集団内の「生活形式」を前提としている。そうした「生活形式」とは「役柄としての自己」にとって「共通善」でなければならない。つまり、自己決定はこうした共同体内の「役柄」の視座から遂行され、外部から遂行されるのではないのである。[51]

他方で、和辻は「日本」という空間での自他の在りようを「間柄活動」から見出した。その特質は「間柄において己れを見いだす主体がすでにあらかじめ相互の限定においてある」ことだとされる。こうした「相互限定」が「間柄」を顕わとし、「我れが汝を見る見方や声をかけるかけ方」とは既に「汝」によって「拘束」されている。いわば、自他間の「方＝型」が「我れと汝」の「間」で重層化した一切の過去の「露出」となる。こうして「人間存在の時間的構造」が存立していることになる。[52]「時間的構造」は人びとの日々の「思考／行動」の連続性を可能とし、「方＝型」は過ぎ去った「時」の集積と無数の人びととの「交わり」のなかで見出すことができる。すなわち、各時代を横断した「判断的事態」を成り立たせている精神性の「方＝型」が存在している。こうした「方＝型」は「入れ子式」のように「時」を累積化させ「レアール‐イデアール」な二重相を規定し、自己同一性は「自分〈として〉の自分」と「他者〈として〉の自分」という「分裂的統一」となるのである。[53]それが「生活形式」のあらゆる領域において体系的な行動原理を確立している。精神性の「方＝型」は一定の「心性」を作り出し、「空‐間」で要請される諸要求の先取りを可能としながら実践的意識が共有されていく。その実践的意識は多層化・多面化した「相互限定」によって慣習法的な規範性を維持している。つまり、「役柄」という規定性が文化継承の累積化となり「時‐間」を係留し、過去と未来の間としての現在を「方＝型」としている。他方で、「現代」の「人間一般の社会心理情況」での権力作用を栗原彬は「他者のまなざし」から考察した。「他者のまなざし」は「配慮（sensibility）」を生み出す「心的機制」を形成している。「他者のまなざし」に対応して構成される自己同一性は「他者への依存」や「情況への適応性」を重視する一方で、自律性を作りあげる契機ともなっている。[54]

「まなざし」は自他間において「相互限定」という複雑な屈折を生じさせ、「視線」は「肯定／否定」などの多様な有意味性を含みながら輻輳化していく。「視線」の「投射」と「反射」は身体的領域をも貫通するsensともなっていくのである。「投射－反射」は「身心」を変容する諸行為の歴史化された意味連関のなかで作りあげられている。「視線」の「投射－反射」とは一定の空間内での行為選択の範例となり、歴史内存在は「包摂／排除」の論理構制をも共有していくことになる。この論理構制は儀礼という「原初」の再現としての模倣行為からも理解することができる。つまり、人びとは共同主観的に同型化され、「相互限定」が相互理解の基底となっているのである。廣松は共同主観的に同型化された「能知」は「諸個人が他者の立場を〝誰かとしての私〟として扮技」するのと相即的に、「直接的与件をそれとして覚知する意味的所知の共同主観的合致の私念」を介しているという。また、これは「自己変様的に形成した過程的媒介の所産」である、と廣松は述べている。そして、「能知の共同主観的同型性」とは「その都度のレアールな能知がレアールな所与をそれとして覚識する『意味的所知』の同型性に照応する」のであった。[55] つまり、「自己変様的に形成した過程的媒介の所産」である「一般化された他者」の在りようを捉えなければならない。だからこそ、栗原は「内面化された他者」の多面性を提示し、擬制の血縁・地縁共同体、世間、自然等、〈自然の系列〉「としての他者」、などに区分したのであった。この「内面化される他者」という他文化との接触は「私」にとっては限定的なものであり、むしろ「配慮の心的機制」は「閉じられた他者」への敏感さを重視する。[56]

近代的合理性が浸透した共同体では従来の価値規範が相対化され、擬制の「血縁的／地縁的共同体」、世間、などが内包していた伝統的な倫理性も弱体化した。だが、歴史的に「人間存在の時間的構造」を貫通し、現在でも「方＝型」という「相互限定」に諸個人は拘束され、「他者のまなざし」を中軸とする「配慮（sensibility）」の「心的機制」に従属している。この「歴史的／伝統的」拘束性を通奏低音としながら、さらに近代化による「規律・訓練の装置」が重層化したのであった。「方＝型」とは諸対象への「構え」でもあり、「視線」によって「人間存在の時間構造」は包括されてきたのであった。そうした「構え＝視線」は人間の主観性とは別の原理で動く言説編成の基点ともなった。「構え＝視線」は多元的世界を一つの秩序性へと縮減し、言表の厖大な集積によって言説編成は進行する。こうして編み上げられた意味連関は独立的かつ相関的な「視点」へと集約されていくことになる。そのとき「一つの中心点があらゆる物事を照明する光源」となり、「知らねばならない事柄のすべてにかんする集約地点」ともなる。つまり、それはすべてを「俯瞰しうる完全な眼」であり、「すべての視線がその方へ向けられる中心」となるのである。(57)

他方で、共同体はつねに両義的であり、人びとに対する「拘束」は人びとを「安定」させる場ともなりえる。すなわち、共同体の伝統的知性は、解釈の継続から時代変化に対応した合理的知識にも変容する。生活世界的な自明性としての文化的規範性は、状況地平の変移によって文化変容に即した知識の母胎ともなりえる。つまり、共同体内で構成員たちの「通用的視点」の獲得は解釈過程の確実性と論理性の前提となる。そうした「通用的視点」による確実性と論理性は「熟知性」となって、思考、行為、生活、体験、などを「方＝型」に集約する。伝統的な「方＝型」の再解釈は新たな体験に即した価値選択の基底となり、「生活形式」の文化体系は多様性をさらに内包することになる。これは歴史内存在が獲得した諸体験の有意義性を変様させるのと同時に、その「生の姿」に対する「歴史的／社会的」な諸関係をも再編成するのである。「生活形式」のなかで伝統文化を正統化する準拠枠は文化の一般的評価基準から新たな「法的要求」を提示する準拠点ともなる。つまり、自然と人間の交互的媒介によって「世界観」は形成され、自然は人間という媒体を介して「生活形式」の記憶と文化を包摂してきた。そのとき自然は「歴史化された自然」となり、慣習法的規範性は共同体の記憶として共有され定着してきた。その定着過程で「暮らしの場」と記憶が不即不離的な共軛的世界観を作り出したのであった。内山節は、村落共同体での「自然と人間による自治」は「祈りにも似た自然への認識が大きな役割」をもち、「自然に対する作法、祭り、そしてさまざまな行事」が重要な役割を果たしてきたとする。また、「村の自治」は幾つもの年中行事を反復しながら展開されてきた。こうした年中行事と複雑に絡み合いながら「自然を含めた村の世界」は形成されてきたのである。その共軛的世界観が欠落すれば、「日本の人々の精神や社会形成のかたち」を捉えることはできない[58]。

いいかえれば、共同体の視線によって支えられている限り、世界像は安定し「人－間」の中心へと集約されていた。そうした価値規範による被拘束性の内面化は歴史文化への内属であり、この内属によって人びとは歴史を自己の成育史と重ね合わせ諸体験を言語化することになる。また、共有された歴史的時間の進行変化や社会変動と相即的に、「時代精神」もまた変様していくことになる。これらの価値階層の流動化とともに、間主体的な「時代精神」を構成していた諸要素の布置構造も差異化することになる。つまり、有意味的体験を理解し相互承認への高次化の前提となるのは共同主観性の介在があるためである。共同主観性は、他者の諸経験、他者の行為選択に対する予期、そしてこの予期に対する予期、などを可能にしている。他方では、既存の階位秩序とは共同体の抑圧的かつ強制的な側面でもあるが、権力は最終的には行為的主体を秩序形成の必要不可欠な存在としている。いわば、秩序形成には共通善が前提となり、その前提がなければ政治的舞台での権力行使もありえない。

民主主義社会では「正義／共通善」の両価値が「何であるのか」という定義と同様に、「誰がそれを解釈するのか」が重要視されることになる。だからこそ共通善や正義についての相互理解と相互批判が継続されなければならないのである。こうして「真善美」などのコード的構制が問題となり、そのコード的構制は共同体の構成員間では「伝統／文化／習慣」などとの一体化を要求する一方で、自明性や確実性のフレームともなっている。他方で、社会システムが複雑で可変的なものであれば、それに応じて社会システム自体が集団や個人が既知としている秩序の自明性や共同性を変様させていくことになる。また、共同性が不明確性を向上させていくとき、未来の限定と規定が多義的となり、共通の歴史（＝過去）から「自然」に生じたとされる「伝統／文化」も相対化され客観化されることになる。

しかし、人間の自由や尊厳を自明とする「普遍的原理」は純粋理性から導き出される必要はない。ただ「理性」を基点として人びとの自由や尊厳が歴史的な生活様式の一部分となっていればよいのである。なぜなら、歴史内存在は「生活形式」を意識的あるいは無意識的な抑圧なしに放棄することはできないためである。「普遍的原理」の妥当性は生活様式によって規定され、「歴史的／実践的」な論理構制となり得る。つまり、「理性」は歴史のなかで具体化され、具体化された「理性」は純粋理性のシンボル（すなわち事実）として伝統的に受容されてきたのである。[59]

「問題は、いかなる枠組〔による空間の〕規定によって、私は自分の位置を見定めることができるかということである。言い換えれば、私たちは、人間という主体がさまざまな問いの空間の中に存在することを、基礎的なものと見なしているのである。これらの問いに対して、私たちの枠組による規定が答となる。それが地平を提供し、その地平の内部でこそ、私たちは自分がどこに位置しているか、事柄が自分たちにとっていかなる意味をもつかを知ることになる[60]」。

歴史観の継承は自己と他者の「間」を規定する重要な要素であった。それは「空間」的な規定性となり、「歴史」

に「内在」する「存在」としての自己意識を形づくってきた。そうした地平への立脚が、情動、行為、そして態度などの是非を決定するのであった。そうした時間と空間の表裏相即的な地平と伝統文化に「根をもつ」ことの必要性を人びとに伝えてきた。「根をもつ」ことによって一定の文化的立脚点を獲得し、人びとは外部世界に対して距離を設定することができる。他方で、こうした立脚点が時の経過とともに固定化され、排他的空間を形成する基点となれば、他者性という外部を排除することとなる。つまり、歴史的文脈への帰属が先行与件としてある一方で、多様な対象理解から囚われた価値観を解放する視座への注視も必要となる。なぜなら、「定住＝根をもつ」ことは「漂泊」という外部の他者性との「文化接触」によって再活性化するからである。いわば、同一性は差異性との較認によって限定され、歴史という「交互的循環的」アスペクトの包含を再確認することになる。歴史内存在としての人間が「定住／漂泊」の間をいかに捉えているかが一つの時代診断となるのである。すなわち、二分法的ではない「定住／漂泊」の把握は「文化接触」によって「両項」（＝定住／漂泊）を「関係の第一次性」の交差・重合として捉え、「内部＝特殊性」と「外部＝普遍性」の基点を描き出すことになる。

鶴見は柳田の思想から二つの視角を取り出し、水俣における公害問題を論じた。第一に、一九三〇年代にすでに柳田は、行政機構が地域の自然を開発中心の「思想」から破壊する傾向があることを、警告していた。水俣では「企業チッソ」が不知火海にメチル水銀を「放流」し、「海を汚染することによって、魚貝類を汚染し、人間の生命を奪い」、人間の身体と精神をも侵蝕したのであった。だが、行政機構はこれを「長い間黙認し、許容した」のである。こうした破壊の主体である企業と、その管理責任を持つ行政機構は「保全と賦活とを願う農漁民の願望と知恵とに学ぶ必要があることが、柳田の警告を現在に生かすことになる」。第二に、柳田は「漂泊者」と「定住者」の出会いが定住者を覚醒させ、住民運動への活力源になるという仮説を提示していた。水俣市の海辺の部落では代々の定住者をジゴロ

（土着人）とよび、父祖の代に天草、薩摩、そして周辺の山間部から移住してきた者たちを「天草流れ、薩摩流れ、〇〇流れとよぶ」。鶴見が調査した当時の部落ではジゴロよりもナガレの者たちが圧倒的に多数派であった。「水俣市でも、ジゴロのより多い地域と、ナガレのより多い地域」とがあり、水俣病多発地帯では「ナガレがジゴロより圧倒的に多い」ことから、住民運動も盛んであった。柳田は「定住者」に焦点を当てたが、「定住者」と「漂泊者」の交錯地点を「文化接触」から再解釈するとき、柳田の思想にも新たな側面が顕在化することになる。[61]

視角を変えれば、色川は水俣という空間で人びとの「交歓の光景」が「チッソ本位の都市改造や環境破壊」によって変貌し消滅したと論じていた。[62] そうした大きな変化を作り出したのは「中世的な城下町的空間からチッソ企業城下町への転換」であり、それは次のような三層に堆積した歴史的な諸事実からの帰結であった。（一）①「水俣の中心街が山の手から工場のある海辺」、②「陣内から浜町や旭町」、などへの移動があった。（二）「古い差別的空間構造（それぞれの共同体への身分的住み分け）」を近代的企業であるチッソ会社が継承し、「新しい住み分け空間」へと変貌させた。（三）そうした移動や変貌と相即的に住民意識も「チッソ会社本位」へと変容したのであった。これこそが日本型の企業城下町の形成過程の典型的事例なのであった。いわば、ハーバーマスがいう生活世界の植民地が進行したのである。一方で、「暮らしの場」の企業城下町への変容は、チッソの経済活動によって水俣の一部を経済的に「豊か」にした。その過程でチッソを軸とした「暮らしの場」の変容は「肯定」され、「人－間」の基底となる家庭や地域社会は経済システムを機能させる一構成要素となったのである。こうした歴史は生活世界とシステムという二項対立図式では把握することはできない。生活世界が内包するさまざまな封建的歴史性はシステムによる侵蝕の防波堤となるのではなく、むしろ「社会／地域／家庭」を代替可能な構成要素としたのであった。

ここには人間自身が象りだす「生の姿」の物象化が厳然としてある。経済的な利益に決して還元してはならない精神性は「もの」化され、「生の姿」は硬直した「もの」となった。空間での新たな「住み分け」は人間の序列化を無意図的に押し進め、チッソに包摂された空間を「暮らしの場」とする者たちが「豊か」になるのと同時に、チッソから排除された者たちは経済的な「恩恵」を受けることは少なかった。そうした「住み分け」が作り出す空間的差別が排除する集団を作り出すことになった。この水俣が辿った歴史がいまの福島で反復されていることを再認すべきである。「住み分け」とは物理的空間的な境界線の「もの」化であり、「分ける」という「まなざし」は「分けられた人びと」の排除を当然視する認識価値へと物象化していく。「分けられた人びと」は世界を主体的に「生きる」こと、つまり自律的主体としての自己決定権は根底から否定されていく。共同体の変貌と崩壊の過程にあっても「他者と私自身との根原的な関係」は「私があらゆる瞬間に経験する具体的日常的な一つの関係でもある」。つまり、「いかなる瞬間にも、他者は、私にまなざしを向けている[63]」のである。

渡辺によれば、その歴史的過程のなかで「村共同体」は「患者を出した家族をきびしく差別した」。つまり、「相互扶助の生活規範」は「患者の家には適用されなかったのである」。このとき「村共同体の本質」が「患者」たちに明示されたのであった。すなわち、日常を支えている「人間的道理」という理念は「恐怖という社会心理／単純な経済的利害」によって容易に「解体される性質」のものだったのである。「人間が人間に対して狼にならない世界」は、「単なる村共同体の倫理」によっては保証し得ぬものであった。だからこそ、「患者」たちが「裁判において表現したかった欲求」は「村共同体の倫理」を基底とはしたが、「村共同体の倫理」を止揚する方向に向かうものであった[64]。ここには「まなざし」の「投射－反射」の屈折が生じていたといえるだろう。つまり、「正常」と「異常」という位置関係が「異常」として範疇化された「他者」によって「正常」の側へと「反射」しているのである。それは物象化した「正常／異常」という価値序列の反転となり、「村共同体の倫理」の恒常性は流動化され、「まなざし」の「投射」が作り出す「差別」は「反射／反照」によって相対化されたのであった。また、竹内芳郎はこうした「まなざし」を介する「自 - 他」関係をサルトルに依拠しながら論じた。「対自存在と対他存在との関係」は認識関係であるよりも「存在関係」である。「私の対他存在」も「私自身」であるとしても、「対他存在が他者の意識の対象となった私」であるかぎり、「対他存在」と「私＝対自存在」は「他者の意識」という「虚無」によって距てられている。つまり、「私が私の対他存在である」のは、むしろ「私がそれでないという仕方」においてなのである。こうした「私の対他存在」は「他者の意識の対象」であるかぎり、私自身によって「基礎づけ」ることはできない。というのも、それは原理的に私から逃れた「非条理性」をもっているからなのである。[65]

「対自存在と対他存在との関係」は存在論的な次元での「相互限定」でもある。「対他存在」の「見る見方や声をかけるかけ方」に「対自存在」は限定され、「他者の意識」による「基礎づけ」から道徳的当為が「私＝対自存在」の先に「在る」といえる。いわば、「外部という他者性」が「自己意識」に深く入り込み、「能知的誰某 - 能識的或者」という二肢的二重性の問題系へと連鎖していく。「能識的或者」とは「擬制の血縁・地縁共同体／世間／自然」という「一般化された予期」を包含している。とすれば、言語的了解を可能とする共同主観的存在構造が道徳的義務を「基礎づけ」ているのである。自他を包摂する「生活形式」における道徳的要請は言語的行動からその「通用性／妥当性」を再考することができる。また、「私＝対自存在」はパースペクティヴな布置の覚識であり、「自己が人称的自己」であるのは「自他共軛相」においてである。つまり「『不共帰属的共帰属』の構制における『自己分裂的自己統一性』において、自他の区別性と同時に『同一性』の契機が構造的に存立する」のである。[66] 一方で、これは「私自身」が「原理的に私から逃れた『非条理性』」を内包していることでもあった。「私自身」が持つ「非条理性」が「他者の視線」によって拡大され、「他者への依存」と「情況への適応性」によって自律性を喪失する事態がいま現前している。人格の尊厳の維持に不可欠な「道徳規範」が「依存」と「適応」に縮減されるとき、行為遂行的に編成される自己同一性は分裂し拡散していくだろう。相互の「人格」を欠落させた自他理解は他律的な「依存」と「適応」に傾斜し、「人格」的関係は自壊していく。

たとえば、原発事故によって二〇一三年一〇月現在で、福島県の避難者は約一四万人いる。この数字には津波や地震による避難者も含まれているが、圧倒的には原発災害による避難者となっている。今井照は「これだけの人たちが、それまで住んでいた家や場所ではないところできょうも生活している。戦争以外で、このような大量の避難者が出ることはないだろう」と述べている。暴力的に作り出された「住み分け」とは、廣松が指摘したように、「人が『主観-客観』二元図式を既定的前提としつつ、当の同一性の覚識には客体的同一者が相関的に対立しているはずだと思念する」ことから存立している。だからこそ「包摂／排除」という暴力的分断となる「住み分け」には「『客体的に同一なものとしての意味』」が重要となるのである。[67] つまり、空間分割は「客体的同一者」を実在化し、物理的分断線として「住み分け」を正当化することになる。「包摂／排除」は「『主観-客観』二元図式を既定的前提」としており、共同主観的世界の存立構造を腐食していくのである。そうした分断線によって、事故による避難は県内に九万人となり、県外に五万人となっている。県外への避難者は全都道府県に及び、その一部には海外への避難者もいる。また、「自主避難者」は四万人以上に上り、福島市や東京都に避難している人びとなどが含まれている。そのような避難形態の相違にもかかわらず「避難者」たちは互いを理解しようとしているが、今井は「相互にわだかまりのようなものが、何かの拍子に現れてしまう」と指摘している。そして、避難者間で「感情的齟齬」が生じているのと同様に、「避難者」たちと避難先の人びととの間にも「感情的齟齬」が顕在化している。「避難者」たちは「外出して買い物をするときにも、食堂や居酒屋に入るとき」にも他者への「配慮」が「強制」されているのである。[68]

他律性が人びとの行為の方向性を規定し「世間」への「配慮」という心的機制が機能しているのである。ここでは「世間」という不可視の視線から一定の「振る舞い」が「強制」され、自他間は共軛的「匿名性」によって包摂されている。この物象化された「匿名性」が行為選択の「規範的予期」となり、「匿名性＝規範的予期」が「人－間」での行為の遂行と理解についての「心的機制」となった。「主観－客観」的認識図式では制御しえない「匿名性」の暴力性は「包摂／排除」の領域分割の「管理」を合理化していく。そのとき間主観性から正当化された「まなざし」の「匿名性」が人びとを翻弄し支配することになる。そこにフーコーが論じた微分化された権力の拡散がある。それまで共有されていると思われた「生活形式」は文化的に形骸化し不透明性を高次化している。意図せざる匿名性の拡散は「人－間」を支える基底を「信頼」から「不信」へと代置している。

いわば、共軛的匿名性が人びとを過剰な「配慮」の場に係留し、「世間」という封建的文化規範を具現化させている。その具現化された「まなざし」が「空－間」での排除と包摂の分断線を実体化しているのである。つまり、自他間における「まなざし」は人びとの多様な存在を序列化する権力性を内包し、「原発避難民」という範疇を凝固化させ拘束しているのである。人間存在を序列化する「世間」の常識を含意する「まなざし」は、いまでは「蔑視」となったのである。阿部謹也は、「世間」とは情理や感性とも深くつながっている、と論じていた。合理的説明が困難である「世間とは個人個人を結ぶ関係の環」であり、会則や定款はなくとも「個人個人が強固な絆」で結び付けられている。一方で、個人が自発的に「世間」を形成しようとしているのではなく、個々人は「何となく、自分の位置がそこにあるものとして生きている」のである。こうした「非言語系の知」が集積した「世間」とは「自分が加わっている比較的小さな人間集団の環」なのである。[69] 人びとは「世間」という周囲環境内で「規範的予期」を共有し、「慣習／慣用」という「非言語系の知」によって「振る舞い」を解釈しているのである。こうした状況に埋め込まれた「個」は歴史的・社会的な諸実践のなかで「慣習／慣用」を身体化し、行為選択の連鎖を作り上げてきたのである。
「蔑視」は避難者たちの自己意識を拘束し自律性を侵蝕し、負の心性を介した他律性が避難者たちの自己像を規定している。つまり、人間は自らを構成する主観性としてではなく自己を包摂する「環境＝世間」によって規定されているのである。これらは「主観－客観」という近代的な準拠枠では捉えきれない「実践連関」であり、「蔑視」が「実践連関」を物象化し「世間」がもつ「差別」が温存されながら再生産されている。対他存在となった「避難民」たちはなんらの支えも防御もなく「他者のまなざし」に曝され、世界に内属する「主体」とはなりえていない。「私（＝避難民たち）は自分でも見透し得ないような不透明な即自のなかに凝縮」されていく。こうした「避難者」たちを「一箇の非条理な即自存在に凝縮」することが「現在」も継続しているのである。[70]
「避難民」たちの自尊感情は自律性の喪失とともに腐敗し、負の心性が自己認知を屈曲させることになる。微分化された「世間」はそこで示される「振る舞い」に対して「心理的強制」となり、「自分でも見透し得ないような不透明な即自」としての存在を強制してもいる。その限りで「世間」に依拠する個々人の行為選択あるいは集団的行動とは「良心と思想の自由」を画餅と化している。毎日の「暮らし」のなかで「避難民」たちは言動を抑制する一方で、「匿名」の「発言／行動／意見」が「世間」で一定の傾向性を生み出し、「排除」された者たちの負のイメージが沈殿し厚みを増している。この物象化過程は「避難民」たちを「非条理な即自存在に凝縮」し、「排除」の外部に立つ者たちの思惟範型や感受性が固定化され、匿名性という「多勢」への「同調する強度」を深めている。
こうした論点の視角をかえ、メルロ＝ポンティが論じた有機体と世界に対する「一般的態度」から再考してみる。かれによれば、各有機体は与えられた環境に対して、「そのつど自分の活動に最適な条件」と「平衡実現の固有の仕方」を獲得しようとする。また、「平衡の内的決定因子」は世界における「有機体の一つの〈一般的態度〉」から附与されている。そのことからも、有機的構造とは「規範（norme）」による「個体を特徴づける或るタイプの対他活動」として理解しなくてはならない。有機体の「知覚の閾」とは「有機体の本質」をあらわす「個性的一定値」なのである。つまり、有機体は「自己に対する事物の作用」を自ら測定し、物理的世界と違った「循環的過程」から自己の環境を限定している。したがって、「有機的個体」と「環境」は「弁証法的な関係」にあり、この弁証法によって「新しい関係」が出現することになる。(71) 有機体とは世界に対して偏差と差異を作り出し、偏差と差異は「自由」の領野を拓くうえで不可欠なものとなる。自己が「同一性」を維持し得るのは、世界との交互的な媒介過程を「平衡」とすることができているからなのである。それは散逸と相即的に集約されているという両義性によって可能となっている。散逸と集約という「循環的過程」としての「弁証法的な関係」は「距離」を作り出し、有機体は「時間」を構成する「過去／現在／未来」から「自由」を形づくる。

他方で、「平衡実現の固有の仕方」は「人‐間」の行為の方向性を規制しており、「視線」が物象化された「蔑視」として実在性をもつこともある。このとき「有機体の一つの〈一般的態度〉」として共軛的な行為遂行と理解が相即的に形成されており、その遂行と理解は「空間的／人間的」な「蔑視」を再生産することになる。また、田辺も論じていたように、個体と環境の「相互自立即交互限定」は「規範（norme）」による「個体を特徴づける或るタイプの対他活動」として理解する必要がある。「相互自立即交互限定」は「規範（norme）」によって「善悪」や「正負」を作り出す「循環的過程」となり、その「循環的過程」が「弁証法的な関係」となりえないとき、「蔑視」と「差別」は凝固化され「正常＝清浄」な領域から「異常」は分離されていくことになる。この倒錯した認識が「交互自立即交互限定」を物象化によって実在と化していくのである。また、「蔑視」による「一つの〈一般的態度〉」の定立は人びととの発話と身体性の領域からも把握されなければならない。「一般的態度」とは言動に対する妥当性要求の基礎づけとなり、「一般的」なものと「特殊的」なものとの区別から「認識関心」を先導する。このとき「関係の第一次性」が「項」へと縮減されるならば、「もの」化され硬直した「領域」が存立することになる。

他方で、発話行為とは自他間での「交互限定」であり、発話者から言葉を向けられた「他者」による「反射＝反照」から意味連関が同定されている。言葉は複数の文脈の限定から「意味」として規定され、「解釈」されている。同様に、「蔑視」とは何らかの意味連関内で人びとを序列化する権力性である一方で、歴史内存在を「一箇の非条理な即自存在に凝縮」する暴力性ともなる。たとえば、二〇一二年一二月、いわき市役所本庁舎と同市の常磐と内郷の両公民館で黒のスプレーを使った「被災者帰れ」という被災者を中傷する「落書き」が見つかった。[72] 避難者に対して「後ろ指を指すような人はごく限られた人たち」であるが、「それでも避難者はなるべく目立たないように暮らすことを心がける」ような状態が作られている、と今井は述べている。また、「原発＝核施設」事故の「被害者」たちは「津波や地震の被害者」と「賠償の有無の違い」があり、「それが摩擦を引き起こす」ことにもなっている。

事物・存在が「蔑視」の対象となるのは他の事物・存在からの反照的・示差的な意味連関が確定されているためである。「蔑視」は「世間」という集団的秩序を維持する機能を果たし、こうして維持された「世間」では「蔑視」によって微細な「ファシズム」的心性が繁茂しようとしている。D＝Gはファシズムについて言及し、ファシズムとは「モル状の切片」とも「切片の中央集権化」とも混同されえない「分子状の体制」だとした。つまり、「ファシズムは、繁殖し、点から点へ跳び移り、相互に作用し合う分子状の焦点と不可分の関係にある」ことに注視すべきなのである。[73] 物理的実在ではないが、「蔑視」とは「相互に作用し合う分子状」のような匿名的な流動性だといえるだろう。「世間」の象徴的文化体系が「汚穢」と「清明」の分断された領域を作り出せば、同様に「包摂」と「排除」の分断線が「人‐間」に走ることになる。「蔑視」によって「汚穢」として「排除」された存在者たちは範疇化され、一定地域の人びとは「負のレッテル」によって拘束されていく。その範疇化によって人びとは名指され限定されることになるのである。また、異議申し立ての「声」は抑圧され、「負のレッテル」は排除の領域を画定し「排除」の行為を合理化しているのである。その結果として個別的差異は「一般化」によって「匿名性」へと縮減されていくことになる。「蔑視」が生み出す現状を捉えるには、「世間」の認識枠組が外部と接触し侵蝕されるときの影響を再考しなければならない。なぜなら、同一化の「純度」を高める「世間」の「世界観」は、「外部性／他者性／寛容性」などを否定するイデオロギーへと転化する可能性を孕んでいるからである。つまり、その「世界観」が排除を正当化するイデオロギーへと変容する過程を的確に描写することが重要なのである。

共同体とは個人と個人の場の共有によって維持可能となっているのでなく、世代交代を超えた「種的基体」として存立している。そうした「空間」は個人に対して強制的な拘束性をもつ一方で、道徳的義務としての「良心の声」を基底としてもいる。この「良心の声」を田辺は、外部からの強制力も個人の自発的理性と合致しなければならないとした。つまり、否定的媒介を喪失した共同体は「一般化」された規範に準拠しえない存在者を躊躇なく排除する。いわば、空間内には包摂と排除の二つの「流れ」が接続し結合する接点が作り出されているのである。その「流れ」は加速あるいは減速しながらも合流し、「排除」する領域を集積し特定の超コード化の線を走らせていくが、「硬質なシステムが柔軟なシステムを妨げるわけでもない」のである。(74)

たとえば、ハーバーマスが論じたように、「経済システム」が私的領域の「生活形式」や「生活態度」を自らの命令のもとに屈服させるとき、それまで歴史的に継承されてきた人びとの「協働」の在りようは経済的合理性に縮減されていく。また、そうした過程で世界内存在の思惟は「専門主義的・功利主義的な生活様式の方向に一面的に合理化される」ことになる。そして、権力が貨幣などの媒体によって目的合理性へと行為を誘導していけば、私的領域が経済システムによって侵食され空洞化することになる。つまり、公共性や「協働」を可能としていた領域が同様の過程をたどるとき、「硬質なシステム」の一種である官僚制は人びとの自発的意思の形成過程を抑圧し形骸化させる。こうした自発的意思の形骸化によって、「具体的な生活連関から正統性」を抽出する動きと「政治的な意思決定」とが連動しなくなり、両者の分断だけが進行することになる。[75]その両者の分断が共同体の衰退の過程だからこそ、色川は環境破壊と水俣病の発生による共同体の崩壊と変質について考察したのであった。水俣病患者を「蔑視」する心理と「排除」を正当化する論理は共同体の分断を強め、市街地の地域共同体を最も早く衰退させることになった。市街地と比較すれば半農半漁の湯堂部落や漁業中心の茂道部落は共同体的機能が残存していたが、それすらも水俣病の多発した地域では形骸化していった。一方で、共同体は生産関係を離れても存続する次のような諸要因を内在していた。つまり、①天変地災や非常事態での相互協力、②日常生活を円滑に営んでゆくための近隣との交流、③祖父母・父母からの義理の継承、④親戚縁者（血縁集団）間の往来や交際、⑤恐怖の共同性からくる心理的な要因、などである。だが、その諸要因の基底となる「協働」は分断され、深刻な問題に直面したのであった。[76]

日常生活は間主観的な通用性が範例となることから「交わり」が維持され、通時的な価値継承による権威は承認されてきたのである。後続する世代の自己形成過程を包摂する権威は生活様式を画定し、共同体の存立を支えるさまざまな実践的要求の基底ともなった。また、言語を媒体として権威から新たな価値を作り出す相互行為も存在していた。つまり、「主観‐客観」的認識論ではなく共同体内の存在被拘束性の対自化は、思惟範型や解釈的姿勢から自他の在りようを考察することもできる。というのも、存在被拘束性は「存在すること」、「行為すること」、「認識すること」などを含意しているためである。たとえば、「感覚与件」にも人為的な抽象化が先行しており、存在被拘束性によって共同体は「われわれ」という集団が準拠しえるパースペクティヴを設定し得ている。そのパースペクティヴは共同体の「相互性」の前提となり、こうした起点から「人 - 間」での多様な出来事は理解され、自他相互の共軛的な経験となっていく。つまり、自他理解は歴史性と強固に結びついており、それらの相互行為は文化的規範性に沿ったなかで遂行されてきたのである。また、その文化的規範性は理解を可能にする「因果的条件」でもあって、血縁・地縁関係の権力体系は相即的にイデオロギー的誤謬をも含んでいた。イデオロギー的誤謬は生産活動を媒介とした環境との創造的相互作用を潜在化させ、人間の反省的「投企」による社会変革をも斥けてしまう。他方で、反省的「投企」は封建的遺制と近代の経済的合理性から作り出された「包摂／排除」の祖型を捉え、変革の可能性を提示するために「排除／包摂」の限界を明らかにしようとする。包摂・排除の両領域への帰属者たちに「反省＝反照」が生ずることになれば、祖型を自明としていた人びとの意識内でも「循環的渦動的」[77]な反省過程が生成する。

ところで、ルーマンは「包摂を規制することは部分システムへと委ねられる」という。それは今や具体的な個人を具体的に位置づけるのではなく、個人はすべての機能システムに関与しなければならず、「どの機能領域で」あるいは「どのコードのもとで」コミュニケーションを発するかに依存している。特定のコミュニケーションに意味を付与するためだけに「コミュニケーションはある特定の機能システムへと組み入れられている」ことになる。[78] それはまさに原発事故の避難者たちの帰還という課題にも妥当する。今井は多くの場合に帰還の是非について「人々はお互いの立場を理解し共有化して、支え合っている」とする。だが、問題は一部に「弱者相互」の根深い「排除」の「感情的齟齬」が存在していることである。それは避難者たちがこの数年の間に「精神的に追い込まれている」ことからの帰結である。そうした「弱者排除」の趨勢によって避難者たちが「頭を低くして避難生活を過ごすという行動」へ駆り立てられているのである。[79]「弱者排除」の行為が累乗化していけば、その共軛的な劣情は社会の一部分から全体へと拡大し、外的世界の他者との「相互性」は異物として排斥される。社会秩序の崩れのなかでの「弱者排除」が「時代精神」へと上り詰めることもありえる。このとき寛容や協働などの社会秩序を支えていた重要な「心性」は否定され、あらゆる精神的価値の混乱が生まれることになる。

第三節　「媒体」としての「スティグマ」と「共感／批判」の欠落

自他の二者間は相互に他を感知し、「一般に一個の証人として、しかもおのれ自身忌避されうる証人として他を知っている」。この「忌避」とは「その証人もまた偏見をもっており、そして私と同様、純粋な存在に対する純粋な眼差しではない」ことを意味している。また、彼の見方と私の見方は「あらかじめ部分的な諸パースペクティヴからなる一つの体系」に内属している一方で、自他相互の視座は「われわれの共存の場」であり「部分的パースペクティヴの交叉の場」である「世界」に向けられている。(80)「共存の場」とは自他相互の係留地点であり、「自然」に人びとが存在するのではなく、「歴史化された自然」のなかで「在る」ことを明示している。「歴史化された自然」とは一定の「生活形式」を形づくりながら、思惟範型を共有していく場である。それは「われわれ」というパースペクティヴから「自然的態度」が身体化されていくことでもある。この「自然的態度」とは歴史的文化圏によって範型があり、それによって共同存在は世界像の恒常性を前提としている。この歴史的文化圏に内属する人びとは存在被拘束性によって「感覚与件」を単に受容するのではなく、一定の「理論」から対象理解の統一性を維持している。

他方で、色川は、共同体とは相互扶助を保障するとしても、「共同体は病める者、社会的弱者に対して、しばしばきわめて苛酷である」と論じた。また、水俣病が「奇病」として実体視されたとき、「多くの部落で患者は村八分にあった」のである。そして、「水俣奇病が魚介類の多食を原因」とする報道の拡がりによって、不知火海の漁業は大きな経済的損失を出し、「患者の抑圧、疎外、隠蔽」の強度が深まっていったのである。こうした暴力性と排他性の原因を色川は「水俣病は病気だけではなく、共同体全員の生活基盤をおびやかした、それで苛酷な処遇になったと考えられている」と論じたのであった[81]。経済的合理性が「生活形式」の「協働」を否定し生活全体をも包摂したとき、共同体は機能主義によって規定され、共同存在の「在りよう」は大きく変容した。そのとき歴史的封建制は人びとの保護膜となるのではなく、人びとの尊厳を根底から否定する力ともなったのであった。他方で、「根をもつこと」は「暮らし」を形式化するのと同時に世界をも分節化する。つまり、トポフィリアでの根源性の共有は「生の姿」に自明性を与えながら、生活実践を介して共同世界を形成しつつ構造化することでもある。また、「過去／現在／未来」という時間軸の区別と相即的に、人びとは時空間的布置を共有し「解釈」してきたのであった。

　こうした時空間的布置が共同体という布地を「葛藤／敵対／相克」を包含しながら織り上げ、歴史という布地にさまざまな人びとの行為を織り込んで伝統文化は継承されてきた。そこでは、廣松のいう「役割」と「役柄」の多種多様な交錯があり、その役割行為は当事者たちにとって「対自的」にも「共互的」に遂行される。このとき「共互的役割遂行」は「順次交替的／並行共業的／同時相補的」などの諸形態をとる。また、廣松は、共互的な役割行為とは「当事主体たる一者《アイン》‐他者《アンダー》が互いに相手の手段となり合う」ことにおいて夫々の目的を達成する構制を示す、とした。そうした共互的役割行為は「共同的利害の成就を体現する」ことになるのである。そして、共互的役割行為は幾つかの種別的類型に分けることができる。つまり、廣松は、①順次交替型（交互型）、②並行共業型（協同型）、③同時相補型（補完型）、などに区別している[82]。こうした「人‐間」の多義性をふまえ、次に共互的役割行為が内包する「支配‐服従の構造」を考えていく。

「私にとって当てはまることは、すべて、他者にとっても当てはまる。私が他者の支配から私を解放しようとところみるあいだに、他者は私の支配から彼自身を解放しようとこころみる。私が他者を屈服させようとこころみるあいだに、他者は私を屈服させようとこころみる。ここで問題になっているのは、一つの即自的対象に対する一方的な関係ではなくて、相互的変動的な関係である。それゆえ、以下の記述は、相克 conflit のペルスペクチヴにおいて考察されなければならない。相克は、対他‐存在の根原的な意味である」[83]。

「私」と「他者」が「支配／屈服／解放」という「諸価値」を共有できるのは共同主観性が介在しているためである。だとすれば、一人ひとりの「私」がそれぞれの内面性を他者へと投影する「感情移入」から共同主観性は形成されたのではない。つまり、共同主観性とは「感情移入」によって事後的に作り出された「もの」ではなく、「歴史的／文化的／社会的」な協働連関の交互作用から生成する「こと」である。「こと」と「もの」という二つの汽水域はつねに緊張と弛緩の渦動であり、「もの／こと」は「類／種／個」においても永続的な媒介性を生成させている。たとえば、「特殊」や「普遍」という論理構制は「緊張／弛緩」に媒介されているのである。世界は「一つの即自的対象に対する一方的な関係」ではなく、「歴史的／文化的／社会的」諸価値の交互的な媒介が生み出す「相互的変動的な関係」でもある。いわば、「相互的変動的な関係」は世界を形成するためには媒介という渦動が必要となるのである。そのとき渦動によって「包摂＝内側」と「排除＝外側」が固定されることなく、異質な他者との困難な対話を持続しようとする「徳性」も育成されていく。だが、全体主義はそうした「徳性」を否定し、人びとを「歴史的／社会的／共同主観的」な存在者ではなく『誰』かとして人びと」を融解させ、「日常不断に行動」することで排外主義的な政治的秩序を形成していく。たとえば、水俣病に罹患した人びとは「限界状態」に直面し、その「限界状態」は「認識主観性」がア・プリオリに同型化されたかのような「相克」を作り続けた。ここでは間主観性が実体概念化され、「相克」は「対他‐存在の根源的な意味である」ことの歴史的実例となったのである。

栗原によれば、如何にして「他者のまなざしと配慮の精神構造」が形成され維持されたのかは、さまざまの次元から解明することができる。そのための視座とは「相互排除的／相互補完的」であり、「自己」を「生活の時空構成という一つのゲシュタルト」から捉えることである。つまり、そうした「精神構造」は「時空の境界の弱さ・薄さ・鈍さ」として特徴づけることができるのである。たとえば、「隔壁の薄く、弱い住い」では「生活の隠微な部分」が他人の「視線」に曝され、それが「恒常化」することになる。また、「薄い仕切り」が「人の立居振舞」あるいは「気分や感情の軌跡」を他人へと伝えることになるといえる。こうして他人の「視線」をつねに意識し、「人の気息を推し量る配慮や思惑の心的機制」が補強されてきたのである。(84)

現代日本の大衆は「人間的な共感の弱さ、現実に対する批判の欠如、権力に対する奇妙な容認の姿勢」の度合を強めているのと相即的に、総体として「変革意志の喪失、秩序への自発的志向の強まり」として現前している、と尹健次はいう。また、かれは、大衆が「自ら被差別者」でありながらも「好んで差別と分断」のなかにのめり込み、「自己規制」という「社会意識の囚われ人」となっているとする。(85) これこそが「一つの歴史の主体（subject）」へと個々人が集約されていく過程であり、「個人」のもつ「臣民／主体」という両義性が前者へと強く傾斜した事態なのである。いまの社会環境下でそれが顕著に現れたのが「人間的な共感の弱さ、現実に対する批判の欠如、権力に対する奇妙な容認の姿勢」であるといえるだろう。「共感の弱さ」と「批判の欠如」は今の日本社会に典型的に現われている。つまり、「共感の弱さ」と「批判の欠如」はあたかも経験的にア・プリオリに実在しているかのような状況となっている。そして他者への「配慮」は「友愛」を作り出すのではなく、「自足した内部」（＝清明な日本）への同調性を高める機能を果たし、「生活形式」の均質性を重視する心性は「権力に対する奇妙な容認の姿勢」へと転化している。そうした姿勢を客観視し乗り越えようとする批判的知性は排外主義と反知性主義の挟撃にあっている。

しかし、「自足した内部」（＝清明な日本）では「国際化」が叫ばれ、母語よりも外国語を「敬う」かのような錯認が作り出されている。母語習得が未熟なままでの外国語学習の奨励は各言語の間主観的な「概念枠」の存在被拘束性を忘れ去っている。「米語」を母語とする者たちと「日本語」を母語とする者たちが「米語」で公平な議論ができるだろうか。「苛め」という精神的身体的暴力に典型的に示されているように、周囲の「流れ」に身を委ねる同調性が機軸となる教育空間で「討議」などは不可能だろう。また、異質性を排除しようとする心性が国際社会における経済的競争の勝利を目指し、「国際化」を唱えているのである。そして、「国際化」を押し進めようとする教育政策は過去の歴史を正視することはない。むしろ、ベネデット・クローチェが指摘したように、「民族主義的歴史」の「不明朗で馬鹿げた称揚」となっている。「これは或る種の嗅覚の持ち主たちには『よい匂いがする』というだけのこと」なのであるが、「民族主義的歴史」は「なにか比類なく偉大で、猛々しくてしかも神々しいものに映る」事態となっている。さらには「無我夢中の熱狂と神秘的な崇拝の的になる」という倒錯した認識が産出されている。(86)

他者排除を是認する心性の典型的事例が反ユダヤ主義である。サルトルは「反ユダヤ主義者の求める平等主義の共同体」とは「スキャンダルの際に生れる群衆」や「一時的な組合」の一つのタイプに外ならないとした。そうした「社会的つながりは怒り」に依拠しており、この集団には「ある個人に対する、漠然とした抑圧的制裁という以外の如何なる目的もない」のである。また、「個性」は群衆のうちに融解してしまい、「思想の方式」も「集団の反応も全く原始的な形」へと退行していく。つまり、反ユダヤ主義とは「反ユダヤ主義者の人格全体を規定する」ものとなり、「道徳的、あるいは政治的方向を与えるばかりではなく、それ自身、一つの思考傾向であり、世界観」となるのである。(87)

負の劣情が生み出した「平等主義の共同体」は他文化への配慮と考慮の欠落によって「主体」を形成していく。その「主体」が「スキャンダルの際に生れる群衆」となり、むしろ「被差別者」である「群衆」は他者を「好んで差別」し、「人－間」を分断しているのである。こうした複数性の否定は「怒り」に依拠しているが、集団内での同一性の再認は自他が融解する一体化への衝動でもある。物象化された「自己規制」が具現化した「規範性」は「社会意識の囚われ人」による「合意」を体現している。その「合意」は社会的マイノリティへの「漠然とした抑圧的制裁」を正当化することもありえる。このような「匿名性」に隠れた少数者に対するヘイトスピーチなどはあまりにも卑怯な行動である。だが、「自足した内部」では「社会意識の囚われ人」の「合意」は「道徳的／政治的」方向を規定し、「一つの思想傾向」とすらなっている。それは日本という近代国家が「集団の隔壁の弱さを利して下位集団の原型」を温存し、上位の集団へと包摂した過程に表れている、と栗原は論じた。つまり、所属集団の自立性と自律性が弱く、「心理的安定が得られない」かぎり「より上位の集団への心理的依存度」が増大していくことになる。[88]

力ある者たちに隷属する「下位集団の原型」や「匿名性」と一体化する「心理的依存」をもつ生活・行動様式は近代化を経ても残存している。生活・行動様式を支えていた封建的伝統性が周縁化したにもかかわらず、その心性は日本社会のあらゆるレベルで生じる諸現象の重大かつ根源的契機として機能している。諸現象を硬直した線とする「まなざし」は世界内存在を形にする根源的意識性であり、世界の存在根拠となる「まなざし」とは日本社会の歴史的規範性の継承を可能とするものでもあった。また、倫理的基準の「もの」化によって実在性を帯びる「まなざし」とは負の遺産を「現在」に投影させることにもなる。クローチェがいうように、あらゆる歴史的判断の根底に存在する実践的意欲は、あらゆる歴史に「現代史」としての性格を与える。というのも「諸事実がその鼓動を伝えるのは現在の状況のなかにおいて」だからである。[89]「過去」を「現在」へと反映させる「まなざし」によって「我れと汝との間の

ざと見る」こともができる。だとすれば、こうした「相互限定は相互了解にほかならない」のである。つまり、「我れが汝をおずおず見るとすれば、その見方は汝から限定せられている」のであって、「その限定においてまさしく威圧する汝の性格が了解せられている」ことになる。[90] つまり、「視線 regard」は反照的・示差的な「間」を作り出し、「自己（＝私）意識」は自他の区別によって「自己」とその周囲環境を区分する。これは新田義弘が論じたように、「一方の項が他方の項を顕現させつつ自らを隠すという媒体構造」から把握する必要がある。その「媒体」とは「二つの互いに相否定しあう項がまさにその否定性」を介し、「相互に依属しあうという差異性構造」を包含している。[91]「媒体」とは人間が自らを構成する主観性として、また自己を包摂する環境を構成された客観性とする「主客」のように把握するものではない。いわば、「主客」的な二項的分離による世界とは異なる歴史的・社会的世界の描写を目的としている。「媒体」は色彩をもつ世界を間接的に反響させ差異化や転調を生み出す「何ものか」なのである。つまり、「媒体」は「もの」と「意味」との不即不離な繋がりを体現しているのと同様に、「媒体」とは自他間で共有されている共同主観性と密接に関係しているのである。この共同主観性とは他者理解の肯綮であり、「理解される他者」は「時空間的に共同に『内‐存在』する知覚風景的現相世界の内部」にあったとしても、「決して常に〝実存的個体〟の相で出会われるもの」ではないのである。[92]

こうした考察にサルトルが「身体」を介在させたことに加藤周一は注目した。[93] サルトルは「独我論」から脱するために「身体 corps」の要素を導入し、「二つの意識‐身体から成る系」を考えたのであった。そうした系の要素間の基本的な関係を「存在論的には否定 anéantisation」すべきものとした一方で、この具体的態様としての「視線」の作用を強調したのであった。なぜなら、「身体」とはまさしく自己の在りようを他者へ曝す「媒体」だからである。「媒体」によって世界を意味づける「視線」は「肯定／否定」の有意味性を含意しており、「視線」とはまるで「経験的観察」を拘束する論理のような制約力ともなっている。そうした「視線」の交叉は一種の「解釈学的循環」を生み出すことにもなっているのである。なぜなら、被災者への「同情」の「視線」は被災者たちに「負の心性」の痕跡を残し、「身体」を媒介とした「視線」によって他者の前に自らを曝すことになるからである。そのとき「媒体性としての身体性」は「存在論的には否定」となる「視線」を具現化するのである。たとえば、「同情＝哀れみ」という「視線」は被災者たちに一定の枠組内での「振る舞い」を強制していた。したがって、「視線」とは「主体」に対する「客体」として人びとを位置づけることであって、こうした観察図式のもとで「まなざす主体」と「まなざされる客体」という二項的な対立構造が作り出されているのである。この「視線」を投げかける者たちは「被災」した者たちというラベリングの外部に自らを置き、その観察図式は自らの立ち位置を「視線」の「投射‐反射」の循環性の外部に設定することにもなる。「客体」を観察する者たちは自らの視線を「見る」ことができないにもかかわらず、自己の視線を「人間の視線」として一般化するのである。そうした視線の序列化は人びとのなかに依存感情をも生み出していく。たとえば、当事者の立場からではなく行政システムが作成した再建計画が具体化し、その計画完了によって「被災生活」は終了する。そのとき「同情＝哀れみ」は被災者不在の重厚な被災支援を可能とした一方で、「被災者」たちの間で「依存感情」が生まれ、その「依存」によって自律性が蝕まれていく。

ここで「問われ探究されるべき」は「精神の行為の歴史である」にもかかわらず、自律性の腐蝕が「事物を実体化」するのと相即的に、その実体化は「精神の行為、精神の達成する政治的および道徳的な、学問的および芸術的な所業にのみ属する実在性と価値を付与しようとする」のである。こうして「事物が実体化」され「精神が物象化されて翼を奪い去られる」ことになるのである。[94] 他方で、人びとは多種多様な諸事実を framework から把握し、「生の姿」を象るための「記憶」から「歴史という生地」を紡ぎ上げていく。その生地には「社会的／民族的／文化的」諸要素が縫い込まれ、共同主観性を介した「自己意識」と相即的に他者像も確定されていく。つまり、主観性と客観性の形成は日常的経験の基底となり、一定の世界像を描き出す概念枠となっていくのである。歴史内存在は世界の「在り方」を通時的な時間軸で捉えるのと相即的に、直観的世界の基盤の上に立脚する。また、「善／悪」の境界線を知ることが共同体への帰属となり、共同体内で成育する者たちは「善／悪」の視線によって自他像を形成しているのである。共同体が内包する「生活形式」は客観的学知の成立以前の「生の姿」の枠取りとなり、日常体験のなかで体験を言語化した「経験」は時空間によって媒介されているのである。そのとき「善／悪」や「正／邪」の境界線となる「視線」とは「自己」を限定しながら「自己」を形づくることになる。つまり、「自己意識」の形成を促す「権力としての視線」は「自己」の輪郭を他の視線によって規定し、こうした「輪郭としての視線」は自己拘束や自己形成と表裏の関係にある。共同体内のこの視線は人間存在への拘束となり安定感を付与するが、そのような「拘束／形成」あるいは「排除／包摂」の境界線の権力性は「自己意識」を他律的な「もの」としていくのである。

「もしわれわれが、まなざしとしての他者の最初の顕示から出発するならば、われわれは、われわれのとらえられえない対他‐存在を、所有 possession の形でわれわれが体験するということを、認めないわけにいかない。私は、他者によって所有される。他者のまなざしは、私の身体をその裸形においてとらえ、それを生まれさせ、それを彫刻し、それをあるがままに提出し、私には決して見えないであろう姿のままにそれを見る。（…）他者は、私を存在させ、まさにそのことによって、私を所有する。この所有は、私を所有するという意識より以外の何ものでもない。また、こちらとしては、私の対象存在の承認において、私は他者がそのような意識をもっていることを体験する。意識という資格において、他者は、私にとって、私から私の存在を盗んだ者であると同時に、私の存在という一つの存在を《そこに存する》ようにさせる者である」[95]。

つまり、「対他 - 存在」を「所有」と「相克」の二つの視点から論じていかなくてはならない。というのも、「所有」する行為が孕む「相克 conflit のパースペクティヴ」を捉えるのと同時に、「対他 - 存在の根源的な意味」である「相克」が「自己意識」を構制する契機となるからである。いわば、「自己」は「相克」を内包しているからこそ「同一性」を必要としているのである。他者から自己へ反射してくる「視線＝まなざし」が「意味」を含意するのと相即的に、それは財態（＝「実在的所与 - 意義的価値」）の現前様態が主体（＝「能為者誰某 - 役柄者或者」）の形成相在に応じて変様する過程を示している。また、他者の「まなざし」は「私」が「見る」ことのできない「私」の「身体」を捉える一方で、そのとき「身体」を介して観察者と観察対象という主客二分的な認識構制が成立することになる。このように他者の「まなざし」は「私」の外部から「身体」を媒介として「私」を捕捉する。そうした過程こそが他者が「私を所有する」という意味なのである。すなわち、他者の視線が「私」を観察対象とするとき、他者の「まなざし」は権力性を強く帯びることになる。この観察者と観察対象の区別を作り出す「視線」とは「肯定／否定」という有意味性を内包しているといえる。つまり、共同体内の「視線」とは「肯定／否定」（＝「正／邪」「善／悪」「明／暗」）の二重性を含意しているのである。その二重性からも「役柄者或者」は「相克」の渦動を内包することになる。

たとえば、「包摂／排除」とはその正当化の根拠を空間内部に有するという点で、外部の視線の介在を全面的に許容することはない。また、「包摂／排除」の認識枠組は「反照＝反省」的契機を潜在化させ、共同体内で完結する「視線」に問題点があったとしてもそれを潜在化していく。他方で、人間や集団が「所有」する権力には他者性の介在によって必然的に「相克」が含意されている。つまり、多様な権力行使の諸様態にはそれぞれ「相克」を包摂することから、物象化された権力観となる「実体概念」を脱物象化しなければならない。「所有」と「相克」が交錯する場では必ず「われわれ」のなかに空隙が生成することになる。このときこそ権力を具体的状況下での相互作用から描写していかなければならない。他者が「私の存在という一つの存在を《そこに存する》とさせたとしても、そのとき「他者」という別の「私」も同じ共軛的拘束性に包摂されている。つまり、自他関係を「所有」ではなく「相克」から記述し、権力を「実体概念」ではなく「函数概念」から考察しなければならないのである。

たとえば、自己と他者は間主観的に同型化され「主体」となり、間主観性は同一性を保ちながら時空間を横断し「価値志向性」あるいは「規範的志向性」の共有を可能としている。こうした間主観性は社会秩序の同一性を根底から支える一方で、秩序の形成過程において生成する差異性を包含し変容することにもなる。そこでは同一性の否定として差異性が形成され、同様に差異性の否定として同一性が作り出されている。間主観性の媒介が「自／他」の意識を構制するのと相即的に、「同／異」を内包した社会秩序が維持されているのである。つまり、「社会／個人」あるいは「自己／他者」のあわいには必然的に「相克」が孕まれているのである。だからこそ、他者を「所有」しようとする欲望は「相克」と「表裏相即」の関係にあるのである。いわば、「所有」という権力欲は「函数概念」のように流動的な「相即」に翻弄されているといえる。自他を単純に「主体」とし得ないのは、これまで論じてきたように「視線 regard」の権力的な作用が存在しているためである。「他者とは私ではない存在である」ときの「否定」が内的であれば、「他者は私ではない存在」であり、「私は他者ではない存在」である。こうした「それぞれ内的な二重否定が世界をつくる」のであって、その世界において「意識が私の意識である」のは、それが他者に対して「在る」からである。また、私が他人の身体を視るとき他人の身体は対象化され、身体を通じて他人の意識も対象化される。だからこそ、対象は「事実の世界に属し、観察し、分析し、知る」ことができるのである。[96]

世界内存在は生活世界という場で多義的な経験を介して同一性を作り上げ、その「自己同一性」が安定していく過程のなかで他者も同一性を獲得している。「人‐間」の多様な「意味」を含意した「視線」の「反射＝反照」によって共同世界は共軛的に編み込まれている。そのとき「内的な二重否定」が「各グリートの動力学的な対抗均衡」を形成しているのである。一方で、「肯定即否定」を含意する動的均衡は「陰翳的なるもの」だと田辺は述べていた。いわば、この「陰翳的」とは「全体の一部が現れて他部が隠れ、前景と後景との間に推移がある」ような「動的変易性」なのである。[97]つまり、そうした「動的変易性」は「陰陽」が交互的に反転しながら「内的な二重否定」を生成している。その過程は、共同世界のいまの「在りよう」が「別様に在る」ことの可能性を明示している。また、フレドリック・ジェイムソンも『存在と無』から「意識」の「対象化」を捉えていた。ジェイムソンによれば、人びとは行動の諸契機において「ある意識的ならざる意識」に直面している。「自己意識」とは「行動の中断に類するもの」ではなく、「行動しながら同時に目の端で自分の行動」を観察する分裂した意識でもない。つまり、人びとはつねに「自分の行動と思考を意識している」のである。そして、「主題化された認識」が「反省の結果」である一方で、「われわれの反省」とは「不純であり」、「われわれはいつも自分自身を欺いている」のである。[98]

いいかえれば、反省のもつ「不純」とは「すでに生きられた過去の生をあるがままに呈示しようと企てている歴史家たちの企図がいかにむなしいもの」であるかをクローチェが指摘したことでもある。歴史叙述とは「生きられた生を超克してそれを認識の形式において呈示し直さなければならない」のである。[99]つまり、意識が媒介された結果によって反省が「不純」となるのであり、またそれは「生きられた生」の再認識によって「新たな生」を形づくることでもある。「生きられた生」という受動態が「新たな生」という能動態へ移行するとき、対象意識から「自己意識」への「視線」の「屈折＝反照」が生成している。そして、「視線の読み」は「自己」をまずは「対他的対自」という共軛性において捉えることになる。[100] 同時に、「屈折＝反照」からは「裂け目」が生まれ、自他間を差異化する能動と受動の両方向性が産出されている。他者・周囲環境からの対反照的・示差的関係性が「視線で世界全体を踏破する」のと同時に、「『対他的‐対自的』」的な自己言及性が「自分を見失わない」ことの基点となるのである。いわば、人間は「生の意味」を他者を介して「問う」諸行為から、自己自身を再考する過程で自己像を変容させ、意識的に自己の在りかたを変えていく。

他方で、ジェイムソンは、「基礎的な自己意識の構造」の核心に侵入しようとする「試み」は「鏡のイメージ」であるという。つまり、「反射され＝反射する（reflected–reflecting）」という表現は「自分で自分を廃止するかぎりにおいてのみ、適切なのである」。こうした「意識の本性」を無媒介的に「純粋」なまま捉えようとする「思考／行動」は空転し、偽りの「本性＝個性」という錯認を作り出す。なぜなら、「意識には〝本性（nature）〟がある」や「意識が相互作用する二つの〝部分（parts）〟に分裂している」という「観念（idea）」に留まる危険性が生じるからである。[101] ジェイムソンのサルトル解釈は「二重化された自己」に立脚し、その視座から「唯一性」と「共同性」を考察したものである。「二重化された自己」とは「自己＝内部」と「外部＝他者性」が「メービウスの環帯」のように反転し、その内部では「反照（＝反省）」から「差異と反復」が生成されている。この差異性という「非本質」的動性からはじめて「意味」の発生があり、「非本質性」を「本質性」へと物象化するのが「排除／包摂」という分断線なのである。「包摂／排除」のframeworkが「反射され＝反射する」という渦動を縮減し、「反射される」という前者にだけ傾斜するとき、共同体の秩序維持に利するだけの格律が創出されるのである。その格律は秩序形成と道徳的諸価値を通じて空間内の統合機能を果たし、「包摂／排除」という空間分割は共同主観性から遊動性を奪い物象化させていく。むしろ「包摂／排除」の分割が時空間の中軸となる諸価値を体系化し、排除の常態化によって「社会的再生産」の継続を可能とするのである。このとき封建的遺制が有する伝統的価値規範と「近代的な意味での Subjekt（主観・主体）と Objekt（客観・客体）の関係」が重複し、「包摂／排除」の分断線を作りあげているのである。だからこそ、「主・客関係」を基軸とする世界了解の地平が「近世（代）的な世界了解の地平」なのであった。[102]「Subjekt」が包摂の領域となり、「Objekt」が「排除」の領域として分割されるならば、日常生活の行為選択が依拠する「生活形式」の認識枠組は形骸化する。

こうした過程で「負の心性」が育成されていくことになるのである。その「負の心性」をアーヴィング・ゴッフマンはスティグマという概念から詳細に考察したのであった。ゴッフマンによれば、スティグマとは「人の信頼をひどく失わせるような属性」の表現として使用されるが、検討されるべきは「属性ではなくて関係を表現する言葉」なのである。[103] この関係の「反射され＝反射する」という視線の交叉は「不純」であり、正負両面の「意味」を包含する権力体系ともなる。つまり「社会的編制と国家〈が〉は、いつも一定の諸個人の生活過程から〈いかにして生じるかが、ここでわかる〉生じる」ことを再認しなければならない。なぜなら、スティグマとは人びとの負の心性を帯びた「生の姿」となり、そうした「生の姿」は「身体」という媒体を介して「個人」を負の価値を纏う集団表象へと融解させるからである。スティグマは「身体」を負の価値領域に集約し圧縮することによって、むしろ自他間を破綻しえない恒常性と統一性に包摂する機能を果たすのである。つまり、加藤が論じたように、「他人の身体ではない身体」として「私の身体」は定義され、このとき「私の身体」は「対他存在」となり、「他人の身体と全く同じように事実の世界」に内属することになる。つまり、対象化された他者、または対象化された私自身は、それぞれの「身体」として現前し、「私と他者」との具体的な諸関係において「身体」の役割は決定的に重要となるといえる。[104]

廣松は「知覚現場的判断」と「概念思考的判断」の区別を明示的に規定した。[105] 廣松によれば、知覚現場的判断は知覚的に現前する「対象的図」という現相的与件に注視すれば、「錯図的属性」に即して明晰判明化する。だが、その明晰判明化とは、それ自身としては知覚過程に属するものであって、知覚現場的な判断ではない。「錯図」における「図中の図」の相で現前する「属性」から、「それをPとして覚識することから知覚現場的判断が成立する」ことになる。このとき「属性」は「既に一定の意味的所識と等値化的に統一されている」といえる。こうして「知覚現場的判断」は「正負」両面をもつ空間を形成し、スティグマという有徴性から排除する存在者を確定していくことになる。つまり、スティグマに依拠した空間内では「判断」を正当化するための物象化的錯認が作り出され、その認識は有徴性に準拠しながら空間内の対立葛藤を凝固化し「矛盾」を排斥していく。その対立葛藤を潜在化させる過程の進行は無矛盾性を前提とした錯図を自明視することになる。すなわち、矛盾を否定する「属性」は社会の多様性・遊動性をも物象化していくのである。

いいかえれば、「属性」となるスティグマは「一定の意味的所識と等値化的に統一」され、物象化によって隠蔽されている。たとえば、「避難者」という「記号」は「避難」を終了させ故郷への帰還によって封印されるが、「避難」を終了し帰還しえても「原発避難者」というスティグマは残存する。それは「一つの経験であり、本人や家族が一生抱えなければならない記憶」となり、それらの諸経験はスティグマとして物象化していく。つまり、スティグマの烙印を消し去ろうとして、「逃げようとしても、外側からたえず嫌でも押しつけられる烙印」となっていく。こうした状況は「一人の人間のなかに混在」しながら、「被災・被害・避難」の経験は「もの」化されていくのである。いわば、「被災は実害でもあり、被害は状態でもあり、避難は経験でもある」ことなのである。[106]

アルフレッド・シュッツがいうように、「属性」を規定する直接世界を再考すれば、「他我の体験に対する眼差しの方向は相互に基礎づけ合いながら様々な反映を示す」ことになる。また、同時世界の社会関係では「双方の相手に共通する類型化の図式についての反省が現われる」ことになる。したがって、他者との共軛的関係にある自己にとっての「解釈図式が標準化」するにつれて、多様な種類の秩序は「規範化」された解釈図式と合致することになる。そして、こうした秩序への準拠によって人びとの諸行為は「合理的」となっていくのである。[107] 日常生活のなかでは社会秩序の混乱と相即的に、共同主観性を介して成立していた「合意」原則は不透明になり、その原則の不透明さは「相互了解」をも困難なものとする。そのとき他者志向が強い人間集団内では「眼差しの方向」は相互に拘束し合いながら同型化を強めていく。こうした「眼差し」はスティグマの暴力性を高め、恒常的な自他理解の関係は均質性を軸に形成されていく可能性もありえる。それは他者に対する寛容性や多様性の縮減となり、「人格」を否定しかねない解釈図式が標準化されていくことになる。その諸価値の縮減が時空間の基調となれば、他者排除を正当化する解釈図式が「規範化」されることになる。この解釈図式によって「被災／被害／避難」のスティグマは身体性と精神性への大きな負荷となり、「避難者＝被災者＝被害者」たちは将来の方向性を喪失していくのである。

「対他的反照規定関係」における多義性を含意した「反射され＝反射する」という渦動が抑制され、その動性が潜在化するとき「スティグマ＝負の心性」は「人－間」で物象化されていく。スティグマとは意味を賦与された「役柄」を介し構造化された「もの」なのである。だからこそ、ゴッフマンはスティグマを「具体的な一組の人間」から「正負」の有意味性を確定するのではなく、「二つの役割による社会構造」を意味すると論じたのであった。つまり、スティグマを「持たされた者」と「持たない者」が内属する空間とは「純粋な現相的与件」などではなく、「既に一定の意味的所識と等値化的に統一されている」のである。「スティグマのある者」とは「生ける人間全体」ではなく、むしろ或る「視角」(＝観点)から照明された者たちなのである。[108] 竹内芳郎は差別問題を記号学的地平で追求していけば、「被差別者はまずなによりも〈有標〉記号としてあらわれる」と述べている。また、竹内によれば、「〈有標〉merkmaltragend と〈無標〉merkmallos」の記号学的区別はトゥルベツコイの音韻論が始まりである。こうした「区別」の特質は「無標項」が「それの属する構造の一部であると同時にまたその構造の全体」となることである。したがって、「有標項」は「構造の一部」でありながらも「異形のもの」として排除されていくのである。(109)「無標項」が「有標項」を包摂する一方で、スティグマを見つめる視線は「見られる存在者」を社会的な不適格者として物象化する。つまり、「有標項」という可視性は「包摂／排除」を作り出し「区別」を「差別」へと転化するイデオロギーを内包しているのである。そのイデオロギーは不可視化されている「無標項」によって正統化されてきたといえる。「無標項／有標項」を措定するパースペクティヴは「時‐間」の経過によって「脱肉化／脱人称化」され、「間主観的な態勢での態度決定という『肯定・否定の構制』は維持される」のである。(110)

これまで論じてきたように、サルトルは認識対象が認識者から独立性をもつとする科学的「実在論」を斥けている。たとえば、「心理的遺伝性」についてサルトルは懐疑的であり、「人種」に関する諸概念も「生理学」あるいは「病理学」などの観点においてしか許容していない。いわば、この観点によって観察言語と理論言語との二元論的な認識論は否定されることになる。なぜなら、サルトルは「人間」を『状況《シテュアシオン》(en situation) にある』存在として定義」しているからである。だからこそ、「生理的／経済的／政治的／文化的」などの「状況」から人間は「綜合的全体」を形成していくのである。(111)そうした視座こそがスティグマを「純粋な現相的与件」ではなく、「既に一定の意味的所識と等値化的に統一」されているものだと把握することを可能にする。

尹健次は、「社会問題としての固有の差別」を「人種差別／民族差別／部落差別／女性差別／障害者差別」などのように、「自然的・社会的属性」や「身体的状況」によって「人‐間」に不平等な関係を持ち込むことだ、と論じた。

これらの「諸範疇」には「日本における在日朝鮮人、アイヌなどの異民族集団に対する差別」も含意されている。[112] それらの「差別意識」とは物象化された事後的事態であり、当の「仮象」は決して単なる恣意的な「もの」なのではなく、「一定の実在的関係態」において「存在根拠」をもっている。「差別」の視線に曝されている「彼ら／彼女ら」にはまさしく「現存する物象的存在」であって、その「実践的行動」は現実的に規制されているのである。つまり、当事者にとっての物象化とは客観的・対象的に現存しているのである。[113] だからこそサルトルに即して、「われわれは、人間の『本性』というものなどを信じない[114]」というべきなのである。「本性」あるいは「自然性」の当然視は意味の媒介を見失う陥穽への端緒である。

つまり、確実な表象とは人びとの諸体験が重層的にかつ多面的に集約されており、同様に「本質／自然」もまた「人-間」で「肯否相対立」する「事実／価値」や「即事／象徴」に侵食され、幾世代にも継承された時空間と一体化したものなのである。世界は「個別化された人間にとってのみ存在する」のではなく、「人間共同体」によって存在しているといえる。いわば、世界とは「端的に知覚可能なものを共同化することによって存在する」のである。こうした「共同化」によって相互理解は「個々の点に関して妥当の相互主観的調和」を作り出しているといえる。[115]

ところで、「媒体」とは人びとの諸経験の根底で「いつもすでに機能」していた。また、「媒体」の働きは「二つの機能が共属しあって統一的事態」を形成し、「媒体」とは「相互に否定しあいつつ共属する二つの差異項（Differenten）からなる差異性（Differenz）として機能する」のである。人間の経験の根底には「自己と他者と世界とによって構造化された『間（Zwischen）』」、すなわち「世界への開け（Weltoffenheit）」が横たわっているといえる。そうしたなかで「自己と世界（周界）」を媒介するのが「身体性（Leiblichkeit）の機能」となるのである。[116] この論点はサルトルが「身体 corps」から考えていた方向性と等価であろう。

つまり、「差別」とは「相互に否定しあいつつ共属する二つの差異項（Differenten）からなる差異性（Differenz）として機能する」といえる。また、「差別」が産出する「有徴性」は「自己と世界（周界）」を媒介し、「身体性（Leiblichkeit）」にスティグマを残すことになる。こうして「身体性」に定位したスティグマは「異質とか差異のあるものと認めた存在」を「自分より劣位のものとして『区分』する」。「個人の内に存在」する「差別」意識は「自己との利害関係が鮮明になる際に顕わになる」といえる。この物象化した存在態は「単離的な相で日常的に覚識される」のは稀であり、通常は「自然物に附帯した相」で「現与の対象的存在が〝単なる自然物〟以上の或るものである所以の〈或るもの〉の相」で覚識されている。[117] こうした物象化による「差別」意識は「制度、イデオロギー、教育、文化」にも包含されており、また同時に「国家・集団を内から支える共同性」としても機能しているのである。[118] だからこそ、ジャック・アタリは、「国家の中心的機能」とは「国民のアイデンティティの保護／国境の画定／市民権の規則の明示」であり、「時代につれて変化するこの規則（テリトリー上で生まれ、そこに帰属の意志があること等々）」に「従う人々に排他的な市民権の所有」を許可することである、と論じたのであった。[119]

他方で、サルトルは「状況」のなかでの人間の在りようを注視していた。人間存在は歴史的・社会的な諸関係に包摂されており、その諸状況を介した歴史内存在と考えなければならない。また、「人間」の「本質」を前提としてその「生の姿」を論じていくことはできない。諸状況が人間を形成しその可能性を決定しているのと相即的に、人間はその「状況の中において、状況によって、自己を選ぶことにより、状況に意味を与える」こともできる。つまり、状況に「在る」ことは「拘束／限界」されているのではなく、むしろ「状況において、自己を選択すること」なのである。[120] そして、「自己を選ぶということは客体となることを選ぶ」ことだとしても、その客体を選ぶ「主体が前提されている」。だとすれば、「生きること／行動すること」は「他者である自己を演技する」という行為選択の「自由」を明示している[121]。だからこそ、「差別」は状況の変化によって状況から柔軟性が失われるとき作り出される「もの」なのである。いわば、「差異が差別を生む」のではなく、「差別が差異を利用する」ことによって「差別」が「もの」となるといえる。そのとき「差別」が日常のなかへ「自然」に浸透し、他集団を「有徴性」から物象化するのである[122]。

いいかえれば、「差別」という人間の序列化を凝固化する行為は直観と解釈という「客観的並びに主観的両契機」を内包しており、「多重的な過程・構造」である四肢的構造の「もの」化した側面を表わしている。他方で、こうした「状況」は「生産という精神的・肉体的営為」から構制されており、「共同存在」の形成構造を包摂している。この「生産的協働という対自然的・間人間的な動態的連関」とは、「役柄分掌の一総体」として存在する、と廣松は論じている。つまり、その「協働的役柄遂行の構造的成体」は「〝個々人の営為〟」に対して既在的に現前し、「〝俳優〟」が代替したとしても「ゲシュタルト的安定性＝同型性」を維持しているのである[123]。

歴史の内に存在することは多様な伝統的・社会的な先行与件によって「被媒介的に規制」されている。レーヴィットが論じたように、自己と他者が有意義性を持ちえるのは「として」という媒介性を必要としていた。つまり、現存在はつねにすでに共同存在として「在る」といえる。共同存在とは相互に絡み合う円環的な意味連関に内在する一方で、その意味連関を再構制する多様な価値形成の実践が交錯している。日常生活には価値体系に過剰に同調する現存在と不確定性に身を委ねる存在も「在る」。共同存在とは共有する認識枠組から行為を選択し、「共同主観的世界の存立構造」によって自己理解と相互理解を可能としている。その存立構造の規範性は「善／悪」や「正／邪」などの「肯定／否定」の価値体系から編成されている。「肯定／否定」を「差別」へと物象化する強い同調圧力がいまの日本社会では「態勢」となっている。他方で、「人‐間」には記号的媒体を介した「普遍／特殊」、「全体／部分」、「統合／拡散」、などの対概念が存立している。だからこそ、「肯定／否定」や「排除／包摂」を産出するスティグマは「具体的な一組の人間を意味する」のではなく、「人－間」における「二つの役割による社会構造」から産出されているのである。

それはサルトルがいうように、「意識には《内部》というものはない」ためであり、「意識とはそれ自身の外部以外の何もの」ではないのである。つまり、「意識を一つの意識として構成するもの」は「絶対的な脱走」なのであって、「実体」という固定化の「拒絶」なのである。[124]だからこそ、「として」という媒介性の実体化が人びとを有徴化するスティグマを作り出すことになるのである。既存の「慣習／習慣」が包含する負の心性を実体化する認識論は「政治／経済／文化」を横断し「人－間」を物象化させ、スティグマが産出する他者像と自己像をも変容させていくことになる。

その自己像の自他理解はスティグマを介した負の共軛的な循環性となり、その否定性を帯びた循環性によって共同存在は一つの「解釈共同体」に内属することになる。つまり、スティグマが「解釈」に一定の枠組を与えることになり、共同存在の「解釈行為」は負の「間主観的拘束性」によって凝固化されていく。だからこそ、「差別」のような負の価値序列は「所知の側のレアール・イデアールな二肢的二重性」と「能知の側のレアール・イデアールな二肢的二重相」という四肢的連環から考察しなければならないのである。

「スティグマとしての視線」は人びとの「人格」の尊厳を物象化させていく。この他者排除を正当化する「視線」は「一種の裂開」となって「私の身体を二つに切開し」、「眼差された身体と眼差す身体」あるいは「触れられた私の身体と触れる身体」の間に「覆い合いなしの蚕食」が生まれる。そのとき「われわれが物へと移行すると言うのと同様に、物がわれわれのうちに移行する」のである。[125]他方で、「視線」の交錯と情動の共振が「世界／自己」あるいは「他者／自己」の汽水に「動的変易性」を生み出すことになる。その「動的変易性」が「身心」を蚕食しながら「不安／安堵」「恐怖／歓喜」などを含意する空間を固定し変転させている。こうした「変易性」は「肯定」を前景とする規範的秩序となる一方で、「否定」を前景とした社会秩序を形成していくこともある。それらが「陰翳的」な渦動であったが、いまの日本全体が負の情動に蚕食され、前景と後景とのあわいを推移している。

たとえば、「避難者＝被災者」は認識把握が不明瞭となった「流浪」のなかに在り、「社会的／制度的」な安定性を奪われ「宙吊り」の状態となっている。また、自分の立ち位置を「被災者」として同定したとしても、スティグマを身体化させていくことにもなる。むしろ、スティグマによる歪んだ「アイデンティティ」が「保証」され強化されることになるのである。[126] つまり、原発避難は幾重にも人びとの「精神性／身体性」にスティグマの痕跡を残し、日常の「暮らし」さえ「限界状態」といえる中にある。こうした「自明性の喪失」のなかで、ブランケンブルクがいうように、エポケーによって「アルキメデスの点」に自分を置き、「その点から自然な自明性それの喪失の問題に着手する」ことができるだろうか。エポケーの遂行は「生活世界」へと根をおろしている単純措定的な「素朴で無反省な生き方／動き方／考え方」からの厳密な離脱となる。もし、エポケーが可能となれば、「素朴自然的な直線的態度」は反省的態度に代置される。[127] これは「限界状態」にある人びとが冷静に遂行し得る思考ではないだろう。というのも、二つの態度は生活世界的態度であるが、前者は生活世界的な性格をもつのに対して、後者は生活世界自体についての経験を対象としているためである。クローチェは、実際にあらゆる具体的な認識は「歴史的判断」と同様に、「生＝行動」と結びついたものである、とした。これらの認識と行動を介した「精神の循環性」こそが「自己自身を超越しつつ成長してゆく精神の、自己自身との真の統一性」となる。その統一性こそが有機的かつ弁証法的なものなるのである。[128] つまり、精神の循環性は「理性／自己／世界」のなかで渦動となり、新たな価値を生成することになる。

「それは二つの本質的な効果を持っているのです。第一の効果、それは理性としての自己と個人的な要素としての自己との間に最大限の緊張を獲得することです。理性としての自己は、まさに理性として、神の理性と同種の普遍的理性でもあります。それに対して個人的な要素としての自己のほうは、世界のどこかで、まったく限定され局在化された場所に置かれています。この理性としての自己と点としての自己の間に最大限の緊張を打ち立てること、これが自然についての知の第一の効果です。それでは第二の効果は何でしょう。自然についての知が解放的な効果を持つのは、(…)私たちの視線をよりうまく調節し、たえず私たち自身に目を向けること、そうして自己の観照contemplatio sui を確実にすることなのです。この自己の観照が向けられる対象は、世界の内部にいる私たち、すなわち、さまざまな限定や必然性の総体に結びつけられながら生きる私たちにほかなりません。私たちはこの限定や必然性の合理性を把握するのです。したがっておわかりのとおり、『自分を見失わないこと』と『視線で世界全体を踏破すること』の二つは、けっしてたがいに分けることのできない活動なのです[129]」。

こうした「理性としての自己」と「点としての自己」の間の「相克」について考察しなければならない。「自己」を包摂している「第二の自然」は多様な視線が「自己」へと反照した屈折線の堆積だといえるだろう。屈折線の堆積は「個」と「種」を媒介した反照的・示差的関係性を固定化し、「普遍性」を「人 - 間」において定着させていく。だが、「自己意識」とは「種」における無数の「個」の反照的な視線の交錯と蚕食によって成立している。一方で、「種」の統一性とは「対立」を契機とする「絶対の分裂対立」によって均衡が維持されているのであった。そうした「絶対の分裂対立」とは「理性としての自己」と「点としての自己」が孕む「緊張」のことでもある。つまり、普遍化された「理性としての自己」の存立の結果として「種」の直接的統一性があるのではなく、直接的統一性に内在する「否定契機」(つまり特殊性 = 「点としての自己」)が「種的基体」を作り出しているのである。

他方で、「点としての自己」は世界に内属する「特殊性＝個別性」であり、その形成過程はヒトが人間へと成長する過程ともいえるのである。世界内存在の成長過程は「他者の〝視線〟に鋭敏に反応する」[130]ことから始まる。「視線」の「共観」によって「二重化された自己」が生成することになり、その二重化の動性は限定性や多義性を孕みながら「均衡」を保っている。つまり、「種」はむしろ「絶対の分裂対立」によって「統一」に成立しているのである。だとすれば、「自己内」で反転する「視線」と「自己外」から蚕食する「視線」の「絶対の分裂対立」のなかに「自己」は「在る」。こうした視線の反転と蚕食が「自己の観照 contemplatio sui」を可能としているが、その「自己の観照」を「全く生の直接態と離れた論理が無いと同様に全然論理の媒介から絶縁せられた生内容なるもの」としてはならない。すなわち、「自己の観照」を「主観 - 客観」図式から裁断するならば、「観照」とは一切の論理に先行した「生内容なるもの」となり、「流動」を固定した「異質的発展の同質的静態」に化したものとなる。[131]

だが、「視線の読み」とは他者の「〝表情〟や〝視線〟に応じた反射的な行動という位相」からはじまる。そこには「一定の象徴的行動価」や「一定様式の反応行動」を解発する記号的機能が既に内包されている。こうした「間主体的な自他関係」の祖型から「世界の内部にいる私たち」を考える必要がある。だとすれば、世界内存在として人びとはその精神性を介して理論と実践の両面から「異質的発展」を捉えなければならない。ここで注視すべきことは「同一性的抽象内容」の比較計量から「始めて論理の機能」が現れるとする「同一哲学的合理主義」への陥穽である。だからこそ「さまざまな限定や必然性の総体に結びつけられながら生きる私たち」は「絶対媒介の論理」に立脚する必要がある。また同様に、過度の抽象的合理主義の論理が「非合理的なる生」を「無媒介」に対立させる思想の陥穽を把握しなくてはならない。[132]多重的な媒介過程から成る「自己」とは多様な諸価値を包含した「過程」として「在る」。この「過程」を「絶対媒介の論理」から捉えなおしたとき、身体間の「ディスポジショナルな相補的・共軛的な期待の『対他的‐対自的』な現成」を見出すことができる。[133] 他方で、「意識が己れを取り戻そうと努め、ついには、ぬくぬくと、扉を閉めたまま、己れ自身と一致しようと努めるやいなや、意識は虚無化される」[134]。だからこそ、力動的場から「個の主体的行為」が「種の自己否定の、絶対否定たる類への転換」であり、「個」は「種」の「自己否定に媒介」された「類」への転換点において「在る」ことを再認すべきなのである。[135]

註

(1) 田辺元「数理の歴史主義展開‐数学基礎論覚書」藤田正勝編『哲学の根本問題・数理の歴史主義展開 田辺元哲学選 Ⅲ』岩波文庫、二〇一〇年、三五四頁。
(2) 廣松渉「もの・こと・ことば」『廣松渉著作集』第一巻、岩波書店、一九九六年、三三八‐三三九頁。
(3) ジャン＝リュック・ナンシー『共同‐体』大西雅一郎、松籟社、一九九六年、二〇頁。
(4) ジル・ドゥルーズ『フーコー』宇野邦一訳、河出文庫、二〇〇七年、二〇五‐二〇六頁。
(5) 木村敏『自己・あいだ・時間‐現象学的精神病理学』ちくま学芸文庫、二〇〇六年、三一四頁。
(6) 前掲「数理の歴史主義展開‐数学基礎論覚書」藤田正勝編『哲学の根本問題・数理の歴史主義的展開 田辺元哲学選 Ⅲ』、三五三頁。
(7) マックス・ウェーバー『官僚制』阿閉吉男／脇 圭平訳、恒星社厚生閣、一九八七年、二〇頁。
(8) ハンナ・アーレント『全体主義の起源 2』大島通義／大島かおり訳、みすず書房、一九七二年、一四九頁。
(9) 田辺元「生の存在学か死の弁証法か」藤田正勝編『死の哲学 田辺元哲学選 Ⅳ』、岩波文庫、二〇一〇年、二三九‐二四〇頁。
(10) 前掲『フーコー』、二二四頁。
(11) 廣松渉「存在と意味 第二巻」『廣松渉著作集』第十六巻、岩波書店、一九九七年、一九〇頁。
(12) 前掲『自己・あいだ・時間‐現象学的精神病理学』、三一四‐三一五頁。
(13) 前掲「数理の歴史主義展開‐数学基礎論覚書」藤田正勝編『哲学の根本問題・数理の歴史主義的展開 田辺元哲学選 Ⅲ』、三五三‐三五四頁。
(14) 前掲「存在と意味 第二巻」『廣松渉著作集』第十六巻、二九八頁。
(15) ユルゲン・ハーバーマス『コミュニケイション的行為の理論（下）』丸山高司ほか訳、未來社、一九八七年、一一三‐一一四頁。

(16) 和辻哲郎『倫理学（二）』岩波文庫、二〇〇七年、二四七頁。
(17) 田辺元「種の論理と世界図式－絶対媒介の哲学への途」藤田正勝編『種の論理 田辺元哲学選Ⅰ』岩波文庫、二〇一〇年、二一二頁。
(18) 西谷啓二「『近代の超克』私論」河上徹太郎／竹内好編『近代の超克』冨山房百科文庫、一九七九年、三五頁。
(19) メアリ・ダグラス『汚穢と禁忌』塚本利明訳、ちくま学芸文庫、二〇〇九年、三六三頁。
(20) ヤーコプ・ブルクハルト『世界史的考察』新井靖一訳、ちくま学芸文庫、二〇〇九年、二七頁。
(21) 高山岩夫「文化類型学」斎藤義一編『文化類型学・呼応の原理』京都哲学撰書、第一五巻、燈影舎、二〇〇一年、一二一頁。
(22) 廣松渉「存在と意味 第一巻」『廣松渉著作集』第十五巻、岩波書店、一九九七年、一七五頁。
(23) 前掲「種の論理と世界図式－絶対媒介の哲学への途」藤田正勝編『種の論理 田辺元哲学選Ⅰ』、二五五頁。
(24) 前掲「存在と意味 第一巻」『廣松渉著作集』第十五巻、一七六頁。
(25) ミシェル・フーコー『主体の解釈学 コレージュ・ド・フランス講義11 一九八一－一九八二年度』、廣瀬浩司／原和之訳、筑摩書房、二〇〇四年、二九四－二九五頁。
(26) 同前、二九五頁。
(27) 和辻哲郎『倫理学（一）』岩波文庫、二〇〇七年、二七六－二七七頁。
(28) 前掲『倫理学（二）』、二七〇－二七一頁。
(29) 色川大吉「共同体の変質・再生・創出－水俣の事例研究から」『近代の思想 色川大吉著作集』第二巻、筑摩書房、一九九五年、四八三－四八四頁。
(30) 鶴見和子「多発部落の構造変化と人間群像－自然破壊から内発的発展へ－」『コレクション 鶴見和子曼荼羅 Ⅵ 魂の巻－水俣・アニミズム・エコロジー』藤原書店、一九九八年、一八二－一八六頁。
(31) 前掲『倫理学（二）』、三六五頁。
(32) ジャン－ポール・サルトル『存在と無－現象学的存在論の試み』上巻、松浪信三郎訳、人文書院、一九九九年、四五三頁。
(33) チャールズ・テイラー『自我の源泉 近代的アイデンティティの形成』下川潔ほか訳、名古屋大学出版会、二〇一〇年、三一頁。
(34) アントニオ・グラムシ「歴史への視座」『グラムシ・セレクション』片桐薫編訳、平凡社ライブラリー、二〇〇一年、三九頁。
(35) 安丸良夫「現代日本における『宗教』と『暴力』」『安丸良夫集3 宗教とコスモロジー』岩波書店、二〇一三年、三三六－三三七頁。
(36) マイケル・ケリー「ガダマー／ハーバーマス論争再考－倫理学の問題」デヴィッド・ラスマッセン編『普遍主義対共同体主義』菊池理夫ほか訳、日本経済評論社、一九九八年、二三六頁。
(37) 渡辺京二「現実と幻のはざまで」小川哲生編『民衆という幻像－渡辺京二コレクション2 民衆論』ちくま学芸文庫、二〇一一年、六七‐六八頁。
(38) 前掲「現代日本における『宗教』と『暴力』」『安丸良夫集3 宗教とコスモロジー』、三三五‐三三六頁。
(39) ニクラス・ルーマン『新版 宗教社会学』土方昭／三瓶憲彦訳、新泉社、一九九九年、四八頁。
(40) 丸山眞男「超国家主義の論理と心理」『丸山眞男集』第三巻、岩波書店、一九九五年、二二、三二頁。
(41) 藤田省三『(第二版)天皇制国家の支配原理』未來社、一九九四年、一七、六二頁。
(42) 前掲「種の論理の意味を明にす」藤田正勝編『種の論理 田辺元哲学選 I』、三九〇‐三九一、四一八‐四二〇頁。
(43) 前掲『(第二版)天皇制国家の支配原理』、九八‐九九頁。
(44) 前掲『新版 宗教社会学』、四八頁。
(45) 田辺元「社会存在の論理‐哲学的社会学試論」藤田正勝編『種の論理 田辺元哲学選Ⅰ』岩波書店、二〇一〇年、一〇九頁。
(46) 前掲「種の論理と世界図式‐絶対媒介の哲学への途」藤田正勝編『種の論理 田辺元哲学選Ⅰ』、一九四頁。
(47) 前掲『新版 宗教社会学』、六〇頁。
(48) 前掲「現代日本における『宗教』と『暴力』」『安丸良夫集3 宗教とコスモロジー』、三三七頁。
(49) 前掲「存在と意味 第一巻」『廣松渉著作集』第十五巻、一七九頁。
(50) 前掲『自我の源泉 近代的アイデンティティの形成』、三三三‐三三四頁。
(51) W・キムリッカ『現代政治理論』千葉眞ほか訳、日本経済評論社、二〇〇二年、三三五頁。
(52) 前掲『倫理学(二)』、三六四‐三六五頁。
(53) 前掲「存在と意味 第一巻」『廣松渉著作集』第十五巻、一四二‐一四八、一七九‐一八〇頁。
(54) 栗原彬『歴史とアイデンティティ‐近代日本の心理=歴史研究』新曜社、一九八二年、一七三頁。
(55) 廣松渉「世界の共同主観的存在構造」『廣松渉著作集』第一巻、岩波書店、一九九六年、一九四頁。
(56) 前掲『歴史とアイデンティティ‐近代日本の心理=歴史研究』、一七三頁。
(57) ミシェル・フーコー『監獄の誕生―監視と処罰』田村俶訳、新潮社、一九七七年、一七八頁。
(58) 内山節『共同体の基礎理論　自然と人間の基層から』農文協、二〇一〇年、五二頁。
(59) 前掲「ガダマー／ハーバーマス論争再考‐倫理学の問題」デヴィット・ラスマッセン編『普遍主義対共同体主義』、二三七頁。
(60) 前掲『自我の源泉 近代的アイデンティティの形成』、三四頁。
(61) 鶴見和子「土の巻‐柳田国男論」『コレクション 鶴見和子曼荼羅 Ⅳ』藤原書店、一九九八年、二六七‐二六八頁。
(62) 前掲「共同体の変質・再生・創出‐水俣の事例研究から」『近代の思想 色川大吉著作集』第二巻、四八五頁。

(63) 前掲『存在と無 - 現象学的存在論の試み』上巻、四五四頁。
(64) 前掲「現実と幻のはざまで」『民衆という幻像 - 渡辺京二コレクション2 民衆論』、六九頁。
(65) 竹内芳郎『サルトル哲学序説』筑摩書房、一九七二年、一三九 - 一四〇頁。
(66) 前掲「存在と意味 第一巻」『廣松渉著作集』第十五巻、一四七頁。
(67) 同前、二七頁。
(68) 今井照『自治体再建 - 原発避難と「移動する村」』ちくま新書、二〇一四年、一〇七 - 一一一頁。
(69) 阿部謹也『「世間」とは何か』講談社現代新書、一九九五年、一六 - 二一、二七頁。
(70) 前掲『サルトル哲学序説』、一四二頁。
(71) M・メルロ＝ポンティ『行動の構造』滝浦静雄／木田元訳、みすず書房、一九六四年、二三一 - 二三三頁。
(72) 前掲『自治体再建 - 原発避難と「移動する村」』、一一一頁。
(73) ジル・ドゥルーズ／フェリックス・ガタリ『千のプラトー 資本主義と分裂症（中）』宇野邦一ほか訳、河出文庫、二〇一〇年、一〇八頁。
(74) 同前、一二二頁。
(75) 前掲『コミュニケイション的行為の理論（下）』、三一六 - 三一七頁。
(76) 前掲「共同体の変質・再生・創出 - 水俣の事例研究から」『近代の思想 色川大吉著作集』第二巻、四八六 - 四九〇頁。
(77) 前掲「数理の歴史主義展開 - 数学基礎論覚書」藤田正勝編『哲学の根本問題・数理の歴史主義展開 田辺元哲学選 Ⅲ』、二八八頁。
(78) ニクラス・ルーマン『社会の社会 2』馬場靖雄ほか訳、法政大学出版局、二〇〇九年、九二〇頁。
(79) 前掲『自治体再建 - 原発避難と「移動する村」』、一一三頁。
(80) M・メルロ＝ポンティ『見えるものと見えないもの』滝浦静雄／木田元訳、みすず書房、一九八九年、一一六頁。
(81) 前掲「共同体の変質・再生・創出 - 水俣の事例研究から」『近代の思想 色川大吉著作集』第二巻、四九〇 - 四九一頁。
(82) 前掲「存在と意味 第二巻」『廣松渉著作集』第十六巻、三二九 - 三三一頁。
(83) ジャン - ポール・サルトル『存在と無 - 現象学的存在論の試み』下巻、松浪信三郎訳、人文書院、一九九九年、七一〇頁。
(84) 前掲『歴史とアイデンティティ - 近代日本の心理＝歴史研究』一七四頁。
(85) 尹健次『異質との共存 - 戦後日本の教育・思想・民族論』岩波書店、一九八七年、二〇頁。
(86) ベネデット・クローチェ『思考としての歴史と行動としての歴史』上村忠男訳、未來社、一九八八年、二七頁。
(87) J - P・サルトル『ユダヤ人』安堂信也訳、岩波新書、一九五六年、三〇、三五頁。

(88) 前掲『歴史とアイデンティティ‐近代日本の心理＝歴史研究』、一七四頁。
(89) 前掲『思考としての歴史と行動としての歴史』、一三頁。
(90) 前掲『倫理学（二）』、三六四‐三六五頁。
(91) 新田義弘『現象学と解釈学』ちくま学芸文庫、二〇〇六年、二五八頁。
(92) 廣松渉「現象学的社会学の祖型‐A・シュッツ研究ノート‐」『廣松渉著作集』第六巻、岩波書店、一九九七年、三〇三頁。
(93) 加藤周一「サルトル私見」鷲巣力編『加藤周一自選集 7 一九八四‐一九八六』岩波書店、二〇一〇年、五五頁。
(94) 前掲『思考としての歴史と行動としての歴史』、二五‐二六頁。
(95) 前掲『存在と無‐現象学的存在論の試み』下巻、七一〇頁。
(96) 前掲「サルトル私見」鷲巣力編『加藤周一自選集 7 一九八四‐一九八六』、五五頁。
(97) 田辺元「社会存在の論理‐哲学的社会学試論」藤田正勝編『種の論理 田辺元哲学選 I』岩波文庫、二〇一〇年、一〇二頁。
(98) フレドリック・ジェイムソン『サルトル‐回帰する唯物論』三宅芳夫ほか訳、論創社、一九九九年、一四八頁。
(99) 前掲『思考としての歴史と行動としての歴史』、一六‐一七頁。
(100) 前掲「存在と意味 第一巻」『廣松渉著作集』第十五巻、一一〇、一二四‐一二五頁。
(101) 前掲『サルトル‐回帰する唯物論』、一五一‐一五二頁。
(102) 廣松渉「マルクス主義の地平」『廣松渉著作集』第十巻、岩波書店、一九九六年、五八頁。
(103) アーヴィング・ゴッフマン『スティグマの社会学―烙印を押されたアイデンティティ』石黒毅訳、せりか書房、一九七〇年、一二頁。
(104) 前掲「サルトル私見」鷲巣力編『加藤周一自選集 7 一九八四‐一九八六』、五五‐五六頁。
(105) 前掲「存在と意味 第一巻」『廣松渉著作集』第十五巻、三〇〇頁。
(106) 山下祐介／市村高志／佐藤彰彦『人間なき復興‐原発避難と国民の「不理解」をめぐって』明石書店、二〇一三年、一三七‐一三九頁。
(107) アルフレッド・シュッツ『社会的世界の意味構成』佐藤嘉一訳、木鐸社、一九九二年、二三一‐二三二頁。
(108) 前掲『スティグマの社会学―烙印を押されたアイデンティティ』、二二五頁。
(109) 竹内芳郎『文化の理論のために―文化記号学への道』岩波書店、一九八一年、三一〇頁。
(110) 前掲「存在と意味 第一巻」『廣松渉著作集』第十五巻、三三四頁。
(111) 前掲『ユダヤ人』、六九‐七〇頁。

(112) 前掲『異質との共存－戦後日本の教育・思想・民族論』、二一七頁。
(113) 廣松渉「物象化論の構図『廣松渉著作集』第十三巻、岩波書店、一九九六年、一〇五頁。
(114) 前掲『ユダヤ人』、六九頁。
(115) エトムント・フッサール『ヨーロッパ諸学の危機と超越論的現象学』細谷恒夫／木田元訳、中公文庫、一九九五年、二九七頁。
(116) 前掲『現象学と解釈学』、三二五－三二六頁。
(117) 前掲「物象化論の構図」『廣松渉著作集』第十三巻、一〇五頁。
(118) 前掲『異質との共存－戦後日本の教育・思想・民族論』、二一七頁。
(119) ジャック・アタリ『所有の歴史－本義にも転義にも』山内昶訳、法政大学出版局、一九九四年、四九七頁。
(120) 前掲『ユダヤ人』、七〇頁。
(121) 矢内原伊作『サルトル－実存主義の根本思想』中公新書、一九六七年、三九頁。
(122) 前掲『異質との共存－戦後日本の教育・思想・民族論』、二八頁。
(123) 廣松渉「歴史法則論の問題論的構制」『廣松渉著作集』第十一巻、岩波書店、一九九七年、五六一頁。
(124) ジャン－ポール・サルトル「シチュアシオンⅠ」『サルトル全集』第十一巻、佐藤朔ほか訳、人文書院、一九六五年、二八頁。
(125) 前掲『見えるものと見えないもの』、一七一頁。
(126) 前掲『人間なき復興－原発避難と国民の「不理解」をめぐって』、一三九頁。
(127) W・ブランケンブルク『自明性の喪失 分裂病の現象学』木村敏ほか訳、みすず書房、一九七八年、一一〇頁。
(128) 前掲『思考としての歴史と行動としての歴史』、四一、五九－六〇頁。
(129) 前掲『主体の解釈学 コレージュ・ド・フランス講義11 一九八一－一九八二年度』、三三四頁。
(130) 前掲「存在と意味 第一巻」『廣松渉著作集』第十五巻、一〇七頁。
(131) 前掲「種の論理と世界図式－絶対媒介の哲学への途」藤田正勝編『種の論理 田辺元哲学選Ⅰ』、二〇二頁。
(132) 同前、二〇二－二〇三頁。
(133) 前掲「存在と意味 第一巻」『廣松渉著作集』第十五巻、一二五頁。
(134) 前掲「シチュアシオンⅠ」『サルトル全集』第十一巻、二八頁。
(135) 前掲「種の論理の意味を明にす」藤田正勝編『種の論理 田辺元哲学選Ⅰ』、三九〇頁。

第九章　「孤独と交わり」の弁証法と幻影化される「避難者」

第一節　「思いの累り」となる言葉と「表裏連続」環帯

「慣習／習俗」を内包する「蔑視」は共同体内で忌避されるべき「病める者」には「きわめて苛酷」な態度となる。だとすれば、「対他存在」とは対自存在から「本質必然的」に演繹されるのではない。むしろ「広義の人間現実」とは「対自存在および対他存在」を共に含意しており、両存在の「間」には「他者の存在」が不可欠の媒介となっている[1]。他者の存在が「まなざし」を「蔑視」へと変容させるとき、スティグマは「私」を「対他存在」へと固定化していくのである。その過程で「蔑視」が「人格」の根源的な領域にまで達することがある。他方で、花崎皋平は「自分もまた、『他人の目』（…）でとらえられるべき」だとする。なぜなら、「他者の存在」を媒介した場でこそ「拠るべき個」や「自分に対する誇り」を獲得することができるためである。そのときにこそ「絶望せざるを得ないその自分」を確認し、「人間としての尊厳をどこまでもゆずらない『自己』がある」ことを再認することができるのである[2]。

つまり、ファノンが論じたように、「世界の状況《コンテクスト》」に織り込まれながら人は歴史内存在となっていく。世界の状況が負の心性に充たされていれば、スティグマを刻印された「奇病」は「自己の身体的図式を構成する」ことになる。

それは「第三人称での認識」となり、「身体の周囲一面を確実な不確実性（incertitude certaine）の雰囲気」が覆うことになる。(3)こうした「不確実な雰囲気」は成文法のレベルではなく封建的な価値領域に残存する心性の具現化といえるだろう。ファノンがいう「身体図式」とは五感と空間の共軛的繋がりを生み出し、「生ける場所」を構築していくのである。その共軛的な身体と空間の錯綜が歴史内存在の「暮らし」の場を作り出してきた。他方で、メルロ＝ポンティは「色が見られるようになるとは、視覚の或る様式、自己の身体の新しい使用法を獲得することであり、身体図式を豊かに再組織することである」と述べている。人びとの身体は「己れの平衡状態へと向ってゆく生きられた意味の総体である」と考えなければならない。差異性をその始まりとする「意味の総体」は複数の「意味の新たな結び目」として新たな価値領域を形成していく。(4)

明治以降の国民国家の形成過程とは、国家による垂直的な政治支配と共同体内での因習による水平的な支配によって統治されていた。水平的な支配の在りようを吉本隆明は「柳田国男論」のなかで論じていた。吉本は、人びとは「村里の誰かが幻の音を聴いたり、幻の姿を見たりする」とき、「村里の共同体の内部のひとびとに、それが噂として囁かれ、ひろまってゆく」と表現する。「世界の状況《コンテクスト》」に内属する「村人たちは同じ時刻、同じ方向に注意して耳と眼をこらしてみる」。そうした「周囲一面を確実な不確実性の雰囲気」が漂いはじめるとき、「聞こえたり視えたりするとおもえば、たしかに聞こえたり視えたりするような気がしてくる」。こうして村里の「嘘と誇張が暗黙のうちに共同でゆるされて習俗のかたち」となり、「隠密な努力を代々継承してゆく」ことになる。この「習俗のかたち」とは言語を軸とした思考活動の枠組みとなり、行動選択の「是非」を問う機能をもっている。つまり、「習俗のかたち」である「身体的図式」が歴史内存在の一瞬一瞬の動作すらも規定しているのである。習俗や不文の格率（掟て）が村落共同体をつなぎ複数の地域ごとに成立させ、またそれらの存続には「家」の存在が必須の条件であった。(5)

「水俣病」はこうした「身体図式」を腐蝕させたのと同様に、人びとの「暮らし」の糧を得る場としての自然環境をも大きく毀損したのであった。つまり、「水俣奇病は病気だけではなく、共同体全員の生活基盤」を破壊し、過酷な「患者の抑圧、疎外、隠蔽」となったのであった。また、小林直毅も水俣病の患者と家族たちは「一連の伝染病対策による隔絶感」に苛まれ、地域からも「偏見、迫害、差別を受けていた」と論じている。そして、患者と家族たちは水俣病による苦痛だけではなく、「社会的苦痛」をも強いられていたのだった。こうした「原因も効果的な治療法も不明な疾患」は、症状や発生状況から連想される「隠喩的な意味」による「偏見」を作り出すことになった。[6]そのような「共同体」とは生活基盤を守るために「患者の抑圧、疎外、隠蔽」を正当化した「利害的共同体」であった。「利害共同体」は「偏見／迫害／差別」によって「人 - 間」を分断したのであった。このとき廣松のいう「共互的役割行為」は実質的には対等・平等ではなく、「支配 - 服従」の地位関係となった。その「支配 - 服従」はヒエラルヒーが既成化し、「上 - 下」「優 - 劣」の地位関係にある役柄が分掌的に取得されていたのである。[7]だが、地位関係がヒエラルヒーとして物象化し「人 - 間」の流動性が喪失するとき、地位関係が固定した文化は世界を序列化する体系として凝固化していく。竹内芳郎は、秩序形成と相即的に構築される文化とは、「意味と無意味、秩序と無秩序とを区別し整序する体系のこと」であるとする。つまり、どのように「区分線」を引くかが「各文化の相違」を作り出すことになる。「区分線」の現前とは「文化の世界」を「記号の世界」として代置し、世界を記号化することなのである。つまり、「区分線」を引くという行為が「記号表現」を成立させる第一の条件となる。他方で、世界とは境界線をもたず、あくまで「無定型の連続体」として存在している。こうした世界の両義性は文化秩序を崩壊させる危険性であり、その危機を縮減し得なければ「文化はこれを抑圧するほかはなくなる」のである。[8]

すなわち、文化の両義性が渦動となれば既成秩序を突き崩し、「無定形の連続体」としての世界の相貌を顕在化することにもなる。一九六九年六月から一九七三年三月の期間において「水俣病事件」の訴訟派の患者たちは企業城下町の支配者たちと法廷で対峙した。それは水俣地域の外部における「捨て身の闘い」とすら表現できるものであった。そうした過程で「水俣〝共同体〟の頂点」は突き崩された一方で、支配層に属する者たちに「痛打を浴びせた患者たち」が水俣に戻ったとき、「町の市民は複雑な怨念をもってこれに対した」のであった。[9] この状態は「記号の世界」を成立させる区別線が「定住／漂泊」の混在によって相対化されたことでもある。つまり、権力支配に沈黙を強いられていた「閉塞した定着農民」と既成秩序以外の存在者ともなりえた「漂泊職人」や漁民たちの「文化接触」が封建的秩序に亀裂を入れる「カオスとコスモスとの始原的在りよう」を明示したのであった。[10]

他方で、「無定形の連続体」としての世界が「記号の世界」へと硬質化するとき、「人‐間」は「習慣的態度／伝統的定位」などによって一定の秩序へと変容する。このとき秩序は文化的通用性によって標準化され、類型化された「客観的意味内容」を有することになる。その「客観的意味内容」は、ある一定の同時世界の圏内では当然のように「承知」されているばかりではなく、「遵守」されもしているのである。[11] また、「権力の中心／権力の焦点」が「人‐間」を分断するとき、そのとき走る「線の錯綜」から「記号の世界」を描写することができる。というのも、「権力の中心」は「硬質な切片」に関係すると同時に、「モル状の切片」には「必ず一つあるいは複数の中心がある」ためである。つまり、この切片化した部分と中央集権化した装置とは決して矛盾するものではなく、すべての切片に共通する中心点は「地平線の彼方」で「他のすべての点の背後に隠れた共振の点として作用する」といえる。[12] だとすれば、「硬質な切片」は人びとが帰属する「民族」を顕彰することになり、「モル状の切片」は「民族」意識を外部を畏れる退行した意識とする。さらに、前者への傾斜は自我と同一視された自国の誇りが挫かれることに「鋭敏」となる。

いいかえれば、自然環境を脱した「人間」は「歴史化された自然」に再拘束される一方で、「経済的／社会的／文化的」権力性を流動化させ「線の錯綜」を生成することもできる。いわば、既存の思考・行動を規定する古い構造を「超出」することで再創造することも可能なのである。なぜなら、伝統的秩序を形成していた言説編成の網目とは絶対的な「もの」ではないからである。フーコーによれば、言説実践は「諸々の技術的総体／諸制度／諸々の行動図式／伝達および伝播の諸タイプ／教育の諸形態」などに「具体化＝身体化」している。つまり、言説実践の変様はきわめて複雑な変化の総体と連接しており、それらの諸変化は言説実践の外部で生じることもある一方で、諸々の生産形式、社会関係、そして政治制度の内部も変化させているのである。「排除と選択の諸原理」は「匿名で多形的な、規則的な変容」を被りうる「ひとつの知への意志」を指示しているのである。[13]他方で、小林は水俣病の「隠喩的な意味」を捉えようとした。つまり、水俣病についての「メディアテクスト」が織り成す「ディスクール的実践」の展開によって「隠喩的な意味」が産出されたのである。また、水俣病を「伝染病のような性質がある『奇病』」とするディスクールが「メディアテクスト」として編制され、「水俣病という病」だけでなく患者やその家族の生活もディスクール的に構築されたのであった。こうしたディスクールとそれが「配分する言表」が水俣病の深い悲しみに充ちた被害を地域社会において「容認」させたのであった。それらのディスクールによって「チッソを中核として水俣の経済発展」を進めることは日本の経済発展と同一視され、高度経済成長の政治決定と人びとの「豊かさ」への欲望に沿う「イデオロギー的ディスクール」の一端をなしたのであった。[14]

「イデオロギー的ディスクール」は有意味的体験において獲得される間主観性から多様な媒介過程を奪い去ることになった。つまり、「われわれ」が「かれら」を異者として範疇化し、共同性をもち得ない者としての位置を附与したのである。ここで「イデオロギー的ディスクール」が人びとに実践的通用性を請求するという倒錯が生じることになる。それは一つの特殊な「システムとしての要請」であるが、むしろ錯認であることが言説編成の暴力性を消去することになる。「システムの要請」によって生じる諸問題は「現代」という「今」こそ問題となっているのである。「イデオロギー的ディスクール」が無標項の存在と有標項の存在を規定するのであるが、前者と後者は反照的・示差的関係のなかにあり、もし、有標項の存在がなければ、無標項は無標としては存在することはできない。この意味で有標項の存在は無標項の存在そのもののなかにすでに痕跡となっている。むしろ、竹内が指摘するように、権力を産出した権力によって再編成された構造自体が「その存在の全体をもって差別を不可欠なものとして制度化」しているのである。したがって、差別を否定しようとすれば、ひとつの構造の内包する文化の総体を根本的に再考しなければならない[15]。なぜなら、カオスがコスモスへと移行するとき既に権力による制度化が進行しているからである。こうした制度が「差別」を構成要素とするのは「差別」が社会的序列を物象化するためである。また「差別」の「視線」は何らの咎もない「新たないのち」をも容赦なく包摂してきた。スティグマとは媒体となる「顔」に対しても鋭く突き刺さる「視線」となり、「匿名性＝無標項の存在」がスティグマの痕跡を残す存在者たちを悪意と中傷にみちた視線によって貫くことになる。スティグマが物象化された「負の心性」（＝意味）だとすれば、解釈コードの形態によってスティグマの強度は変容する。それらの過程が原発禍による避難者たちを有標項の存在とし、「見捨てられた余計者」というスティグマが避難者たちの内面性を深く広く侵食している。

だとすれば、「理念／価値／概念」と記号的表現形式が「もの」化し、物的客体としての記号的表現形式が「人－間」での行為選択を物象化させているのである。そのframeworkは「類／個／種」の媒介過程の方向性を画一化し、自他間での相互了解において他者性を排斥する傾動となっている。こうした寛容性や多様性の否定をハーバーマスは注視していた。ハーバーマスによれば、生活世界の中心となっていた了解過程は全的な幅広さをもった文化的伝統を必要としている。相互了解の実践の場において「認知的な解釈」や「道徳的期待／表現」が包含されていても、物象化されたシステムは生活世界を法制化された形式性へと縮減し、文化的伝統の差異化を否定する。こうして日常実践が屈曲し、人びとの精神的領域は硬直化し荒廃することになる。いわば、機能分化したシステムは生活世界の「地平」を物象化し、機能分化による「指令」は生活世界の中心的領域にまで貫徹するのである。[16]

いいかえれば、「時‐間」を分節する区分線として「根づいている」伝統文化を捨て去ってはならない。他方で、「場所」に根づく立ち位置からの「解釈学的意識」も「断絶なく存続している伝統」に対して「疑問なしの自明な一致」はありえないことを前提としている。つまり、そこには「親近性と異質性」という両極性が内包されているのである。この両極性とは「伝承」が人びとに「語りかける際の言葉（Sprache）」であり、「伝承」が「語る内容（Sage）」という緊張関係を作り上げている。[17] たとえば、石牟礼道子は『十六夜橋』の主な登場人物である志乃を介して「時の移り変り」の「言葉（Sprache）」と「人の生死の連なり」の「内容（Sage）」を次のように語っている。

「むかしむかしのものたちが、幾代にも重なり合って生まれ、ひとりの顔になるのだと思われる。人に限らず畜生たちに限らず、その吐く息をひそかに嗅いでいるとき、志乃はそう思う。とても一代やそこらで、あんな生ぐさいような息が吐ける筈はない。人の来て立つ気配も座る気配も千差万別でいて、ひとりひとりが重なるものを持っていた。志乃は死んだものたちの思いの累《かさな》りのようなものをいつも感じる。自分は未来永劫の中の人間だけれども、前世のように思えるこの世と、ぷつんと切れているわけではない[18]」。

過去に人びとが作り上げた精神性や身体性は表裏相即的多面性となり、これらは相互媒介によって「善／悪」の方向性が定められ、規定性は集団的観念を形成し「儀礼」として定型化を維持してきたのである。それは前措定的な意識として自己意識の基底となり、「苦難／紛糾／危機」などを包含する共属感情ともなっている。また、竹内が論じているように、人間の死とは「現世と他界」あるいは「コスモスとカオス」の境界線上にある最大の「出来事」である。死に対する「畏怖の念」や「タブーの意識」が生ずるのは「文化的存在としての人間」にとって必然のことである。だが、ひたすらケガレを忌避する態度は「能動的コスモスとカオス」という「渦動的循環的統一」[19]を捉えることはできない。[20]「死んだものたちの思いの累り《かさな》」が「循環渦動の無的中心」としてそこには「在る」。こうした視座からもディルタイの自己反省とは「歴史的な自己反省」であるとレーヴィットは指摘したのであった。また、ディルタイのいう「歴史的な存在」は共同相互存在の概念と同じ「根源的な連関」に置かれており、人間は「探究不能な自己の深部」にいたるまで「歴史的な存在」となっている。なぜなら、個人が「同‐時代的」に規定されているのと相即的に、「人間的範疇」が示すものは共同相互存在という「生の諸関係」だからである。[21]だとすれば、石牟礼の描き出した登場人物の「語り」は幾重もの形影相弔となっていく。またそれは「流れ」のなかに位置づけられ、過ぎ去った「時」と「今」を再会させる「発話」ともなる。こうして形影相弔は「肯定的表面と否定的裏面」の「表裏相統一」となっていくのである。つまり、「思いの累り《かさな》」に累積した「『多数人の気持や挙動』のなかに、無意識にたくわえられているものは、官能や感覚、その身体的な振舞いの反射に、非言語的にあらわれる」のである。[22]

　こうして過去を「時」の連鎖と継起として捉えたとき、「無時間的超歴史的」に「幾代にも重なり合って生まれ、ひとりの顔になる」のである。いわば、歴史性と共同性が「根源的な連関」に位置づけられ、共同相互存在を可能にしている。「人の来て立つ気配も座る気配も千差万別でいて、ひとりひとりが重なるものを持っていた」のは、「我」という存在が「今」を基点としつつ「時」の連続的移行に内属しているからである。また、「我」が「人の来て立つ気配も座る気配」を感受し得るのは、共同相互存在として「生の諸関係」に織り込まれているためでもある。三宅剛一は「我々」が自己を「我」として意識することは、他の「我」に対してのみ可能となるという。つまり、「我々」は多くの物に囲まれた「世界の中」で生きる自分を見出すのと同様に、他の諸主体の中でそれらに対して在る「我」を見出すのである。これらの諸主体のいくつかの部分が特に「我ら」と身近な存在となるのである。[23] また、フッサールが指摘したように、世界は時間的なものとして、空間時間的世界である。その世界とは「普遍的な地平として妥当している」。また、現在が「自己の背後に限りない過去をもち、自己の前に開かれた未来をもっている」ことは「我々」に了解されている。[24] このような過程で「我々」という共同相互存在は未来という「新たな現在」を湧出させ、「死んだものたちの思いの累《かさな》り」を継承していくことになる。こうした石牟礼の物語から「時空間論」を渡辺京二は展開した。渡辺によれば、石牟礼の「時間と空間の把握、その処理のしかた」が、近代的な小説のナラティヴと著しく異なっているとされる。また、時間・空間が「ストーリーとしてリニアーに接続したり展開したり」するのではなく、「多系列的に共存し混在している」。そして、話はたえずあと戻りして「渦を巻き」、時間・空間の基準点は不明確になる。つまり、過去は現存し「現存するものはたえず過去と混りあう」のである。それによって「すべての存在が過去・現在、遠近の区別なく、一斉にせり立ってくる」ことになる。[25] さらにそれには個々の人間の運命と全体の運命における闇につつまれた未来が加わる。そのような「闇の中」へそれでもなお人びとは「絶えず眼を向ける」のであり、「闇の中へ過去の無数の糸がのびて奥まで達している」のである。[26]

時間は「自然」な「流れ」のように見える一方で、歴史内存在の「主体的な精神性」は過去を包含した現在を介して新たな「時」を積み重ねていく。「時」の堆積が文化として表象化されたとき、ある種の客観性が間主観的に歴史化され、通時的に継承された間主観性が共時的な場で歴史化された諸対象の反復を可能とする。ここで注視すべきは「時代の隔たり」を積極的に「生産的な理解の可能性」として認識することである。つまり、「時代の隔たり」とは大きく開いた「深淵」ではなく、「由来や伝統の連続性」によって満たされているのである。[27]だからこそ、クローチェは「あらゆる判断は歴史的な判断である」と述べたのである。この「判断」とは「主語と述語の関係」であるとしても、「主語＝判断される事実」は、「歴史的な事実」として生成する「進行中の過程」なのである。[28]

いいかえれば、歴史的な事実を生み出す「隔たり」とは隠喩の機能でもある。リクールがいうように、もし、類似が隠喩の中で何かの役に立つとすれば、類似は述語の属性賦与という性格を包含しており、単なる名の代置という性格ではない。新しい関与性をなすものは、〈距離〉にさからって辞項間で成立する〈近さ〉のようなものなのである。つまり、それが類似の「述語的な効果」であるといえるだろう。[29]「物語的時空間」をこれまで視座としてきた廣松ならば「ゲシュタルト的な自己同一態」として表現するだろう。廣松哲学では「自己同一態の所識的形相」は「函数態」として記述されていくことになる。「物語的時空間」は「述語的」かつ「ゲシュタルト的」な「こと」なのである。そうした「物語的時空間」は「関係的規定態の重畳的結節態」を「イデアリジーレンしたもの」である一方で、「レアールに実在する」わけでもなく、「実体」という存在に担われているのでもない。それ自体が「差異化し延期」する「無限の過程」なのである。そうした関係的規定態の重畳的結節態は言語の限定的体系性を貫通して働く「諸過程」でもある。だからこそ、社会的伝達体系の構造の限界を解体し、さらに再構造化するのが述語作用なのである。このような述語作用とは「他化するもの／無限化するもの」を概念化する動性のなかに見出すことができるのである。[30]すなわち、「時‐間」の「他化／無限化」という「隔たり」が「現実」と「虚構」の「間」を可能とし、その二つが交錯する汽水域では間主観的理念化が「由来や伝統の連続性」を形作っている。だとすれば、石牟礼の「物語的時空間」は「自然／歴史」の相互侵蝕の渦動を捉えていることになる。この視座は「歴史化された自然」が「自然化された歴史」ともなって多義性と葛藤を孕んだ時空間を生み出し、また同時に絶えず不明瞭なあわいへと意味領域が融解していくこともある。

「物語的時空間」から中上健次も「差別の構造とは何か」を問い直し、「日本において、差別が日本的自然の生みだすものであるなら、日本における小説の構造、文化の構造は同時に差別の構造でもあろう」[31]と述べたのであった。現実を捉えるとしても、感性対象をそのまま模写するのではなく、そこには人間の精神的活動の媒介がある。つまり、現実は媒介されることによって「間接」的に「現われる」。「小説＝物語」とはこうした媒介性が産出した「作品」（＝虚構）である。重要なことは人間のもつ精神的活動であり、精神性に現実は媒介されてこそ「作品」として成立する。もし、「清明の心」を希求すれば、世界は輪郭線を失い渾沌のなかに落ちていくことになる。というのも、世界と自己は多様な散種がある相互規定だからである。このとき価値性の認知主体は「不断の形成・変様・陶冶の動態的過程」であり、「単なる私より以上の私」の相へと自己形成を遂げている。それが現在相と相対応するなかでの「相互影響的・相互既定的な相互媒介的雙関性」となるのである。[32]「小説＝物語」とは「時－間」において生起する多様な出来事を介して、「個」が「類／種」との媒介からどのように変容するのかを説明する。そこでは複数の「個」が選択する諸行為とその背景となる「空－間」に対する理解があり、「時－間」の継起を叙述することになる。つまり、自他間における自己像の提示とは「時－間」的継起を「語る」ことであり、必然的に「小説＝物語」の形式を必要としている。だからこそ、人びとの世界解釈とは時空間の「物語」的な自己記述となるのである。

すなわち、「物語」とは準拠枠による媒介を経た解釈によって形となり、解釈とは複合的な諸要素を全体的布置に位置づけることなのである。それは廣松が「主体的態度は生の関心によって規制されるが、その生的関心の在り方そのものが文化によって拘束され、間主体的に規制されている」と論じたことでもあった。こうした「現実」や「虚構」という二元論に回収されない思惟を中上は探究したのである。それは近代の論理と生活世界の真理が「絶対媒介の自覚態」から把握されなければならないことを明示している。そうした「自覚態」とは「既在」と「将来」の媒介、つまり二つの「間」を生成する媒介過程から理解する必要がある。そのとき部分とは全体との否定的媒介という「差異と反復」のなかに位置づけられ可視化されることになる。だからこそ二つの「時」の実体化ではなく、「否定即肯定」としての歴史的な汽水域における「歴史的現在」において「生の姿」を捉えることができるのである。

「物であり魂であることこそが人の条件であるなら、差別なるものは、人の魂をそぎ取る。牛を屠る者が屠られるのである。差別、被差別は文化、芸能において美でありエロチシズムであり暴力であるが、一旦それが文化、芸能のわくを越えると、猛毒のように人を畏れさせ誰彼なしに人を屠る」(33)。

ここで中上が捉えたのは「エロス」と「タナトス」の相剋であるといえる。そうした二つの概念構制は交互媒介的であって、対をなすことによって「意味」を確定する。つまり、秩序という語彙が反秩序という語彙と反照・示差的関係にあるのと相即的に、反秩序のなかにも秩序という語彙が同様の形として規定される。たとえば、「エロス／タナトス」、「生／死」、「清浄／不浄」、「存在／非存在」、などがそれに該当する。竹内がいうように、文化とはつねに秩序を意味しており、人間的実践は無秩序（カオス）と秩序（ノモス）の境界線上で遂行されている。人間的実践とは、いわば、一つの秩序を別の秩序に転ずることでもある。「カオス」を一切の秩序を超越する「こと」とすれば、「途方もない危険」と直面することになる。だが、「カオス」は「能産的コスモス」として一切の秩序の源泉であって、秩序転換に際して「一旦はカオスに還帰することがつねに可能となっている」のでなければならない。なぜなら、必然的に既成秩序は遊動性を失い意味生成の力能を枯渇することになるからである(34)。意味生成の端緒となる類似の論理的構造を啓示するのが隠喩である。こうした隠喩的言表においては、差異や矛盾があるにもかかわらず、類似が認知されることになる。つまり、類似とは述語的操作に相当する論理的範疇であり、述語的操作において、〈近づける〉ことは〈遠ざける〉ことの抵抗に出会うことになる。[35] それはすべての人間存在にとって、変移しつつある自分と他人との経験および経験物の、開放的に無限な多様性の統一として意識されることになる。その経験を包含する共同主観性とは「わたしと各人にとっての、時によって出会う人たち、さらにわたしと現に結合しつつ行を共にしている人たちからなる開放的に無限な地平」なのである。[36] 人間存在が「生の姿」を形作るための生活世界とは「主観的／客観的」世界ではなく、「事実的と価値的」、「即事的と象徴的」、そして「実在的／超存的」、などを言語の介在によって並立させている「共同主観的」な世界なのである。そうした世界とは「肯定／否定」という一方の概念領域に限定されるのではなく、「自同矛盾の両原理の二即なる二重性」として存立している。

「二即なる二重性」の論理間はつねに緊張と弛緩のあわいを生成している。それは民主主義の思想が「類／種／個」の実態化ではなく永続的媒介性による限定否定の動性を要求しているためなのである。[37] また、人びとの諸行為によって「人‐間」における範型的な「人格」を共有することになり、自他間は共同相互存在となる。そのとき「思考／行為／人格」などの範型化によって諸行為の選択が限定され、理念型としての「人格」が一定の拘束性をもって相互関係を規定する。こうして円環的媒介によって「主体」は再生産されることになり、現象の「現われ」が明確な「生活観／世界観」を帯びることになる。

グラムシによれば、歴史のなかで継続的に登場した「世界観／生活観」の諸断片は未消化のまま集塊を成しているという。[38] 歴史過程のなかで「世界観／生活観」として残存する記録は「フォークロアのなかにのみ毀損され汚染された形態」のもとにある。一方で、近代的思想と科学も「近代的なフォークロア」に対して絶えず新しい要素を提供している。一部の科学的概念や見解は「民衆的な知の領野」に包摂され、伝統のモザイクのなかに「嵌めこまれて」いるのである。その「フォークロア」とは民衆の文化生活の諸条件の反映としてのみ理解することができる。こうした「フォークロア」とは一つの論理的体系であり、「事実／価値」と「存在／当為」を二分法的に明確に截断することはない。たとえば、「論理」を否定する「非合理的直接態」の媒介によって「論理」は作り出されている。そのとき論理構制は「規範意識／価値体系／諸欲求」の混在した認識関心によって規定されており、「矛盾の同一（同時に同一の矛盾）」という動的転換を経ない「純粋」な「生の事実」などは在り得ない。

つまり、「非合理的」な「直接態」とは「絶対媒介としての論理」に不可欠な否定契機なのである。いかなる「純然」たる事実言明もゲシュタルトから位置づけられ、文脈的背景を捨象した言明もまた存在し得ない。そうした「非合理的」な「直接態」を包含した背景知によって価値言明は解釈されている。「論理の一般的規定」である「推論性」も同様に、演繹的推論性を意味するのではなく、媒介された円環的媒介性となっている。[39]「安定／変化」「知識／信念」「単称命題／普遍命題」などの二項截断的な陥穽を脱するには論理が「時間的／歴史的」を包含する「両面的対立契機の弁証法的統一転換」となる必要がある。そのとき「論理の一般的規定＝推論性」とは識閾を拡大する探究となり、同時に共同相互存在は「もはや探究不能な自己の深部」まで歴史性を介した存在となっている。なぜなら、「人間的範疇」は「生の諸関係」の「事実」を「信じることが合理的であるような何か」を前提とし、「真なる言明」とは「それを信じることが合理的であるような言明」という通念を基底としているためである。

「歴史・内・存在は、その最も抽象的な anfänglich な次元でいえば、誰かとしての或る者が何かとしての或るものに対峙《たいじ》するという（…）四肢的な、構造聯関において在る。／いうところの四つの項は、しかも、関係に先立つ項ではなく、項に先立つ構造聯関の契機としてのみ存立する。しかるに四項のうち二項を含む平面で截断《せつだん》し、かつ当の二項を実体化することにおいて近世的な世界図式 Welt-Schema が形成される。そして、そこには、人間の（歴史化的）『対象的活動』の創造的自発性と被投的制約性とが、イデオロギッシュに投影され、それぞれの仕方でこの両義性を解消しようとする分析的理性の志向が体現されており、その埒内で一定の有効な知見が蓄積されている」[40]。

「四つの項」が「項に先立つ構造聯関の契機としてのみ存立する」とすれば、文化とは「項」とされた実在化でなく、「四つの項」が交互媒介する運動性を内包した表裏相反転する過程なのである。たとえば、「項」を評価し意味づけようとする尺度すらも媒介されており、分離することのできない「構造聯関」に規定されている。つまり、自ら媒介されることのない「直接的に固定」された「媒語」が「直線的なる推論式」を形造るのではない。一々の段階で「直接即間接的」な媒介が自己を否定的に自己と媒介する「動的円環が絶対媒介」の「推論性」を形造るのである。[41]「存在と意味」あるいは「実在と価値」の両概念とは分離した「もの」として把握するのでなく、反照的・示差的関係性による「共軛的概念」とすべきなのである。つまり、「人間の（歴史化的）『対象的活動』の創造的自発性と被投的制約性」とは価値体系と深くつながった精神的・歴史的な構成態を形成しているといえる。だからこそ「四項」から「二項」を截断し実体化する「近世的な世界図式 Welt-Schema」は既存の価値階層を基底とした世界像を固定化し続けていくのである。こうした「世界観／生活観」の構成を固定しようとする試みは物象化的錯視となる。

他方で、日常に埋没している人びとが「肯否相対立」する渦動性と接するとき、それは新たな価値規範を形づくる契機となる。これは従来の封建制が有する「差別」とは異なる視座から「倫理性」の共有によって負の文化的諸価値を乗り越えることにもなる。このとき政治の場では複数性が前提となり、固定化された「支配 - 被支配」関係を流動的な関係性へと代置する。つまり、複数性を担保する「倫理性」とは、日常性を新たな地平の融合から多様性へと変容させていく。このとき「時‐間」と「人‐間」の交叉は従来では規範化されていない潜在性を現勢化することになる。そうした過程は新たな「規範性」を広範囲な政治・社会・文化的文脈のなかにおくことになる。また、これは既成の秩序が包含する「差別」や「蔑視」を超克しようとする異議申し立てとならざるを得ない。というのも、そのとき生活世界の中から立ち表れる新しい精神性は日常活動のなかで他者性をより内包し得る共同性へと変様していくからである。だからこそ、鶴見は共同体Aと共同体Bの「間」で生成する「文化接触」を注視したといえるだろう。つまり、内部を変容させるのは外部の内部への浸透である。この「間」を柄谷行人は『ドイツ・イデオロギー』から論じている。柄谷が引用した箇所は『ドイツ・イデオロギー』で次のように記されている。

「ある関係が実存するところでは、それは私にとって実存する。動物は〈他［のもの］に対して自覚的に［関係することを］せず〉何に対しても［関係する］ことがなく、またそもそもそうすることをしない。動物にとっては他のものに対する関係は関係としては実存しない。それは、自然がまだ〈僅かにしか〉ほとんど歴史的に変容されていないからこそである。(…)どこでもそうであるが、ここでも自然と人間との同一性は、自然に対する人間たちの局限された関わり合いが彼ら相互間の局限された関わり合いを条件づけ、そして、人間相互間の局限された関わり合いが自然に対する彼らの局限された関係を条件づける、という具合に現われている[42]」。

こうした視座に準拠した柄谷によれば、一般的な表現では動物も対象をもち対象と関係するが、それらが環界と一体である以上は対象も関係もありえない。これは動物にとって他のものに対する「関係は関係として実存しない」からである。つまり、「対象や関係」は「遅延化（差異化）のなかではじめて存在する」ことになる。対象物は「欠如 - 表象（意味作用）」のなかで形成され、「自然と人間」あるいは「人間相互間」の「『関係』はすでに多重的なもの」となっている。いわば、意味は「語（シニフィアン）と語（シニフィアン）との『間』に生じる」と把握しなければならない。こうした「根源的な意味作用」は「空＝間」で生成するのである。(43)

ジャック・デリダは「時空経験の根源」は「差異のこの〈書きこみ〉、痕跡のこの織物によって、時空の差異は分節され、そのものとして一つの経験の（『同一の』固有の身体から出発した『同一の』体験の）統一の中に現われる」と述べ、そうした「分節の第一の可能性」から出発する必要があり「差異とは分節である」という。つまり、「自然と文化」あるいは「動物性と人間性」などの「対立以前に考えねばならぬ痕跡」は「意味作用の運動」の「結果」なのである。だとすれば、人びとが「世界の中で最も親密なもの」として、「親密性そのものとして知っていると信じ込んでいる外部、『空間的』、『対象的』な外面性」は「間＝化としての差延作用」なしに「現われ」ることはない。(44)

「差異とは分節である」とすれば、意味体系としての世界とは「同一性」ではなく「区別性」が根源的先行性となり、だからこそ、「として在る」としなければならない。既に「統 - 轄」の機制が作動している準位において、輪郭的な纏まりと相即的な「区 - 分」は対照性によって確定されている。この対照的な「区 - 別」性が先行的与件となり、概念の固有規定が認知されているのである。それは「一種独特な『異と同との統一』」であり「レアール・イデアールな区別化的統一」なのである。(45)つまり、世界の「内外」は連続的環境であって、「連続即非連続／非連続即連続」という「転換的媒介関係」が形成されているからこそ、「自然と文化」や「動物性と人間性」は「意味作用の運動」から把握しなければならないのである。「痕跡としての織物」から「自己意識」には歴史的深みが刻み込まれているのと相即的に、「痕跡としての織物」によって「時空の差異」は分節化されている。「転換的媒介関係」は「世界」を包含し展開する有意義連関を作りだし、「表裏連続」環帯（Möbiussches Band）は時空間を「表裏相通ずる連続的統一」的な動性とする。[46]というのも、「『空間的』、『対象的』な外面性」には差延作用が必要だからである。いわば、絶え間ない「間＝化」によって「個人」や「集団」は「項」ではなく、「関係の第一次性」に定位している。それは諸行為が交錯しながら流動化しつつ時間と空間を秩序化することだといえる。世界では「転換的媒介関係」という渦動が生成しており、「自然／文化」あるいは「動物性／人間性」などを概念化する「意味作用」は危うい均衡の上に成り立っている。だからこそ、対象把握のために一定の「地平」に視座は設定され、歴史意識は動きを伴いながら世界の「同一性」を維持しえている。「自然と文化」は交互的な共軛性によって「歴史化された自然」となっていた。とすれば「文化」が痕跡として内包する暴力性が「自然」を侵蝕し、人びとの「生の姿」を書き換えることもあり得る。こうした均衡の崩れは「動物性と人間性」の紙一重の相違を無化することになっていく。

ゲオルグ・ジンメルが論じたように、その均衡は生が孕む根源的な「矛盾」なのである。ジンメルは、「生は堅固であると同時に変わりやすく、型にはまっていながらも発展するもの」であり、「形づくられているにもかかわらず形を突破」していくと捉えていた。他方で、一切を包含する「生の連続的な流れ」と対照をなす「個性的な形式」が「自己」のうちにも存在している。こうした「生の根本本質」は「流れ」と「形式」という二元論的な分裂を「そのまま一つの生として活動させる」ことにある。[47]だからこそ、「形式」を喪失させる「流れ」としての渦動は「人間性」を「動物性」へと傾斜させていくことにもなる。それが水俣病という「公害」が示した「人間と集団」あるいは「人間と自然」の関係性を根底から破壊した歴史であった。水俣病の多発部落の自然環境と生活の破壊から再生への動きには二つの局面がある、と鶴見は指摘した。[48]その局面とは裁判闘争と自主交渉であり、その後に少しずつ立ち現われた再生への多様な試みである。こうした局面には連続と断絶があり、「差別」され抑圧されてきた患者たちの願望が示顕し、患者救済の実現のために患者と支援者との合力が形成されたのである。つまり、多発部落の定住者と漂泊者とが外来の支援者たちと合力したのであった。

ところで、何らの位階もない「一雑神にすぎぬ〈産神〉」はケガレとしての「産穢」を厭わず産婦に接した、と竹内は指摘している。この産神は「体制内在化した定着農民に追われて山にひそんだ逆神〈山の神〉」と繋がっている。一方で、山の神は「女神として、そのお産にさいしては、非定着農民たる山男たちのうち心やさしき有志の者の手を借りた」のであった。この「交わり」のなかに竹内は、産血を「ケガレとのみとらえて忌避する権力層」とそのイデオロギーを内面化した定着農民たちに抗し、その狭間に生きる「被差別集団、漂泊の民、山民たち」の産穢を畏れぬ「雄々しくもやさしい姿」を見出したのであった。[49] いわば、共同体内では特定の個人や集団の特異性を固定化しさまざまな諸問題を潜在化させ、通念という物象化的視線と日常的態度が諸問題の明確化を抑圧しているのである。内部が有している差異性や多様性が伝統的な準拠枠によって日常的な「もの」とされ、そうした潜在化はマイノリティが直面する「差別」による暴力性をも不可視化し、この不可視化という「見方」の物象化が「差別」を再生産し続けているのである。他方で、ガダマーは「理解へとひとを誘うものは、それ自身すでにまずもって、その他者性が引き立たせられていなければならない」とした。[50] また、人びとの自己同一性も身体を「媒体」として他者性という外部の視線によって確定されていた。つまり、「精神／身体」あるいは「内部／外部」を横断する差異性の媒介作用が渦動しているのである。こうした異なる諸価値との接触によって共同体の記憶の歪みを矯正し、多義性を含意する「精神」こそが「さまざまな時代を生き抜いてきたことの記憶」の継承を可能とする。その精神によってこそ「かつて歓喜であり悲嘆であったもの」が「認識」と成り得るのである。[51]

吉本も柳田の「旅人＝漂泊者」に注目し、柳田にとって景観の間に停泊し通過する「旅人」の「まなざし」の特質を六点に要約した。（一）まず、外側にあって絶えず流動し景観（とそのなかの人）をみている者の「眼」である。（二）その「眼」は山人（狩猟・木樵）や平地人（農耕人）のものではなく、むしろ固定化を拒む「眼」である。（三）だが、外部の視線であっても抽象性を避け、「生活史としての景観をみた」のであった。いわば、「景観と（そのなかの人々の生活）」は憮でられ、味覚されているのである。（四）そうした「旅人」とは風景を対象にして認識を深めていく認識者なのである。風景の解釈とは、複数の風景の比較によって認識を深化させる能動的行為といえる。（五）つまり、「旅人」は村里の風景の変貌を鳥瞰し、俯瞰することが可能となるのである。（六）このとき「旅人」は村里を通過する自分自身をも自らの視線のなかに包含しているともいえる。(52)

多様なパースペクティヴが「空‐間」内における「包摂／排除」を駆動する論理構制を対自化することになる。だが、共同体の成員の通念は「背景知」となっており、可視化されることは困難である。「観る」という権力性は「包摂／排除」を正統化し一定のコードから構制された物象化の産物といえる。外部に立ち「観る」ことは通念となっている事柄の不自然性を顕在化し、「無徴としての地」と「有徴としての図」を流動化することになる。この「地」と「図」は多くの文化体系のなかで広く見出すことができるが、そこでは「地」としての無徴性が有徴性を成り立たせ、「図」としての有徴性は特殊性として規定されていた。歴史内存在とは絶えず他者の行為選択を一定の「観方」から解釈し、行為を意味づけている。それは「身体」が「媒体」として自他間での共軛的な縛りにあることであった。いわば、解釈行為による意味確定は他者あるいは外部による恣意性に委ねられているのである。外部としてのパースペクティヴが内部の歴史的・社会的文脈を相対化し、新たな自己省察の契機となって媒体としての身体を再構制していくことにもなる。他方で、共同体内でのパースペクティヴが「歴史的／社会的」文脈を「政治的／経済的」文脈と同化させ自己言及的に内部を腐蝕させるとき、何が問題点なのかを論理化しなければならなかった。というのも、内部において

「正統的」な行為が内部に帰属する人びとの「善悪」の心性を深く侵蝕したからである。行為への責任の確定とは外部との文化接触によって客観的な規範性の獲得と論理性の再構築が必要であった。「責任＝応答可能性」は「旅人」の視座の介在によって新たな「倫理的／法的／政治的／経済的」枠組みを作り出すのと相即的に、「責任＝応答可能性」は定住者と「旅人＝漂泊者」の「交わり」によって可能となったのであった。

こうした定住者、漂泊者、そして外来の支援者たちの合力が水俣再生の新しい局面を作り出した。近代日本の宿痾とでもいうべき「水俣病」の解決をめざした人びとの願いは、裁判と自主交渉の終結によっては、成就しがたいものであった。人びとの願いの成就のために、①制度もしくは組織の人間化の要求、②「自然と人間」あるいは「人間と人間」との共生への願い、③公害防止への志向、などの水俣再生の試みは引き継がれることになった。[53]

鶴見は「内発的発展」という視座を水俣病の問題解決のために介在させ、「定住」や「漂泊」という文化接触による新しい価値形成を論じたのであった。つまり、「定住－漂泊」というあわいから生じた差異化は文化接触という動性となったといえる。それは「定住＝既知性」が「漂泊＝未知性」との空間的混在となり、「等質」的共同体とされた「項」を「関係の第一次性」から再形成したのであった。その過程は「定住＝静止」と「漂泊＝動性」の間が絶え間なく交錯し合い、多様な価値領域が拮抗している「こと」なのである。こうした視座は面の実体化ではなく、「点の航跡」として概念対象を捉えることである一方で、それは「共同体／民族」「宗教／道徳」「文明／経済」などが重複する「同一性」を「図柄」としてではなく、差異性の「図柄」から再把握することでもある。

たとえば、「図柄」を「相互的布置関係」から再考すれば方向性は明確になる。廣松によれば、知覚的風景の構図は「複雑な媒介的機制」によって成立し、知覚的風景界の諸肢節は〝この身体〟とのあいだに一種独特の関係をもっていることが覚識される。「〝この身体〟は遠近法的配景の輻輳点をなしており、視覚風景の膨縮的編制が〝この身体〟

と一定の規則的連関相にある」。空間的規定性に関する変化は「移動／変容／生滅」であれ、いずれも「布置的関係」の変化に帰趨する。「直截的な意識においては慥かに『位置』の定位は端的である」が、「位置なるものがまずあって第二次的に布置関係が成立するのではない」のである。[54]

いいかえれば、「内発」とは「外発」との間断なき分裂として発現する一方で、矛盾的に統一されている。また、相互侵食のように「外発」も「内発」に陥入しているのである。つまり「内発」と「外発」という概念についても「項」とする実体化に注意を払い、「内外表裏」としての「関係の第一次性」から把握し、その「内外」の間では差異性が先行していることを再認しなければならない。とくに、複数性による相互的活動から描き出される「図柄」はつねに流動する過程として「在る」。「項」ではなく「関係の第一次性」から描写される多様な「図柄」を歴史内存在として人びとは互いに織り上げてきた。このように「図柄」が「構造」として固定化されずに「過程」であることが重要なのである。[55] いわば、「同じものが見るものでも見えるものでもあるというのは（…）構造的な意味で同じなのである」。つまり、「同じ骨組、同じ Gestalthafte〔ゲシュタルト的なもの〕」として理解すべきなのである。[56]

人びとは、集団や個人として、他の集団や多くの他者たちの間の「図柄」に位置づけられている。「布置的関係態」というゲシュタルト的な一総体こそが第一次的にあって、この布置的関係態の〝結節〟として位置が存立するのである」。この「位置」とは「布置的関係という反照規定が〝物性化〟され、〝内自化〟されたもの」なのである。[57] いわば、「布置的関係態の〝結節〟」は四つの過程の重合によって形成されている。つまり、①「人間と自然のかかわりの過程」、②「種族や国家のような個人を越えて存続していく単位一つ一つの内部での人間の共同生活の過程」、③「そういう個人を越えて存続する単位が複数の形をとったときのその中での人間の共同生活の過程」、④「人間の自分自身との共同生活の過程」、などが複雑な「布置関係態」を構制している。それらの諸過程の渦動は決して相互分離することはできず、歴史内存在は集団および個人として、「自然」、「他の人間や他の集団」、そして「自己意識」などと幾重にも重合している。こうした絡み合いは「図柄」が人間を位置づけ、「人間の決定や行動の大部分を規定している」ことからの帰結なのである。(58)さらに、テイラーは「承認をめぐる政治」という視角から次のように論じた。つまり、「差異の理論」は、誰もが承認できる普遍的な要求に配慮しながら、相互の独自性を承認しあう過程を促進していくことが重要となる。「歴史／社会」という具体的な関係から形成される人間観の軽視は公的生活を破壊することになる。だからこそ、テイラーは善を正義よりも優先的な価値としたのであった。それは、人間が善という領域を意味あるものとする言語共同体への帰属から「正義と不正義」「善と悪」という境界を既知とし得るからなのである。(59)

しかし、現在の被災地における復興計画は「除染やインフラ整備の工程ばかりで、その他の具体的取り組みも、多くはハード事業に偏っている」。また、「コミュニティの再建」などの言葉も見出すことができるが、それらを具現化するための施策・事業は「あたかも地域社会を構成するハードさえ揃えば、それでソフトも自然に再生するかのような内容になっている」といわざるをえない。(60)共同体内で通俗道徳が「生ける道徳」としての力動を喪失したとき、それは他者排除の境界線として物象化されるのであった。多様性を喪失した「通俗」的情動は完結した歴史像を求め、「内部」と「外部」を明確にする「道徳」を必要とする。このような「道徳」は「過去」の物象化によって「現在」を拘束し、「通俗」が排外的境界線となれば「日本」の「内部／外部」を際立たせる「道徳」ともなっていく。そうした過程では「道徳」の解釈過程において他者性を介在させることはなく、人びとの思考は「権威／正統性」を絶対化するのと同時に、他者への寛容性を失っていくことになる。

いいかえれば、個人の「生の有限性」は帰属集団の持続性に吸収され、集団の持続性はその過去を現在とするのと同時に未来を現在化する。それは「今」という瞬間の感覚的経験へと集中する傾向が人びとを拘束するのであった。「歴史的時間の現在」は今日の大勢に従おうとする「大勢順応主義の態度」を生み出し、その態度は昨日と今日の立場の「一貫性」を重視することはない。こうした大勢順応主義こそが「集団の成員の行動様式にあらわれた現在中心主義」なのである。[61]「現在」という瞬間瞬間が安定した行為選択を可能とする社会秩序となっている。内部へと自閉する間主観性に準拠した「瞬間／今」は「自由」な「思考／行動」を拘束する桎梏となる。他方で、「一貫性／継続性」は「人格」を形成する主要な要素となるが、「瞬間瞬間」を行動規範の前提とする行為者たちには「流れ」に身を任せる「規約」が重要となるのである。つまり、大勢順応主義が機軸となる「人‐間」では行為選択に客観性をもたせるために帰納法や演繹法はむしろ排斥されてきた。帰納法や演繹法が前提となり得ないとき、選択した行為の事後的結果が不適切であったとしても、「清明な／純粋な」心根が優先され、問題設定の検証は不問に付されることになる。

「大勢順応」対「信条の自由」などのような「鋭い緊張関係を含む社会」と「個人の信条や良心の自由の強い主張をその支配的な価値体系のなかに含まない社会」とでは、歴史認識の検証のありようも大きく異なる。というのも、「過去と現在」の政治的立場の「一貫性の基礎」とは「個人の信条と良心の一貫性」だからである。一方で、個人の信条と良心の代わりに集団的規範が優先する社会は「過去には過去の、現在には現在の大勢に従うのに抵抗がない」という没価値的な姿勢が蔓延することになる。[62]いま、右傾化の大勢のなかで日本社会は震災と人災の大きな被害を正視することなく、新自由主義に先導された経済合理性によって残存する被害状態は顧みられなくなっている。そこでは実定法が空洞化し法治ではなく人治によって政治が行われているのである。

アーレントによれば、実定法という意味での法律は「製造の精神」にはまったく関係することはない。なぜなら、法律とは人間の「共同生活の領域」のなかで「継続性」を保障するものだからである。一方で、人間の共同生活の継続性は一般的に「人間の自由」によって絶えず揺り動かされている。つまり、こうした「自由」という遊動性は「共同生活のなかに生み出されるすべての新しい人間の誕生」なのである。いわば、「誕生毎に一つの新しい始まりが、一つの新しい自由が、一つの新しい世界が生起する」といえるのである。だからこそ、法律は「予見不可能の絶対的に新しいもの」の可能性を保障するのと同時に、すべての個々の始まりを超えて「継続する共同の世界」の存在をもまた保障しているのである(63)。

「共同の世界」の法秩序を背景から支える共通善はそれぞれの行為的主体を形成するフレームワークであり、共通善が共同体を維持する政治的行為を可能にしている。また、共通善を包摂する文化的価値が「差異」だけを強調し独善性によって包まれる危険性にも配慮しなければならない。つまり、共通善という共通性のなかに歴史的多重性を見出すことも必要不可欠なのである。そうした諸価値の重なり合いが相互理解と相互批判とを促していくことになる。共通善は各共同体が含意している伝統文化の基軸である一方で、それは解釈され、修正する基点ともなっている。すなわち、慣習は社会化（人間化）された自然であるが、慣習による過去の支配から「未来への配慮による社会生活の形成への移行」が歴史の移行なのである(64)。人びとの過去の理解が「現在」の可能性を限定するように、「現在」の人間たちの行為選択が後続する世代の将来を確定していくことになる。社会とは「機能上相互依存している人間たちのつくる編細工」であり、それによって「独自の構造」をもちえる、とエリアスはいう。つまり、歴史内存在として人間は、個人あるいは集団としての「独特の図柄」を構成し交互的結節点を作り出している。そうした「図柄の力学」は人びとに対して抗い難い不可避的影響を及ぼす。だからこそ、複雑な相互依存を捉えるためにエリアスは「図柄」という柔軟な視座を提示し、複合的に形成された諸関係が交叉する「人‐間」を考察したのであった(65)。

たとえば、生が論理に媒介されるのと相即的に、論理は生に媒介されている。こうした「両者は相即の二面であって、互に含み含まれる対立契機に外ならない」。交互媒介とは「図柄」を描き出す縦糸と横糸の交叉なのである。そうした過程で歴史内存在は否定的媒介性と相互依存によって「編細工」を編み上げる。「図柄」が「個」の位置を指し示し、「個」が「種的基体」としての「図柄」を描き上げる。そこには指示する方向性と「図柄」の素描が必要となる。つまり、方向性という論理と素描という生の祖型が相即的な関係性となり、弁証法的意味において表裏相媒介されているのである。その限りで「生は論理であり、論理は生である」と田辺は論じたのであった。また、すでに生の自覚は生の体験そのものと段階を異にする。生は否定されることから具体的な「自覚の段階」へと高次化する。だが、「生の否定＝作用の対象化」がなければ、「中心なき流動の中心」を把握することはできない(66)。

第二節　幻影化される出来事と世界の褪色

共同体と外部の境界線は自他間の思考と行動選択の枠の違いとなる。一方で、内側ではムラ人の生活の寄合や祭礼に代表される「公」と個人の結婚や死のような「私」の区別はなかった。人びとの「生の姿」とは無自覚的であっても共同性が個別性に先行することによって、自己の周囲を対象化しながら共同体内で継承された伝統的規範性を媒介とした相互承認へと連鎖していた。たとえば、結婚や葬式は農耕や神社の祭りと同様に村落共同体の重要な出来事であった。また、法事は村落全体で執り行なわれたのと相即的に、あらゆる「個人」は共同体に組み込まれその内部へと融解していたのである。一方で、「近代」的な「主観‐客観」図式は共同体内の封建的序列の中で機能し、共同体の「内外」を穿つ境界線を作り出した。さまざまな「真理」と「非真理」が主客の物象化によって二項的に形成され、村人の視線は境界線によって「内／外」を「同／異」へと代置したのであった。さらにこの「同／異」が「正／邪」へと変様するとき、共同体内での排除と忘却がおこなわれていく過程となる。そうしたなかで村落共同体とは「空間

〈内〉」の他者を物象化しつつ「秩序外の異者＝敵」とするのであった。

歴史的伝統と共同体の再生産は人びとの諸行為の反復の堆積として可能となり、その都度、先行する歴史的伝統に依拠したパースペクティヴを人びとは前提としてきた。いわば、行為選択について既存の知識体系によって正統化された権威を参照することができた。日々の諸実践が伝統となるためには生活様式と相即し、「生活形式」からのパースペクティヴの共有を不可欠なものとしている。つまり、人びとは「現実的にものを自己のパースペクティブの中に知覚する」のと同時に、「他人のパースペクティブ」をも含み得るものとして「共同の『世界』を認める」のである。そうして「共同的な表現の世界同感的理解の世界」を開くことになる。この「世界同感的理解」とは「表情、身振り、言葉」についての「意味」の会得であって、そうした「意味」とは「経験内容」の獲得となるのと相即的に、「身体的なもの」は「表現的に体験を伝達する媒介」による「直接会得される表現体」なのである。[67]

「共同の『世界』」とは時間の推移によって変容するが、「近代」において必要とされる一つの要素に「身心」の「規格化」があった。つまり、さまざまな標識に取って代わるのが、いくつかの段階での「規格合致の働き」の全体である。また、それらの諸段階は或る等質的社会体への帰属の表徴であり、「分類化・階層秩序化・序列の配分」などの機能を有している。いわば、規格化する権力は等質性を人びとに課す一方で、逸脱を測定しその水準をも規定する。そして、差異を相互に調整しつつ有益にすることで、個別化を行なうのである。こうして規格を中心的支軸とする権力が「絶対的な均質をめざす或る体系」のなかで効率的に機能するようになる。[68]物象化された均質的体系は「身心」を体制内に「規格合致」させようとする。このとき無形の規範的拘束や超在的禁忌が「人間」の複数性を画一性へと変容させていくのである。さらに、既成秩序に沿うように「表情、身振り、言葉」は「規格化」され、「序列の配分」を乱す批判的思考は抑圧されていく。それは全体主義を繁茂させる腐敗した「空間」を作り出し、テロルによる「複数性の破壊」は一人ひとりの個人の心に「すべての人間から完全に見捨てられた verlassen zu sein」という感情を残すことになる。こうした「見捨てられているという状態 Verlassenheit」は、人間の基本的生存を脅かす経験となるのである。[69] つまり、無関心に包摂されている人びとは放置され、「宙吊り」となっている。

原発禍によってある地域社会では「生活世界」が根底から破壊され、現在でもなお事故収束の見通しは立っていない。また、人間の基本的生存を脅かした原発事故によって被害を受けた者たちへの蔑視と無関心がこの社会に満ちている。「経済的補償」などをめぐる蔑視的言説は社会形態が「包摂」から「排除」へと変様する過程と深く共鳴し合っており、新自由主義を理念的背景とした日本社会のなかに蔑視的言説は深く浸透している。

「罪のない人が自分自身の内部で感じとっている悪は、加害者の中にあるものだが、加害者の方は、自分の中にそれを感じとっていない。罪のない人は、ただ苦しみとしてだけ、悪を知りつくすのである。犯罪者において感じとられていないものが、犯罪なのである[70]」。

日本という「共同的な表現の世界同感的理解の世界」はまさしく排除型社会となったといえるだろう。自他相互のパースペクティヴが交叉し「共同の『世界』」を再認するのであるが、今回の原発事故の「避難者／被災者」たちへの「蔑視」は「今」の「同感的理解」の特質を明瞭に表している。ここには「複数性の破壊」が明確に存在しているといえるだろう。長期的に停滞する経済状況によって「貧困層」が増大し、そうした階級に属する集団は絶えず剥奪感を強めている。他方では、比較的裕福な層の人びとも「自己責任」という言葉に先導され、「貧困層」に対して不寛容をもって対峙し「排除」する欲望を昂進させている。こうした俗情が混淆する要因とはエーコが述べたように、ファシズムが「一枚岩のイデオロギー」ではなく、むしろ「多様な政治・哲学思想のコラージュであり、矛盾の集合体」だからであろう。(71)

ジョック・ヤングは、「排除のルーツ」とは人びとの日常生活が依拠している多様な物質的・道徳的なリアリティのなかに存在する、という。すなわち、「リスクを心配し、道徳的な不確実性を憂慮するような『保険統計的』な態度」こそが「排除のルーツ」となっているのである。(72) こうした社会的感情が広く「空‐間」に拡散し、「人‐間」に深く浸透しているのが現代日本である。排除する対象を探す「劣情」は「既得権」を「持つ」とする集団を特定し、その既得権を剥奪し安定した「特権層」から引きずり下そうとする。その過程で劣情に専有された過度の攻撃性は「敵」を物象化する。このように「敵」を作り出す錯認を廣松は「人と人との関係が物的な関係・性質・成態の相で現象する事態」として論じ、これを「物象化」と名づけた。つまり、この事態は「学理的反省の見地からみれば惑かに錯視・錯認」であっても、「人々の日常的意識が〝必然的〟に陥る錯認である」ともいえるのである。(73) そうした錯認による社会的排除への「負の共感」は社会の各領域に影響を与える一方で、それは単なる幻想から産み出されたものではない。エーコはファシズムの首尾一貫しないイメージとは「秩序だったまとまりのなさ」とでもいうべきものであり、「構造化された混乱」であるとした。つまり、「哲学的」にいえば、ファシズムとはいたるところで「蝶番」が外れていたが、情動的には「いくつかの原型に揺るぎなく結びついていた」のであった。(74)

他方で、モーリス・ブランショが提示した共同体とは独立した複数の「個」が集合したものではない。というのも、独立し確立された「主観‐客観」的認識論が内包するイデオロギーへと傾斜せずに、共同体の在りようを捉える必要があるためである。たとえば、「慈母」のような「共同体」という郷愁から「生の諸様態がいかに私たちの心を惹こうとも、それを再現するのは不可能だということ」を直視しなければならない。(75) 古き良き共同体という幻想は「近代」

における共同体の喪失という感情を生み出し、その感情の閉域に囚われた者たちは全体主義的心性へと傾斜していったのであった。しかし、人間集団内の「並列契機の対立」とは「統一の自己疎外」に基因しており、その「並列的対立」は全体と部分との対立を伴っている。そのとき「部分を抑圧する全体の強制」は同時に「部分の部分に対する強制」となる。だが、強制される部分は、むしろ「その全体に対する他の全体」を誘引することによって「対内的対立は対外的対立と相伴う」ことになる。[76]

ブランショのいう「共同体」を基礎づけるものは「各人において共有の権能を停止してしまうこの出来事（誕生と死）」の共有である。そこでは「死のさなかにいたるまで他人に対する奉仕を現前させる」ことが必要となる。それによって「彼ら／彼女ら」は「孤独に消え去る」のではなく、「死のさなかで自分が誰かに代補されている」と感じることができる。また同時に、「こうして得ている代補を彼がもうひとりの他者にもたらす」という情動の円環的媒介性を作り出さなくてはならない。[77]「近代」の世界において人びとの「時-間」という準拠枠が断片化され相対化され続けるとしても、「人-間」における情動の円環的媒介性によって人びとは歴史内存在となり、各個の「生の姿」と行為を時間軸から他者に対して説明しなければならない。なぜなら、一人ひとりが誰にも代替しえぬ「来歴」を有しているからである。いわば、「自己同一性」とは具体的な「類／個／種」の絶対的弁証法によって象られ、自己は「物語」を介して「同一性」を他者に提示している。各自の「物語」とは「時」のあわいでの「交わり」の記憶を包含し、記憶が媒介されながら「人-間」が形成されていく。だとすれば、「今」が中軸となる時間認識の自明視は「時」と「人」の間を分断していくことになる。一方で、「時間」という準拠枠があるからこそ、「暮らし」のなかで人びとはそれぞれの理想や希望をもつことができるのである。だが、世界像を拡散させる「今」の自存視は誰であっても将来の目的を設定し想像することは困難であろう。つまり、「近未来の状況の予測と、それに応じて現在何らかの行動をすることなしには、飲食も、社会生活も、成り立たない」からである。[78]

木田元によれば、ハイデガーは「意識がおのれを『物象化』」するとき、道具連関を可能にする意味の網目が現出するとした。ハイデガーは「道具連関」という視角から「物象化されている事実的な世界を手がかりに世界の世界性の解明」をしようとしたのであった。また、そのとき出発点となったのは「前もって与えられている世界」であった。それは「目的 - 手段」の指示連関がすべてを組織化し、意識すらも物象化された「現代の世界」である。そこからハイデガーは一種の「本質直観」によって「世界一般の本質構造」を析出しようとしたのだった。[79]

他方で、廣松は「ハイデッガーが『事物的存在性』Vorhandenheit に対する『道具的存在』Zuhandenheit の第一次性」を論じていたとして、「人間の本質的な『共同現存在』Mitdasein を看取」したことを「高く評価」した。他方で、かれは「ハイデッガーが道具的存在者の被媒介的存立構造を正しく把握していない」とも述べている。つまり、ハイデッガーは「指示的連関性においてすでに、ある道具的存在性に定位」するのと相即的に、「道具的存在性の当の『ある』そのことの存立構造」を究明し得なかったのである。なぜなら、「道具的存在性はそのつどすでに存在」しており、「適所的配視において当の〝既在的〟存在性を看取的に発見する」からである。ハイデガーが見出した構制はすでに「物象化的錯視」による把握となっていたのである。[80]

だが、ハイデガー自身も「物化とはなにを意味するのか」と問題を提起し、次のように三つの問題点を示したのである。つまり、その問題とは、①どこから物化は発現するのか、②存在はなぜ、目のまえにあるものにもとづいて、「さしあたり」は「把握され」るのか、③それでもなおより身近に存している手もとにあるものにもとづいて把握されないのだろうか、などである。こうした「物化」が「くりかえし支配的なもの」となり、「『意識』の存在がどのように積極的に構造化されていることで、物化は意識にとっては不適切なものでありつづけるのか」をハイデガーは「問う」

ているのである。[81]

いいかえれば、「物化」とは制度的価値に関する原初的知識を固定化することでもある。それは「生活形式」において「誰でも知っているもの」の総体を形成し「慣習／道徳／価値／信条」などの総体へと代置していく。こうして「存在」はまさに「さしあたり」は「把握され」ることになるが、それは制度化され伝承された根源的歴史性の領域で行為選択の準拠枠が作り出されているためである。文化的知識体系は制度化された行動の動機を正統化し、行動が制度化された「生活形式」を再構成することになる。その過程で「物化」が「繰返し支配的なもの」となり、生活内における無数の「状況」を規定しているのである。また、「形式」によって選択遂行さるべき「役柄」が「意識の存在」を構造化し、「人‐間」において定着していく。他方で、現実に対して一般的通用性を得る真理体系として確定されなければ、「物化は意識にとっては不適切なもの」として現前することになる。

ところで、アーレントは『存在と時間』における「実存主義」的側面からハイデガーを論じていた。その論点とは「直ちに行為へと進むことを人間に可能にするような哲学的な問い」の志向は「存在とは本来は無である」ことを前提にすることであった。アーレントによれば、この「哲学的な問い」によって、人間は存在に対して「世界創造」に臨んだ創造主と同じ立場であると自らが「思い込む」という錯誤を犯すことになる。その錯誤から「人間」は「所与のものとしての存在という定義を脱却」する一方で、「自らの行為を神のようなものではなくまさしく神のものと見なす試みが生まれる」ことになる。これが「ハイデガーの哲学においてなぜ無が突如として能動的になり、『無化すること』(nichten) を始めるかの理由」なのである。また、「世界を創造する存在者たりえない以上、世界を破壊する存在者たる」役割を「私」たちが担うことになるのである。[82] こうしたアーレントの初期ハイデガー解釈についてデーナ・リチャード・ヴィラは、「神の座を奪った『人間』の姿」が「ハイデガーの『自己』」のなかに吸収され、「『自己』

は死を先取りして徹底的な孤立状態」の陥穽に落ちた、と捉えた。そして、「負い目のある虚無」の経験に執着し、「人間の人間性は打ち消され、最終的には否定されてしまう」ことになった。つまり、ヴィラによれば、アーレントは「ハイデガーの実存主義」が「近代の世界喪失の明らかな現れ」であるとしたのであった。いわば、「ハイデガーの『自己』」が「ロマン主義的／ルソー的な理想」の一つの具象化である限り、「アーレントが世界を維持する政治の必要条件と考える公的世界や自己という観念は、それによって破壊される」ことになるのである。[83]

いいかえれば、複数性を前提とする公的世界とは多様な意見が提示され、そうした意見の是非の判断を介して意味連関という「網の目」を作り上げていく。表明された諸価値を政治的討議によって検討し、必要とする「意味」へと集約し世界を再構成することになる。こうして相互行為は制度化され、「生活形式」を再構制することにもなる。一方で、「生活形式」の共有から人びとが獲得した「役柄」は互換的なものであるが、行為空間における歴史内存在に一定の文化的・社会的文脈に沿った具体的な「振る舞い」を要請する。それは「自らの行為を神のようなものではなくまさしく神のものと見なす試みが生まれる」ことを錯認とする。だからこそ、具体的・規定的である「役柄」は「無が突如として能動的になり、『無化すること』を始めることの理由」を棄却しなければならない。つまり、世界内存在であるのと同時に歴史内存在としての人間とは「生活形式」における諸状況に規定され限定されているからである。「生活」に内在する「形式」が選択遂行さるべき「役柄」を象り、個々人を「人‐間」に内属させ、自他関係や象徴的文化体系は「として」という媒介性を不可欠な形成契機としている。この視座は「ハイデガーの『自己』」が「ロマン主義／ルソー的な理想」とするのを知的退行と見なすことになる。いわば、多義的な現実に対して一般的通用性を得る「真理体系」は「として」によって共同世界のなかで確立するのである。この「真理体系」は「善悪」という「形式」を有し、その伝統的秩序からの逸脱に対してはサンクションが加えられる。廣松がいうように、通常的思念は「あたかも言語なるものや道具的存在性なるものが既存するかのように自存化」して考えられてしまっている。それは単なる個々人の主観的営為ではなく「当の機能的構造的連関が、その使用のそのつど道具的存在性をそれとして存在」させているのだが、「ハイデッガーは既在の道具的存在性を発見であるとそれを錯誤」したのであった。[84]

他方で、アーレントは、活動、言論、そして思考はそれ自体では「空虚」であり、何も「生産」することはないという。なぜなら、それらが「世界の物となり、偉業、事実、出来事、思想あるいは観念の様式になる」には、「まず見られ、聞かれ、記憶され」ることを介して、「詩の言葉、書かれたページや印刷された本、絵画や彫刻、あらゆる種類の記録、文書、記念碑など」に変形され「物化」されねばならないからである。つまり、「人間事象の事実的世界全体」とは、「まず第一に、それを見、聞き、記憶する他人が存在し、第二に、触知できないものを触知できる物に変形することによって、はじめてリアリティを得、持続する存在となる」のである。[85] こうしたリアリティを維持するためにも、共同存在は「間主体的かつ対象関与的な機能的連関態」の「機能的・函数的な関係の第一次性」に立脚し、「間主体的かつ対象関与的な機能的連関」を自存化する物象化的錯視に陥ってはならないのである。[86]

いいかえれば、「物化」とは伝統文化の継承や実践的領野の拡大と倫理的考慮を形としたものなのである。こうした実践と考慮は、「それを見、聞き、記憶する」ことによって他者へと物語る行為となる。この物語る行為の内包する共同世界によって将来とは「現在」が「過去」となる「時」の重合となる。「物語」の継承がなければ、「活動と言論と思考の生きた活動力」はリアリティを失い消滅していく。「活動と言論と思考」は「生きた精神」から作り出され、一時は「生きた精神」として存在するが、その後は「死んだ文字」に代置されていく。つまり、「活動／言論／思考」とは「物化」という非世界的性格となることによって永続性と継承性を獲得し、人間世界の「リアリティと信頼性」は、私たちが「物によって囲まれているという事実に依存している」のである。[87]「物」とは「時-間」の越境によって永続的意味を人間世界に付与し、人間生活は確実性を獲得しているのである。なぜなら、現在にとって過去のすべてが現在に在り、「今」はまだ未来ではないからである。一つの出来事を捉えようとすれば、出来事のplotと文脈を描き出さなければならない。

出来事は歴史的・社会的文脈に位置づけられ、「意味」の同一性を獲得し、人びとの経験の言語化によって共有されていく。それと同時に歴史的・社会的文脈には多様な解釈を許容する間隙も内包されており、「内面性／想像力／創造力」などを生成することもできる。混沌を秩序化する歴史的・社会的文脈は一つの「区別」であり、「人-間」を「規定」するのと同時に、人間存在の可能性を開くための「基底」ともなっている。またこれは「時-間」の分節化によって自己意識を作りだす枠取ともなり、自己意識が世界において活動する時間を拓くことになる。つまり、自然な「流れ」に抵抗する思惟は既知を端緒としながらも、その端緒を書き換えていく行為なのである。そこで「内」と「外」の作り出す二元論の陥穽を確認しておく。時空間を内外に「区別」することは「生活世界的背景」を分断し分離することであり、それによって暗黙知であるルールの通用性と非通用性という観点も変様していく。こうして抽象的行為規範の領域と生活世界の領域との間に境界線が引かれ、その「客観的同一者」を措定する「人為性」は全体性と個別性という観点を導入することになる。また、このとき全体性の先行によって「空間的所与」が「自然」とされることがあるが、「文化」形態が無意図的に「自然」な形で受容される過程に注意を払うことが必要である。

ゲオルグ・ジンメルは人間の繊細な精神性を時空間のなかに見出した。(88) たとえば、ジンメルは「風景」を見ている意識は「一つの新しい全体を、統一的なものを、われわれの意識は所有しなければならない」という。つまり、そのとき始めて「風景」が産出される「独特の精神的過程」を考察できるのである。「風景」とは「瞬間的あるいは持続的な視界」のなかに限界づけられ、包含されることが「まさに本質的」なのである。「風景」の「物質的基礎」や個々の部分は「端的に自然」であるが、「風景」の表象化は「視覚的／美的／情趣的」な自立的存在として自己主張し始めることになる。いわば、自然を分割し分割したものを単独の統一体にする「人間のまなざし」が「折り折りの『風景』という個性」を作り出しているのである。つまり、純然たる「知覚現相」は存在せず、「現相はその都度すでに〝情意的な契機を孕んで〟」おり、「本源的に表情的」なのである、と廣松は論じた。「環境世界的現相は本源的に情動的価値性を〝懐胎〟せる表情性現相」として把握する必要がある。他方で、「現相的分節」の記述では「視《いろ》・聴《おと》・嗅《におい》・味《あじ》・触覚《はだざわり》」という「五官に対応づけた分類相」で記載されるが、これは反省的に規定された種別であっても体験相の直截的な記述ではない。「如実の体験相」の把握や論述とは、「色、音、香、味」などを詳細に区分し体験相を「可及的精確」に記述することではない。「特個的な感覚と称される次元での現相態」とは「その都度すでに或る表情価を帯びている」のである。[89]

表情価とは五感によって触知される「こと」である。したがって、「方向づけが知覚主体の包括的な行為によって構成」されている。すなわち、知覚は一定の空間的基準を受容しており、「光景の方向づけ」には「可能な活動の系としての私の身体」が重要となり、その「現象的な〈場〉」は自分の任務や状況によって決定される「潜勢的な身体」なのである。[90]たとえば、本来であれば画一化しえない「表情としての匂い」の排除は「活動の系としての身体」の含意する皮膚感覚を活かすことはできない。「匂い／香り／臭い」を有する「活動の系としての身体」をミッシェル・セールは次のように記述している。[91]つまり、「水には味があり、色があり、人は匂いによって水が近くにあることを見抜くし、目を閉じていてもいくつもの水の味を区別できる」。こうして「真水、流水、よどんだ水、都会の水、山の水。ゼロ値」が崩れるのである。他方で、「漠たる混合物である空気は、ゼロ値の地位を占める権利をより多くもっている」。なぜなら、こうした空気とは「触ることができず、ほとんど触知することができない」のと同時に、「無色／透明」

のような「光や色の導体」だからである。また、それは「匂い」の「媒介者」という重要な役割を有している。いわば、「空気＝中性」とは「肉体、耳、口、鼻、喉、肺に入り込み、皮膚を包み、感覚に達するあらゆる信号の媒体」なのである。こうした中性的なものは感覚作用の受動性と能動性の境界線上に「在る」。

いいかえれば、「状況」と「精神／身体」の交互的媒介性から生成する「五感」を排除した「映像」からは避難者・被災者の生活環境の実態を把握することはできない。つまり、人びとが理解する「世界」は世界そのものの体験となることはできない。だからこそ、「世界の幻影と幻影の消費」が人類にとって必要となり、「われわれはそのひとりとして生きている」とギュンター・アンダースは論じたのであった。「人類」にとって「現実の共同世界」が重要であることは「疑う余地」はない。だが、いわゆる「現実世界」でもある出来事の世界は「幻影化」によって造り変えられてしまっている。アンダースは、幻影化の拡散によって「出来事は放映に都合のいいようにしか起こらない」と指摘する。なぜなら、「出来事は幻影化された形で送り届けられてくる」ためである[92]。

同様に磯前順一も「被災地の現場に漂っている異臭はけっしてテレビの画面からは伝わってこない」と述べた。なぜなら、「匂い」は眼前に広がる光景が現実の世界であることを強調するのと同時に、「生身の人間が存在していた世界」だという事実を「嗅覚」を介して突きつけてくるからである[93]。それは「膚接」をいまの世界が喪失してしまっているのと相即的に、幾重にも「情報」が積み重なりその内容が空虚であり続けてきた結果でもある。時間の無化が空間を圧縮する「今」とは世界内存在としての人間が自らが内属する世界と膚をあわすことを厭うようにした。一方で、「膚接」という言葉を失った私たちの危機に対する直観は鈍磨し続けているのではないだろうか。他方で、水には「味／色／匂い」があり、人びとは「真水／流水／よどんだ水／都会の水／山の水」を区別することができるのであった。セールは、「嗅覚は特定性の感覚であるように思われる」、という。その「形状」は捉えきれず「もとの形に戻されたりしなければ再び見つけ出す」ことができない。つまり、「調和は変容し、変化による安定」という識閾に「在る」といえるだろう。他方で、こうした「匂い／臭い」とは「つねに特定のものを指し示す」ともセールは述べている。たとえば、目を閉じ、耳をふさぎ、手足を縛り、口を閉じていても、人びとは「特定のもの」を「嗅覚によって」選び出すことができる[94]。こうした五感と表情性現相が幻影化された出来事と相即する物象化が問題となる。

不確実な世界であっても身体図式と五感を介して自己確認と他者理解は相互媒介されている。人びとは世界内存在として記号措定的意識作用や記号解釈的意識作用を捉える一方で、歴史内存在としてそれらの意識作用も間主観的同調性・共同主観的同型性として形成されている。それは過度に複雑な世界を枠取り、行為選択を可能にする身体的基点が生成していることでもある。メルロ＝ポンティが指摘するように、これは「私の身体による世界の所有の一様式」であり、「私の身体が世界を捉える一つの方式」なのである。このような「所有の一様式」によって「空間的基準の構成は充実した世界を構成する手段の一つ」となる。また、「私の身体が世界にたいして手がかりをもつ」のは二つの場合である。つまり、①「私の知覚が可能なかぎり変化に富み可能なかぎり明瞭に分節された光景を私に提示する場合」、②「私の運動指向が展開の過程でみずからの期待する応答を世界から受けとる場合」、などである。そうした「知覚と活動の両面」における「最高度の鮮明さ」が「知覚の土壌／私の生の基底」と「私の身体と世界の共存のための一般的な場」を決定することになる[95]。

身体による「世界の所有の一様式」とは「地平」となり自明性を確定した統一的生活を可能とし、世界を「肯定／否定」という「項」としてではなく、「関係の第一次性」に定位することになる。そうした身体的視座とでもいえる「地平」とは「垂直的／水平的」な二つの軸となり、知覚が受容しえる「変化」と「明瞭に分節」された光景を「自己意識」に提示する。この分節された「光景」は統一的生活を維持し、日々新たな「暮らし」を続けていくうえでの行為選択の不可欠な前提となる。「知覚と活動の両面」における「最高度の鮮明さ」は「信頼」の形成に重要な役目を果たしている。つまり、「人‐間」で正当化される「信頼」とは「知覚の土壌／私の生の基盤」となって、①価値観の共有による行為の範型化、②諸行為とその結果に関する経験論的な規則化、③範型化と規則化によって倫理性を帯びた規範性、などが「私の身体と世界の共存のための一般的な場」に包含されている。その身体と世界が共存する「一般的な場」とは「いのち＝こと」を「理論的／実践的」に形態化するための基底であり、「経験／認識／行為」を可能としていくことになる。「人‐間」での情動的触発はこうした普遍的領野に由来しており、その領野は先行的与件としての対象から発して活動に転ずることになる。また、ヒトが「人‐間」での多様な相互触発から「人となり」を獲る過程は「生体」から「身体」への変容でもある。廣松は「生体は優れて機能的な振動系を形成している」とする。それは多種多様な「物理的・化学的振動機構」に支えられた「振動の重合系」であり、そのため「生体」は「振動的不安定性」を孕みつつも、全体としては「相対的に安定した振動相」を呈する。こうした「生体」とは「振動的伝達体＝振動的反応体」であり、その内部的編成において「振動系／共振系」であるのと同時に、刺戟受容の場面においても「共振的」なのである[96]。振動系としての生体は共鳴によって意味を共有していく。

だとすれば、「生体」とは他の「生体」の間で受動的触発と能動的触発の交叉する「振動の重合系」であり、それは経験的所与に包摂されえない「上昇下降／水平移動」によって情動を生み出すことになる。「生体」から「身体」への移行あるいはヒトから歴史内存在への変様は共同主観性に媒介され、「空‐間」内での共軛的行為連関の参照軸を身体化する。そうした規範性を内包した複合的準拠枠は人びとの日々の「暮らし」のなかで維持される一方で、それらは明示的・実定的な法的秩序として認識されるわけではない。むしろ、「振動的伝達体＝振動的反応体」という「生体」が「身体」へと変容する過程で、共軛的行為連関の規範性は偏差を孕みながらも、そのつど体得され受容されていく。こうした自他間の呼応を可能とするのが「生活形式」でもあった。また、「振動系／共振系」としての「身体」とは「恒常性」と「転調性」の両義性を内包している。とすれば、「間‐身体性」の次元で共振性が喪失し脱色された世界から何ごとかを「語る」とき、その「語り」は「騙り」の陥穽に落ちることもある。

原発事故の避難者に対して経済的補償ですべての結果責任を無化しようとする政治的動向が存在している。たとえば、それは共互的役割行為によって「利害の共同性＝共同利益性」を存立させるどころか、当事主体間において「有利‐不利」ではなく「支配‐服属」の政治経済構造を維持することになっている。[97] 現政権が発する言葉は荒み空虚な「もの」となり、深い悲しさにある現状は「ガス油や灯油〔ケロシン〕の臭いが幅をきかせ、騒音まじりの悪臭」に包摂されている。さらには避難者たちの「繊細さは傷つけられている」としかいえない状況が作り出されている。[98] 他方で、そうした生活世界の形式の崩れと内容の腐蝕のなかでも身体図式を介した空間把握は「伝統的／継続的／範例的」である。つまり、「対象意識の分節相はゲシュタルト的安定性をもっており、直接的な知覚現相には著しい変位がある場合にも、同一のゲシュタルト的体制の相で覚知する」のである。[99] それゆえ「私の基底にもう一つ別の主体が存在している」とメルロ＝ポンティは論じたのであった。すなわち、「世界」とは私がそこに存在するまえにすでに実在しており、「そこに私の場所をすでに指ししめしている」といえる。この自然的精神こそが「私の身体」なのであって、「一切の特殊な固定を或る一般的な投企のなかに包みこむような無記名の〈機能〉系」でもある。[100]

こうした「主体」と「世界」の関係性は「言語＝意味」から秩序化され、行為選択の範型化によって行為連鎖が可能となっていくのである。また、「つねにすでに」存在する「地平」として「世界」は「主体」の性質・性情の変化と相即的に、多様な姿に変化していく。いわば、「主体」は「無記名の〈機能〉系」との相互侵食的な在りようを示しており、「主体」による「世界」の改変あるいは「世界」による「主体」の変容という循環性を生成している。それは「部分」と「全体」の交互的な媒介過程であると同時に、地平をあらかじめ制約する「先行理解」ともなる。だからこそ、生活世界は流動性と一定の思惟範型という文化的安定性を有し、自明性という経験的事実を人びとに附与している。そうした自明性という経験的事実の消失と相即的に、避難者や被災者たちが失ったものは「はかない残り香をとどめるうつろいやすい香気」に包まれた生活であった。「このような香気ほど環境に近似したものは他にない」とセールはいう。これは「大気と混ざり合い、天候、時間、日時、上空の大気現象、場所、高度、内と外、もろもろの出来事、位置、条件、原因、作用」に応じて変化し、人為的に作り出すことはできない。それらは五感という身体感覚を介して形成された「稀なる頂点、繊細な先端」であり、「きわめて複雑な合成、何千もの隣接物の混合、気まぐれな流れの不安定な結び目」でもある。そこでは「香りは一つの交差もしくは混合」として現われ、単一の匂いも純粋な匂いも存在しないのである。(101)

いいかえれば、「風景」は地上の拡散した自然諸現象の並存を「因果論的に思考」するのではなく、「特殊な統一の仕方で統括することによって成立」している。ジンメルは「この統一のもっとも重要な担い手」は「気分」であるとする。ジンメルによれば、「気分」とは「人間の心の個別的内容の総体を持続的に、あるいは当面のあいだ色づけている統一的なもの」であり、個別的なものがすべてそこで合流するところの普遍的なものを意味する。「風景は統一として直観されるときにはじめて『気分』をもち、それ以前に、分散した断片の単なる総和においてはこれをもたない」のである。(102)というのも、「無記名の〈機能〉系」が空間と知覚の歴史的交叉を産出するのと相即的に、対象物と生体の機能的状態とを包括する一体的振動系が形成されているのであった。たとえば、対象物の振動を触覚的に知覚することにも同様の機制を認めることができる。つまり、対象物と皮膚的界面内の生体は「並行的共同振動」というよりも、むしろ両者を包括する一体的振動系が形成されている。こうした共振現象の或る種のものは「発生論的／発達論的」な「間主体的関係」の基礎的機制なのである。[103] また、磯前は、そのような匂いの身体感覚とは、「テレビの前でいくど繰り返し津波や瓦礫の映像を見ていても、けっして自分の身体から沸き起こってくる反応ではなかった」と論じ、「むしろ、この災害は『私』ではなく、まぎれもなく『彼ら』に起きた出来事であるという事実を、自分の身体感覚を通して思い知らされたというべきだろう」と指摘している。[104]

なぜなら、こうした考察の視座となっている「嗅覚」とは「混合の感覚であり、それゆえ合流〔出会い〕の感覚であり、稀なる特異性の感覚である」ためである。それは知識から記憶へ、空間から時間へ、おそらくは諸物から諸存在へと滑ってゆく、とセールはいう。かれによれば、「嗅覚」という混合は、結びつけ、多重化し、注ぎ込み、結び合わせ、分析されえないものを合流させる。つまり、混合とは「時間」の別名なのである。他方で、「区別という逆の操作」は様々な空間のなかでなされるが、「混合という直接的な操作」は多様な時間のなかで揺動している。いわば、「混合という空間＝時間的な行為」は記憶が生成する契機を賦与するのである。[105]「本源的に表情的」である知覚現相とは精神と身体の両次元が交叉しつつ、「内的自然」を外的自然と相互浸透的に形成されてきた。廣松がいう「表情的」とはその場所には人びとの歴史と記憶があり、「暮らし」が存在したことを示している。つまり、「表情的」とは精神と自然の二元論ではなく「主観‐客観」を横断する両者の根源的統一性でもある。根源的統一性は永続性と耐久性を維持し、それらが現存在の「生存の場」の背後を支えている。「公衆的なわれわれの世界」と「自分自身の身近な環境世界」は幼き世代や「大人」への成長過程にある世代にとって「存在論的」に不可欠なものなのである。

では、東日本大震災後の「日本」の環境世界はどうであろうか。仁平典宏は「今」を「災間」と表現した。仁平は、私たちを包摂しているのは「近い将来、より大きなカタストロフィが来るかもしれないという不安」である、と指摘している。つまり、「将来の歴史家によって、今が『二つの災害に挟まれたつかの間の平時』＝〈災間期〉と記述されうる不安である」。たとえば、原発事故によって大地に拡散した放射性物質の影響は「国土の壊滅という決定的なカタストロフィへの不安」を生み出している。[106] 不明確で輪郭を描写し得ない「不安」の基因である『二つの災害に挟まれたつかの間の平時』＝〈災間〉」を客観化しえなくとも、「東京」に「住み暮らす」人びとは「皮膚感覚／身体感覚」の次元ではこの「不安」を感じ取っている。それはこれまでの日常の自明性が根底から破壊されてしまうという感覚である。こうした感覚を「東京」という場で暮らす人びとが客観的かつ合理的に言語化することは容易なことではない。だからこそ「限界状況」におかれた存在を直視することもできないのである。なぜなら、その存在は『二つの災害に挟まれたつかの間の平時』＝〈災間〉」を絶えず「東京」に住む者たちに反照的・示差的な形で提示し続けるからである。こうした不安は全体主義を醗酵する土壌となり、「寛容」という自由主義と民主主義の基底を侵蝕することで他者の「排除＝遺棄」にも「無関心」となっていく。

他者性あるいは外部性の「排除」についてルーマンは「今日では排除問題がもつ重みは異なるもの」となっていると論じたのであった。また、現代社会における「排除」の構造は従来の「排除」の構造とは異なり、現代社会における「排除問題は逸脱の増幅という機能特殊的な形式」、つまり「ポジティヴ・フィードバック」に由来しているのである。そして、諸機能システムの多重的依存性によって排除効果が強化されてもいる。ルーマンは、インドのように住所を持たなければ入学願書を提出できない場合や、識字力の欠如によって労働市場に参入することができない、などの具体例あげている。[107]

ピエール・ブルデューは人びとの経済的性向の差異から「排除」の問題を論じたといえるだろう。[108] ブルデューが指摘するように、「差異はいっそうの差異を生む」のと相即的に、「空間内」における「発展のリズムの不均等」は各種の諸集団の亀裂を増大させる。すなわち、「合理的」経済あるいは経済的「合理性」による不均等や「経済的態度の変化のリズムの不均等」は「経済的／社会的」な不均等を的確に反映しているのである。その結果として、「排除」は社会秩序からの「逸脱」を増幅させ、「実践の変化の論理」は経済的・社会的状況によって多様な形態となる。一方で、各行為主体のさまざまな実践を貫く根底には階級状況を規定する「客観的／集合的」な諸関係が存在しているのである。というのは、「自覚的生の中心」としての「主体的自我」は自然的物質存在を身体において媒介し、「否定即肯定の統一」として成立しているためである[109]。

いいかえれば、経済的条件によって生産されたさまざまな類型のハビトゥスが行為主体を媒介しているといえる。「経済的態度の変化のリズム」は歴史内存在の身体的律動を作り出し、慣れ親しんだ歴史的・文化的な生活時間と表裏相媒介しながら変容させていく。感覚的・身体的存在でもある人間は「交互的否定転換の媒介者」である無数の限りない慣習によって「生の姿」を描き出している。それらの慣習によって習得した身体的知恵を「暗黙知」とマイケル・ポランニーは概念化した。ポランニーは「人間の知識について再考するときの私の出発点は、我々は語ることができるより多くのことを知ることができる、という事実である」とした[110]。つまり、すでに「身心」は表裏相媒介されており、「生の自覚が原理的に可能」となっているのである。田辺は「生の中心も生の否定即肯定的な相即統一によって可能となる」とした。こうして「暗黙知」とは各行為の集積された「もの」として観察できない一方で、それが作り上げる「包括的存在者」との関係で感知されるものなのである[111]。

その「包括的存在者」とはブルデューが述べていたように、行為主体に対する「階級状況を規定している客観的」な関係性や「集合的な未来にたいする客観的」な関係性とも密接に関連している。歴史的・社会的・文化的諸要素を有する「包括的存在者」と行為主体は弁証法的構造にあり、その構造によって「生の自覚の中心」や「主体的自我」は「身体における物質的自然の限定」を介して、それぞれを形成する不可欠な契機としている。こうして田辺は「生の自覚は、身体を通じて表現の了解を媒介とし、客観即主観の弁証法的統一を原理とする」と論じたのである。[112]「種の論理」は「繋辞」を軸として展開される論理構成を有していた。それは「個／種／類」が歴史的・社会的な諸連関のなかで幾重にも輻輳する媒介過程という渦動を捉えようとしたものであった。そこでは「諸機能システムの多重的依存性によって排除効果」が強化されることも「繋辞」の暴力的拘束性から記述していくことができた。また同様に、ファノンは「繋辞」の暴力的拘束性を「政治的／経済的／文化的」な諸要素が交錯する自他関係で具象化する形態から論じていた。自他関係に具象化する「もの」は政治・経済・法律・文化といった諸現象と深く関連し合いながら特有の機能と法則を内包している。これらの特有の機能と法則によって「排除問題」は逸脱の増幅という「機能特殊的な形式」となり、「差異はいっそうの差異を生む」という状況を作り出している。ファノンによれば、「人間は自分を他の人間に認知させる」ために、自らを「他者に強制しようとする」。その限りにおいてのみ「人間的である」といえる。だが、他者によって実際に認知されない間は、「他者が彼の行動のテーマ」であり続けることになる。[113]つまり、自己同一性の獲得は他者を媒介とした交互的共軛性が必要であり、それによって始めて可能となるのである。

それはアレクサンドル・コジェーヴが論じたように、「人間的欲望は他者の欲望に向かわねばならない」ためである。したがって、「何ほどか人間的欲望が存在する」には「数多の（動物的）欲望が存在していなければならない」のである。また、「人間的実在性が社会的実在性」であるとすれば、「社会は欲望として相互に他を欲し合う欲望の全体となって初めて人間的となる」といえる。[114]こうした自他の共軛的な媒介性に対して人間が自由体であるためには、「状況」を明断かつ正当に自覚し、その状況に内在する責任と危険を引き受け、誇りをもち「その状況の権利を主張する」ことが必要である、とサルトルは強調していた。[115]というのも、「排除」は「包摂」よりもはるかに「強い統合」を作り出すからである。そうした「統合」とは「選択の自由度」を制限し、全体社会は「階層化の時代」とは正反対に、上層よりも下層においてより「強く統合」されることになるのである。[116]

いいかえれば、媒介過程という渦動によって「種は直接態として内に異他的内容の相互外在的同時共存を含む連続的基体」となる。そのとき「基体」は「必ず反対を含み、反対者の相互貫通の力的交互性に由って成立する」のである。[117]こうした「人 - 間」における「相互貫通の力的交互性」は一瞬間も静止せずに不断に動き、新たな「状況」を形成する一方で、各時代で相違する価値階層も凝固化されていく。「時 - 間」によって異なる諸価値は自他関係で生まれる「尊敬／威信／優越」あるいは「軽蔑／蔑視／劣位」などを位置づけ、これらの「正負」を内包する価値序列は共同体内で不断に変転する「状況」に即して変容し続けてもいる。だとすれば、ファノンが「彼の人間的価値と現実はこの他者に、他者による認知に依存している。彼の生の意味はこの他者のうちに凝縮している」[118]と論じたことはまさに正鵠を得ている。つまり、「人間的欲望」は「他者の欲望」から多義的な意味を包含しながら「反照＝反射」され、その反照的渦動のなかで共同主観性が身体化され「人格」は確定されることになる。いわば、歴史内存在が「人格」を介して共同行動に参加し共同生活に参入するのと相即的に、「人 - 間」での「欲望」の反射によって「個人」は諸規範を内在化させていくのである。だからこそ「社会は欲望として相互に他を欲し合う欲望の全体となって初めて人間的となる」のである。他方で、そのように「自己が観想する対象に『呑み込まれ』ている人間は（…）『自己に呼び戻される』ことができない」のである。[119]「欲望」とは「他者のうちに凝縮」する「もの」であって、他者から反照的に同定される諸価値は「正負」の分断線となり、その分断の強度の深化は「正負」から「包摂／排除」の問題系へと移行することになる。機能分化の進行が徹底化した全体社会では「包摂／排除」の分断線が走り、むしろ二つの分割された地域は「メタ差異の役割」を受容し、「諸機能システムのコード」を媒介し始めているのではないか、とルーマンは憂慮していた。そうした「区別」を可能にするのが「先行して行われている包摂／排除によるフィルタリング」

なのであった[120]。

現状の日本社会を描写する諸言説は将来に対する「不安」を抑圧し、他者に対する「不信」を「騙る」ものとなっている。新自由主義の諸政策が生活世界を分断する一方で、厚く形成されてきた中間層が細分化され続けている。こうした結果の具体的事例とは、「劣化する雇用と社会保障／進行する少子化／亢進する高齢化／衰弱する地方」などであろう。だが、雇用形態と社会保障の法体系を破壊しているのは国家・政府自体である。また、少子高齢化とは自然現象ではなく、少子化は経済状況の悪化によって結婚し家庭を築こうとする世代の雇用を大きく悪化させた諸政策の人為的結果であり、高齢化とは医療環境の改善が「今まで」は進行してきたからである。そして、衰弱する地方とは都市部に経済活動を集中させようとする政治・経済・文教政策の結果に過ぎない。文教政策とは大学設置基準の「緩和」やそれに付随する法体系のいわゆる「規制緩和」の結果なのである。一九九〇年以降の冷戦構造の崩壊という国際社会の激変に対応できなかった日本政治の姿の集約された在りようが現在の社会問題を作り出しているのである。さらに、ここにはアメリカという媒介項をいれなければならないだろう。なぜなら、日米間の地位協定と原子力協定がいまの日本国の主権と国家理性を腐敗・腐蝕させていることは明確だからである。だが、多くの人びとが感じている諸問題の解決に対して長期的視座からの方向性は提示されていない。権力の腐敗とその増殖は人の魂の次元をも侵蝕させることになるだろう。それは「いつか来るであろう厄災の先延ばし」でもあり、「東日本大震災」は「その不安が突如目の前に具現化したかのように訪れた」のであった[121]。

他方で、現状の諸問題を深く拡大させたのは「バブル経済」であったが、それは異常な地価高騰と株高によって「経世済民」を忘却し、経済領域の「倫理」の根底を腐蝕させたのであった。一九八〇年代の東京市場の株価の上昇線のまわりには、いくつもの波瀾が渦巻いていた。相対的に変化の少ない実体経済から遊離し、株価が異常な速度で高騰や暴落を反復していた。内田隆三は、それは「拡大鏡」で見たような抽象的な幻像である、と表現した。すなわち、拡大鏡に映るマネーの容量（時価総額）は実体経済を凌駕し、この「幻像の世界」が実体経済よりも「人間の営み」に強い影響力を及ぼすことになった。それこそが貨幣が貨幣を生み出す不可解な「錬金術」でもあったのである。[122] そのときヴェイユがいうように「集団的な思考は、思考としては存在することができず、もの（記号、機械など……）の中へ移って行ってしまう。そこから、次のような逆説が生じる」。つまり「ものが思考をして、人間はものの状態にまで押しやられてしまう」という逆説が生み出されたのであった。[123] そのような「バブル経済」へ疾走する時期の日本社会においてすでに槇文彦は次のように論いていた。

「（…）とくに東京のような都市は、しなやかな構造と、しなやかな理念によってつくりかえられてきた。しかし空地を犠牲にすることによってしなやかさを保持してきた東京も、近年、急速にビル化が進むことによって、以前のような弾力性はしだいに限界に近づき、多くを期待しえない時期に近づきつつあることもまた事実である。（…）／このように、都市をあらためて、人工的な合理的秩序の場に対して、自然に存在するような、変化しつづける一種の〈地理的秩序〉ともいうべき概念によって置き換えうる時代が到来したことも、また明らかである」[124]。

生活世界とシステムの相互侵食は「人-間」に存在した「以前のような弾力性」を次第に硬直化させ、人びとは「物語」を語ることができなくなっている。「物語」とは生活世界と密接に関連した「人格」の統合基盤であり、「人工的な合理的秩序の場」をも可能にするものでもあった。だが、「文化／生活／人格」の交互的な媒介環が断ち切られ、「歴史化された自然」の円環的媒介性が消失しつつある。これらの変化と連動しながら流動化し続ける「東京」という「地理的秩序」は「バブル経済」と親和的であり得たのであった。さらに加速化する政治・経済・生活の各領域での諸変化は判断の準拠枠を不明瞭にさせ、金融資本主義に包摂されるなかで「人間たちはなぜ自分がその営み――意味の稀薄な、むしろ営みの不在にみえるもの――にかかわっているのか、誰も知ろうとしない」[125]のである。

「人間的欲望は他者の欲望」を志向するのだとすれば、人間の欲望は無限定的に昂進を連鎖させていく。こうした政治・経済環境のなかで「災間」が産出する「宙吊り」の感覚は「虚無的／冷笑的」独我論となり、幼く若き世代の心性を侵蝕していく。この感覚は、家庭、地域社会、そして自由主義と民主主義を標榜する国家の中枢にすら伝播し、他者との自由を共有する「間」が忌避されているのである。すなわち、どれほど「美しい国」という諸声をあげ歴史を偽装したとしても、すでに致命的な欠陥が作り出されており、「人‐間」は空洞化し続けている。ルーマンがいうように、全体社会において機能分化が深く進行すれば、人間を諸機能システムのうちのひとつのみ所属するというかたちで配置することは不可能なのである。そうした帰結として、「全体社会は人間よりなる」と主張することはもはやできない。つまり、人間は全体社会システムの環境として把握する必要がある一方で、「システムと環境の《マッチング》を保証するように見えた最終的な絆は、引き裂かれてしまう」こともありえる。[126]

「驚かされるのは、不幸によってついぞ、人は高められるということがないことだ。そのわけは、自分が不幸な人のことを考えているときにも、その人の不幸について考えているからだ。だが、不幸な人は、自分の不幸については考えない。ただ、どんなにわずかでもいい、自分の不幸を軽減してくれるものがあれば、と、それを渇望し、心はその思いに充たされているのだ[127]」。

自然環境と社会構造の激変に対しても日常という「慣性」は非日常のなかにある人びとの「暮らし」を常態化しようとする。日々の「暮らし」はすでに「被解釈性」を前提としながら、諸環境の恣意性を集約している。日常が大きな恣意性に包摂されていることは抑圧され、「慣性」は同心円状に波及していく。「つぎつぎ」と出来事は「今」から「過去」へと流れ去り、日々の「暮らし」は確かさを失い人びとは流砂のように流され続けている。こうして「慣性」はいつしか「惰性」となり、「生の姿」は流れ去る「時」のなかで係留点を失い、あらゆる個々の経験は砂のように拡散しながら日々の「暮らし」だけがある。そこには「正義も、夢も、栄光もない」としても、「分厚い実定性を帯びた力が支配している」のである。[128] 機能システムの作動上の閉じたオートポイエティックな再生産が確保されれば、マークされた領域の内部において、さらなる分化が生じてくる。特定の分化形式の優位性の確定は例外的であるが、経済システムのように極端な「中心／周辺」の分化が作り出され続けているのである。[129]

第三節　「現在の大勢」への順応と「孤独と交わり」

世界内存在としての人間は日常性のなかに埋没することは大いにあり得る。この埋没が匿名性をまとって他者排除へと傾斜するとき、それは「世界内的な用具的存在者のうちに〈おのれ自身〉を見いだしている」といえる。用具的存在者のなかで自足することは、複雑化する情報社会のなかで自己の意識を物象化させていく。道具連関は世界存在としての生命の維持に必要であるが、物象化された意識によって事実的世界像が記述されるとき他者排除の固定化という陥穽へと誘引されていく。つまり、福島第一原発事故とは他者の「声」を暴圧し、「原発を動かす論理」がすべての判断基準だったことの必然的な帰結であった。「安全管理」が事実に依拠した客観性を基点としていれば、大きな問題ともなり得なかったのである。

　自己と他者の間において用具的存在者は共同性を維持するためには不可欠であり、その用具的存在者の物としての側面が日常性の安定性を作り出している。他方で、限定された把握では世界の多様な「意味」を解釈できずに、日々の「暮らし」が内包する諸変化を見出すこともできない。既存の社会秩序が歴史的・政治的・経済的な支配構造の物象化を必要としているのと相即的に、世界像を解釈するための枠組もまた固定化する。そうした支配構造の物象化と解釈枠組の固定化は相互循環的な関係性となり、解釈とは先行する一定の文脈に沿った知識に依拠していく。とすれば、人びとの「生の姿」の時代背景を把握するには対象をどのように「言いあらわす」のかを注視しなくてはならない。だからこそ、三宅も「他人との共存を可能にし、共存の場をわれわれに開くものは言葉である」と述べ、「相互の認知と伝達とがあってはじめて人間の社会的共存が成り立つ」としたのである。そして、彼は「ものを『言いあらわす』こと、共同的な世界を開示することは話し合う言葉によってはじめて成り立つ」とも論じていた[130]。言語によって自然は一定の世界像へと分節され、異なる文化環境に帰属する人びとの相互理解をも可能にする。つまり、人間的な「共同性」と「個別性」とは矛盾するものでなく、「表裏相媒介」する過程で相即的に形成されてきた。

　「ことなる環境《ミリュー》のあいだで交わされる相互の影響は、自然につむがれる人間関係への根づきとおなじく、成長には欠かせない要因である。ただし、ある環境《ミリュー》が外部の影響をうけいれるさいにも、その影響は（…）自身の生命力を活性化させるための刺戟とみなされるべきだ[131]」。

　多数存在する文化圏は言語による制度的秩序化を進めるのと同時に、「生活形式」における「伝統／文化」の再生産は不断に偏差を伴いながら修正・変容されている。「ことなる環境」での「交わり」の相互影響はサンクションを内包させながら、文化接触の触発によって政治文化に寛容を根づかせもした。その過程での自他交互の微妙な相違は「自然につむがれる人間関係への根づき」と一般的通用性の在りようも変容させてきた。つまり、社会化の過程において身体化した間主観性によって「個人」の内面性はすでに媒介されており、「個人」と共同世界の「間」には文化的知識体系を介した弁証的構造が存在している。間主観性の身体化で一般的通用性は内面化され、「個人」と共同世界は「限定／解放」あるいは「維持／展開」の絶えざる交互的媒介性に在る。だからこそ、「言葉を交わすことは、相互共存的な生を設定する意味を持つ[132]」のである。人びとの「共存的な生」を作り出す言葉は存在したが、知的誠実さに裏付けられた「学知」が予想し警告した「複合災害」としての原発禍は起きた。「共同的な世界」の開示には言葉を介する必要があるとすれば、自然科学の研究も「主観的」視座によって諸事実を把握していることを再認しなければならない。それは主観的偏差による価値附与が先行的であって、「意味」の枠組から諸事実が解釈されており、純粋な対象的事実が存在しないことでもある。

「結果として、一企業の経営という枠のなかで地域社会の存亡が賭けられていたことになり、しかもその賭けに失敗し、地域社会は見事に崩壊した。さらにそれは、場合によっては国の存亡にまでつながりかねないものであったわけだ。だが今、その事後処理にも失敗しつつ、その結果何が起きるかといえば、壊れた地域社会の暴走であり、ここからもしかすると国家主権の浸食が始まり、国家の危機につながるかもしれないわけだ[133]」。

ウルリッヒ・ベックも指摘したように、経営者たちがその可能性を無条件に排除していた「惨事が顕わになる」とき、それは「安全性の神話」が崩壊したことを意味する。「合理性と秩序の番人」が「生死にかかわる危険」を「公認し常態化」してきたことが証明されたのである。それは官僚制によって安全性が保証された「公共的環境」にとっては大きな問題となっている。[134] 現状を「合理化」するさまざまな概念的コードや理論タイプは「避難者」たちをラベリングし、それぞれの「人格」は匿名化され、個別的差異を無化する。複雑に諸権力が交錯する首都東京と被災地の距離感は拡大し、「避難者／被災者」たちは非連続性の「閾」に放置されていく。つまり、東京という「極点都市」が産出する言説「形成＝編成」は「日本」という空間のあらゆる領域に投網をかけている。その権力的規定性は「避難者」という存在を「東京」から切断し排除するように機能している。この切断と排除とは原発立地に始まる「土地収用」に深く関係している。アーレントが重視した問題は「土地収用や富の蓄積が、さらに土地収用を行ない、さらに生産性を高め、さらに専有を強める過程にフィードバックされた」ことである。そうした過程こそが「『社会の生命過程』」と呼ばれるものであり、この過程は「世界の耐久性と安定性」が干渉しない限り継続していく。つまり、「生産過程」の最終生産物である「世界の物」がさらに「加速するこの過程にフィードバック」されているのである。「フローの空間」が社会と国家を包摂した現代社会で「フィードバック」は「人間」の存在を前提せずに作動し、むしろ、「世界と人間の世界性そのものを犠牲」にすることによって「はじめて富の蓄積過程が可能になる」といえるのである。[135] そうした「社会の生命過程」とは「否定的対立の統一」として作動する負のフィードバックなのである。

いいかえれば、現存在は「時」の「間」に生きることすら困難な状態となっており、それは現状を客観的に概念化し得ないことに関係している。経済システムの空間的配置は新技術とグローバル化によって根底から変化した。この変化は「空間」を無化する技術革新によって経済システムと都市形態をも変様させ、経済システムは時空間に巨大な差異を生み出した。こうした空間的距離の無化という情報技術の「革新」は空間的配置を変更するだけではなく、それは「電子空間」と「経済活動＝経済権力」が新しい「フローの空間」を構造化することでもある。[136] 内田は、システムの深部には本質的な不確実性があり、その不確実性がゲームの「情熱」を呼びおこす、という。いわば、富の膨張を支える「情熱」には確実な意味や根拠が欠落しており、システムの不確実性こそがマネー・ゲームを支える「唯一つの真実」なのである。[137]「フローの空間」は概念思考的判断の基底となる「SハPナリ（ナラズ）」という述定を細分化する。だとすれば、分析判断的な措定による「認識様相としての認識様相」や「論理的妥当性」としての覚識も希薄化せざるを得ない。また、「フローの空間」では「分析判断的措定」による概念体系への「反照的顧慮」も消去されていく。[138] 不断に流れ去る大量の「情報」は、歴史内存在としての思考的判断を可能にする「SハPナリ（ナラズ）」という準拠枠を相対化する。だが、ヴェイユがいうように「量の重さに圧倒されるような精神は、もはや有効性という基準以外の基準をもっていない」のである。[139] だからこそ流れ去る「情報」は判断に重要な偏差を無化し、「好／嫌」という分断線によって「自／他」「友／敵」「内／外」のような二項的截断を固定化していくのである。

他方で、「或る屈折を介して論理的妥当性」は「生活形式」のなかで人びとに共有されていくのと同時に、文化接触によって伝統的な支配言語を使用している者たちも既成の社会秩序を再構成する。歴史的時間のなかで変様する「時代精神」は言語使用から「相互共存的な生」を規定し、この「相互共存的な生」は「分析判断的措定」による「SやPを含む概念体系への反照的顧慮」を必要としている。そうした「概念体系への反照的顧慮」は共同世界での価値階層の序列を流動化させ、その序列が相対的なものであることも明示する。価値序列の流動化を凝固化に先行させることがあらゆる精神的諸要因の運動を生成させる起点である。また、三宅は「言葉は他人との共存の場を開く」が、それには「種々な様相がある」とし、「言葉は伝達の用をする」のと同時に、「社会的な生を特定の仕方で開く」とも論じている。[140] 言語使用は「人‐間」での客観的規範性によって範型化される一方で、「それには種々な様相がある」。このように言語使用（＝言語的コミュニケーション）は伝統伝承が内包する「論理」を有し、共同主観性を介した諸記号の象徴的文化体系を基底として行為者間では共同性が成立している。だが、「論理」とは「他を媒介とせざる一と自」ではないのと同様に、「否定」を媒介しない「肯定」も存することはない。こうした意味において「絶対媒介が論理の本質」を成すのである、と田辺は論じたのであった。[141]「一／自」という「同一性」が「意味」を有する「論理」となるためには、諸記号を介した「意味」の伝統的慣習が「共存の場」で通用性となる必要がある。このときはじめて「言葉」は「社会的な生を特定の仕方で開く」ことになる。「意味」の「同一性」とは諸記号を媒介とした象徴的文化体系に依拠した「慣習」を範例とし、「この意味において絶対媒介が論理の本質をなす」のである。「言語の生活」という「たえざる順応／自発的変様／個性の埋没と発揮」の分岐点に人びとは立っているのである。つまり、人間存在とは言語使用によって「文化と伝統」に触れ合い、それを引き受けるのである。[142]

　共同主観性を媒介とした発話行為が「時‐間」の経過によって一定の洗練された形式性となるのと相即的に、自他の共軛関係性は「交わり」という現実的かつ精神的な価値階層を再編成させていく。そうした修正・変容を生起させる諸行為は「生活形式」における「伝統／文化」の変様過程でもあり、だからこそ、言語使用は「たえざる順応／自発的変様／個性の埋没と発揮」の分岐点をも作り出すのである。この分岐点から従来では前提とされてきた共同体的秩序は再構築されていくことになる。つまり、共同主観性を準拠点として世界を一つの世界像から解釈する行為は、歴史的かつ現在的な地平の形成過程ともなるのである。歴史とは「どこまでも自己の中に自己矛盾的な対立した契機」を含むのと同時に、「対立した契機」は矛盾しながらも「相分れ分裂」することはない。むしろ「対立しながら互に」要求し合い、「それぞれみずからの本質を形づくって行く」という「螺旋的な発展」となる。[143]この「螺旋的な発展」とは解釈的行為が新たな地平を作り出し、意味の偏差という「時の悪戯」を包含しながら変転することなのである。

言語使用によって「文化と伝統」とに触れ合い「交わり」が解釈的行為を可能とし、客観的意味連関は「伝統の連関」との反照的・示差的関係性によって「時代の隔たり」を架橋していくのである。

他方で、「フローの空間」では「S－P」成態である「命題的成態・命題的事態の秩序体系への反照的顧慮」も行なわれることはない。このため、「判断の論理様相は既定的・既存的な事態そのものに属する契機の〝模写的〟追認であるかのように思念される」ことになる。そうして「論理様相が恰かも〝模写的〟に追認される対象的規定性・存在的規定性であるかの相に〝物象化〟されて覚識される」のである。[144] いまでは物理的自然環境の分断は「時－間」をも截断し、一人ひとりが将来を確定する準拠枠は「時－間」を限定する理論構造を喪失した。だが「人－間」において「時」は過去の想起と将来への想像のなかで具現化され、言語理解と行為選択の能力をもつ「行為的主体〈として〉の個」が想起と想像を介して「時」を「星辰＝コンステレーション」とするのである。人びとが将来像を構制するとき、すでに先行的所与として象徴的には「現実」が把握されている。そうした「行為的主体〈として〉の個」は直接的かつ間接的に社会的な意味連関を創出するのである。他方で、原発禍によって「生活形式」の「生活」の根底が毀損し、「形式」が形骸化したなかでの「発言」は相互了解の枠組が成立せず、「発言」の「内容」は発話行為を不明瞭な理解とし、形骸化した「形式」とは解釈の枠取りとなっていた「真理」の通用性と汎通性の諸前提を空疎なものとした。

その社会環境下での「逸脱」は「全体社会からの排除へと行き着くわけではない」。だが、「規範からの逸脱」は「〈逸脱を扱うための〉基準がますます正統性を要する」ために、「全体社会内部の問題と見なされていく」のである。こうして「規範からの逸脱」はそれが引き起こす帰結の制御の問題として代置され、「排除は規範的に正当化されえない事実」として扱われるようになる。[145] こうして「排除」を正当化するエートスが産出され、経済的合理性と経済的利潤の獲得を人間存在よりも優性させる人間集団の「自己保存」は政治・経済構造の変革を忌避する。だが、「排除」という負のエートスと既成の構造を維持しようとする「自己保存」は「安全神話」という錯認を客観的知識から同定しようとした。そのとき、社会的連帯、正当的な法秩序、そして人格の自律、などの優先事項は端的に否定された。つまり、ブルデューが指摘するように、知識とはエートスと結びついた「実践的な知」であり、「予測可能性や計算可能性を確実にしているような経済的、社会的組織」への適応は「未来に関して、ある特定の性向を必要とする」のである。いわば、経済行動の「合理化とは、未来における想像上の目標点との関連からあらゆる存在が組織化されることなのである。[146] さらに、ルーマンは機能システムからの「排除」の具体的事例をあげている。[147] たとえば、ある機能システムからの事実上の排除によって、確定され安定した「職業／収入／身分証明書／親密圏」を獲得することが不可能となることがある。これらの帰結は、①「対個人／対集団」の「契約」ができない、②裁判に訴えるという権利を行使しえない、③識字力の欠如は「医療と食料給付」の書類申請ができない、などの生活に直結した権利行使の問題となっている。このような基本的人権の喪失によって他のシステムから獲得できる諸権利をも制限されてしまうのである。「[そのことが]人口のなにがしかの部分」を規定するまでになり、人びとは「居住地」という点でも分離され「不可視化」されている。つまり、ルーマンは「人‐間」と「時‐間」が重複する場での分断線の機能が産出する「人間疎外」のありようを論じたのであった。

いいかえれば、政治・経済・教育・文化の各機能システムにおいて「読む」という行為は部分システムの諸条件を「問う」ことになる。というのも、人びとの「読む」という行為は「状況」の正否を対自化し、「その可能性の社会的諸条件」の正当性と合理性を再考するからである。また、それはすでに確立された言説を解説する「レクトル lector」の「生産の社会的諸条件」を「問う」ことにもなる。他方で、支配文化から正統性を付与された「レクトル」

を駆使する者は自らの解釈を「問う」ことはしないが、被支配層に属する者たちは「自然」にその正統性を受容させられていくことになる。この前者の立場とは「文献学的論争」の勝者となるだけでなく、政治的闘争においても勝者となる。つまり、勝者たちは「公共空間」の諸問題の提示、定義、そして解決の方向性を占有する一方で、その優位性は継承された文化資本による「共通の意味〔常識〕」の独占に起因しているのである。(148)

確立された言説を解説する「レクトル」とは発話行為を介した権力行使である。それが人びとの諸行為を一定の準拠枠に強制的に集約するのと同時に、権力の許容範囲内で「問う」ことを「許可」するのである。つまり、「事実」提示の過程ですでに確立された「価値判断」が先行与件としてあり、他の多種多様な「出来事／話題／事実」を言説編成によって論理領域に編入するのである。このとき「真理」とは「共同主観的〝同型〟性なるものがスタティックに厳存している」ように受容されていく。すなわち、間主観性が内包する共同性と個別性は権力者の「語り」によって画一性と均質性に代置されるのである。「或る位置での共同世界に通用する真理」が絶対化され、支配権力層が提示する「推論／記述」から「対話的交通」は分断されていく。また、「問う」という行為は「レクトル」に準拠した「質問／陳述」を強制されることになる。それらを強制される被支配層は継承してきた諸価値の剥奪と相即的に、「人‐間」の領域を「レクトル」の価値体系によって包摂されることになる。他方で、アーレントは「人間の間の活動と反動」とは「閉じられた円環の内部」に留まるのではなく、その影響力は自他間に限定されるものではないとした。なぜなら、「最も限定された環境」での「最小限の活動」、つまり、「一つの行為／一つの言葉」であっても「すべての布置を変える」のに十分な力を有しているためである。そうした活動は特殊な「内容」によっても「関係を打ち立てる」ことができるのである。したがって、活動とは「一切の制限を解き放ち、一切の境界線を突破するという固有の傾向」を含意しているのである。(149)「一つの言葉」が「生の姿」を象り形式となる一方で、ジンメルは「生は休みない先への流れであり、あれこれの特定の形式だけでなく、いかなる形式であれそれが形式であるがゆえにその上を超えて氾濫する」とし、それゆえ「生は、いかなる形態を獲得したにせよそれを超え出てただちに別の形態を捜さなければならない」とした[150]。

「人間の間の活動と反動」は文化的再生産を前提としたものであるが、文化的再生産は安定した諸環境の下で行なわれているわけではない。「一つの行為／一つの言葉」という「最小限の活動」が自明性と意味の喪失のなかで行われたとすれば、人びとは正統化の危機や社会規範の機能不全を客観視することになる。というのも、「生」とは「形式であれそれが形式であるがゆえにその上を超えて氾濫する」ためだからである。この「氾濫」は「真理の通用性」と受容されていたframeworkを超え出ていくのである。廣松が立脚する視座からいえば、「〝客観的〟な事象や事態とは認識論的主観たる『判断主観一般』に対妥当する判断成態の謂い」であり、「判断成態と〝客観的〟な事象や事態との一致・不一致」とは「真実態においては間主観的な一致・不一致である」とされる[151]。つまり、「意味」の相対化と「文化的知」の細分化が「すべての布置を変える」ことになる。アーレントがいう「布置」とは「無限の網」と表現し得るものであり、その「無限の網」は人間存在を「固有の形」や「限界」に集約することはなく、また確定した「その内部の位置」なども存在しない。そうした「布置」とは「締括りしてもいくらでも出られるから開放的」な特質を有しているのである。だからこそ、「われわれ自身が網の結び目であることによって、網の開放的に包むという働きに協力し参加する」といえるのである[152]。ここには「包含／展開」あるいは「差異／反復」による「意味理解」があり、区別を渦動に置き換えるときはじめて記述することができる。こうした視座から三宅も「同一社会内」における時代理解の多様性を論じていた。

「同一社会内に相異なる主体的時代理解の幾つかが共在する。現代とはそういう共在の特定のコンステレーション、特定のくみ合わせである。主体的理解の相違は固定的なものではなく可変的であり、その共在はただ外的な並立ではなく、相互作用――相互理解、感化、或いは対立、闘争などとしての――である[153]」。

「客観的な事象や事態」が「『判断主観一般』に対妥当する判断成態」であれば、「悪意」や「憎悪」は匿名性の暴力性を増長させていく。「悪意」や「憎悪」は日本という「同一社会内」での「主体的時代理解」の一つであることは確かであろう。負の俗情に包摂された「共在の特定のコンステレーション」は「人‐間」において同一事象の「是非」を位置づける。俗情は衝動と行動を混在させながら共軛的な相互性を作り出し自明性の喪失と相即的に、負の情動は螺旋を描きながら「限界状態」をさらに悪化させ、「隣人」に対する「不信感」を深めていく。匿名の「悪意／憎悪」は隣人を潜在的な「悪」のまなざしによって同定し、匿名の領域に内属する者たちも現状に対して不信感と不安感に包摂されている。こうした信頼の腐食は「人‐間」における「排除」と「包摂」の領域をより深く分断することになっている。何の咎もなく「生活形式」という日常の「暮らし」を奪われ、試煉に直面している人びとが「悪意／憎悪」に侵蝕される一方で、その存在は日本社会のなかで「隠蔽／消去」されようとしている。むしろ、人びとの「主体的理解の相違」は「可変的」であるからこそ「自発的／意図的」に負の情動に浸かっているのである。多くの人びとは「相互作用‐相互理解」を放棄し、「虚構」でしかない日常の「安定」という幻像を選択している。対象理解のための遠近法は失われ、「相互作用‐相互理解」の物象化が形成する「葛藤／対立」によって他者性を内包し、軽蔑や嫌悪の情動は「蔑視」によって「排除」された存在者を拘束しているといえる。

「不幸が魂を硬直させ絶望につき落とすのは、自己にたいする軽蔑や嫌悪や反撥までも、さらには罪悪感や穢れの感覚までも、いわば赤く焼けた鉄のようなもので魂の奥底に刻みつけるからだ。かかる感覚は論理的には犯罪から生じるはずなのに、事実は逆である。(…)本質的には犯罪者にこそふさわしい魂の状態が、犯罪から離れて不幸に貼りつくがごとく。しかも不幸な人が無辜であればあるほど、いっそうぴたりと貼りつく[154]」。

人びとは相互承認の基底となる「信頼」を必要とし、「生活形式」における文化的再生産によって状況変化に応じた「意味論的次元」での現存の世界像を維持していく。つまり、「信頼」とは不安定で文化的再生産が困難な「状況」においてこそ重要となる。「空－間」における伝統の連続性は日常生活の諸実践のなかで習得した人びとの「知識」を凝集していく。こうした連続性と「知の凝集」は「信頼」を構成するうえで誰が信頼に足るのか、どのようにして信頼に値する「人格」を提示しえるのか、などの範例を明示することになる。だが、「不幸が魂を硬直させ絶望に突き落とす」のであれば、「自己と他者」あるいは「自己と世界」の蝶番としての「信頼」は絶えず裏切られ、人びとは失望のなかに位置づけられてしまう。このとき人びとは「ただ道具的でない言語表現が、相手と自分との間柄の微妙な感情交流をうち立てる」ことを知る。また、エーコも「言語的習慣」は「表出されない感情の重要な兆候」であると述べていた[155]。なぜなら、「言語によって共同的な生が開かれるので、その共同的な生の在り方も言語を通してうかがわれる」からである[156]。この「共同的な生」とは信頼し得る「人格」からの「反照＝反射」があり、「信頼」することを体験し信頼を得ようとする心性を形づくる。その「形式」を獲得した心性は自他間における「反照＝反射」によって「信頼」の深さを知ることにもなる。そうした「反照＝反射」とは自己省察となるのと相即的に、他者に対する自己表現こそが「信頼」を維持し、深化させることを再認させる。だが、合理性の支配的形態としての「道具的理性」は「自己にたいする軽蔑や嫌悪や反撥」あるいは「罪悪感や穢れの感覚」までも「魂の奥底に刻みつける」。こうした「人格」の根源的な領域までも腐蝕させているのがいまの日本社会である。

ベックは自然災害という概念はその災害原因に対して人間が責任を負えないことを意味するが、福島の原子炉事故は自然災害ではない、とする。また、地震が起こる地域に原発を建設するのは「政治的決断」であって、この決断は経営者と政府によって正当化されているはずである、とベックは指摘している。事故によって防御や回避行動がすべて不可能となったとき、それらを否認する行動だけが残された。だが、その「思考／行動」様式はむしろ「なだめることによって住民を不安」にさせ、「攻撃的受動性という刑を住民に下す」ことになったのである。この過程で「放射能汚染によって、意味が接収され、自分の生活条件の危険性に関する市民の判断力」が喪失していく事態が作り出されている。[157]「本質的には犯罪者にこそふさわしい魂の状態」に何らの罪もない存在者が包摂され、その「生の姿」は「正義／幸福／寛容」といった理念を喪失し、ウェーバーのいう「非友愛性」による「世界支配」を具現化している。こうした時代的特徴とは「不幸な人が無辜であればあるほど」その罪が重くなることである。

他方で、「あらゆる人間を全体社会のうちに完全に包摂せよとの要請」の理想化は重大な問題を潜在化させてしまう。というのも、「全体社会システムが機能的に分化する」とともに、「包摂と排除の関係の規制〔という働き〕」は機能システムへと移行するためである。この点に関して「部分システムを監督する中枢審級」など「もはや存在しない」といわなければばならない。問題なのは「システムの周辺部において排除効果が形成されており、その水準においては全体社会の負の統合が生じるに至っているという点」なのである。[158]こうした「中枢審級」の不在はフーコーの権力論から敷衍できるだろう。フーコーによれば、権力とは一つの制度や一つの構造ではなく、それはある層の人びとが持っているある種の権力でもないのである。つまり、第一に、権力とは「無数の点を出発点」として「不平等かつ可動的な勝負の中で行使される」のである。第二に、権力関係は他の形の関係に対して内在するものなのである。権力関係は「そこに生じる分割、不平等、不均衡の直接的結果としての作用」であり、また相互的に「これらの差異化構造の内的条件」ともなる。第三に、権力関係は原理的に「支配する者と支配される者という二項的かつ総体的な対立はない」。つまり、「生産の機関、家族、局限された集団、諸制度の中で形成され作動する多様な力関係」は「社会体の総体を貫く断層の広大な効果に対して支えとなっている」のである。[159] フーコーの権力論が「微視的」な視座から権力を「もの」ではなく「こと」として記述したとすれば、それは田辺が論じたように、「権力」とは「理論の歴史的発展を媒介としてあくまで交互的循環的」に展開し、その「内在的動的統一」から「自覚」しなければならない。こうした権力の実体化を許容しない権力観は「渦動的循環的統一」のなかで「力」を再把握し、「権力」を「連続的統一を再建する環相と表裏相即」する「こと」として再認識する。つまり、「もの」とされた権力を「循環的渦動的」な「こと」として再考するのである。[160]

権力の物象化は現実をむしろ動かし得ぬ「もの」とし、人びとの情動や多様な諸体験を自然な実在とすることになる。このとき社会像は外的世界と人間の内面性という二項対立性を自明視することになり、権力によって構制される「文化的／制度的」な構造を客観的に対自化することはできなくなる。フーコーの視座は、まず日常を構制する「歴史的／社会的」な「知識／信念体系」を捉えるのと相即的に、「慣習法／伝統的規範／封建的制度」を微分化していく。また、機能システムへと移行する「包摂／排除」の関係を形成する分断線も「として」という媒介を経ており、渦動的循環的媒介の結果として現実に対する一般的通用性を得ている。一方で、「部分システムを監視する中枢審級」などは「もはや存在しない」とすれば、そうした欠如態のなかでこそ権力は「無数の点を出発点」として「不平等かつ可動的な勝負の中で行使」され、「真理体系として」も共同世界のなかで定着している。

「真理体系」は「善悪」という「形式」を有し、「そこに生じる分割、不平等、不均衡の直接的結果として作用」する逸脱にはサンクションが加えられる。言語的規範性の確立があったとしても下部構造は流動化しており、言語的規範性も制度と「生活形式」の機能分化に応じて変動している。だが、「支配する者と支配される者という二項的かつ総体的な対立はない」。また、この変動の中には言語的創造性も沈澱しているのである。そして、予見されなかった状況に直面した時、それを革新的に克服していく創造的な行為が新たな表現形式を言語体系に与えるのである。判断成態と「人々」はシステムに包摂されているのと同時に、中軸となり集約するシステムの不在は「権利（＝法）主張」の妥当性をも不明確にしていく。そのとき「予期とリアリティの間に不可避的に齟齬」が生じ、この不明確性と齟齬によって法の限界と「識閾」が産出される。そこにある「識閾」こそが「剥き出しの生‐政治的存在／ゾーエー‐ビオス／排除‐包含」の汽水なのである。すなわち、「例外」が規則化する過程と並行し、「秩序」の周縁に位置していた「剥き出しの生の空間」が政治空間と一致するようになったのである。こうした「ゾーエー‐ビオス」や「排除‐包含」という「空間的」権力関係と「日本的」時間意識が重複するとき、「剥き出しの生」が日常のなかで物象化され実在となる。「原ファシズムは、いまでもわたしたちのまわりに、時にはなにげない装いでいる[161]」のである。つまり、原発事故の後では民主主義は利己主義に代置され、「個」は「全体」に溶解していく傾動のなかにある。

「そもそもこの民主主義が原発立地を生み、この事故の遠因になった。そしてこの事故が起きた後では、放射性物質の扱いをめぐって民主主義が排除を生み、その排除がさらにこの地にすべての汚いものを押しつけ、その将来を危険なものに変えていく最大の圧力になりそうだ。（…）／排除は、放射性物質だけでなく、その影響を受けた人間にまで広がり得る。広がり得るというよりも、現実にそうならざるを得ない実情があり、（…）今後とも原発避難者たちの避難が続く根源的な要因になっていく」[162]。

たとえば、排除されていく「避難者」の視点から原発事故についての言説を見るとき、山下祐介は三つの論点を上げている。（一）その言説は事故を「過去」のものであるかのように処理する。だが、事故はいまだ継続しており、「まだ何かが起きる可能性がある」。（二）また、「避難」という状態は続いており、事故の長期化と時間の経過によって被害は「軽減されるどころかむしろ拡大している」。ある原因で何らかの被害が発生するとその被害は次々と連鎖し、場合によっては「生活を全面的に破壊していくことがある」。（三）そして、事故の結果を把握することができてはいない。つまり、「放射性物質の大量拡散がどのようなことをもたらすのか、まだ分からない。健康被害はこれから始まる問題である。除染もどこまでできるか全く見通せていない」のである[163]。これらの将来の不可視化は「時」の分断であり、「人－間」を形成していた人格的関係性や信頼性を腐蝕している。ルーマンは今では多くの規範を社会的予期は接続し得なくなると述べていた。「定位」できるのは「短期的な時間地平」や「状況の直接性」において「身体を観察する」ことだけとなっている。これは「包摂領域」においては時間を拡張する「互酬的予期」が脱落し、「家族の絆」が崩壊するまでに至ることを意味している。実際にそれが「今日における機能分化した全体社会から生じる副次的効果なのである」。こうした事態は日本社会のなかで顕著な形態として可視化されており、それらの諸問題が「個々の機能システムの内部において解決されうるなどと期待することはできない」。なぜなら、「包摂」を把握し得るのは「排除」を可能とする背景からであり、「排除の相互強化という問題」を「個々の機能システム」に帰属させることはできない。つまり、機能的分化した全体社会は「頂点も中心もなし」に作動しているのである[164]。

「包摂／排除」の領域形成は機能的分化という「近代」の社会変容からの帰結でもあった。機能分化の進行と相即的に、「包摂／排除」という二項的截断の「規則」は各部分システムに依拠しながら作り出されている。そうしたシステム特有の法則性に沿う価値領域が形成され、「普遍的客観的真理」は相対主義的な観点によって揺らぎ続けることになる。一方で、「主観的理性」は非合理的な「包摂／排除」の分断線によって和解し難い「対立／葛藤」のなかに包含されている。システムの「自己保存」という機能はいかなる中心的意味もなく、「生活形式」を断片化し社会統合は危機に直面することになる。たとえば、「普遍的人権」という概念は「国民」の外部に位置づけられた存在者からの反照的・示差的関係のなかで始めて成立する。先行的な外部の措定と同時に内部もまた規定性を獲得し、「外部＝排除された領域」と「内部＝包摂された領域」は共軛的に形成されることになる。だとすれば、「普遍／特殊」「一般／個別」という概念構制は「主観‐客観」的認識論を基底としているのと相即的に、「真偽」「善悪」などもframeworkに応じて変容する流動的なものなのである。だが、反照的・示差的関係性が「主客」の認識論へと代置されたならば、「主客」を実体化する認識論の「論理性／合理性」は「包摂／排除」の二つの領域を「正当化」し固定化する。そこでは否定的統合という「合意なき統合」となり、「合意」した諸主体の不在が「包摂／排除」の領域を確定させるのである。こうした「中枢審級」の欠如という事態の権力関係についてはフーコーが再展開したのであった。フーコーによれば、権力の関係は「意図的である」と同時に「非‐主観的である」。また、「権力の合理性」とは「戦術の合理性」でもあり、「その戦術とは、互いに連鎖をなし、呼びあい、増大しあい、己れの支えと条件とを他所に見出しつつ、最終的には全体的装置を描き出す」のである。そこでは「論理はなお完全に明晰であり、目標もはっきりと読み取れる」のと同様に、「それを構想した人物はいず、それを言葉に表わした者もほとんどいない」ということが生ずるのである。[165]

「同時代の数え切れない出来事の中、私たちの時代の全体的構造に影響するような事件に着眼してこれを選び出し、これを見定めることなしに、私たちは自分の生きている時代を把握することはできない。同時に、全体的構造の中の矛盾から、その事件の発生を解明しえなければ、事件そのものを理解することもできない[166]」。

いいかえれば、東京を中軸とする政治・経済システムの framework が日本全土で生じている「同時代の数え切れない出来事」を画一的に俯瞰している。「中央‐周縁」という権力序列は地域社会が直面する諸問題を潜在化させる一方で、このときシステムの合理的作動は自立した「主体」を必要とはしない。というのも、システムへの依拠によって「自発的」であり得る別の「主体」を産出するからである。また、廣松が指摘したように、真理を真理として成立させる「間主観的な共同世界」は「現実には歴史的・社会的・文化的に多層的」である。部分システムでは「専門家集団や信徒集団といった次元においてすら、それぞれ自分達の内部で通用している〝真理〟を以って他の共同世界にも妥当する真理であるものと信憑」している。それがいまも「安全神話」となって日本社会の政治・経済の各領域における将来の選択肢を限りなく縮減している。つまり、「平時」であれば「この信憑的思念の埒内」において人びとは暮らすことができるが、「真理体系」は相対的に安定していても「当の思念が思念にすぎないことを時に応じて思い知らされる」ことになる。事実と現実を正視すれば、「妥当する真理」は「通用しうる真理」を包含しつつ、新たな「通用する真理」へと展開しなければならない[167]。

たとえば、原子力災害による損害賠償を勝ち取る過程で避難者たちは「原子力の専門家たちのために事故の犠牲」となったにもかかわらず、その専門家たちに依存することになる。放射能汚染の影響は客観的に判断することはできずに、そのリスクも正確に把握することはできない。さらに、賠償請求の過程で信頼すべき弁護士を探すことすらも難しいだろう。最終的に「避難者は十分な情報もないままに、できないはずの自己判断を迫られることになる」。山下が「広域システム」と呼ぶシステムの作動はさらに問題解決を遅らせる可能性がある。つまり、この部分システムは「国 - 地方」「大企業 - 個人」「専門家 - 素人」などの分断線を走らせ、問題解決の方向性が不透明になり「被災者 - 大多数の国民 = 非被災者」という図式を作り出す。こうして事故処理にかかる増税や電気料金の値上げなどが「非被災者」の生活と関連することになる。それは「国民の間で、きわめて複雑なかたちで、差別的感情も伴いながら新しい状況を形成しつつある」と捉えねばならない(168)。

しかし、「通用する真理」は「フローの空間」において滑落し、「真理」としての価値を喪失していく。「通用」する「時」があまりにも一瞬で流れ去り、「今」という瞬間的「区分/局面」が時間認識のパースペクティヴを流動化している。それは「過去/現在/未来」という時代区分すらも流れ去るものとしている。こうした「フローの空間」において時間認識のパースペクティヴはむしろ「生きる」ことの桎梏となる。なぜなら、人びとの日常が「フローを通して」可能となり、作動しているためである。この流動的時間区分が物質的空間に浸透する一方で、協働を必要とする社会的連帯は「自己責任」という言葉によって細分化されてきた。つまり、社会的行為者たちが「政治的/経済的/象徴的」構造を担うためには「フローの空間」がすでに必要不可欠となっているのである。

他方で、廣松が指摘するように、一定の「現実の動態」においては「共同主観的〝同型〟性なるものがスタティックに厳存している」のではない。一貫して厳存するのは「諸能知の交通的相互連関を支える間主観的存在構造」であり、その「現実的・具体的な在り方は不断に流動的」なのである。つまり、「交通的相互連関を支える間主観的存在構造」とは多様性を有し、その多様性において差異と反復という渦動的場となっている。だが、「フローの空間」は「真理」を空洞化させ、「交通的相互連関」を凝固化させてもいるのである。そのとき必然的に「間主観的存在構造」は他者排除の空間を作り出すことになるのである。だからこそ、「或る位層での共同世界に通用する真理」とは「対話的交通」を介し、複数の他者間においても「通用する真理」となって「共同主観的な真理の体系」を形成しなければならない(169)。

近代日本の「共同体」を考えれば、加藤は、「現在の大勢に順応する『日本人』の態度の一貫性」を示す「現在主義」を背景とし、人びとは順応の行動を「内面化」してきた、という。だが、順応の原則が先行し、その他の行動の「規範的原則」は曖昧性を多分に含意したものとなる(170)。いわば、歴史内存在として獲得した意味連関は「現在主義」によって意識化されることなく、身体化されている。つまり、諸体験の総体は「今」を中心としながら沈澱化しているのである。一方で、行為選択の過程で「経験内容が種々な連関」へ編入され、「現在の現実的な行為」ではなく「可能な諸行為への関係」が重要となる。歴史的な社会に生きる人間にとって「経験の世界の組織化」は「すでに存在している諸々な秩序や制度」と連結し、「社会的諸関係」のうちで客観化された形で受容されることになる(171)。

「現在の大勢」へ順応する「態度の一貫性」は知覚様式をも包摂し、さらには時空間に対する解釈枠組を作り出し社会秩序の維持にまで波及する。「現在の大勢」へ融解してゆくなかでの行動が「日本」での「規範的原則」となるのである。また、その原則は「肯定／否定」の二分法的コードを内包しており、行動を決定するときの規則性となる。「現在の大勢」のなかで匿名化する「諸主体」は外在的な倫理的原則に準拠しながら「経験内容が種々な連関」を形成していくことになる。「大勢」への埋没はむしろ「個人にとって与えられた条件」であり、「個人」がそれを動かすことはできない。しかも、「大勢の方向」を知り得るのは「現在」という時点であり、「未来の大勢」がどのような方向性となるかは未確定なままとなる。そこで「個人」は「現在」の環境に注意を集中し、「動き＝大勢」の変化に鋭く反応する。「個人」と同様に社会内での「特定集団」もそうした「行動様式」を選択し、情勢を未来へ向けて動かそうとする自由意志は発揮されず、「未来への計画を伴わない現在当面の反応」が選択されていく。[172] つまり、慣行的な行為様式の踏襲は「無意識的集団従属的」かつ「個性的選択的」であり、人びとは「過去から現在に伝わる制度や文化の埒外に生きることはできない」のである。[173]

「動き＝大勢」に鋭く反応するとすれば、物質的基盤を介したその反応は時空間を変様させる社会的実践となり、つねに既成事実に先導されていく。「動き＝大勢」に敏感な心性は互いの視線によって拘束される一方で、「未来への計画を伴わない現在当面の反応」ともなっていく。日本社会の「安楽」な「現在の大勢」と相即的に、「例外がいたるところで規則になっていく過程」が並存している。そうした並存が日常的意識のなかで惰性となり、社会の背景的特質と個々人の基礎的性格を同時に形づくっている。つまり、現在に埋没するなかで「時－間」において「宙吊り」となり、刹那的な「未来への計画を伴わない現在当面の反応」を反復している。だとすれば、「生活形式」と故郷を同時に失った「剥き出しの生」は未来の方向性を失い続けているといえるだろう。

だが、サルトルが論じたように、「私の位置が現実に理解されうるのは、非存在の光、未来の光に照らしてである」[174] ことを考えなければならない。また、人びとが信頼を維持し連帯していくには、諸体験を想起し再認しながらの記憶の共有が前提となる。いわば、これは体験の言語化によって記憶が明確性を増し、人びとが再認し得る歴史的経験を獲得することなのである。それは「人格」との交互的な媒介によって歴史内存在の「経歴」となり、「真理」は「交わり」のなかで具象化さることになる。このとき「交わり」とは歴史的出来事の共有から、体験を客観化する経験となり先行世代から後続世代へと継承される。ヤスパースは「私は交わりにおいてのみ私自身である」のであって、「交わりにおける私」とは単なる生の保持だけではなく、「生を充実させもする」と述べていた。[175]

しかし、「人－間」における社会的統合に物理的な分断線が走り、新たに出現した状況は既存の「生活形式」とは根底から異なる「もの」となっている。社会的統合は正統的な歴史的・文化的規則性に準拠した「人格」を必要とするが、分断された時空間では他者性への配慮は欠落し、従来では円滑に連鎖していた日常的実践も難しいものとなっている。つまり、正統的秩序に依拠した「交わり」の前提であった「人格」が匿名性へと変容し、その引責能力が低減しているのである。その結果として行為選択の方向性と共同体の同一性が相即的に揺らぎ、「暮らし」が内包していた「連帯」が切断された。こうして社会的紐帯が分断化・分散化されていく過程で「生の姿」は「根こぎ」という「宙吊り」となるのである。だからこそ、ある生を「根こぎ」にした出来事が「生の姿」を象る「社会的／心理的／肉体的」な各部分に波及すれば、それは「真の不幸」となる[176]。すなわち、これは「公的な共通世界」の消滅であり、共通世界の崩れは「孤独な大衆人」を生み出すうえで「決定的な要素」となったのである[177]。

　他方で、「孤独」とは個別性から一歩踏み出し他者と向き合うことで私自身を語り、私が私として「在る」ことを他者へと示すことでもある。自己の個我性の自覚は「自己」のうちに「非‐自己」を見出すといえる。つまり、そうした行為こそが「孤独」といえるのである。また、それは他者と共に在る反照的・示差的関係性を重要な先行的与件としている。こうした「交わり」とは二つの主観性の「間」だけに限定されるものではない。ハンス・ザーナーによれば、自立した各主観性は「それ自身においてすでに自らへの関係」であり、それゆえ「交わり」とは「二つの自己関係」が相互に関わり合うことになる。つまり、「交わり」とは多様な主観性が結びつく「相互関係」であるのと同時に、主観性の「反省的な自我‐存在による自己関係」でもある。いわば、「孤独と交わり」は「弁証法的に互いに結びあう」といえるのである[178]。「交わり」の背景図となる「歴史的な状況」は「現在における過去と未来との、主観的なものと社会的客観的なものとのからみ合い」において成立する。状況から獲得する経験はただ受動的なものではなく、現在の感性的な欲求や所与の事態の知覚と共に「すでに文化的制度的に筋道づけられた共同的生への参与の仕方を含む」のである。そして、「行為者としての人間の状況経験には、現状への満足と不満、解放感と圧迫感、それらに応じての未来への志向を伴う」といえるのである。(179)

「公的な共通世界」は「交わり」という協働を可能にする「通用性」と「歴史性」を有している。また、ヤスパースは「人間を導いてゆく判断の真理性」は「自己確信」を媒介とする「道程」であり、「普遍妥当的な要請および歴史的な呼びかけ」として現前するという。(180) 他方で、「生の姿」を包摂し「根こぎ」したさまざまな出来事は、既存の日常性と自明性のゲシュタルト・チェンジとなった。その基底的変換は推論と判断の基準や集合的な相互承認をも変容させ、「原発＝核施設」事故は当事者たちの framework による了解の既知性と行為の可能性を消失させた。こうした事態が「社会的／心理的／肉体的」な場を侵蝕し、空間の分断によって「真の不幸」を作り出している。

現在の日本社会の政治的・経済的な関心は、①原発事故の避難民、②仮設に暮らさざるを得ない人びと、③複合的な要因によって壊れた家族、などに向けられているとはいえない。もし、そうした存在が注視されているならば、日本国の経済的資源を集中的に「原発＝核施設」事故が与えた場所に投下するだろう。これから三・一一の日付の前後に大量の映像が拡散したとしても「悲しみ」は流れ去り忘却されていくだろう。また、二〇二〇年の「東京オリンピック」に向けた東京へ資本投下が集中する一方で、被災者や避難民に対する「沈黙」を要求する社会的圧力が「規範的拘束」を産出している。それは「慣習的／習俗的／道徳的／規則的／法律的」な当為的抑圧をも含意している。そのなかで廣松が指摘するように、人々の行動は「自由意志的／自発的」であったとしても、その行動は「〝舞台的環境〟や〝道具的条件〟によって〝実在的・事実的〟に制約され方向付け」られている。つまり、「事実的・実在的」には行動様式が「規範的」に拘束されているのである。この結果、人びとの行動は「極めて限定されたフレーム」のなかに縮減されている。こうした状況が「対自然的かつ間人間的な機能的諸関係」の物象化なのである。(181)

「原発避難民」に対する日本社会の「無関心」と「排除／包摂」による分断線によって現状の「生の姿」を見出すことができる。「排除」を正当化する心性は社会のなかで拡散し、現状の整合性を維持するために、幻想的な伝統文化を価値あるものとする言説が氾濫している。日本の国柄の基底とされる伝統文化は大きな危険に曝された「同胞」を排除しながら、「安楽」な同一性を維持し続けている。つまり、「排除」を正当化する言説が「包摂／排除」の共軛的連関のなかで、深い「矛盾」を隠蔽しているのである。だからこそ、「排除」の領域は「人間相互間の intersubjektiv な媒介を経て存立する本源的に共同主観的・相互主体的な現象である」と再認しなければならない。

共同主観性を基底とした「交わり」とは「その都度二人の者の間に成立つ」とヤスパースは強調していた。「交わり」と「孤独」は自他間という「距て」から生成し、「二人は孤独から出て相互に出会う」ことになる。また「かれらが交わりのうちに立つという理由によってのみ孤独を知る者である」といえる。だからこそ、「〈自己であること〉と〈距てをおくこと〉の苛烈さを欲しない自我」は「せきとめられない水」のように「力なく流れゆく」ことにもなる。[182]「距て」という空隙こそが「交わり」を作り出すといえる。つまり、ヤスパースの「真理」観は空間論的に論じられているのである。同様にアーレントも「ヤスパースの思考が空間的である」とした。アーレントによれば、それはヤスパースの思考が「つねに空間のなかにある世界と人間とに関わり続けている」からであり、その「最も深い目的」は「人間の持つフマニタス」が純粋かつ明瞭に現われうるような「空間を創造する」ことにあったからである。この思考はつねに「他の人々の思考と密接な連関」をもち、「政治的でない事柄」に言及するときにも「政治的」とならざるを得ないのである。[183]

多様な主観性が結びつく「交わり」には自他の相互理解の歴史的・社会的文脈が内包されており、諸文脈を安定的かつ継続的に形成する必要がある。「交わり」を可能とする歴史的・社会的文脈が「安定的／継続的」であればこそ、既存の政治・経済秩序を「批判的／構成的」に捉えることもできる。その「批判的／構成的」な視座は主観性の「反省的な自我‐存在による自己関係」についての省察を深め、所与の「交わり」の諸文脈を内部から活性化することになる。つまり、「歴史的な状況」における「孤独と交わり」の「弁証法的」な結合は「現実性／事実性」に依拠する一方で、新たな政治的・法的合意を形成し、その錯誤を修正する相互了解的な「過程」ともなるのである。こうして「文化的制度的に筋道づけられた共同的生」が新たな価値領域を拡大していく。いわば、制度的秩序を所与とする「交わり」は新たな有意性を既存の秩序のなかで成立させてもいくのである。そして、他者へと寛容をもって向き合う「交わり」とは自省的な努力として「開放的な体系構制」となる。こうした展開によって、「孤独と交わり」の弁証法とは「一方は他方なしには存在しえず、他方とともにのみ、そして他方を通じてあり、両者は絶えることなく生成と消滅をくり返す」。相互関係が垂直で非対称的なものだけであれば、自己関係は経験上の固有存在であるに過ぎず、いまだ開かれた存在とはなり得ていない(184)。だからこそ、すべての段階の「孤独」は相互的動性から多義的な「交わり」となり、複数性の場へと歩を進めねばならないのである。

註

（1）竹内芳郎『サルトル哲学序説』筑摩書房、一九七二年、一四三頁。
（2）花崎皋平『生きる場の哲学‐共感からの出発‐』岩波新書、一九八一年、三四‐三五頁。
（3）フランツ・ファノン『黒い皮膚・白い仮面』海老坂武／加藤晴久訳、みすず書房、一九七〇年、七二、七八頁。
（4）M・メルロ＝ポンティ『知覚の現象学1』竹内芳郎／小木貞孝訳、みすず書房、一九六七年、二五五頁。
（5）吉本隆明「柳田国男論」『柳田国男論・丸山真男論』ちくま学芸文庫、二〇〇一年、二三‐二四、一七八頁。
（6）小林直毅「水俣病事件報道にかんする批判的ディスクール分析の試み‐メディア環境における水俣病事件の相貌」原田正純／花田昌宣編『水俣学 研究序説』藤原書店、二〇〇四年、一三八頁。

（7）廣松渉「存在と意味 第二巻」『廣松渉著作集』第十六巻、岩波書店、一九九七年、三三七頁。
（8）竹内芳郎『文化の理論のために―文化記号学への道』岩波書店、一九八一年、二八三頁。
（9）色川大吉「共同体の変質・再生・創出‐水俣の事例研究から」『近代の思想 色川大吉著作集』第二巻、筑摩書房、一九九五年、四九一‐四九二頁。
（10）前掲『文化の理論のために―文化記号学への道』、二九〇‐二九一頁。
（11）アルフレッド・シュッツ『社会的世界の意味構成』佐藤嘉一訳、木鐸社、一九九二年、二七八頁。
（12）ジル・ドゥルーズ／フェリックス・ガタリ『千のプラトー 資本主義と分裂症（中）』宇野邦一ほか訳、河出文庫、二〇一〇年、一二八頁。
（13）ミシェル・フーコー「知への意志‐コレージュ・ド・フランス一九七〇‐一九七一講義要旨」石田英敬訳『ミシェル・フーコー思考集成Ⅳ 規範／権力』蓮實重彦／渡辺守章監修、筑摩書房、一九九九年、一五八‐一六〇頁。
（14）前掲「水俣病事件報道にかんする批判的ディスクール分析の試み‐メディア環境における水俣病事件の相貌」原田正純／花田昌宣編『水俣学 研究序説』、一三九、一五二頁。
（15）前掲『文化の理論のために―文化記号学への道』、三三一‐三三二頁。
（16）ユルゲン・ハーバーマス『コミュニケイション的行為の理論（下）』丸山高司ほか訳、未來社、一九八七年、三一九頁。
（17）ハンス＝ゲオルク・ガダマー『真理と方法Ⅱ』轡田收／巻田悦郎訳、法政大学出版局、二〇〇八年、四六三頁。
（18）石牟礼道子『十六夜橋』ちくま文庫、一九九九年、一五六‐一五七頁。
（19）田辺元「数理の歴史主義展開‐数学基礎論覚書」藤田正勝編『哲学の根本問題・数理の歴史主義展開 田辺元哲学選Ⅲ』岩波文庫、二〇一〇年、二七三頁。
（20）前掲『文化の理論のために―文化記号学への道』、二九〇頁。
（21）カール・レーヴィット『共同存在の現象学』熊野純彦訳、岩波文庫、二〇〇八年、八二‐八三頁。
（22）前掲「柳田国男論」『柳田国男論・丸山真男論』、二七頁。
（23）三宅剛一『人間存在論』勁草書房、一九六六年、九九‐一〇〇頁。
（24）エトムント・フッサール『ヨーロッパ諸学の危機と超越論的現象学』細谷恒夫／木田元訳、中公文庫、一九九五年、二九一頁。
（25）渡辺京二『もうひとつのこの世‐石牟礼道子の宇宙』弦書房、二〇一三年、一四〇‐一四一頁。
（26）ヤーコプ・ブルクハルト『世界史的考察』新井靖一訳、ちくま学芸文庫、二〇〇九年、二六頁。
（27）前掲『真理と方法Ⅱ』、四六六頁。

(28) ベネデット・クローチェ『思考としての歴史と行動としての歴史』上村忠男訳、未來社、一九八八年、四〇頁。
(29) ポール・リクール『生きた隠喩』久米博訳、岩波書店、二〇〇六年、二四二頁。
(30) ジュリア・クリステヴァ『ポリローグ』足立和浩ほか訳、白水社、一九九九年、二六〇頁。
(31) 中上健次『紀州 木の国・根の国物語』角川文庫、二〇〇九年、一五頁。
(32) 前掲「存在と意味 第二巻」『廣松渉著作集』第十六巻、一九八頁。
(33) 前掲『紀州 木の国・根の国物語』、二八九頁。
(34) 前掲『文化の理論のために―文化記号学への道』、三四八－三四九頁。
(35) 前掲『生きた隠喩』、二四六頁。
(36) 前掲『ヨーロッパ諸学の危機と超越論的現象学』、二九九頁。
(37) 田辺元「種の論理と世界図式－絶対媒介の哲学への途」藤田正勝編『種の論理 田辺元哲学選Ⅰ』岩波文庫、二〇一〇年、一九一頁。
(38) アントニオ・グラムシ『知識人と権力 歴史的－地政学的考察』上村忠男編訳、みすず書房、一九九九年、一二五頁。
(39) 前掲「種の論理と世界図式－絶対媒介の哲学への途」藤田正勝編『種の論理 田辺元哲学選Ⅰ』、一九八頁。
(40) 廣松渉「マルクス主義の地平」『廣松渉著作集』第十巻、岩波書店、一九九六年、八六頁。
(41) 前掲「種の論理と世界図式－絶対媒介の哲学への途」藤田正勝編『種の論理 田辺元哲学選Ⅰ』、一九八頁。
(42) マルクス／エンゲルス『新編輯版 ドイツ・イデオロギー』廣松渉編訳／小林昌人補訳、岩波文庫、二〇〇二年、五八－五九頁。
(43) 柄谷行人『マルクスその可能性の中心』講談社学術文庫、一九九〇年、一二五－一二六頁。
(44) ジャック・デリダ『根源の彼方へ－グラマトロジーについて（上）』足立和浩訳、現代思潮社、一九七二年　一三五、一四三頁。
(45) 廣松渉「存在と意味 第一巻」『廣松渉著作集』第十五巻、岩波書店、一九九七年、三一、三八三頁。
(46) 前掲「数理の歴史主義展開－数学基礎論覚書」藤田正勝編『哲学の根本問題・数理の歴史主義展開 田辺元哲学選 Ⅲ』、三四七頁。
(47) ゲオルグ・ジンメル「生の哲学」『ジンメル著作集9』茅野良男訳、白水社、二〇〇四年、二六、三〇、三二頁。
(48) 鶴見和子「多発部落の構造変化と人間群像－自然破壊から内発発展へ－」『コレクション 鶴見和子曼荼羅 Ⅵ 魂の巻－水俣・アニミズム・エコロジー』藤原書店、一九九八年、一八六－一八七頁。
(49) 前掲『文化の理論のために―文化記号学への道』、二九二頁。
(50) 前掲『真理と方法 Ⅱ』、四六九頁。
(51) 前掲『世界史的考察』、一二三頁。
(52) 前掲『柳田国男論・丸山真男論』、一九七－一九八、二〇二－二〇三、二〇八頁。

(53)前掲「多発部落の構造変化と人間群像 - 自然破壊から内発発展へ -」『コレクション 鶴見和子曼荼羅 Ⅵ 魂の巻 - 水俣・アニミズム・エコロジー』、一九〇頁。
(54)前掲「存在と意味 第一巻」『廣松渉著作集』第十五巻、三九八 - 四〇一頁。
(55)ノルベルト・エリアス『参加と距離化 - 知識社会学論考』涙田節夫/道籏泰三訳、法政大学出版局、一九九一年、六三頁。
(56)M・メルロ=ポンティ『見えるものと見えないもの』滝浦静雄/木田元訳、みすず書房、一九八九年、三八五頁。
(57)前掲「存在と意味 第一巻」『廣松渉著作集』第十五巻、四〇一頁。
(58)前掲『参加と距離化 - 知識社会学論考』、六四 - 六六頁。
(59)チャールズ・テイラー「承認をめぐる政治」エイミー・ガットマン編『マルチカルチュアリズム』佐々木毅ほか訳、岩波書店、一九九六年、九二 - 九三頁。
(60)山下祐介/市村高志/佐藤彰彦『人間なき復興 - 原発避難と国民の「不理解」をめぐって』明石書店、二〇一三年、三三二頁。
(61)加藤周一『日本文化における時間と空間』岩波書店、二〇〇七年、二二一頁。
(62)同前、一二二頁。
(63)ハンナ・アーレント『全体主義の起源 3』大久保和郎/大島かおり訳、みすず書房、一九七四年、二八〇頁。
(64)前掲『人間存在論』、一〇七頁。
(65)前掲『参加と距離化 - 知識社会学論考』、一一六 - 一一七、一二五頁。
(66)前掲「種の論理と世界図式 - 絶対媒介の哲学への途」藤田正勝編『種の論理 田辺元哲学選Ⅰ』、二一〇 - 二一一頁。
(67)前掲『人間存在論』、九九頁。
(68)ミシェル・フーコー『監獄の誕生―監視と処罰』田村俶訳、新潮社、一九七七年、一八七頁。
(69)前掲『全体主義の起源 3』、二九七頁。
(70)シモーヌ・ヴェイユ『重力と恩寵』田辺保訳、ちくま学芸文庫、一九九五年、一二二頁。
(71)ウンベルト・エーコ『永遠のファシズム』和田忠彦訳、岩波書店、一九九八年、四〇頁。
(72)ジョック・ヤング『排除型社会 - 後期近代における犯罪・雇用・差異』青木秀男ほか訳、洛北出版、二〇〇七年、一九九 - 二〇〇頁。
(73)廣松渉「物象化論の構図」『廣松渉著作集』第十三巻、岩波書店、一九九六年、一〇一 - 一〇二頁。
(74)前掲『永遠のファシズム』、四四 - 四五頁。
(75)モーリス・ブランショ『明かしえぬ共同体』西谷修訳、ちくま学芸文庫、一九九七年、一七頁。

(76) 田辺元「種の論理の意味を明らかにす」藤田正勝編『種の論理 田辺元哲学選Ⅰ』岩波文庫、二〇一〇年、三八六－三八七頁。
(77) 前掲『明かしえぬ共同体』、一七、三〇頁。
(78) 前掲『日本文化における時間と空間』、一一〇頁。
(79) 木田元『ハイデガー』岩波現代文庫、二〇〇一年、七七－七八頁。
(80) 廣松渉「ハイデッガーと物象化的錯視」『廣松渉著作集』第七巻、岩波書店、一九九七年、四二三－四二五頁。
(81) マルティン・ハイデガー『存在と時間（四）』熊野純彦訳、岩波文庫、二〇一三年、四六一頁。
(82) ハンナ・アーレント「実存哲学とは何か」齋藤純一訳、J・コーン編『アーレント政治思想集成一－組織的な罪と普遍的な責任－』齋藤純一／山田正行／矢野久美子共訳、みすず書房、二〇〇二年、二三九－二四〇頁。
(83) デーナ・リチャード・ヴィラ『アレントとハイデガー 政治的なものの運命』青木隆嘉訳、法政大学出版局、二〇〇四年、三八五－三八六頁。
(84) 前掲「ハイデッガーと物象化的錯視」『廣松渉著作集』第七巻、四二六頁。
(85) ハンナ・アーレント『人間の条件』志水速雄訳、ちくま学芸文庫、一九九四年、一四九－一五〇頁。
(86) 前掲「ハイデッガーと物象化的錯視」『廣松渉著作集』第七巻、四三〇－四三二頁。
(87) 前掲『人間の条件』、一五〇頁。
(88) ゲオルグ・ジンメル「美と芸術」『ジンメル著作集12』酒田健一ほか訳、白水社、二〇〇四年、一六五－一六七頁。
(89) 廣松渉「身心問題」『廣松渉著作集』第四巻、岩波書店、一九九六年、四一一－四一二頁。
(90) M・メルロ＝ポンティ『知覚の現象学2』竹内芳郎ほか訳、みすず書房、一九七四年、六八－六九頁。
(91) ミッシェル・セール『五感－混合体の哲学』米山親能訳、法政大学出版局、一九九一年、二六二－二六三頁。
(92) ギュンター・アンダース『時代おくれの人間・上 第二次産業革命時代における人間の魂』青木隆嘉訳、法政大学出版局、一九九四年、二頁。
(93) 磯前順一『閾の思考－他者・外部性・故郷』法政大学出版局、二〇一三年、四九六頁。
(94) 前掲『五感－混合体の哲学』、二六三頁。
(95) 前掲『知覚の現象学2』、七〇頁。
(96) 廣松渉「役割理論の再構築のために－表情現相・対人応答・役割行動－」『廣松渉著作集』第五巻、岩波書店、一九九六年、四八頁。
(97) 前掲「存在と意味 第二巻」『廣松渉著作集』第十六巻、三四二頁。
(98) 前掲『五感－混合体の哲学』、二六三－二六四頁。

(99) 廣松渉「物的世界像の問題論的構制」『廣松渉著作集』第三巻、岩波書店、一九九七年、三二二頁。
(100) 前掲『知覚の現象学 2』、七五-七六頁。
(101) 前掲『五感-混合体の哲学』、二六四頁。
(102) 前掲「美と芸術」『ジンメル著作集 12』、一七四-一七五頁。
(103) 前掲「役割理論の再構築のために-表情現相・対人応答・役割行動-」『廣松渉著作集』第五巻、四九-五〇頁。
(104) 前掲『閾の思考-他者・外部性・故郷』、四九七頁。
(105) 前掲『五感-混合体の哲学』、二六五、二六八頁。
(106) 仁平典宏「〈災間〉の思考-繰り返す三・一一の日付のために」赤坂憲雄／小熊英二編『「辺境」からはじまる―東京／東北論』明石書店、二〇一二年、一二二-一二三頁。
(107) ニクラス・ルーマン『社会の社会 2』馬場靖雄ほか訳、法政大学出版局、二〇〇九年、九二七頁。
(108) ピエール・ブルデュー『資本主義のハビトゥス―アルジェリアの矛盾』原山哲訳、藤原書店、一九九三年、一〇-一一頁。
(109) 前掲「種の論理と世界図式」藤田正勝編『種の論理 田辺元哲学選Ⅰ』、二一三頁。
(110) マイケル・ポランニー『暗黙知の次元-言語から非言語へ-』佐藤敬三訳、紀伊國屋書店、一九八〇年、一五頁。
(111) 同前、二八頁。
(112) 前掲「種の論理と世界図式-絶対媒介の哲学への途」藤田正勝編『種の論理 田辺元哲学選Ⅰ』、二一四頁。
(113) 前掲『黒い皮膚・白い仮面』、一三五頁。
(114) アレクサンドル・コジェーヴ『ヘーゲル読解入門-「精神現象学」を読む』上妻精／今野雅方訳、国文社、一九八七年、一四頁。
(115) J-P・サルトル『ユダヤ人』安堂信也訳、岩波新書、一九五六年、一一一-一一二頁。
(116) 前掲『社会の社会 2』、九二八頁。
(117) 前掲「種の論理と世界図式-絶対媒介の哲学への途」藤田正勝編『種の論理 田辺元哲学選Ⅰ』、二九七頁。
(118) 前掲『黒い皮膚・白い仮面』、一三五頁。
(119) 前掲『ヘーゲル読解入門-「精神現象学」を読む』、一一頁。
(120) 前掲『社会の社会 2』、九二八頁。
(121) 前掲「〈災間〉の思考-繰り返す三・一一の日付のために」赤坂憲雄／小熊英二編『「辺境」からはじまる―東京／東北論』、一二三-一二四頁。
(122) 内田隆三『国土論』筑摩書房、二〇〇二年、三三三-三三四頁。

(123)前掲『重力と恩寵』、二五〇頁。
(124)槇文彦『記憶の形象－都市と建築との間で』上巻、ちくま学芸文庫、一九九七年、三七六－三七七頁。
(125)前掲『国土論』、三三四頁。
(126)前掲『社会の社会 2』、一〇三一－一〇三二頁。
(127)前掲『重力と恩寵』、一三二頁。
(128)前掲『国土論』、三三四頁。
(129)前掲『社会の社会 2』、一〇四八－一〇五〇頁。
(130)前掲『人間存在論』、九四頁。
(131)シモーヌ・ヴェイユ『根をもつこと（上）』冨原眞弓訳、岩波文庫、二〇一〇年、六四頁。
(132)前掲『人間存在論』、九五頁。
(133)前掲『人間なき復興－原発避難と国民の「不理解」をめぐって』、二七二頁。
(134)ウルリッヒ・ベック「この機会に－福島、あるいは世界リスク社会における日本の未来」鈴木宗徳訳、ウルリッヒ・ベックほか編『リスク化する日本社会－ウルリッヒ・ベックとの対話』岩波書店、二〇一一年、六頁。
(135)前掲『人間の条件』、四一二－四一三頁。
(136)サスキア・サッセン『グローバル空間の政治経済学－都市・移民・情報化－』原田太津男ほか訳、岩波書店、二〇〇四年、二八〇－二八一頁。
(137)前掲『国土論』、三三五頁。
(138)前掲「存在と意味 第一巻」『廣松渉著作集』第十五巻、三五二頁。
(139)前掲『重力と恩寵』、二五一頁。
(140)前掲『人間存在論』、九六頁。
(141)前掲「種の論理と世界図式」藤田正勝編『種の論理 田辺元哲学選 Ⅲ』、一九二頁。
(142)前掲『人間存在論』、九六頁。
(143)田辺元「哲学の根本問題」藤田正勝編『哲学の根本問題・数理の歴史主義展開 田辺元哲学選 Ⅲ』岩波文庫、二〇一〇年、一一六頁。
(144)前掲「存在と意味 第一巻」『廣松渉著作集』第十五巻、三五三頁。
(145)前掲『社会の社会 2』、九二五頁。

(146) 前掲『資本主義のハビトゥス　アルジェリアの矛盾』、一九頁。
(147) 前掲『社会の社会 2』、九二六‐九二七頁。
(148) ピエール・ブルデュー『構造と実践〔ブルデュー自身によるブルデュー〕』石崎晴己訳、藤原書店、一九九一年、一七六、一七八頁。
(149) 前掲『人間の条件』、三〇八頁。
(150) ゲオルグ・ジンメル「生の哲学」『ジンメル著作集9』茅野良男訳、白水社、二〇〇四年、三五頁。
(151) 前掲「存在と意味 第一巻」『廣松渉著作集』第十五巻、三六八頁。
(152) 前掲「哲学の根本問題」藤田正勝編『哲学の根本問題・数理の歴史主義展開 田辺元哲学選 Ⅲ』、二一四‐二一五頁。
(153) 前掲『人間存在論』、一一一頁。
(154) シモーヌ・ヴェイユ「神の愛と不幸〔試論〕」『シモーヌ・ヴェイユ選集 Ⅲ 後期論集：霊性・文明論』冨原眞弓訳、みすず書房、二〇一三年、一一一頁。
(155) 前掲『永遠のファシズム』、三六頁。
(156) 前掲『人間存在論』、九八頁。
(157) 前掲「この機会に‐福島、あるいは世界リスク社会における日本の未来」ウルリッヒ・ベックほか編『リスク化する日本社会‐ウルリッヒ・ベックとの対話』、七、九頁。
(158) 前掲『社会の社会 2』、九二六頁。
(159) ミシェル・フーコー『性の歴史Ⅰ 知への意志』渡辺守章訳、新潮社、一九八六年、一二〇‐一二一頁。
(160) 前掲「数理の歴史主義展開‐数学基礎論覚書」藤田正勝編『哲学の根本問題・数理の歴史主義展開 田辺元哲学選 Ⅲ』、二七三‐二七四、二八九頁。
(161) 前掲『永遠のファシズム』、六〇頁。
(162) 前掲『人間なき復興‐原発避難と国民の「不理解」をめぐって』、二七五頁。
(163) 山下祐介『東北発の震災論‐周辺から広域システムを考える』ちくま新書、二〇一三年、一四四‐一四五頁。
(164) 前掲『社会の社会 2』、九二九‐九三〇、一〇九五頁。
(165) 前掲『性の歴史Ⅰ 知への意志』、一二二‐一二三頁。
(166) 吉野源三郎『同時代のこと‐ヴェトナム戦争を忘れるな‐』岩波新書、一九七四年、四二頁。
(167) 前掲「存在と意味 第一巻」『廣松渉著作集』第十五巻、三七七‐三七八頁。
(168) 前掲『東北発の震災論‐周辺から広域システムを考える』、一六五‐一六六頁。

(169) 前掲「存在と意味 第一巻」『廣松渉著作集』第十五巻、三七八頁。
(170) 前掲『日本文化における時間と空間』、一二七頁。
(171) 前掲『人間存在論』、一一四頁。
(172) 前掲『日本文化における時間と空間』、一二七－一二九頁。
(173) 前掲『人間存在論』、一一四頁。
(174) ジャン－ポール・サルトル『存在と無－現象学的存在論の試み』下巻、松浪信三郎訳、人文書院、一九九九年、九二三頁。
(175) カール・ヤスパース『哲学とは何か』林田新二訳、白水社、一九八六年、二五頁。
(176) 前掲「神の愛と不幸〔試論〕」『シモーヌ・ヴェイユ選集 Ⅲ 後期論集：霊性・文明論』、一一九頁。
(177) 前掲『人間の条件』、四一五頁。
(178) ハンス・ザーナー『孤独と交わり－ヤスパースとハイデッガー－』盛永審一郎／阪本恭子訳、晃洋書房、二〇〇〇年、三－四頁。
(179) 前掲『人間存在論』、一四二頁。
(180) 前掲『哲学とは何か』、七二頁。
(181) 前掲「物象化論の構図」『廣松渉著作集』第十三巻、一二二－一二三頁。
(182) カール・ヤスパース『実存解明〔哲学Ⅱ〕』草薙正夫／信太正三訳、創文社、一九六四年、七三頁。
(183) ハンナ・アーレント『暗い時代の人々』阿部斎訳、ちくま学芸文庫、二〇〇五年、一二七頁。
(184) 前掲『孤独と交わり－ヤスパースとハイデッガー－』、九－一一頁。

おわりに

「時間」の分節化によって人びとは自己の立ち位置を形づくることができる。しかし、ただ「時」が流れ去るだけであれば、出来事を同一性として把握し維持することはできない。同一性として出来事を把握できなければ、流される「時」の連なりのなかで悲しみも痛みも忘れ去られていく。だが、出来事を同一性として集約しえるためには差異性も同様に必要となる。こうした同一性と差異性の表裏相媒介されたなかにこそ出来事は位置している。つまり、表裏相媒介する過程で「現在」は「過去」と「未来」の蝶番となり、「因果性／目的性」「存在／当為」などを区別し、「意味」が「空間」に据えられることになる。他方で、「つぎつぎとなりゆくいきほひ」という時間意識は「フローの空間」となった情報化社会と重なり合い、加速化しながら出来事や記憶を曖昧なものとしている。一九四五年の国家の壊滅とでもいうべき敗戦から「思想／哲学」などを広く深い視野を捉えた吉野源三郎は一九七四年の時点で次のように日本社会を描写していた。

「現在の私たちについて見ても、現実と私たちとの間には、知らないうちに何かビニールの膜のようなものが出来ていて、現実の真実の姿がなかなか眼に映らないのである。形勢が重大になって来て、現実の方がこの膜を破って姿をあらわすまで、私たちは気づかずにいるか、或いは多少気づいていても直視しようとはしない。そして、いよいよ眼がそむけられなくなったときには、もはや簡単には処置しようもなくなっている、という段どりは、現に私たちが、一九六〇年代の日本経済の高度成長を経て、深刻な公害・都市問題・インフレーションに直面するに至った過程で、実際に経験して来たことであるが、それは、かつて、五・一五事件や二・二六事件を経て、日本が完全に軍国主義に制圧され、軍部独裁の体制ができあがっていった過程でも、私たちが痛い思いをもって経験したことなのである」[1]。

原発事故によって避難を余儀なくされている人びとの姿は日本社会のなかで注視されているとは言い難い。こうした「現実と私たちの間」には「匿名性」に融解した悪意と無関心が介在しているといわねばならない。一方で、「現実」は放射能汚染による国土喪失という「生の姿」が露呈している。その際、「現実」について語ろうとしても、発話行為はある種の検閲を通さなければ声を上げることもできない。自己の視座からの発話行為が「沈黙」を強制され、「匿名性」という秩序規範が「沈黙」を常態化している。

「不幸とはなによりも匿名性である。不幸はその犠牲者から人格を奪いさって事物にする。不幸は各人の固有性に無関心である。この無関心の冷たさ、この金属のごとき冷たさが、不幸にふれられたすべての人の魂を奥底まで凍らせる。こうなるともはや温かさをとりもどせない。自身を人格的な存在であるとは二度と思えなくなる」[2]。

住居や街すらも奪われ「仮設住宅」などで避難生活を余儀なくされている人びとがいる。エドワード・W・サイードは「現代という時代そのものを、精神的な孤児状態もしくは疎外状態を特徴とする不安と別離の時代と考えるのに、わたしたちは慣れてしまった」と記していた[3]。だが、多くの人びとは「多少気づいても直視しようとはしない」のである。むしろ、自他の間を架橋する言語は「もの」となり、人びとは言葉の意味生成の「力」を状況描写のために活かすことはできてはいない。「匿名性」という「もの」化した「規範性」は逸脱を許さない「力」となり、「人－間」を拘束している。そうした過程こそが「犠牲者から人格を奪いさって事物にする」ことなのである。また、国家・政府は地震・津波被害による「災害関連死」の統計のなかに「原発事故関連死」を含めようとしていた。「原発＝核施設」事故によって引き起こされている事態は「いよいよ眼がそむけられなくなったときには、もはや簡単には処置しようもなくなっている」。「今」を軸とする時間意識は出来事を流れ去る「もの」とし、「被災者／避難者」に対する視線は「無関心の冷たさ」となっている。コミュニケーション・ツールが多様化したとしても、人は世界内存在であって周囲の人びとを意識しながら世界像を確定している。つまり、言葉を媒介として世界のなかで人格を形成していく。その形成過程で「歴史的／社会的／文化的」な諸要素を内面へと折り畳むとき人は歴史内存在となる。こうした「世界内／歴史内」存在という在りようの根源的な次元が腐蝕しているのである。だからこそ「人の魂を奥底まで凍らせる」ような社会環境が形成されているのである。

カミュが『ペスト』のなかでこのように記したように、世間に存在する「悪」が「ほとんど常に無知に由来する」ような無知の、悪徳にほかならぬのである。

「世間に存在する悪は、ほとんど常に無知に由来するものであり、善き意志も、豊かな知識がなければ、悪意と同じくらい多くの被害を与えることがありうる。人間は邪悪であるよりもむしろ善良であり、そして真実のところ、そのことは問題ではない。しかし、彼らは多少とも無知であり、そしてそれがすなわち美徳あるいは悪徳と呼ばれるところのものであって、最も救いのない悪徳とは、自らすべてを知っていると信じ、そこで自ら人を殺す権利を認めるような無知の、悪徳にほかならぬのである」(4)。

とすれば、知の体系に準拠し、そこから事実を解釈する正当的な手続きを保持することが求められることになる。こうした手続きという「形式」が「人‐間」において平等を可能とし、連帯をも確実にしていく。「形式」が空疎なものとなれば「善き意志も、豊かな知識がなければ、悪意と同じくらい多くの被害を与える」ことになる。平等な「人格」は間主観性を介して「内的困窮」と「外的困窮」を正しく区別することができる。「形式」が「内容」を豊かなものとできれば、「人間は邪悪であるよりもむしろ善良」でありえるだろう。なぜなら、人は悪意よりも善意の存在論的な先行性によって帰属性を獲得し、「人として」の同一性を作り出し確認しているからである。

しかし、「自らすべてを知っている」と信じる「最も救いのない悪徳」が「安全神話」と呼ばれたのであった。だからこそ片野は「信頼は現場の正確な情報を伝えることからすべてが始まる。危険なことがあったとしても、正確に伝える。これが専門家の矜持《きょうじ》だ。これまでの原子力学会や原子力政策の失敗は、御用学者がその矜持を捨ててしまったことにあるといってよい[5]」と論じたのである。結果的にはこの「神話」が「自ら人を殺す権利を認めるような無知の、悪徳」となったのである。いま求められているのは「内に対して、量り知れぬ、きびしさが必要なのである。内に対するきびしさとは、思慮の深さ、思索の広さである[6]」といえるだろう。

今回の著作も多くの方々に支えられ書き上げることができた。また、出版の機会を与えてくださった御茶の水書房の橋本盛作氏にお礼を申しあげたい。橋本氏には現代の日本社会のいかなる領域を注視すべきかを励ましとともにご教示して頂いている。そして、何度も文章の推敲をおこない最初の読者となってくれた家族にも感謝したい。

二〇一五年七月

米村健司

註

（1）吉野源三郎『同時代のこと―ヴェトナム戦争を忘れるな―』岩波新書、一九七四年、二二一－二二三頁。
（2）シモーヌ・ヴェイユ「神の愛と不幸［試論］」『シモーヌ・ヴェイユ選集 Ⅲ 後期論集：霊性・文明論』冨原眞弓訳、みすず書房、二〇一三年、一二四頁。
（3）エドワード・W・サイード『故国喪失についての省察 1』大橋洋一ほか訳、みすず書房、二〇〇六年、一七四頁。
（4）カミュ『ペスト』宮崎嶺雄訳、新潮文庫、一九六九年、一九三頁。
（5）片野勧『八・一五戦災と三・一一震災―なぜ悲劇は繰り返されるのか』第三文明社、二〇一四年、四四頁。
（6）武田泰淳『司馬遷―史記の世界』講談社文芸文庫、一九九七年、四三頁。

人名索引

ア行

カ行

サ行

タ行

ナ行

ハ行

マ行

ヤ行

ラ行

ワ行

著者紹介

米村健司（よねむら　けんじ）
1966年 北海道生まれ
早稲田大学大学院教育学研究科博士課程単位取得退学
博士（教育学）
早稲田大学教育・総合科学学術院教授
専攻 思想史・教育学

『波・音・面——廣松渉哲学の射程とその教育論』世界書院、2009年
『丸山眞男と廣松渉——思想史における「事的世界観」の展開』御茶の水書房、2011年
『アイヌ・言葉・生命——西田幾多郎と廣松渉の地平から』御茶の水書房、2014年

田辺《たなべ》 元《はじめ》と廣松《ひろまつ》 渉《わたる》——混濁《こんだく》した視差《しさ》と揮発《きはつ》する痛覚《つうかく》のなかで

2015年11月27日　第1版第1刷発行

著　者　米　村　健　司
発行者　橋　本　盛　作
発行所　株式会社 御茶の水書房
〒113-0033 東京都文京区本郷5-30-20
電 話　03-5684-0751

Printed in Japan　組版・印刷／製本——東港出版印刷株式会社

ISBN 978-4-275-02024-6　C3010